HORST LADEMACHER

GESCHICHTE DER NIEDERLANDE

HORST LADEMACHER

GESCHICHTE DER NIEDERLANDE

POLITIK – VERFASSUNG – WIRTSCHAFT

1983

WISSENSCHAFTLICHE BUCHGESELLSCHAFT
DARMSTADT

CIP-Kurztitelaufnahme der Deutschen Bibliothek

Lademacher, Horst:
Geschichte der Niederlande: Politik – Verfassung – Wirtschaft / Horst Lademacher. – Darmstadt: Wissenschaftliche Buchgesellschaft, 1983.
ISBN 3-534-07082-8

12345

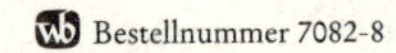
Bestellnummer 7082-8

Satz: Maschinensetzerei Janß, Pfungstadt

Druck und Einband: Wissenschaftliche Buchgesellschaft, Darmstadt

Printed in Germany

Schrift: Linotype Garamond, 9/11

ISBN 3-534-07082-8

INHALT

EIN WORT DES DANKES

Kassel ist ein geographisch wie bibliothekarisch etwas abseits gelegener Ort, in dem die Arbeit an einem Buch ganz sicher bei einem der nordhessischen Region fremden Gegenstand ihre spezifischen Schwierigkeiten aufwirft. So fühlt sich Verfasser ganz besonders seinen ehemaligen Amsterdamer Mitarbeitern und Doktoranden, J. C. Hess, H. Langeveld, H. Reitsma, Gj. Zondergeld, Angelos Avgoustidis und Pieter van Slooten verpflichtet, die nach telefonischem Anruf an Ort und Stelle und unermüdlich für die Literatur zum Thema gesorgt haben. Ihnen wie allen niederländischen Freunden, vor allem an der Vrije Universiteit, Amsterdam, sei dieses Buch angetragen.

Mein Dank gilt darüber hinaus Ingeburg Radde und Elke Stark, die das Manuskript in nimmermüder Bereitwilligkeit und Aufmerksamkeit geschrieben und neu geschrieben haben. Ihnen ist es zu verdanken, daß das Manuskript in der vorgeschriebenen Zeit fertiggestellt werden konnte. Meiner Frau Liane danke ich sehr für das Mitlesen der Korrekturen.

Kassel, den 13. Mai 1982 Horst Lademacher

VORBEMERKUNG

Johan Huizinga, der 1945 verstorbene niederländische Historiker, schrieb 1934 in einer nachdenklichen Betrachtung zu Staat, Nation und Volk der Niederlande: „Es war schon ein recht eigenartiges Kunstwerk, diese alte, kleine, ruhmreiche und uns teure Republik der Vereinigten Provinzen, die an der Wiege unserer Nation stand . . . Erstaunlich war die Entstehung des Staates, überraschender noch sein Wachstum, aber nachgerade fremd blieb seine Struktur. In einem Jahrhundert, in dem der Absolutismus Trumpf war und versuchte, die alten Privilegien des Mittelalters zu beseitigen und einen zentralistisch aufgebauten Staat an die Stelle zu setzen, lieferte die niederländische Republik den Beweis, daß Lebensfähigkeit eines Staates auch dort noch gegeben war, wo alte Sonderrechte und Selbständigkeit der Regionen und Kommunen galten.“ [1] Solche ebenso liebevoll formulierte wie inhaltsreiche und aussagekräftige Skizze enthält eine so ganz und gar zutreffende Charakteristik dieses neuen, aus Aufstand entstandenen und in die europäische Staatenwelt nachgerade als Besonderheit hineinragenden und diese Welt bald kräftig mitbestimmenden Staates. Sie beschreibt kurz Struktur und europäische Stellung einer Landschaft, die geographisch immer schmalbrüstig, außenpolitisch viele Jahrzehnte lang großmächtig, innenpolitisch und konstitutionell zumindest für die von Huizinga skizzierte Zeit etwas Besonderes war, eben eine Republik. Sie benennt überdies eine Landschaft, die ihre staatliche und geistige Existenz und Rechtfertigung in der anderen, der unabdingbaren nichtkatholischen Konfession, zugleich aber auch im Prinzip der Toleranz fand, ihre materielle Grundlage unter den Segeln der Handels- und Fischereiflotte aufbaute. So hat der Utrechter Historiker J. C. Boogman die niederländische Politik zu Recht als die des Predigers und Kaufmanns charakterisiert und sich dabei einer Formel bedient, die zwar zuallererst recht griffig ist, darüber

[1] J. Huizinga, Verzamelde Werken, VII. Geschiedwetenschap. Hedendaagsche Cultuur. Haarlem 1950, S. 283.

hinaus aber in der Tat jene entscheidenden Faktoren anführt, die sehr weitgehend das Leben der Niederlande nach innen und außen bestimmt haben. Solche Charakteristik im nachhinein schließt an das Urteil eines Beobachters des 18. Jahrhunderts, Johannes Meerman, an, der rückschauend schrieb: „Als Garantie gegen eine Eroberung durch ein anderes Reich haben wir Gott, das Wasser, batavischen Heldenmut und die Eifersucht der Großmächte untereinander.“ [2] Hier sind – etwas emphatisch – noch andere Existenzbedingungen, charakteristische Merkmale genannt, gleichermaßen bedeutsam für die Anfangsphase wie für die späteren Jahre republikanischer Existenz. Über die Bedeutung des Wassers für diese alte, hinter schützenden Deichen gelegene Seefahrernation braucht man nicht zu streiten, für den Heldenmut belagerter Städte oder zur See liegen sattsam Zeugnisse vor. Aber auch die Einführung göttlicher Unterstützung sollte nicht als flott hingeworfene oder gar handelsübliche Rechtfertigung der eigenen Existenz begriffen, sondern gerade für die frühe Phase als tief empfundene Überzeugung von der Rechtlichkeit des Handelns im Kampf um staatliche und konfessionelle Unabhängigkeit erkannt werden. Nur wer die calvinistische, auf jeden Fall antikatholische Religiosität der Niederländer erfaßt, die in der Aufstandsphase als der adäquate Gegenpol zur katholischen Religiosität eines fremdständigen Landesherrn zu sehen ist, begreift auch die Beharrlichkeit des Kampfes.

Vom Kaufmann und Prediger war soeben die Rede und vom Prinzip der Toleranz. Tatsächlich haben sie das Land in seinem geistigen und materiellen Habitus geprägt. Kaufleute und in ihrem Fahrwasser die Gewerbetreibenden schufen einen Reichtum, der das Land für viele Jahrzehnte gleichsam zur Zentralbank Europas promovierte. Der Prediger wahrte die Religion – in Strenge und Enge zuweilen, daneben aber lebte die Toleranz, oft auf bestimmte Schichten begrenzt. Sie gab dem Land das Merkmal einer seltenen Offenheit und Empfänglichkeit, mit prägender Kraft gegenüber der Außenwelt. Wen mag es wundern, daß der Völkerrechtler Hugo Grotius hier, wo der Kaufmann vom freien Seehandel lebte, sein eindringliches Werk über die ‘Freiheit der Meere’

[2] Zitat bei G. Parker, The Dutch Revolt and the Polarization of International Politics. In: The General Crisis of the Seventeenth Century, ed. by G. Parker and L. M. Smith. London e. a. 1978, S. 58.

verfaßte und daß sich hier Kunst und Wissenschaft konzentrierten, etablierten. Die schon 1575 gegründete Universität Leiden wurde zur führenden europäischen Hochschule. Philosophie, Philologie, Medizin und Naturwissenschaften erhielten dort ihren europäischen Rang, wurden vor allem von deutschen Gelehrten gern aufgenommen. Profanität und Vitalität, ein hohes Maß an weltzugewandter und selbstbewußter Freude widerspiegelten sich in Literatur und bildender Kunst – in einer Ambiance, in der calvinistisch geprägte Religiosität eine wesentliche Lebensäußerung war, zugleich jedoch das humanistische Toleranzprinzip des Erasmus von Rotterdam die Verhaltensweise vor allem des Regentenpatriziats bestimmte. Mancherorten überwog Profanes das Religiöse, und dort, wo das Religiöse voll durchlebt wurde, war es auch nicht immer calvinistisch, es zeigte bald auch Neigung zum Katholizismus. Ein Stück freie bürgerliche Eigenständigkeit manifestierte sich hier. Selbst in der Baukunst hob sie sich vom herrschenden Barock der absolutistisch regierten Staaten ab. Es fehlte die große Gebärde, der strenge Stil, das überladen Majestätische. Es sei noch einmal Huizinga zitiert: „Die Schönheit der holländischen Städte steckt überall und nirgends. Der intime Reiz einer holländischen Straßenecke oder Kanalansicht geht nur selten aus der künstlerischen Vollendung bestimmter Bauformen hervor. Es ist vielmehr eine allgemeine Harmonie von Linien und Farben, eine gewisse gesunde Selbstverständlichkeit und Unbefangenheit des Ganzen, welche mit der Patina der Zeit, und vielleicht erhöht durch den hellen Ton eines Glockenspiels, unsere Empfindung einer tiefen und friedlichen Schönheit bedingen.“ [3]

Solche gleichsam tupferhaft genannten Merkmale einer Republik bilden den in Farbe, Stein und Lettern umgesetzten Rahmen für den Bericht über die politischen Fährnisse des Landes – und mehr als eine politische Geschichte im Aufriß zu geben, maßt das Buch sich nicht an. Es geht aber über die Phase der Republik hinaus. Es fragt in zeitlicher Folge nach der Beständigkeit republikanischer Besonderheit, nach ihren Bedrohungen und damit nach tatsächlichen Verfallserscheinungen. Es beobachtet die Traditionsgeladenheit, die sich bis zum Ende des 18. Jahrhunderts nicht sosehr in der Existenz als Republik als vielmehr von der

[3] Zitat bei F. Petri, Die Kultur der Niederlande. In: Handbuch der Kulturgeschichte. Hrsg. v. E. Thurnher. Konstanz o. J., S. 137.

Innenstruktur her als Widerspruch gegen moderne Tendenzen staatlicher Struktur äußerte und die nunmehr mit dem 19. Jahrhundert als einer neuen Qualität in der Geschichte europäischer Völker konfrontiert wurde. Die politische Umgebung war doch die der nationalen Bewegung, der Gründung von Nationalstaaten, von breiten Schichten getragen war auch die der demokratischen Forderung, und sie stand schließlich unter dem Eindruck der Massifizierung im Zuge eines technisch-industriellen Umbruchs. Es war die Zeit, in der das Königreich die Republik endgültig ablöste, zunächst noch einmal in burgundisch-habsburgischer Reminiszenz aufgebaut wurde, um bald auf die heutigen Grenzen zurückgeschraubt zu werden. Die intensive, gleichsam von der Straße her getragene nationale Bewegung haben die Niederlande nicht gekannt. Das Wort vom nationalen Staat, das andere Europäer so häufig im Munde führten, schien kaum gängige Münze zu sein, obwohl die Klagen über hemmungslosen Partikularismus als Erbe des Aufstandes gegen Spanien jahrzehntealt und zehn Jahre französischer Fremdherrschaft noch unmittelbare Vergangenheit waren. Die nachgerade 'stille' Einführung einer Konstitution, die eine stärkere Einheit der provinziellen Teile festschrieb, genügte wohl, um nationales Bewußtsein in ebensolcher Stille zu fördern. Während in Fragen konstitutioneller Entwicklung und im Zusammenhang damit im Bereich der Demokratisierung die Niederlande durchaus europäische Standards vertraten, setzte der west- und mitteleuropäische Industrialisierungsprozeß hier erst recht spät ein, ohne daß dies als eine wirkungskräftige Besonderheit anzumerken wäre. Seine aus der Tradition überkommene Eigenart bewies das Land dagegen im konfessionellen Raum. Die Bedeutung der Konfessionen, die parteipolitische Umsetzung der Glaubensrichtungen, die innerkirchliche Entwicklung sowie die partei- und kulturpolitische Abschottung der Konfessionen und schließlich auch der anderen weltanschaulich geprägten Gruppen gegeneinander heben das Land an erster Stelle aus der allgemeinen Entwicklung als Besonderheit heraus. In dieser Phase des 19. Jahrhunderts wurden Strukturen vorgeprägt, die Politik und Gesellschaft bis weit über den Zweiten Weltkrieg hinaus bestimmt haben. Nicht die Verdienste der Liberalen um die Verfassung, auch nicht das Aufkommen der Arbeiterbewegung machten das Besondere aus, vielmehr hieß das Thema 'Konfession', ihre parteipolitische Organisation und ihre gesellschaftliche Funktion.

Es ist vielleicht die Eigenart der niederländischen Bevölkerung, daß sie – als Bewohner eines außenpolitisch kaum noch bedeutenden Kleinstaats auf sich selbst zurückgeworfen und lediglich noch in den Kolonien einen Abglanz alter Größe sehend – sich auf die protestantischen Grundlagen ihres Staates neu besann – und zwar mit einiger Heftigkeit. Eine überaus starke Konfessionalisierung des Denkens typisiert die Niederlande des 19. Jahrhunderts. Bei einem Teil der Protestanten äußerte sie sich zunächst in der Rückbesinnung auf die Bibel, bei den Katholiken erfolgte sie aus einer Verteidigungshaltung heraus, die endlich in eine politische Vorwärtsstrategie umgesetzt werden sollte. Und wo zuvor übersteigerter Antikatholizismus noch – ausgerechnet in Zeiten europaweiter Nationalstaatstendenz – die Katholiken aus der Nation auszuschließen gedachte, da trafen sich wenig später protestantisch-christliches Bekennertum und katholische Frontmentalität auf dem Boden der 'Antithese'. Sie arbeiteten unter jener für die Niederlande so typischen Denkvoraussetzung zusammen, die die Gesellschaft in zwei Lager teilte, ein christliches und ein nichtchristliches. Eben diese wesentlichen Merkmale niederländischer Geschichte der Moderne versucht das Buch zu beschreiben, sie darzustellen auch für das 20. Jahrhundert, als zum einen eine im Übermaß zersplitterte Parteienwelt aufgewogen wurde durch jenen im 19. Jahrhundert einsetzenden gesellschaftlich-konfessionellen Abschottungsprozeß, 'Versäulung' genannt, der in weitem Umfang innenpolitische Stabilität garantierte.

Das Buch, in dem über die innenpolitischen Entwicklungen hinaus jeweils das wirtschaftliche und außenpolitische Geschehen eingehend betrachtet wird, endet mit den ersten Nachkriegsjahren, mit der Dekolonisierung. Es legt schließlich besonderen Akzent auf jene Jahre der niederländischen Geschichte, die als Jahre des Leidens nur ungenügend charakterisiert wären. Die Zeit der deutschen Besatzung ist gemeint – eine Zeit, in der das Land, wie nie in seiner Geschichte zuvor, am Rande seiner Existenz stand. Diese Phase relativ ausführlich zu beschreiben, fühlte sich der Verfasser verpflichtet.

Ein anderes noch. Am reichen Gehalt der niederländischen Literatur zur Geschichte des eigenen Landes ist kein Zweifel. Sie ist nachgerade Tradition. Auch die angelsächsischen Historiker haben diesen europäischen Staat häufig in Einzelaspekten beschrieben. Nur auf deutscher Seite besteht offensichtlich ein Desinteresse. Das Buch hegt daher die

Absicht, vor allem dem deutschsprachigen Leser ein Land näherzubringen, das so nahe liegt, aber vornehmlich nur touristisches Interesse geweckt hat. Die Strände von Seeland bis Terschelling mögen dann einen Eindruck von der Weite des Meeres und seiner Bedeutung für das Festland vermitteln, und eine Grachtenrundfahrt in Amsterdam vermag sicher etwas über die Kraft und Blüte einer Stadt, der Provinz, des Landes auszusagen, gleichwohl scheint es uns angebracht, endlich einmal eine deutschsprachige Geschichte des Landes vorzustellen, das so ganz anders ist, als die unmittelbare geographische Nähe und sprachliche Verwandtschaft vermuten lassen könnten.

I. BURGUNDISCH-HABSBURGISCHE KONZENTRATION

1. Bild einer Städtelandschaft

Daß es die Niederlande als politisch selbständigen und auch kulturell von ihrer Umwelt allseitig abgehobenen Raum in Europa gibt, entschied sich, wie Petri feststellt, „. . . erst mit der Aufrichtung des Reiches der Burgunder durch eine Nebenlinie des französischen Königshauses“ [1]. Im Sprachgebrauch der Kanzleien jener Periode meinte 'Niederlande' die Gesamtheit der um die flandrische Erbschaft zusammengefügten burgundischen Erwerbungen. Dieser dem politisch-dynastischen Entwicklungsprozeß angepaßte Begriff wies auf Ort und Umfang burgundischer Expansion, auf die geographische Trennung vom herzoglichen Stammland in Frankreich, seine Einführung enthielt schon einen Hinweis über Tendenzen zur institutionellen Einheit, vor allem aber wußte er auf das Besondere und Eigene, auf das typische Gepräge dieser Landschaft hinzudeuten, die sich weder nach außen hin noch nach innen in ihren politischen und wirtschaftlichen Erscheinungsformen in den Rahmen mittel- oder westeuropäischer Üblichkeiten zwingen ließ. So ist hier jene Region Nordwesteuropas zu beschreiben, die sich schon vor der Phase der burgundischen Expansion – soweit es vor allem die Grafschaft Flandern, aber auch das Herzogtum Brabant betraf – auf eine reiche, aus dem Mittelalter datierende Tradition in Handel und Gewerbe stützen konnte. Was die Burgunder vorfanden und was sich unter ihnen und vollends unter den Habsburgern bei allen Rückschlägen durch wirtschaftliche Depressionen weiterentwickelte, war eine Städtelandschaft, die in ihrer wirtschaftlichen Bedeutung und in ihrem institutionell abgesicherten politischen Selbstbewußtsein durchaus mit der norditalienischen Städteregion zu vergleichen ist. Freilich: die Niederlande so einzuordnen meint zugleich, die südlichen von den

[1] F. Petri, Die Kultur der Niederlande, S. 96. Zum hier genannten 'Sprachgebrauch' s. ebd. S. 2.

nördlichen Regionen etwas abzuheben, das Bild auf jeden Fall zu nuancieren. An der Schelde wird eine Grenze zu ziehen sein, wenngleich solche Grenzziehung eben nicht rigoros als Trennungslinie zwischen Städtelandschaft und Agrarregion etwa verstanden werden sollte, sondern eher einen zeitlichen Unterschied in der Entwicklung andeutet. Städtischer Ballungsraum, hoher Urbanisierungsgrad gilt eben zunächst für den südlichen Raum. Er ist Teil der großen nordwesteuropäischen Textillandschaft, zu der nach Ausweis der Genueser Notariatsregister die Champagne, die Städte der Normandie und Picardie und eben Flandern mit Atrecht (Arras), Dowaai (Douai), Rijssel (Lille), Doornik (Tournai), Gent, Ypern, Brügge, Valenciennes, St. Omer und Dixmuiden gehören. Die Tuchindustrie bildete die hauptsächliche wirtschaftliche Grundlage der städtischen Entwicklung. Flandern war die zentrale Landschaft, aber sie stand nicht allein. Im Osten grenzten die alten Tuchstädte Huy und Maastricht, schließlich noch Namen (Namur) und Dinant sowie andere Orte im Limburgischen und Luxemburgischen die Tuchregion ab. Das Herzogtum Brabant kommt für diesen Bereich relativ spät ins Spiel. Die tuchindustrielle Entwicklung setzte im 13. Jahrhundert ein und erreichte die Bedeutung Flanderns erst im 14. Jahrhundert, mit Brüssel, Mecheln und Löwen an der Spitze der Produktions- und Handelsstätten. Insgesamt lagen 90 der 150 nordwesteuropäischen Tuchorte in den niederländischen Territorien. Im Norden, in der Grafschaft Holland, rundeten Städte wie Leiden, Naarden, Haarlem und Amsterdam diese 'niederländische Textillandschaft' ab. Die enge Verbindung von Handel und Gewerbe (durchaus nicht nur Tuchgewerbe) führte zu einer entsprechenden Bevölkerungsdichte und hoher städtischer Konzentration. So zählte Ypern 1311 ca. 20000 bis 30000 Einwohner, Gent erreichte rund 64000 (1356–58), Brügge 46000 (1338–40). Während zu Löwen schon um 1300 20000 Einwohner gehörten, die bis 1480 allerdings auf 17700 zurückgingen, und Brüssel 28000 (1437) Einwohner barg, belief sich die Zahl der Antwerpener Bürger 1464 erst auf 20000. Dieser Ort stieg dann im 16. Jahrhundert als Handelsmetropole zur zweitgrößten Stadt (gegen 90000) Europas nördlich der Alpen auf. Solche Größenordnungen, die um eine Reihe weiterer Zahlenwerte ergänzt werden könnten, gewinnen erst im Vergleich an Bedeutung und vermögen dann etwas zum Charakter der Landschaft auszusagen. In den meisten der niederländischen Territorien Burgunds lag der Anteil der Stadtbevölkerung an der Gesamtbevölkerung weit über dem europäischen Durchschnitt. Um 1500 zeigte die Landkarte des Heiligen Römischen Reiches etwa 3000 Orte mit Stadtrechten. Davon zählten 2800 nur bis zu 1000 Einwohner. Sie waren von einigermaßen geringer Wichtigkeit. 150 Städte beherbergten über 2000 Einwohner. Von den verbleibenden 50 Städten hatten nur 12–15 über 10000 Einwohner. Die burgundischen Niederlande dagegen zählten 208 Städte, von denen nur die Hälfte von einer Stadtmauer umgeben war, jedoch hatten wenigstens 16 unter ihnen über 10000 Einwohner. In Flandern und Brabant lagen auf jeden Fall 7, in der Grafschaft Holland allein 6 Städte dieser Größenordnung. In relativen Werten zur Gesamtbevölkerung läßt sich für Brabant – und nur hier liegen Zahlen vor – ermitteln, daß der Anteil der Stadtbevölkerung im 15. Jahrhundert zwischen ca. 32 und 37 v. H. schwankte. Zwischen dem Ende des 15. und Anfang des 16. Jahrhunderts nahm die Bevölkerungszahl der holländischen Städte erheblich zu, so daß die Grafschaft 1514 einen städtischen Bevölkerungsanteil von 52 v. H. aufwies. Besonders auffällig wird der hohe Urbanisierungsgrad bei einem Vergleich noch mit England, wo lediglich 3 Städte über 10000 Einwohner hatten.

Die Landschaft als Exportzentrum oder als Summe einzelner Exportzentren, so stellen sich die niederländischen Städte dar, unterworfen jedoch den Anfälligkeiten einer zunächst stark monostrukturierten Wirtschaft. Eine Vielzahl von wirtschaftlichen und politischen Faktoren brachte im 14. Jahrhundert die städtische Tuchindustrie in Verfall. So ergaben sich Absatzschwierigkeiten durch die Pestepidemie und andere solcher Einbrüche, bei ohnehin verringerter Kaufkraft im Zuge eines wirtschaftlichen Abschwungs, der im Spätmittelalter zwar nicht allgemein war, jedoch zahlreiche Regionen traf. Dazu trat die englische Konkurrenz durch geringerwertige und billigere Ware, gegen die die flandrische und brabantische Qualitätsarbeit sich kaum noch durchzusetzen vermochte. Zudem verringerte die Entwicklung der englischen Tuchindustrie das Angebot an Rohstoffen, so daß erhebliche Einbußen mit Marktverlusten die Folge waren. Eine solche Abwärtstendenz verzeichneten schließlich auch die kleineren, neueren Tuchzentren, die sich in ihrer Produktion den neuen Erfordernissen anpaßten, schließlich aber dem englischen Druck bis auf wenige Ausnahmen nicht standhielten. Freilich: die flandrische und brabantische Münzpolitik im 14. und beginnenden 15. Jahrhundert scheint die ärgsten Folgen verhindert zu haben. Darüber hinaus ist festzustellen, daß der Handel sich in seiner überragenden Bedeutung für einige Städte als Regenerations- und Innovationskraft erwies, insofern er zu neuen Gewerbezweigen und handwerklichen Spezialismen führte, die die internationale Bedeutung flandrischer und brabantischer Städte aufrechterhielten.

Wenngleich die Grafschaft Holland einen hohen städtischen Bevölkerungsanteil auswies, vermag doch die nordniederländische Region als Ganzes mit eben dieser Grafschaft, dem Bistum Utrecht, den Territorien Friesland und Groningen, mit Overijssel und Geldern weder vom Urbanisierungsgrad insgesamt noch von ihrer internationalen wirtschaftlichen Stellung her einen Vergleich ganz zu bestehen. Auch kulturell konnten die einzelnen Städte der Region kaum als zentrale Orte angesprochen werden; gleichwohl: der schon aus dem frühen und hohen Mittelalter datierenden Handelstradition kommt einige Bedeutung zu. Vor allem der Seehandel war nicht nur alt, er brachte Erfahrung und war schließlich zukunftsträchtig. Gewiß, das Schiffbaugewerbe stand zunächst noch im Dienste der Kaufleute aus Antwerpen, Gent oder Brügge, aber die Nachfrage der eigenen Handelskreise wuchs – und Handel bestimmte das Wirtschaftsleben in der Vielzahl der kleinen Städte im Norden. Nicht zuletzt die Hanse, der Städte wie Kampen, Harderwijk, Zwolle, Zutphen, Deventer und Elburg angehörten – Städte also, die am Fahrwasser der Zuiderzee oder an der Ijssel lagen –, hat den Aufschwung des Handels gefördert und darüber hinaus die Anfänge einer städtischen Kultur eingeleitet, die in Orten der Grafschaft Holland, zu der Amsterdam zählte, zunächst noch unbekannt war. Überhaupt standen die holländischen Städte gegenüber den Orten in der Mitte oder im Osten der Nordregion zurück. Erst im 13. Jahrhundert kann von einer Stadtentwicklung in dieser Grafschaft gesprochen werden. Drei Faktoren haben diese Entwicklung gefördert: die Verbesserung des interlokalen Verkehrs, die zur Überwindung der Stadtwirtschaft führte, die Sundfahrt (Schiffsroute Nord-/Ostsee), die an die Stelle des Landhandels zwischen Ost und West trat, größere Schiffe verlangte, und die zunehmende Bedeutung des holländisch-seeländischen Heringsfangs. Schließlich erwarben die holländischen Grafen das westfriesische Territorium und verschafften damit den holländischen Städten eine beherrschende Position an der Zuiderzee. Festzuhalten ist, daß die Städte der

Grafschaft wachsenden Anteil am internationalen Handel, vor allem am hansischen Transitverkehr zwischen Flandern und Hamburg, Pommern, Livland erwarben, solange sich der Verkehr über die holländischen Binnengewässer abwickelte. Noch im ersten Jahrzehnt des 16. Jahrhunderts machten die Zolleinkünfte aus dem Hanse-Transitverkehr ein Drittel der Gesamteinkünfte der Grafschaft aus. Im Süden dieser Grafschaft entwickelte sich Dordrecht zum wichtigsten Rheinhafen und Stapelmarkt. Sein Stapelrecht erfaßt den gesamten Handelsverkehr auf dem Rhein, der Maas und der Merwede. Haarlem, Amsterdam, Leiden führten in der zweiten Hälfte des 14. Jahrhunderts Tuche aus, Delft, Haarlem und Gouda Bier. Der holländische Handel profitierte zudem vom Boykott Flanderns durch die Hanse gleich zu Beginn der zweiten Hälfte des 15. Jahrhunderts. Durch die starke Erweiterung des Seehandels mit den baltischen Ländern hat die Tuchindustrie der Grafschaft voll expandieren können. Leiden darf hier als Vorort genannt werden. Der Standortwechsel der Heringsschwärme aus der Ost- in die Nordsee, die Verbesserung der holländischen Technik und der Konservierung, die Ausdehnung der Schiffahrt nach Portugal, wo das Salz für die Heringsverarbeitung geholt, zugleich Gewürze für Rechnung Dritter mitgenommen wurden, all dieses verstärkte die Position der holländischen Handels- und Gewerbeorte, die sich wesentlich der Unterstützung ihrer burgundischen Landesherren erfreuen konnten. Die Hanse verlor in dieser Phase in zunehmenden Maße Terrain an die Holländer. An dem Aufschwung haben zahlreiche Orte teilgenommen: Dordrecht, Haarlem, Leiden, Gouda, Delft sind da zu nennen. Aufzuzählen sind ferner die Orte an der Zuiderzee: Enkhuizen, Hoorn, Medemblik, landeinwärts auch Alkmaar. Im Süden der Grafschaft wuchsen Oudenaarde, Woerden, Rotterdam, Schiedam und Den Briel mit dem Ausbau der Fischindustrie heran. Wo Fische gefangen wurden, mußten Schiffe gebaut und ausgerüstet, Schiffstaue gedreht, Fangnetze geknüpft werden. Unter allen Städten allerdings verzeichnete Amsterdam den größten Aufstieg. „Im Wirtschaftsleben Hollands symbolisierte Amsterdam die Zukunft, während Dordrecht, zunächst vielleicht noch kapitalkräftiger als Amsterdam, seinen Ruf eher seiner Vergangenheit entlehnte.“[2] Die Ausweitung der Handels- und Fracht-

[2] AGN, III (alte Ausgabe), S. 330.

schiffahrt in den Ostseegebieten, begünstigt durch Privilegien, die Christian I., König von Dänemark und Norwegen, erteilte, kam vor allem Amsterdam zugute. Es war dies die Beginnphase eines städtischen Aufstiegs, der erst in den Jahren der Republik voll zur Entfaltung kommen und von weittragender Bedeutung für das politische Leben werden sollte.

2. *Stadt und Land – Adel, Bürger, Bauern*

Dieser groben Skizze einer nur den norditalienischen Gegebenheiten vergleichbaren Städtelandschaft – eine Vergleichbarkeit, die zugleich die Besonderheit des Raumes ausmacht – ist eine eher ins einzelne gehende Beschreibung der Rechts- und Wirtschaftsstruktur hinzuzufügen. Es ist zu fragen nach den Trägern dieser Landschaft, nach ihrer wirtschaftlichen Basis und der Kräfteverteilung unter ihnen. Adel, Bauern und Bürger sind hier zu betrachten. Während andernorts im Europa des ausgehenden Mittelalters der Adel noch eine führende politische und wirtschaftliche Rolle spielte, in den Niederlanden war diese Position, wenngleich nicht beseitigt, so doch zu einem relativ unbedeutenden Rang herabgemindert. Allerdings bedarf diese Aussage für die Niederlande wiederum einer Differenzierung, soweit es die Grundherrschaft betrifft. Während in den südlichen Territorien das grundherrschaftliche System voll entwickelt war, wiesen die nördlichen Niederlande nur noch geringe grundherrschaftliche Organisation auf. Hier ist wieder zwischen den einzelnen Territorien zu unterscheiden. In der Grafschaft Holland etwa, wo der Adel gegen Ende des 15. Jahrhunderts auf immerhin 150 Jahre selbstzerstörerischen Zwists zwischen den Parteien der sogenannten 'Hoeken' und 'Kabeljauwen' zurückschauen konnte – ein Zwist übrigens, der durchaus schon 'Konstitution' zum Gegenstand hatte und an dem auch die Städte beteiligt waren – hatte sich dieser Stand selbst geschwächt. Er besaß schätzungsweise noch keine 10 v. H. der landwirtschaftlichen Nutzfläche, bei Konzentration auf bestimmte Dörfer. Adliger Besitz von mehreren hundert Hektar zählte in der Grafschaft, aber auch in den übrigen nördlichen Territorien, zu den Ausnahmen. Im allgemeinen verpachteten die adligen Grundbesitzer ihr Land an freie Bauern. Nur in wenigen Fällen war das Eigentum auch mit grundherrlichen Rechten ausgestattet wie Hoch- und Niedergerichtsbarkeit in Straf- und Zivilsachen, Jagd- und Fischrecht sowie Recht auf Erhebung bestimmter Abgaben und Zehntrecht. Die stärkste Konzentration dieser Rechte finden wir zu Beginn des 16. Jahrhunderts noch beim Herrn van Heenvliet. In der überwiegenden Zahl der Fälle war immer nur ein Teil dieser Rechte mit dem Grund verbunden. Die Position des holländischen Adels verschlechterte sich noch im 16. Jahrhundert durch die an Macht und Reichtum wachsenden Städte und durch die inflationären Tendenzen in der wirtschaftlichen Entwicklung. Vor allem der Pacht oder Grundrente beziehende Adel war davon betroffen. Da unter Karl V. adliges Eigentum und Lehnbesitz besteuert wurden (1515 bzw. 1518) und der Landesherr 1520 sogar dem Adel das Recht nahm, die für die Brüsseler Zentrale bestimmten Abgaben einzutreiben, kam die wirtschaftliche Position noch stärker ins Rutschen. Einen gewissen Ausgleich fand diese soziale Schicht im Einstieg in die Beamtenhierarchie der dann habsburgisch regierten Zentralgewalt, obwohl sich dies wirtschaftlich (pekuniär) kaum ausgezahlt haben dürfte, wenn man Verbrauchsverhalten und Lebensstil berücksichtigt.

Dagegen war im Bistum Utrecht die Lage des Adels günstiger. Auf den Sandböden in der östlichen Hälfte des Bistums nahm er noch eine vorherrschende Stellung ein (Vecht-Linie). Im Innern dieses Territoriums gab es nur geringen adligen Streubesitz. Insgesamt aber war die wirtschaftliche Stellung des Adels stärker als in Holland. Friesland und Groningen kannten überhaupt keinen Adel im überkommenen Sinne. Vielmehr fanden sich hier die vermutlich entweder aus dem Stand der erbsässigen freien Bauern oder aus ehemaligem Dienstadel stammenden 'hoofdelingen', die sich von den übrigen Bauern durch größeren Grundbesitz und befestigte Wohnhäuser unterschieden. Sie nahmen häufig Funktionen wie die des 'grietman' (Bezirksvorsteher) oder militärische Ämter wahr. Verglichen mit dem nordniederländischen Adel bewegte sich der Grundbesitz der 'hoofdelingen' wohl nur in wenigen Ausnahmen in ganz anderen Größenordnungen. So zählte die Groninger Familie der Ewsums (in Middelstum) etwa 2000 ha ihr eigen, während die Familie Martena in Friesland auf immerhin 1000 ha schauen konnte. Man wird bei diesem Umfang berücksichtigen müssen, daß die Besitzungen der 'hoofdelingen' auf dem fruchtbaren Lößboden lagen, während der wenig ergiebige Sandboden den übrigen Bauern überlassen war. Aber letztlich war die Zahl der 'hoofdelingen' zu groß, als daß übermäßig großer Landbesitz möglich gewesen wäre. Nur wenige Familien im Groninger Land besaßen mehr als 200 ha, die meisten begnügten sich mit 75 bis 125 ha. Die relativ niedrigen Ertragssätze als Voraussetzung eines Richteramtes, das in beiden Regionen in der überwiegenden Zahl der Fälle von 'hoofdelingen' ausgefüllt wurde, läßt auf noch geringeren Besitz schließen. Insgesamt dürfte für Friesland der Grundbesitz der 'hoofdelingen' auf 20 v. H. des Landes geschätzt werden.

In Geldern und Overijssel hatte – wie in den südlichen Territorien der Niederlande – der Adel durchaus noch eine relevante wirtschaftliche Position inne. Von einer eigentlichen Städtelandschaft konnte in diesen Räumen kaum die Rede sein – und damit fehlte auch das politische Gegengewicht in Gestalt des selbstbewußten städtischen Bürgertums. Der Grundbesitz, sicherlich überall noch eine Quelle wirtschaftlicher und politischer Macht, zählte in letztgenannten Territorien doch noch mehr als in den städtischen Räumen. In Twente und Salland besaß der Adel immerhin noch 30 v. H. des Grundbesitzes – ein Hundertsatz, der vermutlich in Geldern und in Limburg noch übertroffen wurde.

Es ist deutlich: die wirtschaftliche Position des Adels war in den nördlichen Niederlanden im ganzen genommen von geringer Bedeutung. Auch wenn es den Einzelfall einer Konzentration überkommener grundherrlicher Rechte gab, der Grundbesitz selbst war im allgemeinen zu klein, als daß damit wirklich politische Wirksamkeit hätte verbunden werden können. Nirgendwo vermochte der Adel ein Machtübergewicht zu entwickeln oder gar die Landbevölkerung einem Anspruch zu unterwerfen – und das unterschied die nördlichen Niederlande eben von anderen europäischen Staaten, wo sich die Macht des Adels in den Landständen widerspiegelte, und es unterschied sie auch von den südlichen Niederlanden, wo – in Flandern vor allem – die Adligen durchaus noch über umfangreichen Grundbesitz und grundherrliche Rechte das platte Land in ihrer Gewalt hatten. Die Adligen waren hier stark genug, um ihre eigenen Belange wahrnehmen zu können. Namur und Hennegau dürfen hier als die Zentren adliger Macht gelten.

Aber wirtschaftliche und politische Bedeutung und Bedeutungslosigkeit des Adels werden erst im Vergleich mit der Position der Bürger und Bauern einsichtig. Über die Tradition der Stadt in den südniederländischen Territorien besteht kein Zweifel. In den nördlichen Niederlanden zeigte sich zwar nicht der gleiche Urbanisierungsgrad, gleichwohl bleibt hier doch die rasche städtische Entwicklung im Spätmittelalter unübersehbar. Allerdings zeigte sie unterschiedliche Konturen. Der Anteil der städtischen Bevölkerung an der Gesamtbevölkerung lag in der Grafschaft Holland weitaus am höchsten. Die Funktion der mittelalterlichen Stadt als Versorgungszentrum auch des umliegenden Agrargebietes bedingte wesentlich die Berufsstruktur. Die Mehrzahl der städtischen Bewohner ging einem Handwerk oder Kleingewerbe nach und war in Zünften oder Gilden organisiert. Wo sich besondere Gewerbe und Handelszweige entwickelten – hinzuweisen ist dabei auf das Tuchgewerbe, die Bierbrauerei, den Getreide- und Weinhandel –, bildete sich schon im Mittelalter eine reiche städtische Oberschicht heran, die sich schließlich zum Patriziat auswuchs und den Adel allmählich an Ansehen und Bedeutung zu übertreffen schien. Über die Position dieses Patriziats im stadtpolitischen Entscheidungsprozeß wird noch gehandelt. Der wirtschaftliche Erwerb des städtischen Bürgertums beschränkte sich dabei nicht auf städtische Gewerbe. Die Stadtbürger tendierten in besonders starkem Maße zu Landerwerb in den umliegenden Agrargebieten. Das war keine Statusfrage, die möglicherweise ihrer Position und Geltung innerhalb der Stadt hätte zugute kommen können. Da wurden andere politische und soziale Maßstäbe angelegt. Vielmehr ging es um ganz unmittelbaren Nutzen für die Betriebsführung im eigenen städtischen Gewerbe (etwa Besitz von Torfgebieten für Bäcker oder Kornbrenner). Das entsprach dem Wirtschaftssinn dieses Bürgertums. Und solchem Denken entsprach auch der Wunsch der politischen und wirtschaftlichen Kontrolle über das platte Land, vor allem wenn sich hier parallel zum städtischen Geschehen Handwerk und Gewerbe entwikkelte, das sich zur Konkurrenz auszuwachsen drohte. Die Hauptsorge der Städter galt eben dem störungsfreien, reibungslosen Ablauf der eigenen Wirtschaft. Das mag nichts typisch Niederländisches sein, aber eben hier, vor allem in den westlichen Territorien und im Nordosten führte es zur städtischen Durchdringung des platten Landes auf engstem Raum. Klassische Form solcher Kontrolle war Erwerb und Ausübung von Stapelrechten. Dordrecht erwarb um 1500 diese Rechte, die die ca. 15000 Einwohner des 'Kwartier von Zuid Holland' verpflichtete, ihre Geschäfte auf den Dordrechter Märkten zu tätigen, von den Rechten gegenüber dem Transitverkehr auf dem Wasser noch zu schweigen.

Ähnliche Rechte hatte Middelburg über die Insel Walcheren, Zierikzee über Schouwen, Brielle über Voorne. Die weitreichendsten Stapelrechte erzwang allerdings Groningen über sein Umland (Ommelanden). Die Stadt hatte sich schon im Mittelalter an den Aufbau einer Monopolposition begeben, die erst 1473 ausgebaut wurde, als man vertraglich festlegte, daß das gesamte Getreide auf den städtischen Markt gebracht werden mußte und im Umland nur städtisches Bier verkauft werden durfte. Die meisten ausländischen Kaufleute waren hier vom Handel ausgeschlossen. Eine andere Form städtischer Kontrolle über die Wirtschaft des platten Landes bestand im Erwerb grundherrlicher Rechte. So ließen sich am einfachsten politische Verfügungsgewalt erlangen und damit die Prärogativen der Stadt schützen. Allerdings war dies erst eine Form des frühen 16. Jahrhunderts. Amsterdams Kauf der Rechte der Herren von Brederode, Goudas und Leidens Akquisition können hier als Beispiele angeführt werden.

Wenngleich insgesamt gesehen die Bauern frei blieben in der Wahl der Märkte, ist doch festzustellen, daß die Städte und ihre Bürger nicht nur innerhalb der eigenen Mauern, sondern auch auf dem platten Land eine wirtschaftliche und politische Macht darstellten, die sich deshalb so stark entwickeln konnte, weil Adel und auch Kirche in der ländlichen Gesellschaft der nördlichen Niederlande nur eine schwache Stellung hatten.

Freilich bleibt festzuhalten, daß die Bauern bei aller Intensität städtischen oder stadtbürgerlichen Landerwerbs mehr Land besaßen als Städte, Adel und Kirche. Allerdings bearbeiteten sie vor allem das wenig ergiebige Moor- und Vennland. Insgesamt gesehen findet sich hier eine auf den agrarischen Erwerb ausgerichtete ländliche Gesellschaft, die im Unterschied zur sozialen, terminologisch faßbaren Schichtung innerhalb der bäuerlichen Gesellschaft Europas keine differenzierende Begrifflichkeit kannte. Der Fortfall solcher Differenzierung ist begreiflich aus einer gewissen Homogenität der Landwirtschaft treibenden Erwerbsbevölkerung, die sich aus den besonderen Bedingungen der Landgewinnung und Kolonisierung im hohen Mittelalter erklärt ('hoeven-System'). Diese begriffliche Gleichförmigkeit, der zunächst noch in zahlreichen bäuerlichen Gemeinden eine relative Gleichförmigkeit des Besitzes entsprach, wurde jedoch zu Anfang des 16. Jahrhunderts von einer deutlichen sozialen und wirtschaftlichen Ungleichheit abgelöst. Wenngleich es noch keine Klasse der landlosen Landarbeiter gab, so ist auf jeden Fall der Unterschied zwischen 'arm' und 'reich' nicht mehr zu übersehen. 'Arm' meint hier Familien, die zum Teil von Almosen lebten und nichts zum Steueraufkommen beitrugen. Sie sind auch in den meisten Fällen einer Vielfalt von Nebenbeschäftigungen nachgegangen, die allerdings nicht der Kategorie der speziellen gewerblichen Produktion zuzurechnen sind, sondern zu den unspezifischen, der Sicherstellung einfachster Subsistenzmittel dienenden Tätigkeiten zählten. Gemeint sind hier die Torfgewinnung, das Tauschlagen, der Bootsverleih, die Besenbinderei und Dachdeckerei, das Muschelsammeln und die Leimsiederei.

Im Laufe des 16. Jahrhunderts sollten sich allerdings die Verhältnisse auf dem Lande insofern grundlegend ändern, als es hier zur Entwicklung selbständiger Gewerbezweige kam, die von den Städten rasch als unangenehme Konkurrenz empfunden wurden. Was Flandern schon sieben bis acht Jahrzehnte zuvor in der Zeit Philipps des Guten erfahren hatte – die ländliche Gewerbekonkurrenz und ihre Behinderung durch den Landesherrn zugunsten der klageführenden Städte –, das spielte sich erneut vor allem in der Grafschaft Holland ab, wo die Städte zwar einerseits auf hiervor beschriebene Weise ihr Umland zu kontrollieren versuchten, bei der Unterdrückung des ländlichen Gewerbes (vor allem im Textilbereich) aber der Hilfe des Landesherrn bedurften und sie angesichts ihrer unübersehbaren Bedeutung für die Gesamtwirtschaft der Region auch erhielten (1531, 'Ordre op de Buitennering').

3. *Skizze burgundischer und habsburgischer Expansion*

Unter diesen hier grob umrissenen wirtschaftlichen und sozialen Voraussetzungen und Entwicklungen haben die burgundischen Herzöge ihr Regiment in den niederländischen Territorien angetreten, die Habsburger es von ihnen übernommen. Die burgundische Herrschaft in den Niederlanden ist als Ergebnis einer tatkräftigen dynastischen Politik der Herzöge anzusehen, die in ihren Spielformen von Kauf und Heirat über den Erwerb von Pfandrechten bis zur offenen Gewalt reichte. Den Grundstein ihrer niederländischen Macht legten die Burgunderherzöge zunächst noch mit kräftiger Unterstützung des französischen Verwandten, als Philipp der Kühne nach seiner Heirat mit Margaretha, Tochter des flandrischen Ludwig von Male, gegen den flämischen Volksführer Philipp von Artevelde um sein flandrisches Erbe kämpfen mußte, zu dem neben Flandern der Artois, Nevers, Rethel sowie die Städte Antwerpen und Mecheln zählten. Wenig später schon vollzog sich der Ausbau des Burgunderreiches im Gegensatz zu Frankreich, das dieser Entwicklung durch seine Bindung im 100jährigen Krieg gegen England nichts entgegenzusetzen vermochte, während im Osten der Kaiser eine zu geringe Autorität war, als daß er die Entstehung des burgundischen Reiches hätte verhindern können. Die burgundisch-wittelsbachsche Doppelhochzeit von 1385, in der Philipps Sohn, Johann von Nevers (Johann ohne Furcht), Margaretha von Bayern, die Tochter Albrechts, und schließlich Wilhelm von Oostervant (Wilhelm VI.), der Sohn Albrechts, die Philipp-Tochter Margaretha heiratete, schuf in den von den Wittelsbachern regierten Grafschaften Holland, Seeland und Hennegau die Grundlagen für eine Erweiterung des burgundischen Anspruchs, der schließlich unter Herzog Philipp dem Guten endgültig 1433 mit Gewalt gegen Jacoba von Bayern durchgesetzt werden konnte. Die Eingliederung des Herzogtums Brabant mit Limburg in den burgundischen Herrschaftsbereich vollzog sich 1430 dagegen auf völlig friedlichem Wege. Herzogin Johanna hatte schon früh gegen burgundisch-französische Unterstützung in der brabantischen Auseinandersetzung mit Geldern die burgundische Nachfolge zugesichert. So hatte hier, auch mit Zustimmung der brabantischen Stände, Philipps des Kühnen Sohn Anton eine burgundische Sekundogenitur begründen können. Als dessen Söhne Johann (IV.) und Philipp von St. Pol kinderlos starben, fiel Brabant an Burgund. Philipp der Gute schließlich kaufte 1421 Namur und nahm die Markgrafschaft 1429 in Besitz. Auf diese Weise fiel auch 1441 das Herzogtum Luxemburg (Kauf von Elisabeth von Görlitz) unter burgundische Herrschaft. Er übernahm das Territorium 1443, das nunmehr ein strategisch wertvolles Verbindungsglied zwischen dem burgundischen Stammland und den niederländischen Besitzungen bildete. Zur Zeit Philipps des Guten fehlten so noch die Bistümer Lüttich, Utrecht sowie Geldern und Friesland zur Abrundung des burgundischen Herrschaftsbereichs. Immerhin: in den beiden Bistümern regierten Verwandte des Herzogs. In Lüttich saß ein Neffe, Ludwig von Bourbon, in Utrecht Philipp von Burgund, ein Bastard des

Herzogs. Aber erst Karl der Kühne, Sohn Philipps des Guten, vermochte sich Geldern einzuverleiben (1473) – allerdings nur kurzzeitig, denn nach seinem Tode 1477 zeigte sich die geringe burgundische Neigung des besonders stark auf das deutsche Kaiserreich hin orientierten geldrischen Adels und der geldrischen Städte, die Adolf von Geldern wieder anerkannten.

Erst dem Habsburger Karl V. ist es gelungen, die niederländischen Besitzungen in ihrer heutigen Form abzurunden. Er beseitigte mit der Einfügung des Bistums Doornik 1521 nicht nur eine 700jährige französische Lehnsherrschaft über Flandern, sondern schuf auch durch den Erwerb der weltlichen Herrschaft über das Stift Utrecht (1528) und die Eingliederung des Herzogtums Geldern (1543) die wesentlichen Voraussetzungen für eine Neuorientierung dieses östlichen Grenzgebiets zum niederländischen Westen hin. Zuvor hatte Friesland die Herrschaft Karl V. übertragen (1524) und schließlich Groningen mit Drenthe sich unterworfen (1536), so daß auch im Norden die niederländischen Besitzungen ein geschlossenes Bild boten.

4. *Über partikulare Beharrung und zentralisierende Neuerung*

4.1. Verwaltung, Rechtsprechung, Finanzen

Diese nur in rascher Skizze gezeichnete Zusammenfassung niederländischer Territorien unter *einer* Landesherrschaft wird man begreifen können als Fortsetzung und Höhepunkt zugleich einer säkularen Tendenzwende, die auf Aufhebung der „parzellierten Souveränität“ [3] mittelalterlicher Strukturen zielte und zuvor schon zu größeren politischen Einheiten in der Gestalt von Flandern, Brabant–Limburg, Holland–Seeland–Hennegau und Geldern geführt hatte. Nach den Ursachen solcher Wende ist im einzelnen nicht zu fragen, es ist jedoch ganz spezifisch für den niederländischen Raum festzustellen, daß das Expansionsbedürfnis der burgundischen Dynastie günstige Voraussetzungen solcher Politik dort fand, wo es eine globale Übereinstimmung in Struk-

[3] Begriff nach P. Anderson, Die Entstehung des absolutistischen Staates. es 950. Frankfurt 1979, S. 17.

tur, Lebensbedingungen und Lebensformen zwischen den Territorien gab. Tatsächlich hat es von der einzelnen Landschaft her Tendenzen zu einer weiteren Annäherung gegeben, entwickelte sich unter der burgundischen Dynastie vor allem in den niederländischen Kernlanden im Süden und Westen – in ganz bescheidenem Maße, aber doch nicht zu übersehen – die neue Qualität eines die ehemaligen Territorien übergreifenden gesamtniederländischen Bewußtseins. Dennoch: mag sich auch nach dem Aufstand gegen Philipp II. solches Bewußtsein unter dem Druck des gemeinsamen Abwehrkampfes in der Politik der in der Utrechter Union zusammengefaßten Provinzen noch stärker manifestiert haben, dann blieb doch die bewußt gelebte, empfundene und politisch umgesetzte landschaftliche Besonderheit, der Partikularismus, ein Wesensmerkmal der politischen Kultur der Niederlande bis weit hinein in das 18. Jahrhundert, wobei dieser Partikularismus zeitweise vom Willen der mächtigsten Provinz bestimmt wurde; und ganz gewiß gilt für die frühe Zeit der Zusammenfassung niederländischer Territorien, für die burgundische Periode, die Bemerkung Johan Huizingas, daß man nur von der nächsten Umgebung des Herzogs aus die burgundischen Lande als eine Einheit habe sehen können. Wie immer sich nun das Einheitsstreben schließlich in zentralen Institutionen konkretisiert haben mag, weder die burgundischen Herzöge noch der Habsburger oder der Spanier haben einen allgemeinen Rechtstitel für die gesamten Niederlande erwerben können. Es blieb bei einer in Personalunion miteinander verbundenen Gruppierung von staatsrechtlichen Einheiten – Herzogtum, Grafschaft, Stift. Es entsprach dieser Struktur, wenn sich der die Personalunion stiftende Landesherr von jedem einzelnen Territorium anerkennen lassen mußte. Mehr als ein nur über die Dynastie vermitteltes Nebeneinander kam nicht zustande, und auch wenn sich mit zunehmender Zentralisierungspolitik tendenziell eine Umformung zu einem über die Person des Landesherrn hinausgreifenden institutionalisierten Miteinander erkennen läßt, ist doch eine Einheit nie voll erreicht worden – auch nicht in den Jahrhunderten der Republik.

Zentralisierungs- und Konzentrationstendenz erfuhr aus gleichsam föderaler bis partikularistischer Beharrung ihre Behinderung. Einer auf Einheit gerichteten Politik stand eine Vielzahl von Prärogativen der einzelnen Landschaften – eben der 17 niederländischen Territorien – entgegen. Es gehörte zu den Besonderheiten einer Herrschaft in den Niederlanden, daß dem Landesherrn zwar seine potestas nicht bestritten, diese aber durch ein Konglomerat von schriftlich fixierten Rechten, Freiheiten, Privilegien beschnitten wurde, die im Laufe mittelalterlicher Entwicklungen von den einzelnen Sozialgruppen, von Adel, Geistlichkeit, Städten, Gilden und Zünften, erzwungen worden waren. Außerdem gab es ein dichtes Netz von regionalen oder lokalen Gewohnheitsrechten mit der Konsequenz, daß die landesherrlichen Edikte sich vornehmlich mit öffentlichem Recht, Verwaltungs- und Strafrecht befaßten. Es ist sicherlich richtig, wenn festgestellt wird, daß die Rechte, Freiheiten und Privilegien in den Beziehungen des Landesherrn zu seinen Untertanen immer nur das Kräfteverhältnis eines bestimmten Augenblicks widerspiegelten und daß auch spätere Anwendung jeweils eine Macht-, keine Rechtsfrage war, wie H. de Schepper meint,[4] gleichwohl schuf die Summe dieser Rechte in ganz besonderem Maße eine Art regionales Bewußtsein, das auch bei Einsicht des Einzelterritoriums (der Provinz) in das Erfordernis eines engeren Zusammenhalts tief reflektiert und politisch umgesetzt wurde und schließlich auch half, Interessenpolitik aus der Tradition zu rechtfertigen. So begegnet man praktisch einer Doppelentwicklung: zum einen dem an anderer Stelle genannten ersten schwachen Ansatz zu einem gesamtniederländischen Bewußtsein, zum anderen einer Vertiefung der territorialen Eigenständigkeit.

Zunächst kam es für die burgundischen Herzöge auf eine gut durchdachte Organisation an, die eine Vorstufe zur Zentralisation sein konnte. Philipp der Kühne, seit 1384 Graf von Flandern, folgte französischem Vorbild, als er 1386 in Rijssel (Lille) einen Rechnungs- und einen Gerichtshof installierte. Dem Rechnungshof oblag die Finanzkontrolle des gesamten damaligen niederländischen Herrschaftsgebietes, konkret: Flanderns, des Artois, sowie Mechelns und Antwerpens. Das war etwas Neues im Spektrum landesherrlicher Verwaltung. Hier handelte es sich um eine mit einem bestimmten Aufgabenbereich beauftragte Instanz mit festem Amtssitz und festem Personal. Philipps Nachfolger, Johann ohne Furcht, hat zum Verwaltungsaufbau zwar keinen originä-

[4] Hierzu de Schepper, Abschnitt ›De burgerlijke overheden en hun permanente kaders‹. In: AGN, 5 (1980), S. 312ff. Wenn nicht anders vermeldet, ist immer die neue Ausgabe der AGN gemeint.

ren Beitrag geleistet, immerhin aber angesichts flämischer Ressentiments gegenüber der zentralen Gerichtsinstanz in Rijssel den Gerichtshof aus diesem Ort an der Grenze zu Frankreich über Oudenaarde nach Gent verlegt (1409), wo er bis zur Französischen Revolution unter dem Namen 'Rat von Flandern' blieb.

Den umfassenden Verwaltungsneubau in den Niederlanden unternahm dann Philipp der Gute, für den allein schon geographisch gesehen ein sehr viel größeres Arbeitsfeld gegeben war. Er konnte in den Territorien fortbauen auf Vorformen gräflicher oder herzoglicher Verwaltung, wie sie in Brabant unter Anton und in Holland–Seeland unter dem bayrischen Haus entstanden waren. Das galt vor allem für den Rat ('hof'), der finanzielle, rechtliche sowie allgemeine Verwaltungsfunktionen hatte. Aber gerade die Finanzverwaltung wurde dem burgundischen Schema angepaßt, indem Philipp dem holländischen Rat die Finanzkontrolle entzog und zunächst einmal Beamten der Rechnungshöfe in Rijssel oder Brüssel übertrug, die gleichsam als reisende Kommissare auftraten. Den Brabanter Rechnungshof in Brüssel, von Anton von Brabant schon vor 1411 begründet, ließ Philipp nach der Regierungsübernahme 1430 wohl in Ansehung stark ausgeprägter Eigenständigkeit des Herzogtums bestehen. Solche Kommissare gehörten in der Regel der zentralen curia ducis an. Zwar wurde 1447 ein eigener Rechnungshof für die beiden Seeprovinzen in Den Haag begründet, aber schon 1463 erfolgte die Zusammenlegung mit der Instanz in Brüssel, dem Sitz der Burgunderherzöge. Auch der Rechnungshof von Rijssel wurde schließlich in einen Allgemeinen Rechnungshof nach Brüssel eingebracht, dessen Sitz Karl der Kühne schließlich nach Mecheln verlegte. Diese auf Zentralisierung tendierende Finanzverwaltung entsprach nicht nur der modernen Verwaltungsentwicklung nach französischem Vorbild, sie zielte auch ganz konkret durch genauere Steuerverteilung auf ein höheres Steueraufkommen.

Die eigentlich zentralisierende Funktion übernahm der Große Rat, der sich im Zuge einer fortschreitenden Spezialisierung zwischen 1435 und 1445 aus dem Hofrat entwickelte. Er wurde niemals in einem formalen Akt errichtet. Beide Gremien, der Hofrat (auch: Großer Rat beim Herzog) und der Große Rat für Recht und Rechtsprechung ('van justitie') bestanden mit- und nebeneinander. Sie waren zunächst noch personell miteinander verflochten. Keine Entscheidung des Landesherrn wurde veröffentlicht, ehe nicht diese Gremien zu Rate gezogen waren. Die Heranbildung des Großen (Justiz-)Rates führte vor allem zu einer Zentralisierung der Rechtsprechung und war gerade darum ein wichtiges Instrument auf dem Wege zu einer ersten Überwindung niederländischer Vielfältigkeit. Wenngleich diese Instanz zunächst noch keinen festen Sitz hatte, sondern immer mit dem Herzog unterwegs war, entwickelte sie sich seit dem Ende der 40er Jahre doch rasch zu einem selbständigen Organ mit Kanzlei, Staatsanwaltschaft und Gerichtskasse. Ihm unterstanden vier Arbeits- und Entscheidungsbereiche: er war Entscheidungsinstanz bei Rechtsstreit um die Interpretation der Gesetzgebung und Verwaltungsmaßnahmen des Herzogs, wurde mit den der ausschließlichen Gerichtsbarkeit des Herzogs unterworfenen Fällen befaßt und diente als Berufungsinstanz der territorialen Gerichtsbarkeit und in der Praxis auch der kommunalen Schöffengerichte unter Umgehung der territorialen 'Höfe'.

Die Praxis ging selbst so weit, daß der Große Rat auf Ansuchen einer der Parteien einem Schöffengericht oder territorialen Hof in einer Rechtssache die Rechtsprechungskompetenz entziehen konnte. In Fortführung dieser Zentralisierungspolitik und nachgerade angespornt von dem Wunsch, mit dem französischen Königtum konkurrieren zu können, hat Karl der Kühne diesen Großen Rat mit Verordnung von 1473 (Diedenhofen) zum zentralen Gerichtshof (Parlament) mit ständigem Sitz und festem, besoldetem Beamtenstab in Mecheln erhoben (bis 1477). Mecheln lag nicht nur zentral in den burgundischen Niederlanden, sondern gehörte als gleichsam exterritoriale Herrschaft weder zu Brabant noch zu Flandern. Der zentralistische Charakter dieser Maßnahme wurde durch die Ortswahl geographisch und politisch nachhaltig unterstrichen. Der Institution saß nun nicht mehr der burgundische Kanzler, sondern ein Duumvirat von Präsidenten vor. Zum Parlament gehörten ferner 20 Gerichtsräte, 6 Revisionsräte sowie ein staatsanwaltlicher Apparat, schließlich noch 4 Adlige ehrenhalber – insgesamt ein Personalbestand von mehr als 50 Beamten. Während die Mitglieder der territorialen Ratskammern aus den autochthonen Ständen stammten – in Holland und Seeland stellte dabei der Adel den harten Kern der Mitgliedschaft –, rekrutierten sich die Beamten der zentralen Instanzen vornehmlich aus dem eigentlichen Herzogtum Burgund und der Franche Comté. Gerade hier lag ein Problem, insofern Burgund als Rekrutierungsfeld für die Beamten zentraler Behörden kaum die Popularität solcher Instanzen zu fördern vermochte, zumal der Herkunft der Beamten entsprechend französisch auch die Amtssprache war. Im großen Revirement, das Karls des Kühnen Tochter, Maria von Burgund, 1477 zugestehen mußte, sollten sich die Folgen des Unbehagens auf seiten der einzelnen Territorien noch zeigen.

4.2. Stände – Antagonisten des Landesherrn

Der hier zitierten burgundischen und – wie noch zu zeigen ist – von den Habsburgern fortgesetzten Modernisierungs- und damit Zentralisierungspolitik standen als jeweils territoriales Gegengewicht die Stände ('staten') gegenüber, die sich, dem Zeitbegriff von politischer Mündigkeit angepaßt, aus den Korporationen des Adels, der Geistlichkeit und der Städte zusammensetzten und zum einen aus dem landesherrlichen Rat der Lehnsleute und Städte, zum anderen aus den Versammlungen regionaler Grundbesitzer hervorgegangen sind. Die hier genannte Zusammensetzung kann allerdings nur als korporatives Erscheinungsbild der Territorien als Ganzes gelten, denn nicht immer waren in diesen alle drei Korporationen gleichzeitig vertreten. Das meint auch, daß der für alle Territorien verwendete einheitliche Begriff 'staten' oder 'états' nicht auf Einheitlichkeit der Zusammensetzung weist. Selbst ein Vergleich der Vertretungsgrundlage der einzelnen Korporationen zeigt große Unterschiede an. Die Grafschaft Holland etwa kannte nur zwei Stände, wobei die großen Städte Amsterdam, Delft, Dordrecht, Gouda, Haarlem und Leiden je eine Stimme hatten, Dordrecht dabei die gesamte südliche Region der Grafschaft vertrat. Der Adel galt nach 1500 zugleich als Repräsentant der kleinen Städte und des platten Landes von Nordholland. Zuvor, im 15. Jahrhundert, vertrat der holländische Adel (Ritterschaft) nur eben sich selbst, nicht aber die übrigen Grundbesitzer. In Seeland dagegen trat der Adel als Grundherr in der vorburgundischen Zeit als Vertreter *aller* Grundbesitzer auf, auch der Abt von Middelburg, der als der größte Grundbesitzer auf der Insel Walcheren anzusprechen ist, unter dem Burgunder dann zum Vertreter der Geistlichkeit wurde und mit dem Adel die Städte überstimmen konnte, die zusammen – Middelburg, Zierikzee, Reimerswaal, Goes und Tholen – nur eine Stimme und kein Vetorecht hatten. Im Bistum Utrecht (Neder-Sticht) – nachfolgend seien auch die damals nicht zu Burgund zählenden Territorien genannt – repräsentierten Dechanten und Kanoniker der fünf großen städtischen Kapitel, die Ritterschaft und die Stadt Utrecht (Bürgermeister, Schöffen, ggf. Zünfte) den Grundbesitz. Im Oversticht bildeten im Teil Overijssel die Ritterschaft der Landschaften Salland, Twente und Vollenhoven sowie die Ijsselstädte Zwolle, Kampen und Deventer die Vertretung, während die Landschaft Drenthe nur die Versammlung der wichtigsten Grundbesitzer ('hoofdluden') der Kirchspiele kannte. Erst um 1500 trat hier die Ritterschaft auf. Den Namen 'Stände' erhielt die Vertretung erst am Ende des 16. Jahrhunderts. Im Herzogtum Geldern dagegen lag der Ausgangspunkt der Stände in den landesherrlichen Amtsbezirken ('kwartier'), in denen die Städte und die ritterschaftlichen Grundherren die Untertanen vertraten (Landtage). Die Geistlichkeit fehlte. Der besondere regionale Charakter der um die Städte Nimwegen, Roermond, Zutphen und Arnheim gruppierten Amtsbezirke zeigte sich auch darin, daß es Karl dem Kühnen während seines kurzzeitigen Besitzes Gelderns nicht gelang, dort einen zentralen Gerichtshof ('schijve') zu errichten. Jeder Amtsbezirk erhielt einen eigenen zentralen Gerichtsort.

Die im Norden liegenden 'adelsfreien' Territorien Friesland und Groningen kannten entsprechend auch keine ritterschaftliche Vertretung. Der friesische Landtag entwickelte sich aus den drei Gauversammlungen (Oostergo, Westergo, Zevenwolden), auf denen die Grundbesitzer zusammenkamen, und den elf Städten als dem vierten Mitglied. Die vier 'Fraktionen' verfügten über je eine Stimme. Ähnliche Zusammensetzung und vergleichbarer Abstimmungsmodus galt auch für Groningen und seine 'Ommelande'. Bei aller sozialen und regionalen Vielfalt war diesen Vertretungsorganen eines gemeinsam: Sie besaßen das Recht, die finanziellen Forderungen des Landesherrn ('bede') zu bewilligen oder abzulehnen.

Die einzelnen Stände der südlichen Provinzen – hier vor allem die Städte – haben im 13. und 14. Jahrhundert ihre Interessen häufig jeweils getrennt wahrgenommen. Vor der Übernahme der Landesherrschaften durch die Burgunder kam es nur in seltenen Fällen zu gemeinsamen Sitzungen von Adel, Klerus und Städten. Sprechend ist das Beispiel Brabant: von den 100 Ständeversammlungen, die zwischen 1355 und 1430 stattfanden, kamen etwa 80 nach dem Herrschaftsantritt Antons von Burgund zusammen. In Flandern setzte erhöhte Frequenz mit Philipp dem Kühnen ein, während die erste Ständeversammlung Namurs in das erste Jahr Philipps des Guten fiel. In der südniederländischen Städtelandschaft haben die Städte eine ihrer wirtschaftlichen Bedeutung gemäße präponderante Stellung eingenommen. Das versteht sich vor allem für die Grafschaft Flandern, deren Städte die terra flandria schon im 12. Jahrhundert gegenüber dem Grafen vertraten. Brügge, Gent, Ypern, Dowaai, Rijssel – das waren die Gemeinden, die – mit unterschiedlicher Kraft – die stadtbürgerlichen Interessen im 13. Jahrhundert wahrgenommen hatten. Anfang des 14. Jahrhunderts blieben Gent, Brügge und Ypern übrig, die sogenannten 'leden' (nach Edith Ennen ein in Europa einzigartiges Phänomen),[5] an deren Versammlungen zuweilen auch die kleinen Städte und Kastellaneien ('kasselrijen') teilnahmen. Den drei großen Städten gesellte sich das 'Brugse vrije', ein ländlicher Kommunalverband, hinzu. Er galt vorübergehend als vollberechtigtes Mitglied und zählte zu den 'Vier Leden van Vlaanderen'. Neben dieser städtischen Machtkonzentration nahmen sich Klerus und Adel als einigermaßen unbedeutende Ständemitglieder aus. Es ist sicher bezeichnend, daß in der Zeit Philipps des Kühnen die 'Leden' 737mal in Versammlungen zusammentraten, die Stände jedoch nur 12 Sitzungsperioden erlebten. Anders in Brabant. Zwar konzentrierte sich hier der dritte Stand auf die vier wichtigsten Städte 's-Hertogenbosch, Antwerpen, Löwen und Brüssel, wobei 's-Hertogenbosch eine vergleichsweise geringe Rolle spielte, im Unterschied zu Flandern jedoch blieben die Städte angewiesen auf die Korporationen von Klerus und Adel.

Hier sei kurz innegehalten und neben der obengenannten Stellung der Städte im Territorialverband auf deren interne konstitutionelle Verhältnisse verwiesen. Ein einheitliches Bild läßt sich da wiederum nicht vermitteln. Ein sehr wesentlicher Unterschied zwischen südlichen und nördlichen Territorien lag wohl in der Beteiligung der Zünfte und Gilden am Stadtregiment. In Gent etwa, der großen Stadt Flanderns, saßen im Schöffen-(Geschworenen-)Kollegium, das seit dem 14. Jahrhundert aus 26 Mitgliedern bestand, neben 6 Bürgern ('poorters') 10 Vertreter des Tuchgewerbes und 10 der kleinen Gewerbezweige. Die letztge-

[5] E. Ennen, Die europäische Stadt des Mittelalters. Göttingen [2]1975, S. 213.

nannten Gruppen hatten mittelbar Einfluß beim jährlichen Magistratswechsel; in Ypern wahrten die Walkmühlenbesitzer lange ihren Anspruch bei der Mitbestimmung über städtische Aufgabenverteilung, in Brügge verteilte sich die Macht auf das reiche Handelsbürgertum (Patriziat) und insgesamt acht Zünfte. In allen flandrischen Städten funktionierte die höchst wichtige Institution der allgemeinen Versammlung ('collatie'), an der alle stadtbürgerlichen Organisationen teilhatten und die das Steuerbewilligungsrecht für die Akzise besaß. Die Tatsache, daß Philipp der Gute 1447 es nicht vermochte, vor dieser 'collatie' seinen Wunsch nach Einführung einer Salzsteuer durchzusetzen, zeigt die Bedeutung dieses großen Gremiums. In der burgundischen Zeit lag das Ernennungsrecht für den Magistrat (Bürgermeister und Schöffen) zwar beim Landesherrn, aber die Durchführung des Rechts unterlag bestimmten, unterschiedlichen Formen der Kontrolle seitens der Stadtbürger.

Brabant hat da insofern eine andere Entwicklung aufzuweisen, als sich hier das Patriziat sehr viel stärker gegenüber den Zünften behaupten und die Stadtpolitik lenken konnte. Die Zünfte blieben nicht ausgeschlossen, aber ihre Stellung ist nicht vergleichbar der in den flandrischen Städten. In Löwen wurden die Zünfte noch am frühesten (1383) in die Beratungen der Stadt einbezogen. So gestand das Brüsseler Patriziat den Webern und Walkern erst 1329 Koalitionsrecht zu, und andere Zünfte wurden nicht vor 1365 zugelassen. Innere Zwistigkeiten zwischen den Patriziergeschlechtern haben Anfang des 15. Jahrhunderts (1420–23) die Position der Zünfte verbessert. Das ist hier nicht im einzelnen darzustellen, sondern lediglich festzuhalten, daß trotz der Positionsverbesserung letztendlich das Patriziat die Oberhand behielt, wenngleich nach den Unruhen von 1477 die Beratung mit den Zünften institutionalisiert wurde. In Antwerpen gelang es den Handwerkern, 1435 im Zuge eines Aufstandes gegen den Herzog in die Stadtverwaltung durchzustoßen. Es wurde seitdem ein Zwölferrat gebildet, der allwöchentlich in Fragen allgemeiner städtischer Politik und zur öffentlichen Ordnung sich beraten sollte. Die burgundischen Kommissare, zunächst für die Neubestallung des Magistrats verantwortlich, wählten die zwölf Personen aus einem von den Zünften selbst gestellten Wahlvorschlag von 48 Mitgliedern aus. Die Unruhen von 1477 brachten den Zünften sogar 6 der 12 Schöffensitze – ein Erfolg, den der Habsburger Maximilian 1486 wieder zunichte machte.

Während in den wallonischen Südprovinzen die Zünfte wiederum eine starke Stellung einnahmen (vorübergehende Ausnahme: Doornik), ist der patrizische Charakter vornehmlich der holländischen Städte wesentliches Merkmal nördlicher Stadtstruktur. Zu den ursprünglichen Amtmännern und Schöffen ('schout en schepenen') traten schon im 13. Jahrhundert nach flandrischem Vorbild Räte, an deren Stelle im 14. Jahrhundert dann die Bürgermeister ('burgemeesters' oder 'poortmeesters') kamen, die von Amtmann und Schöffen gewählt wurden. Allerdings haben sich auch in den nördlichen Provinzen die Zünfte nicht unbezeugt gelassen. In Leiden gelang es 1351 den Bürgern, für sich – freilich nur für kurze Zeit – das Recht der Bürgermeister-('Räte'-)Wahl durchzusetzen. In Dordrecht wählten die Zunftobermeister 1386 ein Achterkollegium, das in allen städtischen Angelegenheiten zu beraten und darüber „zum größten Nutzen" der Stadt zu entscheiden hatte. Gleichwohl: die Institutionalisierung einer Versammlung von Reichen und Angesehenen einer Stadt im Rahmen stadtpolitischer Entscheidungsprozesse – und darunter soll hier schon die Wahl der städtischen Verwaltungsspitze fallen – ist das Typische im städtischen Erscheinungsbild des Nordens. Gremien der reichen und angesehenen Bürger der Stadt kannte das holländische Territorium schon im 13. Jahrhundert (Leiden, Dordrecht). Erst im 15. Jahrhundert wurden diese Reichen zu einem genau abgegrenzten Gremium zusammengefaßt, zur sogenannten 'vroedschap'. In einer Delfter Gerechtsame wurden zur 'vroedschap ende rijcheijt' nur solche Bürger gezählt, die eine Grundsteuer von mindestens 200 Pfund jährlich zu entrichten hatten. Philipp der Gute, jener Burgunder, der sich zu Beginn seiner Herrschaft an die Durchorganisation seiner Territorienverwaltung begab, was nicht nur nach den Prinzipien der Zweckmäßigkeit erfolgte, sondern auch der Kontrolle diente, hat diese 'vroedschappen' zu zahlenmäßig genau festgelegten Notabeln-Kollegien institutionalisiert. Die Mitgliederstärke schwankte von mindestens 24 bis 80. Sie wurden in der ersten Zusammenstellung vom Landesherrn bestimmt und konnten sich dann – dies ist von einiger Bedeutung – durch Kooptation ergänzen. Es ist sicher nicht falsch, hier von den Anfängen einer geschlossenen, politisch befugten Patrizier-(Regenten-)Gesellschaft zu sprechen, obwohl nicht in allen Städten das freie Kooptationsrecht bestand. Aufgabe der 'vroedschap' war es, dem Landesherrn einen Personalvorschlag (eine Doppelzahl) für die Besetzung der Schöffensitze und Bürgermeisterstellen zu machen, aus dem dieser wählen konnte. Schöffen wurden in allen Orten vom Landesherrn ernannt, dagegen wählte Amsterdam seine Bürgermeister frei. Ähnliche Kollegien der Reichen bildeten sich im übrigen auch in Orten außerhalb des holländischen Territoriums. Sie sind für das ausgehende 14. und beginnende 15. Jahrhundert in Nimwegen, Zutphen und Arnheim bezeugt. Wenngleich einerseits der Landesherr oder sein Statthalter das Ernennungsrecht und damit die Sicherung der eigenen Position in der Stadt durch Günstlingspolitik wahrten – es wäre falsch, in jedem Augenblick von einer städtisch-landesherrlichen Konfrontation auszugehen –, war andererseits doch durch ausschließliche Einbeziehung eines kooptierenden Patriziats in diesen stadtpolitisch so wichtigen Entscheidungsprozeß die Voraussetzung für eine oligarchische Kontraktionstendenz geschaffen, die auf jeden Fall die Abschottung gegen Ambitionen anderer Bürgerkreise, aber auch das Selbstbewußtsein gegenüber dem Landesherrn förderte.

Kehren wir zurück zur burgundischen Verwaltungspolitik. Die Territorialstände waren in ihrer ganzen Vielfalt die eigentliche Gegenmacht zur burgundischen Zentralisierungspolitik. Ihnen oblag nicht nur die Bewilligung der Steuern, die Zustimmung oder Ablehnung der Bede des Landesherrn, sondern auch der Schutz der Rechte und Privilegien der Landschaft und ihrer Teile. Man wird sich gerade die doch vornehmlich aus der ökonomischen Bedeutung der Städte hervorgehende privilegierte Stellung innerhalb des niederländisch-burgundischen Raums vorstellen müssen, um zu begreifen, was eine auf fiskalischem und gerade rechtlichem Gebiet einsetzende Zentralisierung bedeutete, was sie für die Mannigfaltigkeit von verbrieftem Recht, Privilegien und – in nicht geringem Maße – Gewohnheitsrecht heißen mußte. Selbst wenn der Übergang von der hennegauschen, brabantischen oder bayrischen Periode zur burgundischen Phase einigermaßen allmählich verlief, blieb doch die auf Zentralismus zielende Tendenz unübersehbar. Obwohl Philipp der Kühne für die Grafschaft Flandern insgesamt nur wenige Verordnungen bestimmte, wies doch die Tendenz auf Zunahme gesetzgeberischer Aktivitäten, was schließlich unter Philipp dem Guten vollends sich durchsetzte, unter dem die Zahl der für ein Territorium insgesamt geltenden Verordnungen anstieg. Obwohl die Edikte und Erlasse, die *alle* niederländischen Gebiete der Burgunder betrafen, zunächst noch gering an Zahl blieben und im wesentlichen Maßnahmen zur wirtschaftlichen Entwicklung, zum Heringshandel, zur Tuchindustrie und zur Währung enthielten, so ist eben doch für die burgundische Zeit ein „Übergang von der landesherrlichen Gesetzgebung des Mittelalters, die vornehmlich aus der Vergabe von Privilegien an Städte und Landschaften bestand, zur Gesetzgebung einer Zentralgewalt" festzustellen, „die ganz allmählich den regionalen und lokalen Partikularismus zurückdrängte und überkuppelte"[6]. Immerhin blieb in diesem Prozeß das Recht auf Steuerbewilligung, und es ist gewiß typisch für die Position der territorialen Stände, wenn sie Wert darauf legten, daß nicht von Steuern, sondern von Subsidien die Rede sein sollte. Tatsächlich meinte 'Steuer' ein Recht des Souveräns, Subsidien erteilen aber hieß, seine Möglichkeiten als Untertan ausschöpfen. Nun zielte Zentralisierung nicht allein auf eine Konzentration der Macht, sondern auch auf eine Vereinfachung des politisch-administrativen Vorgangs. Ein schwieriger Vorgang der Geldbeschaffung war es gewiß, wenn jeweils die Stände aller Territorien einzeln um die Bewilligung von Geldern gebeten werden mußten. Den Burgundern kam es angesichts ihres fortdauernd wachsenden Geldbedarfs darauf an, den Entscheidungsprozeß zu beschleunigen. Zu diesem Behuf diente die Bildung der 'Generalstände', die 1463 zum erstenmal in Anwesenheit von Philipp dem Guten zusammentraten. Eine solche Institution erfüllte einen mehrfachen Zweck oder konnte zumindest eine Mehrzahl von neuen Funktionen einbringen. Als zentrale Instanz vermochte sie die Zentralgewalt stärker zu profilieren, konnte sie darüber hinaus vielleicht ein sicherlich in Spuren vorhandenes Einheitsbewußtsein fördern, insofern hier die Vertreter der einzelnen Territorien zu gemeinsamen Beschlüssen zusammengebracht wurden. Obendrein waren die Generalstände – sie waren es eigentlich in erster Linie – zentrale Kontrollinstanz am zentralen Ort. Wie hieß es doch zu diesem Selbstverständnis hinsichtlich der beiden letztgenannten Faktoren: „[Wir wollen] . . . Brüder sein und vereinigt . . . leben und sterben in der gemeinsamen Verteidigung unserer Länder . . ." und weiter: „wenn wir einig sind, wird uns der König nicht schaden können".[7] Die Versammlung der Generalstände bestand aus Abgesandten

[6] Zitat in AGN, 4 (1980), S. 181.

[7] Zitat bei de Schepper, AGN, 5, S. 327.

der territorialen Stände, die zu den Sitzungen mit einem imperativen Mandat ihrer Herkunftsgremien erschienen. Die Kompetenzen der Stände waren zwar nicht genau umschrieben, jedoch berieten sie über politische Probleme, die der Landesherr ihnen vorlegte und in denen er ihren Rat begehrte. Das hier unten noch zu erörternde 'Große Privileg' der Maria von Burgund umschrieb zum erstenmal die Befugnisse, blieb gleichwohl noch sehr allgemein in den Worten: „... die Angelegenheiten, die Wohlfahrt und den Nutzen unserer Länder betreffend ..."[8]. Zwischen 1463 und 1477 kamen die Generalstände sechsmal zusammen, ehe das 'Große Privileg' die auf Zentralisierung drängende Entwicklung zunächst einmal unterbrach. Bis dahin hatte sich kaum die Hoffnung der Burgunderherzöge erfüllt, mittels ihrer Institutionen, zu denen auch die Generalstände zählten, ein überterritoriales burgundisch-niederländisches Bewußtsein in den einzelnen Landesteilen zu züchten; das mag ansatzweise Philipp dem Guten gelungen sein, sein Sohn und Nachfolger Karl der Kühne besaß aber wohl nicht die Fähigkeit und das Interesse, um eine in mehreren Jahrhunderten gewachsene Mentalität gänzlich zu verändern – und das war eben die Mentalität der territorial abgeschotteten Souveränität. Mochte demnach der Landesherr die Generalstände bilden, um die Einheit der Landschaft zu fördern und die Politik durch Beschleunigung des Entscheidungsprozesses zu erleichtern, die Territorialstände als Auftraggeber ihrer Delegierten sahen in solchen Ständen eher ein Instrument der erleichterten Kontrolle gegenüber dem Landesherrn. Karl der Kühne tat recht eigentlich nichts, um seine niederländischen Gebiete von der Notwendigkeit einer größeren verstärkten Einheit zu überzeugen. Gewiß, er hat sich um weitere Zentralisierung bemüht, indem er der neugebildeten Finanzverwaltung (Domänen, Bedenkammer) festen Sitz in Mecheln neben dem Parlament und dem Rechnungshof gab (1473), aber seine Konzentration auf die Außenpolitik und seine kriegerischen Aktionen in diesem Feld und erst recht seine Auffassung vom Herrscher und Herrschen haben einer mentalen Veränderung in den Niederlanden im Wege gestanden. Durch einfache zentralisierende Verwaltungsmaßnahmen – so sinnvoll sie unter dem Aspekt der straffen Verwaltungsorganisation auch sein mochten – ließ sich vor allem dann ein Einheitsgedanke nicht fördern, wenn

[8] Ebd.

gleichzeitig ein außergewöhnlich hoher Geldbedarf zur täglichen Diskussion stand, der aus den Domäneneinkünften nicht gedeckt werden konnte. In seiner neunjährigen Regierungsperiode forderte er von den Ständen Beden, die insgesamt den von Philipp dem Guten in fünfzig Jahren geforderten Beträgen gleichkamen. Zudem wurde Karls des Kühnen innenpolitisches Auftreten als ausgemacht autoritär empfunden, bis übrigens in den höchsten Adel hinein, der dem 1430 von Philipp dem Guten gestifteten Orden der Ritter vom Goldenen Vlies angehörte. Die Geringschätzung überkommener Rechte nahm man nicht ohne Murren hin, die zentralisierte Rechtsprechung der Mechelner Instanz wurde nicht immer akzeptiert.

Die Ambitionen und Aktionen des französischen Königs Ludwig XI. haben schließlich den Ständen eine Gelegenheit geboten, die burgundischen Neuerungen zurückzuschrauben. Bei aller Animosität gegen das autoritäre Auftreten Karls des Kühnen waren die Stände zwar bereit, das niederländische Erbe der Burgunder zugunsten Marias gegen Frankreich zu verteidigen, aber solche Bereitschaft zeigte sich mit Auflagen verbunden. Maria war offensichtlich zu schwach, die Gefahr einer Übernahme des Erbes durch Ludwig allein abzuwehren, und das bedeutete auch eine deutliche Schwäche gegenüber den ständischen Forderungen. Sie mußten schlicht bewilligt werden. Marias Zusagen wurden am 11. Februar 1477 im sogenannten 'Großen Privileg' sowie in einer Reihe von territorialen und städtischen Chartern verbrieft. Der Akt enthielt eine weitgehende Rückkehr zum Überkommenen. Er bewies, daß die burgundische Zeit, die sich letztlich erst seit Philipp dem Guten zur vollen Macht und Blüte entwickelte, nicht ausreichte, um vieljährig gewachsene Strukturen, die offensichtlich noch nicht an ihre eigenen Grenzen gestoßen waren, zugunsten eines noch vagen Einheitsgedankens, der letztlich Verzicht auf Überkommenes, Territoriales, Lokales implizierte, zu überspielen. Maria garantierte die Integrität der Territorien, Respektierung der Privilegien und Gewohnheiten, der Sprache, der gesamten überkommenen Rechts- und Gerichtsordnung. Die Benachteiligung der landsässigen Bürger bei der burgundischen Personalpolitik sollte beseitigt werden. Das Parlament von Mecheln wurde abgeschafft. An seine Stelle trat wieder der 'Große Rat', dessen Mitgliedschaft sich ausschließlich aus Juristen und Adligen der einzelnen Territorien zusammensetzte. Eine neue, auch auf Stärkung der 'Untertanen' zielende Zusage betraf die General- und Territorialstände. Die Stände, die bisher lediglich auf Geheiß des Landesherrn zusammengekommen waren, erhielten nun Versammlungsrecht. Sie waren – manches war zuvor schon gewachsen – in allen wichtigen Fragen des Landes zu hören. Vor allem durfte kein Krieg mehr ohne Zustimmung der Stände geführt werden. Noch einmal – und nicht zum letzten Mal – sollte die alte Brabanter 'Blyde Incomste' zur Geltung kommen: die Bestätigung eines Widerstandsrechts insofern, als die Stände sich von allen Pflichten gegenüber dem Landesherrn entbunden achten durften, wenn dieser Landesherr gegen die verbrieften Rechte und Freiheiten (regional oder lokal) verstieß.

Zwar handelt es sich beim 'Großen Privileg' um eine recht heftige Reaktion der einzelnen niederländischen Territorien gegen die burgundische Zentralisierung, aber der Zentralisierungsprozeß war damit nicht endgültig zu den Akten gelegt, wie im übrigen auch die ständischen Befugnisse, sowohl die der Territorial- als auch die der Generalstände – wenn auch nicht im einzelnen genau benannt –, doch in der Praxis weiterentwickelt worden sind.

Der weitere Ausbau der Zentralverwaltung unter den Habsburgern und die Festigung der ständischen Gremien charakterisierten im ausgehenden 15. und beginnenden 16. Jahrhundert die Ausbildung des modernen Staates als einen Prozeß der gleichzeitigen Stärkung einander gegenüberstehender Kräfte. Zwar erhielten die Territorialstände 1477 das Versammlungsrecht zuerteilt, davon blieb allerdings recht rasch wenig übrig. Es scheint auch, daß die 'vier leden' Flanderns allein dieses Recht haben wahrnehmen können. Insgesamt haben die Landesherren in den folgenden Jahrzehnten das Einberufungsrecht wieder ganz in Anspruch genommen. Das gilt für die Entwicklung in den südlichen Provinzen bis ins 18. Jahrhundert hinein. Gleichwohl hielten die Territorialstände ihr Verständnis von Machtverteilung lebendig, indem sie die Rechte und Freiheiten ihrer Territorien, Thronwechsel, Währungs- und Münzfragen, Krieg und Frieden – also ein gut Stück Außenpolitik –, Änderungen des geltenden Rechts für zustimmungsbedürftig erklärten. So wird auch der Widerstand der Stände gegen die Religionsedikte des 16. Jahrhunderts, die Kodifizierung des lokalen Gewohnheitsrechts sowie gegen die Strafverordnungen von 1570 verständlich. Um diesen in Juristenkreisen nicht rundum akzeptierten Anspruch durchzusetzen, war den Ständen immerhin die Zustimmung zu den erbetenen Finanzmitteln als Pressionsmittel gegeben. Die Tatsache, daß den Ständen die Umlage der bewilligten Gelder oblag, zeigt, daß man territoriales Eigenleben schon gar nicht in dem so wichtigen Bereich der Finanzen gestört sehen wollte. Der wachsende Geldbedarf der Landesherren erwies sich dabei insofern als wirksamer Hebel, als die dadurch erforderliche häufigere Einberufung der Stände den politischen Repräsentationswert dieser Gremien erheblich anhob, ihnen praktisch aus der Häufigkeit der Versammlung politischer Wert zuwuchs. „Indem sie bei diesen Gelegenheiten ihre Zustimmung [zu den Subsidien] an politische Bedingungen zu knüpfen pflegten, die der Landesherr seinerseits ganz und teilweise erfüllte, entwickelten sie sich", wie de Schepper meint, „zu formalisierten pressure groups, die im gewissen Umfang Mitwirkung in Regierungsangelegenheiten erwarteten."[9] Es gibt zahlreiche, hier nicht im einzelnen aufzuführende Beispiele von Verordnungen, die auf Antrag oder nach Konsultation der Stände ergangen sind. Die weitere politische und verwaltungsmäßige Konsolidierung der Stände gegenüber dem Landesherrn, dieses Nebeneinander, das zum Miteinander, vor allem jedoch zum Gegeneinander werden konnte, erhellt aus dem Zugewinn etwa in Form der Verwaltung und Kontrolle der Beden (Einkünfte und Ausgaben; nacheinander Flandern, Brabant, Holland–Seeland) oder als das Recht, die vereinbarten Beden einzuziehen, was wiederum bei finanziellen Überschüssen die Möglichkeit einer eigenen Ausgabenpolitik enthielt. Solche Entwicklung führte auch zur Ausbildung ständischer Behörden (in einigen Territorien schon im 15. Jahrhundert im Ansatz vorhanden), gleichzeitig bürgerte sich die Übung ein, einen Syndikus mit Kenntnis des alten Rechts und der Privilegien zu den ständischen Beratungen hinzuzuziehen. Dabei handelte es sich entweder um einen Syndikus der großen Städte (Flandern und Brabant) oder – zunächst jedenfalls – um den Syndikus der Ritterschaft (Holland und Seeland). In Holland wurde die 'Übung' zur Planstelle. In der Zeit der Republik sollte sich diese im 16. Jahrhundert noch nicht so bedeutsame Stellung des 'Syndikus' oder 'Ratspensionärs' ('raadpensionaris') zu einer der wichtigsten politischen Entscheidungszentren der Niederlande für Innen- und Außenpolitik gleichermaßen entwickeln.

[9] Ebd. S. 326.

Die durchaus starke Position der Territorialstände bewies sich auch in ihrem Verhältnis zu den Generalständen. Kein Territorium konnte in den Generalständen majorisiert werden, d. h. es wurde dort nicht abgestimmt. Die Territorialstände bestimmten ihrerseits die Zusammenstellung der Abordnungen, die zugleich ein imperatives Mandat mit auf den Weg bekamen. Entscheidungen blieben aus, bevor nicht Rücksprache jeweils mit den eigenen Ständen genommen war. Die ursprüngliche Absicht der Burgunder, die Generalstände gleichsam zum zentralen und einzigen Entscheidungszentrum zu erheben, scheiterte an den unbedingten Autonomieansprüchen der Territorialstände. Das Selbstversammlungsrecht der Generalstände wiederum vermochte sich gegen den Landesherrn nicht durchzusetzen. Immerhin bürgerte sich im Laufe der Jahre nach dem 'Großen Privileg' die Übung ein, daß der Landesherr die Generalstände zumindest zweimal im Jahr einberief.

Die Stellung der Statthalter erwies sich im Zuge der unter den Habsburgern verstärkten und schließlich auch geographisch erweiterten permanenten Konfrontation zwischen Zentralisierungstendenz und territorialem Beharrungsvermögen als eine höchst zwiespältige. Sie hatte sich als Vertretung für den in den Niederlanden – zumindest in den nördlichen Territorien – nur selten anwesenden Landesherrn zu einer dauerhaften Institution entwickelt, und es sollte sich – der Ausblick mag erlaubt sein – einige Jahrhunderte später zeigen, wie sehr sich gerade im Zuge der Auseinandersetzung zwischen landesherrlichem Zentralismus und landschaftlichem 'Föderalismus' die Konzeption vom Statthalter, der zunächst doch nichts anderes war als der vom Landesherrn bestallte Vertreter, gewandelt hat. Den Ansatz dazu findet man eben zur Zeit der Maria von Burgund. Im 'Großen Privileg' für Holland und Seeland vom 14. März 1477 ließen die Stände schriftlich fixieren, wie sie sich ihren Statthalter – letztlich doch eine Instanz der Zentrale – vorstellten. Kein solcher Beamter durfte bestellt werden, der nicht aus der Grafschaft stammte. Es zeigte sich auch, daß die Stände den Statthalter als den Wahrer provinzieller Rechte und Privilegien begriffen. Letztlich wird man gerade diese Bestimmung des Privilegs als eine Vorstufe für die vom Jahre 1572 datierende Entwicklung ständischer Macht ansehen können. Die Stände wollten den Statthalter zwar formal in der Abhängigkeit des Landesherrn belassen, versuchten aber zugleich, ihn mit dieser Bestimmung des Privilegs aus der landesherrlichen Zentrale herauszulösen und ihren eigenen Dezentralisierungs- und Selbständigkeitsbestrebungen, wie sie doch allgemein aus den Bestimmungen des Privilegs (sowohl des allgemeinen vom Februar als auch des holländischen vom 14. März) hervortraten, einzuordnen.

Gleichwohl: im Hinblick auf die Statthalter blieb solcher Versuch des konstitutionellen Terraingewinns Episode. Die Habsburger störten sich nicht an den Bestimmungen des Privilegs und setzten Statthalter nach eigenem Gutdünken ein, begrenzten sie auch in ihren Kompetenzen, so etwa beim Ernennungsrecht gegenüber den städtischen Magistraten, wie es unter der Generalstatthalterin Maria von Ungarn der Fall war. Freilich bleibt es fraglich, ob die Statthalter überhaupt eine enge Beziehung zu ihrem Verwaltungsbezirk hatten. Festzuhalten ist doch, daß die Auseinandersetzungen, die sie mit der Zentralregierung in Brüssel führten, eher der Wahrung ihrer Rechte als Hochadel in Beamtenfunktion als der Wahrung der territorialen Interessen dienten.

4.3. Weiterer Ausbau der Zentralgewalt – Professionalisierung und Rationalisierung

Zugleich machte der Ausbau der zentralen Regierungsorganisation für die niederländischen Territorien weitere Fortschritte. Solcher Ausbau ist zu verstehen als die Konsequenz einer Rationalisierung und Professionalisierung eines Regierungsapparates, der sich einer wachsenden Vielfältigkeit der Aufgaben gegenübersah. Aber wie rational er auch immer begründet war, er enthielt unter den gegebenen historischen Voraussetzungen immer die Fortschreibung einer Konfrontation mit der territorialen Eigenständigkeit vor allem auch dann, wenn im Zuge des Zentralisierungsprozesses personalpolitische Entscheidungen getroffen wurden, die man im Lande selbst als 'fremdständig' empfinden mußte. Das Bewußtsein von der Eigenständigkeit erhielt noch mehr Gewicht, als zu dem ehemals burgundischen Bestand die abschließenden Erwerbungen Karls V. traten. Denn: der Übernahme der Herrschaft im niederländischen Norden und Osten, in Friesland und Geldern, fehlte der nachgerade 'organische' Charakter der burgundischen Landnahme. Die Herrschaftsausübung beruhte auf Verträgen, deren Einhaltung genauestens überwacht wurde. Beide Regionen fühlten sich als Fremde gegenüber dem alten burgundischen Block. Für sie war die Regierung in Brüssel ganz fern, für Einheitsgedanken war man hier jedenfalls nicht gleich zugänglich. Wie dem auch sei, unter Karl V. waren alle niederländischen Territorien einem einzigen Herrscher unterworfen. Die Absicht Karls V., aus der Landmasse ein Königreich zu formen, ist niemals konkretisiert worden, und die Territorien haben sich lediglich bereit gefunden, die Pragmatische Sanktion von 1549 anzunehmen, in der die einheitliche Erbfolge für alle Territorien geregelt und damit eine Trennung in Einzelherrschaften ausgeschlossen wurde. Die Geschlossenheit des gesamten Raumes sollte darüber hinaus durch den Zusammenschluß zum Burgundischen Kreis akzentuiert werden. Diesem allen entsprach eben der Ausbau der zentralen Behörden, der oben unter dem Begriff Professionalisierung und Rationalisierung subsumiert wurde. Daß die Habsburger das Amt des Generalstatthalters einrichteten mit genau beschriebenen Befugnissen, unterstreicht letztlich, daß der Träger der Souveränität faktisch permanent anwesend sein sollte, zeigt aber auch in den Beschränkungen, die die Bestallungsbriefe für einzelne Amtsbereiche enthielten, daß das Herrschaftsgebiet zu wichtig war, als daß alles dem Stellvertreter des Souveräns vollständig hätte vorbehalten werden können. So blieben für den Landesherrn die Einberufung der Generalstände, die Ernennung von Bischöfen und Prälaten großer Abteien, der Präsidenten der Gerichts- und Rechnungshöfe, der Statthalter in den Territorien und andere wichtige Personalentscheidungen reserviert. Darüber hinaus wurde die Politik des von 'Regierungsräten' assistierten Generalstatthalters vom Landesherrn genau kontrolliert und nötigenfalls ein Wechsel der Politik verlangt.

Das Ratssystem entwickelte sich systematisch weiter. Während der Hohe Gerichtshof von Mecheln ('Grote Raad van Justitie', und bis 1477 Parlament von Mecheln) 1501 eben diesen Ort wieder als permanenten Sitz zugewiesen erhielt, bildete sich im Gremium des seit Philipp dem Guten tätigen ambulanten Hofrats ein Kern heraus, der schließlich zum Geheimen Rat heranwuchs. Daneben formierte sich innerhalb des Hofrates ein adliger Kern für die 'grandes affaires', der 1531 unter dem Titel 'Staatsrat' ('Raad van State') institutionalisiert wurde. Zusammen mit dem Finanzrat traten die oben genannten Gremien als die sogenannten Kollateralen Räte auf. Die Mitglieder (durchgehend sechs bis neun) des Geheimen Rates waren ausnahmslos Juristen und kamen entweder aus dem städtischen Patriziat oder aus dem – zu jener Zeit noch jungen – Amtsadel. Die Mitgliedschaft stand am Ende einer Karriere, die einen Aufstieg aus einer Advokatur oder städtischem Amt (Pensionär) über einen territorialen Gerichtshof oder selbst den Mechelner Rat in dieses Gremium enthielt. Zum Kompetenzbereich zählten 'grace, justice et police' des Landesherrn. Der Rat bereitete die landesherrlichen Gesetze vor und haftete für deren Erlaß. Er überwachte die Ausführung der Verordnungen sowie die öffentliche Ordnung über ein Netz territorialer Beamter. Eine sehr wesentliche Stellung nahm er in der Auseinandersetzung zwischen Kirche und Staat ein. Sein wichtigstes Ziel war die Unterordnung der Kirche unter die staatliche Kontrolle. Dem Rat als höchstem Verwaltungsorgan oblag Organisation und personelle Zusammensetzung der niederen Gerichtsorgane. Ohne selbst richterliche Befugnisse zu haben, mischte er sich in unterschiedlicher Form aber in die Rechtsprechung ein, und hieraus entwickelte sich im Laufe der Jahrzehnte gleichsam auf dem Wege der langjährigen Übung eine eigene Rechtsprechung unter anderem auch im Strafrecht, unter das Majestätsbeleidigungen, Ketzerei, Handel mit dem Feind des Landes ohne landesherrliche Billigung fielen.

Gegenüber diesem in der Aufstandsphase sicherlich höchst wichtigen professionalisierten Geheimen Rat, durch dessen allmähliche Kompetenzerweiterung gerade im Bereich der Rechtsprechung die Rechtssicherheit des Landes und damit in gewissem Umfang auch die Einheit der Territorien gefördert wurde, nahm der Staatsrat als typischer Kronrat die Beratung der Generalstatthalterin in Regierungsangelegenheiten wahr. Die sechs Mitglieder dieses Rates rekrutierten sich allesamt aus dem hohen Adel, der sich auf reichen Großgrundbesitz stützen konnte. Solcher Großgrundbesitz war recht eigentlich das einzige Kriterium für hohen Einfluß dieser Schicht, die weder juristisch geschult noch in der Verwaltung erfahren war und lediglich im Militärischen noch Kenntnisse aufzuweisen hatte, was sich dann auch in der Übernahme von Heereskommandos, Statthalterschaften und Marineoberbefehl äußerte. Die Kompetenz war recht vage umschrieben, insofern sie sich auf die 'großen' Angelegenheiten des Staates beschränkte, auf jeden Fall aber blieb sie auf 'beratende Stimme' begrenzt. Die Empfehlungen banden die Generalstatthalter[innen] keineswegs, die im übrigen zu den Sitzungen auch die Ritter vom Goldenen Vlies neben anderen Adligen hinzuziehen konnten. Infolge des 'alphabetischen' Unvermögens des hohen Adels und nicht zuletzt auch als Konsequenz der adligen Ambulanz hat Karl V. noch zwei sogenannte 'Togati' für die Anfertigung der einschlägigen Schriftstücke in den Rat hineingenommen. Auch dies mag als Zeichen einer Professionalisierung des alten feudalen Systems gewertet werden können, gleichwohl ist festzuhalten, daß sich auf keinen Fall über den hohen Adel, diese Säule der alten Feudalordnung, hinwegregieren ließ. Karl scheint das noch begriffen zu haben, Philipp II. dagegen berücksichtigte solche Empfindlichkeiten in geringerem Maße. Er fand auch bald den hohen Adel gleichsam als Vertreter des niederländischen Volkes gegen sich im gleichen Maße, indem am Hofe der nichtniederländische Adel Einfluß zu gewinnen vermochte.

Der zentrale Finanzrat war schließlich ein reines Kontrollorgan – zwar das erste selbständige Gremium, dennoch in seiner politischen Bedeutung nicht hoch zu veranschlagen. Dem Rat oblagen die Domänenverwaltung, die Steuereintreibung, die Zollerhebung, die kommunale Finanzkontrolle und die Besoldung der Beamten. Er war rein ausführendes Organ und handelte gemäß den Instruktionen der Generalstatthalterin oder des Geheimen Rates.

Wenn sich bis hierher die Darstellung auf eine Skizze der sozialen, wirtschaftlichen und konstitutionell-verwaltungsmäßigen Voraussetzungen und Unternehmungen beschränkt hat, dann deshalb, weil sich so die niederländische Vielfalt besonders einsichtig machen, die Schwierigkeit des Versuchs zu einer ideellen und materiellen Zusammenfasung des Territorienkomplexes am ehesten deutlich machen ließ. Die Burgunder sind bei diesem Versuch der Zentralisierung gescheitert. Der Fehlschlag in der Außenpolitik deckte die Bodenlosigkeit der Innenpolitik auf. Die niederländischen Territorien griffen wieder zurück, was sie bis dahin verloren glaubten. Eine Garantie gegen abzusehende Zentralisierungsunternehmungen in der Zukunft wurde verbrieft. Die Habsburger knüpften dort wieder an, wo die Burgunder aufgehört hatten – nach einer Denkpause gleichsam. Sie taten es dann schließlich auf einem ungleich größeren Territorium. Die Erwerbungen Karls V. rundeten ja dieses Gebiet erst ab, das endgültig als die Niederlande in die Geschichte eingehen sollte. Anknüpfung an das burgundische Vorbild, das hieß Wiederaufnahme der Zentralisierung und Professionalisierung. Das war keine ungestüme Entwicklung. Sie vollzog sich nicht in großen

Sprüngen und fand gerade in ihrem juristischen Teil die Anerkennung der Territorien, da ein höheres Maß an Rechtssicherheit geboten wurde. Freilich: Rationalisierung der Regierung und Verwaltung schuf noch kein Einheitsbewußtsein. Aus Flandern stammte man zunächst, aus Holland oder Friesland, aus Antwerpen, Dordrecht oder Amsterdam, nicht jedoch aus den Niederlanden. Ein durch Privilegien und Gewohnheitsrecht gestütztes Sonderbewußtsein konnte vor allem in Zeiten der Unruhe der Vielfalt des Denkens und der Mannigfaltigkeit der geistigen Einflüsse aufgeschlossener sein, wenn es gerade gegen die Zentrale gerichtet war oder zumindest nicht mit ihr übereinstimmte, ließ darüber hinaus auch rasch die Schuldigen für wirtschaftliche Misere bei jenen suchen, die den Anspruch auf Verantwortung für das Ganze erhoben. Wo es vielleicht gelungen sein mag, so etwas wie ein gesamtniederländisches Bewußtsein zu erzeugen – die Abschließung als Burgundischer Kreis vom Reich darf als eine solchem Bewußtsein förderliche Maßnahme gesehen werden –, barg das Ergebnis insofern neue Gefahren, als die Betonung der Eigenheit Fremdes kaum ertrug. Karl V. war in dieser Hinsicht wohl weiser und den Territorien wohl näher als Philipp II., sein Sohn.

5. *Auf dem Weg zum niederländischen Aufstand*

5.1. Permanente partikulare Empörung – Tradition der Widersetzlichkeit

Genau hier scheinen wesentliche Ursprünge des niederländischen Aufstandes zu liegen: in der Wahrung des Partikularen, des Privilegierten, in der Unfertigkeit eines gesamtniederländischen Denkens, das sich schließlich noch gegen die zentrale Regierung richtete, weil dort nicht recht begriffen wurde, daß eine durch jahrhundertealte Eigenständigkeit geprägte Städtelandschaft und ein bei allen Rückschlägen doch durch erhebliche Wirtschaftskraft gekennzeichneter Raum, dessen Kultur eigenständig und kein etwa durch Burgund auferlegtes Oktroi war, sich nicht einfach aus der ständisch-städtischen Vielfalt herausnehmen und in ein auf Absolutismus tendierendes System einspannen oder ausnutzen ließ.

Damit sind nicht erschöpfende Erklärungsgründe, sondern lediglich Rahmenbedingungen für ein Konfliktpotential aufgewiesen, das sich schließlich in dem niederländischen Aufstand gegen Philipp II. umsetzte. Solches Konfliktpotential ist hier nachzuzeichnen. Ausgehend von Thematik und äußeren Formen des Aufstandes, sind die staatsrechtliche Komponente, gleichsam die konstitutionelle Wirklichkeit, die wirtschaftliche und soziale Entwicklung und nicht zuletzt auch die religiösen Konstitutionen und Wechselfälle zu beschreiben, und schließlich sei noch hingewiesen auf den Aufstand als Tradition, in dem die Empörung gegen den Spanier als eine besonders umfassende und umwälzende Widersetzlichkeit zu gelten hat, die am Ende einer Reihe von zwar regional und lokal begrenzten, gleichwohl äußerst harten Auseinandersetzungen zwischen Bevölkerung und Obrigkeit stand. Sie verdienen hier Aufmerksamkeit, weil sie zum Teil auf jeden Fall eine nachgerade traditionale Konfliktträchtigkeit im Verhältnis des Territorialherrn zu einer ausgebildeten, hochentwickelten Städtelandschaft zu zeigen vermögen. In der ersten Hälfte des 14. Jahrhunderts, als sich Ludwig von Nevers, Graf von Flandern, im englisch-französischen Krieg (Hundertjähriger Krieg) für seinen französischen Lehnsherrn entschied, nahm das noch kaum gewaltsame Formen an, da der Graf sich nach Frankreich begab, der Genter Patrizier und Volksführer Jakob van Artevelde das flämische Städteregiment übernahm und Flandern entsprechend der Interessenlage seiner Tuchindustrie auf England hin ausrichtete, um das englische Wollausfuhrverbot von 1338 zu überwinden. Das Interesse der Landschaft, vertreten durch die Städte, rangierte vor der feudalen Verpflichtung. Mehr noch: zuvor schon (1339) hatte Artevelde seinen Territorialherrn veranlaßt, mit Johann III. von Brabant einen Vertrag zu schließen, in dem vom gemeinsamen Interesse der Brabanter und Flamen die Rede war. Zur Diskussion standen Münz- und Wirtschaftspolitik, und dies unterstreicht, daß die strukturell bedingte landschaftliche Eigenheit im politischen Wissen der Zeit über die enge territoriale Grenze hinausging. Schon wenige Jahrzehnte später folgte die landesherrlich-städtische Kraftprobe im Genter Aufstand, der zwischen 1379 und 1385 die flämische Politik beherrschte und schließlich mit Philipp dem Kühnen unter Einbeziehung starker französischer Kräfte mit der Niederlage Gents und der Tuchweber sowie anderer sozialer Schichten in Brügge und Ypern endete. Verstoß gegen Privilegien war der Anlaß;

wie konnte es anders sein in dieser Privilegienwelt. Gleichwohl ging es um mehr. Von städtischer Seite sollte dem eher defensiv gerichteten Schutz der Privilegien noch die mehr offensiv kalkulierte Beschränkung der gräflichen Gewalt durch Überwachung der gräflichen Beamten beigegeben werden. Eine entsprechende Enquête-Kommission – aus den Bürgern Gents, Brügges und Yperns zusammengestellt – wurde vereinbart. Diese Vereinbarung sah zugleich die Unterwerfung solcher Beamten unter die städtische Gerichtsbarkeit vor. Ähnliches kannte man schon in Brabant und im Fürstbistum Lüttich. Wenngleich die frühe Vereinbarung (1379) toter Buchstabe blieb, demonstriert sie doch den Charakter, die Motivation des Kampfes. Die flämischen Städte haben sich trotz zwischenzeitlicher Gewinne unter Philipp van Artevelde, dem Sohn Jakobs, nicht durchsetzen können, aber die Niederlage gegen den Territorialherrn, am Ende Philipp der Kühne, bedeutete nur einen Aufschub, keinen Abschluß der gewaltsamen Auseinandersetzungen. Philipp der Gute hat mit Gent beim Aufstand von 1451/53 ähnliche Erfahrungen machen müssen. Wieder war die Abgrenzung der Kompetenzen zwischen Landesherrn und privilegierter Stadt der Zankapfel, und es war zu jedem Augenblick eigentlich völlig unerheblich, ob Patrizier, Tuchweber oder kleine Handwerker die Stadt im Griff hatten. Anlaß zum Aufstand waren die Maßnahmen Philipps bei der Erneuerung des Magistrats. Die Revolte endete mit einer vernichtenden Niederlage der Aufrührer, die diesmal ohne Unterstützung der übrigen flämischen oder holländischen Städte blieben. Lediglich in Rotterdam scheinen sich Unruhen im Zusammenhang mit den Genter Ereignissen abgespielt zu haben. Daß sich die Holländer nicht rührten, dürfte auf neue Privilegien zurückzuführen sein, die Philipp der Gute den holländischen Städten im Tausch für die Bewilligung einer 10-Jahres-Bede zugestand. So erwies sich städtische und regionale Sucht nach einer Stabilisierung und Erweiterung des eigenen Privilegienbestands durchaus auch als Schwäche. Aber es ging eben nicht nur um die Wahrung von Privilegien. Es ging letztlich um Mitbestimmung, Mitregierung, wenn das Interesse des Landes insgesamt berührt war.

Der Habsburger Maximilian, den Maria von Burgund als Regenten in den Niederlanden einsetzte, erfuhr das gleich in den Anfangsjahren, als unter der erneuten Führung Gents die flämischen Städte sich der gegen den burgundisch-französischen Frieden von Atrecht (1482) gerichteten

Politik des Habsburgers widersetzten – ein Friede, der ja gerade von den Generalständen im Interesse des Landes eingeleitet worden war. In der Phase der Unruhen von 1483–1492 (mit kurzer Unterbrechung) standen sich Landschaft und Herrschaft voll gegenüber. Die Stadt Brügge unternahm es selbst, Maximilian gefangenzusetzen – eine Maßnahme, die europaweites Aufsehen erregte –, und die ursprünglich von Maximilians Sohn Philipp nach Mecheln einberufenen, dann aber auf Geheiß des aufständischen Gent in Brügge zusammenkommenden Stände von Brabant, Hennegau, Holland, Seeland, Namur und Flandern einigten sich 1488 in einem Vertrag mit Maximilian, in dem der Friede von Atrecht bestätigt wurde, ein jährliches Versammlungsrecht der Generalstände sowie die Forderung enthalten war, daß der Landesherr weder Krieg erklären noch Frieden schließen durfte ohne die Zustimmung der Generalstände.

Kennt man Zusammensetzung und Arbeitsweise der Generalstände, dann begreift man, wie sehr hier der territoriale Partikularismus festgeschrieben wurde. Da noch dazu der französische König die Vereinbarung garantierte, trug der ganze Handel den Anschein einer deftigen Niederlage der burgundisch-habsburgischen Zentralgewalt. Zu Recht ist in der Literatur darauf hingewiesen worden, daß solche Vereinbarung schon um einiges weiter reichte als das 'Große Privileg' und daß sie manche Ähnlichkeit mit der Genter Pazifikation von 1576 zeigte – ein für die Phase des niederländischen Aufstandes so wichtiges Dokument. Maximilian hat sich mit den Bedingungen einverstanden erklärt, nach seiner Freilassung das ganze Papier jedoch zum toten Buchstaben degradiert. Der Aufstand hatte insofern noch Weiterungen, als durch Parteinahme Philipps von Kleve für die niederländischen Städte der Genter Rahmen erheblich gesprengt wurde. Über die Gründe für die Haltung des Klever Adligen, der zuvor zusammen mit Engelbrecht von Nassau und Jean Carondelet Maximilian in den Niederlanden vertreten hatte, ist hier nicht zu handeln, festzuhalten ist lediglich, daß die Rebellion doch noch mit einer Stärkung der zentralen Macht des Landesherrn endete. So schaltete er 1490 das 'Brugse Vrije' wieder als viertes Mitglied der flandrischen Stände ein mit dem Vorhaben, die Macht der hartnäckigen Städte Gent, Brügge und Ypern zu neutralisieren. 1485 war dieses Vorhaben zunächst gescheitert. Darüber hinaus konnte etwa Philipp der Schöne bei der Übernahme der Landesherrschaft in Brabant eine 'Blijde Incomste' ausfertigen, die nichts mehr mit den Zugeständnissen der Maria von Burgund zu tun hatte. Ähnliches ergab sich in Holland und Seeland. Wichtiger aber waren die Bedingungen des Cadzander Friedens von 1492, der der Rebellion ein Ende setzte. Sie enthielten den Zugriff des Landesherrn auf die Zusammenstellung der Stadtregimenter in Flandern und Brabant. Für Gent hieß das: die nächste Erneuerung des Magistrats konnte nur mit Billigung landesherrlicher Kommissare ohne jegliches Einspruchsrecht der Stadt erfolgen. Danach sollte das alte Verfahren der städtischen Wahl und landesherrlichen Ernennung wieder Anwendung finden, wobei der Zunftobermeister der Tuchweber, der bei der Neuwahl des Magistrats eine höchst wichtige Position innehatte, vom Landesherrn benannt werden sollte. Zudem schwächten die Bestimmungen die rechtlichen Kompetenzen der Genter Schöffen in den ländlichen Bezirken, indem man vor allem auch die Erteilung des Genter Bürgerrechts an Nicht-Genter-Bürger ('buitenpoorterschap') einschränkte. Ähnliche landesherrliche Eingriffe gab es auch in anderen Städten, wie man auch mancherorts einen Rückgang der 'buitenpoorterschap' feststellen konnte, was auch abzuleiten war aus einer Stärkung der landesherrlichen Kompetenzen außerhalb der Stadtmauern.

Sicherlich ist es richtig, wenn darauf hingewiesen wird, daß nach dem Maximilianischen Zugriff es keiner Stadt mehr gelungen ist, einzelne Territorien oder Städte in einem allgemeinen Aufruhr gegen den Landesherrn aufzubringen, aber auch Karl V. und seine Generalstatthalterin Maria von Ungarn blieben von den von Gewalt getragenen Unruhen nicht verschont, vor allem, als Gent – seit der Thronbesteigung Karls nachgerade permanent unruhig – sich 1537 weigerte, sich an der von den Generalständen bewilligten Bede von 300 000 Gulden für den Krieg gegen Frankreich zu beteiligen. In der Begründung sprach man von „schlechten Zeiten, den schlechten Geschäften, dem geringen Gewinn und den noch laufenden Beden“ [10]. Die Stadt behinderte die Eintreibung des auf sie entfallenen Betrages innerhalb der eigenen Grenzen sowie im Umland (Kwartier van Gent). Dieses Umland umfaßte etwa

[10] Zitat bei M. Baelde, De Nederlanden van Spaanse erfopvolging tot beeldenstorm, 1506–1566. In: Winkler Prins, Geschiedenis der Nederlanden, 1 (1977), S. 38.

ganz Ostflandern, und Gent betrachtete dieses Gebiet als der eigenen Kompetenz unterworfen. In der Begründung der Weigerung klagte man über die Finanzpolitik des Magistrats und verwies darauf, daß man seit 1515 über sechs Millionen Carolus-Gulden bezahlt habe. Die Stadt lehnte es auch ab, dem Mechelner Hof den Rechtsstreit zur Entscheidung vorzutragen. Bei der Ablehnung einer neuerlichen Bede 1538 schrieb Maria an den Kaiser: „Es handelt sich hier darum, ob Eure Majestät Herr oder Diener sein wird." [11] Was zunächst noch nach einem puren Rechtsstreit aussah, entwickelte sich rasch zu einer gewaltsamen Unternehmung. Freilich: hier ging es schon um mehr als nur um den privilegiengestützten Widerstand von Stadtbürgern gegen den Landesherrn. Vielmehr lagen die Ursachen tiefer in der wirtschaftlichen und sozialen Entwicklung der Stadt. Die Bedeutung der Tuchindustrie nahm zusehends ab, mit allen krisenhaften Konsequenzen für das stark verzweigte Handwerkssystem. Parallel lief ein starker Aufstieg des Handelskapitalismus. Preiswucher für Getreide verschärfte die schlechte wirtschaftliche Lage. Die sozialen Gegensätze zwischen dem regierenden Magistrat, den kleinen Handwerkern, in deren Reihen sich ebenfalls Erstarrungserscheinungen und Nepotismus breitmachten, und der erheblich wachsenden Masse der Lohnarbeiter ('creesers') wuchsen erheblich an. Die Gärung in der Bede-Affäre schlug um in offenen Terror, als im August 1539 der neue Magistrat ernannt wurde. Die Zünfte übernahmen die Stadt, setzten den Magistrat ab, verlangten, daß die 'collatie', zu der die 'poorters', die Tuchzunft und die kleinen Zünfte gehörten, die Regierung der Stadt an sich nähmen. Die Schöffen, durch die neue Bestallungsordnung von 1492 mehr oder weniger als Regierungsleute angesehen, wurden verfolgt, gefoltert, einer zum Tode verurteilt. Die 'creesers' schlossen sich den Zünften an, und bald richtete sich die Wut gegen die reichen Bürger. Hier trat der Fall ein, daß eben jene, die zunächst den Widerstand gegen die Einziehung der Bede mitveranlaßt hatten, der Bewegung nicht mehr Herr werden konnten – eine Bewegung, die übrigens auch auf die Städte Aalst, Kortrijk und Oudenaarde übergriff. Zu Recht schrieb Maria von Burgund dann auch an Karl V., daß es hier um die Alternative städtischer Autonomie oder Wahrung der landesherrlichen Gewalt gehe. Die Tatsache, daß es einer-

[11] Ebd. S. 39.

seits gelungen war, städtische Amtswalter aufgrund eigener Machtvollkommenheit anzustellen, es diesem neuen Gremium aber nicht gelang, der wirtschaftlichen Misere zu steuern, und der Umstand, daß es eben deutliche Gegensätze zwischen radikalen und eher konservativ gesinnten Zünften gab, haben schließlich die Bewegung zerbröckeln lassen. Es kostete Karl V., aus Spanien kommend, keine Mühe, die Stadt zu besetzen und die Ordnung wiederherzustellen. Das aber bedeutete: Verlust aller Privilegien, Zahlung des Bedeanteils, der Magistrat wurde künftig direkt vom Landesherrn ernannt, ohne Beteiligung von Kommissaren oder Wählern, die 'collatie' wurde aufgehoben und in eine Versammlung von Notabeln der einzelnen Stadtbezirke umgewandelt. Schöffen und Vogt bestellten die Notabeln. Die Zünfte verloren jegliche politische Macht. Ihre Zahl schraubte das kaiserliche Urteil auf 21 zurück. Schöffen und Vogt stellten auch die Zunftobermeister an. Die Befugnisse der Schöffen schließlich erfuhren eine erhebliche Beschränkung im Verordnungsbereich sowie vor allem im Hinblick auf die Rechtskompetenzen auf dem Lande. Eine ähnliche Beschneidung städtischer Freiheiten erfolgte in Kortrijk, Oudenaarde, Geraardsbergen, Ninove, Ronse und Deinse.

Der Genter Aufstand wurde hier ausführlicher dargestellt, weil er gelten darf als Beispiel einer für die erste Hälfte des 16. Jahrhunderts so typischen Kombination von wirtschaftlicher Stagnation, Revolte gegen Steuerdruck durch eine vom Krieg bestimmte Außenpolitik, Abwehr zentralen Zugriffs auf Privilegien und von innerstädtischen sozialen Spannungen. Gent stand also nicht allein. Sicherlich ist in diesem Zusammenhang in einem neuerlichen Rückblick in die Zeit vor Karl V. der Aufstand des sogenannten 'kaas- en broodvolks' zu nennen, ein bewaffneter Aufstand von Bauern sowie städtischem und ländlichem Proletariat in der Grafschaft Holland, der von Haarlem aus die Grafschaft erfaßte und erst vor Leiden zerschlagen wurde (1491–1492). Er fiel genau in die Zeit des Maximilianischen Krieges gegen den mit dem aufständischen Gent verbündeten Philipp von Kleve. Hier spielten die wirtschaftliche Rezession, Kapitalflucht aus dem platten Lande, Arbeitslosigkeit in Stadt und Land, Steuerdruck und Gegensatz zum städtischen Patriziat eine erhebliche Rolle. Die folgenden zahlreichen städtischen Unruhen in den ersten Jahrzehnten des 16. Jahrhunderts mochten dann nicht die Genter Ausmaße annehmen, aber sie weisen doch auf die geringe Festigung der zentralen Autorität und der Autorität überhaupt, sobald die traditionellen Führungsschichten nicht mehr in der Lage waren, wirtschaftsstrukturelle oder -konjunkturelle Schwierigkeiten zu meistern, soweit dieser Führungsaufbau auf früherer politischer Ausschaltung anderer sozialer Gruppen beruhte und sobald solche verhärteten Strukturen den aufgrund der wirtschaftlichen Kompetenz gerechtfertigt erscheinenden Aufstieg neuer Bürgerschichten hemmten. In Deventer und Utrecht zum Beispiel kehrten sich die Bürger gegen eine Erhöhung der städtischen Abgaben bzw. die Senkung des Zinsfußes für Kriegsschulden. In erstgenannter Stadt führte das zu einer Erweiterung der Magistratsbasis (1511). Im seeländischen Zierikzee standen die Fischer gegen die städtische Oligarchie auf. In Kampen an der Ijssel widersetzten sich 1519 die Zünfte wegen der hohen Abgaben und der Undurchlässigkeit der Verwaltungs- und Rechtskollegien, die sich jährlich durch Kooptation ergänzten. Die Zünfte buchten einigen Erfolg. Allerdings war in den einzelnen Städten der Erfolg sehr wechselhaft. Die Zünfte in 's-Hertogenbosch verloren, als sie sich gegen Magistrat und Geistlichkeit auflehnten und den Interventionsdrohungen der Generalstatthalterin weichen mußten (1525). In Utrecht waren sie zwischen 1525 und 1528 mit ihrer Forderung nach Ausschaltung der Ritterschaft aus dem Stadtregiment erfolgreicher. In Groningen gelang es den Zünften gar, die alte Stadtregierung mit Gewalt abzusetzen und Vertreter aus den eigenen Reihen einzubringen. Durch die Eingliederung dieser Territorien in die habsburgische Monarchie war diesem Erfolg jedoch nur kurzes Leben beschieden. Das waren relativ harmlose Ereignisse. Sie zeigen allerdings, daß die innere Pazifikation der habsburgischen Monarchie noch lange nicht abgeschlossen war. Vor dem großen Genter Aufstand zeigte sich schon zwischen 1528 und 1532 ganz deutlich die Verquickung von antizentralistischer Politik führender städtischer Schichten und innerstädtischen sozialen Auseinandersetzungen. Die Stadt Brüssel liefert hier ein gutes Beispiel. Die Generalstatthalterin entzog den im städtischen Großen Rat vertretenen neun Zünften das Versammlungsrecht, als sie eine Bede ablehnten. Das war ein unerhörter Vorgang, der tatsächlich die Qualität der Privilegienschändung hatte. Zwar blieb die Revolte aus, jedoch kam es 1532 zum Aufruhr wegen der vornehmlich durch Karls V. Außenpolitik verursachten Teuerung auf dem Getreidesektor. Der Hungerrevolte gegen Getreidespekulanten folgte der Widerstand der Bürgerschaft gegen die Monopolstellung der Oligarchie im Stadtregiment. Die Zünfte forderten ihr Versammlungsrecht zurück. Die Stadt konnte sich jedoch nicht durchsetzen und wurde harten Repressalien unterworfen.

5.2. Konfession als Voraussetzung

Zu diesen unterschiedlichen, im Laufe des 16. Jahrhunderts häufig miteinander verbundenen Motiven trat schließlich noch aufkommende Verschiedenheit des Bekenntnisses, die im Rahmen einer nachgerade traditionellen Widersetzlichkeit vermutlich nur bei äußerster Toleranz politisch hätte neutralisiert werden können. Die Auflösung der katholischen Einheit vollzog sich rasch, regional allerdings unterschiedlich und mit durchaus wechselnder Intensität. Luthersche Lehren wurden schon in der frühesten Phase verbreitet. Antwerpen entwickelte sich dabei zu einem ersten Zentrum. Hier erschienen um 1520 Übersetzungen zu den Schriften des Reformators. Utrecht, Den Haag und Amsterdam in den nördlichen Territorien bargen ebenfalls früh lutherische Ketzer in ihren Mauern. Kirche und Regierung ließen sich als Inquisitions- und Repressionsinstanzen von Beginn an nicht unbezeugt, was weder in Amsterdam noch etwa in Arnheim die geheime Abhaltung von Predigten im lutherschen Sinne verhindern konnte. Aber der katholischen Einheit stand keine protestantische Einheit gegenüber, vielmehr äußerte sich protestantisches Denken in unübersehbarer Vielfalt. Etwa ab 1530 setzte sich aus dem Nordosten der Niederlande kommend das Täufertum durch. Flandern und Brabant blieben davon jedoch unberührt, während Amsterdam schon 1531 die erste Täuferverbrennung erlebte. Diese Strömung war in sich kaum homogen. In ihrem Schoße entwikkelte sich eine radikale Richtung. Nach der Niederlage des Münsterschen Täuferreiches ging auch das Täufertum in den Niederlanden erheblich zurück, ohne daß dadurch nun die protestantische Bewegung unterbrochen worden wäre. Das zeigen die zahlreichen Prozesse, die in den einzelnen niederländischen Territorien stattfanden.

Ein weiterer protestantischer Schub brachte zunächst auch eine Verlagerung des regionalen Schwergewichts. Es war der Calvinismus, der, über Bucerius vermittelt, sich vorerst in den südlichen Niederlanden, im Raum Doornik–Valenciennes festsetzte. Folgt man den Karten der konfessionellen Struktur niederländischer Territorien, dann breitete sich der Calvinismus, von Doornik, Valenciennes und auch Rijssel als den ersten Zentren ausgehend, auf zahlreiche Orte in Brabant, Hennegau, Artois und Flandern aus. Das eigentliche Schwergewicht lag jedoch in der hochentwickelten Gewerberegion Westflanderns. Sicherlich zeigten sich auch geringe Anfänge der Verbreitung in Seeland, insgesamt ist jedoch festzuhalten, daß in den nördlichen Territorien in den 50er Jahren kaum von einer Ausbreitung des calvinistischen Glaubens die Rede sein kann. Dagegen erfuhr das Täufertum seit Ende der 40er Jahre unter dem Einfluß des Menno Simons eine Neubelebung, dessen Wirken von Antwerpen über Amsterdam bis nach Danzig Ergebnisse zeitigte. Überhaupt wurde Amsterdam eine Zentrale, wo sich die Glaubensfreunde aus den flandrischen und brabantischen Orten niederließen, denn bis hierhin hatte sich das Täufertum inzwischen durchsetzen können. Zu den Anhängern dieser Richtung zählten vor allem die Intelligenz, die Beamten und wenige der begüterten Bürger. Der größte Teil stammte aus den Unterschichten. Wenngleich die Anhängerschaft durchaus schon stark war, müssen die sich auf 100000 'Ketzer' beziffernden Angaben der Brüsseler Regierung für abwegig gehalten werden. Wichtiger als die Zahl der 'Protestanten' dürfte die territoriale Verteilung sein. Der Norden der Niederlande kannte bis 1566 kaum eine calvinistische Organisation. Reformatorische Arbeit leisteten meistens einzelne Bürger. Daneben traten 'protestantisierende Katholiken' auf, die in ihren Forderungen nach Beseitigung offenkundiger Fehlentwicklungen ihrer Kirche sogar einigen Spielraum erhielten. Selbst im hier noch zu beschreibenden Wunderjahr hatte sich der Calvinismus kaum profiliert, während es in Amsterdam etwa Bestrebungen nach Öffnung zum Luthertum gab. Da war eben das oppositionelle konfessionelle Leben in den südlichen Territorien, vor allem in Flandern und Brabant von ganz anderer Intensität. Hinzuweisen ist auf die Weltstadt Antwerpen, auf die Universitätsstadt Löwen, die Regierungsstädte Brüssel und Mecheln. An die schon genannten erfolgreichen Handels- und Industriezentren Doornik und Rijssel schloß sich die expandierende Westregion Flanderns, schlossen sich Brügge und Gent an. In Flandern und Brabant, im Artois führten wirtschaftliche Verschiebungen und die damit verbundenen sozialen Spannungen ein Klima herbei, in dem der Protestantismus eben als eine vornehmlich gegen die Zentrale gerichtete Protestbewegung rasch an Boden zu gewinnen vermochte. Der Süden der Niederlande lag durch den internationalen Handelsverkehr und durch traditionelle intellektuelle Beziehungen für starke Beeinflussung von Frankreich her offen. Das Gewerbezentrum Westflanderns als wesentlicher Wachstumskern unterlag dagegen durch die Küstenlage dem Einfluß der in England tätigen Flüchtlingskirchen, die von London und Sandwich aus wirkten. Aus dieser spezifischen geographischen und wirtschaftlichen Situation heraus ist auch die Vielfalt des niederländischen Protestantismus abzuleiten, der sich eben nicht auf *eine* Lehre zu kaprizieren vermochte. In den südlichen Territorien entwickelten sich Valenciennes, Rijssel, Doornik und schließlich Antwerpen gleichsam zu den zentralen Orten. Von hier aus wurden die Prediger in die anderen Städte und Gemeinden geschickt – mit höchst wechselndem Erfolg. Die Ausbreitung des Calvinismus, der erst nach 1560 stärker Terrain gewinnen konnte, verlief parallel der konfessionellen Entwicklung in Frankreich und in entsprechenden politischen Aktionen. Die französischen Religionskriege haben die Spannungen in den südlichen Niederlanden erhöht, wo zentrale Personen wie Guy de Bray als wichtige Vermittler des neuen Bekenntnisses auftraten, dessen Bekenntnisschrift in 37 Artikeln die neue Lehre gegen die repressive Behörde verteidigte (1561; 1562 ins Niederländische übersetzt). Die oft von Frankreich aus gesteuerte Verteilung dieser und anderer Schriften erwies sich als ein sehr wirksames Bindemittel zwischen den calvinistischen Gemeinden im Süden der Niederlande, wie gerade auch unter dem Aspekt der inneren Konsistenz und Kohärenz nicht die Tatsache übersehen werden sollte, daß es sich bei den Gemeinden um Untergrundkirchen handelte. Das heißt: bei jenen, die sich diesen Gemeinden anschlossen, darf höchste Überzeugung von der Richtigkeit der Lehre Calvins mit aller Wahrscheinlichkeit vermutet werden. Das mag eine Erklärung für die Widerstandskraft enthalten, die sich tatsächlich in den gewalttätigen Antworten auf Repressionsmaßnahmen der Regierung in Brüssel zeigte – und Widerstand meinte Ende der 50er und Anfang der 60er Jahre Aktionen militanter Gruppen und nicht etwa nur der unteren Behörden, wie das Petrus Dathenus, Theologe und Übersetzer des Heidelberger Katechismus ins Niederländische, in einem Schreiben an die calvinistischen Gemeinden Antwerpens und Flanderns in Deutung der

Lehre Calvins dargelegt hatte. Die scharf zugreifende Obrigkeit unter dem Chefinquisitor Titelmans sah sich auch bald einer Front von Gegengewalt gegenüber, die sich vor allem in den wallonischen Gemeinden und in Westflandern bildete, so daß Guy de Bray 1561 schrieb, daß die Prediger und Führer der calvinistischen Bewegung bald nicht mehr in der Lage seien, das Volk diszipliniert und ruhig zu halten, wenn sich die Behörden nicht bald dazu entschlössen, die Verfolgung zu bremsen. Und diese Bewegung betraf wohl alle Schichten der städtischen und ländlichen Bevölkerung. Wenngleich die Forschung die Sozialstruktur der calvinistischen Bewegung in den Niederlanden noch nicht im einzelnen untersucht hat, darf nach den ersten Ergebnissen sehr wohl angenommen werden, daß das neue Bekenntnis einerseits zwar alle Bevölkerungsgruppen erfaßte, andererseits jedoch die Mittelgruppen und die reiche Bürgerschaft besonders anzog. Festzustellen ist darüber hinaus ein deutlicher Zusammenhang zwischen der Intensität der Bewegung und der Wirtschafts- und Sozialstruktur. Da ist nicht nur auf den Nord-Süd-Unterschied zu weisen, sondern für die südlichen Territorien das kräftige Wachstum der protestantischen Strömungen mit fortgeschrittener industrieller Infrastruktur aufzuzeigen. Dabei wird man den persönlichen Kontakten der Händler- und Unternehmerschicht dieser Region mit dem Antwerpener Handelszentrum eine wichtige Katalysatorfunktion zusprechen müssen, wie andererseits die homogene, zum Teil entwurzelte Masse der Arbeiter auf jeden Fall die Möglichkeit calvinistischen Zugriffs und damit einer calvinistischen Massenbewegung bot. Sicherlich aufschlußreich ist, daß der Zulauf zum Calvinismus sich sehr überwiegend bei der Textilindustrie und den verwandten Gewerbezweigen vollzog. Zu Recht wird dann auch hingewiesen auf den Unterschied der Verhaltensweisen zwischen der Bevölkerung der gewerblich geprägten Agrarregion Westflanderns und der des reinen Agrargebiets etwa des Haspengaus.

5.3. Die Wirksamkeit wirtschaftlicher Entwicklung

Die hier angedeutete Relation zwischen religiöser Bewegung und sozialökonomischer Struktur weist auf eine Verquickung von Faktoren, die jeder für sich allein genommen möglicherweise nicht durchschlagskräftig genug gewesen wäre, um den Aufstand zu einem systemsprengenden Ereignis heranwachsen zu lassen. Solche Relation ist nicht zu eng zu sehen, nicht nur als eine direkte Vermittlüng von wirtschaftlichem Ereignis und politischer oder religiöser Resonanz, sondern auch in einem sehr viel weiteren Sinne als ein eher säkularer Prozeß der Entwicklung von Emanzipation und wirtschaftlichem Erfolg und schließlich noch als ein Prozeß, in dem Erfolg und erhöhte Krisenanfälligkeit aus enttäuschter Erwartung eng nebeneinanderstehen. Es sind dies die Faktoren, die hinzukommen zu den an anderer Stelle beschriebenen Rahmenbedingungen, die sich aus der Konfrontation von Privileg und dem Ausbau zentraler Staatsgewalt sowie aus der nachgerade traditionellen Widersetzlichkeit unterschiedlicher Observanz ergaben.

Dieses Wechselverhältnis von wirtschaftlicher Struktur, Wirtschaftsprozeß und Emanzipation, Erfolg und erhöhter Krisenanfälligkeit ist näher zu erläutern. Im Anschluß an jüngste Erkenntnisse des Wirtschaftshistorikers H. van der Wee[12] sollte der Aufstand – unter dem Aspekt langfristiger Entwicklung – gesehen werden als ein Ergebnis geistiger Emanzipation und eines spektakulären Wachstumsprozesses der niederländischen Wirtschaft im 16. Jahrhundert. Beide Bereiche standen in enger Beziehung zueinander, insofern der emanzipatorische Gedanke nicht auf eine geistige Elite oder religiöse Gruppe begrenzt blieb, in der das auctoritas-Argument keine Geltung mehr hatte, sondern auf sehr viel breitere Schichten der Bevölkerung übergriff. Durchaus einsichtig ist die These, daß das Wachstum der niederländischen Wirtschaft im 15., vornehmlich aber im 16. Jahrhundert die gesamte Bevölkerung für eine Beschleunigung des geistigen Emanzipationsprozesses vorbereitet habe. Das heißt, es bestand eine enge Relation zwischen Emanzipation und Wohlstand, wie umgekehrt auf lange Sicht gesehen Armut zu geistiger Abstumpfung, Fatalismus und Immobilismus zu führen vermögen.[13] Dem außergewöhnlichen Wachstum der niederländischen Wirtschaft, schon unter den Burgundern beginnend und gleichsam unter der Führung des Antwerpener Welthandels sich fortsetzend, ent-

[12] H. van der Wee, De economie als factor bij het begin van de opstand in de Zuidelijke Nederlanden. In: BMGN, 83 (1968), S. 15–32. Neuerdings auch in: Vaderlands Verleden in Veelvoud, I, 16e–18e eeuw (1980), S. 55–70.

[13] Ebd. S. 17.

sprach eine erhebliche Erweiterung der städtischen Mittelschichten, die neue, hochspezialisierte Gewerbezweige an die Stelle der allmählich verfallenden Tuchindustrie setzten und gleichzeitig den Dienstleistungssektor erweiterten. Erweiterung der städtischen Mittelklasse hieß auch zugleich Ausbreitung eines höheren Lebensstandards für weitere Bevölkerungskreise. Insgesamt stieg durch Rückgang der offenen und versteckten Arbeitslosigkeit und durch Anstieg der gewerblichen Produktivität das Pro-Kopf-Einkommen an.

Parallel zum Anstieg und zur starken Verallgemeinerung des Wohlstandes entwickelte sich auch das Schulwesen. Die Zahl der Schulen für Kinder aus den Mittelschichten wuchs an. In Antwerpen gab es um 1560 etwa 150 private, von Laien geführte Schulen, auf denen neben 'wallonisch' und 'diets' Geometrie und Arithmetik gelehrt wurden. Das Buchdruckgewerbe nahm dadurch einen erheblichen Aufschwung, das Lehrmaterial für Handel und Gewerbe auf den Markt brachte.

Solche Entwicklung galt nicht nur für Städte. Auch das ländliche Gewerbe entwickelte sich, vermochte sich durchzusetzen. Auf die frühe Konkurrenz zu den Städten und ihre deutlichen Auswirkungen auf die zentrale Gewerbepolitik wurde schon hingewiesen. Der kleine landwirtschaftliche Erwerbsbetrieb konnte seine Bilanzen durch gewerbliche Nebentätigkeit aufbessern. Das führte zur Aufsaugung bisher verdeckter Arbeitslosigkeit und Aufstockung des ländlichen Einkommens. Die Erhöhung des Wohlstandes hier dürfte den Boden für einen weitergehenden Emanzipationsprozeß vorbereitet haben, der dann durch den engen Stadt–Land-Kontakt gefördert wurde. Auf den Unterschied zwischen den Reaktionen der Bevölkerung der flandrischen Westregion und der des Haspengaus wurde schon hingewiesen.

Zur Emanzipation als Voraussetzung wirtschaftlichen Aufschwungs und als Konfliktpotential trat die konjunkturelle Entwicklung. Von Bedeutung erscheinen der neueren Forschung die interdezennalen Wellen mit ihrem ganz spezifischen Charakter: den sehr starken Aufschwungphasen im Rahmen des säkularen Wachstums der europäischen Wirtschaft und den relativ schwachen Abschwungphasen. Als wichtige Aufschwungphasen werden die Perioden 1495–1525 und 1540–1565 angeführt. Während die erstgenannte Phase ein eher stetes Wachstum verzeichnete, indem der Antwerpener Handel zwar schon eine entscheidende, aber noch keine alles beherrschende Rolle spielte und darüber hinaus die Landwirtschaft einen erheblichen Produktivitätsanstieg melden konnte, verlief die zweite Phase eher heftig. Typisch für sie war die starke Einbeziehung des städtischen und ländlichen Gewerbes in den von Antwerpen aus dirigierten Welthandel bei gleichzeitiger Entwicklung von Spezialerzeugnissen in den Städten und Produktion für den Massenbedarf auf dem Lande. Vor allem der ländliche Arbeitsmarkt erlebte Spannungen, die durch technische Neuerungen nicht aufgefangen werden konnten, so daß angesichts des auf die städtischen Zentren konzentrierten Bevölkerungsanstiegs Getreide eingeführt werden mußte (aus den baltischen Ländern). Das hieß einerseits Ausbau der holländischen Handelsflotte und bedeutete andererseits schnellen Anstieg der Getreidepreise. Dies bedeutete aber auch, daß die Einfuhren den erhöhten Bedarf nicht decken konnten. Es braucht schließlich nicht besonders betont zu werden, daß sich in dieser Zeit auch die Beteiligung der Mittelschichten am Fernhandel erweiterte. Eben diese Mittelschichten stießen zugleich auf das Hindernis des spanisch-portugiesischen Monopols im interkontinentalen Verkehr. Vermutet wird, daß diese strukturelle Behinderung gegenüber einer expandierenden Wirtschaft schon in den 60er Jahren zu Frustrationen der niederländischen Händler und zur Entwicklung eines Widerstandsgeistes gegen veraltete Strukturen geführt hat.

Die Einbeziehung breitester Mittelschichten in den initiatorischen und innovativen Wirtschaftsprozeß – bestimmendes Merkmal der sozialökonomischen Struktur – dürfte dann seine Konsequenzen für politische Verhaltensweisen gehabt haben – Verhaltensweisen, die unter dem Aspekt Wohlstand und Repression zu sehen sind. Eine 'Wohlstandseuphorie' setzte doch ein nach dem Frieden von Cateau-Cambrésis, der eine gewisse Entspannung brachte und Aussicht bot, daß die staatlichen Bedürfnisse sich zumindest auf dem militärischen Sektor in Grenzen halten würden. Es folgte eine starke Expansion des atlantischen Fernhandels mit allen Konsequenzen für die Binnenwirtschaft, die nicht mehr auf Arbeitskraftreserven zurückzugreifen vermochte und in der die ohnehin seit den 40er Jahren steigenden Löhne in die Höhe schnellten und selbst die Preise hinter sich ließen. Die Ernüchterung folgte schon 1563/64, als die brabantische Veredelungsindustrie in krisenhafte Schwierigkeiten geriet. Die Abwertung des deutschen Talers beschnitt nicht nur den Wert des Spargeldes der Mittelschichten, sondern hielt auch die deutschen Kaufleute fern, mit allen Konsequenzen für Handel und Gewerbe. Das Baufieber sank in dieser Phase ganz erheblich. Der extrem strenge Winter von 1564/65 führte dazu, daß die städtischen Haushalte einen Großteil des Einkommens für Heizkosten verwenden mußten, was wiederum ein Absinken der Nachfrage nach Gebrauchsgütern nach sich zog. Erschwerend kam seit dem Frühjahr 1565 ein erheblicher Anstieg der Getreidepreise hinzu. Der frühere Druck auf den Arbeitsmarkt schlug nun in Arbeitslosigkeit auch für Facharbeiter um. In Stadt und Land sanken ab 1564 viele Jahre lang die Löhne beträchtlich, das heißt, es handelte sich nicht nur um einen Rückgang des Real-, sondern auch des Nominaleinkommens. Allerdings ist von einer wirklichen Katastrophe nicht zu reden, da ab Dezember 1565 die Getreidepreise wieder sanken. Auf diesen Voraussetzungen ist durchaus die Vermutung aufzubauen, daß die Krise nicht zu extremer materieller Not führte, sondern eher als Bedrohung des Wohlstandes empfunden wurde und somit eine schließlich politisch relevante psychische Komponente hatte. Anderes trat hier noch hinzu. Die Wirtschaftskrise fiel in die Zeit einer zum Höhepunkt treibenden Autoritätskrise nach der hier noch zu beschreibenden Entlassung Granvelles.

Nun kannte gerade jene Phase auch eine intensive Ausbreitung der calvinistischen Lehre, die in nachgerade hektischer Form organisatorische Gestalt annahm. Es ist nachgewiesen worden, daß die wirtschaftlichen Aspekte der Lehren des Reformators den eher explosiven Übergang breiter Schichten kaum zu erklären vermögen, da sie gegenüber Hergebrachtem nichts Neues enthielten. Auch die Vermutung, es könne sich um neue und tiefe Religiosität handeln, ist nur mit Vorsicht zu äußern, da der Rücklauf zum Katholizismus nach der militärischen Niederlage der Geusen bei Rijssel im Dezember 1566 sich recht massiv entwickelte. Van der Wee nimmt an, daß die Anziehungskraft angesichts der als möglich empfundenen Bedrohung des Wohlstandes an der Ablehnung der hierarchischen und solidaristischen Struktur des christlichen Mittelalters gelegen habe. Als Alternative sei angeboten worden die rational funktionierende Laiengesellschaft mit der Lebensregel: „Der Aufstieg dem Talent" („La carrière ouverte au caractère"). Eine solche Auffassung entsprach in der Tat nicht nur dem Boom der vergangenen Jahrzehnte, sondern konnte auch bei fehlenden Ausgangsbedingungen zur Verwirklichung solcher Auffassung den Widerstand fördern, zumal das Widerstandsrecht – wenn auch nicht in individualisierter Form – in der rezipierten Lehre enthalten war.

5.4. Kirchenpolitik gegen den Strom

Innerhalb dieser Rahmenbedingungen und auf dem Hintergrund der tieferen Ursache des niederländischen Aufstandes unternahm die zentrale Regierung eine Reihe von Aktionen im Glaubenskampf, in der Steuerpolitik sowie in der Personalpolitik bei der Besetzung der wichtigsten Ämter, die insgesamt eine ohnehin an Widerstand gewohnte, auf jeden Fall aber auf kritische Distanz gerichtete Bevölkerung zu offener Ab- und Auflehnung treiben mußte, wenn den zweifellos heftigen Attacken calvinistischer Prediger mit Massenzulauf in letzter Konsequenz nach einer bis dahin schon viele Jahre dauernden Repression zusätzlich die militärische Gewalt entgegengesetzt wurde und wenn noch dazu der Monarch Philipp II. von Spanien, der in seiner Auffassung von Staatsstrukturen durchaus seinem Vater ähnelte, in den Niederlanden als ein Fremder empfunden wurde. In Zeiten der Unruhe und bei permanent latentem Konflikt zwischen Anspruch der Zentralregierung und Wahrung territorialer Rechte war das Argument vom nichtautochthonen Landesherrn sicherlich ein wichtiger Faktor, der sich propagandistisch ins Spiel bringen ließ.

Eine Kirchenpolitik nun, die auf Stärkung der 'Staatskirche' zielte und dabei mitten in einer über die Grenzen hinausreichenden Glaubenskrise als Glaubenskampf praktiziert wurde, mußte Unbehagen wecken, wenn nicht gar böses Blut setzen, auch wenn die Pläne zur Neuordnung der niederländischen Bistümer in erster Fassung schon von 1523/30 stammten. Ziel der Neuordnung war völlige Loslösung von landfremden Bischöfen (Köln, Reims) und bessere Kontrollmöglichkeit für den Landesherrn. Insgesamt wurden 14 Bistümer, über drei Kirchenprovinzen verteilt, gebildet, wobei die drei Erzbistümer Utrecht, Mecheln und Kamerijk die nördlichen, flandrisch-brabantischen und wallonischen Bistümer beherrschten. Aber nicht diese Einteilung nach Landschaften, die schon die spätere Scheidung und darüber hinaus die Trennungslinie späterer innerbelgischer Auseinandersetzung vorwegnahm, sondern die personalpolitischen und konstitutionellen Bedingungen forderten die politischen Kreise der Niederlande heraus. So behielt sich der Landesherr die Besetzung der Bischofssitze vor – und es sei festgehalten, daß er nicht immer eine glückliche Hand bei der Besetzung der Stühle hatte. Zu denken ist hier an den aus Besançon stammenden Granvelle (Antoine Perrenot), den Philipp zum Erzbischof von Mecheln ernannte und zugleich in den Staatsrat berief. Granvelle avancierte bald zum bestgehaßten Politiker der Niederlande. Aber der sich bald regende Widerstand gegen die Kirchenpolitik blieb nicht auf die Personalpolitik beschränkt. Die Motive waren unterschiedlich. So widersetzten sich hohe kirchliche Würdenträger aus der Phase der alten Hierarchie der Regelung, da ihre Privilegien und reichen Pfründe zu einem großen Maße verlorengingen. Zu weisen ist vor allem auf den Widerstand der Abteien, die den neuen Bistümern als Dotation inkorporiert wurden. Aus Protest gegen diese Verwaltungsmaßnahme haben sich die ausschließlich adligen Äbte der Aufstandsbewegung angeschlossen. Höchst unwillig und betroffen zeigte sich auch der Adel – aus einem doppelten Grund. Er widersetzte sich der Eingliederung der drei Brabanter Abteien, weil hierdurch drei der vom König ernannten Bischöfe die Sitze der Geistlichkeit in den Territorialständen einnahmen und als potentielle Werkzeuge des Landesherrn den Interessen Brabants entgegenstehen konnten. Wichtiger aber war folgendes: die Regelung sah vor, daß nur Theologen mit akademischem Grad den Bischofsstuhl besetzen konnten. Da der Adel in dieser Zeit die Universitäten nicht besuchte, blieb er eben vom Bischofsamt oder einem einträglichen Kanonikat im Domkapitel ausgeschlossen. Die erst spät dem Habsburgerreich einverleibten Territorien im Nordosten der Niederlande sahen in der Regelung eine unzuträgliche Verstärkung landesherrlicher Macht auf ihrem Territorium, und sie wußten auch lange Zeit zu verhindern, daß die Bischöfe von Groningen, Leeuwarden, Deventer und Roermond sich zu installieren vermochten. Für protestantische Kreise und Geistesverwandte erwies sich die gesamte Maßnahme als hervorragendes Agitationsinstrument. Zahllose Flugschriften gegen die neuen Bischöfe machten die Runde, und Marnix von St. Aldegonde, später der engste Mitarbeiter des Prinzen von Oranien, schrieb anläßlich dieser Entwicklung seinen ›Bijencorf der H. Roomsche Kercke‹.

5.5. Die Opposition des Adels I

Auf die oben erwähnte Betroffenheit des Hochadels ist hier näher einzugehen, da diese Gruppe zu den frühen Trägern und teilweise auch Opfern des Aufstandes gegen Philipp zählte. Sie wird erst recht verständlich, wenn man weiß, daß sich der Hochadel in der burgundisch-habsburgischen Politik eine durchaus wichtige Position erworben hatte. Die burgundischen Herzöge hatten diesen Adel in hohe Stellungen gebracht, in den Orden vom Goldenen Vlies aufgenommen, Geschenke verteilt, Renten ausgesetzt, damit ein Gegengewicht gegen die Städte geschaffen, aber auch niederländisches Selbstbewußtsein gefördert. Robert van Uytven schreibt dazu: „Indem sie den Adel so eng an die Machtzentrale banden, haben die burgundischen Herzöge in gewissem Sinne eine neue Feudalität und eine Art aristokratische Reaktion ins Leben gerufen, die gegebenenfalls nicht zögern würde, die Führung gegen den Landesherrn zu übernehmen, wenn sie den Städten entglitt.“ [14] Maximilian hat solche Erfahrung im Falle des Philipp von Kleve und anderer machen müssen. Prompt ließ er diese aus der Liste der Vlies-Ritter streichen. Aber er hat andere, ihm zu jener Zeit treue, wiederaufgenommen, Grundherrschaften in der Grafschaft Holland übereignet, die bis dahin solches Institut kaum kannte. Damit bewies er, ohne den Adel nicht regieren zu können. Freilich, jene Familien, die da an den Hof herangezogen wurden, standen später an der Spitze der Opposition gegen den spanischen König. Auch unter Karl V. und seinen Generalstatthalterinnen ist sich der Adel seiner Bedeutung im niederländischen Regierungskonzept bewußt geblieben. Die Tatsache, daß Vertreter des niederländischen Hochadels nicht von diesem für die gesamte Konzeption so wichtigen kirchenpolitischen Reformprojekt vorab wußten, geschweige denn am Entwurf mitgearbeitet hatten, führte nicht nur zum Unmut dieser Adligen, sondern wirft auch ein Licht auf die Regierungsweise des spanischen Königs. Da mochte sich der Landesherr mit einer Reihe von Ratsgremien umgeben und selbst eine gewisse Durchsichtigkeit gewährleisten, nur schwer tragbar waren die Entscheidungen jedoch, wenn sie in der unmittelbaren Nähe des Brüsseler Hofes als Ergebnisse von Informationen und Empfehlungen engster Berater (Gran-

[14] In AGN, 5, S. 433.

velle, Viglius, Berlaymont) galten und zudem nicht nur von einem Landfremden erlassen, sondern darüber hinaus von Landfremden mitberaten waren (Granvelle). In der Opposition des Hochadels gegen Granvelle lag so auch eine grundsätzliche Unzufriedenheit mit dem Regierungssystem. Der Historiker Pieter Geyl hat gerade zu dieser Opposition geschrieben, daß der Adel mit der Parole 'Fort mit Granvelle' nach einer totalen Veränderung des Regierungssystems gestrebt habe. Das war sicherlich nicht ohne Grund, wenn man sich die Funktionsweise des Staatsrates anschaut, in dem zunächst allein Vertreter dieses Feudaladels saßen, zu dem später Juristen als Fachleute mit genaueren Kenntnissen der Verwaltungs- und Politikfragen traten, als sie der Adel jemals – schon aufgrund anderer Schwerpunktsetzung (Militär) – haben konnte. Karl V. hatte schon erkannt, daß es schwierig sein werde, über die Köpfe des hohen Adels hinweg zu regieren, und dies ganz im Gegensatz zu seinem Sohn, der den ohnehin nicht permanenten Rat häufig genug überging, wohl auch die Gelegenheit dazu hatte, da die Kompetenzen des Rates einigermaßen vage umschrieben waren. Praktisch hätte alles in seinen Kompetenzbereich fallen können, aber der tatsächliche Umfang blieb abhängig vom Willen des Landesherrn oder seines Stellvertreters. In der Praxis schälten sich als Arbeitsbereiche die große Politik (Innen- und Außenpolitik) sowie die Landesverteidigung heraus. Echtes Regierungsorgan ist der Rat lediglich bei längerer Abwesenheit des Generalstatthalters gewesen. Tatsächlich wird man sich fragen müssen, ob die anderen hohen Funktionen des Adels, etwa die Ämter des Territorialstatthalters, Flotten- oder Armeechefs, einen Ersatz für die Geringfügigkeit der Aufgabe an zentraler politischer Stelle darstellen konnten, zumal offensichtlich die Zeichen der Zeit auf weiterreichende Zentralisierung standen. Solches Unbehagen ist gewiß nicht gleich aufstandsträchtig gewesen, und man sollte auch den Hochadel nicht als Ganzes zu den Verfechtern gleichsam 'nationaler' Rechte stempeln, aber die Auseinandersetzung mit Philipp II. bot auf jeden Fall die Gelegenheit, die Unzulänglichkeit landfremder Herrschaft nachzuweisen. Man schaue sich den Wechsel des Verhältnisses an. Als Karl V. im Oktober 1555 abdankte, erschien er im Brüsseler Palast, gestützt auf die Schulter des Prinzen Wilhelm von Oranien. Vier Jahre später soll Philipp II. bei seiner Abreise nach Spanien den Oranier beschuldigt haben, daß nicht die Generalstände, sondern er, der Oranier, mit dem gesamten Adel die Opposition gegen ihn führe. Philipp soll noch gesagt haben: „Wenn die Stände keine Stütze hätten, würden sie nicht so laut auftreten!“ [15] Es war für einen Landesherrn auch ein peinlicher Umstand, als Granvelle, 1559 noch Bischof von Atrecht, für ihn das Wort hatte führen müssen, da er nicht des Französischen, geschweige denn des Niederländischen mächtig war. Typisch für die Beschwerden des Hochadels ist ein Schreiben, das der Oranier und Egmont im Juli 1561 an den König sandten. Es hieß dort, schon zur Zeit der Generalstatthalterschaft des Herzogs von Savoyen seien sie Mitglieder des Staatsrats gewesen, aber auch damals hätten sie nur den Namen getragen, das Amt tatsächlich jedoch nicht ausgeübt, da die wichtigen Dinge außerhalb dieser Instanz behandelt worden seien.[16] Die Forderung nach Mitbestimmung war insofern von einiger Bedeutung, als der durch die andauernden Kriege schon 1557 eingetretene Staatsbankrott und die absehbare wirtschaftliche Rezession ein politisches Chaos befürchten ließen. Bisher ist in der Forschung die Rolle jener engsten Ratgeber der Generalstatthalterin, der ‘Consultà’, überschätzt worden. Gleichwohl ist es nicht zu übersehen, daß der über das Erzbischofsamt (Mecheln) rasch zum Kardinal aufsteigende Granvelle weitestgehend den Staatsrat beherrschte, letztlich auch die politische Linie bestimmte – und dies geschah eben im Interesse des spanischen Königs. Während sich auf der letzten von Philipp II. einberufenen Versammlung der Generalstände schon oppositionelle Stimmen (Adel und Vertreter der Städte) regten, richtete sich Anfang der 60er Jahre die Forderung direkt gegen Granvelle. Der Oranier führte den Widerstand gegen den Kardinal an. Hinter ihm standen die Ritter vom Goldenen Vlies. Die Adligen schlossen sich 1562 in der ‘Ligue’ zusammen und stellten sogar ein Ultimatum. Sie wollten an den Sitzungen des Staatsrats nicht mehr teilnehmen. Unterstützt wurden sie von den Brabanter Ständen, die ihrerseits jeden finanziellen Beitrag verweigerten, solange Granvelle im Land saß. Die Opposition hatte Erfolg. Granvelle wurde zurückgerufen. Mehr noch. Das

[15] Zitat bei H. Lademacher, Die Stellung des Prinzen von Oranien als Statthalter in den Niederlanden von 1572 bis 1584. Ein Beitrag zur Verfassungsgeschichte der Niederlande. Rheinisches Archiv 52. Bonn 1958, S. 19, Anm. 9.

[16] Hier paraphrasierte Form des im Beitrag von G. Janssens in AGN, 6 (1979), S. 189, wiedergegebenen Zitats.

Verhältnis zur Generalstatthalterin (Margarethe von Parma) verbesserte sich. Der Staatsrat sollte mehr Regierungskompetenzen erhalten, und man forderte auch mehr Befugnisse für den Territorialstatthalter. Zugleich übernahm der Oranier die Rolle des Wahrers der Landesrechte, vorsichtig noch, aber doch einigermaßen eindeutig. Er bekannte sich zwar zum Katholizismus, erklärte aber die fortdauernde Repression der Protestanten für unhaltbar. Er sprach selbst dem Landesherrn das Recht ab, seinen Untertanen Glaubenszwang aufzuerlegen. So war auf jeden Fall bei dem Oranier, der seit 1559 als Territorialstatthalter in Holland, Seeland und Utrecht wirkte, der Konflikt gelöst, der sich aus der Entwicklung des rationalen absoluten Beamtenstaates ergab. Dieser Konflikt war enthalten in der durch die Ereignisse akzentuierten Konfrontation zwischen der Pflicht eines Standesherrn gegenüber den Untertanen und der Beamtenpflicht gegenüber dem Landesherrn. Der Oranier entschied sich für die Standespflicht und blieb in dieser Haltung wenig später einigermaßen allein.

Der spanische König erwies sich indessen aus der Ferne als ein unbeweglicher Politiker, den die Opposition des hohen Adels kaum zu berühren schien. So folgte auch der Genugtuung des Kreises um den Oranier über den Abzug Granvelles die herbe Enttäuschung ob der Härte des Landesherrn vor allem in der Inquisitionsfrage. Petitionen, Gesandtschaften (Egmont) und vorübergehender Rückzug aus dem Staatsrat haben Philipp letztlich wenig beeindruckt. In den berüchtigten Segovia-Briefen vom Oktober 1565 ließ er wissen, daß die Ketzer zu verfolgen seien und daß er über eine Umstrukturierung der Zentralverwaltung noch nachdenke. Daß er in den Staatsrat als weiteres Mitglied den Herzog von Aarschot benannte und nicht einen der von den 'sitzenden' Mitgliedern vorgeschlagenen Vertreter, beweist einigermaßen den Unwillen des Landesherrn, zumal sich von Aarschot nicht höchster Popularität beim hohen Adel erfreute. Im Hinblick auf die Verfolgung der Protestanten war Philipps Antwort insofern besonders niederschmetternd, als nach dem Abzug des überscharfen Ketzerverfolgers Granvelle eine gewisse Mäßigung gerade auf Geheiß des Staatsrats eingetreten war, der sich seinerseits von städtischen Regierungen unterstützt gesehen hatte. Brügge und Antwerpen hatten sich deutlich gegen Titelmans und dessen harte Methoden gekehrt. Dabei ging es dem hohen Adel keinesfalls um Freiheit des Gottesdienstes, sondern eher um eine Tolerierungspolitik gegenüber den Protestanten. Da der Landesherr die Forderung, die Repressionsverordnung völlig außer Kraft zu setzen, ganz außer acht ließ, blieb für den Staatsrat alles beim alten.

Man wird sich, um die Bedeutung landesherrlicher Intransigenz ermessen zu können, klarmachen müssen, daß sie sich in Zeiten auch wirtschaftlicher Unruhen und nicht zu übersehenden Rückgangs der Prosperität vollzog. Dem Staatsrat war die prekäre Situation nicht fremd; vor allem die Kombination wirtschaftlicher Depression und politisch-religiöser Repression ließen ihn Schlimmstes befürchten. Er befaßte sich in einer Reihe von Sondersitzungen vor allem mit der Frage der Getreideversorgung, ohne allerdings etwas an der zum Teil strukturbedingten Misere ändern zu können. Die Opposition des Hochadels blieb am Ende schließlich auf ganz wenige Personen begrenzt.

5.6. Die Opposition des Adels II

In viel stärkerem Maße als der Hochadel ließ sich der niedere Adel als Träger der Opposition hören. Er schloß sich angesichts der Hartnäkkigkeit des Landesherrn und der nicht so ausgeprägten oppositionellen Aktionsfreudigkeit des Hochadels zum sogenannten 'Compromis' ('Eedverbond') zusammen, dessen vornehmliches Angriffsziel die Inquisition sein sollte. Das Manifest dieses durchaus als 'action group' zu bezeichnenden Zusammenschlusses unterzeichneten katholische und protestantische Adlige gleichermaßen. Die ersten Besprechungen hierzu fanden schon Anfang Dezember 1565 statt, und noch vor Weihnachten beschloß man die Bildung des Verbundes. Der Hochadel wurde erst im Februar 1566 eingeweiht und aufgefordert beizutreten, aber die Meinungsverschiedenheiten waren zu groß, so daß schließlich eine Solidarisierung ausblieb. Der Oranier, später an der Spitze der Aufstandsbewegung, blieb in diesem Falle noch unentschlossen. Im März beschloß der Staatsrat, die Inquisition zunächst auszusetzen und eine Delegation des Adelsverbundes bei der Generalstatthalterin zuzulassen. So zogen am 5. April 1566 200 Vertreter des niederen Adels unter der Führung des Herrn von Brederode in Brüssel ein und überreichten der Generalstatthalterin Margarethe von Parma die bekannte 'Bittschrift', in der kurz die Abschaffung der Inquisition, Einberufung der Generalstände und eine Gesandtschaft an den spanischen Hof gefordert wurde. Es war dies der Aufzug, der der Adelsbewegung nach der spöttischen Bemerkung des Grafen Berlaymont den Beinamen 'Geusen' ('Bettler') einbrachte – ein Name, der gleichsam zum Markenzeichen der gesamten aufständischen Bewegung werden sollte. Eine königliche Antwort auf die Bittschrift blieb aus. Daß sich der Staatsrat im April mit Änderungen in der Regierungs- und Verwaltungsstruktur befaßte, konnte kaum als adäquate Reaktion auf die 'Bitte' des niederen Adels angesehen werden. Margarethe von Parma reagierte entgegenkommend, insofern sie wissen ließ, daß sie zuvor schon beschlossen habe, beim König um Mäßigung einzukommen, und tatsächlich verkündete sie Ende April eine Mäßigung in der Verfolgung der Protestanten; Zeichen einer neuen Haltung gegenüber den Glaubensdissidenten blieben allerdings aus, waren auch wohl kaum zu erwarten. Der Mäßigung folgten dann auch bald neue repressive Maßnahmen, da die Protestanten aktiver denn je auftraten. Der Adel selbst beschritt den Mittelweg. Zum einen wollte er sich für eine Eindämmung des protestantischen Aktionismus einsetzen, zum anderen die Generalstatthalterin erneut bitten, Inquisition und ähnliche Repressionsverfahren aufzuheben. Er stand unter Druck von calvinistischer Seite, die Religionsfreiheit und Verteidigung der Privilegien forderte, zugleich die adlige Führung der Bewegung nur anerkennen wollte, wenn ein Rat als Kontrollinstanz, bestehend aus sechs Adligen und sechs Bürgern, beigegeben wurde. Die Inhalte der großen Bittschrift griff Ludwig von Nassau am 30. Juli 1566 in einem Katalog von Forderungen an die Generalstatthalterin noch einmal auf. Über die erste Bittschrift hinaus verlangte der Adel allerdings diese Religionsfreiheit bis zu einer Entscheidung seitens der Generalstände. Immerhin gestand der spanische König im August zu, daß die päpstliche Inquisition abgeschafft wurde. Die bischöfliche blieb erhalten. Dem Adelsverbund wurde Straffreiheit zugesichert, die Organisation war jedoch aufzulösen. Die Einberufung der Generalstände lehnte er ab. Abgesehen davon, daß dieser Adelsverbund weitgehend von calvinistischen Bürgerkreisen mitgetragen wurde – hier ist an erster Stelle der Antwerpener Gillis le Clerq zu nennen – ist zu bemerken, daß weder die königliche Autorität unterlaufen noch die eigene adlige Loyalität neu zur Diskussion gestellt wurde. Vielmehr scheint es nicht abwegig zu behaupten, daß es bei dieser Adelsgruppe wie beim zuvor genannten Hochadel Tendenzen zu einem niederländischen – überlandschaftlichen – Selbstbewußtsein gegeben hat, die schon in der burgundischen Politik angelegt waren. Sicher wird man auch feststellen müssen, daß die schlichte Furcht vor Verlust der materiellen Basis eine Rolle gespielt hat –, und sicher wird auch Opposition gegen drohenden Positionsverlust im Zuge einer absolutistischen Regierungspolitik mitgewirkt haben, gleichwohl ist gerade im Hinblick auf dieses adlige 'niederländische' Bewußtsein im Zusammenhang mit der nicht zu bezweifelnden Loyalität einzusehen, daß in den Niederlanden nicht starre Ablehnung von spanischer Seite, sondern gerade unter diesem Aspekt eine Tolerierungspolitik vonnöten, weil erfolgversprechend gewesen wäre. Allerdings hätte Proklamation der Toleranz auch eine Anerkennung der konfessionellen Entwicklung bedeutet. Für den Mann in Madrid wäre das allerdings ein von der Persönlichkeitsstruktur her nachgerade nicht mehr möglicher Schritt gewesen.

5.7. Bildersturm

Der Bildersturm und die damit zusammenhängende Expansion der aufständischen Bewegung hat den Adelsverbund völlig überrollt. Der am 10. August 1566 einsetzende 'Sturm' schnitt alle Verhandlungsmöglichkeiten ab. Er brach los in den ländlichen Betrieben der Textilindustrie Westflanderns. Von hier aus pflanzte er sich fort in die übrigen Gebiete der Region und nach Brabant, in die großen Städte Gent und vor allem Antwerpen, Doornik, Valenciennes, Mecheln, Oudenaarde und griff schließlich auf die nördlichen Provinzen über. Dort brachten Nachrichten über die Ereignisse im Süden die Aktionen in Gang. Dem 'Sturm' fielen mehrere hundert Kirchen und Klöster zum Opfer. An der Spitze der zunächst spontanen, dann aber deutlicher organisierten Bewegung standen häufig Prediger, die von einer bewaffneten Gruppe eskortiert wurden. 'Bildersturm', das hieß Säuberung der Kirchen, nicht Plünderung und Raub, wenngleich dies vorgekommen ist (Antwerpen). Das hieß Ikonoklasmus, entsprechend der Lehre Calvins, aber enthielt auch den Versuch, loszukommen von den 'Heckenpredigten' im Freien und ein Gotteshaus zu 'erwerben'. Das ist mancherorts, wo die Stadtregierung nolens volens nachgab, gelungen.

Das Zentrum blieb die flämische Westregion. In Doornik stand den Bilderstürmern ein calvinistischer Magistrat zur Seite. Andere Gebiete blieben von dieser Bewegung fast völlig verschont. Im Süden waren das Namur, Luxemburg, der Hennegau, das ganze südliche Brabant; im Norden ging der Sturm an großen Teilen Overijssels und Gelderns sowie fast an allen ländlichen Bezirken Flanderns und Brabants vorbei. So unterschiedlich die regionale Streuung war, so verschieden war auch die Form des Bildersturms. In Gent, Antwerpen und in anderen flandrischen oder brabantischen Städten bis hinunter nach Valenciennes nahm der Sturm gewaltsame Formen an. Hier bildeten sich auch im Laufe des Herbstes kleine bewaffnete Kompanien, deren Zusammensetzung sicherlich nicht immer mit den ursprünglichen religiösen Absichten des Sturms übereinstimmte. Die Trupps waren zum Teil von Predigern und Vertretern des Großbürgertums organisiert und gerieten in offenen Krieg mit den Soldaten der Generalstatthalterin. Auf beiden Seiten standen niederländische Adlige. Auf jeden Fall gelang es den Calvinisten, in einigen Städten das Stadtregiment ganz zu übernehmen und sich dort kürzere oder längere Zeit zu halten. Valenciennes wurde sogar zur Festung der Calvinisten ausgebaut.

Im Norden verlief die Entwicklung ohnehin etwas ruhiger, machte einen eher organisierten Eindruck. Allerdings kann die Ruhe, die bis Mai 1566 in der Grafschaft Holland festzustellen ist, nicht darüber hinwegtäuschen, daß es unter der Oberfläche gärte und daß Adlige unter der Leitung des Barons von Brederode alles taten, um die reformatorische 'Sache' zu verbreiten, zu fördern. Brederode, Führer des Adelsverbandes gegen Margarethe von Parma, war der größte Grundbesitzer der nördlichen Territorien und verwandtschaftlich verbunden mit der rheinischen Aristokratie und burgundischem Adel. Vianen, Teil seines fast ein Zwölftel der Grafschaft Holland ausmachenden Grundbesitzes, entwickelte er zum Zentrum seiner reformatorischen Propaganda. Hier sammelte er, ein scharfer Antikatholik, den oppositionellen niederen Adel Hollands um sich, der etwa 200 Familien umfaßte, von denen nach Duke und Kolff 53 zum Adelsverband zählten und nur 38 Familien als reformiert oder tolerant anzusehen waren. Brederodes Enthusiasmus entsprach auch wohl seiner Popularität. Am 9. Juni schrieb er aus Bergen: „Ich stelle fest, daß Gott ganz und gar Geuse ist . . . die Geusen sind hier so zahlreich wie der Sand am Meer.“ [17]

Diese Überschwenglichkeit war sicher nicht vertretbar, aber im Frühsommer 1566 kam die Unterstützung durch die Heckenpredigten hinzu, die deutlichen Multiplikatoreffekt hatten. Die reformatorische Propaganda entwickelte sich dabei zu einer Mischung aus religiöser Erneuerung und einer aus Gerüchten genährten Furcht vor der politischen Zukunft, die die Spanier für Calvinisten und laue Katholiken in petto haben sollten. Die Ereignisse in Antwerpen gaben das Signal zum Bildersturm auch in Holland. Amsterdam, Delft, Leiden, Den Briel folgten. Die Aktionen nahmen mancherlei Formen an. Sie reichten vom eher südniederländischen Beispiel bis hin zur ‘legistischen’ (Begriff von Schilling) Variante.

Von der Trägerschaft dieser ‘Sturm-Bewegung’ läßt sich kein einheitliches Bild nachzeichnen. Die soziale Zusammensetzung ist von Ort zu Ort unterschiedlich. Wahr aber ist, daß sich alle Bevölkerungsschichten an der Bewegung beteiligt haben, auch wenn sich dies bei weitem nicht immer in der tatkräftigen Mitwirkung bei der Säuberung von Kirchen äußerte. Sie reichte von den adligen Grundbesitzern und Amtsträgern bis hin zu den Facharbeitern und angelernten Arbeitern, den arbeitslosen Armen und jenen Randgruppen der Gesellschaft, die aus Invaliden, Kranken und Alten bestanden. Das bei konjunkturellem Niedergang besonders empfindliche Proletariat und die ebenso anfälligen Handwerker gaben in den Gewerbegebieten den Ton an. Im Norden fungierten dagegen eher Vertreter der bürgerlichen Oberschicht als Führer der sozial über alle Stände und Klassen verteilten Aktionisten. Die ‘soziale Durchgängigkeit’ des Calvinismus ergibt sich allerdings nicht nur aus einer Übersicht über die Aktionisten des Bildersturms, sondern eher noch aus einer Untersuchung der einzelnen Gemeinden, wobei grundsätzlich zu bemerken ist, daß die Calvinisten im Durchschnitt gesehen noch eine Minderheit ausmachten. Es gab Ausnahmen. Sie stellten die Mehrheit in Doornik und Valenciennes, in Hondschoote machten sie sogar 80 v. H. der Bevölkerung aus. Für das Frühjahr 1567 hat die Generalstatthalterin die Zahl der Calvinisten in Antwerpen auf 13 000 bis

[17] Zitat bei A. C. Duke u. D. H. A. Kolff, The Time of Troubles in the County of Holland, 1566–1567. In: TvG 82 (1969), S. 319.

14 000 geschätzt, das entsprach etwa 11 v. H. der Bevölkerung. Demnach gehörten den Lutheranern 4000, den Täufern 2000 Bürger an. Von ähnlicher Bandbreite wie die soziale Schichtung des Calvinismus und seiner Bilderstürmer wird man bei der Motivation zum 'Sturm' ausgehen können. Gewiß, der Wunsch, endlich von der Notlösung der 'Hekkenpredigten' loszukommen und zu eigenen, vorab gesäuberten Gotteshäusern zu gelangen, war – wie bemerkt – ein primäres Anliegen der Bewegung, aber es war zugleich eine Bewegung gegen die Autorität der katholischen Kirche und damit – politisch gewendet – eine Bewegung gegen jene weltliche Autorität, die in erster Linie als gleichsam strafrechtliche Verlängerung der Kirche auftrat – die Zentrale in Brüssel. Darüber hinaus wird die spürbare Unruhe über die Folgen der wirtschaftlichen Rezession zum Anlaß des Bildersturms zu zählen sein, und 'Folgen' meint nicht nur unmittelbare wirtschaftliche Not der Unterschichten und Randgruppen, sondern auch Furcht vor einem Abrutschen in Not und Elend bei weitertragender Rezession. Über diese Rezession wurde an anderer Stelle gehandelt. Gerade unter diesem wirtschaftlich-sozialen Aspekt erklärt sich, daß der Bildersturm in den Textilgebieten Westflanderns mit ihrer intensiven Gewerbestruktur losbrach, von wo aus er auf die Hafen- und Großstadt Antwerpen übergriff. Aber dieser gewiß nicht ausschließliche, aber doch mitwirkende soziale Ausgangspunkt der Bewegung enthielt schließlich auch eine politische Komponente, insofern sich der Schuldige in Gestalt der zentralen Obrigkeit festmachen ließ. Es ist in diesem Zusammenhang nicht ohne Interesse, daß sich die Revolte gegen den Reichtum der Kirchen richtete, nicht gegen die Reichen schlechthin. Die partielle Gemeinsamkeit der Gruppen in der Frontstellung gegen die etablierte Obrigkeit wird hier natürlich eine Rolle gespielt haben.

Soziale und wirtschaftliche Spannungen haben auch in den nördlichen Niederlanden eine mitbestimmende Rolle gespielt. So ist für Leiden etwa auf den Verfall der Leinenindustrie mit ihren Konsequenzen verbreiteter Arbeitslosigkeit zu verweisen. Neue Industrien entstanden hier nicht. Unter solchen Voraussetzungen entwickelte sich in dieser Stadt ein deutlicher Gegensatz zwischen dem in sich geschlossenen Patriziat, das den Magistrat stellte, und den Schützengilden, die nach Mitsprache verlangten. In Delft hatte sich seit einiger Zeit schon ein scharfer Gegensatz zwischen Groß- und Kleinbrauern manifestiert, den die

Brüsseler Zentrale noch im September 1566 zugunsten der im Stadtregiment sitzenden großen Brauer entschied. Die Oligarchisierung des Stadtregiments, die zugleich fortschreitender Isolierung entsprach, hat sicherlich nicht nur Schwächen in der Abwehr des Bildersturms offenbart, sondern war auch Anstoß für die potentielle politische Konkurrenz, die Schützengilden, den verlorenen politischen Boden wieder gutzumachen. Im 'Sturm' der Geusen schien sich solche Gelegenheit zu bieten, wobei auch die Übernahme von Ruhe- und Ordnungsfunktionen eine politische Aufwertung der Gilden zur Folge hatte.

5.8. Aufstand und Neuerung

Der Bildersturm stand am Ende einer Periode voller Gärungen, in der das Durchhaltevermögen der Bevölkerung der niederländischen Territorien in fast allen ihren Schichten politisch, konfessionell und schließlich auch wirtschaftlich strapaziert wurde. Er stand zugleich am Anfang einer Phase, die nach anfänglichen Bemühungen um einen Modus vivendi und dem Übergang zur strafrechtlichen und militärischen Repression am Ende den eigentlichen Aufstand, die Trennung der Niederlande in die nördlichen und südlichen Territorien und die Gründung der Republik der Vereinigten Niederlande sah. Es ist die Phase des großen Krieges, der – mit Unterbrechungen – erst 1648 abgeschlossen sein sollte. Die anfänglichen Zugeständnisse der Margarethe von Parma, wohl eher im ersten Schrecken denn aus Einsicht in politische Notwendigkeit gemacht, betrafen die unbehelligte Zulassung der öffentlichen reformatorischen Predigt und das Versprechen voller Amnestie für die im 'Compromis' zusammengeschlossenen Adligen. Aber sie waren nichts wert. Die Arbeit konzentrierte sich nicht auf Konkretisierung von Toleranz, sondern zunächst einmal auf die militärische Unterdrückung der Bilderstürmer. Mit dem Fall von Valenciennes im April 1567 hatte sie tatsächlich auch die Entwicklung wieder im Griff – nicht zuletzt mit Hilfe des hohen Adels. Eine Ausnahme machte hier nach anfänglicher Mitarbeit der Oranier, der rasch einsah, daß das für ihn gültige Prinzip der Toleranz und Gewissensfreiheit sich kaum würde durchsetzen können. Er sah keine Möglichkeit, den durch Geburt und Besitz an Region und Bevölkerung gebundenen Adel zum gegebenen Zeitpunkt in die gegen den Landesherrn bzw. dessen Stellvertreter gerichtete Führungsposition gelangen lassen. Nach Kontakten mit dem revoltierenden Herrn von Brederode und mit bewaffneten Einheiten der Calvinisten verließ er jedoch das Land in Richtung Dillenburg (Stammschloß der Nassauer), nachdem Egmont, alles andere als ein in der Wolle gefärbter Aufständischer, sich geweigert hatte, an der Entfesselung eines großen Aufstandes mitzuwirken. Der Oranier war sicher einer der prominentesten in einem Strom protestantischer Flüchtlinge, die die niederländischen Territorien verließen, als sich die Niederlage deutlich abzeichnete – und dieser Strom, nach Deutschland und England ziehend, sollte noch anwachsen, als die Ankunft des Herzogs von Alva gemeldet wurde. Der Spanier, in militärischen Unternehmungen schon unter Karl V. erfolgreich eingesetzt und in politischen Fragen ein ebenso intransigenter Eisenfresser wie sein König, erschien gegen den Willen der Generalstatthalterin. Alva trat an ihre Stelle und errichtete ein Regiment, das durch Härte und Unerbittlichkeit zu überzeugen versuchte – wie sich herausstellen sollte, ein auf längere Sicht wenig aussichtsreiches Unternehmen. Zunächst allerdings vermochte er Furcht und Schrecken zu säen. Während zwischen 1523 und 1566 etwa zwei- bis dreitausend Protestanten hingerichtet worden waren, gelang es dem von Alva eingesetzten Blutrat ('Raad van Beroerte') innerhalb kürzester Zeit rund 1000 Todesurteile auszusprechen und vollstrecken zu lassen. Vermutlich sind etwa 10 000 Bürger vor dem Rat angeklagt worden. Hab und Gut von etwa 9000 dieser Angeklagten verfielen in Abwesenheit der öffentlichen Hand. Das Regiment dieses Spaniers führte zu einem echten Auswandererstrom aus den Niederlanden. Die Zahl jener, die dem Regime entkamen, wird auf etwa 20 000 geschätzt, bei einer Gesamteinwohnerzahl von ca. 3 000 000 war das ein recht hoher Anteil. Sie gingen etwa ganz in die Fremde oder fanden mancherorts schon seßhafte Gemeinschaften niederländischer Glaubens- und Leidensgenossen. Diesem Versuch, auf dem Wege über verschärfte Inquisition und Repression der politischen Lage mit Gewalt Herr zu werden, entsprach die andere Komponente der Alvaschen Politik: das Steueroktroi; ging es hier doch nicht nur um die Steuersumme schlechthin, sondern um die Unabhängigkeit einer Regierung von der Mitbestimmung weiter Teile der Bevölkerung, wie es in Kastilien in frühabsolutistischer Form vorexerziert wurde. Der Spanier führte eine für das gesamte Land gleichgeltende Steuer ein, die vorsah eine einprozentige Vermögenssteuer ('hondertste penning'), eine fünfprozentige Steuer aus Verkauf von Immobilien und zehnprozentige Verkaufs- und Exportabgabe. Das System war modern, insofern es den Landesherrn unabhängig machen sollte von den zustimmungsbedürftigen Beden, und es war modern, weil es einen weiteren Schritt auf dem Wege zur Zentralisierung darstellte, nachdem bis dahin die Gelder entrichtet worden waren nach lokal und regional stark unterschiedlichen Sätzen, und schließlich war es ohne Zweifel modern, weil es zu einer gerechteren Verteilung der Lasten auf alle Einwohner führte. Das Ziel der finanziellen Unabhängigkeit kann nicht stark genug unterstrichen werden, da – im Zuge spanischer Weltpolitik – eine Selbstfinanzierung der niederländischen Unternehmung größeren Spielraum für die Auseinandersetzung mit den Türken und die Bekämpfung der Moriscos im eigenen Land schuf. Angesichts der nachgerade traditionellen hohen Steuerunwilligkeit der niederländischen Stände kann es nicht verwundern, daß die Opposition sehr bald aufkam, vor allem gegen den 'Zehnten', der als zu schwer empfunden wurde. Dieser Widerstand hatte nichts mehr mit Konfession zu tun, sondern entsprang althergebrachter Widersetzlichkeit gegen spürbaren neuerlichen Versuch der Zentralisierung, vor allem aber der Besorgnis über den sozialökonomischen Zustand allgemein. Zu Zeiten der Baisse konnte dann auch kaum höchste Bereitwilligkeit erwartet werden. Der Widerstand hatte Erfolg. Zunächst mußten sich Philipp und Alva beugen und die Eintreibung der Steuern aufschieben, sodann war schließlich Don Luis Requesens, Nachfolger Alvas im Amt des Generalstatthalters, bereit, den zehnten und zwanzigsten Pfennig ganz abzuschaffen. Er tat es aus deutlich politischen Gründen.

Aber solche Maßnahme von 1574 kam reichlich spät, als andere Weichen schon längst gestellt waren. Zu spät aber kam auch schon die zuvor von Philipp (Alva) verkündete, an Bedingungen geknüpfte Amnestie. Sie war auf keinen Fall geeignet, die Niederlande zu pazifizieren. Amnestie, das meinte doch letztlich nur Großmut oder Großzügigkeit. Das mochte von einem gewissen Maß an politischer Einsicht zeugen oder von taktischem Verständnis, aber es war keine politische Tat, die unter den Bedingungen eines nun schon jahrzehntealten Konflikts letztlich nur Bekenntnisfreiheit, zumindest aber weitgreifende Toleranz hätte heißen können, zumal man im Ausland auf eine einigermaßen gesicherte religiöse Existenz der Protestanten zu verweisen in der Lage war. Mochte das Verhältnis der niederländischen Stände zu Margarethe von Parma noch tragbar gewesen sein, zu Alva konnte man gar nicht erst ein Verhältnis aufbauen. Niemand zuvor ist so sehr als Fremdling empfunden worden wie dieser spanische Herzog, dessen Truppen sich infolge kargen oder nicht gezahlten Solds häufig genug durch Plünderungen schadlos hielten, somit noch zur Animosität gegen die spanische Herrschaft beitrugen, die Konfliktträchtigkeit der Zeit erhöhten. Die militärischen Siege, die Alvas Soldaten bei Heiligerlee (3. Mai 1568) gegen Adolf von Nassau und bei Jemmingen (Ems) gegen Ludwig von Nassau errangen, blieben letztlich ebenso ohne politischen Erfolg wie der mißglückte Versuch des Oraniers, mit einem kleinen Heer von Deutschland kommend, den Spanier zu vertreiben. Das waren alles größere Aktionen, die jedoch nichts bedeuteten gegen die 'Guerilla' der Wald- und Wassergeusen, die ihre Vorstöße, zuweilen unterstützt von der englischen Königin, von der englischen Küste aus vornehmlich gegen die flandrische Küste unternahmen oder Handelsschiffe kaperten. Es war wohl kaum zu übersehen, daß der Unterschied zwischen solchen Unternehmungen und einfachen Räubereien häufig genug verwischt war. Auf jeden Fall aber dienten sie dazu, die spanischen Herren permanent zu beunruhigen und zu harter Repression zu provozieren. Andererseits vermochten die Aktionen der Geusen ununterbrochen daran zu erinnern, daß sich die Spanier in einem Land befanden, dessen Bevölkerung ihre Anwesenheit zu einem Teil zumindest als brutale Äußerung einer unerwünschten Fremdherrschaft empfand. Sie haben den Gärungsprozeß einigermaßen in Gang gehalten. Gleichwohl: bei aller wachsenden Sympathie, die auch im Ausland der niederländischen Sache entgegengebracht wurde (aus unterschiedlichen Motiven gewiß), mußte es fraglich sein, wie lange sich die Methode der eher brigantenhaften Nadelstiche halten konnte, zumal häufig genug die Niederländer selbst die Leidtragenden waren. So kam der Erfolg der Wassergeusen mit der Einnahme der seeländischen Stadt Den Briel am 1. April 1572 als eine dem Widerstand neue Impulse vermittelnde Tat, die – unter der Leitung von Admiral Willem van Lumey –, eine neue Volksbewegung auslöste, die sich, im Unterschied zur Phase des Bildersturms, in den nördlichen Territorien – und hier vor allem in Holland und Seeland – durchsetzte. Die Eroberung Den Briels „war ein erster Schritt auf dem Weg eines Eroberungskrieges, der auch in seinen späteren Phasen wesentlich von der militärischen Leistung des Adels mitbestimmt wurde“[18]. Es zeigte sich sehr rasch, daß es im Norden noch hinreichend Oppositionsbewegungen gab, die sich in der Lage zeigten, den Geusenerfolg in Briel zu erweitern. Im Juni 1572 schon öffneten Alkmaar, Dordrecht und Leiden den Geusen die Tore der Stadt, nachdem Oudewater und Gouda zuvor und noch früher Vlissingen übergelaufen waren. Die Träger der geusenfreundlichen Gruppen gehörten zu den Großbürgern, die in den meisten Fällen außerhalb des Magistrats standen, sie gehörten zu den 'schutterijen', denen der Schutz der Stadt oblag. Trotz der raschen Erfolge sollte man sich ob der Bereitwilligkeit der Städte nicht täuschen. Oft genug handelte es sich doch um Magistrate, die – erst nach Alvas Säuberungen eingesetzt – als durchaus königstreu galten. Die Öffnung der Städte war dann nicht nur die Folge der Pression kleiner Gruppen innerhalb der Stadtmauern, sondern auch der Furcht vor Repressalien seitens der ob ihrer Grausamkeit durchaus bekannten Rebellen. Immerhin: Die Alternative Spanier oder Geusen fiel dann immer noch zugunsten letztgenannter aus, und schließlich wurden sie nur in die Stadt gelassen unter der Bedingung, daß sie die Bekenntnisfreiheit auch der Katholiken garantierten. In der kirchenpolitischen Praxis ist diese Bedingung auf die Dauer nicht erfüllt worden und haben sich calvinistische Intransigenz und Ausschließlichkeitsanspruch durchsetzen können, auch gegen jene Bürger, die eher den humanistischen Vorstellungen des Erasmus von Rotterdam sich verpflichtet glaubten.

Die Frühjahrs- und Sommermonate des Jahres 1572 sollten, wenngleich militärisch und politisch die Dinge noch lange nicht entschieden waren, dennoch als gewichtig insofern angesehen werden, als der Aufstand, abgesehen von der Konzentration auf einen Teil der nördlichen Provinzen, aus der Spontaneität in die Phase der besseren Organisation dank einer größeren Truppenmacht eingetreten war, militärisch zumindest mehr Aussicht auf Erfolg bieten konnte und gleich in der ersten Phase auch konstitutionell gesehen revolutionären Charakter annahm, wobei zugleich in allen diesen Bereichen der Aufstand mit dem Namen

[18] So H. Schilling, Der Aufstand der Niederlande: Bürgerliche Revolution oder Elitenkonflikt? In: 200 Jahre amerikanische Revolution und moderne Revolutionsforschung. Hrsg. v. H. U. Wehler, Göttingen 1976, S. 197.

des Prinzen Wilhelm von Oranien zu verbinden ist. Denn er, der als einziger Vertreter der hohen Adelsopposition übriggeblieben war und später der 'Vater des Vaterlandes' genannt wurde, hat mit am Anfang der Republik der Vereinigten Niederländischen Provinzen gestanden und die Geschicke auf seiten der Aufständischen nicht nur militärisch, sondern vor allem auch politisch geleitet.

Die Versammlung der holländischen Stände in Dordrecht vom 19.–23. Juli 1572 war das Ausgangsereignis auf dem Wege zur politischen Selbständigkeit. Städte, auch jene, die zunächst nur zögernd den Geusen die Tore geöffnet hatten, und Ritterschaft kamen hier kraft eigenen, offensichtlich doch 'revolutionären' Rechts zusammen. Der Oranier setzte sich, obwohl noch nicht anwesend, gleich stark ins Bild, insofern er von den Ständen seine Anerkennung als Statthalter von Holland, Seeland, Utrecht verlangte, wo er Jahre zuvor von Philipp abgesetzt worden war, und die holländischen Stände aufforderte, bei den Generalständen auf seine Anerkennung als Haupt und Beschützer der gesamten Niederlande zu drängen. Die Versammlung stimmte zu. Ob sich die Stände der Tragweite voll bewußt waren oder nicht, ist kaum zu ermitteln. Man berief sich auch nicht auf eigenes Recht, sondern bediente sich einer Fiktion, in der man angab, nicht gegen den Landesherrn, sondern gegen dessen Stellvertreter zu kämpfen. Sicherlich ist es auch nicht so, daß die holländischen Stände und in ihrem Gefolge zwei Jahre später das seeländische Gremium eine Republik anstrebten. Dagegen spricht die Tatsache, daß sie Anfang der 80er Jahre im Handel mit dem Herzog von Anjou einen neuen Landesherrn suchten (nicht zuletzt auch aus militärischen Gründen) und schließlich 1584 dem Prinzen von Oranien den Grafentitel anboten. Die Republik sollte man eher als ein Ergebnis nach Ausschöpfung aller monarchischen Möglichkeiten sehen. Die verfassungsmäßige Relevanz des Aufstandes lag recht eigentlich auch nicht so sehr in der Frage nach Republik und Monarchie, sondern vielmehr im Bereich der ständischen Kompetenz. Die Weichen standen da auf Erweiterung. Die zuvor genannte Fiktion, die der Stärkung der oranischen Position diente, bedeutete wenig gegenüber der ständischen Autorität, die den Oranier als Statthalter des Königs stützte. Allein jene Autorität konnte politisch wirksam werden. An die Stelle des königlich-statthalterlichen Rechtsverhältnisses trat die neue ständisch-statthalterliche Übereinkunft. Damit war auch zunächst der

Austritt des Statthalters aus einer von einer höheren Instanz abhängigen Administration und der Eintritt in eine gemeinsame ständisch-statthalterliche Regierung gegeben. Es hat sich in den Jahren nach 1572 gezeigt, daß die ständisch-statthalterliche Regierung eine Menge von Reibungsflächen enthielt, die zum einen eine Konsequenz des alten Kampfes um die Wahrung von Privilegien waren, darüber hinaus aus der eher offensiven Haltung der Stände um Kompetenzerweiterung einen neuen Akzent erhielten. Aus ihrer gegenüber dem Landesherrn und seinen Regierungsinstitutionen subalternen Stellung gelangten die Stände – das heißt immer eigentlich die Städte – hinaus in eine selbständige Regierungsposition neben dem Statthalter. Sie begriffen sich in zunehmendem Maße als die Quelle der Souveränität und sahen die Funktion des Oraniers als ständischen Auftrag. Wie sehr in erster Linie militärische Erfordernisse die ständisch-statthalterliche Gemeinsamkeit bestimmten, zeigen die Einzelpunkte, die im Militärbereich dem Prinzen zugebilligt wurden. Die Stände legten hier den Grundstein für die weitere Entwicklung in der republikanischen Zeit, in der die Gewalt der Statthalter weit mehr auf ihren militärischen als auf ihren politischen Befugnissen beruhte. Indem die Stände bei allen Reibereien durch Verschleppung, städtisches Partikularinteresse, Imperativmandat und einfache Kompetenzstreitigkeiten den Oranier als Regierungsspitze hielten, schufen sie in ihm eine Art 'nationalrevolutionäre' Institution, deren genaue Standortbestimmung, ob monarchisch oder republikanisch, sich zunächst noch nicht ausmachen ließ. Schließlich wuchs sich mit dem später noch zu erörternden Grafentitel diese 'revolutionäre' Spitze in der Planung zu einer monarchischen Spitze aus, um nach dem Tode des Prinzen als monarchischer Rest in eine ständisch-republikanische Beamtenstellung abzusinken.

Es ist wohl nicht zu übersehen, daß die theoretische Untermauerung des Aufstandes, die im Laufe der 70er Jahre einsetzte, auf die Stärkung der ständischen Position zielte. Es war bezeichnend, daß zwar die Religion einen wesentlichen Anstoß zum Aufstand gegeben hatte und daß die Calvinisten den harten Kern der Opposition bildeten, aber primär rückte jetzt die politische Freiheit in den Vordergrund. In Leiden stritten doch Geistlichkeit und Bürger darüber, ob das Notgeld die Aufschrift „haec religionis ergo" oder „haec libertatis ergo" zu tragen habe, und 1573 hieß es doch in einer Delfter Flugschrift „ir seit die stend dieser

Land, das ist, Vorsteer und Beschirmer irer Freyheit und privilegien, welche ir . . . by vermeydung des Maineids, zu beschuetzen und zu handhaben schuldig seit . . . und im fall, daz der könig (Daß wir noch kaineswegs versehen) wider seinen Aid thou, und wider unsere geschworene Privilegien was fuernehmen wollte, so entliesse er euch selber, ainen jeden besonder, seiner Pflicht und schuldigen dienst . . ." [19]. Der Oranier selbst hatte 1568 eine ähnliche Auffassung entwickelt, die allerdings zunächst noch im Hinblick auf Wahrung der Privilegien eine eher defensive Haltung enthielt, defensiver jedenfalls noch als jene Flugschrift des Gouverneurs von Veere, die 1563 von den „natürlichen Rechten aller Nationen und Völker" [20] sprach. Für die im Laufe der Jahre sich immer stärker ausbreitenden Gedanken über Herrschaftsverträge und Volkssouveränität mag diese Flugschrift als eine der frühen Äußerungen gelten, die später von den Monarchomachen in einem Gesamtsystem aus Widerstandsrecht und Volkssouveränität verarbeitet wurden, und Graf Johann von Nassau sprach es doch im November 1578 klar aus, als er gleichsam in Ableitung aus der Volkssouveränität darauf hinwies, daß die Stände von Gott aus dem Volke erwählt seien, um ihrerseits einen König oder Gouverneur zu wählen und den Staat zu leiten. Die in Frankreich verfaßte ›Vindiciae contra tyrannos‹, die zentrale Schrift der Monarchomachen, war schließlich für die nördlichen Niederlande eine entscheidende Darstellung, obwohl sie in der Grundtendenz nicht mehr enthielt als die bis dahin verfaßten Flugschriften. Aber sie war entscheidend, weil sie das verstreut geäußerte Gedankengut systematisierte, tiefer begründete. Im Anschluß an die brabantische 'Blyde Incomste' von 1356 und zugleich über diese hinausgehend erfuhr die ständische Stellung eine Neuorientierung, die zum einen auf Widerstandsrecht bezogen war, zum anderen eine Zubilligung souveräner Staatsgewalt enthielt. Die Konsequenz war dann auch, daß die holländischen und seeländischen Stände bei den Verhandlungen mit dem Herzog von Anjou die Notwendigkeit eines Landesherrn überhaupt in Zweifel gezogen haben. Die Staatstheorie der Zeit hat gerade in Verarbeitung monarchomachischer Konzeptionen den konkreten Bezug zur holländisch-seeländischen Situation gesucht und in Erwägung der Vor-

[19] Nach Lademacher, S. 130.

[20] Ebd. S. 129.

und Nachteile von Monarchie, Aristokratie und Demokratie eindeutig die Monarchie verworfen. Anzustreben sei eine Mischung von aristokratischer und demokratischer Regierungsform – und das hieß letztlich nichts anderes als die Festschreibung der seit dem Aufstand geübten Praxis. Zu solcher Praxis zählte die permanente Überlegung zur Stellung des Prinzen – Überlegungen, die nach einigen auch in Instruktionen niedergelegten Zwischenstationen bis zum Angebot des Grafentitels an den Oranier reichten. Sicherlich lag ein solches Angebot, das aus den unterschiedlichsten Gründen erfolgte, etwas abseits von der Tendenz der Zeit, insofern der monarchale Charakter der Regierungsform eingebracht wurde, jedoch: vergleicht man die Befugnisse der Grafen (Landesherren) aus der burgundischen und habsburgischen Zeit, also die Stellung der Burgunder und Habsburger, mit den für den Prinzen in einer Wahlkapitulation zusammengefaßten Bedingungen, dann ist festzustellen, daß dem Prinzen nicht mehr als der Titel blieb. Vielleicht scheint es sogar verfehlt, ihm den Titel eines Souveräns zuzuerkennen. Frühere Landesherren hatten eben volle gesetzgebende, ausführende und richterliche Gewalt besessen, und ihnen war die Erblichkeit ihrer Würde nicht aufgrund ständischer Zustimmung, sondern gemäß der deutschen Reichsorganisation zugefallen. Alle politischen Handlungen, die jetzt der Graf nicht mehr ohne Mitarbeit und Zustimmung der Stände durchführen konnte, hatten früher der vollen Verfügungsgewalt des Landesherrn unterstanden. So ist zu bemerken, daß die tatsächliche Gewalt, die der Prinz als Statthalter Philipps hatte ausüben dürfen, im Grunde größer war als die in der Wahlkapitulation festgeschriebene. Früher war der Auftrag von einem von den Ständen unabhängigen Souverän erfolgt, jetzt gaben ihn die Stände in einem so beschränkten Umfange, daß man dem Prinzen eher den Titel eines 'erblichen Beamten' als den eines Souveräns in dem neuen Staatsgebilde zuerkennen kann.

Diese verfassungsmäßige Entwicklung, an deren Ende nach dem Mord an dem Prinzen von Oranien (1584) die endgültige Entscheidung für die Republik stand, dürfte als das eine wesentliche Ergebnis des Aufstandes zu sehen sein. Die Handels- und Gewerbebürger der nordniederländischen Städtelandschaft rückten in der frühen Phase des Aufstandes – in unterschiedlichem Maße – allmählich in eine Position, die ihrer wirtschaftlichen Bedeutung durchaus entsprach. Das andere Ergebnis des Aufstandes war schlicht die Entscheidung über den politisch-geographischen Bestand der habsburgischen Niederlande. Am Ende stand die Republik der Vereinigten Niederlande, die von den in der Union von Utrecht 1579 zusammengeschlossenen Provinzen ihren Ausgang nahm. Dieses wohl militärische Ergebnis lag nicht von vornherein fest und war auch nicht von den Aufständischen, auf keinen Fall vom Oranier, beabsichtigt. Militärisch schien es anfänglich selbst so, als ob den Aufständischen und ihren festen Plätzen (Städten) nur ein kurzes Leben beschieden sei. Zumindest deuten die Anfangserfolge Alvas darauf hin. Sein erfolgreicher Zug durch die östlich und nördlich gelegenen Territorien Overijssel, Groningen und Friesland sowie die Einnahme Naardens und schließlich des lange belagerten Haarlem machten fast das Ende des Aufstandes voraussehbar. Aber Meuterei bei den spanischen Truppen, der nördliche Winter, die Zerstörung der Deiche als Kampfmittel haben die Aufständischen überleben lassen, sie selbst zu Erfolgen geführt wie etwa bei der Einnahme des seeländischen Middelburg 1574 – und eben dort, wo die Geusen vor den Toren spanientreuer Städte lagen, entwickelte sich der Aufstand zu einem echten Bürgerkrieg. Es ist in der langen Phase der niederländischen Wirren überhaupt ein hohes Maß an Gewalt demonstriert worden. Der inquisitorischen Repression zu Karls Zeiten und in Philipps Regierungsperiode mit dem ersten Höhepunkt des Alvaschen Blutrates folgten die kriegerischen Unternehmungen vor allem nach 1572 mit ihren zahlreichen Belagerungen, die eine Terrorwelle – hüben wie drüben – mit sich brachten. Die Geusen des Lumey oder Sonoy standen in ihrem Haß gegen Katholiken den spanischen Tercios und deren Wunsch nach Kriegsbeute kaum nach. Eben dies machte doch einen wesentlichen Charakterzug des Bürgerkriegs aus: hoher Verlust an Menschenleben durch Krieg und Mord und zugleich ein hoher Zerstörungsgrad vor allem auch auf dem platten Land des holländischen Territoriums. Die Städte scheinen ihren Verlust in einem Zeitraum von etwa zehn Jahren ausgeglichen zu haben, das platte Land hat sehr viel längere Zeit benötigt. Der kleine Bauer und mit ihm der grundbesitzende Adel sowie die katholische Kirche haben voll den höchsten Zoll bezahlt.

5.9. Keine Chance für die alte burgundisch-habsburgische Einheit

Festzustellen ist, daß die militärische, politische und konfessionelle Entwicklung deutlich auf eine Trennung auf jeden Fall des holländischen und seeländischen Territoriums von den übrigen 'gewesten' zielte. 1576 ergab sich noch einmal eine Möglichkeit, das alte burgundisch-habsburgische Territorium zusammenzuhalten. Bis dahin hatten sich die südlichen Territorien ruhig verhalten, sich loyal gezeigt gegenüber dem spanischen König. Die Entlassung Alvas und die Bestallung des gemäßigten Don Luis Requesens y Zuñiga zum Generalstatthalter hat sicher hier mitgewirkt. Die fast schon zur Alltagserscheinung zählenden Meutereien spanischer Soldaten wegen ausbleibenden Soldes, der spanische Staatsbankrott (September 1575), die Lähmung des Wirtschaftslebens, die Börsenkrise in Antwerpen im Herbst 1575 und schließlich der Tod des Requesens brachten in Brabant und Flandern die Politik gegen die Spanier in Bewegung. Unter Anführung der Brabanter Stände wurde der Kampf gegen die spanischen Truppen aufgenommen. Man rief die Generalstände zusammen, die ihrerseits bei den Aufständischen im Norden um Hilfe im Kampf gegen die Spanier einkamen. Der Staatsrat wurde verhaftet. Dies war die Einleitung zur Pazifikation von Gent vom 8. November 1576, die allerdings sehr viel mehr war als eine Vereinbarung, die spanischen Truppen zu vertreiben und die Ketzeredikte vorläufig aufzuheben, bis eine endgültige Regelung in der Religionsfrage getroffen war. Die Pazifikation implizierte zum einen allein schon durch die Tatsache ihres Abschlusses ein Selbstbestimmungsrecht der Generalstände und durch Anerkennung der kirchlichen und staatsrechtlichen Entwicklung in den Territorien Holland und Seeland auch eine Anerkennung des Aufstandes. Mehr noch: Indem Artikel VII den noch auf spanischer Seite verbliebenen Städten – und zu diesen zählte Amsterdam – eine Übergangsregelung vorschlug ('satisfactie' genannt), sollte die Pazifikation auf jeden Fall für ein gewisses Maß an politischer Einheit innerhalb aller Provinzen sorgen und den status quo im überprovinzialen Sinne überwinden helfen, auch wenn die Städte selbst ihre Bedingungen des Übergangs vortragen durften. Daß schließlich das Stift Utrecht unter die Satisfaktionspflicht fiel, war zunächst umstritten, wurde aber doch im Oktober 1577 konkretisiert.

Die Genter Vereinbarung enthielt darüber hinaus den Versuch, die

Territorien als Gesamtheit zu stärken. Tatsächlich schien das zum Erfolg zu führen, solange es einen Generalstatthalter gab, der es unternahm, das Rad der Entwicklung im katholisch absolutistischen Sinne zurückzudrehen, oder einen Vertreter der Aufständischen, der zunächst noch genug Autorität und Toleranz besaß, die Gegensätze auszugleichen. Im ersten Fall brachte Don Juan d'Austria, der Nachfolger des Requesens, durch seine staatsstreichähnliche Aktivität die Stände enger zusammen, insofern sie einen Angriff auf ihre Positionen fürchteten. Für den zweiten Fall ist der Erzherzog Matthias als Generalstatthalter zu nennen – ein Mann nach dem Herzen des niederländischen Adels, aber zugleich nur eine Figur in der Hand des Oraniers, der als Stellvertreter des Generalstatthalters fungierte. Des 'Prinzen Kanzleibeamter' wurde der Erzherzog genannt. Gerade für die Wahrung des niederländischen Zusammenhalts war es sicher auch von Bedeutung, daß der Aufstand 1578 wieder allgemein wurde, sich einigermaßen radikalisierte und daß der Oranier zugleich das statthalterähnliche Amt eines 'ruwaert' in Brabant und in Flandern die Statthalterschaft übernahm. Die Vereinigung der einzelnen Aufstandsherde in einer Person schuf sicherlich einen Ausgangspunkt für die Einheit der Niederlande auf der Nord-Süd-Achse. Allerdings: eine solche Expansion des Aufstandes konnte unter dem Aspekt der Einheit nur dann von Bedeutung sein, wenn zugleich ein gewisser Konsens zwischen aufständischen und eher konservativen oder gemäßigten Gruppen erhalten blieb. Es zeigte sich rasch, daß davon keine Rede sein konnte. Die nach der Ankunft Alvas ohnehin schon nicht mehr sichtbare Gemeinsamkeit zwischen den politischen Aktivisten verschwand vollends im Augenblick der Radikalisierung, wie sie etwa sich in Gent oder Brüssel vollzog. Genau hier lag die Problematik. Radikalisierungen in Gent oder Brüssel hatten schon Jahrzehnte zuvor aus sozialen Gegensätzen heraus städtische Konstitution in Zweifel gezogen, auf Neuordnung gezielt. Solche Radikalisierung trat nunmehr im Zuge des Aufstandes erneut auf, mit der Religion als Stütze. Konfession und Wechsel der lokalen politischen Macht bedingten einander, und es ist von daher der scharfe Widerstand seitens des ohnehin überaus konservativen Adels, aber auch der alten städtischen Patrizier gegen den Oranier zu verstehen, obwohl gerade dieser eine Politik betrieb, die darauf abzielte, den reformatorischen Glauben auf die Territorien Holland und Seeland zu begrenzen und eingeschränkte Möglichkeiten in den anderen Landschaften zuzulassen. Aber eben dieses drang nicht durch, so daß der Oranier bei seinen politischen Gegnern mit jenem Terror identifiziert wurde, den die Calvinisten Brüssels und vor allem Gents entwickelten (Bildersturm, Exekutionen, Vertreibung von Geistlichen und Klosterbrüdern), in der Stadt und auf dem platten Land. Atrecht und St. Omer, Ypern und Brügge folgten bald. In dieser Hinsicht fand eigentlich für manche nur ein Substitutionsprozeß statt: an die Stelle der spanischen Marodeure trat der calvinistische Terror.

Tatsächlich war die Pazifikation eine letzte Chance, die ehemaligen burgundisch-habsburgischen Lande beisammenzuhalten. Das Unternehmen rückte selbst die Generalstände in eine zentrale Position, aber es scheiterte an der Radikalität des konfessionellen Gegensatzes ebenso wie an der politischen und sozialen Heterogenität der Abwehrfront gegen Spanien – eine Abwehrfront, die die Gegensätze aus der voraufständischen Zeit nicht zu überspielen vermochte.

II. DIE REPUBLIK DER PROVINZEN AUFKOMMEN UND BLÜTE

1. *Konstituierung und konstitutionelle Struktur*

1.1. Union von Utrecht und die Folgen

Der 'juste-milieu'-Versuch des Oraniers war eine auf Einheit gerichtete, aber unter den obwaltenden Umständen keine tragbare Politik mehr. Dazu kam dann der Waffenerfolg der Spanier, zunächst noch durch Don Juan 1578 in der Schlacht von Gemblours und schließlich durch Alexander Farnese, den Herzog von Parma, der zugleich hohes Geschick bewies, indem er die Unzufriedenheit des in den südlichen Territorien sitzenden hohen Adels nutzte und ihn gänzlich auf seine Seite zog. Ein Höhepunkt war der Übergang des zunächst auf den Oranier eingeschworenen Grafen und Statthalters van Rennenberg mit den Städten Groningen, Oldenzaal, Coevorden und Delfzijl auf die Seite Parmas. Den Keil, den Parma zwischen die Pazifikationspartner trieb, unterstützte schließlich der militärische Erfolg, allmählich erst, aber schließlich doch mit den spektakulären Einnahmen von Gent (1584) und Antwerpen (1585). Dieser Erfolg war einigermaßen definitiv, denn er legte mehr oder weniger die neue Staatsgrenze fest zwischen den nördlichen Territorien, wo die Republik sich anschickte, ihren Staat aufzubauen, und den südlichen Provinzen, wo der Aufstand vollends niedergeschlagen wurde, die neue Religion keine Chance mehr erhielt.

Die parmesischen Erfolge grenzten den Aktionsradius der aufständischen Territorien ein – und daher ist es begreiflich, daß die verbleibenden, calvinistischen Territorien zu einer engeren Union zusammenrückten, zur Union von Utrecht (23. Januar 1579), die als Geburtsurkunde und Grundgesetz der niederländischen Republik anzusehen ist, auch wenn die Union zunächst lediglich als Defensivallianz geplant war und zu dem Verbund anfänglich noch Gent, Antwerpen, Breda und Lier zählten, andererseits einige Territorien der späteren Republik erst mit einiger Verzögerung der Union beitraten. Aber die Relevanz der Union liegt weniger in ihrer Funktion für Einheit oder Trennung der habsburgischen Niederlande – die Trennung war auf keinen Fall beabsichtigt –, sondern in der eigentümlichen Struktur, die recht eigentlich ein Wiederaufgreifen alter Strukturen darstellte, insofern zwar ein gewisses Maß an Einheit zwischen den Unionspartnern postuliert wurde, letztlich aber dem Partikularismus sämtlicher Spielraum belassen blieb. Es war eben diese Struktur, die der Provinz Holland jene vorherrschende Stellung einräumte, die sie über ein Jahrhundert lang in der Geschichte der Republik haben sollte. Schließlich hat die Bildung der Union und damit die Fortschreibung des Aufstandes möglicherweise noch offengelegt, daß eine einigermaßen homogene Sozialstruktur, wie sie vor allem Holland aufzuweisen hatte, eine größere Aussicht auf einen erfolgreichen Abschluß des Aufstandes bot als die deutlich antagonistische Sozialstruktur der südlichen Territorien mit ihren unübersehbaren Klassengegensätzen, die vielleicht dem militärischen Erfolg des Parma erst die Wege geebnet haben.

Die Partner der Union waren es dann, die dem spanischen König als Landesherrn 1581 abschworen. Sie vollzogen den eigentlichen revolutionären Akt, der seine theoretische Begründung letztendlich aus der bis dahin geübten politischen Praxis bezog, dazu ausführlich schöpfte aus der hier schon genannten Schrift ›Vindiciae contra tyrannos‹. Zwar war die Republik damit noch nicht proklamiert, aber die Entscheidung über Staats- und Regierungsform war voll in die Hände der Stände gelegt. Mit dem Tod des Oraniers – ermordet von dem katholischen Fanatiker Balthazar Gérard – lag die Entscheidung für die republikanische Staatsform einigermaßen nahe, weil zuvor ohnehin schon in diese Richtung gedacht und mit dem Mord in Delft eine letzte Hemmschwelle insofern überwunden war, als nunmehr auch die moralische Verpflichtung gegenüber dem mit allen Mitteln um den Erfolg des Aufstandes bemühten Vertreter des Hochadels entfiel und frühere Versuche zur Übertragung einer landesherrlichen Souveränität ohnehin fehlgeschlagen waren und zu herben Enttäuschungen geführt hatten. Die Stände der in der Utrechter Union verbundenen Provinzen übernahmen die politische Führung des Landes und sollten sie bis zu Napoleons Zeit auch nicht abgeben. Es zeigte sich, daß nach dem Fortfall des führenden Kopfes im Aufstand durchaus keine Führungsschwäche entstand. Dieser Bund der

Utrechter Partner erwies sich als ein lebensfähiges Gebilde. Mehr noch: der neue, flächenmäßig kleine Staat entwickelte sich ins 17. Jahrhundert hinein relativ rasch zu einer europäischen Groß- und Kolonialmacht, die ein wesentliches Zentrum in der schließlich vom habsburgisch-französischen Gegensatz geprägten Außenpolitik bildete. In jener Phase des 17. Jahrhunderts, das die Literatur als das 'goldene Jahrhundert' der niederländischen Geschichte zu beschreiben pflegt, vollzog sich kaum ein außenpolitischer Akt Europas, der nicht finanzielle oder aktive militärische Beteiligung der neuen Seemacht, meistens aber beides, gesehen hätte. Die Republik der Vereinigten Niederlande hat niemals später mehr jenen außenpolitischen Status erreichen können.

Zu diesem sehr wesentlichen Merkmal der Republik in ihren ersten 100 bis 130 Jahren trat der Ausbau des neuen Staates in seiner ganzen Eigentümlichkeit – ein Ausbau, der auf der institutionellen Seite charakterisiert war durch eine eigenartige Vermischung von ständischem Souveränitäts- und Ausschließlichkeitsanspruch und monarchischen Resten, politisch sich vollzog bei starkem föderalistischen Anspruch vor allem seitens der Provinz Holland, dem mächtigsten Bundespartner, und schließlich sozial die Herausbildung einer städtischen Oligarchie erlebte, die sich letztendlich zum Träger auch dieser ganzen außenpolitischen Machtdemonstration entpuppte – ein ebenso eigentümliches wie erstaunliches Phänomen, wenn man die äußerst schmale, im wesentlichen auf die Provinz Holland und hier wieder auf Amsterdam konzentrierte regionale Basis in Beziehung zur außenpolitischen Bedeutung der Republik setzt. Eine Entsprechung wiederum fand dieser finanziell, wirtschaftlich und außen- wie innenpolitisch hochkarätige Status in der nordniederländischen Kunst und Kultur – vor allem in der Malerei, aber ebensosehr in den staatsrechtlichen und völkerrechtlichen Konzeptionen der Zeit, in den Souveränitätslehren ebenso wie im Anspruch auf Beseitigung internationaler Beschränkungen und schließlich in der Hinwendung zu den Naturwissenschaften. Solche hier beschriebenen Wesensmerkmale der jungen Republik sind näher darzulegen.

1.2. Die Institutionen und ihre Kompetenzen

Es ist das Eigentümliche der republikanischen Konstitution, daß die politischen Entscheidungsträger nicht in großem Schwung einen radikalen Neuaufbau oder Ausbau der Institutionen vollzogen, und es gehört weiterhin zu den Eigenarten, daß sich entgegen dem zentralistischen Trend der Zeit hier die von Beginn an so föderalistisch geprägte Struktur erhielt, eher noch verstärkte, und bis ins 18. Jahrhundert hinein die Grundlage der politischen Existenz bildete. Zu Recht behauptet die Literatur, das staatsrechtliche System der Vereinigten Provinzen sei nicht ausgedacht, sondern gewachsen. Die Utrechter Union war doch nichts anderes als ein Zusammenschluß souveräner Territorien, ein Interessenverband, dessen Aufgabe der Kampf gegen die Spanier war – ein Verband übrigens mit wechselnder Mitgliedschaft, denn nach dem militärisch bedingten Ausscheiden Brabants und Flanderns (1585/86) erhielten die Generalstände der Union erst 1595 mit dem Beitritt von Stadt und Land Groningen die endgültige Zusammensetzung der 'sieben vereinigten Provinzen' (Holland, Seeland, Utrecht, Geldern, Friesland, Overijssel, Stadt und Land Groningen). Erst nach dem Zusammenschluß von 1579 setzten die Territorien den spanischen König ab, wenngleich dieser vorher schon keine Anerkennung mehr genoß. Das Problem, das nach diesem Akt und endgültig nach dem Tode des Oraniers auftauchte, war letztendlich die Zuerkennung und Verteilung der souveränen Gewalt. Die in anderem Zusammenhang noch zu erörternde kurzzeitige Generalstatthalterschaft des englischen Grafen Leicester (1585/87) war nicht nur politisch, sondern auch staatsrechtlich gesehen nur ein Intermezzo, nicht einmal mehr eine Reminiszenz an verflogene Landesherrschaft. Die Aversion gegen diesen nur unter außenpolitischem Aspekt wichtigen englischen Adligen beweist den ganzen Umfang des ständischen Selbstbewußtseins, demonstriert den Willen, unbeeinflußt von außen Kompetenzen der Staatslenkung selbständig zu bemessen. Es ist nicht zu übersehen, daß sich das 'älteste' Organ im konstitutionellen Leben der Niederlande, die Generalstände, auf jeden Fall nach außen hin zu einer zentralen Instanz entwickelten. Sowohl zeitgenössisch als auch in der historiographischen Nachwelt wurden die Generalstände mit der Republik nachgerade identifiziert, die Begriffe synonym gebraucht. Dies erklärt sich wohl daraus, daß sich in den Generalständen der einige Wille zum Aufstand verkörperte und daß dieses aus der monarchischen Zeit überkommene Organ im Unterschied zu früher auswärtige Kompetenzen übernahm, nachdem es zuvor in einer verkürzten Brüsseler Zusammensetzung mit der Genter Pazifikation (1576) schon einmal die Politik des Landes sehr wesentlich hatte bestimmen können. Mit der militärisch bedingten Einengung der aufständischen Region auf die Provinzen der Union verstärkte sich auch die Position der Generalstände, die seit 1588 in Den Haag ihren festen Sitz erhielten und zuvor (1582) schon beschlossen hatten, ihre Resolutionen nur noch in niederländischer Sprache zu veröffentlichen, was durchaus als Zeichen neugewonnener Selbständigkeit bei gleichzeitiger Verschiebung des aufständischen Zentrums von Süd nach Nord zu deuten ist. Seit 1593 tagten die Stände permanent. Zunächst und vor allem oblag den Generalständen die auswärtige Politik. Sie schlossen die Verträge, bestimmten über Krieg und Frieden. Bei ihnen waren die Diplomaten akkreditiert. Zugleich entschieden sie auch – gleichsam in Ergänzung zur auswärtigen Gewalt – über die Landesverteidigung, wenngleich es sich hier nicht um eine ausschließliche Kompetenz handelte. Entsprechend diesen Befugnissen oblag den Ständen auch die Bewilligung und Aufsicht über die Handelsgesellschaften in Übersee – ein Aufsichtsrecht, das auch ein Interventionsrecht enthielt und somit die Generalstände in einem weiteren Bereich gegenüber auswärtigen Mächten in eine zentrale Position rückte. Die Finanz- und Steuerbefugnisse blieben dagegen im wesentlichen beschränkt auf die Ein- und Ausfuhrzölle (‘convooien en licenten’) als hauptsächliche Einnahmequelle. Zunächst hatten sich gleich nach 1576 die Generalstände auch mit Angelegenheiten der einzelnen Provinzen befaßt, nach 1590 jedoch waren die oben beschriebenen Befugnisse die zentralen Kompetenzen. Die Position dieses Gremiums gegenüber der Außenwelt erklärt sich aus dieser Sachlage, und diese Bereiche entwickelten sich praktisch auch in logischer Konsequenz aus dem Anspruch der Utrechter Union, der da lautete, daß alle Provinzen aufzutreten hätten, als ob sie nur eine Provinz seien (Artikel 1). Gleichwohl hieß solcher sich nach außen und in der Außenpolitik artikulierende Einheitsanspruch nicht Preisgabe des Souveränitätsprinzips, das zunächst ständisch war und hier wiederum provinzialständisch festgeschrieben war. Die Generalstände besaßen immer nur eine abgeleitete Souveränität. Schon allein daraus erklärt sich, daß die in den Generalständen vertretenen Abgesandten in Den Haag in den meisten Fragen mit einem imperativen Mandat anreisten. Diese juristische Voraussetzung konnte politische Konsequenzen haben. Sie barg die Möglichkeit, Entscheidungsprozesse zu verschleppen. Sicherlich nicht zu Unrecht schrieb noch 1751 der Oranierfreund Bentinck: „Diese Regierungsform wirkt sich so aus, daß zu den wichtigsten Entscheidungsfragen zwei oder drei Spitzbuben die heilsamsten Beschlüsse verhindern können."[1] Diese Form des Mandats war von besonderer Bedeutung, wenn der Unionsvertrag Einstimmigkeit für die Gültigkeit der Beschlüsse voraussetzte, wie etwa in der Frage von Krieg und Frieden und bei der Erhebung neuer Steuern. In der Praxis ging die Forderung nach Einstimmigkeit selbst noch weiter. Die Geschichte der niederländischen Republik ist dann auch reich an Beispielen für politisch schon untragbare Uneinigkeit, die sich aus dem Sonderinteresse einzelner Provinzen und hier wieder einzelner Städte ergab. Dazu schreibt Fockema Andreae: „Der kämpfende Löwe mit Pfeilbündel und Schwert, mit dem Spruch 'Concordia res parvae crescunt', von Beginn an Wappen und Wahrzeichen der Republik, widerspiegelte bis zum Ende die nationale Tugend der starken Einmütigkeit, die gleichsam das Ideal blieb, wenn auch die Wirklichkeit oft weit hinter diesem hohen Anspruch zurückblieb."[2] Trotz der deutlich zentrifugalen Kräfte in der Republik hat dieser Staat funktionieren können, zunächst von seiner Umwelt auch voll bewundert. Es bleibt hier dann auch nach den anderen Instanzen der Republik zu fragen, die die politischen Fäden in Händen hielten.

Der Niederländer Pieter Bondam hat in seiner Betrachtung zur Staatsform der niederländischen Republik geschrieben, daß als Gegengewicht zu einer „unbegrenzten Demokratie" und als Gegensatz zur Aristokratie immer die statthalterliche Würde gedient habe. Man könne in diesem Sinne mit Recht sagen, daß die Statthalterschaft das „notwendige Übel" der Republik sei.[3] Die Warnung vor der „unbegrenzten Demokratie" scheint kaum relevant, wichtig ist jedoch der doppelte

[1] Zitat bei A. Th. van Deursen, AGN, 5, S. 353.

[2] S. J. Fockema Andreae, De Nederlandse Staat onder de Republiek. Verhandelingen der Koninklijke Nederlandse Ak. v. Wetensch., Afd. Letterkunde, Nieuwe reeks, deel LXVIII, 3. Amsterdam 1961, S. 17.

[3] Zitat bei H. Lademacher, S. 179f.

Hinweis, daß der Statthalter in der politischen Kräfteverteilung der Republik einerseits als eine bestimmende Kraft auftrat, andererseits keine natürliche, aus der Staatsform entspringende verfassungsrechtliche Institution war. Die Entscheidung für die Republik, die endgültig nach dem Tode des Oraniers fiel, schuf eine Staatsform, die auch formal keinen Statthalter mehr zuließ. Daß man diese Institution dennoch in die Republik übernahm, mag man als einen 'konservativen Zug' des niederländischen Aufstandes werten, man kann ihn auch bei allem ständischen Selbstbewußtsein als ein Zeichen der Schwäche der neuen politischen Entscheidungsträger sehen, ganz sicher aber ist die Übernahme zunächst zumindest als ein militärisches Erfordernis zu werten. Dabei blieb der Statthalter auch formal in der gleichen Position wie zur monarchischen Zeit: er war Statthalter jeweils einer Provinz, niemals der einer Gesamtheit, etwa der Generalstände. Nicht ohne Grund dürften die holländischen Stände Moritz von Oranien den Titel 'Gouverneur en Capiteyn Generaal' mit auf den Weg gegeben haben. Sie vermieden den Begriff Statthalter, der jedoch später wieder in den politischen Sprachgebrauch aufgenommen wurde. Die Kompetenzen dieses Amtes schlossen weitgehend an die Befugnisse der monarchischen Zeit an. Den Statthaltern oblag die Wahrung der 'wahren christlichen Religion', worunter das reformierte evangelische Bekenntnis zu verstehen war. Er hatte ferner für eine geregelte Justiz Sorge zu tragen, wobei die Kompetenzen nicht genau festgelegt wurden. Als politisch wichtigste Funktion ist die Neubildung der städtischen Magistrate anzusehen. Dieses Recht stellte eine ebenso konkrete wie im Hinblick auf die ständischen Souveränitätsprinzipien anomale Funktion des Statthalters dar. Gewiß: die Stadtregierungen konnten selbst einen doppelten Wahlvorschlag machen und damit eine gewisse Vorauswahl treffen, aber insgesamt zeigte die Konstitution in diesem Punkte noch ihren stärksten monarchischen Zug. Die Gefahr statthalterlicher Befugnisse in der städtischen Politik war dann vor allem gegeben, wenn der Statthalter aus der in den Privilegien festgesetzten Zeit nach seinem Willen ohne das städtische Vorschlagsrecht eine Neubesetzung durchführte. Hier konnte die Anomalie der statthalterlichen Institution eine den staatsrechtlichen Prinzipien abträgliche Auswirkung zeigen. Solche Maßnahmen traf der Statthalter im Falle des Notstandes, wobei es offenblieb, wer eine Situation zum Notstand erklären durfte. Moritz von Oranien, Nachfolger Wilhelms im Amt des Statthalters, hat bei den Unruhen während seiner Auseinandersetzung mit dem Ratspensionär Johan van Oldenbarnevelt die Magistrate nach eigenem Gutdünken mit seinen Leuten besetzt und später gar eine Indemnitätsakte von den Ständen erhalten. Jedenfalls konnte derlei Befugnis nur dann ihren Sinn haben, solange es spanientreue Regierungen gab. Als widersinnig im staatsrechtlichen Sinne erwies sie sich nach Konsolidierung der Republik, und kein Geringerer als Hugo Grotius hat in seiner 'Apologie' 1622[4] diese Befugnis des Statthalters auf dem Boden provinzialständischer Souveränität heftig angegriffen. Dabei bleibt allerdings zu berücksichtigen, daß Grotius seine Darlegungen nach der hier noch zu behandelnden Oldenbarnevelt-Affäre im Pariser Exil verfaßt hat. Die Funktion des Statthalters als Provinzialkapitän, die Ausübung der militärischen Gewalt, verlieh den politischen Befugnissen erst ihren Nachdruck. Sie war sicher dann von besonderer Bedeutung, wenn der Amtsträger gleich in mehreren, so nicht der Mehrzahl der Provinzen als Statthalter auftrat. Das war die Sachlage für die ganze republikanische Zeit. Obwohl die Befugnisse nicht ganz deutlich umrissen waren, nahm der Statthalter in Zusammenarbeit mit 'kommittierten Räten' (eine Gruppe ständischer Vertreter) auf jeden Fall das Patentrecht wahr (= Aufsicht über die Truppenverschiebungen), das den Oberbefehl über alle Truppen einschloß. Verbunden mit dem Ansehen, das die Statthalter – und hier ging es um die Oranier – bei den Truppen genossen, worüber Hugo Grotius in seiner 'Apologie' aus nächster Anschauung zu berichten weiß, konnte es diese Amtsträger zu einer sehr wirksamen politischen Macht im Streit mit den städtischen Regenten werden lassen. So kann auch erst aus der Kombination von politischer und militärischer Befugnis die wirkliche Gewalt des Statthalters verstanden werden.

Obwohl die Regenten zunächst selbst die Statthalter einsetzten, ist niemals ein durchgehend positives Verhältnis zwischen der neuen staatstragenden Schicht und den Statthaltern als dem 'Überrest' einer abgeworfenen Regierungs- und Staatsform gefunden worden. Die Regenten fühlten sich bald beengt von einer staatlichen Institution, die mit ihrem

[4] In H. de Groot, Verantwoordingh van de Wettelijcke Regiering van Hollant ende West-Friesland mitsgaders eeniger nabuyrige Provincien, sulx die was voor de veranderingh, gevallen in de Jare 1618. Paris 1622.

Staats- und Souveränitätsbegriff, wie sie ihn im 'Großen Memorandum' vom Oktober 1587 gegen den englischen Grafen Leicester niederlegten, nicht übereinkam. Ihre Konflikte mit den Statthaltern erschütterten dann auch die Republik in ihren Grundlagen und zeitigten entsprechende Folgen (Moritz gegen Oldenbarnevelt; Wilhelm II. gegen Amsterdam mit – als Folge – einer langen statthalterlosen Zeit). Für die Regenten wurde die Statthalterschaft, obwohl sie zunächst ein Provinzialamt war, zur Beschränkung ihres provinzialständischen Regionalismus oder Partikularismus, ihrer eigenen Machtsphäre also. Der Konflikt war nicht neu. Er hatte sich schon zur Zeit des Erzherzogs Matthias und auch des Herzogs von Anjou gezeigt und war voll zum Austrag gegen den Grafen Leicester gekommen, als die holländischen Stände 1585 zur Wahrung ihrer provinziellen Selbständigkeit gegenüber Leicester den Oraniersohn Moritz von Oranien als eine exponierte Persönlichkeit gegen die Zentralisierungsbestrebungen zu ihrem Statthalter machten. Das Problem war jedoch, daß nach dem Abzug Leicesters die oranischen Statthalter weitaus mehr, als es die ständisch-städtische Aristokratie je sein wollte, schon allein durch die Bindung an mehrere Provinzen in Personalunion den Einheitsgedanken verkörperten und als militärische Oberbefehlshaber (Generalkapitäne) der Union den Zusammenhalt auch gegen partikularen Anspruch der Provinzen zu fördern versuchten. Dies bot angesichts der Ausgangspunkte der niederländischen Republik sicherlich ein reiches Konfliktpotential. Die Position des Statthalters war trotz dieser militärischen Gewalt als Generalkapitän nicht einfach. Zum einen mußte die Mehrheit der Provinzen, die politische Absicherung, gegeben sein (Moritz von Oranien gegen Utrecht 1610), zum andern durfte trotz Mehrheit die Unionsexekutive als besonders schwer gelten, wenn sie sich gegen die wichtigste Provinz, gegen Holland, kehrte (Wilhelm II. gegen Amsterdam, 1650). Auf jeden Fall aber lag in der Aufgabe, die auseinanderstrebenden Teile der Union zusammenzuhalten und die militärischen Lasten der Gesamtheit zu übernehmen, für den Provinzialstatthalter die Möglichkeit, aus dem Bereich provinzialständischer Souveränität in einen Raum relativ großer Selbständigkeit vorzustoßen. Das ist weniger Moritz, ganz sicher aber seinem Nachfolger Friedrich Heinrich von Oranien und in besonders starkem Maße dem späteren König-Statthalter Wilhelm III. gelungen. Solche Unterschiedlichkeiten sind nicht eindeutig zu erklären. Die Erfordernisse des Krieges reichen als Erklärung wohl kaum aus. Zu berücksichtigen ist auch die wachsende Bedeutung der Niederlande in den europäischen Auseinandersetzungen, die für das 17. Jahrhundert auch in der ersten Hälfte schon als säkularer, die Konfrontation bestimmender habsburgisch-französischer Konflikt zu charakterisieren sind. Im Rahmen eines solchen Konflikts bot sich der monarchisch-absolutistisch regierenden und regierten Außenwelt eben jene Instanz als Repräsentant, der noch der Ruch der monarchischen Tradition anhing und die in einem für den Außenstehenden nicht ganz durchsichtigen partikularistisch orientierten Regierungssystem am ehesten noch einen Staat verkörperte, dessen militärisches und finanzielles Potential es zu nutzen galt. Vermerkt man dazu etwa bei Friedrich Heinrich eine geschicktere Handhabung des Umgangs mit den städtischen Aristokraten – geschickter als sein etwas grau bleibender Bruder und Vorgänger Moritz –, dann ist begreiflich, daß der französische Kardinal Richelieu den Statthalter im Vertrag von 1635 als den eigentlichen Vertreter der Republik ansah, und dann wird schon verständlicher, daß Friedrich Heinrich den Titel 'Hoheit' erhielt, die Erblichkeit der Statthalterschaft für alle Provinzen und des Generalkapitänsamtes durchzusetzen vermochte und schließlich einen monarchengleichen Lebensstil führte, der nichts mit dem republikanischen Ausgangspunkt zu tun hatte und den zeitgenössischen Beobachter Sorbière zu der Bemerkung veranlaßte, von Friedrich Heinrich als dem glanzvollsten Fürsten der Welt zu reden. Aber solche Entwicklung zur Selbständigkeit hatte ihre Kehrseite, ihre Grenzen, insofern sie die Anomalie der Institution auf die Spitze trieb. Das blieb ohne Konsequenzen, solange eine deutliche Interessenharmonie zwischen dem Statthalter und der stärksten Provinz bestand. Enthielten die Selbständigkeiten des Statthalters, seine militärischen und politischen Unternehmungen die Möglichkeit der Interessendivergenzen, dann war Konflikt angelegt, der bis zu extremen innenpolitischen Konsequenzen führte, das hieß in concreto, man nahm das Amt des Statthalters schlicht aus der Konstitution heraus. So strebte Friedrich Heinrich nicht nur mehr die Verteidigung des Nordens, sondern auch die Eroberung der südlichen Provinzen des ehemaligen habsburgischen Staates an. Das hätte gegebenenfalls eine Hineinnahme Brabants und Flanderns in die Union bedeutet, hätte eine Bedrohung der holländischen Hegemonie heißen können. Da stieß sich die innere und äußere

Expansionstendenz des Statthalters am Partikularismus der mächtigsten Provinz. Sie führte zur Opposition auch gegen Absichten, die Möglichkeiten des Friedens nicht zu sondieren. Die in den 40er Jahren gegen Friedrich Heinrich wachsende Opposition der Regenten setzte schließlich auch den Frieden von Münster (1648) durch. Friedrich Heinrichs Sohn und Nachfolger Wilhelm II. hat die ganze Fülle des Widerstandes dann zu spüren bekommen. Seine Aktionen im Zusammenhang mit der von den Regenten gewünschten Abdankung der Soldaten und sein Zug gegen Amsterdam mochten dann Zeichen statthalterlicher Selbständigkeit sein, aber sie liefen auf ein Fiasko hinaus und führten geradewegs nach seinem raschen Tod zur statthalterlosen Zeit, die formal gesehen ohne das Statthalteramt die eigentliche republikanische Zeit war und einen ersten Höhepunkt des Selbstbewußtseins einer städtischen Regentenklasse darstellt. Die nachfolgenden Statthalter Wilhelm III. und Wilhelm IV. lebten zwar in dem gleichen Konflikt, aber sie führten diesen Konflikt auf einem anderen, für sie günstigen politischen Hintergrund, insofern ihnen die Opposition breiterer Volksschichten gegen die Regenten zugute kam.

Die Wechselfälle in der Entwicklung des eigentlich republikfremden Statthalteramtes vermögen einerseits etwas von der Unruhe zu vermitteln, die innenpolitisch immer wieder diese nach außen hin scheinbar so gefestigte und konsolidierte Republik wenn nicht gerade voll erschüttert, so doch in Bewegung gebracht hat. Andererseits mochte das gesamte Regierungssystem zwar im wesentlichen kollegial konstruiert sein (städtische Magistrate, Provinzialstände, Generalstände), es bot jedoch möglicherweise wegen der kollegialen Struktur ausgemacht politischen Köpfen die Gelegenheit, auf jeden Fall zeitweilig die Politik nach ihren Wünschen auszurichten. Die oranischen Statthalter sind hier einzuordnen, mehr noch aber waren es die Ratspensionäre, eine eigentümlich niederländische Instanz – eine Instanz wiederum, die zunächst nichts anderes war als ein Provinzialamt, es auch blieb, sich aber in Verbindung mit der Provinz Holland zu einer der wichtigsten Funktionen für die gesamte Politik entwickelte. Schon der Vorsitz in den Provinzialständen der mächtigsten Provinz schuf bei den starken zentrifugalen Tendenzen der Republik eine wichtige Voraussetzung für eine bestimmende Stellung im Gesamtverband. In der Provinz redigierte er die Beschlüsse, den Briefausgang, arbeitete bei der Finanzverwaltung mit, in der Republik übernahm er die Korrespondenz mit dem Ausland. Das entsprach angesichts der internationalen Verflechtung des Aufstandes und später der zentralen Position des Landes im Rahmen des europäischen Staatssystems der Funktion eines Außenministers, und als solchen sah die Außenwelt ihn auch an. Aber solche Aufgabe war nicht von vornherein festgelegt. Sie erwuchs historisch aus dem frühen holländisch-seeländischen Alleingang im Aufstand, und was dort dem Ratspensionär als Recht zukam, wurde später als Übung in die Republik übernommen. Aber die Anerkennung solch ungeschriebenen Rechts hing doch ab von der politischen Qualität des Amtsinhabers, vom Geschick und nicht zuletzt auch vom Erfolg. Das niederländische Kollegialsystem hat immer solche politischen Spitzen in der Gestalt von Ratspensionären hervorgebracht, die selbst ihren politischen Handlungsspielraum bemessen haben, ja, selbst vergessen lassen, daß die städtischen Regenten die Träger der Republik und dort auch politisch vertreten waren. Die Konfliktträchtigkeit des Amtes lag dabei zum einen in der Wahrung der ständisch-städtischen Regenteninteressen gegenüber dem Statthalter, zum anderen – und dies vielleicht noch mehr – in seinem dualistischen Charakter, insofern der Ratspensionär die Interessen seiner Provinz ebenso zu wahren hatte wie die der gesamten Republik – und von einer Identität solcher Interessen konnte wohl nicht immer die Rede sein, zumal im 17. Jahrhundert das holländische Interesse weitestgehend von Amsterdam bestimmt wurde. Johan van Oldenbarnevelt, Johan de Witt, Anthonie Heinsius, das sind die Ratspensionäre, die im 17. Jahrhundert, in jener Blütezeit der Niederlande, die politischen Weichen gestellt haben, innen- und außenpolitisch gleichermaßen, und denen es eine gute Zeit lang gelungen ist, die Schwierigkeiten des Amtes zu bewältigen, als unbestrittene politische Führer aufzutreten.

Provinzialstände, Generalstände, Ratspensionäre, Statthalter – es waren Institutionen, aus der Vergangenheit übernommen, nicht in jedem Falle mehr logisch, aber doch legitim, sich mit neuem Bewußtsein füllend, zugleich Institutionen, die nebeneinander dem Souveränitätsanspruch der Provinz zu entsprechen und zugleich die Notwendigkeiten eines gewissen Maßes an zentraler Leitung vor allem unter dem Zwang der kriegerischen Auseinandersetzung zu berücksichtigen hatten. Ein Institut, das die gemeinsamen Belange verwalten sollte, war der

Staatsrat ('Raad van State'), der in nichts zu vergleichen ist mit dem Staatsrat der monarchischen Zeit und völlig abhängig war von den Generalständen. Als zentrales Organ verwaltete er nur, er regierte nicht, und die Entwicklung seiner Kompetenzen, die jeweils nur auf Assistenz bei der Ausführung der Beschlüsse der Generalstände lauteten, mit deutlicher Tendenz des Abbaus der Zuständigkeiten, widerspiegelt letztlich lediglich die Abneigung der Provinzen auch gegen den geringsten Ansatz von Zentralisierung. In seinen stets wechselnden Kompetenzen, die sich schließlich konzentrierten auf Finanzen und Kriegführung, war er völlig von den Ständen abhängig. Eine gewisse Selbständigkeit erhielt er lediglich in der Verwaltung der von der Republik eroberten Gebiete jenseits der Südgrenze, Teile der zum größten Teil in der Hand Spaniens (Österreichs) bleibenden Provinzen. Sie wurden als 'Staats-Brabant' oder 'Staats-Vlaanderen' von der Republik verwaltet, ohne als Provinzen (Teilprovinzen) Sitz und Stimme in den Generalständen zu erhalten.

1.3. Staatstheoretische Überlegungen

Der Staatsrat demonstrierte in seiner vollen Abhängigkeit von den Generalständen den ganzen Trend in der Republik, den Hang zum Partikularismus, zur Souveränität auf der Ebene kleinstmöglicher Einheit. Die autochthone Staatstheorie der Zeit hat es dann auch unternommen, dieser im Grunde schon in der Burgunderzeit als gegen Zentralisierung angelegten Tendenz, die mit der Befreiung von landesherrlichem Druck voll zur Entfaltung kam, den theoretischen Rahmen oder einfach die Rechtfertigung mit auf den Weg zu geben. Allerdings wäre es verfehlt zu glauben, daß sich die niederländische Staatslehre von Beginn an auf die Begründung eines republikanischen Staatsgedankens kaprizierte. Die Form war für solches Vorhaben wohl anfangs nicht eindeutig, zu stark noch mit der monarchischen Vergangenheit verwoben. Gewiß, es war einfach, sich etwa im Anschluß an Johannes Althusius mit der Rechtfertigung des Aufstandes zu befassen, das Widerstandsrecht der Lehre Calvins einzubringen. Aber über die Staatsform des 17. Jahrhunderts sagte das noch nichts aus. In der ersten Hälfte des Jahrhunderts war es recht eigentlich allein der Franeker Hochschullehrer Paulus Buis, der in Auseinandersetzung mit Jean Bodin einer aristokratischen Republik das Wort redete und dabei der Statthalterschaft keinerlei Bedeutung zuerkannte. Der Leidener Ethiker Petrus Bertius ließ in Dissertationen seiner Schüler feststellen, daß – nach einem Vergleich der Qualitäten einzelner Staatsformen – die aristokratische Republik die beste Form sei. Aber was da in den ersten beiden Jahrzehnten geschrieben wurde, fand zunächst keine Nachfolge. Auch ein Mann wie Hugo Grotius hat über die allgemeinen Feststellungen nicht hinauskommen können. Insgesamt will es scheinen, als ob die niederländische Staatsrechtslehre, deren Bedeutung angesichts eines regen Universitätslebens nicht unterschätzt werden darf, sich auf eine eigene Weise der tatsächlichen Lage der Konstitution angepaßt habe. In einer Zeit jedoch, als der Statthalter Friedrich Heinrich sich zu einer politischen Führungskraft mauserte und zugleich einen eher monarchischen als republikanischen Lebensstil führte, verkündeten die Professoren auf den Lehrstühlen in Groningen, Utrecht oder Leiden eine Staatsrechtskonzeption, die ebenso weitaus eher in der Nähe der – gemäßigten – monarchischen Staatsform als in der der Republik lag. E. H. Kossmann hat als wichtige Beispiele den außerhalb der Alma Mater stehenden Dichter P. C. Hooft und für die Leidener Universität als dort tätigen Multiplikator Frank Burgersdijk genannt.[5] Andere sollen hier nicht einzeln aufgeführt werden, aber festzustellen bleibt, daß bei allen Unterschieden und oft auch dem Umwegcharakter und der Schwerfälligkeit der Darstellung niederländischer Hochschullehrer von Leiden bis Groningen die gemäßigte Monarchie im Vordergrund des Interesses stand. Als Beigabe tauchte vor allem in der zweiten Hälfte des Jahrhunderts erneut die Widerstandslehre der Monarchomachen auf – als Möglichkeit, den Theoretiker der absoluten Monarchie, Thomas Hobbes, zu widerlegen.

Eine eigentliche republikanische Theorie scheint sich erst seit dem Zug Wilhelms II. gegen Amsterdam und in der ersten großen statthalterlosen Periode entwickelt zu haben. Als Vertreter solcher Konzeption sind hier zu nennen Johan de Witt, der Ratspensionär, der den Republi-

[5] S. dazu – nicht nur für die beiden genannten Personen – E. H. Kossmann, Politieke theorie in het zeventiende-eeuwse Nederland. Verhandelingen der Koninklijke Nederlandse Ak. v. Wetensch., Afd. Letterkunde, Nieuwe reeks, deel LXVII, 2. Amsterdam 1960.

kanismus in die politische Praxis umsetzte, und neben ihm Dirk Graswinckel, Lambert van Velthuyzen sowie die Brüder Pieter und Johan de la Court als die wichtigsten Vertreter. Das Eigenartige der Graswinckelschen Konzeption ist wohl der gedankliche Umweg. Da ist eine theokratisch motivierte enge geistige Verwandtschaft zum Absolutismus festzustellen, aber solche Neigung wird nicht in Forderung nach absoluter Monarchie umgesetzt, vielmehr war Graswinckel der erste, der diesen Gedanken in eine Forderung nach Anerkennung der vollen Souveränität für die Träger einer aristokratischen (sprich: oligarchischen) Staatsform umformulierte. Damit sprach er sicherlich aus, was viele Regenten der städtischen Oligarchien aus der nächsten Umgebung des Johan de Witt dachten. Er tat es in aller Einfachheit, zugleich aber mit einer Unbedingtheit, die sich nur aus der Graswinckelschen Kenntnis der Schriften des Thomas Hobbes erklären läßt. Überhaupt ist festzustellen, daß Thomas Hobbes in jenen Jahrzehnten der niederländischen Republik zu den bevorzugten Autoren der politischen Theorie zählte, ohne daß dies die Forderung nach Errichtung einer absoluten Monarchie zur Folge gehabt hätte. Vielmehr dürfte das Souveränitätsprinzip eine wesentliche Rolle gespielt haben. Hobbes war auch für die de la Court-Brüder von Bedeutung, aber nicht in der politischen Konsequenz, sondern hinsichtlich der psychologischen Voraussetzung, zu der in noch stärkerem Maße Descartes beisteuerte. Naturstaat, Emotionen, Leidenschaften, Vernunft – das war die hier nicht zu erörternde Begrifflichkeit, die in ihrer Auswertung und Ausschöpfung in politisches Erfordernis umgesetzt wurde: bei den de la Courts in die 'demokratische' Republik. Sie waren es, die, wie Kossmann feststellt, den Weg zum demokratischen Konstitutionalismus öffneten. Der Argumentationsgang ist psychologisch-utilitaristisch, insofern in einer Beherrschung der Leidenschaften durch die Vernunft (in der Republik eher garantiert als in der Monarchie) der größtmögliche Nutzen für den einzelnen gewährleistet ist, sie ist selektiv historisch und auf die eigene Umgebung zugeschnitten, insofern nicht nur der Nutzen, sondern auch der Hinweis auf die Gewährleistung hoher kultureller Blüte bei Johan de la Court gegeben wird. Er führt Athen an, nennt Renaissance-Städte und -Staaten in Italien, Deutschland und der Schweiz, um die geistige Entwicklung dem Republikanismus dieser Orte oder Regionen zuzuschreiben. Aber die Staatsform Republik implizierte bei ihm nicht a priori auch den Zuschlag für die aristokratische Regierungsform, wie das Graswinckel in seiner Zuweisung der Souveränität tat. Genau hier ging de la Court über die Grundanlage des niederländischen Regierungssystems hinaus, indem er nach eingehender Betrachtung der aristotelischen Einteilung die Monarchie voll verwarf, nach Abwägung der Vor- und Nachteile der aristokratischen Form zu einem eher negativen Urteil kam und schließlich sich für die demokratische als die bestmögliche Form entschied – und solche Entscheidung setzte ihn insofern in Gegensatz zu Zeitgenossen, als seine Auffassung von der geistigen Qualität breiter Volksschichten nicht negativ vorgeformt war. Zumindest schrieb er ihnen im Ansatz intellektuelle Potenz zu, die nur durch Armut verschüttet sei. Wie der Unterschied zwischen Aristokratie und Demokratie in der politischen Praxis aussah, wurde nicht deutlich gemacht. Der Übergang von der einen zur anderen Form blieb verschwommen, und erst Spinoza, in gewissem Sinne ein Nachfolger de la Courts und Verfechter der Demokratie, hat wenig später die Unterschiede systematisiert und damit recht eigentlich – soweit es die Aristokratie betraf – genau die niederländische Situation beschrieben, indem er dieses System als gegen naturrechtlich begründbare Prärogativen gerichtet ansah, da Patrizier nur werden konnte, wer von den Patriziern zu einem solchen erhoben wurde. Hier stand das System der Kooptation mit ihren nepotistischen Konsequenzen dem naturrechtlichen Anspruch der Demokratie gegenüber.

1.4. Die Regenten als soziales Phänomen und politische Entscheidungsträger

Das nur äußerst grob skizzierte Bild der Staatsrechtslehre der Zeit ließe sich inhaltlich durch eine Fülle von Flugschriften ergänzen, die vor allem für die statthalterlose Zeit (1650–1672) die antiorangistische und prorepublikanisch-aristokratische Komponente vertraten. In ihnen artikulierte sich direkt oder indirekt ein Regentenpatriziat, das politisch, wirtschaftlich und kulturell weitgehend das Geschehen in der Republik bestimmte. Das Patriziat war geleitet von einem spezifisch holländischen Interesse her und trat auf als Träger der Macht in den souveränen holländischen Ständen und zugleich auch als Träger der Macht in der

Union. Der niederländische Historiker Pieter Geyl hat einmal geschrieben, daß die Regentenklasse nicht nur der bedeutendste politische Faktor, sondern auch das bemerkenswerteste soziale Phänomen in den Niederlanden des 17. Jahrhunderts gewesen sei. Eine definitorische Eingrenzung dieser Klasse wirft insofern Schwierigkeiten auf, als die Lage in den einzelnen Regionen und Städten unterschiedlich war. Vielleicht aber reicht zunächst die allgemeine Formulierung, daß es sich um eine soziale Schicht handelte, die die städtische Politik lenkte, die Verwaltung in Händen hielt, sich in der Tendenz durch Kooptation ergänzte – trotz teilweiser Offenheit nach unten –, aus der höchsten Kaufmannsschicht stammte und zum Teil noch als Lenker und Verwalter der Stadtpolitik am Wirtschaftsleben direkt beteiligt war. Zur unerläßlichen Voraussetzung einer Zugehörigkeit zum Patriziat zählte schließlich auch ein bestimmtes, gewiß nicht schmal bemessenes Einkommen, wenngleich nicht jeder Reichtum den Aufstieg in den Regentenstand vorsah. Die Familientradition und damit die Geburt spielte eine große Rolle. Ein Blick auf die Vermögensentwicklung – so lückenhaft die Aufstellungen auch immer sein mögen – vermittelt etwas zu den Größenordnungen, in denen man in der Republik dachte, zeigt auch, daß die Entwicklung zum großen niederländischen Kaufmannsreichtum sich erst nach 1600 vollzog. Für 1585 etwa wird der reichste Amsterdamer Kaufmann auf höchstens 150000 Gulden geschätzt. Selbst unter Berücksichtigung einer Preissteigerungsrate zählten solche Werte kaum noch zu den großen Vermögen des 17. Jahrhunderts. Dabei zeichnen sich große Unterschiede zwischen Holland und den übrigen Provinzen ab. Das wirtschaftliche Zentrum der Union, die Provinz Holland, wies auch die größten Kaufmannsvermögen aus. Es handelte sich hier um Beträge, die zum Teil weit über 1000000 Gulden reichten. Aber solche Anhäufung von Vermögen war eben nicht repräsentativ, konzentrierte sich auch innerhalb der Provinz Holland auf Amsterdam, und sie enthielt zugleich Hinweise auf die Zentren nicht nur der finanziellen Kraft, sondern auch der politischen Macht, der die föderalistische Struktur der Union sehr entgegenkam.

Wie auf der einen Seite der Vermögenszuwachs erst nach 1600 beträchtliche Ausmaße annahm, so ist auch eine Zunahme der politischen Macht erst nach diesem Jahrhundertwechsel festzustellen. Der Regentenstand war sicherlich keine typische Erscheinung der republikanischen Phase, sondern datierte aus dem Mittelalter mit durchaus politischer Bedeutung in der burgundischen und habsburgischen Zeit, und er fand sich in jener Periode nicht selten unterstützt von der Brüsseler Zentralgewalt. Die Magistratsposten ('vroedschap') wurden eben in jener Phase schon von den reichsten, erfahrensten, hervorragendsten Bürgern besetzt, kurz: von einer Elite, die sich zugleich die Funktion in Permanenz aneignete. Letztlich blieb eben diese Elite auch nach dem Aufstand mit seinen politischen Konsequenzen in den Städten erhalten, denn auffällig ist, daß im wesentlichen die allzu spanisch-katholischen Vertreter aus dem Magistrat verschwanden. Die Änderungen waren alles andere als radikal, und selbst als später von den Regenten das Bekenntnis zum Calvinismus verlangt wurde, genügte der Hinweis, daß man dieser Richtung günstig gesinnt sei. Lediglich der Magistrat Amsterdams, das erst 1578 zu den Aufständischen überging, wurde in Zusammenarbeit mit den Schützengilden völlig neu besetzt, ohne daß dies jedoch das Patriziat der Stadt irgendwie beeinträchtigt hätte. Das gilt auch für spätere radikale Neubesetzungen in Zeiten innerer oder äußerer Krisen wie 1618 (Moritz von Oranien gegen Oldenbarnevelt) oder 1672 (Wilhelm III. von Oranien). Die 'newcomers' gehörten immer wieder der begüterten Schicht an oder paßten sich schließlich den Verhaltensweisen der traditionsreichen Regentenfamilien an. Hierzu trat eine Verfestigung der politischen Macht auf dem Verordnungswege, denn schon 1581 beschlossen die holländischen Provinzialstände, daß die Magistrate nicht mehr unter Mitarbeit der Schützengilden oder Zünfte zusammengesetzt werden sollten. Damit entfiel die innerstädtische Kontrolle, eine Erscheinung auch der habsburgischen Zeit, in der die nicht dem Patriziat zugehörigen Schichten auf dem Weg über einen Aufstand bestimmte Positionen mit immer nur vorläufigem Erfolg hatten wiedergewinnen können. Bei aller Unterstützung patrizischer Magistrate seitens der Brüsseler Zentrale in der monarchischen Periode waren doch von dieser Instanz die Grenzen patrizischen Kompetenzbereichs auf jeden Fall außerhalb der Stadtmauern gezogen, aber diese Kontrolle von oben wie auch die von unten entfiel in der Republik. Auch die statthalterlichen Befugnisse bei Magistratserneuerungen können kaum als permanent wirksames Kontrollelement angesehen werden. Die unkontrollierte Kompetenz der Regenten hieß zugleich Stärkung der Stadt als wichtigster Parzelle der Union, barg die Gefahr einmal eines städtischen

Partikularismus und zum andern auch eines Diktats der mächtigsten Stadt im staatlichen Verband. In der Provinz Holland führte gerade die Entwicklung städtischer Kompetenzen zu einer Aushöhlung der Zuständigkeiten des Provinzialgerichtshofes. Die Expansion des städtischen Einflusses in staatlichen Angelegenheiten vollzog sich über eben diese Regenten, die nicht nur die städtischen Ämter, sondern die wichtigsten Posten der Provinzen der Union (Generalstände, Diplomatie, Militär) besetzten. Daß dabei die holländischen Regenten die zentralen Posten wahrnahmen und damit die Interessen der eigenen Provinz besonders gut vertreten konnten, nimmt nicht wunder, da Holland – vor dem Aufstand kaum führendes Territorium zu nennen – sich nach dem Aufstand zur wichtigsten Provinz entwickelte und mehr als 50 v. H. des Finanzbedarfs der Union deckte. Allerdings bot sich holländisches Interesse nicht als klar festgeschriebener Bereich, vielmehr gab es da zwischen den Städten erhebliche Divergenzen, die aus den unterschiedlichen wirtschaftlichen Aktivitäten herrührten. Daß die Handelsstadt Amsterdam, wo die Regentenfamilien noch besonders eng mit dem Wirtschaftsleben verbunden waren, eine führende Rolle spielte, braucht nicht eigentlich hervorgehoben zu werden. Wenngleich eine gewisse Offenheit der Regentenklasse für den Aufstieg von unten festzustellen ist und immer wieder neue Namen auftauchten – nie jedoch Namen ohne Geldgrundlage –, dann ist doch die Tendenz nicht zu übersehen, den Kreis einigermaßen als eine politische 'incrowd' zu bewahren. Dabei bedienten sich die Regenten zum einen der Kooptation, zum anderen des Instruments der vertraglich vereinbarten Ämtervergabe ('contracten van correspondentie'). Auf diese Weise blieb man gleichsam unter sich und vermied auch Streitigkeiten, die die Stellung gegenüber der Außenwelt nur hätten schwächen können. Die so gegen den Zugriff von außen geschützte Macht der Regenten erhöhte sich noch durch die umfangreiche Vergabe niederer Ämter in ihren Städten. Auf diese Weise wurden Bindungen, Abhängigkeiten geschaffen, die auf jeden Fall die Möglichkeit einer breiteren Unterstützung der insgesamt wohl kaum übermäßig populären Regentenklasse boten. Kapital, faktionistische Anhängerschaft, Familienbeziehungen und Absprachen über Ämtervergabe reichten im allgemeinen aus, um die politische Macht der Regenten zu sichern, die 1650 gar ihren ersten Höhepunkt erreichte. Es gab allerdings zwei Stichjahre – 1618 und 1672 –, in denen die

'Ruhe in Permanenz' erheblich gestört wurde, wie noch zu zeigen sein wird.

Im übrigen begrenzte sich die Macht der Regenten nicht auf die Städte. Auch in den umliegenden Dörfern war der Zugriff gesichert. Gewiß, der wichtigste Beamte des Dorfes war der Schultheiß ('schout'). Dieser wurde jedoch nicht von der durch Vermögen und Geburt bevorrechtigten dörflichen Elite angestellt, sondern vom Grundherrn. Das bedeutete aber nichts anderes als Abhängigkeit vom Adel, der allerdings in den Niederlanden nicht allzu stark vertreten war, oder von Regentenfamilien, die, wie es durchaus üblich war, Boden und die damit verbundenen Rechte erworben hatten. Und schließlich traten die Städte als Grundherren auf.

So entwickelte sich und fungierte in der Republik eine soziale und politische Elite, die sich im doppelten Sinne 'aristokratisch' gab: zum einen in der Handhabung und Verfestigung der politischen Macht in den Händen einer Oberschicht durch Nutzung eines Ämterkarussells, auf das von unten her nur wenige noch zusätzlich aufzuspringen vermochten, zum anderen durch Entwicklung eines Lebensstils, zu dem gegen Ende der ersten Hälfte des Jahrhunderts die Hofhaltung des Statthalters Friedrich Heinrich möglicherweise Anhaltspunkte geliefert hat, ganz sicher aber der Glanz der absolutistischen Nachbarn einiges beigesteuert haben wird. Daß innerhalb der Regentenklasse absolutistische Neigungen Eingang fanden – absolutistisch zugunsten einer oligarchischen Elite –, kann kaum noch verwundern, wenn zugleich eine Tendenzveränderung des Lebensstils heranwuchs. Es gehört zu den sozialen Entwicklungsphänomenen vor allem in der zweiten Hälfte des 17. Jahrhunderts, daß sich die Regentenfamilien aus dem sich schwieriger gestaltenden Handel zurückzogen, Kapital in Grundbesitz investierten und einen der adligen Grundherrschaft ähnlichen Lebensstil pflegten. Die Malerei der Zeit legt hiervon Zeugnis ab: die Porträts des jüngeren Bicker (Amsterdamer Familie) und Pieter de Groots widerspiegeln etwas von diesem neuen Lebensstil. Auf diese Weise hoben sich die Regenten in besonders starkem Maße von den anderen Klassen der Gesellschaft ab, die nicht an der Stadtregierung beteiligt waren. Sie förderten die Kontraktionstendenz einerseits, trugen zur sozialen Unzufriedenheit andererseits bei, obwohl keineswegs übersehen werden kann, daß diese Stadtregierungen und Stadtverwaltungen, die ihren Ursprung wesentlich in der Ämterpatronage hatten, durchaus funktionstüchtig waren und unfähige Köpfe nicht in hohe Positionen kommen ließen.

2. *Schwerpunkte der Innenpolitik*

2.1. Leicesters Fehlschlag – ein Erfolg der Regenten

Die Geschichte der niederländischen Innenpolitik wird immer gegen den Hintergrund der hier skizzierten Konstitution und ihrer Träger zu beschreiben sein, und sie wird gleichsam zur Illustration festmachen können an ganz zentralen Ereignissen wie Ankunft und Abschied des Grafen Leicester, dem Streit zwischen Statthalter Moritz von Oranien und dem Ratspensionär Johan van Oldenbarnevelt (1618), dem Marsch des Wilhelm II. von Oranien gegen Amsterdam (1650) mit allen seinen Konsequenzen für die politische Verfassung der niederländischen Republik überhaupt und schließlich an der Ernennung Wilhelms III. von Oranien zum Statthalter unter den Bedingungen eines Krieges (1672).

Die Wirren um die Generalstatthalterschaft des Robert Dudley, Graf von Leicester, zwischen 1585 und 1587 erklären sich sehr wesentlich aus der Konfrontation von militärischen Notwendigkeiten und der Motivationsbasis des Aufstandes, soweit diese Basis hinausging über den Wunsch nach Befreiung von Verfolgung und Bedrückung. Die Anstellung des Engländers zum Generalstatthalter erfolgte in einer Phase des Aufstandes, in der die militärische Gegenoffensive der Spanier unter Leitung des Herzogs von Parma mit der Einnahme Antwerpens 1585 einen erfolgreichen Abschluß fand und wesentlich die heutige belgisch-niederländische Grenze festlegte. Es schien schon nach dem Tod des Prinzen von Oranien und dem Siegeszug Parmas nur noch eine Frage der Zeit, wann die Partnerschaft der Utrechter Union ihr Ende finden würde, und nicht selten tauchten in den einzelnen Provinzen prospanische Stimmen auf. Einig waren sich die politischen Führer der Republik, unter ihnen vor allem der Landesadvokat Paulus Buys und der Rotterdamer Ratspensionär Johan van Oldenbarnevelt, darüber, daß eine zentrale Leitung erforderlich war und daß diese – wenn damit ganz konkrete Hilfe im Kampf gegen Spanien verbunden sein sollte –

nur aus dem Ausland, von Gegnern Spaniens, kommen konnte. Da Frankreich (Heinrich III.) das Souveränitätsangebot der Niederländer ablehnte, blieb nur Elisabeth von England übrig. Sie schickte Hilfstruppen, die unter der Leitung Leicesters standen, und erhielt als Pfand die Orte Briel, Vlissingen und Rammekens – ein Handel, der sich nur aus der Notsituation der Niederländer erklären läßt. Leicester selbst galt in England als der erklärte Vorkämpfer der Puritaner, als Mann der gegen Spanien gerichteten Fraktion. Seine Macht sollte sich nicht nur auf das Kommando über die englischen Truppen erstrecken. Vielmehr wurde dem englischen Adligen ein Sitz im Staatsrat eingeräumt, der für die Bereiche Kriegführung und Finanzen Vollmachten erhielt. Eine seiner Aufgaben vor allem war die Eindämmung allzu starker Autonomie der Provinzen. Es scheint da einiges an niederländischem Enthusiasmus gegeben zu haben, denn schon im Januar 1586 machten ihn die Unionspartner zum Generalstatthalter und Generalkapitän der aufständischen Provinzen. Gedacht war dabei an engste Zusammenarbeit mit den neuen Trägern der Souveränität, den Provinzialständen, und über diese mit den Generalständen. Solche föderalistische Struktur bei gleichzeitigem unterschiedlichem Kräfteverhältnis zwischen den Föderierten mit der Souveränitätsvermutung bei den Provinzen war dem eher auf Zentralisierung gerichteten Engländer ein kaum hantierbares und gewiß auch ungewohntes Instrument der Politik. Immerhin waren ihm schon mehr Befugnisse zugestanden, als sie der Herzog von Anjou als Landesherr oder Wilhelm von Oranien als Graf von Holland und Seeland hatten erhalten sollen. Leicester selbst meinte, die Rolle eines nicht übermäßig eingeengten souveränen Landesherrn spielen zu müssen und beschwor damit ob solchen Irrtums die Konflikte mit den holländischen Regenten herauf. Den einfachen Grundkonflikt dieser Situation hat – mit der seiner Herkunft entsprechenden Parteilichkeit – der Spanier Carnero, Autor einer Geschichte des Aufstandes bis hin zum Waffenstillstand von 1609, beschrieben: „Die Fürsten“, so schrieb er, „die man als Schutzmacht in die Niederlande geholt hat, konnten sich wohl kaum damit begnügen, als komische Figuren aufzutreten und nur einen Schein von Macht zu erhalten. Dennoch endete jeder damit, daß ihn die Tyrannen des Landes [gemeint sind die Regenten] beherrschten, die es ihrerseits verstanden, Seele und Wille des Volkes zu beherrschen und das Land gemäß ihrem Gutdünken zu verwalten, indem sie die Freiheit für jedwede Sorte Aberglauben verordneten."[6] Der in der Stadtpolitik großgewordene Ratspensionär Johan von Oldenbarnevelt hat den Gefahren einer zentralisierenden Politik vorbeugen wollen, als er schon am 1. November 1585 den Sohn des Oraniers, Moritz, zum Statthalter ernennen ließ, um damit eine exponierte Persönlichkeit gegen etwaige Zentralisierungsbestrebungen Leicesters – gleichsam ein regionales Gegengewicht – zu haben. Diese Intention konnte freilich nicht verhindern, daß nach Leicesters Abzug die Statthalterschaft auf jeden Fall viel stärker dem Unions- als dem föderalen Gedanken verpflichtet schien.

Der Konflikt betraf jedoch mit der Ankunft Leicesters nicht nur jenen traditionellen Antagonismus zwischen provinziellem (städtischem) Souveränitätsanspruch und zentralisierenden Absichten, sondern offenbarte sich auch als soziale Auseinandersetzung, insofern auf jeden Fall in der Stadt Utrecht der gewiß nicht taufrische Gegensatz zwischen niederen Bürgerschichten und Regenten voll zum Tragen kam und für Leicester zugleich ein politisches Instrument formte. „Die Zeit Leicesters darf als das letzte große Kräftemessen vor der Patriotenzeit zwischen Aristokraten und ihren Gegnern in Utrecht angesehen werden, wobei Erstgenannte voll von der mächtigen Provinz Holland unterstützt wurden."[7] In Utrecht setzte sich eine sozial den Mittelstand vertretende Gruppe strenger Calvinisten durch, der es sogar gelang, die Patrizier aus der Stadt zu entfernen. Die sozialen Auseinandersetzungen in dieser Stadt erinnern an die Ereignisse, die zu Karls V. Zeiten noch in Gent stattgefunden hatten, und es ist sicherlich recht aufschlußreich, daß die gegen die eigenen Regenten gerichtete Politik mitgetragen wurde von calvinistischen Flüchtlingen, denen die ohnehin eher erasmianisch-humanistisch geprägte Geisteshaltung der Patrizier ein Dorn im Auge war. Diese scharten sich um den Prediger Duifhuis, der die libertinistische Gruppe der St. Jakobskirche gründete. Es bestand wohl kein Zweifel, daß sich der Zorn der Calvinisten noch mehr gegen solche Art der Religion als gegen den 'päpstlichen Aberglauben' richtete. 'Aristokratisch' und Abweichung von der calvinistischen Lehre waren

[6] Zitat bei J. u. A. Romein, De Lage Landen bij de zee. Een geschiedenis van het Nederlandse volk. Amsterdam 1976, S. 232.

[7] So I. Vijlbrief, Van anti-aristocratie tot democratie. Een bijdrage tot de politieke en sociale geschiedenis der stad Utrecht. Amsterdam 1950, S. 57.

dabei identisch. Da nun auch der Statthalter Nieuwenaar, der auf Druck des calvinistischen Mittelstandes von den Ständen ernannt wurde, ein überzeugter Calvinist war, schienen die Weichen in Utrecht gestellt. Im Oktober 1585 bestellte er einen neuen Magistrat, in dem kein Regent mehr saß. Ein Konflikt zwischen Regenten und Demokraten also, der hier zugunsten der letztgenannten vorläufig entschieden wurde. Daß sich hinter dem calvinistischen Schwung auch eine handfeste wirtschaftliche Rivalität verbarg, erhellt schon daraus, daß sich die Stadt in einer für sie einberufenen gemeinsamen Sitzung von Staatsrat und Generalständen über die holländische Interessenpolitik beklagte. Da die Provinz zudem Nieuwenaar und nicht Moritz von Oranien zum Statthalter ernannt hatte, war der Öffentlichkeit auf jeden Fall die Tendenz der Utrechtschen Stadt- und Territorialpolitik deutlich – und die lautete 'Los von Holland', was wohl andererseits, wenn man die Macht der Holländer einengen wollte, Hinwendung zur Zentrale hieß. Hier konnte Leicester einsetzen. Ob er tatsächlich an einer Erweiterung der politischen Mitbestimmung zugunsten weitester Bürgerschichten interessiert war, kann nicht erörtert werden, auf jeden Fall aber sah er in der antiaristokratischen und damit antiholländischen Haltung der Utrechter Stadtoberen genau einen Ansatzpunkt, die holländische, föderalistische Position zu schwächen und die eigenen Zentralisierungsabsichten durchzusetzen. Die Kalkulation Leicesters hatte insofern ihren besonderen Grund, als er nicht nur auf die Unterstützung der Utrechter Calvinisten rechnen konnte, sondern auch die Sympathien der holländischen calvinistischen Prediger einbeziehen durfte, die sich ihrerseits mit der Absicht ihrer Stände konfrontiert sahen, die Kirche unter die Aufsicht staatlicher (provinzieller) Gewalt zu stellen, während sie für eine Trennung von Staat und Kirche plädierten. Daß Leicester seinen Sitz als Generalstatthalter nicht etwa im Haag, sondern in Utrecht nahm, war politisch sicherlich logisch, gleichwohl zeugt dieser Akt kaum von Realitätssinn, da sich nicht ausmachen ließ, wie denn eigentlich das mehr als deutliche finanzielle und wirtschaftliche Übergewicht der Provinz Holland politisch unterlaufen werden sollte. Schließlich hielt das Patriziat Hollands die Geldschatulle in der Hand. Das Problem lag darüber hinaus in der Unterschiedlichkeit der Kriegsziele. Die den Engländer stützenden Calvinisten der habsburgisch-niederländischen Territorien im Süden sahen im Krieg gegen Spanien eher einen Rachefeldzug, während es dem holländischen Patriziat um Sicherung des Erreichten, des Unionsterritoriums ging – und die Holländer gaben das Geld. Es war genau jenes Problem, das sich in den 40er Jahren des folgenden Jahrhunderts unter Friedrich Heinrich vortun sollte, als die holländischen Regenten auf Friedensschluß drängten. Kam dann noch dazu, daß zwar englische Truppen anwesend waren, die spanischen Heerführer Parma und Verdugo jedoch große militärische Erfolge erzielten, dann tat das der Berechtigung englischer Präsenz in politicis gewiß einigen Abbruch.

Leicesters Versuche, das politische Entscheidungsverfahren zu beschleunigen, waren sicherlich begreiflich, aber auf jeden Fall Versuche am untauglichen Objekt. Wenn er darüber hinaus durch Verordnung vom 4. April 1586 den Handel mit dem Gegner Spanien verbot, dann mochte das die Utrechter erfreuen, mit Holland, dessen Patriziat sehr gute finanzielle Argumente gegen ein solches Verbot anführen konnte, bedeutete das den Bruch. Nicht tragbar war für das holländische Patriziat auch Leicesters Absicht, eine Nationalsynode der reformierten Kirche zu bilden, da hier die Möglichkeit bestand, daß sich ein Staat im Staate bildete, der, schaut man auf die soziale Zusammensetzung der Calvinisten, dem Patriziat manche Schwierigkeit hätte bereiten können. Aber von alledem, so begreiflich da manches war, blieb nichts oder wurde nichts. Das Handelsverbot umgingen die holländischen Kaufleute. Es blieb toter Buchstabe. Die Kirchenordnung blieb aus. Leicester unterstand sich – und praktisch rührte er da an empfindliche Stellen –, wichtige Posten mit Brabantern oder Flamen zu besetzen. Die westfriesischen Bauern versuchte er zu gewinnen, indem er für das Noorderkwartier (Provinz Holland) einen eigenen Statthalter bestellte (Sonoy). Obwohl Moritz von Oranien Provinzialadmiral war, instituierte Leicester noch drei weitere Admiralitäten, deren nördliche zunächst nicht in Amsterdam, sondern in Hoorn saß. Für die holländischen Grenzfestungen, die militärisch gesehen schon weitab vom Schuß waren, benannte er Gouverneure, die völlig von ihm abhängig blieben. Was wunder, daß die Holländer gelegentlich der Leicesterschen Reise nach England im Sommer 1586 und nach dem Verrat Deventers und der Zutphener Schanze durch englische Befehlshaber die Gelegenheit ergriffen, den englischen Generalstatthalter auf jeden Fall für die Provinz Holland und Seeland und auch für die Generalität zu entmachten. Die Generalstände beschlossen auf Betreiben Oldenbarnevelts, mit hohem finanziellem

Aufwand ein Heer zusammenzustellen, die Aushebung jedoch direkt unter die Kontrolle der Generalstände zu bringen. Moritz von Oranien erhielt zusammen mit einer ständischen Kommission den Oberbefehl über Truppenbewegungen in Holland. Die Regenten dieser Provinz wollten ihm sogar den Oberbefehl über das neue Heer der Generalstände übertragen. Utrecht, Geldern, Overijssel widersetzten sich. Einen Augenblick lang schien der Zerfall der Union höchst aktuell zu sein. Es tauchten Stimmen auf, die die Provinz Holland mehr oder weniger der Spanienfreundlichkeit bezichtigten. Leicester operierte unglücklich. Zudem erwiesen sich die Friedensabsichten seiner Königin für seine Stellung in den Niederlanden als ungünstig. Vergeblich versuchte er, in einem Handstreich in einigen holländischen Städten den Magistrat neu zu besetzen, vergeblich war auch sein Versuch, den Landesadvokaten gefangenzunehmen. (Diese Amtsbezeichnung 'Landesadvokat' wurde später in 'Ratspensionär' umgewandelt.) Ein Aufstand in Leiden zu seinen Gunsten schlug fehl, und schließlich mußte er, der in England bisher deutlich auf seiten der 'Falken' in der Auseinandersetzung mit dem katholischen Spanien gestanden hatte, den Generalständen den Wunsch der vorsichtigen Elisabeth klarmachen, ein Frieden zwischen Spanien und den aufständischen Provinzen sei wohl die angemessenste Lösung in der herrschenden Lage Europas. Nachdem er bei den Patriziern ohnehin kreditlos sein Amt angetreten hatte, verlor er ob solchen Verhaltens auch an Glaubwürdigkeit bei den Demokraten, die ihn bis dahin gestützt hatten. Daß er schon im Dezember 1587 nach England zurückkehrte, kann daher kaum erstaunen.

2.2. Moritz von Oranien und Johan van Oldenbarnevelt – Kampf um Kompetenz

Mit dem Abzug Leicesters waren für die aufständischen Nordprovinzen zwei Konflikte vorläufig entschieden. Zunächst erlitt die vornehmlich von Utrecht her unterstützte demokratische Bewegung eine deutliche Niederlage im Kampf gegen die 'Aristokratisierung' des politischen Systems. Es war das Ende des Gedankens von der Volkssouveränität, wie ihn der von Leicester protegierte und auch von diesem zum Bürgermeister von Utrecht ernannte Gerard Prouninck schriftlich vortrug.

Der von Prouninck, übrigens ein Brabanter, entwickelte Volksbegriff ging offensichtlich erheblich weiter als der des holländischen Patriziats, und mit dem von ihm definierten 'Volk' verband er den Gedanken von der Souveränität. Das englische Mitglied im Staatsrat, Thomas Wilkes, hat diesen Gedanken zur Stützung der Leicesterschen Stellung aufgegriffen und ihm eine noch breitere Basis gegeben. Das blieb nicht unwidersprochen, denn François Vrancken, Pensionär der Stadt Gouda, ließ rasch ein Gegenmemorandum folgen, in dem er die calvinistische Widerstandslehre einbrachte und dabei die Souveränität als von alters her bei den nachgeordneten Behörden beruhend ansah. Mit dieser Zuerkenntnis der Souveränität war praktisch auch der so überaus starke föderalistische Charakter der Utrechter Union gerechtfertigt. Damit ist zugleich das zweite Ergebnis angesprochen. Leicesters Niederlage enthielt die endgültige Entscheidung gegen eine stärkere Zentralisierung. Souveränität blieb bei den Provinzialständen, eine abgeleitete Souveränität zugunsten der Zentrale wurde nicht diskutiert. Es hat im 17. Jahrhundert trotz aller Fährnisse kriegerischer Auseinandersetzungen vor und nach 1648 keine Perioden gegeben, in denen dieses unter holländischer Leitung funktionierende Prinzip auf bedrohliche Weise in Bedrängnis gekommen wäre.

Wohl zu Recht setzt die Literatur den eigentlichen Anfang der Republik mit dem Ende Leicesters gleich. Nach dem Angebot an den Herzog von Anjou, der unvollendeten Übertragung des Grafentitels Hollands und Seelands an den Oranier und nunmehr auch nach der militärisch und außenpolitisch motivierten Einschaltung Leicesters besannen sich die Niederlande auf ihre eigenen Kräfte. An der Spitze standen die Regenten mit Johan van Oldenbarnevelt als einem der großen Landesadvokaten (Ratspensionäre) der Republik. Ihm gelang es innerhalb von zehn Jahren, das militärisch von dem in den Südprovinzen operierenden Herzog von Parma (der zugleich Generalstatthalter in Brüssel war) bedrohte, finanziell ungeordnete und politisch kaum einig zu nennende Land in jenen Zustand überzuleiten, der für die Nachwelt das Bild der niederländischen Republik geprägt hat. Der niederländische Historiker Robert Fruin hat schon im 19. Jahrhundert jenen zehn Jahren eine eigene Studie gewidmet.[8] Die Finanzen stabilisierten sich durch rasch

[8] R. Fruin, Tien jaren uit den tachtigjarigen oorlog 1588 tot 1598. [6]1904.

aufblühenden Handel und entsprechende Ausdehnung der Kauffahrtei, und mit den Finanzen stabilisierte sich die Regierung, war es möglich, den Krieg gegen Spanien systematischer zu führen. An der Spitze des Heeres stand Moritz von Oranien, seit 1589 auch Statthalter von Utrecht, Geldern und Overijssel und Oberbefehlshaber der Generalitätstruppen. Zusammen mit Wilhelm Ludwig von Nassau, seinem Vetter und Statthalter von Friesland, führte er die Kampagnen, in die er offensichtlich erst nach dem Studium der antiken römischen Kriegskunst eintrat. Bis 1598 stand kein spanischer Soldat mehr auf dem Boden der aufständischen Provinzen.

Moritz von Oranien, der Statthalter und Generalkapitän, und mit ihm Johan van Oldenbarnevelt, ein Zivilist, Finanz- und Verwaltungsfachmann, gewiefter Außenpolitiker zugleich, sie zusammen sorgten für die weitere innenpolitische Konsolidierung der Republik. Mehr denn je zuvor scheint der Kampf gegen Spanien die Besinnung auf die Gemeinsamkeit der Aufständischen gefördert zu haben. Hier setzte eine Phase ein, die – betrachtet man sie unter dem Aspekt einer republikanischen Bewußtseinsentwicklung – in der ersten statthalterlosen Zeit (1650–1672) ihren großen Höhepunkt hatte, insofern die Konsolidierung zur Reife wurde. Aber mitten in diese Phase hinein fielen die einigermaßen bürgerkriegsähnlichen Ereignisse, die mit der öffentlichen Hinrichtung des Johan van Oldenbarnevelt am 13. Mai 1619 endeten. Was bis zum Abschluß des hier noch zu beschreibenden Waffenstillstandes 1609 und einige Jahre darüber hinaus verdeckt geblieben war, kam 1618/19 voll zum Ausbruch. Mehr noch: die dramatische Auseinandersetzung zwischen Moritz von Oranien und Johan van Oldenbarnevelt betraf nicht allein Fragen der Konstitution – das war recht eigentlich für die mehr als zweihundert Jahre dauernde Zeit der Republik ein permanent virulentes Problem –, in diesem spezifischen Fall implizierte sie auch theologische und kirchenpolitische Dissensen, die zusammen mit den konstitutionellen Eigenheiten die ganze Konfliktträchtigkeit der Republik widerspiegelten. Möglicherweise überspitzt, aber auf keinen Fall ganz abwegig wird man sich im Hinblick auf die Entwicklung von Religion und Kirche fragen dürfen, ob nicht das Toleranzprinzip und die daraus entspringende Vielfältigkeit des Bekenntnisses einen bis dahin niemals entschiedenen latenten Konflikt in der Konstitution fördern mußte, wenn die Obrigkeit aus der Rolle der Abstinenz heraustrat und sich der Konflikt auch als ein sozialer entpuppte.

Zu den politischen Grundforderungen der niederländischen Öffentlichkeit zählte die Bekenntnisfreiheit. Sie war zunächst 1572 gewissermaßen aus einer Defensivhaltung heraus in Dordrecht gefordert worden. Zwar entzogen die Stände Hollands und Seelands schon 1576, die anderen Unionspartner dann in den 80er Jahren der katholischen Kirche ihre Daseinsberechtigung und erhielt die calvinistisch-reformierte Kirche den Status einer Kirche der niederländischen Öffentlichkeit (‘publieke kerk’), aber die Bekenntnisfreiheit blieb erhalten, insofern Lutheraner, Täufer oder Remonstranten – Bekenntnisse also, die zum Spektrum der Reformation zählten – ihrem Gottesdienst unbehelligt nachgehen konnten. Der besondere Vorzugsstatus der calvinistisch-reformierten Kirche (‘hervormde kerk’) äußerte sich im Recht auf Unterstützung aus staatlich verwaltetem mittelalterlichem Kirchengut, auf finanzielle Zuwendungen des Staates und im Ausschließlichkeitsanspruch im Schulwesen, bei Universitäten, Heer und Flotte sowie in Übersee. Anfänglich stand auch dieser Kirche allein die Öffentlichkeit des Gottesdienstes zu. Schließlich mußten die Amtsträger der Republik sogar dieser Kirche angehören. Aber – wie Schilling sagt – „im Gegensatz zur Staatskirche machte die Konstruktion der Öffentlichkeitskirche eine besondere Legitimation der religiösen Toleranz überflüssig . . . Die Niederländische Republik basierte auf der Überzeugung, daß ein stabiler Staat und eine wohlgeordnete Gesellschaft nicht zwangsläufig die Glaubenseinheit voraussetzten“ [9]. Und gerade diese Erscheinung hob in einem weiteren Punkte die Republik der Niederlande aus dem Kreis der europäischen Staaten hervor. Die Duldung des religiösen Nonkonformismus gehörte nachgerade zur Selbstverständlichkeit und konnte selbst den Katholizismus einschließen, wenn dieser sich nicht als mit Spanien verbundene politische Kraft manifestierte.

Typisch für den Aufbau der niederländischen Gesellschaft war auch die Distanz zwischen Kirche und Staat, obwohl die reformierte Kirche

[9] H. Schilling, Religion und Gesellschaft in der calvinistischen Republik der Vereinigten Niederlande. In: Kirche und gesellschaftlicher Wandel in deutschen und niederländischen Städten der werdenden Neuzeit. Hrsg. von F. Petri, Städteforschung. Reihe A. Darstellungen, Bd. 10, Köln–Wien 1980, S. 208f.

als herrschende Kirche ihre besondere Beziehung zur Obrigkeit hatte. Die Konsequenz war, daß auch die Dissidenten keiner staatlichen Aufsicht unterstanden. Im Grunde war in der niederländischen reformierten Kirche ein wesentliches Ziel des Aufstandes verwirklicht: die Entflechtung von Kirche und politischer Ordnung. Ihre Ursachen findet eine solche im europäischen Vergleich ungewöhnliche Entwicklung vermutlich darin, daß die niederländische Reformation viel eher als die deutsche einen von der breiten Basis her gespeisten revolutionären Charakter trug, sie also keine Fürstenreformation war, daß es keinen zentralen Behördenapparat gab, der die Kirche instrumentalisieren konnte, und daß es schließlich eine politische Führungsschicht gab, die zur Durchsetzung ihrer eigenen Ziele auf politische und – aus einem in langer Tradition gepflegten Selbstbewußtsein heraus – auf geistige Entscheidungsfreiheit setzte.

Und doch ist die Beziehung Obrigkeit – Kirche im Sinne von Abhängigkeit – Unabhängigkeit in den ersten Jahrzehnten der Republik thematisiert worden, hat sie zu scharfen Konflikten geführt, die niemals recht ausgestanden wurden und mit dem Streit zwischen Remonstranten und Kontraremonstranten zu einer bürgerkriegsähnlichen Situation führten. Der Anlaß dieses Streits innerhalb der reformierten Kirche war zunächst ein rein theologischer: die Prädestinationslehre. Der Konflikt zwischen den beiden Leidener Hochschullehrern Arminius und Gomarus schien offensichtlich unlösbar, so daß die Arminianer bei den Provinzialständen Hollands 1610 ein Memorandum ('remonstratie') einreichten und um ständischen Schutz einkamen. Das war sicherlich ungewöhnlich, denn es spielte jenen städtischen Magistraten in die Karte, die sich immer um Mitsprache in kirchenpolitischen Fragen bemüht hatten und eigentlich nie recht zu Stuhle gekommen waren. Genau an dieser Stelle rührte die hier nicht zu erörternde theologische Frage an den politischen Nerv der Republik, was durch das Gegenmemorandum ('contraremonstratie') der Gomarus-Anhänger ein Jahr später (1611) deutlich wurde, in der sie eine Entscheidung eben nur von einer nationalen Synode akzeptieren wollten oder von einer Hochschule des Auslandes. Damit waren die Weichen für den späteren Konflikt gestellt: zum einen zählten Oldenbarnevelt und ein Teil der Regenten zur Richtung der Remonstranten, zu dem wohl eher in der Tradition des Erasmus stehenden Bekenntnis, zum anderen stand die Souveränität der

Provinz zur Diskussion, wenn man sich dem Spruch einer nationalen Synode zu unterwerfen hatte, der ganz sicher nicht im Sinne der Remonstranten ausfallen würde. Und in der Provinz Holland selbst, in Amsterdam, Dordrecht, Enkhuizen, Edam und Purmerend, stand die Mehrheit der Magistrate auf der Seite der Kontraremonstranten, wie überhaupt außer den Provinzialständen von Utrecht, einer starken Minderheit in Overijssel und eben den holländischen Städten die Mehrheit der Generalstände die kontraremonstrantische Sache vertrat. Es ist gerade hier auch darauf hinzuweisen, daß der sich nunmehr zuspitzende Konflikt ein im Wesen konstitutioneller war, der allerdings kaum sozial festgemacht werden kann. Da gab es auf der Seite der Kontraremonstranten vor allem auch eine Reihe ehemaliger flämischer Flüchtlinge, die bei Leicester schon eine Rolle gespielt hatten. Sicherlich hat auch der gleichsam zur Geschichte der Republik zählende Konflikt zwischen Patriziat und niederen Bevölkerungsschichten der Städte (Mittel- und Unterschichten) die Auseinandersetzung verschärfen können, aber selbst wenn man davon ausgeht, daß das Patriziat eine Geisteshaltung pflegte, die sich gegen jede Verengung des Denkens sträubte und die eher humanistisch, weniger vom Bekenntnis her geprägt war, dann steht dem doch gegenüber, daß in einer Reihe von Städten die Regenten die Sache der Kontraremonstranten verfochten.

Der zunächst theologische, lange Jahre schwelende und schließlich in der 'öffentlichen Meinung' durch eine Vielzahl von Flugschriften hochgeputschte Konflikt trieb auf die Spitze, als Moritz von Oranien Partei nahm, sich für die Kontraremonstranten entschied. Es ist hier nicht genauer zu erörtern, was den Oranier bewogen haben mag, sich auf deren Seite zu schlagen. Das mag einfach religiöser Überzeugung zugeschrieben werden, das kann unter Einfluß seines Vetters Wilhelm Ludwig von Nassau, Statthalter in Friesland, geschehen sein, und nicht unbeachtet sollte bleiben, daß Moritz ohnehin nicht erfreut war über die hier noch zu betrachtende Außenpolitik, die Oldenbarnevelt im Zusammenhang mit dem Waffenstillstand von 1609 führte und daß er seine Position durch 'Abwesenheit' von Krieg bedroht sah. Wichtig ist jedenfalls für die Kräfteverteilung, daß die Kontraremonstranten durch die Parteinahme eines Mannes, der zum einen der Sohn Wilhelms von Oranien, zum anderen ein höchst erfolgreicher Feldherr war, nur gewinnen konnte. Die Position der kontraremonstrantischen Seite verstärkte sich weiterhin insofern, als die Oldenbarneveltsche Politik über die Grenzen hinaus als eine partikularistische Politik erschien, die dazu geeignet war, die Generalstände, die Union von Utrecht, zu sprengen; da etwa England auf eine starke Republik Wert legte, meinte König Jakob I. eine Nationale Synode empfehlen zu müssen. Daß Oldenbarnevelt im römisch-katholischen Frankreich als Freund galt, konnte seine Stellung in den calvinistischen Kreisen der Republik nicht verbessern.

Hatte sich zuvor der Konflikt im großen und ganzen noch darauf beschränkt, daß sich die calvinistischen Kirchgänger trennten und bei jeweils ihrem Prediger dem Gottesdienst folgten, ab August 1617 ging es um die Position Hollands einerseits, die Stellung des Statthalters andererseits. Oldenbarnevelt gelang es am 5. August, die Provinzialstände eine Resolution, die sogenannte 'Scharfe Resolution' ('scherpe resolutie') annehmen zu lassen, in der nicht nur eine nationale Synode abgewiesen wurde – das bedeutete lediglich eine Bekräftigung früherer Verhaltensweisen –, sondern auch, und das mußte Moritz nun als einen Affront empfinden, die Städte ermächtigt wurden, Söldnerregimenter ('waardgelders') aufzustellen, die für Ruhe und Ordnung zu sorgen hatten. Aber nicht nur dies. An alle Offiziere und Truppen in der Provinz Holland ging der Befehl, den städtischen oder Provinzialbehörden – entsprechend ihrem Eid – zu gehorchen. Das hielt sich sicherlich im Rahmen von Recht und Gesetz, demonstrierte aber gegenüber dem 'dissentierenden' Moritz die Grenzen seiner Befugnisse, der seinerseits durch einige Magistratsumbesetzungen und durch starken Druck sicherstellte, daß Geldern und Overijssel zur kontraremonstrantischen Seite übergingen. Während Oldenbarnevelt und mit ihm die holländischen Provinzialstände Beschlüsse der Generalstände, eine nationale Synode einzuberufen, schlicht zur Makulatur degradierten, gab sich Moritz im Juli 1618 daran, in Anwesenheit der Vertreter von fünf Provinzen, die Söldner der Provinz Utrecht persönlich zu entlassen. Kurz darauf besetzte er kurzerhand den Magistrat neu. Der Generalkapitän wußte sich unterstützt von seiner 'Partei' in den Generalständen. Die Provinz Holland war isoliert. Noch Ende August erhielt Moritz von einer Gruppe von Mitgliedern der Generalstände eine vage gehaltene Vollmacht, unter deren Schutz er den Konflikt auf seine Weise bereinigte. Noch im gleichen Monat ließ er Oldenbarnevelt verhaften, und mit diesem auch Hugo Grotius und einige andere Anhänger des Landesadvokaten. Im September und Oktober besetzte er gleichsam auf einer Rundreise durch Holland die Magistrate der 'Remonstranten'-Städte neu. Damit war der Weg frei für eine Nationale Synode, für die kirchliche Lösung, die dann am 13. November 1618 zum ersten Mal in Dordrecht zusammentrat. Oldenbarnevelt, Hugo Grotius und anderen wurde der Prozeß gemacht. Der Landesadvokat wurde des Hochverrats für schuldig befunden, zum Tode verurteilt und im Mai 1619 auf dem Haager Binnenhof hingerichtet. Zuvor schon hatte die Nationale Synode die Remonstranten scharf verurteilt und die Lehre des Calvin noch einmal deutlich 'unterstrichen'. Etwa 200 remonstrantische Prediger wurden abgesetzt. Es bildete sich sogleich eine Remonstranten-Bruderschaft als eigene Kirche.

Was hier mit Oldenbarnevelt geschah, ist der Nachwelt zwar zugänglich, aber es ist kaum einsichtig zu machen, daß der Anlaß, der Arminius–Gomarus-Streit, eine solche Wirkung haben mußte. Es ist nicht zu begreifen, daß alle Faktoren zusammengenommen den Tatbestand von Hoch- und Landesverrat erfüllten. Die Zahl der Studien zu diesem Fall ist groß, die Meinungen divergieren, sie reichen von der Billigung bis hin zum Wort vom 'politischen Mord'. Auch vom 'tragischen Konflikt' ist die Rede.[10] Und möglicherweise ergibt sich diese Tragik weniger noch aus den Kommunikationsstörungen zwischen beiden Politikern, als vielmehr aus der Unausgewogenheit der konstitutionellen Situation, den Startbedingungen der Republik mit einem religiösen Bekenntnis als Grundlage und schließlich aus den Erfordernissen der Außenpolitik. Wenn Oldenbarnevelt eine frankreichorientierte, als bestmöglichen Schutz gegen Spanien gedachte Außenpolitik so weit trieb, daß er niederländische Truppen zur Unterdrückung einer Emeute der Hugenotten bereitstellte (1617), dann meinte dies Außenpolitik pur et simple, meinte Sicherung des Staates, welcher Religion auch immer der Partner anhängen mochte. Aber es ließ sich ein Strick daraus drehen, wenn im Inland die religiöse Agitation eine Verbindung herstellte zwischen remonstrantischem Bekenntnis und einer von Religion freien Außenpolitik. Solche Politik konnte – in dieser Verbindung – nur dazu dienen, die spanische 'Reconquista' zu fördern. Daß darüber hinaus das Souveräni-

[10] So neuerdings noch A. Th. van Deursen, Maurits. In: Vaderlands Verleden in Veelvoud, I, S. 157.

tätsproblem nicht schriftlich verbindlich gelöst war, sondern lediglich die politische Praxis die Souveränität der Provinz zuschob, hat potentiell immer Konfliktstoff enthalten, der virulent wurde, sobald sich irgendwelche innenpolitischen Gegensätze entwickelten. Auch die Außenwelt scheint die Eigenart der republikanischen Staatsstruktur der Niederlande nicht ganz durchschaut zu haben. Heinrich IV. von Frankreich war es doch, der mehrmals vorschlug, Moritz zum Grafen zu erheben. Die Engländer standen solchem Gedanken positiv gegenüber, und im Inland stellten vor allem die seeländischen Freunde des Oraniers die Souveränitätsfrage zur Diskussion. Aber Oldenbarnevelt hat im Laufe der Jahre solchem Gedanken eben keinen Geschmack abgewinnen können, wie er andererseits in voller Vertretung der Provinzsouveränität in starkem Maße den holländischen Führungsanspruch deutlich werden ließ. Wie nun Moritz kaum verdächtigt werden kann, die Grafenwürde angestrebt zu haben, sowenig ist Oldenbarnevelt zu bezichtigen, daß er einen von Regentenmentalität geprägten außenpolitischen Kurs des republikanischen Ausverkaufs betrieb oder daß ihm das holländische Interesse mehr am Herzen lag als die Belange der Gesamtheit. Wohl aber ist zu vermuten, daß ein Mann wie Oldenbarnevelt die vom Ursprung her religiöse Gebundenheit und damit die Intensität des gelebten Bekenntnisses nicht mehr recht nachvollziehen konnte. Sein Ausspruch, daß die Obrigkeit der Kirche vorzuschreiben habe, was zu tun und zu lassen sei, übersah, daß sich die Calvinisten gerade dem Staatskirchentum der katholischen Spanier widersetzt hatten. Diesem mangelnden Verständnis entsprach auch eine geringe politische Flexibilität, ein Beharren auf der Rechtlichkeit seines Handelns. Er hat es aus dieser Haltung heraus abgelehnt, ein Gnadengesuch bei dem Oranier einzureichen.

Dieser wiederum, durch die Aktion gegen die 'Partei' Oldenbarnevelts nicht unbedingt populärer geworden, hat nichts unternommen, um an der Regierungsstruktur der Republik etwas zu ändern. Sicherlich wäre die Gelegenheit günstig gewesen. Aber Moritz war wohl primär ein Heerführer, darüber hinaus ein Mann, der in Verfolgung des väterlichen Erbes den Unionsgedanken verfocht – ein Feind der Zwietracht oder dessen, was er dafür hielt. Dies war sein politisches Interesse. Es ging von der Anerkennung der bestehenden Regierungsform aus, reichte nicht darüber hinaus. So blieb die Stellung der Regenten unangetastet. Nach der ersten Beruhigung der Szene galt es in diesen Kreisen, ob ehemals remonstrantisch oder kontraremonstrantisch, daß die 'maximen in den Staet' wiederhergestellt werden mußten. Sie waren eigentlich nie wesentlich in Gefahr geraten. An Hollands Übergewicht rührte niemand. Und der 'Kreuzzug' der orthodoxen Calvinisten, der Sieger von Dordrecht, fand bei Moritz auf die Dauer keine Gegenliebe. Daß die Befugnisse des Ratspensionärs (neuer Titel anstelle des 'Landesadvokaten') geringfügig beschnitten wurden (Amtsdauer, auswärtige Korrespondenz, Brieföffnung), ist wegen der geringen Bedeutung als Marginalie zu vermerken.

Freilich: Obwohl sich auch Opposition gegen Moritz nach der Hinrichtung Oldenbarnevelts rührte und obwohl die städtischen Regenten gleichsam in Kontinuität ihrer Kompetenzen fortwirkten, hat sich das Ansehen des Hauses Oranien in der Republik selbst wie auch im Ausland noch um einiges erhöht. Davon hat weniger Moritz als sein Halbbruder und Nachfolger Friedrich Heinrich (1625–1647) profitieren können. Es wurde auch deutlich – das entsprach der eigenartigen Konstitution der Republik –, daß Macht und Ansehen der Statthalter von der Persönlichkeit sozusagen des bürgerlichen Gegenpols – des Ratspensionärs – abhingen.

2.3. Die scheinbare Aufwertung des Amtes durch die Person – Friedrich Heinrich

Friedrich Heinrich war nicht nur Statthalter von Holland, Seeland, Utrecht, Geldern und Overijssel, er wurde auch Erster Adliger in den holländischen Ständen und vor allem setzten die Stände seiner Amtsprovinzen 1631 die Nachfolgeschaft für seinen Sohn Wilhelm fest ('acte van survivance'). Die Nachfolge wurde in diesem Sinne auch für Friesland geregelt (1641), wo Wilhelm Friedrich von Nassau Statthalter war. Das hieß nichts weniger als Erblichkeit des Statthalteramtes zumindest für eine Generation, und welche Bedeutung solcher Entwicklung zukam, erhellt wohl daraus, daß der französische König dem Statthalter Friedrich Heinrich den Titel 'Son Altesse' beigab, während der englische König dem Oraniersohn seine Tochter Maria zur Frau gab und schließlich eine Tochter Friedrich Heinrichs den Großen Kurfürsten heiratete. Der

Oranier, Statthalter überzeugt republikanischer Provinzen, schien den Rang eines europäischen Monarchen einzunehmen, und seine Hofhaltung in den Niederlanden war entsprechend.

Solche Entwicklung ist schwer zu deuten, zumal innerhalb kurzer Zeit eine genau gegenläufige Entwicklung einsetzte. Sie ist sicher nur zum Teil zu erklären aus der Niederlage Oldenbarnevelts und wird wohl auch verstanden werden müssen aus der Kriegssituation. Moritz war es noch gelungen, den Krieg nach Ablauf des Waffenstillstandes wieder voll in Gang zu bringen – einen Krieg, der inzwischen einen ausgemacht internationalen Aspekt erhielt. Zwar ging es angesichts der militärischen Entwicklung (Einnahme Bredas durch Spinola 1625) wiederum um den Bestand der Republik, aber die Einbettung in eine konfessions- und machtpolitisch inspirierte europaweite Auseinandersetzung hob naturgemäß den internationalen Stellenwert der Republik, hob dann auch die Bedeutung ihres Heerführers, vor allem, wenn er erfolgreich war. Und Friedrich Heinrich, der Städtebezwinger, war es. Abgesehen davon, daß für Friedrich Heinrich Krieg zu jenen Ereignissen zählte, in denen ganz allgemein das Ansehen des Hauses Oranien zu mehren war, er und seine Anhänger haben sehr deutlich begriffen, daß dieser Krieg eine innenpolitische Funktion hatte, insofern er die Union zusammenhielt – Auflösungserscheinungen waren ja kurz zuvor in der Zeit des Waffenstillstandes sichtbar geworden – und die Statthalterschaft nur unter den Bedingungen des Krieges gedeihen konnte. Das war eine überaus realistische Einschätzung der Existenzvoraussetzungen dieses der Republik im Grunde wesensfremden Amtes. Es ist angesichts der militärischen Entwicklung und der permanenten Aufwertung der Republik – das soll im Bericht zur Außenpolitik noch deutlich werden – kaum noch verwunderlich, daß einige Staatslehrer der Zeit die Monarchie als beste Staatsform anpriesen, erstaunlich auch nicht, weil einiges vom sich mehrenden Glanz der Republik und des Statthalters auch auf die Regenten fallen konnte, die den militärischen Unternehmungen ihre finanzielle Basis verschafften. Es ist nicht abwegig, sich ein hohes Maß an statthalterlich-regentenaristokratischer Gemeinsamkeit im Genuß des Erfolges vorzustellen, wobei sich jener eine, der Statthalter, möglicherweise als noch etwas erfolgreicher empfand und sich gestützt wissen konnte nicht nur von einem Teil der Regenten, letztlich ja unsichere Kantonisten, sondern vom eingesessenen Adel, so bedeutungslos der auch sein mochte, von den strengen Calvinisten, für die er schlicht der Schutzpatron war, und, was nicht unwesentlich schien, von den Fürsten des Auslandes, absoluten Herrschern mit dem Glanz, der der absolutistischen Hofhaltung eignete. Der Statthalter also als 'Son Altesse' oder 'Eminent Hoofd'.

Gleichwohl: Die Titulatur mag etwas vom Bedeutungszuwachs des Statthalteramtes widerspiegeln, aber letztlich entpuppte sich dieses als Äußerlichkeit, weil die Grenzen statthalterlicher Kompetenzen nicht zugunsten des Amtes verschoben wurden. Die 'republikanische' Wachsamkeit, wie sie vor allem die Provinz Holland pflegte, ließ eine solche Verschiebung nicht zu. Es ist gerade in diesem Zusammenhang nicht unerheblich, daß die wesentlichen Voraussetzungen des Aufstandes für die selbstbewußten Niederländer eben in dem Versuch der auf absolutistische Regierungsform zielenden Spanier lag, die Tradition der Freiheiten und Privilegien zu unterlaufen. Für die 'Republikaner' waren dies Ursache und Motiv des Aufstandes. Und Freiheit implizierte auch Religionsfreiheit. Ob nun Religionsfreiheit und später der Schutz des neuen Bekenntnisses verteidigungswürdig waren oder die politische Tradition der niederländischen Provinzen, machte für den Kompetenzbereich des Statthalters ohne Zweifel auch dann keinen Unterschied, wenn dieses Amt – aus welchen Gründen auch immer – aufgewertet wurde. Die große Hofhaltung, der Bau und Ausbau von Land- und Herrensitzen, die Sammlung von Kunstschätzen, all dies mochte dem Statthalteramt eine neue Entourage verleihen – tatsächlich stelle man sich den nüchternen Moritz von Oranien neben seinem eher auf Äußerliches gerichteten Halbbruder vor –, sobald ein handfester Interessengegensatz zwischen den herrschenden Regenten und dem Statthalter auftauchte oder gar ein Angriff auf die führende Position der wichtigen Städte erfolgte, erwies sich die monarchengleiche Schau nicht von überaus weittragendem politischem Wert. Am besten fuhr auch ein militärisch und außenpolitisch gerichteter Statthalter wie Friedrich Heinrich, solange er die Rolle eines über den etwaigen konfligierenden Parteien residierenden, neutralen Beobachters spielte. Moritz war da anders gewesen. Der zeitgenössische Historiker, Lieuwe van Aitzema, den Oraniern nicht überaus günstig gesonnen, hat, wenn auch voller Ironie, aber sicher nicht zu Unrecht, zur Rolle Friedrich Heinrichs im Bekenntnisstreit Kontraremonstranten – Remonstranten geschrieben: „Der Prinz hielt es – auch aus persönlichen Motiven – für richtig, die Richtung der Remonstranten wieder zuzulassen, sie jedenfalls nicht [aus dem gesellschaftlichen und kirchlichen Leben] ausschalten zu lassen: damit beide Seiten ihn gleichermaßen verehrten und auf diese Weise seine Macht und sein Ansehen zunahmen."[11] Allerdings ließ sich solch neutrales Wohlverhalten in religionibus eher verwirklichen als in politicis.

Es hat bei allem Anschein der Eintracht zwischen – auch holländischem – Patriziat und Statthalter Friedrich Heinrich Entwicklungen gegeben, die Ausgangspunkt für neue Konflikte bildeten. Solche Entwicklungen hingen eng mit den obengenannten Motivationen zum niederländischen Aufstand zusammen. In der calvinistischen Konzeption lag nicht nur Defensivdenken im Sinne einer Wahrung etwa der Religionsfreiheit, sondern auch Sendungscharakter beschlossen. Wahrung des Bekenntnisses, vor allem aber seine Verbreitung in die eroberten Gebiete erforderten Stärke der Zentrale und des Militärs. Für die Ausbreitung des calvinistischen Bekenntnisses sollten auch die hier noch eingehender zu betrachtenden Organisationen der Ost- und Westindischen Kompanie eine Mittler- und Trägerfunktion übernehmen. Allerdings: während die Provinzen Seeland und Utrecht und anfänglich auch Teile der Provinz Holland (einschließlich Amsterdam) solchem Denken huldigten, setzte sich doch in den 30er Jahren eine Konzeption durch, die als holländische Tradition zu bezeichnen ist und in genauen Gegensatz zur calvinistischen Auffassung trat. Es handelt sich hier zugleich um zwei antagonistische Vorstellungen von Außenpolitik mit jeweils deutlichen innenpolitischen Implikationen. Die 'holländische Tradition' war defensiv gerichtet, das heißt, daß mit der Sicherung der Unabhängigkeit der Krieg gegenstandslos wurde. Ausbreitung des reformierten Christentums konnte nicht Sinn eines Krieges sein, und ein Krieg durfte schon gar nicht der Verbesserung statthalterlicher Positionen dienen. Friedrich Heinrichs Neigung zur Expansion pur et sec wußte sich gestützt von den orthodoxen Calvinisten, er war aber finanziell abhängig von jenen Regenten, die die Notwendigkeit des Krieges höchstens unter dem Aspekt der Handelsinteressen betrachten konnten.

Solche Rahmenbedingungen bedingten die künftige Kompetenzzu-

[11] Zitat bei J. H. Kluiver, AGN, 6, S. 354.

weisung oder -beschneidung für den Statthalter. Noch 1630 schrieb der Geldersche Adlige Alexander van der Capellen: „Der Prinz verfügt über alles, wie es ihm beliebt, und es wird ihm alles angetragen.“ [12] Das war sicherlich richtig gesehen. Vor allem in außenpolitischen Fragen gewann Friedrich Heinrich erheblich an Gewicht, nachdem ihm die Generalstände zugebilligt hatten, unter Mitwirkung einiger Vertreter der Generalstände nach eigener Wahl Beschlüsse hinsichtlich der Feldzüge zu fassen (‘Secreet Besogne’). Diese Beschlüsse sollten für die Generalstände insgesamt bindend sein. So bildete sich in der Tat eine Art statthalterliches Kabinett heraus, das höchst wichtige Unternehmungen startete (etwa französisch-niederländische Allianz von 1635). Der Prinz aber überschätzte seine Möglichkeiten, als er dynastische Politik mit niederländischer Außenpolitik verwechselte. Selbst in streng orthodox-calvinistischen Kreisen verlor er an Boden. Holland zog voran und gab seinen Abgeordneten in den Generalständen eine entsprechende Instruktion mit. Der statthalterlich geführte Ausschuß verlor dadurch an Bedeutung, die Provinz bekam unter Führung der Stadt Amsterdam die Außenpolitik wieder in den Griff. Das zeigte sich nicht nur auf außenpolitischem Seitenterrain (dänisch-schwedischer Krieg 1644/45), sondern vor allem in der Hauptaktion, im 80jährigen Krieg. Die Provinz Holland setzte gegen statthalterliche Opposition, aber auch gegen den Willen der Provinzen Utrecht und Seeland die Entscheidung für den Frieden von Münster durch.

Und eben dieser Friedensschluß war Ausgangspunkt einer neuerlichen scharfen innenpolitischen Auseinandersetzung zwischen dem Patriziat, vor allem der Stadt Amsterdam, und dem neuen Statthalter Wilhelm II., Sohn Friedrich Heinrichs. Dieser zwar kaum langwierige, aber überaus heftige Konflikt endete nun jedoch mit einem umfassenden Sieg der Regentenaristokratie. Das Statthalteramt wurde abgeschafft, eine 22 Jahre dauernde statthalterlose Zeit brach an. Es zeigte sich gerade in diesem Konflikt, welch enge Verbindung Militärmacht und Statthalteramt eingegangen waren, zumindest im Bewußtsein der Träger dieses Amtes. Friedrich Heinrich hatte die Bedeutung des Krieges für Amt und Haus gesehen, Wilhelm II. deutete den Frieden als den Versuch, die Macht des Statthalters zu schmälern, als die holländischen Regenten

[12] Ebd. S. 356.

sich aus Sparsamkeitsgründen anschickten, Truppen abzudanken. Der Sohn trat ganz logisch in die Fußspuren väterlichen Denkens. Der Regentenbeschluß betraf vor allem die französischen Soldaten, da der Statthalter im Zusammenwirken mit Frankreich auf Wiederaufnahme der Feindseligkeiten drängte. Wenn noch dazu Mazarin Hilfeleistung suggerierte im Sinne einer Erhebung des Statthalters zum Monarchen und der Statthalter darüber hinaus die Sache der Stuarts in England verfechten zu müssen glaubte, dann war erneut die Basis für den schon alten typischen Konflikt in der Republik gelegt, zumal Holland auf gute Handelsbeziehungen zu England großen Wert legte und die auf Spannung gerichtete englische Politik des Statthalters nicht gebrauchen konnte.

2.4. Die Aufhebung eines Amtes – die 'ware vrijheid'

Der Konflikt, in dem sich die reichste Provinz wieder allein sah gegen den Statthalter und die anderen Provinzen, wuchs sich 1650 zum Eklat aus. Da nur der Staatsrat auf Befehl der Generalstände Truppen entlassen durfte, ließ die Provinz die von ihr direkt bezahlten Kontingente wissen, daß sie die Zahlungen einzustellen beabsichtige. Die Argumentation lautete denkbar einfach: da die Provinz den Militärhaushalt der Union für 1650 nicht gebilligt hatte, weigerte sie sich schlicht, die Lasten anteilig zu tragen. Solches war ein Novum, wie es ebenfalls neu war, daß die Mehrheit der nur schwach besetzten Generalstände dem Statthalter den Auftrag erteilte, die stimmberechtigten Städte der Provinz Holland aufzusuchen und sie zur Meinungsänderung zu bringen. Das entsprach nicht der Konstitution. Es bedeutete einen Verstoß gegen die Souveränität der Provinz – und blieb ohne Erfolg. Der Statthalter griff nunmehr zum Mittel des Staatsstreichs. Er ließ sechs führende holländische Regenten auf Schloß Loevestein gefangensetzen und wollte Amsterdam im Handstreich nehmen lassen. Das mißlang. Immerhin kam es zu Verhandlungen, bei denen die Amsterdamer ihren Bürgermeister Bicker und dessen Anhang durch gemäßigtere Figuren ersetzten und ein gewisses Entgegenkommen in der Abdankungsfrage bewiesen. Daß die Provinz Holland zu Recht sich argwöhnisch gezeigt hatte ob der Intentionen des Oraniers, ergibt sich aus dessen seit 1649 geführten geheimen Verhandlungen mit Frankreich über eine Fortführung des

Krieges gegen Spanien und einen Feldzug zugunsten der Reinstallierung der Stuarts in England. Daß Frankreich dem Statthalter bei vorhersehbaren innenpolitischen Konflikten zur Seite stehen wollte, unterstreicht noch einmal die Gefahren für die Republik und ihre Regierungsprinzipien. Nur der Tod Wilhelms II. – er starb an den Pocken – hat diesen Konflikt vermeiden können. Die Regenten eilten sich, solches Konfliktpotential für die Zukunft auszuschalten.

Man kann die Ereignisse von 1649/50 und die auf Betreiben der Provinz Holland von den Generalständen einberufene 'Große Versammlung' ('Grote Vergadering') gar nicht hoch genug einschätzen, insofern sich hier zum ersten Mal der niederländische Staat als Republik ohne den monarchischen Rest 'Statthalter' präsentierte und insofern die letztlich nachgerade traditionelle föderalistische Grundstruktur dieser europäischen Nordwestregion voll zum Tragen kam. Die Sitzung ist von ihrem Beschlußergebnis her gleichsam ein Abschluß der in Dordrecht 1572 eingeleiteten und in Utrecht 1579 zum ersten Mal zusammengefaßten Bewegung unter den Bedingungen der 1648 in Münster errungenen vollen völkerrechtlichen Unabhängigkeit, aber auch unter der Bedingung des Friedens und damit unter der eines unübersehbaren Erfolges, der der Selbstbestätigung der ohnehin selbstbewußten Regenten dienen und eine gesunde Grundlage für weitere Jahre der Regentenherrschaft abgeben konnte. Wie ohnehin das Wort vom 'goldenen' Jahrhundert seine Berechtigung hat, für die Regenten ließ sich dies auch konstitutionell konkretisieren. Die 'Faktion' der Loevesteiner, jener kurz zuvor noch arrestierten Regenten, stipulierte den Kurs aus: das hieß Wahrung des Systems unter Ausschaltung der Statthalterschaft, volle Bestätigung provinzieller Souveränität. Die Versammlung vertrat die Ansicht, daß zur Regierung ein Statthalter nicht notwendig war. Holland – wiederum unter der Führung Amsterdams – ging voran. Seeland, Utrecht, Overijssel und Geldern folgten ihm. Nur Friesland und Groningen hatten noch einen Statthalter. Sie waren fast schon Außenseiter. Bei jener Streichung des Statthalteramtes blieb es nicht. Auch das Amt des Generalkapitäns blieb unbesetzt. Zugleich schrieb die Versammlung das 'Repartitionssystem' fest, übertrug den Provinzen die Ernennung und Beförderung von Offizieren. Durch die direkte Zuweisung des militärischen Sektors jeweils an die einzelnen Provinzen war auf jeden Fall die Gefahr gebannt, daß sich irgend jemand dieser Truppen gegen die Stadt oder

Provinz bedienen konnte. Hält man dazu noch fest, daß die Versammelten zwar die Ergebnisse der nationalen Synode von Dordrecht anerkannten, Maßnahmen gegen katholische 'Frechheiten' aber den Stadtregierungen überließen, dann sieht man sich doch einer echten Abrundung des städtischen und provinziellen Kompetenzbereiches gegenüber. Daß innerhalb dieses föderalen Systems die Provinz Holland ganz unbestritten die Führung übernehmen konnte, ist angesichts der Finanzkraft einsichtig. Das enthielt allerdings zugleich ein hohes Maß an Unausgewogenheit, die sich schließlich nicht als krisenfest erwies. Das staatenbündlerische System auf der Grundlage der Hegemonie eines der Partner war bis dahin noch nicht voll auf dem Prüfstand der Politik gewesen.

Wie Oldenbarnevelt zu Anfang des Jahrhunderts sehr wesentlich den politischen Kurs der Niederlande bestimmt hat, so war für die Jahre der ersten statthalterlosen Periode der aus Dordrecht stammende Ratspensionär Johan de Witt entscheidend. Am Ende seiner politischen Karriere stand wie bei Oldenbarnevelt ein gewaltsamer Tod mit dem Unterschied, daß nicht ein Prozeß mit Urteil vorausging, sondern daß der Pöbel von Den Haag Johan de Witt und seinen Bruder Cornelis auf offener Straße abschlachtete. Das Geschehen kann wohl nur mit diesem Begriff richtig beschrieben werden. Der Name de Witts steht hier für eine glasharte republikanische Innenpolitik, die eindeutig war, insofern sie mit allen Mitteln die aristokratische Regierungsform ohne Neigung zu monarchenähnlichen Beimischungen und unter deutlicher Distanzierung von demokratischen Bestrebungen durchsetzte. Der Name steht darüber hinaus für eine Außenpolitik, die die Niederlande durchaus als maritime Großmacht ins Spiel brachte, aber auch die Fährnisse solcher Existenz zu bestehen hatte. Das gelang nicht immer. Der Fehlschlag bedeutete für Johan de Witt den Tod. Seine unbestrittene Integrität und Energie, seine überdurchschnittliche Qualität als Staatsmann und schließlich seine Orientierung am holländischen Interesse vermochten ihn zum einen aus seiner sozialen Schicht hervorzuheben, zum anderen eine starke Position zu garantieren, gleichwohl ging es nicht ohne Beziehungen, Absprachen, Faktionsbildungen, wollte man die eigenen Vorstellungen durchsetzen. De Witts verwandtschaftliche Beziehungen zum Amsterdamer Bürgermeisterhaus Bicker (er heiratete die Tochter Wendela) und sein gutes Verhältnis zu der Regentenfamilie de

Graeff sowie schließlich seine Fähigkeit, Gegensätze überbrücken, Kompromisse vermitteln zu können, haben seine hervorgehobene Stellung zunächst einmal zu festigen vermocht, wobei das von ihm verfolgte 'Interesse' als Maxime seiner Politik nicht immer das ganz spezifische Handelsinteresse seiner Provinz meinte, sondern eher als 'Interesse' des Staatsganzen zu deuten war.

Über die Statthalterfrage hat de Witt nach dem Erfolg in der 'Großen Versammlung' kein Gras wachsen lassen. Der 1654 drei Jahre alte potentielle Nachfolger seines Vaters, Wilhelm III., wurde – wie jedes Mitglied des Hauses Oranien – von der Statthalterschaft in Holland ausgeschlossen und durfte auch nicht von den Generalständen in das Amt des Generalkapitäns eingeführt werden. Das war nun nicht mehr eine einfache Absichtserklärung, sondern ein in der sogenannten 'Ausschlußakte' ('Acte van Seclusie') schriftlich fixierter Beschluß der holländischen Provinzialstände. Das Motiv stellten die Erfordernisse der Außenpolitik, hier konkret die Wünsche des Oliver Cromwell. Aber es dürfte de Witt, schließlich selbst Republikaner und von der unbehinderten Regentenregierung überzeugt wie kein anderer, kaum schwergefallen sein, solche Forderungen zu erfüllen. Allerdings wurde die Entscheidung in geheimer Ständeberatung getroffen, Einstimmigkeit ließ sich schon in der eigenen Provinz nicht erreichen, und als dann der Alleingang in den Generalständen ruchbar wurde, protestierten die anderen Provinzen. Es mußte nicht gleich die Folge einer immer noch lebendigen Oranientreue sein, sondern ließ sich verstehen aus der Verärgerung über britische Ansprüche, die nachgerade einer innenpolitischen Intervention gleichkamen. Der Ratspensionär sah sich gezwungen, in einer umfangreichen Deduktion ('Deductie') der Öffentlichkeit zu beweisen, daß die Statthalterschaft zu den Überflüssigkeiten einer Republik zählte. Der nüchterne Kalkulator bewies auch kein Gespür für historische Reminiszenzen an die Bedeutung der Oranier für den Erfolg des Aufstandes. Vielmehr rechnete er vor, daß die Prinzen bis zum Tode des letzten Statthalters seit 1586 19 Millionen Gulden erhalten hatten, und schließlich ließ er auch den Holländer in sich sprechen, wenn er sagte: Was gut sei für Holland, müsse auch gut sein für den ganzen Staat. Ganz abwegig kann man diesen Gedanken eigentlich nicht nennen.

Aber nun die andere Seite. Abgesehen davon, daß Hollands de Witt staatsrechtlich ein einigermaßen außerhalb der Legalität liegendes Spiel trieb, wenn er Entscheidungen auch für die Generalität im Alleingang traf, die hier einmal eingegangene Verbindung von Innen- und Außenpolitik, die sich für den Republikaner in diesem Augenblick günstig ausnahm, wirkte als Bumerang und förderte die Position des Prinzen von Oranien mit der Zunahme hegemonialer Tendenzen einzelner Staaten im europäischen Mächtekonzert. Seit Beginn der 60er Jahre des 17. Jahrhunderts waren die Anfänge solcher Tendenzen gegeben. Sicherlich hat die an anderer Stelle zu erörternde Neutralitätspolitik des Ratspensionärs solche Konfliktsituation aufschieben können, und sicherlich ist solche Neutralitätspolitik *auch* aus *innenpolitischen* Rücksichten geführt worden, aber die durch seine maritime Macht bedingte Großmachtstellung ließ auf Dauer eine solche Haltung kaum zu und förderte die Interessen jener Faktion, die auf den Prinzen von Oranien setzte. Frankreichs Eintritt in die neue europäische Politik nach dem Pyrenäenfrieden mit Spanien ließ die innenpolitische Konfliktlage heranreifen, auch wenn Frankreich zunächst noch als Bundesgenosse auftrat. Als in England Karl II., Onkel des Prinzen von Oranien, König wurde, zog de Witt die 'Ausschlußakte' zurück. Er kehrte sich auch nicht gegen die Provinz Seeland, die das Amt des Ersten Adligen in der Ständeversammlung wieder einführte und den jungen Prinzen für dieses Amt benannte. 1666, während des Zweiten Englischen Krieges, beschlossen die holländischen Stände auf Bitten Amalias, der Witwe Friedrich Heinrichs, den Prinzen Wilhelm zum 'Kind van Staat' zu erklären und seine Ausbildung in die Hand zu nehmen. Das war ein Mittel, um die stärker werdenden Oranientreuen zu beruhigen und gleichzeitig den Oranier auszuschalten, der im übrigen auch im Alter von 18 Jahren sehr wohl begriff, daß für ihn die Selbstverständlichkeit, mit der seine Vorgänger in das Amt des Statthalters und Generalkapitäns gekommen waren, nicht mehr galt. Der Friede von Breda 1667 stand am Ende des Zweiten Englischen Krieges – ein für die Niederlande siegreiches Ende, erfochten mit der eigenen Stärke zur See ('Reise von Chatham'), aber auch mit Hilfe französischer Landtruppen. Die Friedensbestimmungen aber gestaltete de Witt für England ausgesprochen mild. Die Gründe: Zum einen sah er in England einen künftigen Koalitionspartner gegen voraussehbare französische hegemoniale Ambitionen, zum andern schien er die Prinzenfaktion im eigenen Land von seinem guten Willen überzeugen zu wollen; obendrein tendierte die Amsterdamer Regentenschaft unter Gillis Valckenier dazu, sich gegenüber de Witts Politik unabhängiger zu machen, so daß er jedwede Unterstützung brauchte, und schließlich hat er möglicherweise versucht, auf diese Weise in ihm wenig wohlgesonnenen Kreisen den Eindruck zu verwischen, er sei der Champion französischer Allianz, um dem Prinzen von Oranien die Rückkehr in die ihm rechtmäßig zukommenden Ämter zu versperren. Innenpolitisch allerdings ging das höchstens schrittweise. In Ergänzung eigentlich der Entscheidung, den Prinzen als 'Kind van Staat' zu erziehen, fertigten die holländischen Stände das 'Ewige Edikt' ('Eeuwig Edict') aus, das das Statthalteramt für immer als Bestandteil der holländischen Konstitution ausschloß und in dem das Amt des Generalkapitäns als unvereinbar mit dem Statthalteramt in einer der Provinzen erklärt wurde. Dieses Edikt bestätigte zum einen in mehr abstrakter Form die 'Ausschlußakte', enthielt aber zum anderen insofern einen den Erfordernissen der Zeit angepaßten Kompromiß, als auf jeden Fall die Möglichkeit, wenigstens das Amt des Generalkapitäns zu bekleiden, nicht verschlossen wurde. Es ist wohl recht deutlich, daß es den holländischen Regenten darauf ankam, politische und militärische Macht auseinanderzuhalten. Der Kompromißcharakter war nicht nach dem Geschmack der Extremisten beider Faktionen – der Orangisten und der Republikaner. Darüber hinaus handelte es sich wieder um den Alleingang der mächtigsten Provinz, und Johan de Witt hat sich von Beginn an auch an die anderen Provinzen gewandt, um dort in bezug auf die Person des Oraniers Übereinstimmung zu erzielen. Es dauerte immerhin drei Jahre, ehe ein Konvergenzbeschluß zustande kam ('Acte van Harmonie'), in dem die holländische Entscheidung zwar akzeptiert, der Oranier zum Staatsrat jedoch zugelassen und für das 23. Lebensjahr das Amt des Generalkapitäns in Aussicht gestellt wurde.

Danach gab es für die Regierenden Hollands und der Generalstände keine Möglichkeit mehr, im Hinblick auf Konstitution und Innenpolitik frei zu entscheiden. Als sich herausstellte, daß die Tripelallianz durch den Frontwechsel des englischen Monarchen (Vertrag von Dover 1670) keinen Pfennig wert war, eilte die Entwicklung über die Regenten hinweg, nahm keine Rücksicht mehr auf Furcht aus Erfahrungen, die man mit dem letzten Statthalter noch gemacht hatte. 'Autokratie' oder 'ware vrijheid' war in jenen Monaten nur eine theoretische Alternative. Auch die Ernennung des Prinzen von Oranien zum Generalkapitän konnte das nicht aufhalten – eine Ernennung, die auch in der Phase absehbarer höchster militärischer Bedrängnis vorerst nur für ein Jahr gelten sollte. Es war nur noch eine Frage der Zeit, wann der Oranier Statthalter werden würde. Im Juni noch nahmen die Holländer das 'Ewige Edikt' zurück und ernannten am 4. Juli Wilhelm III. von Oranien zum Statthalter, nachdem die Seeländer schon am 2. Juli diesen Schritt unternommen hatten.

Damit war innerhalb kürzester Zeit alles zurückgenommen, was man von Beginn der statthalterlosen Zeit an konstitutionell konkretisiert hatte. Dieser rasche Wechsel war zurückzuführen auf die Entwicklung der militärischen Lage. Nach der französischen und englischen Kriegserklärung an die Republik (entsprechend dem Vertrag von Dover) brach das französische Heer mit nicht weniger als 120000 Mann auf und fiel mit einiger Leichtigkeit in die Niederlande ein, wo es bald die holländisch-utrechtsche 'waterlinie' erreichte. Utrecht kapitulierte am 23. Juni kurz nach dem Fall der Festung Naarden. Im Osten stieß unterdes der Bischof von Münster, Bernhard von Galen, in das Land mit 25000 Mann vor und nahm am 11. Juli die Festung Coevorden. Insgesamt: ein totaler militärischer Zusammenbruch im Lande. Lediglich auf See gegen die Engländer zeigten sich die Niederlande als gleichwertige Gegner. Die Geschichte dieser militärischen Fehlschläge ist von einiger Relevanz, da sie wohl der Anlaß waren zu einem Übermaß an aufrührerischen Bewegungen, die den Sommer und Herbst von 1672 prägten. Es war Aufruhr, Unruhe, keine Revolution im Sinne einer grundsätzlichen Umwälzung der Verhältnisse. Die drohende Niederlage förderte im Landesinnern eine Reihe von Animositäten zutage, die wohl bis dahin unter der Oberfläche geschwelt hatten und nunmehr streckenweise in Massenhysterie umschlugen. Der Mord an den Gebrüdern de Witt – nicht die einzigen Toten in den Revolten – ist nur aus solcher Massenhysterie zu erklären, wenn man die Umstände berücksichtigt. Sicherlich nicht alles, aber gewiß einiges läßt sich möglicherweise aus der sozialen Struktur, ihrer Entwicklung und vor allem ihrer Umsetzung in politische Macht deuten. Über die Regenten und ihre Position ist schon gesprochen, dennoch sei hier erneut unterstrichen, daß wir es bei dieser höchsten Schicht der niederländischen Republik mit einem familienspezifischen Aristokratisierungsphänomen, einem Kontraktionsbewußtsein, zu tun haben, das in dem Maße zunahm, in dem die Schwierigkeiten des Wirtschaftens aus unterschiedlichen Gründen wuchsen und die Einkommensschere auseinanderklaffte. Wenngleich diese Gruppe des bürgerlichen Patriziats – nicht alle Patrizier gehörten zu den Regenten – keinesfalls homogen war, dann entwickelte sich im allgemeinen doch unter ihnen, auch da gab es lokale Unterschiede, ein Lebensstil, der auf Landbesitz außerhalb der Stadtmauern reflektierte, in die Nähe adligen Auftretens rückte und offensichtlich kulturellen Einflüssen Frankreichs unterlag, was in jenem Jahr 1672 kaum positiv angemerkt werden konnte. Die Flugschriftenliteratur des Jahres klagte dann auch über wachsende Überheblichkeit und Prunksucht der Regenten, und gerade zur französischen 'Sitte' hieß es in einer Flugschrift des Dichters J. Antonides van der Goes: „Verjagt den Feind, aber verjagt erst seine Sitten.“ [13] Unter solche Sitten fiel auch die Sprache, der Sprachgebrauch. Eben jener hier genannte van der Goes schrieb dann an anderer Stelle, die Herren äußerten sich flämisch, um das gemeine Volk zu informieren, französisch aber sprächen sie mit der Intelligenz – eine angesichts späterer flämisch-wallonischer Auseinandersetzungen in den Südprovinzen sicherlich frühe Bemerkung. Die Zahl solcher Auslassungen in Pamphleten kann erheblich vermehrt werden. Aber letztlich blieben das äußere Erscheinungsformen, soziokulturelle Merkmale, die im Gefolge des erwähnten sozialen Aristokratisierungsprozesses auftauchten, aber erst dann einen echten Aufruhreffekt hatten, wenn der sozialen Aristokratisierung auch eine politische folgte, indem man eben entgegen einstmals verbrieften Rechten den Entscheidungsprozeß in engstem Kreis ablaufen ließ. Im Grunde war dieser Prozeß nicht neu, nicht typisch republikanisch. Man kennt ihn schon aus der Habsburgerzeit. In einer Verordnung vom 23. März 1581 hatten doch auch schon die holländischen Provinzialstände auf dem Verordnungswege bestimmt, daß die Stadtregierungen Angelegenheiten, die das ganze Land betrafen, nicht mehr mit den Schützengilden oder anderen Korporationen beratschlagt sehen wollten. Das stand ganz der Übung des Prinzen Wilhelm I. von Oranien entgegen, der sich häufig genug mit dem demokratischen Part der niederländischen Konstitution, den Schützengilden, beraten hatte.

[13] Zitat bei D. J. Roorda, Partij en factie. De oproeren van 1672 in de steden van Holland en Zeeland, een krachtmeting tussen partijen en facties. Historische studies, XXXVIII. Groningen 1978, S. 42.

Diese Verordnung nun war nicht Makulatur geblieben, und in diesem Verlauf geriet auch die Hinzuziehung der Schützengilden in städtischen Angelegenheiten aus der Übung. Offensichtlich aber scheint auch politisch-staats- (oder besser privilegien-)rechtliche Unwissenheit die politische Aristokratisierung seitens der Regenten gefördert zu haben, wie andererseits etwa die Forderungen von Bürgern nach Veröffentlichung von Privilegien von den Stadtregierungen unterlaufen wurden. Wie hieß es doch bei dem Dichter Joost van den Vondel: „Waartoe het heilig recht in perkament geschreeven, met letters, rood van goud, gesterkt met heerlijk wasch, indien geen burger ooit deszellefs vrugten las, noch deel had aan 't genot?" (Welchen Sinn habe das alte heilige Recht, das mit goldenen Lettern auf Pergament geschrieben stehe, wenn kein Bürger es je gelesen habe oder je in den Genuß der Bestimmungen gekommen sei.) Einzelne Aussagen, Ereignisse zeigen, daß die Regenten im Zuge ihrer nachgerade umfassenden Aristokratisierung in Politik, Kultur und Gesellschaft vom eigenen Recht auf eine solche Handhabung des Überkommenen – indem sie dieses schlicht unter den Tisch fallen ließen – voll überzeugt waren. Und nicht nur das. Wie später im 19. Jahrhundert galt auch jetzt schon das Wort von 'Ruhe und Ordnung', die in Gefahr seien, wenn andere als die angewiesenen Regentenfamilien in den politischen Entscheidungsprozeß einträten. Es war angesichts des ausgemacht oligarchischen Clan-Charakters nicht erstaunlich, daß Korruption vorkam. Dies allerdings nicht über die Maßen, dagegen reichte die enge verwandtschaftliche Verzahnung bis in Justiz und Polizei hinein, und das war sicherlich ein Ärgernis. Auch wenn man davon ausgehen kann, daß die Gilden und Zünfte, die übrigens in der sozialen Zusammensetzung kaum etwas mit den aus den niederen Bürgerschichten bestehenden Schützengilden zu tun hatten, ein nicht sonderlich stark entwickeltes politisches Bewußtsein mitbrachten, dann ist doch zu vermuten, daß die Auswüchse des Regentenregimes einiges an Unbehagen und Widerstand erzeugt haben. Auch die calvinistische Kirche trug zu solchem Unbehagen bei, indem sie den Toleranzspielraum der Obrigkeit anprangerte oder zumindest dafür ebensowenig Verständnis aufzubringen vermochte wie für eine lediglich auf Sicherung des Errungenen ausgerichtete Außenpolitik. Selbst wenn es in den 50er Jahren in einigen Städten Aufruhr gegen die Regenten unter dem Banner der 'Oranientreue' gegeben hat, dann waren doch solche Äußerungen zu sporadisch, zu wenig intensiv, als daß sie die Ereignisse von 1672 voll erklären könnten.

Überhaupt läßt sich aus der deutlichen sozialen Kluft, aber eigentlich noch klareren Diskrepanz in der Ausübung politischer Herrschaft allein der Umfang und die Heftigkeit der Unruhen von 1672 nicht deuten, auch nicht, wenn man die wesentlich oranientreu bestimmte Haltung der calvinistischen Kirche hinzunimmt. Man wird darüber hinaus feststellen müssen, daß die Fronten 'oranientreu' ('prinsgezind') und 'Republikaner' ('staatsgezind') nicht einer sauberen Gegenüberstellung von Bürgern und Regenten entsprach. Vielmehr finden sich auf seiten der Oranientreuen ebenso Regenten, wie andererseits auf seiten der republikanischen Richtung auch breitere Schichten der Bevölkerung sich hinter die entsprechende Regentengruppe stellten. Die Gründe im einzelnen sollen hier nicht betrachtet werden. Jedenfalls ist das wesentliche, nicht nur auslösende Moment der Umsetzung eines durchaus empfundenen Unbehagens in gewalttätigen bis todbringenden Aufruhr letztendlich zu begreifen als die Folge einer Angstpsychose, die sich anläßlich der recht leicht errungenen französischen Siege und entsprechendem Vormarsch ausbreitete – eine Angstpsychose, die alle ergriff in einem Land, das seit etwa einem Jahrhundert keine fremden Soldaten mehr als Gegner auf eigenem Boden gesehen und das seine Blicke ohnehin immer auf die Stärke zur See gerichtet hatte. Die schwache Vorstellung des aus wenig kampfkräftigen und auch nicht kampfwilligen Truppen zusammengesetzten Landheeres ließ rasch nach einem Schuldigen suchen und ihn auch in der Regentenoligarchie finden, die schließlich keine Gelegenheit ausgelassen hatte, ihren Regierungsanspruch gleichsam zu 'aristokratisieren'. Erst die Psychose machte das Konfliktpotential, dieses Gemenge aus politischer Unzufriedenheit, sozialen Gegensätzen, religiösem Eifer, soweit es den orthodoxen Calvinismus betraf, und schließlich opportunistischen, nicht an die politischen Hauptgruppierungen (Oranientreue, Republikaner) gebundenen faktionistischen Streitigkeiten, zum offenen Konflikt mit Unruhen und Aufruhr. Manche Regenten fanden sich dabei eben auf der Seite der Oranientreuen, ohne daß sie allerdings die Bürger und ihre Gruppierungen (Schützengilden, Zünfte) zum Aufruhr angestiftet hätten. Die Angstpsychose ließ Unterschiede bewußt werden, die in Zeiten der Gefahr nicht ohne weiteres mehr hingenommen wurden. Wo der sehr reiche Bürger auf mit Hausrat vollbeladenen Booten seinen Ort verlassen wollte – damit Furcht und Reichtum zur Schau stellend –, regte sich die Volksseele auf. Das zeugte Gerüchte. Eines davon war das vom Verrat. Verräter waren die Regenten, zumindest einige von ihnen – de Witt cum suis. Die Ereignisse folgten einander schnell. Zahlreichen Demonstrationen und Unruhen in den Städten Seelands folgte die Ernennung Wilhelms III. zum Statthalter. Die Stände des holländischen Nachbarn kamen mit dieser Entscheidung am 4. Juli. Am 8. Juli ernannten die Generalstände den Oranier zum Generalkapitän und Generaladmiral der Republik. Auf der Welle der Bürgerunruhen in den Städten und angesichts der Erfolge der französisch-münsterischen Koalition, der auch der Kölner Erzbischof beigetreten war, wurde der Oranier an die Spitze der Republik getragen. Am 4. August legte Johan de Witt sein Amt als Ratspensionär nieder, damit auch das Ende der entschiedenen Republikaner demonstrierend. Seinem Rücktritt folgte am 20. August seine und seines Bruders Ermordung in Den Haag – diese Hinrichtung durch Volkswut erfolgte im Zuge einer zweiten Welle von Unruhen, die sich insofern nicht mehr allein aus der Angst vor dem Kriegsgegner erklären läßt, als die militärische Bedrohung nicht mehr das Ausmaß der Vormonate hatte. Möglicherweise handelte es sich dabei um einige von der oranientreuen Partei initiierte Aktionen (der Prinz tat nichts zum Schutz der Regenten), die politisch endgültig reinen Tisch zu machen hatten, um ein Pressionsmittel, das eben die holländischen Stände gefügig machen sollte. Jedenfalls scheint der Druck von der Straße her dem Prinzen ein wesentliches politisches Instrument in die Hand gegeben zu haben. Laut Beschluß der holländischen Provinzialstände schon vom 27. August erhielt der Prinz als Statthalter die Vollmacht, die städtischen Regierungen neu zu besetzen. Von Ende August an wurden in den 18 Städten der Provinz von den etwa 500 Magistratspersonen 180 abgesetzt und ebenso viele neu eingesetzt. Häufig erfolgte diese sog. 'wetsverzetting' unter dem Schutz der aufrührerischen städtischen Bewohner. Die Kompetenz, die man hier dem Prinzen zuerkannt hatte, war, wenn man sich des republikanischen Selbstbewußtseins erinnert, in Zeiten höchster Bedrängnis gegeben worden. Dem Prinzen stand bald das Kriegsglück zur Seite, auch vor allem der Stimmungsumschwung in England, so daß er ab 1674 seinen Status als erfolgreicher Heerführer innenpolitisch weiter auszubauen die Gelegenheit erhielt, als die Stände Hollands und Seelands die Statthalterschaft in der männlichen Linie für erblich erklärten. Die Generalstände schlossen sich diesem Schritt für die Position des Generalkapitäns und -admirals an. Fürwahr, was sich hier vollzog, war nichts anderes als das oranientreue Pendant zu den republikanischen Unternehmungen der 50er und 60er Jahre. Der Oranier war genau der Mann, der die Macht und die Möglichkeiten ihres Ausbaus zu schätzen wußte. Als die von Franzosen und münsterschen Soldaten befreiten Provinzen Utrecht, Overijssel und Geldern ihre Rückkehr in die Utrechter Union erheischten, wurde das erst nach Zögern gegen den Widerstand Hollands durchgesetzt (der Vorwurf lautete sozusagen auf Feigheit vor dem Feinde). Das mag die geringe Festigkeit der Union zeigen; für den Oranier war es die Gelegenheit, seine Macht in diesen Provinzen mittels eines Regierungsreglements beträchtlich aufzubessern. Das Angebot reichte noch weiter, als 1675 die Gelderschen Stände dem Prinzen den Herzogtitel für ihr Territorium antrugen. Erst der republikanisch gefärbte Widerstand der Holländer ließ den Oranier diese Würde ausschlagen.

Aber was stand am Ende dieser so aufruhrreichen Phase der Republik? Nach außen hin militärischer Gewinn gegenüber den Kriegsgegnern, nach innen jedoch kaum eine prinzipielle Änderung der Verhältnisse, mit dem Unterschied gegenüber den beiden vergangenen Jahrzehnten, daß ein Statthalter die städtischen Magistrate nach seinem Gutdünken besetzt hatte und als Heerführer höchstes Ansehen genoß. Wer angesichts der Aufruhrstimmung, in der doch deutlich genug die Beschwerden gegen die oligarchisierte Regierungsform vorgetragen worden waren, geglaubt hatte, eine gewisse Form von Demokratisierung durchsetzen zu können, mußte sich da enttäuscht sehen. Letztlich änderte sich die in acht Jahrzehnten nachgerade festgeschriebene Beziehung von sozialer Oberschicht und politischer Herrschaft in keiner Weise. Da änderten sich nur die Personen, nicht die Sozialstruktur der zur Herrschaft Berechtigten. Wo etwa die Schützengilden versuchten, Kontrollinstrumente gegen aristokratische Herrschaftsformen aufzubauen, blieb der Erfolg aus. Überhaupt schienen sich die Fronten zwischen Oranientreuen und Republikanern zu verwischen. An die Stelle dieser 'Parteien' traten mehr denn je die Faktionen, die kleinen Interessengruppen, die nach Ämtern jagten, bei Magistratsveränderungen nicht gleichermaßen berücksichtigt werden konnten, so daß der Prinz in

Ausübung seiner statthalterlichen Rechte häufig genug Feinde auch bei den von ihm eingesetzten Regenten hatte. Darüber hinaus: der republikanische Gedanke war nicht tot. Nicht nur, daß keinerlei Änderung im aristokratischen System eintrat, auch außenpolitisch galt bei den Regenten immer noch die These von der zu bewahrenden Neutralität. Die 'demokratische' oder zumindest auf Wiederherstellung mittelalterlicher Privilegien gerichtete Politik von der bürgerlichen Basis her erwies sich als zu schwach; der Prinz mochte dann auf der 'demokratischen' Welle hochgetragen worden sein, er war selbst allzuviel 'Aristokrat', als daß er seinerzeit einer solchen eher auf die Erwartung einer 'Heilsfigur' ausgerichteten Bewegung hätte entsprechen können.

3. *Zur wirtschaftlichen Entwicklung*

Die hier zuerst beschriebene politische Machtstellung der Regenten schöpfte sicherlich zum großen Teil noch aus der Tradition, sie festigte sich aber im besonderen Maße im Zuge einer starken wirtschaftlichen Expansion, die alle Sektoren erfaßte, bis zur Jahrhundertmitte einigermaßen kontinuierlich verlief, in der 2. Hälfte des 17. Jahrhunderts jedoch Rückschläge zu verzeichnen hatte – aus unterschiedlichen Gründen, unterschiedlich auch für die einzelnen Sektoren oder Regionen. Wesentliche Voraussetzung für das Wachstum war der Bevölkerungsanstieg. Bis 1650 belief sich die Einwohnerzahl im Gebiet der Republik auf 1,9 Millionen. Der Anstieg gehörte noch zu jenem säkularen Entwicklungstrend, der schon um 1500 eingesetzt hatte und sich nunmehr in der Republik fortsetzte. War er somit für die Niederlande selbst gleichsam eine Kontinuitätserscheinung, im europäischen Vergleich darf er sicherlich als eine Ausnahme angemerkt werden. Dabei konzentrierte er sich vor allem auf die Städte. In der Provinz Holland stellten die Stadtbewohner bis 1622 etwa 60 v. H. der Bevölkerung (gegenüber ± 50 v. H. um 1500). Ähnlich entwickelten sich die Verhältnisse in der Provinz Utrecht. Innerhalb der Städtelandschaft wuchsen die Hafen- und Handelsstädte im allgemeinen rascher als die Gewerbeorte.

Die Konzentration in den Städten war nicht zuletzt eine Folge erhöhter Aktivitäten in Handel und Gewerbe – Aktivitäten, die ihre Impulse aus einigen exogenen Faktoren bezogen. Gewiß, da gab es schon eine

Tradition der Handels- und Gewerbeentwicklung aus der vorrepublikanischen Zeit, aber wesentlich neue Impulse brachten dort erst die Unternehmer und gewerblichen Experten aus den hochentwickelten südlichen Provinzen, die sich im Norden niederließen und sowohl ihre Initiativkraft als auch ihr 'know how' einbrachten – Faktoren, die sich statistisch sicherlich nur schwierig erfassen lassen, in ihrer Bedeutung jedoch nicht zu übersehen sind. Auf jeden Fall finden sich im Kreise der führenden 'republikanischen' Unternehmer und Kaufleute eine Reihe von Personen, die aus den Südprovinzen kamen. Die Immigranten, über deren Anzahl nichts Genaues gesagt werden kann, fanden ihren neuen Wirkungskreis vor allem in den Provinzen Holland und Seeland. Einen weiteren Impuls brachte der Krieg selbst. Tatsächlich entwickelten sich die Niederlande doch zu einem wichtigen Waffenlieferanten für den ganzen europäischen Kontinent – auch für Spanien, mit dem sie sich im Krieg befanden, wie ohnehin der 'Handel mit dem Feind' ('handel op de vijand') ein durchaus lukratives Geschäft darstellte. Allerdings: zeitgenössisch ist zwar mit einiger Berechtigung bemerkt worden, daß einzig die Niederländer vom Krieg voll profitierten, der andere Völker ruiniere, gleichwohl ist festzuhalten, daß das Land einerseits sicherlich zur Waffenschmiede heranwuchs (wenn dieses Klischee erlaubt sein mag), andererseits aber die Kriegsereignisse und die damit verbundenen politischen Implikationen der Expansion des Handels mancherlei Hindernisse in den Weg gelegt haben.

Handel und Schiffahrt entwickelten sich in der Zeit der Republik bis zur Mitte des 17. Jahrhunderts in einem bis dahin in Europa unbekannten Ausmaß. Die maritime Lage allein war da nicht ausschlaggebend. Vielmehr müssen die relativ geringen Kosten im Schiffbau durch Anfuhr billigen Baumaterials und Anwendung bestimmter Bautechniken (Standardisierung) sowie nicht zuletzt auch die Einführung eines neuen Schiffstyps, der sogenannten 'fluit', benannt werden – ein Typ, der geeignet war für den Transport von Massengütern und mit nur geringer Mannschaft gesegelt werden konnte. Berücksichtigt man, daß ein Großteil des niederländischen Seehandels den Getreidetransport aus dem Ostseeraum betraf, läßt sich die Bedeutung eines kostengünstig konstruierten Schiffstyps für den Massengüter-Transport abschätzen. Der Ostseehandel ('moedercommercie') fand seine wesentliche Ergänzung im Handel mit Spanien, Portugal und Südwestfrankreich, da von hierher die im Ostseeraum benötigten Waren kamen. Über den ganzen, von Skandinavien bis zur Levante reichenden Handel, der schließlich noch durch das Überseegeschäft der unten noch zu beschreibenden VOC und WIC ergänzt wurde, ist hier nicht im einzelnen zu handeln, bemerkt sei lediglich, daß diese weitverzweigte Handelstätigkeit mit einer Flotte, die zahlenmäßig den Gesamtbestand der englischen, schottischen und französischen Flotte übertraf (1632 etwa 1750 Schiffe mit insgesamt 310 000 Tonnen), den holländischen Stapelmarkt (Provinz Holland) zu einem zentralen Markt Europas emporhob – ein Markt im übrigen, der, begünstigt durch die Lage an den alten, nach Zentral- und Südosteuropa führenden Handelswegen, das kontinentale Hinterland beherrschte.

Die Blüte des Handels, die den Aufbau des Bank- und Kreditwesens förderte, bedingte auch eine Blüte des gewerblichen Sektors sowie des Dienstleistungsbereichs. Wie Handel und Schiffahrt konnte auch die gewerbliche Entwicklung anschließen an die Zeit vor dem Aufstand. Sie wurde im gleiche Maße vorangetrieben, wie sich Handel und Schiffahrt entwickelten, war doch die Anfuhr von Rohstoffen und die Ausfuhr von Fertig- und Veredelungserzeugnissen durch das großzügige Angebot an Frachtraum garantiert, abgesehen davon noch, daß ein gut ausgebautes Netz von Wasserwegen für eine recht reibungslose Distribution auf dem Binnenmarkt sorgte. Typisch für diese Aufstiegsphase war im übrigen eine fortschreitende Verzahnung von Handels- und Gewerbekapital. Einzelne Gewerbezweige sollen hier nicht beschrieben, lediglich einige spezifische Merkmale des Sektors benannt werden. Da ist zum einen ein erhebliches Anwachsen der Betriebsgrößen festzustellen, zum anderen eine starke Diversifizierung und zugleich Spezialisierung in der Güterproduktion zu bemerken. Zugleich entwickelte sich ein reiches Gewerbe auf dem platten Land und verschoben sich die 'Spezialitäten' einzelner Städte. Wo alte, traditionelle Güterproduktion zugunsten anderer Städte verlorenging, entwickelten sich neue Spezialismen. Zwar hat sich das ländliche Gewerbe zu einer Konkurrenz für den städtischen Gewerbebetrieb auswachsen können, dennoch blieb das städtische Gewerbe, nicht zuletzt durch die Spezialisierung, insgesamt ungestört. Die einzelnen Gewerbezweige konzentrierten sich vor allem in den Städten im Westen des Landes, in Holland und Seeland. Hier bot der Handel die Kapitalbasis, sorgte er für den Aufbau von Unternehmen, die nicht von der finanziellen Ausstattung her, sondern auch im Hinblick auf das Produktionsspektrum mit dem Handel zusammenhingen. Es entwikkelten sich die sogenannten 'trafieken', eng an das Warenangebot des Handels gebundene Gewerbezweige, zum Teil nichts anderes als Veredelungsbetriebe. Gerade dies waren investitionsfreudige, kapitalintensive Bereiche, die einigermaßen konkurrenzlos arbeiten konnten. Daß sich mit dem raschen Schiffbau zugleich entsprechende Zulieferindustrien neben den Werften entwickelten, braucht nicht besonders betont zu werden. Für diesen Gewerbesektor war die nördlich Amsterdam gelegene 'Zaanstreek' ein wesentliches Zentrum. Diese Region ist bis hinein in die jüngste Zeit wichtiges Industriegebiet geblieben.

Schließlich die Landwirtschaft. Sie hat einen ebensolchen Aufstieg erlebt wie die anderen Wirtschaftssektoren, eine Anpassungs- und Leistungsfähigkeit bewiesen, die die in anderen Ländern Europas erheblich überstieg. Wichtige Voraussetzung war sicherlich die traditionell 'freie Struktur' der Landwirtschaft, die aus den besonderen Siedlungsschwierigkeiten zu erklärende Freiheit der Bauernschaft mit Eigentum oder Pachtbesitz bei nur – wie an anderer Stelle gezeigt – gering entwickelter adliger Grundherrschaft. Vor allem Holland und Seeland sind hier zu nennen. Diese 'freie Struktur' hat offensichtlich die Landwirtschaft dazu befähigt, den starken Bevölkerungsanstieg sowie das Wachstum in Handel und Gewerbe vorteilhaft zu nutzen. Arbeitsteilung und Spezialisierung zeichneten die Landwirtschaft aus. An die Stelle der einfachen Subsistenzwirtschaft trat die Kommerzialisierung. Neue Anbautechniken und -methoden wurden eingeführt. Das war eine Antwort auf die steigende Nachfrage. Neben die Getreideerzeugung trat in zunehmendem Maße der Anbau von Handelsgewächsen, wurde die Gartenbauwirtschaft vorangetrieben. Die neuen Methoden führten zu einer im Vergleich zu anderen Ländern Europas überaus günstigen Ertragslage. Mit Trockenlegungen und Erschließungen sorgte man für zusätzliche landwirtschaftliche Nutzfläche. Dies waren kapitalintensive Maßnahmen. Das Kapital stellten die Amsterdamer Kaufleute zur Verfügung. Überhaupt war die Kapitalinvestition für Produktionsmittel wie Windmühlen u. a. zur Verarbeitung der Agrarerzeugnisse beträchtlich. Technisierung und Kommerzialisierung hieß zugleich Einsatz von Lohnarbeitern im Agrarsektor, die auf der Grundlage von freien Arbeitsverträgen herangezogen wurden. Darüber hinaus entwickelten sich in diesem ländlichen Bereich eine Vielzahl von kleinen Handwerksbetrieben und Unternehmungen, die als Dienstleistungsbetriebe für die technisierte Landwirtschaft auftraten, für den Warentransport sorgten oder die Energieversorgung auch in den Städten (Torfgewinnung) sicherstellten.

So wurde im Zuge des Aufstiegs von Handel und Gewerbe die Landwirtschaft zu einem voll zum Wirtschaftswachstum beitragenden Sektor, dessen Blüte erst in der 2. Hälfte des 17. Jahrhunderts ganz allmählich einem Niedergang wich.

4. *Die Schwierigkeiten der Außenpolitik*

4.1. Partnersuche und Atempause durch Waffenstillstand

Die hier für den konstitutionell-innenpolitischen Aspekt beschriebene Phase der niederländischen Republik war zugleich geprägt von einer außenpolitischen Entwicklung, in der die Niederlande eine höchst zentrale Rolle spielten. Natürlich setzte die große Koalitionsdiplomatie im Kampf gegen Ludwig XIV., in der die Republik militärisch und finanziell gefragter Partner war, erst in der Zeit Wilhelms III. von Oranien ein, aber schon 1625 erfuhr doch der niederländische Botschafter in Schweden von Gustav Adolf: „Den Haag ist die zentrale Szene aller außenpolitischen Handlungen und Aktivitäten Europas." [14] Freilich: die Bedeutung der Niederlande für die internationale Politik ist noch früher anzusetzen – einfach beim Aufstand, bei der Loslösung aus dem spanischen Staatsverband. Zunächst ging es den Aufständischen gewiß um den Erfolg ihrer Aktion, um die Sicherung des Terrains, Hilfe von außen war in jedem Fall willkommen, wo immer diese mittelbar oder unmittelbar herrühren mochte. So schöpften etwa die aufständischen Adligen Hoffnung aus der Bindung Spaniens durch den Malta belagernden türkischen Sultan. Brederode hegte gar den Wunsch, daß die Türken schon in Valladolid wären, um ihrem Vergnügen nachzugehen. Vergebliche Hoffnung. Aber sehr wesentlich und für die künftige Stellung der

[14] Zitat bei G. Parker, The Dutch Revolt and the Polarization of International Politics, S. 58.

Republik von richtungweisender Bedeutung war der Aufstand als Revolte gegen spanische Repression und damit mittelbar auch als Revolte gegen spanisches Hegemonialstreben. Zum Zeitpunkt der Rebellion der frühen Phase (60er Jahre) gab es keine Macht, die sich stark genug wähnte, Spanien Paroli zu bieten. Der Friede von Cateau-Cambrésis (1559) hatte Frankreich zunächst noch als mitbestimmende Macht ausgeschlossen, England vermochte zu jener Zeit noch kein Gegengewicht zu bieten. Deutsche Fürsten und französische Hugenotten, vom eingesessenen niederländischen Adel gebeten, zeigten höchstes Verständnis. Aber nur das Osmanische Reich bot Hilfe an. Innere Wirren dort und eine Umorientierung gegen den russischen Zaren ließen auch dieses Angebot zunichte werden. Das Hilfeersuchen wiederholte sich vor dem Coup von 1572, zunächst ohne Erfolg. Es ist angesichts solcher Lage durchaus begreiflich, daß der Oranier 1574 an seinen Bruder schrieb: „Ich glaube kaum, daß wir Außergewöhnliches vollbringen können, wenn uns nicht jemand zu Hilfe eilt. Mir fällt ein, was ich Dir früher schon einmal gesagt habe: zwei Jahre lang wird man den Kampf gegen die Macht des spanischen Königs durchstehen können, dann wird man der Hilfe auswärtiger Mächte bedürfen. Da diese zwei Jahre bald ablaufen, ist es mehr als dringlich, daß uns einige Fürsten oder Potentaten die Hand reichen.“ [15] Es ist in den 70er Jahren des 16. Jahrhunderts kurzzeitig gelungen, Karl IX. von Frankreich und den Sultan gegen Spanien zugunsten der Aufständischen wirken zu lassen, der türkisch-spanische Waffenstillstand von 1580 allerdings stellte für die Niederlande die Ausgangssituation wieder her. Das Augenmerk galt dann dem Herzog von Anjou. Der Oranier und Philipp von Marnix schlugen vor, diesem die Landesherrschaft in den Niederlanden anzubieten. Die Generalstände zeigten sich einverstanden, nicht weil sie monarchisch orientiert gewesen wären, sondern weil man die außenpolitisch günstige Implikation voll einsah. Anjou war in Frankreich der Mann des konfessionellen Ausgleichs zum Zwecke des geschlossenen Widerstandes gegen die spanische Hegemonialmacht. Wer war besser für die Niederlande geeignet, den spanischen Druck erleichtern zu helfen? Da war selbst von einer Ehe des Anjou mit der Königin von England die Rede, und solche Koalition (Oranien, Anjou, Elisabeth) hätte tatsächlich eine beträchtliche

[15] Ebd. S. 61.

Macht gegen den Spanier bedeutet. Elisabeth und Anjou wäre es aufgegeben gewesen, die Unabhängigkeit aller siebzehn Provinzen zu garantieren. Der Plan erwies sich als Illusion – aus mehrfachen Gründen, auch aus innerniederländischen. Für die Provinzen ging es darum, einen Weg zu finden, auf dem ein militärisch potenter neuer Landesherr bereit war, sich mit begrenzten Rechten abzufinden. Anjou war nicht der Mann dazu. Die handstreichartige Besetzung einiger flandrischer Städte, die der Ausweitung der Rechte dienen sollte, scheint das ständische Mißtrauen bestätigt zu haben. Der Handel mit Anjou, der im Juli 1583 das Land wieder verließ, blieb Episode. Er bewies aber immerhin, obwohl die Aufständischen noch die Bittsteller waren, daß die Feinde Spaniens im Nordwesten Europas sich allmählich zum Joker im Kampf gegen die hegemonialen Ansprüche Philipps entwickelten. Der frühe Tod Anjous (1584) brachte schließlich Spanien und die Katholiken Frankreichs angesichts der Aussicht auf einen protestantischen Thronfolger (Heinrich von Navarra) in der Sainte Union (Vertrag von Joinville) zusammen, mit der französisch-katholischen Familie Guise als Kern. Eben das beunruhigte die englische Königin, und nunmehr begann eine außenpolitische Entwicklung, aus der die aufständischen Niederlande nicht mehr wegzudenken waren. Sie gehörten zum protestantischen Verbund gegen die katholische Allianz. Lord Burghley, Elisabeths Kanzler, umschrieb die Funktion der Niederlande: „Sollte es dem spanischen König gelingen, die Niederlande völlig zu unterwerfen, dann weiß ich nicht, welche Barrieren man tatsächlich seiner Macht und Größe noch entgegensetzen könnte.“ [16] Die Folge war dann auch der Vertrag von Nonesuch (August 1585), in dem Elisabeth den Niederlanden volle Unterstützung versprach. Antwerpen war gerade in die Hände des Herzogs von Parma gefallen. Sicher ist es so, daß Elisabeth selbst als beste Lösung eine Rückkehr aller siebzehn Provinzen unter spanische Herrschaft bei weitestgehender Autonomie des Gebietes ansah, sich damit freie Hand gegen Frankreich wahrend, und sicher standen England und die Niederlande zunächst einmal isoliert gegen eine katholische Allianz, aber die Fronten waren recht eigentlich gebildet. Die britisch-niederländische Allianz, die sich in den 90er Jahren tatkräftig für Heinrich von Navarra einsetzte, fiel zunächst nicht auseinander.

[16] Ebd. S. 62.

1596 kam es sogar auf Drängen des inzwischen zum Katholizismus übergetretenen Heinrich IV. zu einem französisch-niederländisch-englischen Dreibund. Erst der französisch-spanische Friede von 1598, dem sich 1604 der Friede des nunmehr von Jakob I. regierten Englands mit Spanien anschloß, warf die Republik wieder zurück, insofern sich das europäische Gleichgewicht zunächst einmal zu spanischen Gunsten und damit zuungunsten des Aufstandes änderte, auch wenn Moritz von Oranien bis dahin erhebliche militärische Erfolge erzielt hatte. Selbst wenn man berücksichtigt, daß die Republik in jener Zeit schon neben England die See beherrschte und selbst ein Vertrag mit dem Kurfürsten von Brandenburg zustande kam (1605), der dann auch tatsächlich in Form der Entsendung von brandenburgischen Hilfstruppen konkretisiert wurde, mußte man militärisch froh sein, wenn die bis dahin erreichte Pattstellung gehalten werden konnte. Wie gering war doch der Spielraum republikanischer Außenpolitik in dieser Phase der eigenen Konsolidierung, in einer Zeit doch, in der die Staatsform überwiegend monarchisch war und sich antihegemoniale Politik mit dem Konfessionsprinzip mischte. Die Republik blickte unter dem Leiter der Außenpolitik, dem Landesadvokaten Oldenbarnevelt, nun schon traditionell nach Frankreich, ohne daß diese Orientierung bei allen Niederländern Anklang gefunden hätte. Sie führte auch zu Konflikten zwischen dem Oranier und Oldenbarnevelt – Konflikte, die bis zum Tode des Landesadvokaten nicht mehr ausgeräumt worden sind. Die Begrenzung des außenpolitischen Spielraums bewies sich, als der an der Zerstörung spanischer Hegemonie interessierte konvertierte Katholik Heinrich IV. zur Sicherung dieses Ziels die Souveränität über die Republik forderte. Wenngleich für Oldenbarnevelt Frankreich der Dreh- und Angelpunkt seiner antispanischen Politik gewesen ist, glaubte er im Hinblick auf die inneren Zwistigkeiten solchen Schritt nicht gehen zu können. Aber es ließ sich zu diesem Zeitpunkt leicht absehen, wann die Republik finanziell erschöpft sein würde. 1605 zeigte sich dann auch bei ihm Verhandlungsbereitschaft für einen Frieden auf der Basis des Status quo. Ein erneuter Zusammenschluß der südlichen und nördlichen Provinzen mochte dann noch einmal erwähnt werden, stand aber nicht eigentlich mehr zur Diskussion. 1606 kam die Delegation des Erzherzogs Albrecht und der Erzherzogin Isabella nach Den Haag und forderte – auf der Basis lediglich einer De-facto-Anerkennung der Republik – Preisgabe des niederländischen Handels in Ostindien, Aufhebung der Schelde-Blokkade und Bekenntnisfreiheit für die Katholiken in der Republik. Angesichts solcher Forderungen erhebt sich tatsächlich die Frage, ob es den südniederländischen Parlamentären ernst war mit dem Frieden. Die Reaktion der Republik erscheint verständlich. Die holländischen und seeländischen Großhandelskreise fanden sich da ebenso einig in der Ablehnung wie Utrecht und Friesland, die calvinistischen Prediger, der Statthalter und der Adel. Die einhellige Ablehnung solcher südniederländisch-spanischer Angebote sagt schon einiges über die Unannehmbarkeit der Bedingungen, wenn man gleichzeitig die im Grunde nur geringe Kriegsbereitschaft des führenden nordniederländischen Bürgertums berücksichtigt, die sich im Laufe des 17. Jahrhunderts häufiger artikuliert hat und gerade 1607 in einer Oldenbarnevelt zugeschriebenen Abhandlung ('Deductie') umschrieben wurde. Die Niederländer, so hieß es dort, seien von Natur aus sanft und friedlich, nicht zum Kriege geneigt, auch in Zeiten der Kriegsnot habe man seine Kinder und Freunde aus dem Kriege gehalten und soviel wie möglich vom Kriege abgeraten. Daher sei es erforderlich gewesen, zur Verteidigung des Landes Soldaten aus anderen Königreichen und Ländern kommen zu lassen.[17] Es sollte sich später zeigen, daß die Reichweite der hier apostrophierten geringen Neigung zum Soldaten- und Kriegsspiel sicherlich am konkreten Handelsinteresse orientiert blieb, aber zum damaligen Zeitpunkt ging es nicht nur um Handel, sondern auch um Existenzbedingungen der Republik, denn die Forderung nach Bekenntnisfreiheit für Katholiken konnte kaum akzeptabel erscheinen, solange die Mehrheit der Einwohner noch dem katholischen Glauben anhing. Gleichwohl: die Ablehnung der Forderungen bedeutete ganz schlicht die Fortsetzung des Krieges, und Oldenbarnevelt entschied sich auf jeden Fall einmal für Verhandlungen. Er wußte immerhin mit französischer Vermittlung einen Kompromiß auszuhandeln, der 1609 zum sogenannten 12jährigen Waffenstillstand führte. Es war ein Kompromiß, der entweder auf spanische Erschöpfung schließen läßt oder aber auf hohe diplomatische Fähigkeiten des Landesadvokaten weist. Die Spanier anerkannten die Unabhängigkeit der Republik für die Dauer des Waffenstillstandes, der

[17] Zitat bei J. C. Boogman, Die holländische Tradition in der niederländischen Geschichte. In: Westfälische Forschungen, 15 (1962), S. 97.

ostindische Handel blieb frei, Bekenntnisfreiheit für Katholiken wurde nur für die besetzten Gebiete Brabants und Flanderns vereinbart. Ein regelrechter Friedensschluß wäre noch unmöglich gewesen, aber der Waffenstillstand schon hob die Republik endgültig aus dem Bereich der Rebellion oder gar des Bürgerkrieges und machte sie zu einem international anerkannten Partner. Schließlich ist nicht zu unterschätzen, daß England, Frankreich, Dänemark, die Pfalz, Hessen und Brandenburg bei den Waffenstillstandsgesprächen im Haag zugegen waren. Nach dem Abschluß erhielt der niederländische Gesandte in London den Status des Botschafters eines souveränen Staates, und der britische König ließ auch umgekehrt seinen diplomatischen Vertreter im Haag im Rang steigen. Frankreich und Venedig schlossen sich solchen Maßnahmen bald an. Wie hieß es doch 40 Jahre später gerade über diese Jahre: „Man kann beobachten, wie sich alle christlichen Nationen, ja, auch Türken und Moskoviter mehr oder weniger mit uns Niederländern befassen.“ [18]

Alles das wog für Oldenbarnevelt zu Recht schwerer als die Konfliktsituation, in die er mit Moritz von Oranien geriet, der den Waffenstillstand von 1609 schlicht ablehnte. Außenpolitisch, soweit es vor allem um Ansehen und Selbstbewußtsein der Republik ging, läßt sich des Moritz und seines Anhangs Opposition gegen den Waffenstillstand dann auch kaum verstehen.

Freilich: in dieser Phase schon wurde die Republik in die großen europäischen Auseinandersetzungen und zugleich in ihre Vorgeschichte mit einbezogen, insofern sie bei den Versuchen einer antikatholischen Koalitionsbildung tatkräftig mit Geld und Truppen einsprang oder Frieden vermittelte. 1615 ging es in der russisch-schwedischen Auseinandersetzung um solche Vermittlung, weiterhin schickte die Republik 3000 Soldaten und 12 Kriegsschiffe an den traditionellen Gegner Habsburgs, Venedig, für den Kampf in Dalmatien und machte schließlich 1617 Savoyen ein Militärhilfeangebot. Der Aufstand in Böhmen 1618 bot eine Allianz mit den Niederlanden und England aufgrund der verwandtschaftlichen Bande des Winterkönigs und die ohnehin traditionellen böhmischen Verbindungen in diesen westeuropäischen Ländern geradezu an. Daß hier eine umfassende Hilfeleistung nicht zustande kam, lag an der englisch-spanischen Verbindung unter Jakob I. und we-

[18] Bei Parker, The Dutch Revolt, S. 65.

sentlich auch an den inneren Wirren in den Niederlanden, aber nach dem Fall des Winterkönigs hat sich in der Republik eine Art Zentrum des internationalen protestantischen Widerstandes entwickelt, von dem aus die Verbindung zwischen den protestantischen Mächten gegen die katholische Front geknüpft wurde. „Genau wie die Emigranten aus Flandern und Brabant die militante Außenpolitik der 1590er Jahre stärkten, so wirkten die Emigranten aus Zentraleuropa gleichsam als 'Generalstab' für die antihabsburgische Linie in den 1620er und 30er Jahren.“ [19] Die Niederlande allerdings ergriffen nicht selbständig die großen Initiativen zu den antispanischen Unternehmungen, wie sie später etwa unter Wilhelm III. von Oranien gegen Frankreich durchgeführt worden sind. Über finanzielle Unterstützung gingen die Aktionen nicht hinaus, wobei das Prinzip der Sparsamkeit selbst im europaweiten Kampf gegen Spanien und seine Verbündeten durchaus noch eine Rolle spielte, das heißt konkret, die Republik führte eine antispanische Politik, ohne explizit Verpflichtungen einzugehen. Lieuwe van Aitzema, Chronikschreiber der Zeit und scharfer Beobachter zugleich, schrieb dazu: „Die Sicherung dieses Staates bestand in den Eifersüchteleien der benachbarten Könige. Hatten schon viele Kleinstaaten in Deutschland und Italien infolge eben dieser Voraussetzungen ihre Existenz wahren können, warum sollte nicht unsere mächtige Republik in der Lage sein, ihre Existenz zu wahren und weiter zu sichern, allein schon aufgrund der zwischen Spanien, Frankreich und England bestehenden Eifersucht.“ [20] Letztlich war eine solche Einstellung einigermaßen begreiflich, da bei aller prinzipiellen Tendenz einer gegen Madrid, Rom und Wien gerichteten Front die koalitionspolitischen Eindeutigkeiten noch fehlten. Warum eine Politik führen, die den bisher in Neutralität verharrenden katholischen Fürsten des Deutschen Reiches und dem Kaiser Anlaß zum Meinungsumschwung geben konnten, solange England sich an Spanien gebunden fühlte und die durch den Oldenbarneveltschen Frankreichkurs geknüpften politischen Verbindungen nach der Hinrichtung dieses Landesadvokaten ebensowie die primär auf England gerichtete Politik des Moritz von Oranien wieder neu gestaltet werden mußten.

[19] Ebd. S. 68.
[20] Ebd. S. 68f.

4.2. Zusammenarbeit mit Frankreich

Daß der Krieg nach Ablauf des Waffenstillstandsvertrages wieder ausbrechen würde, war wohl schon vorher abzusehen. Gewiß: in der Republik, aber auch auf spanischer Seite, wünschte man durchaus Frieden. Schließlich hatte die Phase des Waffenstillstandes eine wirtschaftliche Expansion und Vermehrung des Wohlstandes gebracht, und in den spanischen Provinzen war Erzherzog Albrecht wohl zu Frieden geneigt, hierin zunächst auch von Madrid unterstützt. Aber demgegenüber standen Moritz und seine Anhänger, die eher auf Weiterführung des Krieges zielten, standen schließlich auch die Forderungen der Spanier, die letztlich auf Unterwerfung der Republik unter die spanische Monarchie als Bedingung des Friedens hinausliefen. Solcherlei Zumutungen waren lediglich dazu angetan, der Kriegspartei in der Republik den Rücken zu stärken. Für den Oranier persönlich waren seine letzten Jahre kaum erfolgreich. Noch kurz vor seinem Tod fiel Breda in die Hand des spanischen Befehlshabers Spinola. Der militärische Rückschlag blieb jedoch Episode. Mit Friedrich Heinrich als neuem Heerführer der Republik stellte sich gleichsam das Kriegsglück ein, das ohne Zweifel eine wesentliche Voraussetzung für die außenpolitischen Operationen abgab. Die militärische Lage, die unter Moritz noch einigermaßen beengt gewesen war, änderte sich innerhalb kürzester Zeit. 1626 nahm Friedrich Heinrich Oldenzaal, 1627 folgte Groenlo. Spinola zog ab, und der Oranier belagerte 's-Hertogenbosch, das er 1629 einnahm. Der Einfall kaiserlicher Truppen in die Veluwe änderte zwar an der militärischen Lage nichts, schien aber auf eine Änderung der kaiserlichen Außenpolitik hinzudeuten. 's-Hertogenbosch war nur erster Höhepunkt einer weiteren Reihe von Erfolgen. Die Flotte der Republik vernichtete 1630 spanische Landungsschiffe, die für Overflakkee in Seeland bestimmt waren, und 1631, in der Absicht, die Provinzen der südlichen Niederlande militärisch vom Kaiserreich zu trennen, fuhr Friedrich Heinrich die Maas hinauf und nahm die limburgischen Städte Venlo, Roermond und Sittard. Im August 1632 kapitulierte auch Maastricht – alles militärische Erfolge, die wohl nicht ganz ohne die geheime Mitarbeit unzufriedener Adliger der spanischen Niederlande erzielt werden konnten. Überhaupt: einen Augenblick lang sah es so aus, als ob nach diesen militärischen Erfolgen Frieden in greifbare Nähe gerückt war, nicht zuletzt auch wegen der wachsenden Unzufriedenheit in diesem von den Erzherzögen regierten Gebiet. Zunächst war da, wie oben erwähnt, der südniederländische Adel, der sich der spanischen Souveränität entziehen wollte und eine Teilung in einen flämischen und wallonischen Teil mit Anschluß jeweils an die Republik bzw. an Frankreich anzustreben schien. In der Planung hieß das: Flandern, Brabant, Obergeldern und Limburg waren der Republik zuzuschlagen, die übrigen Teile sollten an Frankreich gehen. Daß der wallonische Adel Frankreich zuneigte, war nicht nur eine Sprach-, sondern auch eine Statusfrage, wenn man die nachgerade bedeutungslose Stellung des Adels in der Republik berücksichtigt. Aber die Basis der Unzufriedenheit blieb doch nicht auf den Adel beschränkt. Unruhe erfaßte breitere Schichten, und die Generalstände des Nordens wußten solche Unruhe zu schüren, als sie im Mai 1632 bei den Ständen des Südens zur Befreiung vom spanischen Joch und zum Anschluß an den Norden aufriefen. Jedenfalls sah sich die Erzherzogin Isabella gezwungen, die Generalstände ihres Verwaltungs- und Regierungsbereichs zusammenzurufen. Seit 1600 kamen diese nunmehr zum ersten Mal wieder zusammen. Wahrlich, der Grund konnte kein geringer sein. Wenngleich die Haltung der Brüsseler Generalstände gegenüber der Republik eine sehr differenzierte war – die flandrischen Städte standen ihr etwa anders gegenüber als der wallonische Adel und die katholische Geistlichkeit, die das republikanische Angebot der Bekenntnisfreiheit aus gutem Grund mit Mißtrauen aufnahm – allgemein herrschte doch der Wunsch nach Frieden. Ohne daß in Brüssel entschieden war, wie der künftige Status der Südprovinzen aussehen sollte, begegneten sich Nord und Süd in Maastricht und Den Haag zu Verhandlungen, die ein Jahr liefen und kein Ergebnis zeitigten. Sie sollten zunächst geführt werden auf der Grundlage von neun Punkten, die Friedrich Heinrich zusammen mit seinem an anderer Stelle erwähnten ständischen Kriegsausschuß ('Secreet Besogne') aufgestellt hatte. Die neun Punkte waren so gehalten, daß sie kaum mit Freude in Brüssel aufgenommen werden konnten. Selbst wenn darin noch die spanische Souveränität anerkannt blieb, dann waren sie doch, wie der niederländische Historiker Peter Geyl konstatiert hat, so konstruiert, daß im Zuge ihrer Realisierung auf Dauer die spanische Herrschaft unterlaufen werden mußte. Darüber hinaus gab es in der Republik Kräfte genug, die schlicht auf eine kriegerische Entscheidung im Süden und damit auf eine Einverleibung des Gebietes in die Republik aus waren. Das mochte militärisch gar nicht einmal abwegig sein angesichts der oranischen Erfolge, fraglich bleibt natürlich, wieweit Frankreich eine solche Einverleibung akzeptiert hätte. Daß die zunächst hinter Friedrich Heinrich stehenden holländischen Städte mit Amsterdam an der Spitze aus wirtschaftspolitischen Gründen wegen drohender Antwerpener Konkurrenz nicht an einer Einverleibung interessiert waren, dürfte deutlich sein. Abgesehen davon nun, daß, wie die neuere Forschung feststellt, der Oranier selbst gar nicht an einer Friedens- oder friedensähnlichen Regelung aus innenpolitischen Gründen wirklich interessiert war – eine allmähliche Eroberung und die damit verbundene Unersetzlichkeit seiner Person als Feldherr schien für ihn attraktiver zu sein –, ist gerade dem niederländischen Draht nach Frankreich zu diesem Zeitpunkt wohl hohe Bedeutung für den Weg der niederländischen Außenpolitik und daher auch für die Frage nach dem Grund der Preisgabe einer Chance auf Wiedervereinigung mit den ehemals habsburgischen Niederlanden zuzumessen. Die niederländisch-französische Annäherung datiert von 1630. Richelieu war da die treibende Kraft. Der Kardinal versprach in jenem Jahr den Ständen Subsidien von einer halben Million Gulden jährlich. Ende des Jahres 1632 war es angesichts der allgemeinen Entwicklung auf den Kriegsschauplätzen des 30jährigen Krieges deutlich, daß die Macht Habsburgs noch lange nicht gebrochen war. So ist auch zu begreifen, daß Frankreich nicht unbeteiligt blieb beim Scheitern der Verhandlungen im Haag. In der Republik hatte ohnehin die politische Richtung die Oberhand, die in Spanien noch den ersten Gegner sah. 1634 kam es zu einem Abkommen mit Frankreich, in dem sich die Republik gegen finanzielle Unterstützung verpflichtete, bis 1635 nicht mit Spanien zu verhandeln. Das war genau die Zeitspanne, die man brauchte, um über einen Offensiv-Defensiv-Vertrag zu beraten. Dieser Vertrag kam am 8. Februar 1635 zustande. Er sah zunächst einmal eine militärische Zusammenarbeit zwischen der Republik und Frankreich vor. Wichtiger aber scheinen die Bestimmungen über das künftige Schicksal der spanischen Niederlande zu sein. Sollte es auf Initiative der Südprovinzen selbst zu einem Aufstand kommen, dann war ein sogenanntes 'Kantonnement' vorgesehen, die Bildung eines unabhängigen, von Frankreich und der Republik garantierten Staates. Dabei mußten den beiden Mächten Pfandstädte überlassen bleiben.

Blieb der Aufstand aus, dann verpflichteten sich die beiden Mächte, den Krieg bis zur vollständigen Eroberung der Südprovinzen weiterzuführen. Nach dem Sieg war das Territorium zwischen den beiden Mächten aufzuteilen, und zwar entlang einer von Blankenberge über Rupelmonde die Schelde entlang laufenden Grenze. Das hieß, Mecheln und Brabant waren der Republik zuzuschlagen, während Flandern mit Gent und Brügge an Frankreich fiel. Diese Aufteilung schloß an die Pläne an, die die südniederländischen Adligen Vandenbergh und Warfusée insgeheim 1632 in Den Haag vorgetragen hatten – allein, damals hatte sich der Teilungsvorschlag einigermaßen an der Sprachgrenze orientiert. So ist sicherlich der Schluß zulässig, daß den Niederländern, hier vor allem Friedrich Heinrich, sehr an der französischen Allianz gelegen war, wenn es zu einem solchen, letztlich für die Republik nicht überaus günstigen Teilungsvorschlag kommen konnte. Möglicherweise hat man im Norden tatsächlich auch an die südniederländischen Eigeninitiativen geglaubt, die zum 'Kantonnement' geführt hätten. Am 2. Juni 1635 folgte dann auch ein niederländisch-französisches Manifest, in dem die Südniederländer zur Rebellion gegen Spanien aufgerufen wurden. Andererseits zeigten sich die Franzosen nicht ungeteilt glücklich über die Bestimmungen von 1635. Zwar war Richelieu der große Initiator der antihabsburgischen Politik Frankreichs, in der die niederländische Republik freilich nur einer der wichtigen Bausteine war, und in gewissem Sinne knüpfte er im Hinblick auf die Südniederlande an Gedanken Heinrichs IV. an, aber er hat dem Bündnis schließlich nur mit Bedenken zugestimmt. So heißt es denn bei ihm: „Man könnte bald, da doch keine Barrière mehr zwischen uns und den Holländern besteht, in eben einen solchen kriegerischen Konflikt miteinander kommen, in den die Holländer jetzt mit den Spaniern verwickelt sind.“ [21] Da waren doch künftige Konfliktmöglichkeiten schon angesprochen – und sehr richtig vorausgesehen. Für den Kardinal wäre die Bildung eines unabhängigen Staates als 'état tampon' zwischen beiden Mächten eine für den internationalen Status quo sinnvollere Lösung gewesen.

Die militärische Zusammenarbeit wollte im übrigen in den folgenden Jahren nicht recht gelingen, und zu den Erfolgen traten ebensolche

[21] Zitat bei W. Hahlweg, Barriere – Gleichgewicht – Sicherheit. In: HZ 187, S. 58.

Mißerfolge, so daß man über den Stand der Dinge von 1634 kaum hinausgelangte. Gleichwohl: zu Recht schreibt der Historiker J. J. Poelhekke, daß mit der Allianz von 1635 der Krieg für die Republik aus dem vertrauten Bereich der Aktionen gegen Spanien in seine echte internationale Phase getreten sei.[22] Jedoch wird man nicht fehlgehen, etwa schon den von Oldenbarnevelt initiierten Waffenstillstand von 1609 als einen ersten Höhepunkt der neugewonnenen Internationalität anzusehen. 1635 allerdings zeigte sich deutlicher denn je in den Jahrzehnten zuvor, daß angesichts der außenpolitischen und kriegerischen Entwicklung in Europa insgesamt die Republik einen Partner abgab, der nicht mehr übergangen werden konnte. Und wie sehr die Republik zum Subjekt der Politik geworden war, erweist sich auch aus der oben zitierten Auslassung des Kardinals Richelieu, der die künftigen Möglichkeiten der republikanischen Außenpolitik durchaus hoch einzuschätzen schien.

Möglichkeiten der Republik, das weist zugleich auf Grenzen der französischen Außenpolitik. Und in diesem Zusammenhang ist festzuhalten, daß sich zwar auch noch im Laufe der 40er Jahre der relativ einfache Charakter republikanischer Außenpolitik zeigte, die wesentlich auf den Kampf gegen Spanien konzentriert war, aber eine Änderung deutete sich dann an mit dem Wandel der französischen Ambitionen. Unter der Leitung Mazarins zeichnete sich doch eine Politik ab, die von der Behutsamkeit seines Amtsvorgängers Richelieu abging. Zeichen einer neuen, im Hinblick auf die südlichen Niederlande ausgemacht aktivistischen Politik waren die von Mazarin mit Nachdruck geförderten Pläne einer Heirat zwischen dem Dauphin und der spanischen Infantin. Bei diesem Handel sollten die Franzosen das von ihnen besetzte Katalonien wieder räumen und dafür die spanischen Niederlande erhalten. Der Statthalter Friedrich Heinrich scheint diesem Plan zugestimmt zu haben, nachdem ihm noch der Tausch Maastrichts gegen Antwerpen angeboten worden war. Das lief alles unter strikter Geheimhaltung, kam aber doch rasch zur Kenntnis der entsetzten Stände. Und es tauchten Stimmen auf, die den Oranier verdächtigten, mit dem Besitz von Antwerpen ebenfalls mit Unterstützung des französischen Königs auch einen Griff zur Herrschaft eines Souveräns tun zu wollen. Kamen dazu noch eine Reihe französischer Militärerfolge (etwa: Fall von Dünkir-

[22] J. J. Poelkekke, De vrede van Münster. 's-Gravenhage 1948, S. 40.

chen), dann nahm für die Republik die französische Gefahr konkrete Formen an. So wie man zuvor den Kampf gegen ein übermächtiges Spanien geführt hatte, kehrte man sich in der Republik überhaupt gegen die Niederlassung welcher Großmacht auch immer an der Südgrenze des eigenen Landes. Frankreich, so hieß es in einem Beschluß der holländischen Stände zu Beginn der Waffenstillstandsverhandlungen mit Spanien in Münster 1646, würde eine furchterregende Macht für die Republik darstellen, Großmächte als Nachbarn seien nicht zu empfehlen. Die spanischen Niederlande dürften nicht in die Hände Frankreichs fallen. Partner einer antifranzösischen Koalition seien die Hugenotten in Frankreich selbst, England und die deutschen Protestanten. Als sicherlich repräsentativ für die politische Meinung der Zeit in der Republik darf die rückschauende Analyse des zeitgenössischen Chronisten Johan van den Sande gelten, der zur außenpolitischen Vergangenheit der Republik 1651 veröffentlichen ließ: „Die Eroberung dieser Provinzen [gemeint sind die spanischen Niederlande] und die entsprechende Vereinbarung mit Frankreich in dieser Frage gereichten unserem Lande keineswegs zum Vorteil. Frankreich würde ein zu gefährlicher Nachbar werden und im Laufe der Zeit gleich wie die Spanier versuchen, uns einzuverleiben, was ihm sogar noch leichter fallen würde, da es eben unmittelbarer Nachbar wäre. Darum müssen diese Provinzen zwischen uns und Frankreich notwendigerweise als eine Trennwand bestehen bleiben.“ [23] Hier wurde schon auf einfachste Weise ausformuliert, was in den nächsten Jahrzehnten bis hinein ins 18. Jahrhundert ein bestimmendes Element niederländischer Außenpolitik werden sollte: die Herstellung und Wahrung einer Barriere zwischen Frankreich und der Republik. Es setzte sich gegenüber dem Partner schon allmählich das Barrieredenken durch, das unter dem Motto der Königin Elisabeth stand: „Galliam amicum, sed non vicinum habeas.“ Freilich: schon bald war Frankreich nicht einmal mehr als ‘Freund’ zu halten. Und es ist bei aller Bündnissuche im Kampf gegen Spanien seit dem Beginn des Aufstandes und bei aller Freude über Möglichkeiten einer niederländisch-französischen Gemeinsamkeit im Kampf gegen die spanische Weltmacht deutlich, wie sehr die Macht Frankreichs zugleich auch schon gefürchtet war. Was sich in den 30er und 40er Jahren andeutete, das setzte sich spä-

[23] Zitat bei Hahlweg, Barriere, S. 59f., Anm. 4.

testens seit den 60er Jahren vollends durch: Spanien wurde von Frankreich abgelöst, die Bedingungen eines 'renversement des alliances' waren zu schaffen.

Gegenüber dieser wohl säkularen Verschiebung der Machtverhältnisse auf dem Kontinent nimmt sich der Westfälische Friede, auch wenn er die völkerrechtliche Anerkennung brachte, relativ geringfügig aus. Hatte er überhaupt mehr als einen symbolischen Wert? Kaum: angesichts der außen-, innen- und kolonialpolitischen Entwicklung erscheint die Bestimmung aus Artikel 1, daß der spanische König die Republik als völlig unabhängigen Staat anerkannte und auch seine Nachfolger eben dort nichts mehr zu suchen hätten, als eine schiere Selbstverständlichkeit, ja, recht eigentlich als ein Anachronismus. Die einzelnen Artikel benannten die durch die Republik eroberten Gebiete, regelten die Schließung der Schelde, bestimmten, daß Spanien die Schiffahrt im Monopolbereich der Ost- und Westindischen Kompanie verboten war. Über die zahlreichen privatrechtlichen Bestimmungen ist hier nicht zu handeln.

4.3. Aufbau eines Kolonialreiches

Der dringliche Hinweis auf den Aufstieg der Republik aus der Position des bürgerkriegführenden Rebellen zur selbstbewußten, im Konzert der europäischen Mächte voll anerkannten Nation mit dem Frieden von Münster als krönendem Höhepunkt impliziert immer auch den Blick auf den Aufbau des Kolonialreiches, der insofern auch ein Stück Außenpolitik war, als im blühenden Handel und in der Bekämpfung des europäischen Gegners in Übersee Voraussetzungen und Möglichkeiten für den Kampf in Europa beschlossen, auf lange Sicht aber auch Rivalitäten und damit Schwierigkeiten enthalten lagen. Nachdem sich der schon im 15. Jahrhundert wichtige Ostseehandel bis zum Ende des 16. Jahrhunderts stark entwickelt und eine wesentliche Grundlage für die Expansion der Schiffahrt vor allem der Seeprovinzen abgegeben hatte und als seit rund 1590 der Mittelmeerhandel einen umfangreichen Beitrag zum Wachstum der Wirtschaft leistete, folgte sehr rasch der Aufbau des Kolonialhandels und des Kolonialreiches, das erst nach dem Zweiten Weltkrieg im Zuge der allgemeinen Entkolonisierung aufgelöst werden sollte. Die nach der ersten Unternehmung des Seefahrers Cornelis de Houtman folgenden südostasiatisch orientierten Privatinitiativen führten zu zahlreichen miteinander konkurrierenden Gesellschaften, die 1602 schließlich auf Initiative des Johan van Oldenbarnevelt in der Vereinigten Ostindischen Kompanie (Verenigde Oostindische Compagnie, VOC) zusammengefaßt wurden. Das war ein Schritt, der sich aus der Notwendigkeit des Kampfes gegen portugiesische Konkurrenz in Ostindien ergab. Die Portugiesen galten auch als politische Gegner, insofern sie sich selbst als Untertanen des spanischen Königs verstanden. Bei der VOC nun handelte es sich nicht um eine einfache Kapitalgesellschaft, sondern um eine Gesellschaft mit obrigkeitlichen Befugnissen. Sie erhielt zum einen das Schiffahrts- und Handelsmonopol für das Gebiet zwischen dem Kap der Guten Hoffnung und der Magellanstraße. Dieses Monopol war die wirtschaftlich-finanzielle Voraussetzung für die von einem Souverän auszuübenden Aufgaben. Darüber hinaus oblag der VOC der militärische Kampf gegen Landesfeinde in dem Monopolbereich. Dies implizierte ein reiches Arbeitsfeld. Die VOC durfte namens der Generalstände im Haag Verträge mit den Fürsten Asiens schließen, Festungen anlegen, eine Armee rekrutieren und unterhalten, Gouverneure anstellen. Das Kapital erhielt man durch Ausgabe von Aktien, deren Besitz recht weit gestreut war. Wenngleich es sich um eine 'nationale' Gesellschaft handelte, wurden einzelne lokale Verwaltungsinstanzen, sogenannte Kammern, mit eigenem Haushalt gebildet, die für die Ausrüstung der Schiffe und den Verkauf der Kolonialerzeugnisse verantwortlich waren. Diese Kammer-Einteilung war erforderlich, da sich eben vor der Gründung der VOC 1602 schon einzelne Städte mit der Schiffsausrüstung für den Überseehandel befaßt hatten und ihre Handelsvorteile durch Sitz und Stimme in den neuen Verwaltungsgremien wahren wollten. Die Zentralverwaltung, die 'Regierung', lag bei den 'Heren XVII', einem Gremium der Kammerverwaltungen. Davon stellten Amsterdam allein 8, Seeland 4 Vertreter; dazu kamen je ein Vertreter der insgesamt vier kleinen Kammern Delft, Rotterdam, Hoorn und Enkhuizen sowie – im Turnus – ein Abgesandter der Kammer Maas-Middelburg bzw. Nordholland. Diese Struktur widerspiegelt zum einen die Dezentralisation der staatlichen Organisation in den Niederlanden und unterstreicht zum anderen, da eine Tätigkeit in den Kammerverwaltungen rasch zu einem Amt der Regenten wurde, den oligarchischen Charakter auch der VOC. Dazu kam, daß die patrizischen Amtsträger der VOC zugleich als die ersten Kaufleute der VOC auftraten – und zwar für Export und Import gleichermaßen. Sie nahmen für sich eine Art Vorkaufsrecht in Anspruch; vor allem der Handel mit teuren Gewürzen lag in ihren Händen. Zwar sind solche Auswüchse 1623 beschnitten worden, die oligarchische Struktur blieb jedoch insofern erhalten, als lediglich einige 'Hauptaktionäre' ein Mitspracherecht bekamen.

Die Bedeutung der Kompanie sowohl für die innereuropäische Auseinandersetzung als auch für den Handel der Republik kann nicht hoch genug eingeschätzt werden. Zwar ist der Tonnageanteil für die Südostasienfahrt in den Jahren um 1670 auf nur etwa 4 v. H. der Gesamttonnage der niederländischen Handelsschiffahrt geschätzt worden und weisen die Steuergelder für den Ostasienhandel einen Anteil von lediglich 10 v. H. am Gesamtaufkommen der Ein- und Ausfuhrabgaben auf, gleichwohl hat gerade dieser Handel, wie in der Literatur festgestellt wird, dem gesamten Wirtschaftskörper neue Kräfte mit innovativer Wirkung injiziert. Die VOC und etwas später die Westindische Kompanie (Westindische Compagnie, WIC) entwickelten sich nach dem Staat zum größten Arbeitgeber und bereicherten den für den niederländischen Handel so wichtigen Stapelmarkt mit tropischen Erzeugnissen. Von besonderer Bedeutung aber war das internationale Prestige, das die Republik durch solche Unternehmungen gewann, die nicht nur finanziell attraktiv waren, sondern schlicht auch als Unternehmungen zur Entdeckung neuer Schiffahrtsrouten den Namen der niederländischen Republik in alle Welt trugen. Der VOC gelang es sehr rasch, Stützpunkte zu erwerben, eine starke Flotte aufzubauen, den Einfluß der Portugiesen zunächst auf den Molukken zu unterbinden. Aber die Auseinandersetzungen mit den Spaniern und Portugiesen und zugleich auch mit den asiatischen, nicht alle als Partner gewonnenen Fürsten der Gewürzinseln blieben noch lange virulent. Hinzu kam die Gegnerschaft zu England, dem Handelskonkurrenten. Auf dem europäischen Kontinent ging man noch zusammen, oder es bestand zumindest die Tendenz dazu; im indonesischen Archipel dagegen ging es um Handelsbelange in einer Region, die reichen Gewinn versprach, und dort war von der europäischen Koalition nichts zu spüren. Auf jeden Fall bauten die Niederländer ein Handels- und Verkehrsnetz mit Batavia auf Java seit 1619 als Zentrum aus und beherrschten damit die Sundastraße, wozu später mit der Eroberung des portugiesischen Forts Malakka die Kontrolle der Durchfahrt vom Indischen zum Stillen Ozean trat. Die Erweiterung dieses Netzes und vor allem dann der Versuch zum Ausbau des innerasiatischen Handels erfolgte auch in den 20er Jahren in Konkurrenz zu England, obwohl die 'Heren XVII' 1620 wohl unter politischem Druck einen Vergleich mit der englischen Ostindischen Kompanie (East Indian Company, EIC) geschlossen hatten, nach dem die beiden Gesellschaften mit vereinten Kräften gegen den gemeinsamen Feind auftreten sollten. Die Expansion war sicherlich in ihrer Intensität abhängig von den jeweiligen überseeischen Generalgouverneuren. Unter ihnen ist an erster Stelle Jan Pietersz. Coen zu nennen, der zweimal, 1618–22 und 1627–29, Generalgouverneur war und der VOC in diesen Jahren das Gepräge im indonesischen Archipel gegeben hat, auch wenn sich seine Ideen von einer umfassenden niederländischen Kolonisierung der von der VOC erworbenen Gebiete nicht haben durchsetzen können. Sowohl er als auch Antonie van Diemen, vor allem dessen militärische Erfolge, haben die territoriale und wirtschaftliche Expansion der VOC so stark gefördert, daß im Laufe der 40er Jahre die Konkurrenz der Portugiesen völlig ausgeschaltet und die Kraft der englischen EIC um einiges geschwächt war. Als Zeichen für die wirtschaftliche Blüte der VOC mag dann auch die günstige Entwicklung der Aktienkurse an der Amsterdamer Börse gelten. Der noch Anfang der 30er Jahre auf 200 (in Gulden) stehende Kurs stieg auf 470 im Jahre 1643 und beim Abschluß des Münsterschen Friedens gar auf 539. Nach 1645 erfolgte auch die Dividendenzahlung an die VOC-Aktionäre nicht mehr wie bisher überwiegend in natura, sondern in bar. Die VOC hat ihre Stellung zwei Jahrhunderte lang halten können. Sie hörte am 1. Januar 1800 auf zu bestehen, nachdem ihr Rückgang spätestens seit dem hier noch zu beschreibenden Vierten Niederländisch-Englischen Krieg unaufhaltsam gewesen war.

Das handelsgesellschaftliche Pendant für die Neue Welt, für beide Amerikas und Westafrika, wurde die 1621 gegründete Westindische Kompanie. Auch ihrer Gründung gingen umfangreiche Tätigkeiten einzelner Handelsgesellschaften der niederländischen Seeprovinzen voraus (die Holländer stießen bis zum Sankt-Lorenz-Strom und am Unterlauf des Hudson vor). Das eigentliche Motiv zur Bildung der Kompanie war doch zuvörderst ein militärisches, darüber hinaus ging es wohl auch darum, den afrikanischen Gold- und Sklavenhandel sowie die Erzeugung von und den Handel mit brasilianischem Zucker an sich zu reißen. Das hieß natürlich vor allem Kampf gegen die portugiesischen und spanischen Monopolansprüche. Ähnlich, ja, eigentlich stärker noch als bei der VOC waren Wirtschaftsbelange in Übersee und militärische Ziele auf dem europäischen Kontinent deckungsgleich. Gewiß, da hatten Pläne wie die des aus den südlichen Niederlanden, aus Antwerpen, stammenden Willem Usselincx vorgelegen. Dort stand als Beweggrund einer Kompaniegründung zu lesen, daß calvinistische Niederlassungen in Amerika verbreitet und aufgebaut werden sollten. Oldenbarnevelt hatte das freilich noch abgelehnt. Die schließlich 1621 doch unmittelbar nach dem Ende des Waffenstillstandes mit Spanien gegründete und wie die VOC organisierte Gesellschaft entsprach dann in ihren primär militärischen Intentionen keineswegs den Absichten von Usselincx, der übrigens nach Schweden auswanderte. Wesentliches Ziel war die militärische und wirtschaftliche Schwächung der Spanier. Hierin lag tatsächlich auch der Haupterfolg der Gesellschaft. Herausragendes Ereignis war die Aufbringung der spanischen Silberflotte durch die Niederländer unter Piet Heyn 1628. Das darf als erster Höhepunkt einer Reihe erfolgreich geführter Überfälle auf die lateinamerikanischen Kolonien Spaniens angemerkt werden. Dagegen hat die Gesellschaft wirtschaftlich, handels- und kolonialpolitisch in keiner Weise den Rang der ostindischen Schwester erreichen können. Das gilt für das gesamte ihr zugestandene Monopolgebiet, das Westafrika südlich des Wendekreises des Krebses, ganz Amerika südlich von Neufundland und den Stillen Ozean umfaßte, soweit dieser nicht zum Bereich der VOC gehörte. In ihrem Monopolbereich durfte die Gesellschaft – und hier war der Kompetenzbereich ähnlich dem der VOC – Niederlassungen von Siedlern gründen (auf unbewohntem Gebiet), Festungen anlegen und Garnisonen einquartieren, Verwaltung und Rechtsprechung ausüben und Verträge mit einzelnen Herrschern und Völkern abschließen. Aber der Umfang der Rechte brachte in keinem Fall die erwarteten Ergebnisse. Gewiß, zunächst schien noch Aussicht auf eine Teileroberung des portugiesischen Brasilien zu bestehen. Die Besetzung von Recife in der Provinz Pernambuco – man zielte auf die Zuckergewinnung – machte da den Anfang. Aber niederländische Kolonien zu erwerben, wie dies die VOC im indonesischen Archipel tat, gelang der WIC nicht auf Dauer.

Offensichtlich fand der von 1637 bis 1644 amtierende Generalgouverneur Johann Moritz, ein Neffe von Friedrich Heinrich, nicht die notwendige Unterstützung für eine Politik des Dauererwerbs, da der augenblickliche Gewinn bei der niederländischen Gesellschaftszentrale mehr wog als eine auf Langfristigkeit angelegte Politik. Mit der Wiedereroberung von Recife durch die Portugiesen 1654 blieb von den niederländischen Erwerbungen in Brasilien nichts mehr übrig; lediglich der schon länger führend von den Holländern und Seeländern betriebene Sklavenhandel florierte weiter. Die Sklaven wurden auf den Zuckerplantagen Lateinamerikas eingesetzt. Auch die 1624 am Hudson gegründete Kolonie Neu-Niederland mit Neu-Amsterdam als Mittelpunkt ging verloren – 1667 nach dem Zweiten Englischen Krieg an die Engländer. Neu-Amsterdam wurde New York. Die Niederlande erwarben in den Antillen 1634 Curaçao sowie 1667 definitiv Surinam und bauten dort eine Kolonie auf, die nach den Grundsätzen der Sklavenwirtschaft erfolgreich betrieben wurde. Im 18. Jahrhundert zeigte die WIC deutliche Verfallserscheinungen. Noch vor der VOC ging sie schon 1791 an ihrer Schuldenlast zugrunde.

4.4. Selbstbehauptung und Koalitionen

Die zweite Hälfte des 17. Jahrhunderts warf eine in den 40er Jahren zwar schon spürbare, aber erst nach dem Pyrenäenfrieden von 1659 voll zum Tragen kommende neue Problematik auf: die Gegnerschaft zu Frankreich. Es ist sicherlich richtig, vor allem die Jahrzehnte des Statthalters Wilhelm III. von Oranien außenpolitisch unter dem Zeichen der großen antifranzösischen Koalition mit der Republik als gleichsam finanzkräftiger Moderatorin zu begreifen und eben diese Republik als unmittelbar bedrohte und nur durch die Landbarriere der spanischen Niederlande einigermaßen gedeckte Macht zu sehen, aber solche zusammenfassende Aussage bleibt zu allgemein, als daß sie die Problematik der spezifisch niederländischen Ausgangssituation zu erfassen vermöchte. Die Ausgangslage der Republik war die einer Seemacht, auf Handel gerichtet, stark zur See, schwach zu Lande. Zeitgenossen haben das genau erkannt, in dicken Bänden oder in Flugschriften beschrieben. Erkannt haben sie es gleichsam aus der Konfliktsituation heraus. Zu nennen ist hier an erster Stelle Petrus Valckenier, niederländischer Publizist und Diplomat. Er trug 1668 zum ersten Mal seine Maximen staatlichen Handelns vor. Er malte ein koalitionspolitisches Lehrstück aus, in dem Frankreich als maritim und kontinental gleichermaßen dräuende Kontinentalmacht auftrat. Er verwies auf die Möglichkeiten bourbonischer Oberherrschaft in Spanien, wußte damit ganz besonders die britischen Handelsbelange anzusprechen und zeigte auf diese Weise das Erfordernis britisch-niederländischer Koalition an. Im Prinzip handelte es sich um eine Wiederaufnahme der Sentenzen des österreichischen Diplomaten Franz Paul Freiherr von de Lisola aus dessen ›Bouclier d'Etat et de Justice contre le Dessein de la Monarchie Universelle‹, aber im Zusammenhang mit der Beschreibung kontinentaler und insularer Mächte gelang es ihm, etwas vom Interessenzwiespalt der niederländischen Republik durchscheinen zu lassen. Denn für die Republik reichte die einfache Aussage von England als dem entscheidenden Faktor der Koalitionsbildung gegen eine hegemoniale Macht nicht mehr. Die geographische Lage und ökonomische Struktur ließen zwar durchaus einen Verbund mit der Insel zu, gleichzeitig beschworen sie jedoch eine Interessenkollision herauf, die zusammen mit der unmittelbar drohenden Gefahr einer expansiven Kontinentalmacht für die Republik nur geringen Entscheidungsspielraum gestattete. Solch schwierige Voraussetzungen niederländischer Außenpolitik schilderte zu jener Zeit auch Pieter de Groot, der Sohn des Hugo Grotius, als er 1671 aus Paris schrieb: „Je länger ich über die Natur unseres Staates nachdenke, desto fester bin ich der Ansicht, daß wir nur aus eigener Kraft heraus existieren können. Alle Übereinkommen und Allianzen, die wir suchen oder mit unseren Nachbarn abschließen, sind für uns letztlich ruinös, da sich die Kleinstaaten lediglich von uns unterstützen lassen wollen, die mächtigen Staaten es jedoch darauf anlegen, uns auszumerzen . . ."[24] Die prekäre Situation der Republik, dieses den Seehandel doch weitestgehend beherrschenden Staates, zeigte sich schon im Ersten Englischen Krieg (1652–54), den die Londoner Lobby aus Reedern und Kaufleuten gegen den Willen des hier überspielten Oliver Cromwell gefordert hatte. Zuvor, 1651, hatte das englische Parlament schon die sog. Navigationsakte

[24] Zitat bei H. Lademacher, Wilhelm III. von Oranien und Anthonie Heinsius. In: RhVjBll 34 (1970); S. 252, Anm. 4.

angenommen, die einfach darauf gerichtet war, die niederländische Handelsschiffahrt vom Warentransport nach England auszuschließen. Der Krieg endete mit dem Frieden von Westminster (1654), nachdem sich die Überlegenheit der britischen Kriegsflotte gegenüber den niederländischen Kauffahrteischiffen gezeigt hatte. Krieg und rascher Friedensschluß waren aber zugleich das gleichsam erste politische Erlebnis des neuen Ratspensionärs Johan de Witt. Dieser niederländische Politiker hat die Friedensverhandlungen mit Cromwell 'Het Grote Werk' genannt ('Deductie') und sah das Staatsinteresse der Republik darin gelegen, daß überall Ruhe und Frieden herrschte und daß ungehindert Handel getrieben werden konnte. Aber da lag ja gerade das Problem. Solange eine britisch-niederländische Handelskonkurrenz bestand, war Krieg zwischen beiden Staaten nicht ausgeschlossen. Die Kriegsgefahr nahm zu in dem Augenblick, als der Protestant Cromwell vom katholischen Stuart abgelöst wurde und die Stuarts durch die Heirat des Oraniers mit Maria nachgerade als Verfechter unerfüllter oranischer Ansprüche auftreten konnten. Bot sich andererseits nach dem Pyrenäenfrieden (1659) im Süden der Republik ein expansionsfreudiges Frankreich, dann hieß das letztlich, daß eine Koalition nicht recht möglich war. Mit Frankreich im Bunde etwa gegen die See- und Handelsmacht England zu streiten, kam durchaus einer Bedrohung der staatlichen Unabhängigkeit gleich, der Kampf gegen Ludwig XIV. mit England als Koalitionspartner hätte dagegen eine gewisse Preisgabe des maritimen Wettbewerbs und Änderung der eigenen Innenpolitik bedeutet. Die politische Korrespondenz des Ratspensionärs Johan de Witt weist aus, wie sehr man in der Republik das Problem begriffen hatte. Dem Republikaner de Witt erschien die Politik eines – wie Hahlweg formuliert – „distanzierten Einvernehmens" gegenüber Frankreich die einzige Möglichkeit, zunächst einmal die spanischen Niederlande vor den Ambitionen Frankreichs zu retten.[25] So entwickelte er 1663 in einem Memorandum über die spanische Erbfolge den Plan eines 'Kantonnements' der spanischen Niederlande in der Form etwa der französisch-niederländischen Planung zu Richelieus Zeiten. Es sollte dort eine freie Republik unter gemeinsamer französischer und niederländischer Garantie gebildet werden. Zusätzlich zur Friedenssicherung sollte eine Defensiv-

[25] Hahlweg, Barriere, S. 61.

Allianz zwischen den beiden Republiken sowie Frankreich und England beitragen. Die Frage der spanischen Niederlande war zu diesem Zeitpunkt insofern besonders aktuell, als in dem ein Jahr zuvor (1662) geschlossenen französisch-niederländischen Allianz- und Freundschaftsvertrag das Schicksal der Südregion ausgeklammert geblieben war. Es hat dann 1663/64 eine Reihe von Verhandlungen zwischen de Witt und dem französischen Marquis d'Estrades gegeben, die aber eben kein Ergebnis im niederländischen Sinne eines 'Kantonnement' brachten, weil Ludwig XIV. meinte, über das Devolutionsrecht an die spanischen Niederlande kommen zu können. Es scheint schließlich auch, daß de Witt selbst an der Qualität seiner Lösung der Barriere-Frage (état tampon) gezweifelt hat, sobald er die Unzuverlässigkeit der Südniederländer – ihre Tendenz der Abwendung vom Norden und Neigung zu Frankreich – berücksichtigte. Die Problematik der niederländischen Außenpolitik wurde in ihrer ganzen Breite offenbar, als während des Zweiten Englisch-Niederländischen Krieges (1665–67) die Franzosen zur 'Wahrnehmung' des Devolutionsrechts in die spanischen Niederlande einfielen. Dieser Zweite Englische Krieg war ein typischer Handelskrieg und eindeutig die Folge britischer Aggressionslust. Er war auch das Ende des Einvernehmens, das Frankreich, die Niederlande und England noch 1659 im Schwedisch-Dänischen Krieg gezeigt hatten. Immerhin: der französische Einfall in die spanischen Niederlande führte rasch zum niederländisch-englischen Frieden von Breda (1667) und ein Jahr später zur englisch-niederländisch-schwedischen Tripelallianz, die dem Schutz der spanischen Niederlande dienen sollte. Ein erster Erfolg schien sich tatsächlich abzuzeichnen, als Ludwig XIV. am 2. Mai 1668 in Aachen dazu gezwungen wurde, ein Großteil der eroberten südniederländischen Gebiete wieder herauszurücken. Mehr noch: Konsequenz des französischen Einfalls war ein spanisch-niederländischer Leihvertrag gewesen, nach dem den Niederlanden gegen einen bestimmten Geldbetrag eine Zahl fester Plätze in den spanischen Niederlanden als Truppen- und Festungsorte übereignet wurde. Das Barrieredenken, ursprünglich in Kantonnementskategorien sich bewegend, wurde nunmehr in eine andere Form umgesetzt. Es sollte die endgültige Form sein. Auch wenn der Leihvertrag infolge französischen Nachgebens nicht realisiert wurde, war nunmehr doch die Richtung gewiesen. Es bahnte sich das 'renversement des alliances' an, das wenig später für die Koalitionspolitik gegen Ludwig XIV. die Grundlage abgeben sollte. Im Hinblick auf das niederländisch-französische Verhältnis waren die Weichen gestellt: an die Stelle der 'distanzierten' Freundlichkeit trat der eindeutige Konfrontationskurs – auch wenn das von de Witt ursprünglich nicht gewünscht war. Das niederländisch-englische Verhältnis, von dem englischen Diplomaten William Temple zunächst so erfolgreich positiv in Gang gebracht, war trotz der Tripelallianz noch nicht konsolidiert, noch nicht der Sphäre der Handelsrivalität entwachsen, erlebte beim Einfall der Franzosen 1672 in die Niederlande einen Rückschlag, um erst 1674 im Frieden von Westminster eine bis zum Frieden von Utrecht (1713) dauernde Konsolidierung zu erfahren.

Es war dem Statthalter Wilhelm III. von Oranien und den Ratspensionären Gaspar Fagel und vor allem Anthonie Heinsius überlassen, die antifranzösische Koalitionspolitik voll zur Blüte zu bringen. Mit Wilhelm III., dessen Außenpolitik mit der Übernahme der englischen Königskrone 1689 recht eigentlich noch begünstigt wurde (wenngleich man die Personalunion in ihrem politischen Wert nicht überschätzen sollte), war jener von Vorsicht und eher auf Alleingang geprägten republikanischen Außenpolitik ein Ende gesetzt. Der französische Abbé Mably hat im folgenden Jahrhundert rückschauend die außenpolitischen Intentionen der Mächte richtig charakterisiert, wenn er schreibt: „Anstatt die Absicht zu hegen, zwischen den Mächten ein Gleichgewicht herzustellen, das nur eine Schimäre sein konnte, redete man nun nur noch von den Hindernissen, die man der Macht Frankreichs entgegensetzen wollte; sobald das Land in jene Grenzen zurückgedrängt war, die es vor dem Pyrenäenfrieden gehabt hatte, sollte es dort unwiderruflich festgehalten werden.“[26] Der koalitionspolitisch werbewirksame Ansatz der neuen niederländischen, vom Statthalter geführten und von den Ratspensionären gestützten Außenpolitik lag in der Ansicht, daß die Existenz der Republik nur bei Sicherung der Existenz der spanischen Niederlande garantiert und die Erhaltung der Republik aber vor allem eine Garantie für die Wahrung des politischen Gleichgewichts in Europa sei – ein Schutz gegen hegemoniale Bestrebungen Frankreichs. Die Republik also als Dreh- und Angelpunkt der europäischen Freiheit – bald auch als Geldgeber europäischer Koalitionsarmeen. Das Allianz-

[26] Zitat ebd. S. 67.

system sollte nunmehr ein beständiges sein. Angesichts der überdeutlichen französischen Gefahr ließen sich auch für England Frontwechsel kaum noch vertreten, bedurfte es auch der Erweiterung der Koalitionspolitik nach Osten. Mit Spanien waren die ersten Beziehungen geknüpft, aber der Kaiser mußte noch interessiert werden. Den Niederländern war da früher Erfolg beschieden. Schon 1673 gelang es dem Oranier, in Verhandlungen mit dem Österreicher de Lisola beide habsburgischen Häuser in der Großen Haager Allianz zu binden und diesem Verbund die Neutralität Englands (1674, Frieden von Westminster) gleichsam als Rückendeckung mit auf den Weg zu geben. Diese Allianz- und Sicherheitspolitik als Instrument der Gleichgewichtspolitik mußte durch militärische Maßnahmen, in concreto durch Nutzung der südlichen Niederlande als Barriere, gestützt werden. Im Nijmegener Frieden von 1679 sah sich Ludwig XIV. dann auch gezwungen, sechs Städte aus den von ihm eroberten südniederländischen Gebieten an Spanien zurückzugeben (Limburg, Charleroi, Ath, Oudenaarde, Kortrijk, Gent). Das waren feste Plätze, die von spanischen Truppen zum Schutze der Republik besetzt wurden. Es hat sich im Laufe der nächsten Jahre gezeigt, daß damit noch nicht genug erreicht war. Nach dem Krieg der von Wilhelm zusammengebrachten zweiten Großen Haager Allianz gegen Frankreich (1689–1697) erstrebte der Oranier bei den Friedensverhandlungen von Rijswijk eine größere Zahl von festen Plätzen, die stark gegen die französische Nordgrenze vorgeschoben lagen (St. Omer, Menin, Ypern, Doornik, Condé, Maubeuge, Lille). Diese Ideallinie zu erreichen gelang ihm zwar nicht, immerhin schloß er im folgenden Jahr einen Vertrag mit dem Generalgouverneur in den spanischen Niederlanden, Max Emanuel von Bayern, ab, nach dem Truppen der Republik in acht südniederländischen Festungen stationiert werden durften.

Eben jene letzten Jahre vor dem Spanischen Erbfolgekrieg (1701–13) und dem Tode des Oraniers (1702) bildeten den eigentlichen Höhepunkt niederländischer Außenpolitik. Die schon recht früh einsetzenden Friedensverhandlungen von Rijswijk standen schon deutlich unter der Frage nach dem Schicksal des spanischen Erbes; das Problem war praktisch von der zweiten Hälfte der 90er Jahre permanent auf der Tagesordnung. Diskutiert wurde eigentlich nichts anderes als eine Neuauflage der Devolutionsproblematik; die entsprechenden Gefahren galt es abzuwenden. Selbst bei den neuen, nun schon einigermaßen koalitionserprobten außenpolitischen Beziehungen konnte kaum die Rede von erleichterten Bedingungen für eine antifranzösische Koalition sein. Es ist nicht zu übersehen, daß das wenig glückliche englisch-niederländische Verhältnis aus der Cromwell- und Stuartzeit durch die Übernahme der englischen Krone durch den Oranier nicht zum Besseren gewendet worden war. Will man die englische Stimmung charakterisieren, dann geschieht das wohl treffend mit einem Zitat aus einer zeitgenössischen Flugschrift: „Lediglich Interesse bestimmt die Haltung der Könige, Staaten verlieben sich nicht ineinander, wie das Privatpersonen wegen ihrer blauen Augen tun." [27] Das englische Parlament hat dem oranischen König diese Stimmung eigentlich nie verborgen. Es bestand durchaus die Gefahr, daß sich solche Einstellung zu einem Hindernis für gedeihliche koalitionspolitische Zusammenarbeit auswuchs, vor allem wenn die Stellung des außenpolitischen Führers der Niederlande, in casu des Ratspensionärs Anthonie Heinsius, gegenüber Amsterdam mit ähnlichen Problemen belastet war, die sich praktisch als Konsequenz einer allzu starken Stellung des Statthalters ergaben. Denn letztlich handelte es sich um eine Position, die sich unterlaufen ließ, solange der Kanal die Herrschaftsbereiche trennte. Heinsius vertrat die Sache des Oraniers, zeigte sich in dieser Aufgabe auch als geschickter Taktiker, der um die Bedeutung einer so subsidienstarken Stadt wie Amsterdam wußte, gleichzeitig das Unbehagen einer Bürgeraristokratie gegenüber allzu starker statthalterlicher Stellung nachzuempfinden vermochte. Es war bei den Friedensgesprächen ganz deutlich, daß auch die Niederlande kein vollwertiger Allianzpartner mehr sein würden, wenn Amsterdam nicht von der Berücksichtigung seiner spezifischen Handelsinteressen überzeugt sein konnte. Niemand anders als Heinsius hat den Kaufleuten die Überzeugung suggerieren können, und niemand anders als er hat sich letztendlich auch gegen die Obstruktionspolitik der kaiserlichen Diplomaten – dem Kaiser war 1689 das spanische Erbe von den Partnern der Großen Allianz schon versprochen worden – durchgesetzt. Insgesamt ist im Hinblick auf das Durchsetzungsvermögen einer außenpolitischen Konzeption der Ratspensionär höher einzuschätzen als sein König-Statthalter. Gewiß hat der Oranier in den Jahrzehnten zuvor die Grundkonzeption seiner Politik bekanntgegeben und auch durchzu-

[27] Zitat bei Lademacher, Wilhelm III., S. 259.

führen versucht, die Detailarbeit aber – und das war gewiß der schwierigere Part – blieb dem Politiker in Den Haag überlassen. Man kann die Ansicht vertreten, daß die englische Thronbesteigung Wilhelms ein höheres Maß an Sekurität, an Sicherstellung der englischen Allianz bedeutete, gewiß ist aber auch, daß nur mit einem Mann wie Heinsius an der Spitze die Allianz auf dem Kontinent getragen werden konnte. Schließlich war es ihm zu Beginn seiner Amtstätigkeit schon zu verdanken, daß der europäische Norden befriedet und Savoyen der Großen Allianz beitrat. Will man über die oben genannte allgemeine Würdigung hinaus eine Verteilung der Rollen vornehmen, dann wird dem Oranier die Wahrung des allgemeinen Prinzips, dem Ratspensionär der ungleich schwierigere Teil der Anpassung des konkreten Interesses an eben dieses Prinzip zuzuweisen sein. Gegenüber der Ungeduld des Oraniers, der angesichts der wenig entgegenkommenden Friedensdiplomatie des Kaisers selbst hochfahrende Nervosität zeigte, nahm sich das Verhalten des Heinsius als ruhige Beharrlichkeit aus, und es ist zweifellos so, daß allein die diplomatische Intensität des Ratspensionärs die Allianz mit dem Kaiser zusammenhielt und den Oranier daran hinderte, vor 1697 separat mit Ludwig XIV. abzuschließen, was natürlich andere Wege für die Teilung des spanischen Erbes aufgezeigt hätte. Es mag zunächst wie eine propagandistische Zweckmeldung anmuten, wenn die kriegs- und lastenmüden Tories beklagten, daß die britische Außenpolitik im wesentlichen von Niederländern geführt werde, bei näherem Hinschauen ist allerdings festzustellen, daß die Engländer – und damit auch der Oranier – gegenüber der französischen Diplomatie, die nicht nur in den spanischen Niederlanden, sondern auch in Schweden und Dänemark Fuß zu fassen suchte, mit leeren Händen dastanden.

Für die Jahre der beiden Teilungsverträge über das spanische Erbe ist das allmähliche Heranwachsen eines außenpolitischen Führungsanspruchs des niederländischen Ratspensionärs typisch, der, selbst wenn sich die Staatsfinanzen der Republik nicht in den fröhlichsten Farben schildern ließen, eine Politik der Stärke betrieb und sich im übrigen auf seine diplomatische Kunst zu verlassen geneigt war. Aus Den Haag wurde Rat geholt, als Ludwig in London die ersten Teilungsvorschläge unterbreitete. Heinsius, argwöhnisch ob der möglichen französischen Fallstricke und angesichts eines möglichen plötzlichen Todes des spanischen Königs, pochte auf Rüstungs- und Blockpolitik, Beendigung der türkischen Händel, Beilegung der Gegensätzlichkeiten zwischen Brandenburg und dem Kaiser. Der wesentliche Unterschied zwischen beiden Staatsmännern lag in dieser Phase darin, daß Wilhelm von vornherein bei aller Anerkennung der Befürchtungen des Niederländers gleichsam aufgrund der ihm angelegten parlamentarischen Zwangsjacke geneigt war, auf das Angebot des französischen Königs zur Teilung der spanischen Erbschaft einzugehen, Heinsius in erster Linie sich darum bemüht zeigte, Ludwig eine starke Allianz gegenüberzustellen und von Spanien abzubringen. Denn für ihn *blieb* die französische Gefahr, welche -genitur auch immer (dynastische Linie), wie er einmal schrieb, den spanischen Thron bestieg. Dennoch: für Heinsius galt schließlich der englische Zwang gleichermaßen. Und wenn er sich nach anfänglichem Widerstand plötzlich mit der Behandlung der französischen Alternativen einverstanden erklärte, dann verstand sich das einmal aus der britischen Indisposition, die ein gemeinsames starkes britisch-niederländisches Vorgehen nicht zuließ, zum anderen aber auch aus der diplomatischen Unverträglichkeit des Habsburgers. Da noch dazu britische und niederländische Handelsinteressen in Westindien und in der Levante gewahrt schienen, fiel es Heinsius gewiß leichter, auf französische Alternativen einzugehen, zumal er den Kaiser zwar auf seiner Seite halten wollte, die österreichischen Habsburger in den spanischen Niederlanden aber nur als unsichere Kantonisten ansah. Die Analysen der französischen Teilungsvorschläge wurden im Haag angestellt, und bei beiden Verträgen hat Heinsius die politisch-diplomatischen Richtlinien diktiert, das heißt, bei der Verteilung der Länder Europas nach dem Gesichtspunkt europäischer Konvenienz, von Ranke als Charakteristikum des 18. Jahrhunderts begriffen, hat der niederländische Ratspensionär einen sehr wesentlichen Anteil gehabt. Es kam ihm letztendlich nicht nur darauf an, den gordischen Knoten des spanischen Erbfolgeproblems zu zerschlagen, sondern auch darauf, ihn mit dem richtigen Partner neu zu schürzen.

Daß Heinsius – und mit ihm auch der Oranier – in ihrem Argwohn ob des französischen Expansionismus recht behielten, zeigte sich, als Ludwig XIV. im November 1700 das gesamte spanische Erbe bei einfacher Negierung des zweiten Teilungsvertrages für seinen Enkel Philipp von Anjou annahm. Die Niederlande sahen sich plötzlich einer neuen Einheit gegenüber: dem spanisch-französischen Zusammengehen, undenkbar fast nach dem Pyrenäenfrieden. Die Annahme des Erbes zeitigte rasche Konsequenzen. In Zusammenarbeit mit spanischen Militärkommandanten besetzten die Franzosen die acht Barriereplätze und nahmen die niederländischen Garnisontruppen gefangen. Der Oranier schrieb dazu an Heinsius: „Sie können sich leicht vorstellen, wie sehr mich dieses Ereignis bedrückt; denn schließlich habe ich 28 Jahre lang keine Mühe gescheut, allen Gefahren getrotzt, um diese Barriere für die Republik zu erhalten . . ." [28] An die Stelle des gebrochenen zweiten Vertrages war also wieder eine Allianz zu setzen, vor allem, nachdem Ludwig XIV. niederländische Forderungen an Frankreich über Abzug der Truppen, weitere Barriereplätze für die Republik, Regelung über Handel und Schiffahrt im Bereich der spanischen Ländermasse, Bestätigung des Münsterschen Vertrages, speziell die Schließung der Schelde unterhalb Antwerpens, abgelehnt hatte. Die dritte Große Allianz vom Haag kam am 7. September 1701 zustande. Sie umfaßte die Niederlande, Großbritannien, den Kaiser. Die Sicherheitsinteressen der Republik fanden sich im Vertrag ausdrücklich verzeichnet. Die Partner waren verpflichtet, die spanischen Niederlande als Barriere für die Republik zurückzugewinnen und Einvernehmen über Art und Umfang der Barriere zu finden. „Für Holland, das wirkliche Sicherheit vor Frankreich erstrebt, liegt darin der eigentliche Sinn der Großen Allianz, deren Festsetzungen zugleich die Kriegsziele der Verbündeten umreißen." [29]

Nicht auf die militärischen Wechselfälle dieses 1701 ausbrechenden 12jährigen Krieges, sondern gerade auf die hier zentral genannte Sicherheitsfrage ist im Rahmen der Unwägbarkeiten dieser Allianzpolitik einzugehen. Denn mochte man auch in einer Allianz zusammengefunden haben – und es war nicht die erste –, dann blieben doch offensichtlich mancherlei Schwierigkeiten künftiger Gestaltung des Friedens offen, die sich aus der Unterschiedlichkeit britischen und republikanischen Interesses ergaben. Während die englische Regierung nach den ersten militärischen Erfolgen auf weitestgehende Schwächung Frankreichs setzte, gab sich die Republik von diesem Vorhaben insofern nicht überzeugt, als an die Stelle französischer Handelskonkurrenz in Amerika und der Levante England treten würde. Da die niederländische Flotte

[28] Zitat bei Hahlweg, Barriere, S. 72, Anm. 3.

[29] So ebd. S. 73f.

vergleichsweise an Schlagkraft und Kapazität abnahm, empfahl sich gerade wegen der dann zu erwartenden englischen Feindschaft auch nicht ein Sonderfriede mit Frankreich. Andererseits war völlige Sicherheit gegenüber Frankreich nur im Einvernehmen mit England zu erreichen. Was also blieb anderes übrig, als voll dem Inselstaat zu folgen (hier war Wilhelm III. 1702 schon gestorben und die Königin Anna auf dem Thron). Heinsius hat diesen Kurs schließlich akzeptieren müssen, hierin unterstützt von dem auf Handelsvorteile spekulierenden Amsterdam, aber gegen den Widerstand etwa der Provinz Utrecht, die nicht unmittelbar auf Handelsvorteile rechnen konnte, dagegen – wie auch die anderen Landprovinzen – den Krieg nur als finanzielle Last empfinden mußte. Ein allgemeiner Friede im Einvernehmen mit England bedurfte der militärstrategischen Absicherung. Die Barriere wurde wieder erörtert. Allerdings: was schließlich für die Republik herauskam, zunächst 1709, dann in Abänderungen 1713 und schließlich 1715, erhielt man nur nach langwierigen Verhandlungen mit den Partnern und bei überstrapaziertem Entgegenkommen. Die englisch-niederländische Konkurrenz wurde gleich zu Beginn deutlich, als die Republik 1706 sechzehn niederländische Plätze als Barrierefestungen forderte, darunter Nieuwpoort, Gent und Ostende, Hafenstädte, die für den englischen Handel so wichtig waren. Die Forderung lief schließlich auf Anerkennung der gesamten spanischen Niederlande als Barriere hinaus. England fürchtete jetzt die Vorherrschaft der Niederlande in diesem Raum bei eigenem gleichzeitigem Ausschluß. Der im Dienst der Republik stehende Jean DuMont hatte zuvor einen völkerrechtlichen Anspruch der Niederlande auf die Barriere konstruiert. Immerhin: die englische Auffassung, sich selbst zunächst noch keine Mißhelligkeiten mit der Republik erlauben zu können, führte 1709 zur Anerkennung der niederländischen Barriere, die an Umfang später nie wieder erreicht worden ist und deutlich auch die Interessen der Bundesgenossen verletzte. Aber solche Anerkennung blieb zunächst nur Papier. Der Machtverlust der Republik, ihr Positionsschwund im Konzert der europäischen Mächte ist für die Phase 1709–1713 besonders deutlich, denn im Utrechter Frieden blieben die Handelsvorteile aus dem später zu erläuternden 'asiento'-Vertrag aus, und England wußte Nieuwpoort und Ostende aus der Barriere herauszulösen. Es fehlten auch die gegen Frankreich vorgeschobenen Grenzfestungen (Lille, Condé, Valenciennes, Maubeuge). Diese hatte der Inselstaat zuvor den Franzosen zugesagt, und eben die englisch-französischen Verhandlungen zeigten, daß die Republik sich plötzlich allein fand, praktisch infolge eigener Koalitionstreue isoliert stand, nachdem zuvor Gelegenheit gewesen wäre, separat mit Ludwig abzuschließen. Aber schließlich mußte der endgültige Vertrag noch mit dem neuen Souverän in den spanischen Niederlanden, mit den österreichischen Habsburgern, geschlossen werden. Er kam am 15. November 1715 zustande. Der Republik wurden von der Maas bis zur Nordsee sieben Barriereplätze (Namur, Doornik, Warneton, Ypern, Knokke, Veurne) und ein Besatzungsrecht in Dendermonde zugesagt. Vereinbart wurde ferner die Stationierung und Unterhaltung eines permanenten österreichisch-niederländischen Truppenkorps von 35000 Mann. Es ist hinzuzufügen, daß dieses Barriere-Abkommen eine profitträchtige wirtschaftliche Komponente hatte, insofern der Republik weitestgehend freier Warenzugang zugesichert wurde. Nimmt man hinzu, daß auch jetzt die Schließung der Schelde nicht aufgehoben wurde, dann wird die sehr vorteilhafte Stellung der Republik gegenüber dem südlichen Nachbarn besonders deutlich.

Mochten die Niederlande zunächst dann auch noch in dem nunmehr österreichischen Gebiet eine wirtschaftlich beherrschende Stellung einnehmen, mit dem Abschluß des Utrechter Friedens endete auch die zentrale Rolle, die sie bis dahin im europäischen Mächteverband gespielt hatten. Das Land war offensichtlich zu klein, als daß es dauernd den Part einer starken Landmacht und Seemacht gleichermaßen hätte spielen können. Tatsächlich hat der hohe Steuerdruck die wirtschaftlich-gewerbliche Entwicklung des Landes erheblich gestört. Außenpolitisch folgte den großen koalitionspolitischen Ereignissen, die recht eigentlich Glanz und Bedeutung der Republik auswiesen, ein Abstieg, der deutlich machte, daß man sich von nun an in Den Haag mit der Rolle eines Staates geringeren Kalibers – entsprechend den geringen Abmessungen des Landes und seiner Potentiale – zu begnügen hatte. Wie hatte es doch bei Pieter de Groot 1671 geheißen: „. . . die Schwachen wollen nur unsere Unterstützung haben, den Starken kommt es darauf an, uns auszumerzen . . .“[30]. Es folgten im 18. Jahrhundert die Jahrzehnte, in de-

[30] S. o. Anm. 24.

nen sich weder die einen noch die anderen wesentlich um die Republik bemühten. Zur Rolle der Republik im 18. Jahrhundert betont J. C. Boogman dann auch richtig: „Im 18. Jahrhundert war die Republik ein durchaus gesättigtes, friedfertiges Glied der europäischen Staatengesellschaft. Weil das politische Gleichgewicht in dieser Periode nicht wie am Ende des vorhergehenden Jahrhunderts ernstlich gefährdet wurde, hat die Republik, besonders in der zweiten Hälfte des Jahrhunderts, in der Regel eine Politik der Enthaltung führen können . . ."[31]

[31] Boogman, Holländische Tradition, S. 103.

III. DIE REPUBLIK DER PROVINZEN
POLITISCHER UND WIRTSCHAFTLICHER RÜCKGANG

1. *Oligarchie und Konstitution*

1.1. Zum Verhalten der Regenten

Während im 17. Jahrhundert Innen- und Außenpolitik gleichermaßen das Geschehen der Republik prägten, war das 18. Jahrhundert sehr wesentlich durch den Versuch zur Änderung der Regierungsstruktur und den relativen Rückgang des niederländischen Handels gekennzeichnet. Im Hinblick auf die Eigenarten der konstitutionellen Struktur der Niederlande will es scheinen, als ob die langen Jahre der französischen Bedrohung und damit auch der erfolgreichen Abwehr keine Änderung der Ängste und Aversionen in Kreisen des regierenden Bürgertums herbeigeführt hätten. Die Neuauflage der statthalterlosen Zeit unter Johan de Witt vollzog sich nach dem Tode des Oraniers (1702) nun in der Periode des Ratspensionärs Anthonie Heinsius nachgerade als Selbstverständlichkeit, obwohl dieser Wechsel in Geldern, Utrecht, Overijssel und Seeland einiges an blutigen Auseinandersetzungen zur Folge hatte. Es lebte noch immer die selbstbewußte Sichtweise der 'ware vrijheid', die der Statthalterschaft keine rechte Funktion zuzuweisen vermochte. Das Zeugnis des in niederländischen Fragen höchst bewanderten französischen Agenten Helvetius weist solches Denken aus, zeigt an, wie konstant doch diese Auffassung von Regententum geblieben war und wie den Aktionen des Statthalters 1672 und in den folgenden Jahren jetzt die Reaktion folgte. Da heißt es sehr aufschlußreich: „Solange der Prinz lebte, wurde er von fast allen Holländern verehrt: von den einen aus Furcht, von den anderen aus Eigennutz; aber seit seinem Tod haben sich die Dinge völlig verändert, denn obwohl die Erinnerung an ihn von einem Teil der Bevölkerung gepflegt zu werden scheint, ist er allen jenen verhaßt, die sich als echte Republikaner fühlen. Diese Partei, die solange unterdrückt wurde, läßt ihrem Haß um so freieren Lauf, je heftiger sie unterdrückt worden ist." [1] Gewiß, es gab auch keinen 'natürlichen' Nachfolger im Statthalteramt, wesentlich aber war das Gefühl, endgültig von einem politischen Druck befreit zu sein, der nunmehr von einem regentenaristokratischen Wildwuchs abgelöst wurde. In Friesland gab es zwar noch den Nassauer Johan Willem Friso, aber ihm wurde seine Stellung rasch deutlich: 1707 beschlossen die Generalstände auf Vorschlag Hollands, den Statthalter aus dem Staatsrat auszuschließen. Der Nassauer ertrank 1711 im Hollandsch Diep, und damit war die Republik gleichsam 'rein bürgerlich' geworden. Sie wurde es in einer Weise, die die Transparenz der innenpolitischen Entscheidungsprozesse gänzlich aufhob und sich letztlich sogar als Erscheinungsform permanenter Inzucht charakterisieren läßt. Das blieb nicht ohne Konsequenzen. Auf jeden Fall wurden die sozialen Gegensätze deutlicher als im Jahrhundert zuvor. Der katholische Historiker Rogier hat die Republik für diese Periode eine Spielwiese für Abenteurer und Parasiten genannt, einen Lustgarten für Regenten, die ihrerseits wohl deutlich ein entsprechendes Bewußtsein entwickelten und das auch öffentlich kundtaten.[2] Es war die Zeit einer permanenten Zurschaustellung von Luxus in Stadt und Land, eine Etablierung von Macht im Reichtum, zu der Klassenjustiz, Nepotismus, Ämterschiebungen den innenpolitischen Rahmen abgaben. H. Bernard schreibt dazu: „Die Ungleichheit der sozialen Bedingungen erscheint noch auffälliger und widerwärtiger als im vorhergehenden Jahrhundert. Denn die Patrizier, die ihren unverschämten Luxus zur Schau stellten, hatten nicht einmal die Berechtigung ihrer Vorfahren, einen durch Arbeit erworbenen Reichtum zu genießen." [3] Es setzte ein Entfremdungsprozeß zwischen Regierenden und Regierten ein, der schlicht dem Kontraktionsverhalten entsprach, das neue politische Kräfte nicht mehr zuließ. In Regentenkreisen kursierte der Ausspruch, daß die Obrigkeit eben von Gott

[1] Aus einem Bericht des französischen politischen Agenten Helvetius, veröffentlicht bei M. van der Bijl, De franse politieke agent Helvetius over de situatie in de Nederlandse republiek in het jaar 1706. In: BMGN, 80 (1966), S. 161.

[2] Übernommen aus G. J. Schutte in seinem Beitrag zu Winkler Prins, Geschiedenis der Nederlanden, 2, S. 212.

[3] H. Bernard, Terre Commune. Histoire des Pays de Benelux, microcosme de l'Europe. Bruxelles [2]1961, S. 416.

gesandt sei, um das Volk zu regieren. Solche Aussage bewegte sich in der Nähe des göttlichen Rechts der absolut herrschenden französischen Könige. Das mag nun angesichts der calvinistischen Einflüsse nicht einmal als Besonderheit gelten, allein, die Regierung erfolgte kaum noch primär im Hinblick auf das Allgemeinwohl, vielmehr waren jetzt dem Egoismus, dem selbstsüchtigen Handeln und Wirtschaften kaum noch Grenzen gesetzt. Die Ämterschiebung garantierte faktisch den persönlichen Vorteil. Ein Amsterdamer Regent verdiente am Ämterverkauf zwischen 1717 und 1724 22820 Gulden. Die Amsterdamer verfügten übrigens über insgesamt 3200 Ämter, von denen die meisten von den vier Bürgermeistern vergeben wurden. Es fügt sich in diese Praxis, wenn Qualifikation bei der Vergabe kein Kriterium mehr war. Das hier an anderer Stelle schon genannte 'Korrespondenzsystem' sicherte solche Verhaltensweisen einigermaßen wasserdicht ab. Daß auch neue Namen in der Regentenschicht auftauchten, sagt weniger über die soziale Mobilität aus als über einfache natürliche Bedingungen, die nicht immer eine Ergänzung der Regentenposten aus den engsten Familienkreisen zuließen. Während zum einen Verwandte aus anderen Städten einbezogen wurden, war zum anderen zuweilen auch Einbeziehung durch sozialen Aufstieg möglich. Vermögen blieb allerdings Voraussetzung, auch juristische Schulung oder hohe Funktionen bei einer der beiden Überseekompanien empfahlen sich zum Aufstieg. Gleichwohl blieben dies Ausnahmen in der einigermaßen erstarrten sozialen Struktur. In der ersten Hälfte des 18. Jahrhunderts gehörten fast alle Regenten Amsterdams zu den Familien Trip, Corver, Hooft, regierte in Delft die Familie van Bleiswijk die Stadt, bestimmten in Gorcum die van Hoeys die Entwicklung. In Rotterdam sicherte ein geheimer Schwurverband die Abgrenzung gegen die Außenwelt. In Friesland schließlich gelang es einer abnehmenden Zahl von Familien, die Macht voll in der Hand zu behalten, ohne sich außerhalb dieses schwindenden Kreises neu rekrutieren zu müssen.

A. Th. van Deursen hat darauf hingewiesen, daß die Regenten nie besonders populär gewesen seien; das ist begreiflich, wenn man weiß, daß es kaum überbrückbare soziale Gegensätze auch schon im 17. Jahrhundert gegeben hat. „Aber“ (so meint van Deursen): „wer diese Anerkennung und Achtung [verwiesen wird auf die Popularität Reinier Pauws als Ausnahme, H. L.] nicht besaß, mußte dafür sorgen, daß man sich ihm verpflichtet fühlte."[4] Über die hier schon genannte Ämterverteilung scheint das ebenso gelungen zu sein wie über die zahlreichen Hauspersonalstellen der Regenten. Ein sicherlich sprechendes Beispiel für solchermaßen geartete politische Klientel bietet der Aufzug Rotterdamer 'Doelisten' – über die Bewegung insgesamt wird noch zu handeln sein – in Den Haag. Die Demonstranten wurden auf dem Haager Binnenhof umzingelt, „von einer Menge von Dienern und Hausangestellten, deren Herren in der holländischen Ständeversammlung saßen; sie riefen – und wiesen dabei auf uns: 'Hackt den Schurken die Beine ab und laßt sie auf Stümpfen nach Hause laufen'"[5]. So lautet ein zeitgenössischer Bericht. Freilich: wo Ämterverteilung schließlich zum Ämterverkauf wurde, verlor die Regentenoligarchie erheblich an Basis. Gleichwohl: zunächst ist festzustellen, daß zwar auf der einen Seite die soziale und politische Kluft immer größer wurde oder auf jeden Fall die aus dem 17. Jahrhundert überkommenen Unterschiede erhalten blieben; es gibt allerdings auch einige Anzeichen dafür, daß die unbegrenzte Regentenherrschaft in ihrer Berechtigung angezweifelt oder Kritik an Mißständen zur Systemkritik entwickelt wurde. Da gab es doch eine bürgerliche Oberschicht unterhalb der Regentenkaste, durchaus reiche Kaufleute, die nach Sitzen in der Stadtregierung strebten, weil sie meinten, daß durch ihren Beitrag an wirtschaftlicher Kenntnis die Blüte des Handels am ehesten garantiert sei. So etwa argumentierten auch jene Amsterdamer und Haarlemer Seiden-Industriellen, die ein Mitspracherecht im politischen Entscheidungsprozeß der Ostindischen Kompanie forderten, und es konnte nur den Unmut fördern, wenn die Gelderschen Stände 1717 die Amtsperiode der städtischen Magistrate von drei Jahren auf Lebenszeit verlängerten. Der Widerstand gegen solchen Beschluß war dort mit Gewalt unterdrückt worden. Es trat in dieser Zeit eine reiche Publizistik hervor, in der vor allem die regentenaristokratische Fehlleistung der prunkvollen Äußerlichkeit angeprangert und darüber hinaus die Rechte des Hauses Oranien verteidigt wurden, aber die Inhalte dieser Flugschriftenproduktion haben die bürgerliche Aristokratie wohl ebensowenig zu erschüttern vermocht wie die Querelen, die innerhalb dieser Gruppierung wegen der Ämtervergabe entstanden. Gleichwohl:

[4] So A. Th. van Deursen in AGN, 5, S. 378.

[5] Zitat ebd.

trotz solcher in die Öffentlichkeit getragenen Aversionen scheint das Regiment der Regenten insgesamt angenommen worden zu sein, und es ist nicht abwegig zu vermuten, daß eine für die Republik typische Selbstverständlichkeit der Anerkennung obrigkeitlicher Gewalt zu dem einigermaßen ruhigen Verhalten beigetragen hat, wie möglicherweise auch die soziale Distanz zwischen Regentenaristokratie und jenen Unterschichten, deren Vertreter 1672 noch die Gebrüder de Witt gelyncht hatten, eine zu große war, als daß hier Spannungen zu politischen Konsequenzen hätten führen können, zumal außenpolitisch die Republik in einem ausgemacht ruhigen Fahrwasser segelte. Sicher, es gab in dieser ersten Hälfte des 18. Jahrhunderts eine Reihe von Aufständen in einzelnen Städten – gleichsam in Fortsetzung ebensolcher Unruhen auch im 17. Jahrhundert –, aber sie hatten kaum politischen Charakter. Auf keinen Fall sind sie zu vergleichen mit den Aufständen, wie sie aus den süd- und nordniederländischen Städten der ersten Hälfte des 16. Jahrhunderts bekannt sind. Das gilt für den Costerman-Aufruhr in Rotterdam (1690) ebenso wie für den Tabakaufstand in Haarlem vom gleichen Jahr, dem höchst heftigen 'Leichenbestatter-Aufruhr' von Amsterdam 1696 oder den Hungeraufständen von 1740, die an zahlreichen Orten der Republik ausbrachen. Diese Aufstände beweisen freilich, daß die Republik keine Oase der sozialen Ruhe war, aber sie hatten zunächst keinen prononciert politischen Charakter, auch wenn sich diese Unruhen nicht zuletzt auch gegen die von der Obrigkeit auferlegte steuerliche Belastung und das System der Steuereintreibung richteten.

Der schlechte Zustand der öffentlichen Finanzen zählte übrigens zu den herausragenden Politika der ersten Hälfte des 18. Jahrhunderts. Schon vor Unterzeichnung des Utrechter Friedens begannen die Generalstände mit der Entlassung von Truppen. Sodann beschränkten sie 1717 den Bestand auf 34 000 Mann. Das schuf jedoch kaum finanzielle Erleichterung. Die aus dem Krieg resultierende Schuld lag schließlich so hoch, daß die Zinsen einen erheblichen Teil der Staatseinnahmen auffraßen. Dies führte aber keineswegs zur Änderung des Steuersystems, die allein eine Besserung der Staatsfinanzen möglich gemacht hätte. Auch in der Provinz Holland allein schlugen solche Versuche fehl. Sie scheiterten am ausgeprägten Partikularismus aller Städte – der kleinen wie der großen –, zumal eine Besserung der öffentlichen Finanzverhältnisse eine auf stärkere Zentralisierung gerichtete Veränderung der Verwaltung voraussetzte. Statt dessen versuchte man über den Verkauf und die Versteigerung von Liegenschaften der öffentlichen Hand (1729–31 Versteigerung von insgesamt 35) die Finanzmisere zu bessern. Die Erträge blieben gering, zumindest wenn man sie an der holländischen Schuldenlast maß, der Vorgang führte aber zur Übernahme von etwa 70 v. H. dieses ehemals öffentlichen Eigentums durch Regentenfamilien und reiche Kaufleute. 10 v. H. übernahmen Städte, die ihrerseits sich dadurch einen Zugriff aufs platte Land sicherstellten. Es zeigte sich auch bei den Versuchen, zu neuen Steuergrundlagen bei Haus- und Grundbesitz zu kommen (man wandte zunächst immer noch die Bewertungsgrundlage von 1632 an), wie stark das Privatinteresse war, das sich infolge der typischen Beschlußstruktur zunächst auch durchsetzen konnte. Die Metropole Amsterdam war ebensowenig an neuer Steuerbasis interessiert wie die heranwachsenden Städte Rotterdam und Schiedam – und dies im Gegensatz etwa zu Haarlem, Delft, Leiden oder zu dem in Nordholland gelegenen westfriesischen Noorderkwartier, wo durch wirtschaftlichen Rückgang eine neue Basis vonnöten war. Selbst wenn auch schließlich einige Rektifikationen des Steuersystems gelangen, es reichte nicht hin, um die Schuldenlast entscheidend zu vermindern. Im Gegenteil: sie wuchs noch, da die zunehmende Unruhe in der europäischen Außenpolitik eine Verstärkung der Land- und Seemacht erforderlich zu machen schien, darüber hinaus aber Naturereignisse (Auftreten des Holzwurms) zu kostspieligen Deicherneuerungen führten und die stagnierende Getreidezufuhr sowie die strengen Winter von 1740 und 1741 erhebliche Preissteigerungen und damit eine ebenso erhebliche Belastung der städtischen Armenfürsorge mit sich brachten. Als dann nach 1744 die agrarischen Gebiete großen Schaden durch eine Viehpestwelle erlitten, sank das Steueraufkommen in jenen Provinzen (vor allem Friesland) stark ab. Der hier noch näher darzustellende Einfall der Franzosen in Staats-Flandern (ab 1795 Seeländisch-Flandern genannt) offenbarte bald endgültig das finanzielle Unvermögen der ganzen Republik – ein Unvermögen, das schon lange nicht mehr allein aus politischem Unwillen resultierte.

1.2. Noch einmal 'ware vrijheid'?

Ungleich der Entwicklung in der ersten statthalterlosen Periode schien in der Phase 1702 bis 1747 die Nichtbesetzung des Statthalteramtes, die letztlich eher eine Nichtachtung seitens der Regenten darstellte, nachgerade eine Selbstverständlichkeit zu sein. Weder in der Periode des Spanischen Erbfolgekrieges noch in den Jahren unmittelbar danach hat jemand an die Selbstverständlichkeit der Oligarchie, an diese Neuauflage der 'ware vrijheid' rühren wollen. Ähnlich auch dem Beginn der ersten statthalterlosen Periode fand eine 'Große Versammlung' ('Grote Vergadering') statt, aber nicht, weil sich die Regentenoligarchie selbst bestätigen wollte, sondern weil die Kassen der Generalstände leer waren und man sich darüber hinaus zu besinnen hatte, ob nicht eine veränderte, die Provinzen als Gliedstaaten stärker bindende Struktur, das hieß eine höhere Verpflichtung gegenüber den zentralen Instanzen, am Platze war, um der Republik aus dem finanziellen Sumpf zu helfen. Es tat sich eine eigenartige Situation vor. Die Generalstände waren nachgerade verarmt. Die Bewohner des Landes, das sie vertraten, galten dagegen als die reichsten der Welt. Konstitution stand zur Diskussion, aber Konstitution ohne statthalterliche, quasi monarchische Spitze, und Konstitution hieß letztendlich Stärkung der Zentrale etwa durch Zuweisung größerer legislativer Kompetenzen. Simon van Slingelandt, später Ratspensionär, über den noch zu handeln sein wird, hat dann sicherlich auch zu Recht darauf hingewiesen, daß die Generalstände unter den herrschenden Verhältnissen ein reichlich überflüssiges Organ waren, nur zuständig für Angelegenheiten des Heeres. Der Oligarchisierungstendenz der Republik im sozialen und politischen Bereich entsprach staats- und verfassungspolitisch eine Kontraktion auf die Provinz und innerhalb dieser zumeist auch eine Kontraktion auf die Stadt, das heißt, in der niederländischen Republik erhob die Konstitution des ausgehenden Mittelalters Anspruch auf Modernität – mehr, denn es je im 17. Jahrhundert der Fall gewesen war.

Das Ergebnis der zweiten 'Großen Versammlung' war eigentlich entsprechend dieser Tendenz, obwohl es doch Kräfte in der Republik gab, die auf den ganzen Umfang partikularistischer Regierungsweise wiesen und auf Abhilfe drängten. Es kam nicht einmal zur Auflistung der Mißstände, wie ursprünglich vorgesehen. Zur Diskussion stand lediglich die

Frage der Heeresgröße, praktisch der Verminderung der Truppen. Nicht ein einziger Punkt sei erledigt worden, sagte nach fast einjähriger Sitzungsdauer der Graf van Rechteren (Overijssel) und fügte hinzu, man müsse „mit Erstaunen und äußerstem Seelenschmerz erklären, daß die Republik untergehen wird, wenn wir auf diese Weise fortfahren wollen“ [6]. Pessimismus also bei dem Grafen, Verärgerung darüber hinaus bei den echten Organen der Gesamtheit, dem Staatsrat und dem Rechnungshof. Beide hatten doch den Generalständen eine Reihe von Berichten über die Mängel der republikanischen Staatsstruktur zugesandt. Alles blieb unberücksichtigt. Sekretär des Staatsrates war der schon erwähnte Simon van Slingelandt, der 1727 holländischer Ratspensionär wurde und in die Reihe jener Persönlichkeiten gezählt werden darf, die die Geschichte der niederländischen Republik auf jeden Fall mitgeprägt haben, auch wenn ihnen nicht immer voller Erfolg beschieden war oder ihr Ende keineswegs ihrer politischen Leistung entsprach. Van Slingelandt fügt sich leicht in die Reihe der Oldenbarnevelt, de Witt, Fagel und Heinsius. Er war es auch, der im 18. Jahrhundert wohl am sachkundigsten und am tiefsten auf die Problematik niederländischer Staatsstruktur einging, und er tat dies in eindringlicher Analyse der historischen Entwicklung der republikanischen Staatsstruktur. Obwohl selbst aus dem Kreise der Regentenoligarchie stammend, blieb er doch in erster Linie dem Generalitätsprinzip und damit einem höheren Maß an zentraler Gewalt verpflichtet. Seine Funktion als Sekretär des Staatsrats (seit 1690) wird dazu einiges beigetragen haben, denn schließlich offenbarte sich hier an erster Stelle die Praktikabilität der republikanischen, im Jahre der zweiten Großen Versammlung zugleich schon lange statthalterlosen Staatsstruktur. Es sei vorab gesagt: die bis zur Unregierbarkeit sich auswachsenden Unzulänglichkeiten der republikanischen Verfassung fand er in der souveränen Gewalt der örtlichen Regentenaristokratie begründet – in jener Schicht also, die eifersüchtig über die Unantastbarkeit ihrer Kompetenzen wachte. Van Slingelandt verfaßte in jener Phase eine Reihe von Abhandlungen, die erst insgesamt 1784 publiziert wurden und in denen er unter anderem eben die Unerträglichkeit der Regentenherrschaft mit ihren Kooptationsmethoden bloßlegte. In seinen ›Verhandeling van de oude regeering van Holland

[6] Zitat in AGN, VII (alte Ausgabe), S. 209.

onder de Graaven . . .‹[7] von 1716 bewies er, daß die Provinzialstände die zuvor Philipp II. bzw. seinem Statthalter zugewiesene Macht usurpiert und den städtischen Obrigkeiten durch Einführung des imperativen Mandats zugespielt hatten. Für van Slingelandt war das eine zwar begründbare, gleichwohl bedauernswerte Fehlentwicklung, wie er entsprechend den Abbau der Unionskompetenzen als eine gegen die ursprünglichen Intentionen gerichtete Entwicklung empfand. Hier sprach eben der langjährige Sekretär des Staatsrats. Es habe niemals in der Absicht der Unionsväter gelegen, einen Pakt zu schließen, in dem sich die Partner hinter lähmendem Partikularismus verschanzen konnten, vielmehr sei die Schaffung eines bestimmten Maßes an staatlicher Einheit angestrebt worden. So steht es im ›Discours over de defecten in de Jegenwoordige Constitutie‹ vom Januar 1716[8] zu lesen. Und konfrontiert wurde er ja tatsächlich mit einer Verschiebung der Macht vom Haag zu den städtischen Magistraten und unter diesen dann zu den finanzkräftigsten. Ausgehend von den schädlichen Folgen der zu Slingelandts Zeit noch gültigen Geschäftsordnung für die holländischen Provinzialstände vom 19. Februar/12. März 1585 plädierte Slingelandt zum einen für eine Wiedereinführung des Mehrheitsprinzips bei Beschlüssen der Unionspartner, zum anderen für eine Koordinierungs- und Schiedsstelle, wie sie nach seiner Ansicht im Amt des Statthalters gelegen hatte. Er suchte eine neutrale Instanz, die man Statthalterschaft nennen oder die auch ein Rat, ein Gremium, sein konnte und die für den Fall, daß man sich für die Statthalterschaft entschied, nicht unbedingt mit einem Oranier besetzt werden sollte. Ihm ging es nicht um die Wiedereinsetzung einer mit dem Aufstand so eng verbundenen adligen Familie, sondern schlicht um die Funktionsfähigkeit der Republik. Erst dies brachte für ihn die Rückkehr zur 'ware vrijheid', wie man sie als verantwortungsbewußter Staatsmann verstehen mußte. Was er 1716 unter 'Freiheit' verstand, das mag hier ausführlich angeführt werden: „Nur *das* Volk und *die* Regierung sind frei, wo die Macht, Gesetze zu erlassen, Steuern festzusetzen, Kriege zu erklären und Frieden zu schließen oder die Regierungsform zu ändern, in den Händen des Volkes oder der Stände liegt, die das Volk

[7] Zuerst veröffentlicht 1784 in S. van Slingelandt, Staatkundige geschriften, Bd. 1. Amsterdam.

[8] Zuerst veröffentlicht 1784 in Bd. 2 der ›Staatkundige geschriften‹.

vertreten. Dagegen liegt die Freiheit nicht dort, wo jedes Mitglied [des Staates, H. L.] dem Volk oder den Ständen die Hände binden und die dringlichen und nützlichen Beschlüsse verhindern kann.

Zweitens sind nur *das* Volk und *die* Regierung frei, wo Gesetze und Verordnungen über die Steuererhebung ohne Ansehen der Person ausgeführt werden und wo nur das Volk oder die Stände die Macht haben, sich oder andere davon zu eximieren. Dagegen sind Volk und Regierung nicht frei, wo jedes Mitglied [s. o.] die Absichten der Verordnungen und Erlasse nach eigenem Gutdünken interpretiert für den Teil des Volkes, den es vertritt, und unter ständischem Namen und ständischer Autorität die Regierung führt.

Schließlich sind nur *das* Volk und *die* Regierung frei, wo derjenige, dem die Ausführung der Gesetze und Verordnungen übertragen ist, einerseits die nötige Macht und Autorität besitzt, um diese Durchführung in vollem Umfang und ohne Ansehen der Person zu garantieren und Gesetzesbrecher zu strafen, andererseits diese Macht und Autorität nicht zur Unterdrückung des Volkes mißbrauchen kann. Dagegen liegt die Freiheit nicht dort, wo der Grund, daß Mißbrauch nicht zu fürchten ist, einfach der ist, daß der Exekutive die erforderliche Macht fehlt, so daß weder guter noch schlechter Gebrauch davon gemacht werden kann.

Alle Regierungsprinzipien, die nicht diese drei Merkmale enthalten, zielen nicht auf freie Regierung oder fördern die Anarchie.“ [9]

Daß nach van Slingelandts Ansicht der Zustand der Republik bedenklich in die Nähe der Anarchie gerückt war, braucht nicht besonders hervorgehoben zu werden. ‘Freiheit’, und dazu noch ‘ware vrijheid’, hieß für diesen niederländischen Juristen, Beamten und Staatsmann letztlich auch Funktionstüchtigkeit auf der Grundlage einsichtsvoller Redlichkeit. Es ist sicherlich einigermaßen bezeichnend für die politischen Mentalitäten in der Republik, wenn van Slingelandt einerseits zwar das Statthalteramt als äußerst geeignetes und vor allem historisch ausgewiesenes Heilmittel für die konstitutionellen Gebrechen der Republik angab, andererseits in einer weiteren Betrachtung von 1717 die Wiedereinführung des Statthalteramts aus einem doppelten Grunde nicht vortrug. Da standen eben die aus den Reminiszenzen an frühere Statthalterschaf-

[9] Ebd. Bd. 1, S. XIV f.

ten lebenden Regenten entgegen – die Einführung hätte demnach nicht den Schein einer Chance gehabt –, und da gab es nach Ansicht van Slingelandts auch keinen geeigneten Kandidaten. Einige Jahre später, 1722, in seiner ›Aanwysing van een korte, en gereede, weg om the koomen tot herstel der vervalle saaken van de Republicq‹[10] sah van Slingelandt im Statthalteramt oder in der Anstellung eines 'Eminent Hoofd' (etwa: Staatschefs) einen mit der Struktur einer Republik kaum noch zu vereinbarenden Anachronismus. Das trug er mit einer Entschiedenheit vor, die im Hinblick auf zuvor Geäußertes überrascht. Solche zunächst nicht ganz begreifliche Entschiedenheit erklärt sich sicherlich nicht zuletzt daraus, daß der Staatsratssekretär nach dem Tode des Ratspensionärs Heinsius (1720) bei der Benennung des Nachfolgers einfach übergangen worden war – vermutlich wegen vermeintlicher Komplizenschaft mit Oranien-Nassau, obwohl er niemals ein wirklicher 'Oranjeklant' ('Oranienfreund'), wie später die Anhänger des Hauses Oranien abfällig genannt wurden, gewesen ist. Erst 1727 wurde van Slingelandt dann Ratspensionär.

Die Gedanken des Simon van Slingelandt wurden hier in einiger Ausführlichkeit expliziert, weil sie so recht die konstitutionelle Problematik zu beleuchten vermögen und weil sie die politischen Kräfte benennen können, die das Leben der Republik bestimmten. Die politische Funktionsweise wird ganz besonders deutlich, wenn man weiß, daß van Slingelandt bei Annahme des Amtes eines Ratspensionärs versprechen mußte, von einer Reform der Konstitutionen absehen zu wollen. So blieb die Republik weiterhin „ein Staat, wo alles sich durch Überredung regeln muß“[11], wie es der französische Diplomat Fénelon ausdrückte. Die 'ware vrijheid' ließ es nicht zu, daß an ihren Grundfesten gerüttelt wurde. Van Slingelandts Überlegungen fanden dann auch nicht den Weg zum Drucker. Erst 1784 wurden sie veröffentlicht. In den 20er und 30er Jahren galten sie wohl als eine Art 'geheimes' Staatspapier, das allerhöchstens hinter verschlossenen Türen der Betrachtung wert war. Es ist bezeichnend, daß die Schrift des seeländischen Regenten L. F. de Beaufort ›Verhandeling van de vrijheit in den burgerstaat‹ 1737 sehr

[10] Zuerst veröffentlicht 1784 in Bd. 2 der ›Staatkundige geschriften‹.

[11] Zitat bei L. J. Rogier, De ware vrijheid als oligarchie (1672–1747). In: Vaderlands Verleden in Veelvoud, I, S. 311.

wohl Verbreitung fand, in der das republikanische Regierungssystem gegenüber der monarchischen Regierungsform hochgelobt wurde. Auch van Slingelandt zählte zum Kreise der Regenten, aber anders als der in seinem eigenen engsten Kreis befangene Seeländer de Beaufort schaute er über die Begrenzungen der Kaste hinaus. De Beaufort verstieg sich gar zu der Ansicht, daß es sich beim Regentenregime um eine Volksregierung handele – dabei offensichtlich von einem sehr eng gefaßten Volksbegriff ausgehend. Aber bei ihm handelte es sich eben um einen Interessenvertreter, der auszog, die politisch-konstitutionelle Praxis zu rechtfertigen, nicht wie Slingelandt, sie zu verbessern, ohne an der Grundstruktur zu rütteln. Der Ratspensionär war ein Mann des 'juste milieu', er dachte auch anders als jene in den 30er Jahren in Vielzahl auftretenden Autoren zahlreicher Flugschriften, die die Regentenoligarchie nicht nur herber Kritik unterwarfen, sondern zugleich nach den Oraniern riefen. Die alte Kluft zwischen 'staatsgezinden' und 'prinsgezinden' erlebte da eine simple Neuauflage – nunmehr gegen den Hintergrund einer voll ausgewachsenen oligarchischen Herrschaft und ohne daß der Auseinandersetzung zunächst ein wirklich struktureller Unterschied zugrunde gelegen hätte. Es machte doch seit je die Eigenart des niederländischen republikanischen Konstitutionsstreits aus, daß es sich letztlich um Parteiungen handelte, die sozial gesehen weitgehend zu ein und derselben Gruppe zählten. Die hochgespielte Frage nach Einführung und Ablehnung des Statthalteramtes wuchs sich erst dann zu einem prinzipiellen Problem aus, als sich unterschiedliche soziale Gruppen einander gegenüberstanden und die Gruppe auf seiten der Statthalterpartei voll in die Betrachtung 'konstitutioneller Neuordnung' einbezogen wurde. Das war aber *zunächst* nicht der Fall.

1.3. Demokratische Tendenzen – die Bewegung der 'Doelisten'

Wie heftig der publizistische Streit auch getobt haben, wie zynisch, sarkastisch, spottend auch immer geschrieben worden sein mag, erst Krieg und Aufstand haben die Oranier schließlich wieder in Amt und Würden gebracht. Die Renaissance von Haus und Amt vollzog sich etwa nach dem Muster der zweiten Hälfte des vorhergehenden Jahrhunderts. Bis jetzt war es einfach gewesen, den statthalterlichen Prätendenten Johan Willem Friso und nach dessen Tode seinen Sohn Willem Karel Hendrik Friso aus Amt und Würden zu halten. Johan Willem, zunächst noch Statthalter in Friesland und Groningen, gelang es nicht, Sitz im Staatsrat zu erhalten (1705); zwar wurde sein Sohn 1722 noch Statthalter in Geldern, aber vom politischen Geschäft hielten ihn die Regenten fern. Sicherlich förderte es das Ansehen des Statthalters, als er im Zuge endgültiger Lösung der Erbschaftsfragen, die sich nach dem Tode Wilhelms III. ergeben hatten, den Titel eines Prinzen von Oranien erhielt und ihm außerdem die umfangreichen oranischen Besitzungen zufielen, aber dieser Förderung des Ansehens entsprach zugleich die Furcht der Regenten vor weiteren, politischen Ambitionen des Prinzen. Die Seeländer, unterstützt von ihren holländischen Standesgenossen, reagierten dann auch prompt. Das dem Prinzen als Erbteil zugefallene Marquisat von Vere und Vlissingen, das ihm Einfluß auf zwei in den Ständen vertretene Städte gesichert hätte, wurde einfach aufgehoben. Die Heirat schließlich zwischen dem Prinzen und der Tochter Anna des englischen Königs Georg II. war nun so gar nicht dazu angetan, den Statthalter Frieslands in die Republik zu integrieren. Im Gegenteil: bei empfindlichen Regenten tauchten die Erinnerungen an die Oranien-Stuart-Verbindung des vorhergehenden Jahrhunderts auf. Die Glückwünsche, die Georg II. seitens der Generalstände erhielt und der Empfang, der Anna von Hannover in den Niederlanden zuteil wurde, gingen kaum über die Kühle verpflichteter Höflichkeit hinaus, und die Stände ließen auch nicht nach, auf den ihnen zu Herzen gehenden Status ihrer Republik zu verweisen, wenngleich der nun gewiß noch nicht zur Diskussion stand. Die Position des Prinzen erwies sich nicht nur infolge der Abwehr in Holland, Seeland, Utrecht und Overijssel als schwach, sondern auch durch geringe Eintracht zwischen jenen Provinzen, wo er Statthalter war. Er selbst mochte dann Ehrgeiz haben, aber dieser allein konnte die Schwäche der Persönlichkeit nicht ausgleichen. Selbst der Generalsrang blieb ihm, dem Generalkapitän von drei Provinzen, verwehrt – und das lief letztlich auf einen republikanischen Affront hinaus, beweist aber auch die Stärke der Seeprovinzen gegenüber den Unionspartnern im Nordosten und Südosten des Landes. Aber mehr noch. Als Offizier wurde dieser Prinz von Oranien offensichtlich als einer unter vielen angesehen. So gelang es Holland, gegen den Willen von Friesland, Groningen und Utrecht eine allgemeine Liste für Anstellung und

Beförderung von Offizieren durchzubringen, auf der die Ernennung von sechs Generälen und zwölf Generalleutnants stand. Der Prinz zählte zur zweiten Gruppe. Er lehnte ab – verständlich. Der Schlag war hart, vor allem für jenen, der traditionsbewußt war. Wer in diesen Kategorien dachte, dem mußte, ließ er die Reihe Moritz, Friedrich Heinrich, Wilhelm II. und den III. Revue passieren, der politische Niedergang des Hauses Nassau-Oranien besonders augenfällig werden. Aber die Zeit des Prinzen sollte dennoch kommen. Sie kam – wie bei seinem Vorgänger – über Krieg und Invasion. Für jene Kreise, die eng um den Prinzen standen, ihn auf angemessenem Platz sehen wollten, war es deutlich, daß die 1738 einsetzenden europäischen Wirren eine Chance erhielten, den Prinzen innenpolitisch sozusagen 'durchzusetzen'. Willem Bentinck, Herr van Rhoon und Pendrecht, in England großgeworden und in Leiden erzogen, war der Mann, der aus dem engsten Beraterkreis des Prinzen die Fäden knüpfte, diesen drängte, die wohl kaum zu übersehende breite Opposition gegen die Regenten als Stütze des eigenen Anspruchs zu akzeptieren, sie zu nutzen. Er reiste nach England. Offensichtlich mit Erfolg, denn der neuernannte englische Gesandte Sandwich wollte die Republik aus ihrer neutralen Haltung im Österreichischen Erbfolgekrieg herausholen. Willem van Haren aus Friesland, neben seinem Bruder Onno Zwier und Bentinck zum engsten Kreis zählend, ließ eine Flugschrift ›Leonidas‹ veröffentlichen, in der eben diese Neutralitätspolitik angegriffen wurde. Der Prinz war nicht ein ungeteilt gelehriger Zuhörer. Er mochte dann ehrgeizig sein, aber sein Abstand zum 'Volk' entsprach mindestens dem der Regenten. Die Würde gleichsam aus der Bewegung des Volkes zu empfangen, entsprach kaum seinen Vorstellungen von der Begründung des Statthalteramtes.

Als schließlich Frankreich im Zuge des Österreichischen Erbfolgekrieges in Staats-Flandern einfiel – über die Außenpolitik der Niederländer ist an anderer Stelle zu handeln –, bot die Republik eine Neuauflage der Situation von 1672. Die Unruhen begannen in Seeland, das dem militärischen Geschehen am nächsten lag. Die Mittel- und Unterschichten ('grauw' = Pöbel, Mob) kehrten sich gegen die Regenten, riefen nach einem Statthalter. Die Unruhen pflanzten sich in der anderen Seeprovinz, in Holland, fort. Die Träger der Zusammenrottungen vor den Rathäusern und der kleinen Gewalttaten – es gab keine Lynchjustiz mehr wie 1672 – stammten aber aus den gleichen Schichten wie damals. Sie stellten die gleichen Forderungen. Von Rotterdam ging die Bewegung in Holland aus und verbreitete sich rasch bis in den Norden der Provinz – aber die Zwischenfälle waren nicht in allen Fällen spontan. Im Hintergrund standen Faktionen, wie sie Baron Bentinck, Ratgeber und Mitarbeiter des Oraniers, auf die Beine hatte bringen können; in Rotterdam scheint ein englischer Agent namens Wolters die Hand im Spiele gehabt zu haben, und die Anwesenheit englischer Matrosen und Schiffe in Seeland hat wohl die Bewegung geschützt, die trotz solcher Hintergründe eine breite Volksbewegung genannt werden darf und die zu Ergebnissen führte: die seeländischen Stände ernannten den Kandidaten aus Friesland zum Statthalter und zum Chef der Land- und Seemacht (Generalkapitän, -admiral). Holland folgte am 3. Mai, ebenso Utrecht und schließlich Overijssel am 10. Mai. Nicht die breiten Volksschichten haben den höchst passiven Statthalter in den Sattel gehoben, sondern die Stände, die Regenten, ursprünglich seine Gegner. So hatte man es schon einmal erlebt. Die Legitimität war gesichert. Über den militärischen Oberbefehl und die Statthalterschaft in allen niederländischen Provinzen hinaus wurde schließlich noch die Erblichkeit des Amtes verordnet. Die holländische Ritterschaft, ein Stand, beantragte dies am 7. Oktober 1747. Der Annahme durch die Provinzialstände war nach Einnahme der Stadt Bergen-op-Zoom durch die Franzosen (16. September 1747) kein Hindernis mehr in den Weg zu legen.

Wie zuvor die anderen Mitglieder seiner Familie schwamm auch dieser Oranier auf der Woge des Krieges. Der Krieg verhalf zur politischen Macht. Es erwies sich jetzt, daß die Ernennung zum Statthalter jenen, die eine Änderung im Regierungssystem anstrebten, nicht mehr hinreichte. Der Unmutsstau von Jahrzehnten verlangte angesichts auch der Gefahren des Krieges einfach mehr. Im Herbst 1747 wurde auch deutlich, daß sich eigentlich noch nichts geändert hatte. Der ritterständische Antrag fand dann auch Widerhall bei breiten Volksschichten, die – ob in Rotterdam oder Amsterdam (in letztgenannter Stadt unter der Führung des Porzellanverkäufers Daniel Raap) – nicht nur Erblichkeit des Statthalteramtes in der männlichen und weiblichen Linie forderten, sondern darüber hinaus einen freien Ämterverkauf mit Zuweisung der Einnahmen an die Staatskasse und Wiederherstellung der alten korporatistischen, von Privilegien gestützten Mitbestimmungsformen in den Stadtregierungen verlangten. Der Artikulation solchen Verlangens folgte der Druck von der Straße. Die Tumulte auf dem Dam in Amsterdam und die kurzzeitige Besetzung des Rathauses haben wohl die Stände Hollands am 11. und 16. November bewogen, den Forderungen zuzustimmen (mit einem Kompromiß in der Ämterfrage). Seeland, Utrecht und Overijssel schlossen sich rasch an, in Friesland, Groningen und Geldern – Provinzen, in denen die Statthalterschaft immer schon erheblichen Kompetenzbeschränkungen unterworfen gewesen war – erhob sich allerdings Widerstand gegen die Erblichkeit, freilich ohne daß dieser zum Erfolg geführt hätte.

Gerade der Widerstand in Friesland, Groningen und Geldern weist aus, wie es sich bald auch für das ganze Land zeigen sollte, daß die ganze Bewegung durchaus ihre Eigendynamik hatte, die eben nicht durch Erblichkeitserklärungen zu beschwichtigen war. Solange nicht gleichzeitig strukturelle Änderungen im Regime erfolgten, waren Unruhen kaum einzudämmen. Die ohnehin nicht überaus günstige Wirtschaftslage mit ihren hohen Preissteigerungen für lebenswichtige Güter und dem starken Steuerdruck, der angesichts wirtschaftlicher Flaute als besonders gravierend empfunden wurde, akzentuierte offensichtlich die Unzulänglichkeit der Struktur. Es ging – im Steuerbereich – um die Höhe der Steuerlast ebensosehr wie um die Art der Eintreibung auf dem Wege der Steuerpacht. Es traf sicher den Kern der Situation, wenn ein ausländischer Besucher der Republik zu berichten wußte, daß in den Niederlanden alles besteuert sei außer der Luft, die man atme. Der Kampf gegen Steuersatz und Steuereintreibung war dann auch ein politischer Kampf, insofern das System der Steuerpacht voll mit der Regentenoligarchie verbunden wurde. Der Anklage gegen den profitorientierten Regenten entsprach der Anwurf gegen die gewinnträchtige Funktion des Steuerpächters. Im Mai 1748 brachen auf dem platten Land, in Friesland, danach in den Städten heftige Unruhen aus. Gerade die Bauern hatten unter dem hohen Steuerdruck zu leiden, der im übrigen die Bildung von Großgrundbesitz begünstigte. Es kam im Laufe der Unruhen zu Brandschatzung und Plünderungen. Aber dies blieb nicht die Hauptsache. Die Bewegung hatte eminent politischen Charakter, insofern Abgeordnete von Stadt und Land gleichsam als nebenständische Versammlung regelmäßig zusammenkamen und Forderungen stellten, die auf Wiedereinführung der Kompetenzabgrenzungen (‘poincten reformatoir') von 1672/73, Ersetzung der Steuerpacht durch eine Kopfsteuer, Kontrolle des Finanzgebarens hinausliefen. Die gerade in Friesland besonders hartnäckige Regentenaristokratie hat nachgeben müssen. Sie tat es zwar unter Druck Wilhelms IV., aber solcher Druck dürfte praktisch auch ein gut Stück Kooperation enthalten haben, denn das Reglement, das er vortrug, enthielt einerseits Korrekturen, änderte andererseits jedoch nichts am Regierungsprinzip, beförderte den Statthalter jedoch in eine prominente Schiedsposition und war auf jeden Fall abhold allen demokratischen Experimenten, wie sie zuvor in den Versammlungen von Bauern und Bürgern angeklungen waren.

Was sich in Friesland ereignete, sprang über nach Groningen und Drenthe, fand auch seine Entsprechung in Holland – und hier in ungleich schärferem Maße. Im Steueraufruhr vom Juni 1748 gehörte die Plünderung der Pächterbesitzungen nachgerade zum guten Ton. Jan Wagenaar, der Chronist der Stadt Amsterdam, schrieb: „Viele begüterte Einwohner meinten sogar, daß die Pächter eines allgemeinen Schutzes unwürdig waren und ausgerottet zu werden verdienten.“[12] Erst als die Amsterdamer Reichen allgemein in Bedrängnis zu geraten drohten, griff die Stadtmiliz ('schutters') ein, nachdem sie sich vorher zurückgehalten hatte. Die ärgsten Rädelsführer wurden kurzerhand aufgeknüpft. Panik während der Hinrichtung kostete weitere zahlreiche Menschenleben. Aber Amsterdam blieb keine Ausnahmeerscheinung. Die in starker Rezession befindliche Textilstadt Haarlem machte ebenso solche Unruhen durch wie das von hoher Arbeitslosigkeit angeschlagene Leiden oder die Residenzstadt Den Haag. Auch hier hielt sich die Stadtmiliz, die zum großen Teil den Unterschichten entstammte, zurück. Die Steuerpächter blieben schlicht ohne Schutz, und die städtischen Regenten Haarlems und Leidens schafften rasch das Pachtsystem ab und schoben die Steuerforderungen auf.

Wie stark die Bewegung gegen die Regenten inzwischen geworden war, zeigte sich an der geringen Bereitschaft der Bürger Amsterdams, die provinzialständischen Entscheidungen über Abschaffung des Pachtsystems – und dies übrigens auf Vorschlag des Statthalters – als Beruhigungsmittel zu schlucken. Im Gegenteil: Es setzte eine Radikalisierung ein, die in die nach dem Versammlungsgebäude 'Kloveniers-Doelen'

[12] Zitat bei Winkler Prins, Geschiedenis der Nederlanden, 2, S. 228.

benannte 'Doelisten-Bewegung' einmündete. Das Ganze mochte dann von höchst aktivistischen 'prinsgezinden' in Amsterdams Kneipen und Kaffeehäusern und mit Hilfe einer Vielzahl von Flugschriften gegen die Regenten eingeleitet sein, die zunehmende Radikalisierung vor allem in der Form entsprach dem wachsenden Unmut von innen heraus. In elf Artikeln fanden die Forderungen der Amsterdamer Bürger schließlich ihren Niederschlag (1748). Redigiert vom Haarlemer Modellzeichner Hendrik van Gimnig, enthielt das Papier die Übertragung des bisher bei den Städten ruhenden Postmonopols auf den Prinzen, Änderungen im Modus der Ämtervergabe, Wiederherstellung der alten Zunftrechte, Wahl des Kriegs- und Militärausschusses der Städte durch die Bürger aus einem Kreis von Personen, die nicht in der Stadtregierung saßen – ein Gremium, das ohne Zweifel ein Kontrollorgan gegenüber der Stadtregierung werden sollte –, Mitspracherecht der Bürgerschaft bei der Wahl der Stadtregierung, Abschaffung der preistreibenden Akzise und anderer Steuern. Sicherlich waren die Anhänger des van Gimnig voreilig, wenn sie, propagandistisch sicherlich geschickt, ihre Forderungen als mit den Wünschen des Prinzen identisch erklärten. Der engere Kreis der oranientreuen Aktivisten um Willem Bentinck sah hier eine Gelegenheit, einen Mittelkurs zu fahren, der zum einen die Macht der Regenten stark einzuschränken vermochte, zum anderen das nur begrenzt positive Verhältnis des Statthalters gegenüber Volksbewegungen nicht überstrapazierte. Er bediente sich des hier schon genannten Amsterdamer Porzellanhändlers Daniel Raap, mit dessen Hilfe in einer Bürgerschaftsversammlung in den Kloveniers-Doelen drei Artikel angenommen wurden, die eben weniger enthielten (Übertragung des Postmonopols auf den Prinzen, Vermeidung mißbräuchlicher Ämtervergabe, Wiederherstellung der Zunftrechte und Wahl eines Kriegsrats bei der Bürgerwacht, unabhängig von der Stadtregierung). Solche gleichsam auf dem Wege der 'Bürgerinitiative' bei der Stadt eingereichten Vorschläge konnten bei den Herren Regenten kaum auf fruchtbaren Boden fallen. Sie verwiesen die Delegation auf die prinzlichen Richtlinien vom 25. Juni 1748 über die Post und auf die provinzialständischen Beschlüsse über die Ämtervergabe vom 11. November des Vorjahres. Den unabhängigen Kriegsrat aber lehnten sie ab – ironischerweise mit historischer Argumentation, jenem Repertoire, das die Petenten im Hinblick auf die Wiederherstellung der alten Zunftrechte permanent im Munde führten. Einen Kriegsrat habe es in der Vergangenheit nicht gegeben, so hieß es in der Antwort. Befriedigend konnte solche Auskunft für die Petenten und ihren Anhang gewiß nicht sein, sie erwiesen sich aber als gehorsame Diener ihrer Obrigkeit, „indem sie sich so oft verbeugten, wie der Name der Hohen Herren, Seiner Hoheit, der Bürgermeister und des Hochwohllöblichen Rates genannt wurde“[13]. Solche Ergebnisse, die letztlich keine waren, wenn man berücksichtigt, wie alt die Forderungen und die sie stützende Bewegung waren, konnten eine ohnehin schon vorhandene Radikalisierung nur noch fördern – eine Radikalisierung, die sich nun nicht mehr in größerer Lautstärke oder umfassenderer Forderung allein äußerte, sondern auch die Argumentationsbasis änderte. Wo der gemäßigte Daniel Raap historisch sich fundierte und auf historischer Grundlage abschlägig beschieden wurde, führten die Radikalen anderes ins Feld: das Naturrecht als alleinige Begründung eines Mitspracherechts, die Vernunft als Ausgangspunkt. Nicht daß dies in jenem Sommer des Jahres 1748 etwas genutzt hätte, aber ein Ausbau solcher gedanklichen Grundlage enthielt im Kern ein stärkeres Potential an Aktivitätsdrang als der Versuch einer historischen Begründung.

Zwei Dinge ergaben sich in den folgenden Wochen: gegenüber der zunehmenden Radikalisierung der ‘Doelisten’, die in den einzelnen Stadtbezirken ihre Vertreter für künftige Unterhandlungen mit der Stadtregierung wählen ließen, mußten die Bürgermeister ihre ablehnende Haltung preisgeben. Sie hatten ihre Möglichkeiten erheblich überschätzt. Der nunmehr zum Handeln aufgerufene, von den ‘Doelisten’ gestützte, von den Regenten kaum gern gesehene Statthalter Wilhelm IV. reiste zwar nach Amsterdam, aber er erwies sich insgesamt als eine regentenorientierte Figur in einem Spiel, in dem prinzipielle Änderungen gefordert waren. Man mache sich die Situation klar: von der Bürgerbewegung eingeladen, verlangte es ihn, den dem allzu Populären abholden Formalisten, nach Einladung seitens der Stadt selbst. In Amsterdam bildete die alte Zunft der Schiffszimmerer, die sogenannten ‘bijltjes’, Spalier bei seiner Ankunft; sie eskortierten ihn als Ehrengarde. Der Forderung nach Neubesetzung der Stadtregierung, wie sie die Vertreter der ‘Doelisten’ vortrugen, konnte der Prinz kaum entgehen. Hier mußte er Farbe bekennen, dem Druck nachgeben und doch die

[13] Zitat in AGN, VIII (alte Ausgabe), S. 9.

Regenten nicht verletzen. Die Bürgermeister wurden fortgeschickt. Er ernannte neue. Aber die neuen zählten zu den Regentenkreisen. Nicht die Herkunft änderte sich, nur die Namen; die 17 neuen Mitglieder des 36 Mann starken Stadtrats ('vroedschap') kamen zwar nicht aus dem engen Kreis der Oligarchie, gehörten jedoch dem Kreis der Großkaufleute an, die gute Beziehungen zum statthalterlichen Haus unterhielten. Zusätzlich nahm der Prinz das Recht für sich in Anspruch, jedes Jahr die Wahl von zwei Bürgermeistern und zwei Schöffen zu empfehlen. Selbst der Kriegsrat wurde noch gewählt, entsprechend den Vorstellungen der 'Doelisten', aber schon in seiner Abschiedsproklamation wollte der Prinz die künftige Zusammenstellung an alte Privilegien und Gewohnheitsrecht gebunden sehen. Schon jetzt sollte der Ausschuß nicht ohne Zustimmung der Bürgermeister zusammenkommen dürfen.

Als der Statthalter Amsterdam verließ (September 1748), eskortierten ihn die Schiffszimmerleute. 'Oranien und Freiheit' ('Oranje en Vrijheid') hieß die Losung dieser Zunft und des umstehenden Volkes. Gleichwohl: die demokratische Strömung jener beiden Jahre war noch nicht stark genug, sich auf Dauer durchzusetzen, der Prinz, auf den man sich stützte, gar nicht gewillt und auch zu schwach und larmoyant, um Ergebnisse festigen oder gar ausbauen zu können. Gewiß, die Postrechte lagen nun bei dem Prinzen, aber die Übertragung brachte keine Erweiterung von Bürgerrechten, die personellen Veränderungen der Amsterdamer Stadtregierung unterliefen keineswegs die Regierungsstruktur, obwohl dem Prinzen ein Empfehlungsrecht eingeräumt war, und sie förderten sicherlich nicht den Übergang von aristokratischem Verhalten zu demokratischem Bewußtsein. Nach dem Tode des Prinzen 1751 hat im übrigen niemand mehr von diesem schriftlich nicht fixierten Empfehlungsrecht gesprochen, und der ohnehin nur geduldete Kriegs- und Militärrat entwickelte sich nicht zu dem geplanten demokratischen und unabhängigen Gremium.

Letztlich ist es typisch, daß auch nach diesen faktisch fast ein Jahrzehnt dauernden Unruhen und einem noch länger weithin spürbaren Unbehagen über regentenaristokratische Regierungsstrukturen eigentlich nichts anderes herausschaute als die – doch nur transitorischen – Ergebnisse der Vergangenheit: die Macht oder zumindest das Ansehen des Statthalters wurde erheblich gesteigert – im Fall Wilhelms IV. noch erhöht durch die Erblichkeit des Amtes –, aber eine über den statthalterlichen personellen Macht- und Kreditzuwachs hinausgehende Änderung der Herrschaftsstrukturen blieb einfach aus. Die politische Kultur dieses Landes erschöpfte sich seit dem Aufstand in der Wiederholung.

Aber in der Chronik ist festzuhalten, daß die Bewegung bis hin zu dem unten noch zu behandelnden Aufstand der 'Patrioten' nicht zur Ruhe gekommen ist. Die Provinzialstände ermächtigten zwar den Statthalter, in allen Städten den Magistrat neu zu besetzen, aber letztlich konnten die allmählich angesichts der die Regenten schonenden Maßnahmen des Prinzen um sich greifenden Unlustgefühle nur noch wachsen. Der Prinz und die 'Doelisten' waren gleichermaßen Zielscheibe allgemeiner Kritik. An den 'Doelisten' konnte man am ehesten seine Wut über den Fehlschlag auslassen. Sie wurden zum Teil praktisch aus dem gesellschaftlichen Leben ausgeschlossen, in ihrer Existenz bedroht. In allem schlug man den Esel, meinte aber wohl deutlich genug den Herrn. Als im Januar 1754 Daniel Raap starb, war Spott und Hohn nachgerade eine Grabbeigabe: „Seine Beisetzung wurde eine üble Demonstration der Verachtung durch das Volk." [14] Dabei hat sich die politische Umgebung des Prinzen, repräsentiert durch Bentinck, durchaus um eine Änderung des Regierungssystems bemüht. Die Gelegenheit schien für jene günstig, die sich schon immer am regentistischen Partikularismus gestört und dessen Funktionsuntüchtigkeit bedauert hatten. Nun, da der Prinz als Erbstatthalter für alle einzelnen Glieder der Republik auftrat und praktisch aufgrund einzelner Regierungsverordnungen für die Provinzen in den relevanten Personalentscheidungen nichts mehr ohne ihn gehen konnte, verkörperte der Prinz in einer nachgerade monarchengleichen Stellung die republikanische Einheit. Bentinck dachte vor allem an die Bildung einzelner Ministerien (Inneres, Äußeres, Verteidigung, Finanzen, Marine und Handel), die von zuverlässigen Leuten geleitet werden und Entscheidungen vorbereiten sollten. Darüber hinaus schwebte ihm ein statthalterlicher Rat vor, der zusammen mit dem Prinzen die politischen Richtlinien stipulieren sollte. Das war ein erster Schritt zur Zentralisierung, der jedoch dem Prinzen in seinem traditionsorientierten Denken kaum behagen konnte. So scheiterten auf Zentralisierung und Effektivität zielende Reformpläne, und lediglich die Konferenz des Statthalters mit dem Ratspensionär und dem Griffier (eine Art Sekretär

[14] Ebd. S. 14.

der Generalstände), eine informelle Gesprächsrunde, kam zustande. Es blieb alles nur Gedanke, nichts wurde realisiert, aber die öffentliche Meinung kam nicht zur Ruhe. Nach dem Tode des Prinzen (1751), in der Phase der Regentschaft seiner Frau Anna von Hannover, wuchs die Hartnäckigkeit der Parteien. In ihrer Thematik bewiesen die Auseinandersetzungen, daß die Republik das Erbe ihres Aufstandes noch nicht überwunden hatte. Eine Republik sein zu wollen und es infolge wachsender Spannungen zwischen den sozialen Gruppen, aber auch infolge außenpolitischer Entwicklungen und militärischer Erfordernisse nicht ohne eine quasimonarchische Spitze sein zu können, eben das war das Problem, und der Flugschriftenstreit der 50er Jahre erreichte mit den Auseinandersetzungen um die Politik der Gebrüder de Witt (in die Geschichte als 'de Witten oorlog' eingegangen) seinen Höhepunkt, ohne daß die aktualisierte historische Reminiszenz an die erste statthalterlose Periode irgendeine Variante in der Argumentation gebracht hätte. Die Frage lautete wie schon fast 100 Jahre zuvor: war die Statthalterschaft eine Segnung oder eine 'hereditas damnosa' der Vergangenheit? Personen wie der Leidener Verleger Elie Luzac und der Geschichtsschreiber jener Jahre, Jan Wagenaar, standen neben zahlreichen anderen mitten in dieser Auseinandersetzung. Diese blieb zunächst noch theoretisch, wurde noch nicht in neue politische Lösungen umgesetzt. Aber sie war nur der Anfang einer neuen Serie von innen- und verfassungspolitischen Diskussionen, die schon zum großen Teil unter dem Einfluß des Naturrechts und des Primats der Vernunft geführt wurden, auch wenn Rousseau, Voltaire und andere in Holland verboten waren, und die schließlich in einen Bürgerkrieg einmündeten.

2. *Vom Abstieg der Wirtschaft*

Aber die neue Bewegung, die da entstand, griff jetzt über die Ereignisse hinaus, die 1672 und 1747/48 sich zugetragen hatten. Es ging nicht mehr nur um Statthalter oder Regenten, es ging um Existenzfragen der Republik, kurz: um ihre wirtschaftliche Basis, um jenen Sektor des gesellschaftlichen Lebens, der dieses geographisch so geringfügige, politisch so zerklüftete, militärisch zumindest auf dem Lande so unzulänglich ausgerüstete staatliche Gebilde überaus kräftig gemacht und gleichrangig zwischen den Größten der Zeit oder selbst noch darüber hinaus hatte rangieren lassen. Was Hugo Grotius und Pieter de la Court ein Jahrhundert zuvor zu einem ihrer Arbeitsgebiete und Beobachtungsbereiche gewählt hatten, das übernahm jetzt die Strömung der 'Patrioten' ('patriotten') in einer Zeit der wirtschaftlichen Rezession. Die Relation zwischen Aufkommen der Patriotenbewegung und dem wirtschaftlichen Rückgang ist überdeutlich. Ihre Vertreter sahen kein Heil mehr in der ökonomischen Struktur ihres Landes. Der spätere Ratspensionär Laurens van den Spiegel schrieb zum Pessimismus dieser politischen Richtung, wenn man nur die Hälfte von dem glaube, was man täglich als Lektüre vorgelegt erhalte, dann sei der Untergang der Republik nahebei. Der Pessimismus in Permanenz, das schließlich in politische Forderung umgesetzte Unbehagen über wirtschaftliche Schwäche, hatte seine Ursachen. Es ist dabei gleichgültig, ob solches Unbehagen im ganzen Umfang gerechtfertigt oder aber übertrieben war. Auf die politische Umsetzbarkeit kam es an. Daß das 18. Jahrhundert eine rezessive Wirtschaftsentwicklung in der Republik mit sich brachte, ist freilich nicht zu übersehen. Sie setzte schon in der zweiten Hälfte des vorhergehenden Jahrhunderts ein, aber man hat es nicht mit einem geographisch oder sektoral einheitlichen Prozeß zu tun, und insgesamt konnte auch nicht von einem absoluten, sondern nur von relativem Rückgang die Rede sein – relativ im Verhältnis zu den angrenzenden Nachbarländern und England, und dies wiederum für Sektoren wie Handel und Finanzen. Gewerbe und Seefischerei erlebten dagegen einen absoluten Rückgang. Die eigentliche Wirtschaftsproblematik der niederländischen Republik lag in der Konzentration auf Handel und Schiffahrt als dem Dreh- und Angelpunkt wirtschaftlichen Wachstums. Der Amsterdamer Stapelmarkt bestimmte weitestgehend das Schicksal anderer Sektoren. Von Schiffahrt und Handel hingen Arbeitsplätze und neue Gewerbezweige ab; sie bildeten die Wirtschafts- und Existenzgrundlage eines so dicht bevölkerten Landes. Sie stimulierten schließlich auch die Landwirtschaft, Veredelungserzeugnisse und Handelsgewächse anzubauen. Der niederländische Anteil am internationalen Handel – ob es nun um die sog. 'moedercommercie', den Ostseehandel, oder um die Englandfahrt und den Mittelmeer-/Levantehandel ging – nahm ab, insofern er nicht mehr im gleichen Maße wie früher an der zunehmenden Dichte der Handelsverbindungen Anteil hatte. Wenn die Sundfahrt von 53 v. H.

1660 auf 35 v. H. der niederländischen Schiffahrt ein Jahrhundert später abfiel, dann brauchte man keine überaus starke Neigung zu Pessimismus zu haben, um das Schlimmste zu befürchten, wenn man dabei die Entwicklung anderer Wirtschaftssektoren mit im Auge hatte oder man einfach den Anteilsschwund auch auf den anderen Haupthandelsrouten berücksichtigte. Diesem Rückgang lag zunächst einmal die in sehr raschem Tempo gewachsene und noch wachsende Konkurrenzkraft der anderen Länder zugrunde. Vor allem gegenüber England geriet die Republik völlig ins Hintertreffen. Um 1780 mußte das auch dem letzten Optimisten deutlich sein. Die Ursachen des Rückgangs sind in dem besseren Ausbau der Verkehrswege, der verbesserten Segeltechnik der anderen zu suchen; neue Formen der Preisbildung und des Kommissionshandels begünstigten eine Umgehung des Amsterdamer Stapelmarkts. Amsterdam nahm zwar weiterhin eine wichtige Stellung ein, verlor aber erheblich gegenüber Hamburg und London. Der nun möglich werdende rentable direkte Weg zwischen Ein- und Ausfuhrländern war wirtschaftlich einträglicher als der Umweg über den Amsterdamer Stapelmarkt. Dazu trat dann noch der protektionistische Merkantilismus, der sich nachteilig auf den holländischen Handel und die Schiffahrt auswirkte. Die nordholländische Heringsflotte verminderte zwischen 1630 und 1770 ihren Bestand an Fischereifahrzeugen um ca. 80 v. H., die südholländische um etwa 55 v. H. Zugleich verringerte sich der Fangertrag je Schiff um 25 v. H. Vor allem die schwedische Konkurrenz hat den Fischern der Republik ebenso zugesetzt wie die Änderung der Eßgewohnheiten. Wichtig war aber, daß neben dem Schiffahrtssektor mit seinen arbeitsplatzschaffenden Werften eine ganze Kette von Gewerbezweigen an der Seefischerei hing, die von dem Niedergang voll in Mitleidenschaft gezogen wurden. Hohe Arbeitslosigkeit und starke Emigration waren die Folge. Es will in diesem Zusammenhang scheinen, daß im Rahmen der wachsenden Handelsdichte mit der sich dabei notwendigerweise verschärfenden Konkurrenz auch das Qualitätsargument nicht mehr zog. Das mag eine kleine Episode beleuchten. Die Gesellschaft der Patrioten Enkhuizens (Zuiderzee) ließ dem amerikanischen Präsidenten George Washington 1783 durch Baron van der Capellen einige Fässer Salzheringe zusenden mit dem Hinweis auf die hervorragende Qualität. Washington vermerkte im Dankschreiben: „Ihr Hering, mein Herr, schmeckt zweifellos besser als der unsre, das mag an der größeren Fertigkeit der Holländer liegen, ihn zuzubereiten, oder am Fisch selbst, der von höherer Qualität sein mag" . . . aber: für eine echte Konkurrenz räume er jedoch kaum Chancen ein, da der Atlantik voll von möglicherweise geringerwertigen, aber passablen Heringen sei.[15]

In eine ähnlich schwierige Lage geriet das Gewerbe, das im wesentlichen aus einer Vielzahl kleiner handwerklicher Betriebe bestand. Daneben arbeiteten vor allem im Sektor Veredelungsindustrie einige Manufakturen, die meistens in den Handelsverkehr des Stapelmarktes eingeschaltet und damit von diesem auch mehr oder weniger abhängig waren. Es ist hier nicht der Ort, die Gewerbezweige im einzelnen zu schildern, ihren Aufstieg oder Niedergang zu behandeln. Vielmehr ist zusammenfassend festzustellen, daß sich zwar einige Kleinindustrien halten konnten oder gar florierten, insgesamt jedoch vor allem nach 1750 ein Verfall eintrat, der auf eine Vielzahl von Faktoren, vor allem aber auf die höhere, zum Teil auch technologisch bedingte Wettbewerbsfähigkeit und den hier schon genannten Protektionismus der Nachbarn zurückzuführen ist. Die arbeitsintensive Textilindustrie und die ihr anverwandten Betriebe Hollands bekamen die Folgen schon früh zu spüren, und in der zweiten Jahrhunderthälfte betraf dies auch die Region Twente, die bis dahin durchaus noch einen Aufschwung erlebt hatte. Die Textilstädte Leiden, Harlingen und Haarlem verloren eine wesentliche Existenzgrundlage mit allen sozialen Konsequenzen. An ihre Stelle traten die Niedriglohn-Regionen von Staats-Brabant und Verviers. Die 'Verfallstendenz', die als solche auch empfunden wurde, hatte ihre Konsequenzen und sichtbaren Anzeichen. Arbeitslosigkeit und Armut scheinen in der hier beschriebenen Phase das Bild der niederländischen Städte beherrscht zu haben. Die meisten zeitgenössischen Berichte stammen zwar aus den 70er Jahren, aber es liegen auch frühere Zeugnisse vor. Mit Schmerz konstatierte da 1752 der Utrechter Seidenfabrikant van Mullem, daß so viele Arme unter dem Niedergang des Gewerbes litten und in Armut leben mußten. Das Periodikum ›De Opmerker‹ bemerkte 1772: „Unsere Städte wimmeln von abgerissenen Leuten", 1776 fügte ›De Vaderlander‹ hinzu, daß der größte Teil der Einwohner der Repu-

[15] Zitat bei S. Schama, Patriots and Liberators. Revolution in the Netherlands 1780–1813. New York 1977, S. 31.

blik in tiefster Armut lebe und keine Möglichkeit sehe, ans tägliche Brot zu kommen.[16] Es ließe sich noch eine Vielzahl von ähnlichen Beobachtungen anführen. Typisch ist für alle Beschreibungen ein hohes Maß an Einsicht in die Ausweglosigkeit aus der Misere, die sich durch den starken Preisanstieg noch erheblich verschlimmerte. Dabei dürfte kaum ein Unterschied zwischen Städten und plattem Lande bestanden haben. In Twente zählten 50 bis 60 v.H. der Bevölkerung zu den Paupers. Tausende sollen in Schweineställen, Hütten oder Schuppen von geringsten Abmessungen gelebt haben. Starke Emigrationsbewegung, einfaches Vagabundieren und Bettelei prägten das soziale Bild der Zeit in allen Provinzen. Simon Schama stellt fest, daß Bettelei zum öffentlichen Problem erster Ordnung herangewachsen sei und nicht mehr zur leicht zu verdeckenden sozialen Abweichung gezählt habe. Es ist typisch, daß das Periodikum ›De Borger‹ in eben jener Zeit bemerkt, daß es bald in der Republik nur noch zwei Klassen gebe: Rentiers und Bettler.[17] Damit wird eine weitere Komponente angesprochen, die nicht übersehen werden sollte: Die wachsende Diskrepanz zwischen arm und reich. Dabei ging es auf der 'Armen'-Seite nun nicht mehr nur um jene Gruppen der Bevölkerung, die wirtschaftlich bis dahin ohnehin unstabil gelebt hatten, vielmehr zählte zu dieser 'Klasse' auch vermehrt der 'Mittelständler', der im Zuge des Verfalls seine Existenzgrundlagen verloren hatte. Auf der Seite der Reichen standen dann jene ehemaligen Kaufleute, die sich aus dem Warengeschäft zurückgezogen hatten und sich nunmehr voll dem Bankiers- und Emissionsgeschäft widmeten, ihren Profit dabei nicht auf dem Binnenmarkt mit seinen niedrigen Zinssätzen einheimsten, sondern ihr Geld als Anleihen ins Ausland – mit entsprechend höheren Gewinnaussichten – transferierten. Der Eindruck von der sozialen Unerträglichkeit arbeitslosen Einkommens nahm, wie Johan de Vries festgestellt hat, mit der Verbreitung und Intensivierung der Armut zu.

[16] Alle Zitate nach J. de Vries, De economische achteruitgang der republiek. In: Economische ontwikkeling en sociale emancipatie, I, S. 188.

[17] Dazu Schama, Patriots, S. 41 ff. Zitat aus ›de Borger‹ auf S. 43.

3. *Die Bewegung der 'Patrioten'*

Es ist leicht vorstellbar, daß die derart an der glorreichen Vergangenheit hängende, mit ihr lebende und daraus auch ihr Bewußtsein von der eigenen Qualität beziehende Republik sich angesichts solcher Entwicklung schockiert gab, und es ist von daher verständlich, daß eine Bewegung heranwuchs, die aus Selbstbewußtsein und Kenntnis der Vergangenheit heraus, aber auch unter dem Einfluß der aufklärerisch-moralisierenden Strömungen der Zeit und schließlich auch aus Einsicht in wirtschaftliche Notwendigkeiten für moralische Ertüchtigung und wirtschaftlichen Neuaufbau eintrat: Die Bewegung der 'Patrioten'. Es ist sicherlich zeitcharakteristisch und zeigt die Verquickung von Wirtschaft und dem Ruf nach neuer Politik, wenn bei einem Akademie-Wettbewerb der 'Holländischen Gesellschaft für Wissenschaften' ('Hollandsche Maatschappij voor Wetenschappen') das Thema gestellt wurde, wie denn die Wirtschaft der Republik wieder kuriert werden könne. Als Preisträger ging H. H. van den Heuvel aus dem Wettbewerb hervor. Er war einer der wichtigsten Vertreter der 'Ökonomisch-Patriotischen Bewegung' ('Oeconomisch-Patriottische Beweging') und betrieb die Gründung einer 'Abteilung Wirtschaft' in der obengenannten 'Hollandsche Maatschappij'. Wenngleich 'ökonomische' und 'politische' Patriotenbewegung nicht miteinander identifiziert werden können, war beiden Strömungen doch die Klage über die jeweiligen Strukturen gemeinsam.

Aber es bedurfte anderer äußerer Anstöße, ja es bedurfte eigentlich erst der Feindbildformung, ehe echte Parteiungen mit dem Ziel der Umsetzung politischer Konzeptionen zustande kamen. Es bot sich recht eigentlich nichts anderes an als der seit nunmehr 200 Jahren die Innenpolitik bestimmende Gegensatz zwischen Statthaltern und Regenten; in den 80er Jahren allerdings sollte dieser Gegensatz sich komplexer und zugleich differenzierter entwickeln, in fortgeschrittener Form anknüpfen an die Bewegung von 1747/48. Es mochte nach dem Regierungsantritt Wilhelms V. (1766) zunächst noch einige Jahre ruhig sein, da nach dem europäischen Frieden von Hubertusburg 1763 der Handel wieder aufblühte und ohnehin eine kurzzeitige Belebung der Konjunktur eintrat, aber der nordamerikanische Unabhängigkeitskrieg brachte doch eine Verschärfung der alten politischen Gegensätze ins Spiel, die zum einen zwar über den alten Leisten des Gegensatzes zwischen Statthaltern und Oligarchen in seinen außenpolitischen Ausformungen geschlagen wurden (Parteinahme für England bzw. Frankreich), zum anderen jedoch durch die Einführung prinzipieller, d. h. vornehmlich naturrechtlicher Erwägungen eine neue Komponente erhielten, die recht eigentlich den alten Gegensatz, der nun schon seit Bestehen der Republik das Feld beherrschte, einigermaßen obsolet machte. Sicherlich, im Zuge der nie abflauenden Diskussion überwog die alte Argumentation des einfachen Für und Wider statthalterlicher oder regentenoligarchischer Regierung; zuletzt hatte sich das noch in der Auseinandersetzung zwischen Pieter Paulus und Simon Stijl gezeigt – beides Politiker, die mitten in der 'Patrioten'-Bewegung standen und später in der Batavischen Republik eine politische Rolle spielten. Einen neuen, die europäisch-atlantische Gedankenwelt der Zeit zusammenfassenden Ton brachte aber der aus adligem Geschlecht Overijssels stammende und dem Aufstand der Amerikaner sehr zugetane J. D. van der Capellen tot den Poll in die Diskussion, der 1781 in den Niederlanden seine Flugschrift ›An das Volk der Niederlande‹ (›Aan het Volk van Nederland‹) verteilen ließ. Zwar fehlt dem Overijsseler Adligen die Stringenz der Forderung, da er sich im Hinblick auf Konstitution allzusehr dem historischen Recht der Oligarchie verbunden fühlte, aber immerhin wollte er das Institut des Petitionismus eingeführt wissen – und dies wohl nicht nur aus taktischem Opportunismus, sondern aus Prinzip, das selbst in dieser schmalen Forderung auf jeden Fall in Richtung auf ein Mehr an Demokratie zielte. Van der Capellens Flugschrift enthielt allerdings insofern ein hohes Maß an Widersprüchlichkeit, als zwar von der niederländischen Nation die Rede war, eine Forderung nach konstitutioneller, den Partikularismus überwindender Entsprechung aber ausblieb. Darüber hinaus aber zeigte die Flugschrift etwas von der anfänglichen Heterogenität der 'Patrioten'-Bewegung, die sich rasch herauskristallisierte und nicht mehr ohne weiteres überwinden ließ. Als van der Capellens Schrift erschien, war die Bewegung – nach Ausbruch des Vierten Englischen Krieges – schon in Gang gekommen, eine Bewegung, die C. H. E. de Wit als Aufstand gegen den Patron bezeichnete.[18] Jene, die die statthalterlichen Befug-

[18] An dieser Stelle sei verwiesen auf die beiden großen Untersuchungen von C. H. E. de Wit, De strijd tussen aristocratie en democratie in Nederland,

nisse etwa bei der Zusammensetzung der städtischen Regierung, aber auch ganz allgemein als zu weitgehend ansahen, waren angesichts der ersten Niederlagen im englischen Krieg nur allzu gern bereit, das Regierungssystem, und darunter verstand man das Patronagesystem mit dem Statthalter als 'Patron', als schuldig anzuprangern. Sie nannten sich 'Patrioten' – ein Begriff, der nicht neu war in der Geschichte der Republik und schon gut drei Jahrzehnte zuvor plakatiert worden war. Jedoch: damals hatten die Anhänger des Statthalters sich seiner bedient, nunmehr übernahmen ihn die Regenten-'Patrioten' und argumentierten gleichsam kraft eigenen Rechts. Der Statthalter als Patron konnte aus ihrer Sicht nur ein historisches Mißverständnis sein. Die Rollen gehörten anders, ja umgekehrt verteilt. Angesichts der tatsächlichen Kräfteverhältnisse erschien es notwendig, auch die breiteren Bürgerschichten zu mobilisieren. Eine oligarchische Elite als Führer einer demokratischen Bewegung! Das war neu, aber eben auf Dauer nicht haltbar, zumal auch unter den Regenten unterschiedliche Meinungen über die 'demokratische' Taktik bestanden. Auf jeden Fall schlossen am 4. Oktober 1783 32 Regenten-'Patrioten' aus Holland, Utrecht, Overijssel und Friesland sich in einem Gremium zusammen, das eine verfassungsrechtliche und verfassungspolitische Studie in Auftrag gab, die 1784 in erster Auflage erschien und van der Capellens Gedanken aufnahm. Der Begriff 'Volkssouveränität' war dieser Schrift ebensowenig fremd wie der Hinweis auf oligarchische Mißstände oder Übergriffe. Aber unter Beibehaltung der überkommenen Trennung zwischen Regenten und 'Normalbürgern' blieb die Erweiterung der 'bürgerlichen' Mitbestimmung auf Petitionen beschränkt. Der Gegenzug der statthalterlichen 'Partei' zwang allerdings die Regenten zu weiteren Zugeständnissen: Dort, wo es den Statthalterlichen gelang, Unterschichten mit der Oranienkokarde gegen die 'bürgerliche' Bewegung in Gang zu setzen, erhielten die Bürger seitens der Regenten das Zugeständnis der Freikorpsbildung und Bewaffnung. Und eben hier lag für die oppositionellen Regenten das eigentliche Problem. Mochte man einerseits in Zusammenarbeit mit den Bürgern in den Städten die statthalterlichen Rechte beschneiden können, so war

1780–1848. Kritisch onderzoek van een historisch beeld en herwaardering van een periode. Heerlen 1965 sowie De Nederlandse revolutie van de achttiende eeuw 1780–1787. Oligarchie en proletariaat. Oirsbeek 1974.

andererseits abzusehen, daß die breite Unterstützung durch den demokratisch gerichteten Flügel der Bewegung eine Eigendynamik entwikkeln und sich auf Dauer nicht einspannen lassen würde, um den Regenten lediglich aus dem Patronagesystem herauszuhelfen gegen das geringe Entgelt des Petitionismus. C. H. E. de Wit hat vermerkt, daß diese allmählich durch die Freikorps über eine erkleckliche militärische Macht verfügenden Bürger dem Wort vom 'Patrioten' einen anderen Inhalt beigaben.[19] Was in der Republik 'demokratisch' genannt wurde, das hieß in Frankreich oder den Vereinigten Staaten 'republikanisch'. Die Regenten-'Patrioten' begriffen sehr wohl, von welch politischer Gangart der Koalitionspartner war, und dieser ließ sich auf dem Weg über die Pressezensur zunächst wohl noch in seinen Aktivitäten einengen und ausschließlich als Helfer im Kampf gegen das Patronagesystem einspannen. Auf Dauer aber ließ er sich kaum unterdrücken. Der Vergleich mag hinken, schon quantitativ kaum eine Basis haben, auch die Akteure waren andere, aber diese Situation der 80er Jahre ähnelt jener Bewegung des nachfolgenden Jahrhunderts in Europa, in der das Bürgertum sich endgültig gegen die Adelsaristokratie durchzusetzen vermochte und schon das Proletariat im Nacken spürte. In jenem bürgerlichen, zeitgenössisch als 'demokratisch' bezeichneten Flügel der patriotischen Strömung wurde das System als Ganzes zur Diskussion gestellt. Da ging es nicht nur um Statthalter oder Regenten. Das System bedurfte struktureller Erneuerung. Der 1784 beendete Krieg gegen England mit seinen horrenden Verlusten, der starke Verfall zahlreicher Wirtschaftszweige mit geringen Aussichten auf Besserung vor allem im Gewerbesektor wurden gedeutet als Verfall des Systems generell. 1785 schlossen sich dann die inzwischen gebildeten Freikorps in Utrecht zu einer nationalen Föderation zusammen. Die bei dieser Gelegenheit veröffentlichten politischen Pläne enthielten die Forderung nach der echten republikanischen Regierung. Das meinte praktisch die Ablösung der 'ware vrijheid', denn verlangt wurde eine Volksregierung als Ergebnis eines repräsentativen Wahlverfahrens. Der Statthalter war nicht ausgeschaltet. Vielmehr forderte ein Leidener Papier aus demselben Jahr eine repräsentative Volksregierung und ihr untergeordnet eine erbliche Statthalterschaft, gebunden an das Haus Oranien. Das alles mochte we-

[19] S. vor allem C. H. E. de Wit, De Nederlandse revolutie, S. 60ff.

nig sein, aber man sollte sich klarmachen, daß die Republik zu diesem Zeitpunkt auf dem Kontinent sich als erste – vor Frankreich noch – auf den Weg der politischen Modernisierung begab. Gewiß, man darf solcherlei patriotisch-demokratisch-republikanische Bewegung in ihrer Bedeutung nicht überschätzen, aber es ist doch festzustellen, daß in ihr die Wurzeln des fast ein Jahrhundert später voll durchgesetzten Konstitutionalismus zu finden sind.

Die Bewegung erschöpfte sich nicht in bloßer papierner Demonstration. In der Stadt Utrecht, ohnehin nie eine der ruhigsten, gelang es ihren Anhängern, ein revolutionäres Regime einzusetzen, nachdem sie zuvor noch zusammen mit den städtischen Regenten den Statthalter seiner Patronagerechte für verlustig erklärt hatten. In der Provinz Holland drohte eine ähnliche Entwicklung, die nur durch den Einmarsch preußischer Truppen gebrochen werden konnte. Aber noch ehe die preußischen Truppen eintrafen (Sept. 1787), brachte ein Ausschuß bewaffneter Bürger in Woerden noch eine Provinzialversammlung in Amsterdam zusammen. Der für diese Versammlung vorbereitete, aber nicht mehr beratene Plan sah in Artikel 26 eine nationale Repräsentation in einer Volksversammlung vor, die beschickt wurde aus allen Provinzen und Generalitätsländern. Zugleich wurde vorgeschlagen, das Haus Oranien auszuschalten. Das überrascht zu diesem Zeitpunkt nicht mehr. Daß zudem wenige Wochen zuvor ein Antrag der Stadt Haarlem bei den Provinzialständen, einen größeren politischen Einfluß breiterer Schichten festzuschreiben, auf dilatorische Taktik stieß (eine eigens für die Beratung eingesetzte Kommission ließ nichts von sich hören), zeigt, daß sich bis 1787 die Bewegung der 'Patrioten', die ohnehin niemals eine echte Einheit gewesen war, vollends auseinanderdividiert hatte. Bis dahin befanden sich die Regenten-'Patrioten' in einer Situation, die der französische Botschafter François Verac als eine Lage zwischen der Scylla der statthalterlichen Patronage und der Charybdis demokratischer Umwälzung, als eine „embarras extrème“[20] bezeichnete und in der sie sich größtenteils für die Rückkehr unter statthalterliche Obhut entschieden. Daß hierdurch eine Schwächung der patriotischen Bewegung insgesamt erfolgte, ist einsichtig, wie darüber hinaus festzustellen ist, daß in den regelmäßigen Zusammenkünften der bürgerlichen Freikops

[20] Nach Schama, Patriots, S. 118.

der Kern einer Institutionalisierung der Einheit auf Landesebene beschlossen lag, diese Einheit auch voll beabsichtigt war, de facto jedoch die Stärke der Freikorps in den einzelnen Provinzen zu unterschiedlich blieb. Was in Utrecht erreicht wurde, in der Stadt mit einer 'demokratischen' Tradition und 70 Zünften, das blieb etwa in Geldern völlig aus, da hier der Adel eine starke Stellung einnahm und oranientreue Interessenpolitik trieb. Mit Hilfe einiger Regentenfamilien gelang es hier, die demokratische Bewegung von politischen Erfolgen abzudrängen, wenngleich das nicht ohne Unruhen in einzelnen Städten (Zutphen, Arnheim) ablief. Möglichkeit der Petition und des Protests, so lautete das obligarchisch-adlige Zugeständnis. In Overijssel, jener Provinz, in der die Provinzial- und Lokalinstanzen fast völlig vom Statthalter abhängig und entsprechend oranientreu besetzt waren, kontrollierte die von Beginn an gegen das Patriziat gerichtete Bewegung der 'Patrioten' die Städte Zwolle, Kampen und Deventer, aber festen Fuß vermochte sie auch hier nicht zu fassen. In Friesland hatte die patriotische Bewegung zwar sehr heftig eingesetzt, sie spaltete sich jedoch bald in eben die Regenten-'Patrioten' und eine 'demokratische' Minderheit. Gerade für die Provinz Friesland ist jene schon mehrfach genannte Heterogenität der Bewegung deutlich zu verfolgen. In Seeland bekam sie wie in Geldern keinen Fuß auf die Erde. Die traditionsreiche Bindung der Provinz an das Haus Oranien setzte sich durch und äußerte sich in jenen unruhigen Monaten von 1786/87 in sozialen Konflikten, in denen sich Seeleute und Fischer tätlich an Personen und Eigentum des städtischen Patriziats vergriffen. So ergibt eine einfache Addition, daß im Sommer 1787 zwei Provinzen der patriotischen Bewegung (Holland, Utrecht) und zwei der statthalterlichen Partei (Geldern, Seeland) anhingen, während die Lage in zwei anderen zunächst noch unentschieden (Overijssel, Friesland) blieb.

In diesem Zusammenhang ist auf die Statthalter-Partei hinzuweisen. Es wäre falsch, sie zum homogenen Block zu stempeln. Während die Heterogenität der 'Patrioten'-Bewegung ihre Ursachen in der Verschiedenheit der herrschenden Prinzipien und Ziele hatte, lebte die Gruppierung der Oranienfreunde nicht nur von der Anhänglichkeit des Adels oder einiger oranientreuer Regenten-Faktionen, sondern schließlich auch vom elitären Bewußtsein jener Regenten, denen die patriotische Bewegung über ihr gelebtes patrizisches Prinzip allzu demokratisch hinausschoß, und schließlich auch von den sozialen Konflikten der Zeit, die verschärft hervortraten. In den Unterschichten, die den Verfall einzelner Wirtschaftssektoren am ehesten spürten und die in Oranien-Kreisen opportunistisch 'das wahre Volk' genannt wurden, lag die eigentliche Rekrutierungsbasis. Motivation bot dort der soziale Gegensatz und die daraus sich ergebende Identifikation wirtschaftlicher und auch militärischer Misere mit dem Herrschaftsanspruch der bürgerlichen Schichten. Für eine Differenzierung zwischen Regenten und den bürgerlich-demokratischen Freikorps war da kein Raum. Darüber hinaus genoß die statthalterliche Partei die volle Unterstützung Englands, vertreten durch den Haager Gesandten J. Harris (Graf Malmesbury) – und Unterstützung meint hier ja nicht nur politische Initiative, um die Oranientreuen zusammenzuschließen und -zuhalten, sondern weist auch auf erheblichen finanziellen Aufwand, darunter Bestechungsgelder. Die englischen Motive zu dieser Handlungsweise sind sicher zuallerletzt bei den verwandtschaftlichen Beziehungen zum statthalterlichen Haus zu suchen, vielmehr ging es schlicht um die Wiedergewinnung britischen Einflusses, um wachsenden französischen Einfluß in der Republik abzuwehren. Dies glaubte man am ehesten über das Patronagesystem und seine Verfechter erreichen zu können. Wenngleich nun Harris von London her ein gewisses Maß an Zurückhaltung auferlegt worden war und wenngleich die orangistische Partei an der Basis aus originär niederländischen Quellen schöpfte, die außenpolitischen Gegebenheiten erforderten intensive Unterstützung, wenn man – wie Harris das sah – die Republik nicht zu einer französischen Provinz sich auswachsen lassen wollte. Tatsächlich zog Frankreich eine Unterstützung der 'Patrioten' vor, schreckte allerdings dort zurück, wo 'Demokratisches' sich als allzu erfolgreich erwies. Harris dürfte auch den Mund zu voll genommen haben, wenn er von der Möglichkeit eines Volksaufstandes sprach, dessen Träger Bürger und Bauern sein würden. „Wenn es tatsächlich zu etwas Gutem führen würde und wenn ich nur die geringste Aussicht auf Erfolg sähe, bräuchte ich nur den Finger zu heben, um eine Volkserhebung zu entfachen. Mehr als die Hälfte der Bürger dieser Provinz [gemeint ist Holland] und die gesamte Bauernschaft ist reif für den Aufstand.“ [21] Auf jeden Fall erschien ihm Hilfe seitens einer aus-

[21] C. H. E. de Wit, De Nederlandse revolutie, S. 87.

wärtigen Macht als geeignetes Instrument, und diese Hilfe von außen sollte wohl über finanzielle Unterstützung hinausgehen.

Im Sommer und frühen Herbst von 1787 trieb der Konflikt auf den Höhepunkt und nahm endgültig bürgerkriegsähnliche Formen an. Entschieden allerdings wurde er durch Intervention von außen: durch preußisches Militär. Es ist hier nicht der Ort, nach der außenpolitischen Motivation Preußens zu fragen, festzustellen ist lediglich, daß England schon seit geraumer Zeit auf preußische Mitwirkung setzte, und festzustellen bleibt auch, daß Preußen schließlich den Zwischenfall von Goejanverwellesluis (Juni 1787), bei dem der oranischen Prinzessin Wilhelmina, einer Tochter des Hohenzollernhauses, die Durchreise nach Den Haag versperrt wurde, zum Anlaß nahm, militärisch zu intervenieren. Zweck der Reise war es gewesen, in Den Haag die Flagge des Statthalters zu hissen. Die orangistische Strategie zielte auf Nutzung einer etwaigen preußischen Intervention zugunsten eines authentischen Aufstandes der Unterschichten für das statthalterliche Haus. Orangisten, Preußen und England haben diese Schritte genau vereinbart. Die orangistische 'Konterrevolution' mit dem 'Proletariat' als dem Hauptträger wurde in den der Intervention vorausgehenden Monaten in zahlreichen Orten geprobt. Die Orangisten setzten sich auch ein Ziel; das lautete: Wiederherstellung der Herrenrechte (Rechte des Patriziats) und Restitution der Provinzialrechte, und das hieß Betonung der republikanischen Provinzialsouveränität. Man mache sich klar, daß es den 'Patrioten' demokratischer Observanz auf eine zentrale repräsentative Institution ankam. Wenn die orangistische Seite betonte, daß mit Bedrohung der Regentenrechte und der Provinzialhoheit die Grundlage der republikanischen Freiheit bedroht sei, dann war diese Behauptung insofern nicht abwegig, als dies seit dem Aufstand gegen den spanischen König tatsächlich die Regierungsgrundlage gewesen war, die sich gewiß nicht in jeder Phase als funktionsuntüchtig erwiesen hatte. In der Betonung der Provinzialhoheit und der – wenn man so will – regentistischen Souveränität handelte es sich nur um die konsequente Fortschreibung alter Strukturen, die in der die Provinzgrenzen überschreitenden patriotischen Bewegung der 'Demokraten' nunmehr überwunden werden sollte, ohne daß dies allerdings als bewußter Akt der Moderne gegenüber der Vergangenheit begriffen wurde. Der Zweifel am patrizischen Herrschaftsanspruch und die Einebnung der Provinzialstruktur machten zusammen das Neue der Bewegung aus, die letztlich unterstrich, daß eine im wesentlichen auf der Tradition des Handels beruhende Wirtschaftspolitik und -struktur allein keinen Herrschaftsanspruch mehr begründen konnte.

Die Probe der 'Konterrevolution' begann in Geldern – angesichts der für die 'Patrioten' ungünstigen sozialen Voraussetzungen der Provinz ein logischer Ausgangspunkt. Hier hatte das patriotisch eingestellte städtische Patriziat den Freikorps zu seinem Schutz gegen die Unterschichten eine klare Rechtsstellung eingeräumt. Viele Regenten waren jedoch inzwischen schon umgeschwenkt, die Freikorps in ihrer Entwicklung gehemmt durch die Anwesenheit von Söldnern der Provinz in den einzelnen Städten. Die Befehlshaber jener Söldner waren es vermutlich auch, die gegen Beträge aus der englischen Anleihe für die Provinz (500 000 Gulden) etwa in Zutphen begannen, vorher bestimmte Häuser zu zerstören und zu plündern, mit Hilfe einer kleinen Gruppe von Vertretern der Unterschichten. Es waren die Häuser von Freikorpsleuten. Der Stadtrat hob daraufhin die Freikorps auf, und der Anführer solcher Aktion ließ das Ganze in der Berichterstattung unter 'spontane Volkserhebung' laufen. Nach diesem Schema verliefen Aktionen in Doesburg, Arnheim, Nimwegen. Nur die Akteure und Organisatoren wechselten. Liebe und Anhänglichkeit des Volkes zum Hause Oranien füllte die offizielle Version, oder, wo dies als allzu durchsichtig erschien, gab man die Bedrohung der Garnisonen als Motiv an. In anderen Städten Gelderns gelang es aufgrund der vorhergehenden Ereignisse in der Nachbarschaft, die Freikorps widerstandslos zu entwaffnen.

Geldern war sicherlich ein voller Erfolg, aber nicht die ganze Sache. Und in Holland erreichte man nichts, da das feingesponnene Spiel der 'Konterrevolution' durch den Zwischenfall bei Goejanverwellesluis durchkreuzt wurde – vorläufig zumindest. Von der konterrevolutionären Probe ist oben gesprochen worden. Tatsächlich wiederholte sich dies alles nach dem Vordringen der preußischen Truppen im September 1787. Die holländischen Stände hatten das preußische Ultimatum, der Prinzessin die Durchreise nach Den Haag freizugeben, unter dem Druck der Freikorps abgelehnt. Gorinchem, die stärkste Festung der Provinz, wurde von den Preußen eingenommen. Sofort kamen die Unterschichten unter dem Schutz der preußischen Truppen in Aktion gegen die Bürger. Es lief ab, wie vorher geplant. Bürger der Stadt wurden von den

Truppen nach Preußen deportiert. Gorinchem gab wiederum nur das Modell für den gleichen Ablauf in anderen Städten. In Seeland verlief alles ähnlich nach Zusammenarbeit zwischen Unterschichten und Garnisonen. Am 20. September 1787 war der zuvor, 1785, aus Den Haag nach Nimwegen abgereiste Wilhelm V. in der Residenz zurück, die Revolution der 'demokratischen Patrioten' beendet. Das Patronagesystem wurde wieder eingeführt, der Statthalter eben wieder in alle Befugnisse der vorpatriotischen Zeit eingesetzt. Der Aufstand von 1747/48 lebte fort.

Amsterdam blieb zunächst noch eine letzte Bastion des Widerstandes und Zufluchtsort der demokratischen Patrioten. Die Stadt wurde befestigt. Die letzte Provinzialständeversammlung vom 17. September wies Person und Ansprüche Wilhelms V. noch einmal voll zurück und plädierte für eine Nationalversammlung ('Nationale Vergadering'), die die Republik neu konstituieren sollte. Die Stadt Amsterdam selbst fiel nach zehntägiger Belagerung am 10. Oktober den preußischen Truppen in die Hände. Im Zuge der Wiedereinsetzung des Statthalters in Amt und Rechte erwiesen sich der Engländer Harris und die preußischen Truppen als wertvolle Stütze. Es begann die Zeit der Repression. Die Presse wurde mundtot gemacht, alle patriotischen Vereinigungen geschlossen und die Freikorps natürlich aufgelöst. Alle Instanzen wurden von 'Patrioten' und deren Sympathisanten gesäubert. Wer nicht flüchtete, wurde verhaftet. Brand und Plünderung waren an der Tagesordnung. Tausende gingen außer Landes. Viele begaben sich in die österreichischen Niederlande, nach Brüssel oder Antwerpen, oder sie gingen nach Frankreich, wo sie um Asyl baten. In Dünkirchen, Graveline und St. Omer bildeten sich von 'Patrioten' bewohnte Stadtteile. Manche begaben sich auch in die Vereinigten Staaten in der Hoffnung, dort ihren patriotisch-demokratischen Idealen leben zu können. Sehr richtig schreibt Schama dazu: „Es war vielleicht voller Ironie, daß die niederländische Republik, die in Europa als der politische Zufluchtsort par excellence gefeiert wurde, die Bürger ihres Landes zu Flüchtlingen machte.“[22] Und Mirabeau schrieb von einem Tag der Trauer für Europa. Dazu sei – ausführlicher – noch ein anderes Urteil angeführt. R. R. Palmer, amerikanischer Historiker, der es in einer umfangreichen Monographie

[22] Schama, Patriots, S. 131f. Zu Mirabeau ebd. S. 132.

unternommen hat, die Revolutionen der zweiten Hälfte des 18. Jahrhunderts im gegenseitigen Zusammenhang als einander höchst verwandte Ereignisse zu sehen, weist die Niederlage der demokratischen Patrioten vornehmlich der militärischen Unterlegenheit zu. Er schreibt: „Wenn diese Vorgänge etwas beweisen, so vielleicht die Tatsache, daß keine Revolution des Mittelstandes allein, keine rein bürgerliche Revolution Erfolg haben konnte. Rechtsanwälte, Bankiers, Kaufleute, Ladenbesitzer, Studenten und Professoren allein konnten nicht die Mächte absetzen, in deren Händen die politische Gewalt lag. Sie hatten getan, was sie tun konnten. Sie und ihre Söhne hatten zu den Waffen gegriffen, sich militärisch schulen lassen, sie hatten in Irland, Holland, Belgien und Genf bewaffnete Kompanien oder Nationalgarden gebildet. In Holland und Genf waren sie durch reguläre einheimische oder fremde Truppen besiegt worden. Einer der Gründe hierfür war der Mangel an Erfahrung im Militärdienst und militärischer Führung in den bürgerlichen Kreisen ... Ein weiterer Grund für die Niederlage der Demokraten lag zum mindesten in Holland, Belgien und Genf darin, daß dies unglücklicherweise kleine Länder waren, die für eine Intervention vom Ausland her keine großen Hindernisse boten." [23]

4. *Ergiebigkeit des Neutralitätskurses und Positionsverlust in der Außenpolitik*

In der Beschreibung der letzten Wochen des patriotisch-demokratischen Aufstandes ist englisches, preußisches, französisches Interesse an ganz bestimmten Verhaltensweisen der Republik in der Außenpolitik angedeutet worden. Zur völligen Bedeutungslosigkeit dürfte die Republik demnach in der gut sieben Jahrzehnte alten außenpolitischen Neukonstellation nach dem Spanischen Erbfolgekrieg nicht herabgesunken gewesen sein. Auf jeden Fall aber gehörten die bewegten Jahre des 17. Jahrhunderts, in denen die Republik gleichsam zentraler Ort europäischer Außenpolitik gewesen war, der Vergangenheit an. Verpflichtungen der Art, wie sie zuletzt der König-Statthalter Wilhelm III. noch

[23] R. R. Palmer, Das Zeitalter der demokratischen Revolution. Frankfurt am Main 1970, S. 397.

mit seiner Allianzpolitik gegen Frankreich eingegangen war, ließen sich nicht mehr übernehmen, da der Spanische Erbfolgekrieg die Republik finanziell total überfordert hatte. Einen Großteil der Staatseinnahmen schluckten schon die Zinsen der Anleihen. Das niederländische Steuersystem war zu unausgeglichen, als daß auf diesem Wege ein Ausgleich möglich gewesen wäre. Das hatte insgesamt eine starke Reduzierung der Truppenstärke zur Folge. Die Jahre nach dem Spanischen Erbfolgekrieg waren außenpolitisch auch eine Phase der Ruhe, in der sich die Republik den Dingen im eigenen Hause widmen konnte; Außenpolitik wurde nur noch mit größter Vorsicht betrieben. Die Politiker in Den Haag oder in den tonangebenden Städten mischten außenpolitisch eben nur dort noch mit, wo eine Konstellation sich ausdrücklich zu ihrem Vorteil dartat – so etwa beim Beitritt zur englisch-französischen Allianz im Januar 1717. Die Tripelallianz diente dazu, das unruhig gewordene, weil auf Revision der Utrechter Regelungen zielende Spanien im Zaum zu halten. Wenn so die Bestimmungen von Utrecht garantiert, die protestantische Nachfolge in England gewahrt und die Barriere-Regelung in den österreichischen Niederlanden erhalten blieben, dann waren das eben die Ziele, die die Republik sicherstellen wollte. Wie sehr hautnahe Betroffenheit das wichtigste Erfordernis eines etwaigen republikanischen Engagements war, zeigt doch das Zögern der Republik, einer Allianz zwischen Kaiser, Frankreich und England beizutreten, die geschlossen wurde, als Spanien eine Revision von Utrechter Bestimmungen im Mittelmeerraum forderte (1718). Man wollte auf keinen Fall die guten Handelsbeziehungen mit den spanischen Besitzungen in Nord- und Lateinamerika unnötig ins Gedränge bringen. Solche dem unmittelbaren, gleich greifbaren Vorteil verpflichtete Außenpolitik zeigte sich auch, als die europäische Politik durch neue Allianzbildung wieder in Bewegung kam und sich eine grundsätzliche Änderung in der Stellung der südlichen Niederlande abzuzeichnen drohte. Als der Kaiser und Spanien in der Wiener Allianz (April 1725) zusammentraten, schlossen sich postwendend Frankreich, England und Preußen im September 1725 in Hannover zusammen und luden die Republik zum Beitritt ein. Den Haag zögerte nicht, bedang sich jedoch die Unterstützung der Allianzpartner bei seinen Bemühungen aus, die Ostindische Kompanie von Ostende zu liquidieren, die sich – seit 1723 bestehend – zu einer konkurrenzkräftigen Gesellschaft vor allem im Kolonialhandel entwickelt hatte. Für England war es ein leichtes, hier zuzusagen. Preußen jedoch, das allein an einer Regelung mit dem Kaiser wegen Jülich und Berg interessiert war, gingen solche Forderungen zu weit. Es trat aus der Allianz aus. Die Niederlande brachten ihrerseits eine Erhöhung der Truppenstärke auf 20 000 Mann sowie eine Erweiterung des Flottenbestandes um 18 Schiffe ein.

Eine solch eindeutige Stellungnahme zugunsten dieses Blocks gegen die kaiserlich-spanische Allianz täuscht nicht darüber hinweg, daß es der Republik vor allem jedoch auf friedliche Lösungen, außenpolitische Stabilität ankam, bei der ihr aus innen- und finanzpolitischen Erfordernissen notwendiger Neutralitätskurs nicht überstrapaziert wurde. Es entsprach diesem Neutralitätskurs, wenn der Ratspensionär der Republik, van Slingelandt, auf dem Kongreß von Soissons 1728/29 ein Memorandum einbrachte unter dem Titel ›Pensées Impartiales et Pacifiques‹, in dem es ihm gerade um die Herstellung einer solchen Stabilität ging. Der Ratspensionär scheint in den Regelungen des Utrechter Friedens den Zustand des Gleichgewichts gesehen zu haben, den es zu erhalten galt. So kam es ihm konkret darauf an, von vornherein eine friedliche Regelung in der Frage der Pragmatischen Sanktion Karls VI. zu finden. Das heißt, er schlug vor, dem Kaiser die gewünschte Garantie zu erteilen. Solange dies nicht festgeschrieben war, ließ sich kaum ein Wechsel auf friedliche Lösung der österreichischen Nachfolge ziehen.

Aber letztlich stach das nicht. Die Verhältnisse unterlagen zu raschen Veränderungen, als daß sich ein Permanenzwert wie ‘Garantie’ ohne weiteres hätte festschreiben lassen. Permanent war in jenen Jahren recht eigentlich die Verschiebung der Fronten. So bot sich das Zusammengehen von Kaiser und Spanien als ein kurzlebiges Intermezzo, dem eine Krisis zwischen beiden folgte – mit Konsequenzen, bei denen die Republik Handelsvorteile erzielen konnte. Denn im Vertrag von Sevilla 1729 (England, Frankreich, Spanien, Republik) verpflichtete sich Spanien, dem Handel der Republik im Mittelmeerraum früher geltende Bedingungen wiederzugewähren, die dem niederländischen Kaufmann Vorteile gegenüber anderen Nationen verschafften. Die Republik erhielt im übrigen die Konzession, im Falle eines österreichisch-spanischen Krieges nur die Hälfte der von den anderen Vertragspartnern gestellten Hilfskontingente zu liefern. Darüber hinaus verpflichteten sich Frankreich und England, die Kompanie von Ostende auszuschalten. Schließlich garantierten die Vertragspartner bei einem Angriff auf die Republik eine Hilfe, die den Umfang der 'republikanischen' Verpflichtungen bei weitem überstieg. Tatsächlich boten sich noch weitere Vorteile an, als England und Österreich sich einander wieder näherten (Vertrag von 1731). Die Republik trat 1732 dem Vertrag bei, indem sie ebenso wie England die Pragmatische Sanktion anerkannte, dafür aber die Aufhebung der Ostender Kompanie zugesichert erhielt, die nun in eine bloße Finanzierungsgesellschaft umgewandelt wurde.

Festzustellen ist indes, daß sich in dieser Zeit der höchst aktiven Diplomatie ganz allmählich der alte Gegensatz Bourbon – Habsburg aus der Zeit des Spanischen Erbfolgekrieges und früherer Jahrzehnte wieder herausbildete. Da sich an der strategischen Konzeption der Republik bis dahin nichts geändert hatte, implizierte solcher Gegensatz potentiell eine Gefahr für die südlichen (österreichischen) Niederlande. In der Frage der polnischen Erbfolge hätte dies gleich schon zu erheblichen Schwierigkeiten insbesondere für den im vorhinein stipulierten Neutralitätskurs führen können. Französisches Vorpreschen hat die Republik jedoch der Problematik enthoben. Die Pariser Regierung bot den Haager Politikern an, die südlichen Niederlande im Falle eines französisch-österreichischen Krieges zu schonen als Gegenleistung für die Neutralität der Republik in einem solchen Fall. Zwei Dinge sind in diesem Zusammenhang festzustellen: Die französische Politik begriff sehr wohl, daß die österreichischen Niederlande noch immer die militärisch neuralgische Stelle niederländischer Außenpolitik waren; darüber hinaus aber konnte es für Den Haag kein besseres Angebot geben, da auf diese Weise die eigene, ohnehin stark strapazierte öffentliche Hand nicht durch Truppen- und Flottenvermehrung weiter in Anspruch genommen wurde. So kam es im November 1733 rasch zum französisch-niederländischen Neutralitätsabkommen. Im Falle eines künftigen Krieges war im übrigen nicht nur Schonung des eigenen Haushalts, sondern war auch – da eine Ausdehnung eines solchen Krieges auf den Mittelmeerraum zu erwarten stand – eine Mehrung des Handels der neutralen Macht in Sicht. England schloß sich übrigens bald an. Wie berechtigt es auch ist, die Misere der öffentlichen Finanzen und die Spekulation auf Handelsvorteile als die einzigen Motive niederländischen Verhaltens in diesem Augenblick zu benennen, dann bedeutete diese Politik der Republik immerhin die Begrenzung eines möglichen Krieges auf einen relativ engen Raum. Solcher Motivzusammenhang hat bei der niederländischen Neutralitätspolitik im spanisch-englischen Asiento-Krieg den Ausschlag gegeben (im 'asiento' von 1713 hatte England von Spanien das Monopol erhalten, Negersklaven nach Lateinamerika zu liefern). Die Republik verweigerte die von England aufgrund des Abkommens von 1678 gewünschte militärische Hilfe und rechnete sich für ihre Kaufleute bei der in Aussicht stehenden Aufhebung des Sklaventransportmonopols schlicht einen erheblichen Handelsprofit aus.

Im Österreichischen Erbfolgekrieg nun erwies sich für die Republik, daß man nicht in Permanenz dem eigenen Interesse und den Wünschen aller Antagonisten entsprechen konnte. Dieser Krieg, zunächst von Den Haag als Zuschauer beobachtet, begann sich dem Lande zu nähern, als Ludwig XV. sich entschloß, den Krieg gegen Habsburg auch in den österreichischen Niederlanden zu führen. Für die Regenten, die in der Geschichte der Republik bewandert waren, ein Schreckensbild, vor allem dann, wenn man die eigene Truppen- und Flottenstärke in Augenschein nahm und ganz besonders den wenig hoffnungsfrohen Zustand der südniederländischen Barrierestädte in Rechnung stellte. Maria Theresia zog große Truppeneinheiten für den Kampf gegen Preußen ab, und die Engländer benötigten ihre Soldaten im gleichsam internen Krieg gegen Bonnie Prince Charlie. Die Barriere – ohnehin nie etwas militärisch Überzeugendes – wies somit nicht einmal die im Barriere-Traktat vorgesehene Truppenstärke auf. Die Maßnahmen Habsburgs und Englands zeigten, daß für die Mächte die Interessen der Republik durchaus nicht in jedem Augenblick zählten. Jedenfalls entwickelte sich in den südlichen Niederlanden eine eigenartige Situation. Die Republik versuchte sich einem Land entgegenzustellen, mit dem sie nicht im Krieg lag, dem gegenüber sie vielmehr krampfhaft neutral hatte bleiben wollen, wenngleich sie aus dem Wiener Vertrag Habsburg unterstützen mußte und das auch tat. Dabei bewies sich ihre militärische Schwäche. Bei Fontenoy erlitt sie gegen die Franzosen im Mai 1745 eine empfindliche Niederlage. Sehr rasch folgte der Fall einer Reihe anderer Barrierestädte. Friedensbemühungen (Verhandlungen von Breda), zu deren Grundlagen die Wiederaufnahme des von Frankreich zwecks Pression aufgekündigten Meistbegünstigungsvertrages und ewige Neutralität der südlichen Niederlande zur Debatte standen, scheiterten am rigorosen Verhalten der Engländer, die zum einen ihre Vorteile in Übersee (Besitz des Vorpostens an der kanadischen Ostküste: Cap Breton) gegen Frankreich behalten und zum andern ihren Einfluß auf die inneren Angelegenheiten der Republik (Restauration statthalterlicher Gewalt) durchsetzen wollten. So sah sich die Republik 1747 mit folgenden Problemen konfrontiert: Heer und Flotte taugten nichts, da sich die Provinzen zwar auf dem Papier zu Taten bereit erklärten, in der Praxis jedoch jeweils den anderen, letztlich Holland, vorangehen lassen wollten; der Bundesgenosse England mochte dann in der Anfangszeit zur Eindämmung Frankreichs aufgerufen haben, aber, wie erwähnt, andere – interne und überseeische Interessen – genossen den Vorzug; und schließlich spekulierte die englische Politik über die Außenpolitik auf eine Schwächung der Regenten zugunsten des Statthalters und seines Anhangs. Diese Spekulation war einigermaßen begründet und erwies sich 1747 als völlig richtig. Paris nun ließ Den Haag wissen, daß das Staatsgebiet der Republik nicht mehr länger geschont werden könne. Am Tag darauf standen die französischen Truppen in Staats-Flandern. Damit beendeten sie – und das hatte schließlich nicht in ihrer Absicht gelegen – die zweite statthalterlose Periode der Republik. Wilhelm IV. trat sein Amt an, von der außenpolitischen Entwicklung und damit von der Furcht der breiten Volksschichten vor einem französischen Durchmarsch nach oben getragen.

Der Aachener Friede von 1748 beendete zwar die Auseinandersetzung, aber der große französisch-englische Gegensatz blieb erhalten, der immer wieder die militärisch schwache Republik in Mitleidenschaft ziehen konnte. Darüber hinaus brachte die innenpolitische Neuordnung der Republik letztlich auch keine scharfe Kursänderung etwa zugunsten Englands. Die Mittel der Republik waren dafür einfach zu gering bemessen. Schließlich glaubte Den Haag trotz der erwiesenen Untüchtigkeit immer noch an das Barrieresystem als Schutzwall. Die Festungen wurden in Aachen zurückgegeben, aber zum Teil hatte man sie geschleift. So empfahl sich eine höchst vorsichtige Politik gegenüber Österreich, wenn der Wiederaufbau der Festungen gewährleistet sein sollte. Mochte man sich aus diesen Gründen schon nicht allein auf England konzentrieren können, dann empfahl sich dennoch ein freundnachbarliches Verhältnis gegenüber dem Inselstaat angesichts des für die Republik höchst ungünstigen Verhältnisses der Flottenstärken beider Seemächte. Dieses Verhältnis, Gegenstand vieler Jahrzehnte alter Rivalität, hatte sich schon lange zugunsten Englands verschoben. Auch gegenüber Preußen verschlechterte sich die Lage der Republik, insofern sie mit Ostfriesland eine Art Glacis verlor, das nun der preußische König kassierte. Dies war die konkrete Situation. Wichtiger will jedoch noch erscheinen, daß das niederländische Verhalten im Erbfolgekrieg bis hin zur Friedensinitiative, die zum Aachener Abschluß führte, endgültig eine neue Positionsbestimmung seitens der anderen Mächte herbeiführte. Wenn zuvor noch die Republik in traditionsträchtiger Anschauung als Großmacht eingestuft worden war, mit und nach Aachen fiel sie aus dieser Position zurück. Die Hartnäckigkeit der Tradition wich hier vor den überaus deutlichen Anzeichen aktueller Schwäche. Der Friedensschluß selbst deutete schon auf die nachgeordnete Position der Republik. Frankreich erneuerte den Meistbegünstigungsvertrag nicht mehr (1746 war das noch angeboten worden), und Österreich ließ die Anerkennung des Barriere-Traktats auch nicht mehr festschreiben, sondern nur noch mündlich äußern. Maria Theresia konnte ohnehin den Sinn einer solchen Barriere nicht mehr einsehen, die nur dem Schutz eines anderen Staates diente. Warum also für den Wiederaufbau zahlen? So einfach war das, und so einfach zeigte sich auch der außenpolitische Verfall der Republik. An dem Staat, von dem sechs bis sieben Dezennien zuvor noch die Richtlinien europäischer Politik angegeben, initiiert und vor allem finanziell realisiert worden waren, lief nunmehr der Entscheidungsprozeß vorbei, auch wenn durchaus Versuche unternommen wurden, die Republik in die eine oder andere Allianz hineinzuziehen. Andererseits waren der niederländischen Politik die Grenzen des eigenen Handlungsspielraums völlig klar. Daß militärisches und finanzielles Unvermögen und auch Unwille keine Aktion, sondern nur noch Reaktion zuließen, gehörte zum Common Sense, auch wenn einige Vertreter der oranischen Faktion (Bentinck, der Herzog von Braunschweig u. a.) für ein enges Zusammengehen mit England plädierten. Da jedoch nach dem frühen Tod des Statthalters allmählich die antistatthalterliche Faktion sich durchzusetzen versuchte, erschien die Stellung der Orangisten als nicht stark genug. Das Verhältnis zu England war zudem – wie von jeher – von Handelsrivalität belastet. London lehnte es ab, der Republik Handelsvorteile in den südlichen Provinzen im Rahmen einer Erneuerung des Barriere-Traktats einzuräumen. Darüber hinaus wurde rasch klar, daß Österreich definitiv keinerlei Interesse an einem Wiederaufbau zeigte und die Republik die Mittel selbst nicht aufbringen konnte. Ein gutes Verhältnis zu Frankreich empfahl sich demnach – ein Erfordernis, das dringlich wurde, als sich die französisch-englische Auseinandersetzung in Übersee zuspitzte und es nur noch eine Frage der Zeit war, wann der Konflikt auf Europa übergreifen würde. Der englische Geschäftsträger in Den Haag, Holdernesse, hat die Weiterungen aus solcher Situation richtig skizziert: „Da das Haus Österreich den Anteil in europäischen Fragen, den es bisher übernommen hat, nicht tragen will und die Republik ihn nicht tragen kann, ist es undenkbar, daß Seine Majestät [englischer König] in der gegenwärtigen Krisenlage sich in ein noch teureres Unternehmen [Wiederaufbau der Barriere-Festungen] stürzen wird.“ [24]

Mit dem 'renversement des alliances' (Bündnis Habsburg-Bourbon gegen Preußen-England) stand niederländisches Verhalten endgültig zur Entscheidung. Die Republik plädierte für Neutralität, meinte sich an das Abkommen mit England von 1678 (Aufgebot von Hilfstruppen in Stärke von 6000 Mann) nicht gebunden und sah deutlich auch Handelsvorteile, da Frankreich zuvor schon den bisher streng der eigenen Flotte vorbehaltenen Handel mit den westindischen Gebieten für Neutrale geöffnet hatte. Wenngleich die Republik im Laufe des Siebenjährigen Krieges einigen Schwierigkeiten von englischer Seite begegnet ist, hat sie dennoch diesen Kurs des 'non-alignment' durchgehalten und ist schließlich materiell aus diesem Krieg als der eigentliche Gewinner hervorgegangen, insofern der Handel und die Kapitaleigner in dieser Phase erheblich profitieren konnten. Die Neutralität hatte sich als ein ausgemacht profitables Geschäft erwiesen. Diesen Kurs fuhr man auch in den folgenden Jahren. Er ließ sich zunächst auch ohne Schwierigkeiten halten, da England sich aus dem europäischen Geschehen zurückzog und die für die vorhergehenden Jahrzehnte typische Konfliktlage nicht aufzutreten drohte. Auch an der Ostgrenze zogen keine unmittelbaren Gefahren auf, so daß Alice Carter in ihrer Analyse der Außenpolitik zu Recht die Lage für ausbalanciert hält, zumal der Statthalter Wilhelm V. eine Nichte Friedrichs des Großen heiratete.

Erst der amerikanische Unabhängigkeitskrieg brachte die Problema-

[24] Zitat bei A. Carter, Neutrality or Commitment: The Evolution of Dutch Foreign Policy, 1667–1795. Bath 1975, S. 82.

tik der Jahre vor dem Siebenjährigen Krieg wieder ins Spiel. Die bis dahin durchaus spürbare wirtschaftliche Krise und die beginnende, moderne Gestalt gewinnende Umwälzung staatstheoretischen Denkens haben die Ausformulierung einer eindeutigen außenpolitischen Linie erschwert, abgesehen davon, daß sich – wie zuvor – der Handel einer neutralen Macht, vor allem der Waffenhandel, als lukrativ erweisen konnte, sich auch schon als gewinnbringend erwiesen hatte. Aber wesentlich blieb, daß der Gegensatz Oranien – Regenten in der innenpolitischen Auseinandersetzung außenpolitisch Parteinahme für England oder Frankreich bedeutete, und dort, wo man Sympathien für die amerikanische Revolution bezeugte, schloß dies naturgemäß Abneigung gegen England ein. Aber was zunächst noch Diskussion blieb, wandelte sich rasch in harte politische Tatsachen. England war nicht gewillt, den Handel der Republik uneingeschränkt zu dulden – und gerade das war es, was eine Stadt wie Amsterdam, dem Statthalter ohnehin kaum freundlich gesinnt, gegen Englands Pression durchsetzen wollte und als Beschluß auch in den holländischen Ständen durchsetzte, in den Generalständen allerdings scheiternd. Hier stand das Prinzip des 'mare liberum' gegen die 'Konterbande-Strategie', die England in recht großherziger Auslegung anwandte. Gerade diese englische Politik hat die Republik dazu bewogen, sich der von der russischen Zarin Katharina II. initiierten Allianz der bewaffneten Neutralität (Schweden, Dänemark, Preußen) anzuschließen (1780) – nicht zuletzt unter dem Eindruck englischer Maßnahmen, aber auch nach französischen 'Ermunterungen'. Damit war auf jeden Fall ein Schritt fort von der Linie der unbewaffneten Neutralität getan, auch wenn man den Aktionswillen der Zarin nicht überschätzen sollte. Für England war es die Gelegenheit, der Republik den Krieg zu erklären. Ob jener Schritt der Niederländer, der als ein Schritt zum Schutz des Handels gedacht war, als sinnvoll oder gar notwendig gedeutet werden kann, mag dahingestellt bleiben. Sicherlich stellte er eine Provokation des höchstgereizten England dar. Die Kaufleute der Republik hätten die Gefahr eines Krieges einkalkulieren müssen, und dann, mit einem Blick auf die eigene Flotte, auch die möglichen, ja, von vornherein recht eindeutigen Folgen sehen können. Die Niederlande erlitten in diesem bis 1784 dauernden Krieg mit England eine erhebliche Niederlage. Trotz des Unentschiedens in der Seeschlacht an der Doggerbank zeigte sich die Unterlegenheit zur See. Das hatte im Frieden von Versailles (1784) deutliche Konsequenzen für das französische Handelsgeschäft und für den Karibik-Handel bei gleichzeitigem Verlust des für den Amerika-Handel zentralen Handelsortes St. Eustatius an England.

IV. FRANZÖSISCHES INTERMEZZO

1. Erste Folgen der Französischen Revolution

Dieser Vierte Englische Krieg der Republik war das letzte große außenpolitische Ereignis vor der revolutionären Umwälzung der inneren Strukturen mit ihren außenpolitischen Konsequenzen, die auch für die Niederlande nach einer kurzen Periode der Restauration ihre Folgen bis hin zur regelrechten Annexion hatten. Viel Zeit bis zur 'großen Umgestaltung' ist der siegreichen Faktion der Orangisten tatsächlich nach 1787 nicht mehr geblieben. Sie scheinen auch nicht viel Zeit nötig gehabt zu haben, denn die Absicht der Restauration erforderte kaum tiefes Nachdenken über etwaige Alternativen. Auch die bürgerkriegsähnlichen Unruhen dieser 80er Jahre haben die Sieger und jene, die sich noch rasch dazu rechneten, nicht einmal im Ansatz dazu bewogen, das historisch festgeschriebene System des souveränen Provinzialständetums mit seiner selbstherrlichen Regentenregierung zumindest aufzulockern. Die Lesefreudigkeit der Zeit, ein für die Niederlande durchaus auch auffälliges Phänomen, setzte sich nicht grundsätzlich in Politik um. Es ging zunächst nicht um Ideen und neue Theorien oder gar Modernität, es ging schlicht um die Wiederherstellung von Macht. Die neuen Ideen konnten einiges später erst – wie zuvor, 1787, der Restaurationsanspruch – mit Waffengewalt von außen durchgesetzt werden. Gleichwohl: die Restauration erhielt doch noch einen besonderen 'touch'. Der inzwischen zum holländischen Ratspensionär avancierte Laurens Pieter van den Spiegel wollte endgültig die Macht des Erbstatthalters festgeschrieben sehen, das Amt losgelöst wissen von der Zufälligkeit regentistischer Ansprüche. Der Umfang der Befugnisse ergab sich aus den Bestimmungen von 1748 und 1766. Nicht ohne Pression Englands und Preußens erklärten die Provinzen die statthalterliche Kompetenz zum integrierenden Bestandteil jeder Provinzialverfassung und garantierten diese gleichsam als 'Grundrecht'. Unter diese Garantie fiel auch die Wahrung der Staatsstruktur insgesamt ('Acte van Garantie'). Dies schloß eine generalständische Exekution gegen gegebenenfalls abweichlerische Provinzialstände ein. Aber dabei blieb es nicht. England und Preußen garantierten vertraglich diese Form der Konstitution im Rahmen von Defensivverträgen mit der Republik und erhielten praktisch auf diese Weise ein Interventionsrecht zugunsten des Hauses Oranien.

Es wäre falsch anzunehmen, daß mit solcher Festlegung statthalterlicher Macht auch eine Verbesserung der Arbeitsweise erfolgt wäre. Der Ratspensionär erwies sich wohl als ein dem Historischen allzusehr verbundener und daher wohl nicht geeigneter Mann, der eine Stärkung der Exekutive hätte bewerkstelligen können. Über einen permanenten Ausschuß aus hohen Zentral- und Provinzialvertretern, die zusammen mit dem Statthalter tätig werden sollten, sind seine Vorschläge niemals hinausgegangen. Die Arbeit der Generalstände bis zur Gründung der Batavischen Republik 1795 beweist lediglich, daß es – folgt man den Beratungen über das Umlage- und Beitragssystem und die Verteidigungsfragen – besonders schwierig war, das provinziale Ständesystem zu überwinden.

In diese restaurative Republik hinein stieß die Französische Revolution, die als niederländisches Ergebnis die Batavische Republik haben sollte. Aber nicht erst dieses Ergebnis vermochte die Periode der Restauration als einen unerträglichen Anachronismus auszuweisen. Die Republik der 'Bataver' kam nicht aus heiterem Himmel. Sie kam gewiß auf den Spitzen der Bajonette Frankreichs, aber solche oder ähnliche Konstruktionen waren mit dem Sieg von England-Oranien in den Niederlanden nicht gestorben und vergessen. Im Gegenteil: sie erfreuten sich besonderer Diskussionswürdigkeit – besonders natürlich in der Emigration, in einer sehr zahlreichen Emigration vor allem in den österreichischen Niederlanden und in Frankreich. Mag einerseits hilflose Restauration das eigentlich Auffällige in dieser Periode der niederländischen Geschichte gewesen sein, dann sollte doch andererseits nicht die große Zahl der 'patriotisch' gesinnten Emigranten vergessen werden. Um mehrere tausend handelte es sich, auf die Hauptzufluchtsorte wurde hier schon hingewiesen. In Brüssel gaben sie sich gar eine erste zentrale Organisation, die ihre Sache beim französischen König verteidigen sollte. Der Brüsseler Hauptausschuß entwarf im Oktober 1789 das Modell einer künftigen Verfassung, das – konzipiert rund um eine gesamtniederländische Konstituante – wie schon in den Jahren zuvor erneut gegen das historisch verfestigte System der provinzialständischen Souveränität gerichtet war. Auch dabei blieb es nicht. Als einer der patriotischen Wortführer, Johan Valckenaer, 1791 in Nachzeichnung der französischen Konstituante einen Entwurf für die Niederlande vorlegte, stieß das nicht mehr bei allen Patrioten-Emigranten auf Gegenliebe, da hier schon die Abschaffung der Dynastie auf der Tagesordnung stand. Überhaupt herrschten in Emigrantenkreisen unterschiedliche Auffassungen über künftige Politik, kam es auch zu Faktionsbildungen, aber das einigende Band des Wunsches nach Beseitigung des herrschenden Systems hielt doch diese Gruppen zusammen, die sozialstrukturell gesehen durchaus die Zusammensetzung der patriotischen Bewegung der 80er Jahre widerspiegelten und sich vorzugsweise den Namen 'Bataver' gaben – ein Name, der für sie Freiheitsliebe und Gleichheit symbolisierte. Die Bezeichnung hat sich tatsächlich durchgesetzt, wenngleich die französische Regierung, solange sie sich mit den Niederlanden nicht im Krieg befand, die Verwendung des Namens verbot. Die 'Bataver'-Patrioten beließen es nicht bei der papiernen Forderung. Sie bildeten Clubs und gründeten Presseorgane, die durchaus eine Rolle im vorrevolutionären Frankreich spielten, und schlossen sich auch in einer bewaffneten Legion zusammen, der die französische Regierung den Namen 'Légion franche étrangère' zuordnete und der neben Niederländern auch Schweizer und Flamen angehörten. Diese etwas über 2800 Mitglieder zählende Kampftruppe hatte kaum besonderen militärischen Wert, aber ihre Bildung weist ebenso wie die Errichtung eines batavischen revolutionären Ausschusses auf die Modernität der Situation: Durchsetzung des revolutionären Gedankens gewaltsam von außen her bei gleichzeitiger theoretischer Vorbereitung künftiger Strukturen. Die Revolution als eine bewußte politische Kraft stand in dieser Phase im Vordergrund.

Französische Waffengewalt wurde erst ab 1. Februar 1793 wirksam, als Frankreich dem englischen König und gleichzeitig dem Statthalter Wilhelm V. den Krieg erklärte. Der Krieg offenbarte zu Land und zur See die militärische und finanzielle Ohnmacht der Republik. Zwar bedeutete die Niederlage der Franzosen gegen die Österreicher bei Neerwinden (März 1793) zunächst einmal die Beseitigung unmittelbarer Gefahr für die Republik, aber der Sieg der Franzosen über die Österreicher bei Fleurus 1794 war dann neuerlicher Ausgangspunkt französischer Offensive gegen Norden, die diesmal mit Erfolg bis zum Ende durchgeführt wurde. Die Waffengewalt der Franzosen fand bald Unterstützung von innen heraus, in Form von 'patriotischen' Aufständen in einzelnen Städten. Das war für die Bewegung sicherlich nicht ohne Bedeutung, da die Emigranten seit der Desertion des französischen Generals Dumouriez, der die 'Legion' und den 'Ausschuß' gefördert hatte, bei Robespierre einigermaßen in Ungnade gefallen, Legion und Ausschuß aufgelöst und einige Patrioten sogar hingerichtet worden waren. Im Inland hatte sich übrigens eine gegenüber den 80er Jahren radikalere 'patriotische' Strömung durchgesetzt. Sie gab allmählich den Ton an. Eines der geistigen und damit auch politischen Zentren war die Gesellschaft für Kunst und Literatur 'Doctrina' in Amsterdam. Für solche radikaleren Gruppen, die nicht isoliert arbeiteten, war die Lage insofern günstig, als die wirtschaftliche Misere dieser Jahre das ohnehin von Beginn an kaum hohe Ansehen des Ancien régime noch weiter abbauten, während die Regierung einigermaßen passiv blieb. Nach innen hin festigte sich darüber hinaus die Position der Patrioten, als sie bei ihrem permanenten und engen Kontakt mit den Franzosen die Zusage der vollen niederländischen Unabhängigkeit erhielten. Im Haager Friedensvertrag von 1795 hat sich Frankreich an diese Abmachung gehalten.

2. *Die Batavische Republik*

Die Umwälzung, die sich in den niederländischen Städten vollzog, mag dann revolutionär heißen, aber sie verlief auf jeden Fall gewaltlos. Es handelte sich hier um eine friedliche Umwälzung im Stile 'der freundlichen Aufforderung'. Die Stadtväter verließen ihre Posten. An ihre Stelle traten vorläufige Repräsentanten des Volkes, die ihrerseits die Provinzialvertreter und damit indirekt auch die zentralen Vertreter der Generalstände benannten. Bis zum März war alles geregelt. Kossmann nennt die Naivität und Gutartigkeit der Revolutionäre selbst „eindrucksvoll“ [1]. Die persönliche Unversehrtheit und das persönliche Ei-

[1] E. H. Kossmann, De Lage Landen, 1780–1940. Anderhalve eeuw Nederland en Belgie. Amsterdam/Brüssel 1976, S. 50f.

gentum der abgesetzten Regenten wurden garantiert. Das verlief eben anders als der orangistische Coup von 1787 und hatte sicher nichts mit der französischen Entwicklung gemein. Ein calvinistischer ehemaliger Hofprediger charakterisierte die Entwicklung im Sommer 1795 wohl ganz richtig, wenn er sagte: „. . . dieser Umsturz kommt von Gott“ [2]. Ferner hieß es in dem im Februar 1795 gebildeten Vereinigten Revolutionskomitee in den Niederlanden, daß Ruhe und Ordnung die echten Merkmale eines Volksaufstandes seien. Es bestand zunächst auch kein Grund, an der Gültigkeit solcher Maxime der Gewaltlosigkeit zu zweifeln.

Die Neubesetzung von Stadtregierungen war nur der Anfang von Maßnahmen, die auf Bildung einer Nationalversammlung und Erarbeitung einer Verfassung zielten. Eben dieses Aktionsfeld ‘Verfassung’ bewies im Laufe der nächsten Jahre, daß die patriotische Bewegung keineswegs eine Einheit darstellte, sondern eine Mehrzahl von Strömungen barg, die allenfalls in der Ablehnung der Orangisten zusammengeführt werden konnten. Und die nächsten Jahre boten darüber hinaus das Bild der revolutionären Neuorientierung, die sich zunächst einmal durch gegensätzliche Konzeptionen auszeichnete, und eben Gewaltlosigkeit doch nicht ganz als permanentes Prinzip beibehalten konnte.

Die Nationalversammlung trat am 1. März 1796 in Den Haag zusammen, nachdem Wahlen im Januar stattgefunden hatten, zu der alle männlichen Einwohner über 20 Jahre zugelassen waren, soweit sie als Anhänger des Gedankens der Volkssouveränität gelten konnten. Die Orangisten hatte man von vornherein ausgeschlossen. Die meisten Abgeordneten gehörten der höheren Bürgerschicht an (Fabrikanten, Kaufleute, Professoren, Rechtsanwälte, Geistliche). Es würde zu weit führen, die einzelnen Strömungen hier in ihren Nuancen zu beschreiben. Eine grobe Einteilung in ‘aristokratische’ und ‘demokratische (radikale) Patrioten’, denen darüber hinaus jeweils die Epitheta ‘föderalistisch’ (aristokratisch) und ‘einheitsstaatlich’ (demokratisch) zuzueignen sind, entspricht etwa dem Erscheinungsbild und meint recht eigentlich eine Fortsetzung der Entwicklung der 80er Jahre mit dem Unterschied, daß die demokratische Strömung erheblich stärker angewachsen war und die Frage der Staatsform sehr viel intensiver als zuvor zur Diskussion stand.

[2] Zitat ebd. S. 51.

Während die 'Föderalisten' sich auf eine Neustrukturierung der Utrechter Union mit ihrem Partikularismus begrenzen wollten, ging es den 'Unitaristen' um eine Struktur, wie sie auf dem Haager Kongreß der demokratischen Clubs und Gesellschaften (Juli 1795) definiert worden war: „... es soll nur *eine* Volksvertretung, nur *ein* Autorität besitzendes und machtausübendes Organ bestehen . . ."[3]. Umfassender Volkseinfluß und einheitsstaatliches Denken gehörten ebenso zusammen wie bürgerlich-aristokratische Begrenzung der politischen Mitsprache und föderalistisches Denken; beide letztgenannten Konzeptionen wurden im übrigen von der Finanzseite der patriotischen Bewegung vertreten. Das indirekte Wahlsystem hatte dieser Gruppe auch die Mehrheit in der Nationalversammlung und schließlich auch im Verfassungsausschuß gebracht. Der Entwurf, den dieser Ausschuß nach erheblichen Geburtswehen erst auf den Tisch der Nationalversammlung legen konnte, als in ihn Ingredienzen eines unitarisch orientierten Gegenentwurfs eingearbeitet worden waren, erwies sich immer noch als stark föderalistisch geprägt, was sich vor allem in der Einzeldiskussion zeigte. Die Diskussion um diesen Entwurf, der Montesquieus Gewaltentrennung verfassungsmäßig zu konkretisieren versuchte, ein Einkommen von 20000 Gulden als Zensus vor das Wahlrecht setzte und Orangisten von vornherein von jedem Wahlrecht ausschloß, griff praktisch eine sehr historische, aus der Zeit vor dem Aufstand stammende Fragestellung wieder auf, die eine für neuzeitliche Verfassungsdiskussionen immer wieder aktuelle Problematik darstellt: die Frage nach dem Verhältnis von Einheit und Freiheit, Autonomie und Freiheit. Das Volk – in dem Maße, in dem 'Volk' definiert war – hat dieses Problem zunächst gelöst, indem es den Entwurf im August 1797 in einem Plebiszit eindeutig niederstimmte. Etwa 33 v. H. der erwachsenen Männer nahmen hieran teil. 26 v. H. stimmten dagegen, das entsprach in absoluten Zahlen ca. 108000 gegen ca. 30000 Stimmen. Diese öffentliche Mißbilligung, die übrigens nach höchst intensiv geführter Presse- und Flugschriftenkampagne erfolgte, bedeutete zunächst einmal einen Sieg des modernen radikalen Prinzips, eine Niederlage des 'juste milieu', das letztlich mehr noch der Regentenvergangenheit anhing als neuen Grundsätzen der Staats- und Regierungsform. Vielleicht hat es der 'radikale' Brabanter Textilfabrikant und Literat Pieter Vreede, dessen Kreis politi-

[3] AGN IX (alte Ausgabe, 1956) S. 11.

scher Gesinnungsfreunde die Gruppe der 'Zwölf Apostel' genannt wurde, am besten ausgedrückt, wenn er sagte, es gehe den Föderalisten nicht um eine Volksvertretung, sondern um eine zu wählende Aristokratie, um Auferlegung eines Jochs also, „das mit weichem Samt überzogen war, um weniger auf den Schultern zu drücken“[4].

Die noch im August 1797 gewählte neue Nationalversammlung brachte zwar für die Demokraten eine größere Zahl von Sitzen, gleichwohl bestand kaum Aussicht auf Lösung der Verfassungsfrage. Sie kam gar nicht mehr erst in die neue Versammlung, geriet vielmehr in den außerparlamentarischen Bereich und löste sich zugleich auf dem Wege der internationalen Revolutionshilfe. Die Franzosen standen hinter dem Staatsstreich der Radikalen vom 27. Januar 1798, die schon zuvor Beziehungen zu Paris geknüpft hatten. Das alles verlief sehr rasch. 22 Föderalisten der Nationalversammlung wurden verhaftet. Der Präsident verlangte von den übrigen Mitgliedern das Gelübde, auf ewig der Statthalterschaft, der Aristokratie, dem Föderalismus abzuschwören. Elf weigerten sich und verließen den Saal. Die Rumpfversammlung erklärte sich zur neuen Konstituante, ernannte einen neuen Verfassungsausschuß, der seine Arbeit rasch ausführte. Die neue Konstitution wurde unter starkem französischem Einfluß – zum Teil nach dem französischen Modell von 1795 – entworfen, zeigte im Ergebnis jedoch auch durchaus niederländische Züge. Das Plebiszit vom 23. April 1798 brachte eine überwältigende Mehrheit für die neue Verfassung, die in ihrer Radikalität äußerst modern war und für die Republik recht eigentlich einen entscheidenden Durchbruch gegenüber den überkommenen Bestimmungen bedeutete. Die höchste Gewalt lag beim gewählten Repräsentativorgan, das in zwei Kammern aufgeteilt war, ausschließlich Gesetzesinitiative besaß und die Exekutive ('uitvoerend bewind') wählte. Die Einteilung des Landes in Departments, deren Behörden ebenso wie die der Gemeinden nur noch administrative Funktionen ausübten, diente – und hier lag wohl sehr Entscheidendes – der Auflösung des bis dahin so typischen Partikularismus. Es entsprach solcher Maßnahme, daß nunmehr ministerienähnliche, nationale Direktorate für Auswärtiges, Inneres, Recht, Finanzen, Krieg, Marine, Erziehung und Wirtschaft bei der Zentrale eingerichtet wurden. Insgesamt fügte sich die

[4] Zitat in AGN, IX (alte Ausgabe), S. 22.

Republik mit dieser Verfassung praktisch in das revolutionäre Geschehen der Zeit ein, sie hörte – so gesehen – auf, eine Besonderheit zu sein.

Der neuen Exekutive war nur kurze Zeit beschieden. Schon am 12. Juni 1798 folgte ein neuer Staatsstreich, der die sogenannten 'Gemäßigten' – eine zwischen aristokratischen Föderalisten und demokratischen Unitaristen stehende Gruppierung – an die Macht brachte und der parallel zur französischen Entwicklung verlief. Erstaunlich ist der Erfolg dieses Staatsstreichs wohl insofern, als doch hinter den radikalen Demokraten bei der Annahme der Verfassung eine so überzeugende Mehrheit gestanden hatte. Solche Mehrheit allerdings konzentrierte sich in den ländlich geprägten Provinzen Overijssel und Nordbrabant, Geldern und teilweise auch in Seeland. Holland dagegen sah sie in der Minderheit, und Kossman hat sicherlich recht, wenn er darauf hinweist, daß die Bauern und Katholiken der ländlichen Provinzen sich über ein Plebiszit zwar gegen die herrschenden Klassen äußern konnten, es ihnen aber letztendlich an Mitteln und politischer Qualität gefehlt habe, die Demokraten zureichend zu stützen.

So gelangte hier die Macht schließlich wieder in die Hand einer quantitativ schmaler bemessenen politischen Elite; die auf Holland sich stützende Gruppierung der 'Gemäßigten' übernahm das Ruder, die zwar einerseits die Verfassung anerkannte, aber auch durch den Vorsitzenden der Volksvertretung ausrufen ließ, die Revolution sei nunmehr beendet. Das Charakteristikum der neuen Regierung scheint ein gut Stück Energielosigkeit gewesen zu sein. Es ergingen keine klaren politischen Richtlinien für so wichtige Bereiche wie öffentliche Finanzen, Kirche, Rechtsprechung, schulische Erziehung. Man wandte sich primär gegen die Radikalen, gegen deren Extremismus oder was man dafür hielt. Wie hatte doch einer der Initiatoren des Coups von 1798, Spoors, geschrieben?: „Unsere Politik ist ganz neu . . . Sie enthält nicht weniger als den ehrlichen Willen, die Konstitution zum Tragen zu bringen und allgemein zu machen . . ."[5] Aus dieser Neuerung – denn solche Kraft steckte tatsächlich in der Verfassung – ist nichts geworden. Der Einheitsstaat blieb ein Postulat, nichts wurde zur Aufhebung der Rechtszersplitterung unternommen.

Es mag dahingestellt bleiben, ob es sich hier um Versagen aus Un-

[5] Zitat bei C. H. E. de Wit, De strijd, S. 173.

vermögen handelte, fest steht allein, daß 1801 (18. Sept.) die Frist der 'gemäßigten' Exekutive mit ihrer demokratisch (sozusagen 'jakobinisch') inspirierten Verfassung abgelaufen war. Das hatte sich nach dem Napoleonischen Staatsstreich von 1799 schon angedeutet, und es war angesichts der nicht zu übersehenden engen Verbindung zu Frankreich nur noch eine Frage der Zeit, wann eine angepaßte Regierungsform auch in der Republik folgen würde. Hier stand die bestehende Form permanent zur Diskussion, für manche war sie offensichtlich nicht recht funktionsfähig. Napoleonische Wünsche nach Gleichschaltung und damit nach außenpolitischer Sicherung, innerrepublikanische Diskussion über die Effektivität der Regierungsform sowie das Verlangen, außenpolitische Vorteile mittels Napoleons zu erzielen, kamen weitgehend überein. Die neue Verfassung wurde denn auch in Zusammenarbeit mit Napoleon erarbeitet und nicht erst der Volksvertretung vorgelegt, sondern ihre plebiszitäre Behandlung am 14. September 1801 angekündigt. Vier Tage später wurde der Saal der Volksvertretung versiegelt. Unruhen gab es nicht. Die Gewehr bei Fuß stehenden Soldaten Frankreichs brauchten nicht einzugreifen. Das Plebiszit von Anfang Oktober wies jedoch die neue Konstitution mit großer Mehrheit zurück (ca. 52000 gegen ca. 17000); 350000 Stimmberechtigte waren zu Hause geblieben. Ihre Stimmen wurden auf dem Wege der 'arithmétique française' als Ja-Stimmen gezählt, so daß die neue Konstitution als angenommen galt – eine Konstitution, die nicht mehr liberal-demokratische, sondern autoritäre Regierungsprinzipien festschrieb, die Exekutive ('staatsbewind') vor die zahlenmäßig erheblich beschnittene Legislative schob, endgültig das Zensuswahlrecht einführte, das bis weit ins 19. Jahrhundert gelten sollte. Der 'Thermidor' der niederländischen Entwicklung setzte nunmehr ein, indem allmählich die alten Regentenschichten – auch die ehemaligen Oranienanhänger – einmal über das kapitalfreundliche Wahlrecht, zum anderen über die gegenüber den vorangehenden Verfassungen größere departementale Autonomie wieder ins Spiel gebracht wurden. Die Demokratie verschwand einigermaßen geräuschlos, der Gedanke des Einheitsstaates wurde zwar nicht ganz preisgegeben, aber doch erheblich modifiziert. Der in der kräftigen Stärkung der Exekutive enthaltene autoritäre Charakter der neuen Ordnung erleichterte praktisch den von Napoleon verlangten Übergang zur Ein-Mann-Regierung, die dann von Ratspensionär Rutger Jan Schimmelpenninck – bis zu dieser Zeit niederländischer Gesandter in Paris – für ein Jahr bis zur Umwandlung in ein Königreich unter Napoleons Bruder Louis Napoléon ausgeübt wurde. Die geänderte Konstitution war das Ergebnis niederländisch(Schimmelpenninck)-französischer Teamarbeit. Die Stellung des Ratspensionärs war noch stärker als die des 'staatsbewind', die legislative Körperschaft wurde auf 19 Mitglieder reduziert, die von den einzelnen Departementsverwaltungen benannt wurden. Damit war wiederum ein stärkerer Zug zur Zentralisierung hergestellt. Der Regierung des Ratspensionärs blieb zwar nur ein Jahr; innerhalb dieser Zeit ist es ihm aber vor allem zusammen mit dem demokratischen Patrioten J. A. Gogel gelungen, Reformen durchzuführen, die seit vielen Jahren ausgestanden hatten. Der Wirtschafts- und Steuerexperte Gogel führte ein neues Steuersystem ein, das einheitlich für die gesamte Republik galt. Zur Uniformität mit dem Kataster als Grundlage für die Grundsteuer trat eine Vereinfachung des Hebesystems sowie eine gerechtere Verteilung des Steuerdrucks auf die einzelnen Departements. Viele indirekte Steuern auf Konsumgüter wurden abgeschafft. An ihre Stelle traten direkte Steuern. Als ein weiterer Schritt der 'Vereinheitlichung' ist das ebenso wie das Steuergesetz im Juli 1805 ergangene Reglement für die Departementsverwaltungen zu werten, denen jede Kompetenz in Finanzfragen genommen wurde. Schließlich setzte die neue Regierung nicht nur zur Vereinheitlichung der Rechtspflege an, sondern führte auch 1806 das Schulgesetz ein, das bestimmend blieb für den Aufbau der Grundschule. Es handelte sich hier um einen 1801 schon vom Leidener Hochschullehrer van der Palm vorgelegten und schließlich von van den Ende abgeänderten Entwurf, der auf die Einführung der bekenntnisneutralen Staatsschule und eine Schulinspektion (Unterricht und Schulgebäude) zielte.

3. Königreich Holland und französisches Departement

Recht eigentlich waren mit den Maßnahmen der Ratspensionärsregierung schon die Grundvoraussetzungen für einen nahtlosen Übergang in die Phase des Königreichs Holland gelegt – ein Übergang, der letztlich wiederum bedingt war durch napoleonische Erfordernisse im Krieg gegen England nach der Niederlage bei Trafalgar. Die Monarchie als Ergebnis außenpolitischer Entwicklungen – mitten hinein in die republikanische Betriebsamkeit –, sicherlich ein ebenso eigenartiger wie geräuschloser Vorgang, der letztlich nur formell eine Änderung brachte, insofern man dem Lande die Krone mit entsprechender Erblichkeit überstülpte – die Krone eines Landfremden allerdings. Louis Napoléon war sicher kein begeisterter Wahlniederländer, aber er war ein gutwilliger Optimist. Er wollte ein Reich regieren „mit Sorgfalt und ein wenig Einfallsreichtum", und zwar „ungezwungen und unter Wahrung der Freiheit und des Glücks in dieser bemerkenswerten Region Europas"[6]. Materiell setzte man unter dem Monarchen, dessen Befugnisse etwa dem des Ratspensionärs entsprachen, den Kurs der Schimmelpenninck- Regierung fort. Gogel arbeitete an der Fortführung des neuen Steuersystems. Es brachte freilich nur wenig, da den erhöhten Einnahmen noch höhere kriegsbedingte Ausgaben gegenüberstanden. Die Abschaffung der Gilden und Zünfte wurde endlich gesetzlich geregelt (Januar 1808). Im folgenden Jahr führte die Monarchie einen neuen Strafrechtskodex ein, der neben Prinzipien des altniederländischen Rechts neue, französische Normen enthielt. Es folgte noch im gleichen Jahr das Bürgerliche Gesetzbuch ('Burgerlijk Wetboek'), nichts anderes als der Code Napoléon mit geringfügigen Änderungen. Was hatte doch Napoleon geäußert: Eine Nation von 2 Millionen Seelen bedürfe keiner eigenen Gesetzgebung. Die Verwaltung der zehn Departements wurde von königlichen Landdrosten mit Assessoren wahrgenommen. Bei Stadtregierungen in Gemeinden mit mehr als 5000 Einwohnern ernannte der König auch die Bürgermeister. Der Einfluß der 'vroedschappen' ging erheblich zurück. Was den 'Batavern' ('Patrioten') nicht gelungen war, das wurde doch in den Jahren ab 1805 unter den in geringerem Maße an Diskussion oder Mehrheit gebundenen Regierungen einigermaßen rasch durchgeführt, und sehr richtig unterstreicht Kossmann als auffälligstes Kennzeichen jener Periode, daß die Aufhebung provinzieller und städtischer Selbständigkeit, das meint die Beseitigung zählebiger Traditionen, ohne Protest habe vollzogen werden können. Das wurde ebensowenig als nationales Unglück empfunden wie wenig später die schlichte Annexion durch Bonaparte, als die Republik ein Stück Frankreich wurde. Einsicht

[6] Zitat bei I. H. Gosses, N. Japikse, Handboek tot de Staatkundige Geschiedenis van Nederland. 's-Gravenhage [3]1947, S. 749.

ins Unvermeidliche, zugleich Machbare, das Beste aus Unerwünschtem herauszuholen? Der liberale Thorbecke deutet es 1860 in seinen ›Historischen Skizzen‹ an: „Es gibt einen inneren, aus unwiderlegbaren Gründen sich ergebenden Zwang, der verpflichtet, für das zu arbeiten, was man selbst nicht wählen würde. Wenn unser Staat die Bauelemente einer nationalen Selbstregierung nicht besaß und eine Monarchie mit einem fremden Fürsten forderte, was eben Napoleon verlangte, konnte man diese Notwendigkeit ein Unglück nennen, doch mußte man versuchen, sie zum Guten zu führen“ [7] – eine sehr rationale, objektivierte Betrachtungsweise. Thorbecke kennt daneben jedoch auch Furcht und Opportunismus; letztgenanntes Motiv zeigt auch der preußische Gesandte im Haag zeitgenössisch an und weist darüber hinaus auf den Verlust des ‘esprit public’: „Jene nun, die sich Pöstchen erhoffen oder auf die Gewogenheit des Hofes zielen, verbergen ihre Meinung nicht, ja, sie suchen jede Gelegenheit, ihr Ausdruck zu verleihen. Das ist die große Mehrheit der Statthalterpartei . . . In Amsterdam applaudieren gar die vornehmsten Bankiers einer Verfassung, deren Vorteile ihre Erwartungen zu übertreffen scheinen. Was an echten Republikanern in Holland übrig ist, wo seit langem die Amts- und Geldaristokratie den politischen Sinn korrumpiert hatte, hat an keiner politischen Betrachtung teil, und die kleine Zahl der talentierten und charakterfesten Personen, die ihnen angehören, haben weder den Wunsch noch die Mittel, Widerstand ins Leben zu rufen.“ [8] Andere Zeugnisse der Zeit lassen Ähnliches verlauten. Widerstand hat es nicht gegeben, Proteste schon – von Demokraten, deren politische Rolle jedoch ausgespielt war; mehr als vereinzelte Proteste brachten sie nicht zuwege. Als Napoleon zur Annexion überging (1810), war die Reaktion kaum anders. Rückzug aus dem politischen Leben, an dem man unter dem Bruder Louis noch teilgenommen hatte, mag dann als ein Zeichen der Entrüstung zu werten sein, allenfalls ein schwacher Protest, aber gewiß kein Widerstand. Und es gab wohl ehemalige demokratische Patrioten, deren Abneigung gegen das Haus Oranien um einiges stärker entwickelt war als die Furcht vor dem Franzosen-Kaiser. Gleichwohl zeigte sich in dieser Phase der Mitarbeit oder Hinnahme des Unvermeidlichen, daß Napoleon nur einen bestimmten

[7] Historische Schetsen, ^{2}1872, S. 145f.

[8] Zitat bei C. H. E. de Wit, De strijd, S. 277.

Spielraum hatte – der mochte großzügig bemessen sein –, innerhalb dessen er seine Politik betreiben konnte. Seine Konskriptionsmaßnahmen waren genau die Schwelle, die er nicht ungeschoren überschreiten konnte. Da kam es zu Aufständen, die in dieser nicht primär an Kriegsdienst gewöhnten Bevölkerung auf jeden Fall im Ansatz so etwas wie den Gedanken der nationalen Einheit – einen nun schon alten patriotischen Gedanken – aufkommen ließen, der von den unmittelbar Betroffenen – den weniger Reichen – getragen wurde, da das 'Vertretungssystem', das in den Niederlanden bis weit ins 19. Jahrhundert galt, die Reichen zunächst vom Kriegsdienst ausnahm. Wie hieß es da auf Plakaten?: „Kaiser Napoleon, du beraubst die Frau ihres Mannes, den Vater seines Kindes, den Greis seiner Unterstützung, wie willst du das Blut, das du zur Ausdehnung deines Reiches vergießt, rechtfertigen?“ [9] oder auf anderen Flugschriften wurden die 'Bataver' zum Ziehen des Säbels aufgerufen, lieber tot wolle man sein als den Sklaven spielen. Es kam zu Aufständen, Unruhen, die Tote forderten und in deren Verlauf Todesurteile gefällt wurden. Die Liste der Toten verzeichnete ausschließlich Handwerker und Arbeiter.

Das alles blieb zunächst noch Episode, aber es bietet Anlaß, nach dem Charakter dieser so unmittelbar französischen Zeit der Niederlande zu fragen, die Annexion an ihrer Leistung für das annektierte Gebiet zu messen. Dabei wird es nicht hinreichen festzustellen, daß das französische Verwaltungssystem einfach übertragen wurde. Frankreich führte den modernen Beamtenstaat, die Bürokratie, ein mit seinen Präfekten, Unterpräfekten, Maires – mit jener durchkontrollierten Struktur und einem Beamtenkorps, das – wie Jan und Annie Romein feststellen [10] – seine Aufgaben nicht mehr pfeiferauchend und gleichsam nebenher erledigte, sondern effektiv arbeitete. Seit den Jahren des Louis Napoléon galt französisches Zivilrecht; das Strafrecht war eine Mischung aus altniederländischen und modernen Vorstellungen. Die Institutionen des Standesamts und der Zivilehe wurden eingeführt. Zentralisierung und Vereinheitlichung, in jener Zeit als modern empfunden und recht eigentlich in den vorabgehenden zwanzig Jahren von vielen Niederländern der Republik gewünscht, fanden sich hier konkretisiert. Das mag

[9] Zitat in AGN, IX (alte Ausgabe), S. 138.

[10] J. u. A. Romein, De Lage Landen, S. 419.

unter staats- und verwaltungsrechtlichem oder strukturellem Aspekt als eine Schule für die Zukunft, als eine Bedingung für die Arbeit im späteren Königreich der Niederlande zu deuten sein, in jener Phase allerdings dürfte es anläßlich der mit Händen zu greifenden Misere des Landes vielen Einwohnern herzlich gleichgültig gewesen sein, was sich da an Zentralismus und an Vorzügen französischen Staatsaufbaus manifestierte. Dieser neue französische Landstrich war unter dem Gesetz des Krieges gegen England kassiert worden. Die Annexion diente der weiteren Abschottung der Kontinentalsperre, und der Krieg bestimmte auch die weitere französische Politik. Sie erwies sich als schädigend für eine Region, die wirtschaftlich schon seit dem Beginn des 19. Jahrhunderts und ganz deutlich seit Louis Napoléon Anzeichen des erheblichen finanziellen Verfalls und weiteren wirtschaftlichen Rückgangs zeigte. Das Staatsdefizit in der Zeit Louis Napoléons brachte immerhin niederländische Politiker dazu, nach Preußens Niederlage bei Napoleon um ganz erhebliche Ausdehnung niederländischen Hoheitsgebietes auf deutsche Kosten zur Deckung eben dieses Defizits einzukommen. Da kam dann auch Ostfriesland an die ehemalige Republik. Die ohnehin geschwächte Wirtschaft wurde durch die in den Niederlanden besonders streng gehandhabte Kontinentalsperre weiter belastet. Das galt für Handel und Gewerbe gleichermaßen. Der Pauperismus, aus dem vorigen Jahrhundert nicht unbekannt, nahm überhand. Die Armut der städtischen Bevölkerung vor allem war Thema von Bildungsreisenden der Zeit, ihr Ausmaß überstieg das bisher Gesehene. Es war nicht ohne Grund die Zeit, in der die Armut nicht mehr durch die alten Wohltätigkeitsinstitute gelindert werden sollte. Es war die Zeit der 'Armen-Erziehung', der Armen-Fabriken, der Rumford-Suppen (benannt nach dem englischen Lord Rumford; es handelte sich um eine kräftige Brühe aus Knochensud, Schweinefleisch, Graupen und Gemüse). Berthold Georg Niebuhr, der Historiker, beobachtete bei seinem Besuch auch den wirtschaftlichen und sozialen Rückgang der Mittelschichten. „Es ist schon fast dahin gekommen, daß es hier nur Reiche und Bettler gibt.“ [11] Lediglich die reiche Oberschicht zeigte ausreichend Widerstandskraft, wenngleich auch sie Federn lassen mußte.

Es scheint bei der Annexion auch Hoffnung auf Besserung gegeben

[11] Zitat in AGN, IX (alte Ausabe), S. 92.

zu haben. Vielleicht mag man das „Vive l'empereur", das die Amsterdamer Schützengilden beim Einzug französischer Truppen ausriefen, als ein solches Zeichen der Hoffnung deuten. Jedenfalls setzte man auf Ausbreitung des Handels durch Fortfall der Zollgrenzen, auf die Einführung der niedrigen französischen Steuern. Aber gerade das blieb bis 1812 aus. Die gegenüber der Louis-Napoléon-Zeit sehr rigorose Handhabung der Kontinentalsperre brachte den Seehandel fast völlig zum Erliegen. Die Seefischerei wurde 1812 sogar gänzlich verboten. Die überstrapazierte Staatskasse zahlte nur noch ein Drittel der Zinsen auf Staatsanleihen, wogegen in den Jahren zuvor so heftig gestritten worden war. Die Hoffnung auf Frankreich schwand verständlicherweise schnell, wenngleich es vor allem unter Louis Napoléon, aber auch unter Bonaparte Versuche gegeben hatte, Industrie und Handwerk anzukurbeln; wie man sich überhaupt davor hüten sollte, die wirtschaftliche Misere – nur Landwirtschaft und das ländliche Gewerbe florierten einigermaßen – auf französische Politik allein abzuschieben. Letztlich bestand eben die aus den letzten Jahrzehnten des 18. Jahrhunderts datierende Strukturschwäche weiter fort. Sie wurde durch die von französischen Interessen bestimmten Erfordernisse des Krieges lediglich noch akzentuiert.

Es wäre begreiflich gewesen und hätte im Trend der Zeit gelegen, wenn sich unter der französischen Herrschaft ein politisch umsetzbares Nationalbewußtsein der Niederländer entwickelt hätte. Es gab da sicherlich die Einheitstradition der demokratischen Patrioten, aber die war eher auf Demokratie als auf Nation gerichtet, und es gibt Äußerungen, die von niederländischem Bewußtsein zeugen, aber sie sind nicht generalisierbar, nicht als politisch allgemein tragfähig anzusehen. Viel eher dürfte die hier schon apostrophierte Anpassungsbereitschaft das politische Denken beherrscht haben – und die alte Geldaristokratie fuhr insgesamt nicht schlecht dabei. Dennoch verlief der Übergang nicht ganz geräuschlos. In Amsterdam und Den Haag kam es kurz zu spontanen, heftigen Unruhen, aber insgesamt kam das Ende der französischen Herrschaft dann ohne dramatischen Höhepunkt; man registrierte gleichsam das Ergebnis des Krieges der anderen. Das Land wurde befreit, ohne selbst einen Befreiungskrieg führen zu müssen. Wie selbstverständlich ging es dann hinein in eine Monarchie, die erste gleichsam 'aus eigenem Stall': das Haus Oranien sollte von nun an die Monarchen stellen.

V. DAS KÖNIGREICH DER NIEDERLANDE

1. *Der Weg zur konstitutionellen Monarchie*

1.1. Bemühung ohne Begeisterung?

Aber mit dieser Übernahme und Fortschreibung der monarchischen Staatsform hörten die Niederlande auf, eine Besonderheit im europäischen Staatensystem zu sein. Das innere Geschehen fügte sich ein in den europäischen Rahmen der kommenden Jahrzehnte: in den Kampf um Konstitution. Erneut wurde das Land Objekt europäischer Außenpolitik, als die antifranzösische Koalition beschloß, diese Nordwestecke Europas mit den ehemals österreichischen Niederlanden zu einem antifranzösischen Block zu vereinigen. 1830 erwies sich dann allerdings, daß außenpolitische Rücksichten allein kaum hinreichende Bedingung für innerstaatliche Harmonie zu sein vermochten. Konstitution und 'belgische Frage' bestimmten in den ersten Jahrzehnten die politischen Themen in der Monarchie. Die Ereignisse sind eng verbunden mit Namen wie Gijsbert Karel van Hogendorp, ehemaliger Theoretiker der Oranienpartei, in der Frühphase, mit Johan Rudolf Thorbecke vor allem in den 40er Jahren und sicherlich auch mit König Wilhelm I., dem Monarchen als Kaufmann, wie sein Epitheton lautet, der zugleich bei aller wirtschaftlichen Aufgeschlossenheit eher ein Autokrat war, nicht uneingeschränkt glücklich auf seinem politischen Weg, ganz gewiß dort nicht, wo es um die Schaffung eines niederländisch-belgischen Einheitsstaates ging, und um den mußte es gehen, wenn das außenpolitische Gesetz dieses antifranzösischen Bollwerks erfüllt werden sollte.

Die Ereignisse im November/Dezember 1813 folgten einander schnell. Hogendorp proklamierte am 17. November den Aufstand. „Oranje Boven" hieß es da gleich zu Anfang. Das ehemalige statthalterliche Haus tauchte gleichsam aus der Versenkung auf – wieder in Zeiten der Wirren. Etwas für die ehemalige Republik Typisches drang noch einmal durch. Der Prinz Wilhelm VI. sollte zunächst zur 'Hooge Overheid' ausgerufen werden. Am 21. November kam eine Vorläufige Regierung ('Algemeen Bewind') unter van Hogendorp zustande, und am 1. Dezember boten die Niederländer dann dem in Scheveningen ankommenden Oranier den Titel 'Souveräner Fürst' an. Der Prinz berücksichtigte bei der Annahme des Titels die Erfahrung und den Trend der Zeit, wenn er proklamierte, er nehme an „unter der Garantie einer freien Konstitution" [1]. Der erste Grundstein zur Monarchie war gelegt. Eines war sicher: eine Restauration des Ancien régime lag außerhalb des Möglichen, insoweit jedenfalls die föderalistische Struktur der Republik keine Wiederaufnahme finden würde. Patriotische und französische Zeit hatten hier sehr wohl Maßstäbe gesetzt. Die Frage lautete lediglich, wie die Teilung der Gewalten aussehen, und vor allem, wer die politischen Entscheidungsträger sein sollten. Es ging um nichts anderes als um eine konstitutionelle Monarchie; aber Konstitution war ein Begriff, der manchen Spielraum ließ. Vorsitzender der noch im Dezember 1813 vom Souveränen Fürsten rasch eingesetzten Verfassungskommission und eigentlicher Schöpfer der Verfassung war van Hogendorp, ein Politiker, der sich schon seit den Tagen der 'Patrioten' mit niederländischer Konstitution befaßt hatte, als Oranientreuer jedoch nicht zum Zuge gekommen war, sich in zahlreichen Schriften über Demokratie, Aristokratie, Volk, Monarch, Regenten – eben über die Begriffe seiner Zeit – ausgelassen hatte. Hogendorp brachte bei der Verfassungskommission seinen eigenen leicht revidierten Entwurf von 1812 ein (›Schets‹). Der sehr konservativ strukturierte Ausschuß ließ schon am 29. März 1814 das Ergebnis seiner Arbeit – Hogendorps frühe Leistung – von einer von den Provinzialgouverneuren des Landes bestellten Notabelnversammlung annehmen (448 gegen 26 vornehmlich katholische Stimmen). Mit der Proklamation des Königreichs der Vereinigten Niederlande (Belgien und die Niederlande) auf dem Wiener Kongreß am 16. März 1815 wurden entsprechend der neuen Situation einige Änderungen vorgenommen. Insgesamt läßt sich die Verfassung als die einer erblichen konstitutionellen Monarchie beschreiben, in der die an der – gemäß dem historischen Sinn der Autoren – zentralistischen Politik der Burgunder, aber auch an den Erfahrungen der unmittelbaren Vergangenheit orientierte unitarische Tendenz durch Elemente aus der föderalistischen

[1] C. H. E. de Wit, De Nederlandse revolutie, S. 397.

Struktur der ehemaligen Republik abgeschwächt wurde. Die Exekutive lag in der Hand des Monarchen, dem ein Staatsrat beratend zur Seite stand. Der König benannte und entließ die Minister, bestimmte selbständig die Richtlinien der Außenpolitik. Auf Drängen der Belgier wurde das 1814 vorgesehene Einkammersystem in ein Zweikammersystem umgewandelt. Die Generalstände ('Staten-Generaal') wurden bei diesem Verfahren zur Zweiten Kammer. Die Erste Kammer bestand aus 40 bis 60 Mitgliedern, die vom König aufgrund von Besitz, Geburt oder wegen besonderer Verdienste für den Staat auf Lebenszeit ernannt wurden. Der föderalistisch-unitarische Kompromiß zeigte sich in der Zusammensetzung der Zweiten Kammer. Die Abgeordneten dieses Gremiums setzten sich aus Vertretern der einzelnen, wieder eingeführten Provinzialstände zusammen, die nach einem indirekten, ständisch gegliederten (Adel, Städte, Landstände) Wahlsystem gewählt wurden. Zwei Aspekte sind hier hervorzuheben. Die delegierten Abgeordneten waren nicht mehr auftrags- und weisungsgebundene Abgeordnete ihrer Körperschaften. Von einer echten Volksvertretung konnte natürlich keine Rede sein. Sie wirkte zwar bei der Gesetzgebung mit, hatte auch das Initiativrecht und ratifizierte den Staatshaushalt; das waren aber begrenzte Kompetenzen, da zum einen Gesetze nur in wenigen Fällen vorgeschrieben waren, das meiste also auf dem Verordnungswege lief, und da zum andern die Haushaltsbewilligung für zehn Jahre galt (jährliche Bewilligung nur bei unvorhergesehenen Ausgaben). Da auch die Ministerverantwortlichkeit fehlte, war dem Monarchen die Möglichkeit der persönlichen Herrschaftsausübung gegeben.

Während man – im Blick auf die Beibehaltung des einheitlichen Rechts, der Einheitlichkeit der Rechtspflege, der Steuer-, Verwaltungs- und Währungseinheit – die Wirkungskraft des unitarischen Prinzips anerkennen muß, ist vom demokratischen Prinzip, das nicht nur als Diskussionsgegenstand nicht neu war, sondern auch schon seinen Platz in der Konstitution von 1798 gefunden hatte, gar nichts mehr zu spüren. Es ist ohnehin festzustellen, daß in der staatsrechtlich-politischen Erörterung jener Jahrzehnte, vor allem auch bei einem Regenten wie van Hogendorp, der Begriff 'Volk' so wenig konsistent und fest umrissen war, so unterschiedliche Verwendung fand, daß mit dem Begriff 'Volkssouveränität' durchaus auch ständisch strukturierte Entscheidungskompetenz gemeint sein konnte. Jedenfalls hatten der hohe Zensus und das indirekte Wahlrecht mit Demokratie nichts zu tun (im Norden ungefähr 80000 Wähler, in Belgien 60000). Ein verfassungspolitisch relativ früh in Gang gekommener Demokratisierungsprozeß wurde hier endgültig unterbrochen – und dies nicht von außen her.

Es ist recht eigentümlich, daß die Annahme dieser Verfassung als ein Akt ablief, der weder Protest noch Zustimmung seitens der Bevölkerung erzeugte, sie wohl aus ihrer Gleichgültigkeit nicht herauslocken konnte. Der Verfassungsentwurf entstand praktisch hinter verschlossenen Türen, ohne daß dann eine breite Akklamation erfolgt wäre. Das mag beim ersten Hinsehen nichts Absonderliches aufweisen, aber die Republik hatte kaum eine Generation zuvor noch einen eigenständigen revolutionären Ansatz gekannt, in dem sie auf jeden Fall ein hohes Maß an politischem Bewußtsein zu äußern vermocht hatte. Einen hinreichenden Erklärungsgrund mag hier die wirtschaftliche Entwicklung mit ihrer nachgerade extremen Ausbildung einer Klassen- und Standesgesellschaft abgeben. Der Prozeß der Pauperisierung war mit dem Ende der französischen Herrschaft keineswegs abgeschlossen. Er währte noch lange darüber hinaus und hat das Bild der niederländischen Gesellschaft bestimmt. Der hier schon zitierte Niebuhr hat für das Königreich Louis Napoléons auf diesen Prozeß hingewiesen. Niebuhr war zwar seit 1820 Historiker an der Universität Bonn, aber zuvor war er lange Jahre Bankdirektor gewesen und hatte 1810 noch eine Anleihe in den Niederlanden für den Wiederaufbau Preußens vereinbart, und er kannte die Investierungspraktiken der niederländischen Kapitalbesitzer aus eigener Anschauung. Gerade die unproduktive Verhaltensweise der Kapitalseite beobachtete er. Es heißt dann in der Konsequenz bei ihm: „Es ist der natürliche Gang der Entwicklung des Geldreichtums, daß, während die Reichen immer reicher werden, nicht nur eine unzählige Menge absolut Armer – Bettelarmer entsteht, sondern die mittlere und genügsame Wohlhabenheit untergeht, und zuletzt fast niemand in der Mitte zwischen den enorm Reichen und immer reicher Werdenden und den Blutarmen bleibt.“ [2] Tatsächlich hat sich der Mittelstand, zu dem hier der Einzelhandel und der Handwerksbetrieb, aber auch die Bauern zu zählen sind, gerade in der Einkommenslage erheblich zurückentwickelt. Das ist nicht im einzelnen darzustellen. Der wesentliche Grund lag jedoch in der ursprünglichen Monostruktur der niederlän-

[2] Zitat ebd. S. 296f.

dischen Wirtschaft mit ihrem Schwerpunkt im Handel und den abhängigen Gewerbebetrieben ('trafieken'). Daß die schon lange, allerdings nicht in allen Sektoren oder zumindest unterschiedlich heftig dauernde Krise die ohnehin knapp am Rande des Existenzminimums lebenden Arbeiter durch Arbeitslosigkeit zu den Armen zurückstufte, ist einsichtig, aber sie hatte eben auch Auswirkungen auf die wirtschaftliche Entwicklung des Mittelstandes, für dessen wirtschaftliche Fortentwicklung nicht investiert wurde von jenen, die das notwendige Kapital besaßen. Mit den Anforderungen der französischen Zeit war diese Entwicklung erheblich verschärft worden, die mit einem starken wirtschaftlichen Energieverlust gepaart ging, der sich offensichtlich auch im Mangel an politischer Energie niedergeschlagen hat. Politische Lethargie, der wirtschaftlichen Lage voll entsprechend, war ein Kennzeichen jener Jahre. Ihr stand die Selbstzufriedenheit der reichen Bürger zur Seite, die allerdings in der Konstitution so viel noch an Einfluß und Kontrollmöglichkeiten auf den einzelnen administrativen Ebenen des Staates mitbekamen, daß bei ihnen keinerlei Grund zur Unzufriedenheit bestand.

Überhaupt scheint auch in den folgenden Jahrzehnten die Frage der Konstitution nicht eine so erhebliche Rolle gespielt zu haben. Den hektischen Neuerungsversuchen der Patriotenzeit, ja, auch der Jahrzehnte davor, mit ihrer spezifisch französischen Fortsetzung folgte die verfassungstheoretische und -politische Stille, als ob ein für allemal das entscheidende Wort gesprochen sei. Das ist nur auffällig im Vergleich zur eigenen Vergangenheit, nichts Besonderes dagegen im Vergleich etwa zur Entwicklung in deutschen Ländern, wiederum auffällig gemessen an dem, was 1830 in Belgien auf dem Gebiete der Konstitution sich dartat. Nach dem endgültigen 'Ausstieg' Belgiens aus dem Vereinigten Königreich war eine Verfassungsänderung vonnöten, die etwa eine strafrechtliche Ministerverantwortlichkeit, ministerielle Gegenzeichnung bei Gesetzen und eine zweijährige Haushaltsbewilligung durch die Kammern brachte, neben anderen Punkten (1839/40). Die Änderung mag gering klingen, aber sie war schon einschneidend genug, um einen eher autokratisch orientierten Monarchen wie Wilhelm I. zu veranlassen, zugunsten seines Sohnes Wilhelm II. abzudanken. Es typisiert den scheidenden Monarchen ebenso wie den Trend der Zeit, wenn er abdankte, weil die politisch-konstitutionellen Bestrebungen seiner Umgebung nicht mehr seinen Vorstellungen entsprachen und weil er Konzessionen für nachgerade unzumutbar hielt. Das hieß letztlich nichts anderes als kluge Einsicht in die politische Tendenz seiner Zeit, hieß Realismus, bei dem man sich auch anders entscheiden, nämlich mittun konnte, wie es der Sohn tat, der – und das mag als Gegenstück genannt sein – meinte: „Man muß mit seinem Jahrhundert marschieren; man muß frei heraus den konstitutionellen Weg begehen; für die Souveräne gibt es keinen anderen Weg mehr . . .“[3]

1.2. Zum Ergebnis von 1848

Tatsächlich ist die Verfassungsdiskussion seitdem in den Niederlanden nicht mehr abgerissen. Die Zeit des Johan Rudolf Thorbecke brach an in den 40er Jahren. Er war ein Mann aus dem reichen Bürgertum Overijssels mit Patriotenvergangenheit der Familie und einer Universitätsausbildung, die er in den Niederlanden und in Deutschland (Göttingen) erfuhr. Kein Jurist, aber ein Kenner des Staatsrechts. Sein Name steht für den Liberalismus jener Jahre, zu Recht sicherlich, wenngleich hervorzuheben bleibt, daß der niederländische Liberalismus früh auch eben jene Spielarten kannte, die etwa im Nachbarland Preußen von David Hansemann bis Johann Jacoby reichten. Auf jeden Fall brachte der Liberalismus der 40er Jahre von seiner ideellen Basis her nichts Neues, insofern Grundsätze der Patriotenzeit einfach wieder aufgegriffen wurden. Wo andernlands ganz abstrakt die Französische Revolution die politischen Prinzipien zumindest in ihrem Ursprung lieferte, konnten die Niederländer auf eigene ‘vorrevolutionäre’ Quellen zurückgreifen.

Thorbecke ging es in seiner politisch-theoretischen Publizistik – und sie besticht durch Umfang und Tiefgang gleichermaßen – um den Ausbau der Verfassung von 1814/15, um die neue Basis eines wirklichen Verfassungsstaates, konkret um ein neues Gleichgewicht der Kräfte und um eine weitergehende Beteiligung jener, die da vertreten werden sollten – und das dürfte der politisch besonders relevante Aspekt sein; insoweit die Wahlrechtsfrage besonders stark in den Vordergrund geschoben wurde, schritt der Liberalismus Thorbeckescher Prägung auch weit über den Ansatz von 1839/40 hinaus. Tatsächlich geriet die Diskus-

[3] Zitat bei E. H. Kossmann, De Lage Landen, S. 126.

sion bald in eine Phase der Beschleunigung, um dann 1848 in Reaktion auf die europäischen Ereignisse zu einem Ergebnis zu führen. Dem neuen, von Thorbecke erarbeiteten Verfassungsentwurf und seiner Annahme gingen zwar einige Unruhen in Amsterdam und Den Haag voraus, aber diese waren in keiner Weise vergleichbar mit dem Geschehen in anderen europäischen Städten und Hauptstädten. Vor allem der König sah sehr rasch ein, daß, wollte man einen revolutionären Überschlag vermeiden, Anpassung an die Forderungen der Zeit unvermeidlich war. Die Zusammenarbeit zwischen dem König und den Thorbeckeschen Liberalen hat schließlich die Annahme des neuen Entwurfs (mit einigen Änderungen seitens der Zweiten Kammer) zustande gebracht. Die Verfassung von 1848 bedeutete einen ersten Schritt auf dem Wege zur parlamentarischen Monarchie. Die Zweite Kammer ging nunmehr aus direkten Wahlen hervor, die Erste Kammer wurde aus den Vertretern der Provinzialstände gewählt. Zur strafrechtlichen trat auch die politische Ministerverantwortlichkeit. Der Monarch blieb 'unverletzlich' und behielt auch das Recht, die Kammern aufzulösen. Die Haushaltsbewilligung fand jährlich statt, der Gesetzgebungsbereich wurde erweitert, das Recht, Gesetzesvorlagen des Königs zu ändern, erteilt. Die Einführung des direkten Zensuswahlrechts hatte – auch nachdem der Zensus halbiert worden war – zur Folge, daß die Zahl der Stimmberechtigten erheblich unter der der Wähler lag, die zuvor im indirekten System die Wahlmänner hatten bestimmen dürfen (etwa 73 000 Wähler gegenüber etwa 90 000 vorher bei rund 3 Millionen Einwohnern). Der liberale Vorstoß brachte demnach eine Überwindung des ständischen Systems, die Einführung direkter Wahlen, er brachte aber nicht das allgemeine Wahlrecht. Die Besitzgebundenheit des Wahlrechts, die schließlich auch bei den demokratischen 'Patrioten' eine Rolle gespielt hatte, war auch 1848 bei Thorbecke nicht ausgeräumt. Wenngleich diese niederländische Entwicklung sich nachgerade in Nachahmung des europäischen Geschehens vollzog, dann enthielt sie doch insofern eine Besonderheit, als der König zusammen mit dem noch kleinen Haufen der Thorbeckianer die Verfassung schließlich durchzusetzen wußte – eine Verfassung, die in späteren Jahrzehnten vor allem im Hinblick auf Wahlrecht noch Änderungen erfahren hat, in ihren Grundstrukturen jedoch bis heute gilt.

2. *Das Vereinigte Königreich als Episode und die Position im internationalen Verband*

Das niederländische Königreich hat sich so mit relativ geringem Aufwand – soweit es vor allem den Druck von der Straße angeht – und bei relativ geringer Stärke der liberalen Bewegung verfassungspolitisch auf die Höhe der europäischen Entwicklung gebracht (was natürlich nicht ohne Widerstände und Hindernisse ablief) und eine der wichtigsten Fragen der Zeit gelöst. Die Beispielhaftigkeit des Auslandes ist dabei nicht zu übersehen. Das äußerte sich in Angst, gewiß, aber auch in Einsicht. Das alles gelang sehr viel besser als jener Versuch, die außenpolitischen Auflagen der neuen Existenz nun tatsächlich wirkungsvoll in politische Realität umzusetzen, den aus außenpolitischen Rücksichten verordneten Zusammenschluß zu einer problemlosen Union auszugestalten. Eines war von Beginn an sicher: diese 'belgische Frage' ließ sich nicht in genügsam betonter Reminiszenz an burgundisch-habsburgische Gemeinsamkeiten lösen. Der Zusammenschluß überdauerte nur eineinhalb Jahrzehnte. Am politischen Willen und an der politischen Tatkraft des Monarchen, aus dem diplomatischen Konstrukt ein politisch lebensfähiges Ergebnis zu machen, hat es nicht gefehlt. Dies zu manifestieren, war er auch verpflichtet, denn in Scheveningen kam er 1813 mit recht großräumigen Plänen an, nach denen die ehemals österreichischen Niederlande, das Fürstbistum Lüttich und das linke Rheinufer bis hin zur Mosel zusammen mit dem Norden ein Königreich bilden sollten. Ganz abwegig war solche Planung nicht, wenn man das tatsächliche Ergebnis betrachtet. Aber was der König wollte, entsprach nicht unbedingt dem Wunsch aller politischen Kreise der Niederlande. Ihnen waren solche Ansprüche fremd. Von Opposition gegen das Vorhaben ist jedoch wenig zu spüren, was vermutlich auf englische Pression zurückzuführen sein dürfte. Da wurde die Rückgabe der ehemaligen Kolonien im indonesischen Archipel von der Annahme des niederländisch-belgischen Zusammenschlusses abhängig gemacht – ein Stück Außenpolitik, das zeigt, daß nicht mehr nach eigenem Gusto verfahren werden konnte. Die Union war gleichsam unumgänglich. Viel hing sicherlich ab von einer ausgewogenen Politik gegenüber den neuen Landsleuten. Sie durfte gewiß nicht jenen Vorstellungen entsprechen, wie sie einer der niederländischen Befürworter des Zusammenschlusses, van Hogendorp, niederschrieb: „Es ist unbedingt notwendig, daß die Niederlande eine Seemacht und ein protestantischer Staat bleiben ... Die Niederlande werden eine Seemacht und ein protestantischer Staat bleiben, solange das Zentrum von Macht und Autorität in den Provinzen Holland, Seeland und Friesland liegt, die die Wiege der Republik der Vereinigten Provinzen waren ... Man kann den Belgiern alles gewähren, was nicht gegen die Prinzipien verstößt, man sollte ihnen aber nicht mehr zugestehen, wenn man die Früchte des eigenen Werkes erhalten will."[4] Und van Hogendorp stand mit solcher Konzeption nicht allein. Justizminister van Maanen, ohnehin kein Freund des Zusammenschlusses, dachte ähnlich und hat es in seiner politischen Praxis auch spüren lassen. Schon die Regierung blieb niederländisch. Das mag man ein außenpolitisches Erfordernis nennen, das von den Partnermächten inspiriert war, denn die Zuverlässigkeit einer zum großen Teil kulturell und sprachlich nach Frankreich orientierten Bourgeoisie in Belgien schien man nicht allzu hoch zu veranschlagen. Für die innenpolitische Aufgabe einer echten Unionsbildung, in der es eben diese eine niederländische Staatsangehörigkeit gab, war das keine gute Voraussetzung. Schließlich standen bis 1830 nur ca. 2½ Millionen Niederländer über 4 Millionen Belgiern gegenüber. Und ebensowenig wie breite niederländische Kreise von dem Unionsgedanken begeistert waren, konnten sich die Belgier damit identifizieren. Gewiß, da gab es Adlige und Vertreter des Großbürgertums, die den Schritt begrüßten, andere Aristokraten und zahlreiche Geistliche jedoch wären lieber in den Schoß Österreichs zurückgekehrt. Es gab eine Mehrzahl von Reibungsflächen aus der jüngsten politischen Vergangenheit – Erinnerung noch, aber doch nachwirkend, und es gab eben strukturelle Unterschiede, die wohl am schwersten wogen, wenn es um die Formulierung einer Einheitspolitik ging. So hatten im 18. Jahrhundert schon die niederländischen Truppen in den Barriere-Festungen gewiß nicht zur Verbreitung von Sympathie beigetragen, ebensowenig hatte man sich doch mit der Schließung der Schelde Freunde geschaffen, wie andererseits die Ernennung belgischer Beamter zu Präfekten des Napoleon Bonaparte in den nördlichen Provinzen insofern keine erfolgreiche Personalpolitik gewesen zu sein scheint, als diese Präfekten eine – wie berichtet wird – uner-

[4] Zitat bei J. C. Boogman, Die Holländische Tradition, S. 103f.

trägliche Servilität gegenüber dem Kaiser an den Tag legten. Das mochten Kleinigkeiten, keine unüberwindlichen Schwierigkeiten sein, es zählte jedoch, wenn praktisch seit dem Aufstand gegen Spanien die beiden Regionen eine selbständige Existenz aufgebaut hatten, der Norden eine autochthone Verwaltung mit dem berechtigten Selbstbewußtsein einer Großmacht (obwohl solche Kontur schon der Vergangenheit angehörte) hatte aufbauen können, der Süden dagegen permanent unter fremden Herrscherhäusern – Spanien, Österreich, Frankreich – hatte leben müssen. Das führte zu politischen, religiösen, kulturellen Konsequenzen. Jene Einheit des niederländischen Raumes, wie sie noch bei Rembrandt und Rubens in Bilder umgesetzt worden war, bestand schon lange nicht mehr, und jeder Gedanke daran mußte sich zunächst einmal die Voraussetzungen der Trennung vergegenwärtigen, ehe er sich mit der Rekonstruktion des Gewesenen befaßte. Burgund und Habsburg waren in jener Phase in vieler Mund, aber die burgundisch-habsburgische Konzentration war in ihren Jahrhunderten von Brüssel her erfolgt, nicht vom Norden aus. Brüssel war politisch und kulturell ein zentraler Ort gewesen, was Den Haag niemals erreicht hat. Burgund-Habsburg, das hieß organischer Aufbau durch Expansion, die neue Einheit aber betraf in sich fertige Staatsgebiete. Sie sollte vom Norden her betrieben werden und wurde auch von hierher betrieben, aber immer mit dem gewichtigen Hintergedanken an die nördliche Vergangenheit. Der Auf- und Ausbau des Vereinigten Königreichs erfolgte nur geographisch in Anlehnung an burgundisch-habsburgisches Beispiel, historisch-politisch wurde er gesehen in Reminiszenz an die glorreiche Vergangenheit der Republik. Der König selbst war hierfür gewiß ein sprechendes Beispiel. Seine Anweisungen an niederländische Diplomaten, mit größerem Selbstbewußtsein aufzutreten, erfolgten in diesem Geiste, und nur so ist das große Memorandum des niederländischen Außenministers Verstolk van Soelen von 1828 zu verstehen, der gerade in vermeintlicher Wiederholung republikanischer Großmachtbedeutung die gesamten Niederlande eben auf den Rang einer Großmacht, auf Kosten übrigens Preußens und Frankreichs, erheben wollte. Solcherlei schrieb der Minister ein Jahr vor der belgischen Revolution und zielte dabei vor allem auf die Annexion der preußischen Rheinlande. Das war von der politischen Machbarkeit her gesehen eine Schimäre, das Papier gewiß auch nur eine Episode, aber es zeigt etwas von der Denkweise, die in führenden politischen Kreisen des Nordens herrschte und einer engen Zusammenführung auf Dauer abträglich sein mußte.

Einer der wesentlichen Unterschiede zwischen beiden Regionen war natürlich die Konfessionsstruktur. Dem rein katholischen Süden stand der protestantische Norden gegenüber, der allerdings selbst einen recht großen katholischen Bevölkerungsanteil (Nordbrabant, Limburg) hatte. Schon gleich zu Beginn – mit den Propagandismen des Genter Bischofs de Broglie und seines Anhangs – mußte deutlich werden, daß hier Schwierigkeiten auftauchen würden, selbst wenn man dem Toleranzprinzip huldigte, das in den von den Niederländern entworfenen und von den Großmächten schon 1814 im Vorfeld der Wiener Verhandlungen angenommenen acht Artikeln von Wien, der Grundlage des Zusammenschlusses, vorgeschrieben war: dem Prinzip der völligen Bekenntnisfreiheit. Neben der historisch unterschiedlichen Entwicklung zweier staatlicher Einheiten und der Konfession als jeweiligem relevantem Strukturmerkmal ist darüber hinaus die Sprache als wesentliches politisches Problem anzumerken, das bis in die Gegenwart hinein als ein innerbelgisches Problem wirkt. Sprache, das war eben die Grundlage der Nationalität oder galt zumindest als eine solche, und sprachliche Einheit als Voraussetzung staatlich-nationaler Einheit widersprach nicht der Logik. Die 'belgische Realität' aber hatte es nicht mit sprachlichen Minderheiten zu tun. Da standen 2 Millionen Flamen 2 Millionen Wallonen gegenüber, und man muß sicher sehen, daß französische Sprache und Kultur sich schon bis ins flämische Bürgertum durchgesetzt hatte.

Eine Überwindung oder ein Ausgleich der Gegensätze bedurfte einer sehr behutsamen Politik, nicht nur eines selbstbewußten guten Willens und einer hohen Energie, die der Monarch gewiß an den Tag legte. Die Intensität, mit der Wilhelm I. dies zunächst auch erfolgreich versuchte, ist erstaunlich, denn wirtschaftlich gesehen berechtigte der Norden kaum zu großen Hoffnungen, und belgische Stimmen, die zu Beginn auftauchten, errechneten einen großen Vorsprung ihres Landesteils gegenüber dem lethargisch darniederliegenden Norden. Norden und Süden zeigten unterschiedliche Wirtschaftsstruktur. Den auf Handel und Agrarwirtschaft konzentrierten Nordprovinzen stand der starke gewerblich-industriell orientierte Süden gegenüber. Belgien holte als erstes Land auf dem europäischen Kontinent die industrielle Revolution ins Haus. Sie ist etwa um 1800 anzusetzen. Daß der Stapelmarkt des Nordens schon lange angeschlagen und in französischer Zeit völlig aufgelöst war, ist schon betont worden, die Handels- und Stapelmarktmentalität aber scheint, wie die Historiker van Tijn und Zappey neuerdings betonen, vor 1850 noch lange beibehalten zu sein – ein Hindernis für industriekapitalistische Einstellung. In der wirtschaftspolitischen Praxis meinte die unterschiedliche Wirtschaftsstruktur dazu auf jeden Fall einen Kompromiß zwischen den Freihandelsforderungen der Kaufleute und den Schutzzollansprüchen der Industriellen. Darüber hinaus scheint in den Nordprovinzen mit ihrer großen Masse von Armen einerseits, Rentiers und konservativen Kaufleuten (van Tijn-Zappey) andererseits, tatsächlich Lethargie ein wesentliches Charaktermerkmal gewesen zu sein; für die ehemaligen österreichischen Provinzen ging das nicht auf.[5] Die Unternehmer hier wußten sehr wohl, daß sie das für die großen Entwicklungen der Zeit zukunftsträchtige Wirtschaftspotential allein schon durch Bodenschätze hatten, wozu eine Erweiterung des Handels trat. In Antwerpen wurde 1827 mehr Kaffee und Zucker umgeschlagen als in Amsterdam und Rotterdam zusammen. Der Monarch, als Wirtschaftskundiger durchaus auf der Höhe der Zeit stehend, hat sich mit großer Intensität auf die Entwicklung der belgischen Industrie gestürzt, nicht immer zur Freude des nordniederländischen Handels. Die Entwicklung belgischer Industrie hieß dann tatsächlich tatkräftige Mithilfe der öffentlichen Hand durch Investitionen, da das Handelskapital sich zu solchen Investitionen nicht bereit zeigte – eine Haltung, die man schon einige Jahrzehnte zuvor bewiesen hatte. Der niederländische Staat wurde so Anteilseigner bei den Cockerill-Werken (Eisenerzeugung, Maschinenbau) in Seraing bei Lüttich. Die Bedeutung des Cockerillschen Unternehmens auch für die nachfolgenden Jahrzehnte ist gar nicht zu übersehen. Die Cockerill-Beteiligung ist nur ein Beispiel des Versuchs seitens des Königs, die belgische Industrie, deren Position im internationalen Vergleich mit England vor allem in den Anfangsjahren der 'niederländischen Zeit' in Fertigungsverfahren und Qualität noch nicht überaus konkurrenzfähig war, auf mannigfaltige Weise, auch durch Kreditpolitik, zu fördern. Die 'Algemene Maatschappij ter Be-

[5] Beitrag von Th. van Tijn u. W. M. Zappey, in: De economische geschiedenis van Nederland, S. 201 ff.

vordering van de Volksvlijt', die 1822 gegründet wurde und in Brüssel ihren Sitz hatte, sollte diesem Zweck dienen. Ihre Gründung ging ebenso wie die 1824 errichtete 'Nederlandsche Handelmaatschappij' wieder auf Initiative des Monarchen zurück. Sein Ziel war einfach eine gelungene Verbindung der belgischen Industrieproduktion mit den nordniederländischen Handels- und Schiffahrtskapazitäten im Konkurrenzkampf auf den internationalen Märkten. Der nordniederländische Handel fühlte sich gegenüber der überaus industriefreundlichen Politik des Monarchen benachteiligt, wenngleich es diesem auf eine Förderung beider Wirtschaftssektoren ankam. Darauf deutet auch der in Nord und Süd gleichermaßen intensiv in Angriff genommene Ausbau der Infrastruktur (Straßen- und Kanalbau). Die Prioritäten hatten sich allerdings verschoben. Die belgische Industrie repräsentierte sozusagen die Basis für das nordniederländische Handelsvolumen. Wenngleich der Aufbau der belgischen Industrie nicht ohne erhebliche Schwierigkeiten verlief, ist doch ab Mitte der 20er Jahre eine gewisse Konsolidierung zu einer beachtlichen Wirtschaftspotenz festzustellen. Das führte auch zu politischen Konsequenzen insofern, als sich allmählich ein Bewußtsein von der eigenen Wirtschaftskraft dieses Landesteils entwickelte, was wiederum Tendenzen zur Trennung beschleunigte, die eher aus dem kulturpolitischen Bereich im weitesten Sinne stammten. Aus der Sicht des Monarchen entbehrte es sicher nicht einer gewissen Tragik, wenn er selbst, auf Einheit zielend und wirtschaftlich intensiv für sie arbeitend, die Voraussetzungen für das Scheitern der Einheitspolitik erleichterte. Man wird gewiß auch berücksichtigen müssen, daß staats-, sprich: haushaltspolitische Erfordernisse der industriefreundlichen Politik im Wege standen und somit die Ausgangsposition der nordniederländischen Zentrale, soweit es deren 'good will' betraf, zu beeinträchtigen vermochte. Gedacht ist hier an die Begleichung der noch aus Frankreichs Zeit datiertenden Schuldenlast, die fast ausschließlich in den nördlichen Provinzen aufgenommen war, nunmehr aber auf die Gesamtbevölkerung verteilt wurde. Dies hat in der gesamten Periode des Vereinigten Königreichs zu Mißstimmungen geführt. Das äußerte sich etwa bei der Festsetzung indirekter Steuern, da noch dazu bei der Anweisung des Steuerguts die unterschiedliche Wirtschaftsstruktur der beiden Landesteile hineinspielte. Wo die Belgier Kaffee- und Zuckersteuer wünschten, setzten sich die nordniederländischen Kaufleute für eine Brotsteuer ein, die zu einer für die unter britischem Konkurrenzdruck stehende Industrie unerträglichen Lohnerhöhung geführt hätte. So wurde die zunächst 1819 eingeführte Kaffee- und Zuckersteuer 1822 abgeschafft. An ihre Stelle trat eine Mahl- und Schlachtsteuer. Die Mahlsteuer mußte der Monarch 1829 unter starkem Druck aus dem Süden wieder aufgeben.

Man mag dies Kleinigkeiten nennen im Rahmen eines großen Ansatzes zu einer wirtschaftlichen Integration mit seinen Investitionen und expansionsfördernden sowie infrastrukturellen Maßnahmen, aber solange bei den maßgeblichen politischen Gruppen in nur geringem Maße Zustimmung die Entscheidung der Diplomaten in Wien begleitete, der Aufbau der Wirtschaft aus strukturellen Gründen noch nicht so weit war, um mit der internationalen (englischen) Konkurrenz in allen Belangen Schritt halten zu können, aber auch wenn – umgekehrt – eine gewisse positive Entwicklung mit entsprechendem Selbstbewußtsein im Blick auf eigene Wirtschaftsfähigkeit einsetzte, mußten belastende staats-(steuer)politische Maßnahmen, die sich noch recht leicht als unvertretbare Verteilung von alten Schuldenlasten abtun ließen, als schikanös oder angesichts des eigenen Status als nicht mehr zumutbar empfunden werden.

Diese Überlegung führt zu den eigentlichen Ursachen der Trennung von 1830, zur Kirchen- und Sprachenpolitik, die das oben angedeutete Klima viel mehr als die Wirtschaftspolitik bestimmt und negativ vorgeprägt haben. Sicherlich bestand Religionsfreiheit. Sie war festgeschrieben. Aber Umsetzung in politische Praxis enthielt mehr als nur die Zulassung der Religion, denn auch Schulpolitik betraf Kirche und Religion in einem höchst wichtigen Bereich kirchlicher Interessen und kirchlichen Auftrags. Ehe eine entsprechende Politik auch nur ihren Anfang nehmen konnte, waren die Voraussetzungen für ein ausgewogenes Maßnahmepaket insofern erheblich verschlechtert, als die hier schon angedeuteten, zweifellos provozierenden Aktivitäten des Genter Bischofs de Broglie und seiner Anhänger im Klerus – Henri Bernard nennt ihn sogar ein Instrument französischer Interessenpolitik –[6] den Gegensatz von Staat und Kirche zur Kluft ausweiteten. Das führte selbst zur strafrechtlichen Verfolgung nicht nur des Bischofs, sondern auch zur

[6] H. Bernard, Terre Commune, S. 561.

Unterdrückung von Presseerzeugnissen in deutlichem Verstoß gegen konstitutionell garantierte Pressefreiheit. Es kann nicht wundernehmen, daß die 1823/24 geführten Konkordatsverhandlungen dann auch ergebnislos verliefen. Die Gegensätze zeichneten sich in der Schulfrage besonders stark ab. Die Erlasse des Monarchen vom Juni 1825 gingen schlicht über die Ansprüche der katholischen Kirche hinweg. Der Gymnasialunterricht wurde nur noch in den staatlich anerkannten Lateinschulen erteilt; nicht königlich zugelassene Anstalten waren zu schließen. Das bedeutete einen Schlag gegen die bischöflichen Lateinschulen, die sogenannten, der ersten Vorbereitung auf den Priesterberuf dienenden 'Kleinseminarien' und gegen andere Internate, die nach 1815 an Zahl erheblich zugenommen hatten. Die Regierung verlangte darüber hinaus, daß die Priesterseminare ('Grootseminaries' – theologische Akademien) nur Zöglinge aufnehmen durften, die ein öffentliches Gymnasium durchlaufen und einen zweijährigen Kursus in einem eigens dazu zu gründenden Collegium Philosophicum (Löwen) absolviert hatten. Der Erzbischof von Mecheln nun lehnte die ihm angebotene Aufsicht über dieses Kollegium ab, wollte auch nicht als Ratgeber bei der Berufung von Professoren für das mit der Universität Löwen zu verbindende Institut auftreten. In der folgenden Auseinandersetzung zog die Regierung den kürzeren, insoweit das Collegium kaum Schüler zählte und die Priesterseminare die Zöglinge nicht aufnahmen. Die Regierung gab nach und machte 1829 den Besuch fakultativ und hob 1830 die Institution sogar ganz auf. Noch kurz vor Ausbruch der belgischen Revolution gab sie auch den Gymnasial- und Hochschulunterricht ganz frei. Die Proteste der katholischen Geistlichkeit gegen die frühe Regierungspolitik griffen nun selbst auf das mehrheitlich katholische Nordbrabant über und erfaßten über die Geistlichkeit hinaus das katholische Bürgertum Belgiens, da der Gymnasialunterricht zu jener Zeit in Belgien als eine höchst wichtige Ausbildungsstufe angesehen wurde. Der Versuch des Monarchen, im Unterrichtswesen die Kirche dem Staat unterzuordnen, scheiterte, weil er, ein modernistisch und zentralistisch eingestellter, auf Einheit des Staates zielender Politiker, wohl auch in Überbewertung aufklärerischer Wirkungskraft mit ihrem Hang zur neutralen Haltung gegenüber Konfessionen die Intensität katholischen Lebens und kirchlichen Zugriffs unterschätzte. Bernard schreibt dazu: „Der Irrtum des Souveräns war . . . psychologischer Natur. Er hat nicht begreifen wollen, daß diese Maßnahmen der Mentalität seiner Untertanen im Süden des Landes entgegenstanden, die voll überzeugt waren vom Recht des Familienvaters in Unterrichtsfragen."[7] So ist zusammenfassend festzustellen, daß einerseits zwar die konfessionelle Verschiedenheit ein deutliches Strukturmerkmal des Vereinigten Königreichs war (auch wenn man den starken katholischen Anteil Nordbrabants in Rechnung stellt) und daß diese Unterschiedlichkeit sicherlich keine günstige Startposition für engeren Zusammenschluß darstellte, andererseits jedoch diese Gegensätzlichkeit Nahrung erhielt nicht sosehr durch eine protestantische Politik eines protestantischen Monarchen, sondern durch die staatspolitisch orientierten Maßnahmen eines modern denkenden Königs.

Ganz im Sinne der Realisierung von staatlicher Einheit entwickelten der Monarch und seine Minister die Sprachenpolitik, die nicht allein durch die mitten durch Belgien verlaufende Sprachgrenze Probleme aufwarf, sondern durch die Französisierung des flämischen Adels und der flämischen Bourgeoisie erschwert wurde, wobei von den sprachlichen Unterschieden zwischen flämischen und niederländischen Provinzen einmal ganz abgesehen werden soll. Es offenbarte gleich den politischen Charakter von Sprache, wenn sich die katholische Geistlichkeit um eine Pflege der flämischen *Dialekte* bemühte. Die niederländische Sprachenpolitik diente einem doppelten Zweck: zum einen der Förderung der Einheit, zum anderen einer schärferen Abgrenzung gegen Frankreich, dessen kultureller und politischer Einfluß unverkennbar war. Die Durchsetzung des Niederländischen wurde recht vorsichtig verordnet. Ab 1823 mußten sich Behörden und Gerichte in den Provinzen Limburg, Antwerpen und in Ost- und Westflandern ausschließlich des Niederländischen bedienen. Dieser Schritt wurde 1814 und 1819 auf dem Verordnungswege vorsichtig vorbereitet. Unkenntnis der Sprache wurde mit Versetzung in die Wallonie geahndet. Brüssel und Löwen sollten unter diesem sprachpolitischen Aspekt bald einbezogen werden. Die Konsequenz war eine Personalpolitik, die der zuständige Minister van Maanen ganz nach seinem Gusto vollziehen konnte. In die Wallonie kamen zugleich Beamte mit ausgezeichneten Kenntnissen des Niederländischen. Französischsprachigkeit in Brüssel – äußerte sie sich auch

[7] Ebd. S. 537.

nur in Aufschriften und Schildern – wurde ausgemerzt. Solche Politik setzte sich im Schulwesen fort. Gymnasialschüler im flämischen Raum mußten vor Besuch des Athenäums (= Gymnasium) den Nachweis der Kenntnis des Niederländischen erbringen. Bis 1828 wurde der gesamte Unterricht niederländisch erteilt. Bis auf Brüssel und einige westflandrische Gemeinden wurde ab 1823 auch in den Grundschulen das Niederländische Schulsprache.

Die Maßnahmen Den Haags blieben nicht ohne Widerspruch und Protest. Sie zeigten sich beim frankophilen Bürgertum Flanderns, sie äußerten sich auch im großen Zulauf zur Universität Lüttich, in der französisch 'gelesen' wurde. Advokaten aus Brüssel und Gent sandten 1829 Petitionen an den Monarchen, die belgischen Provinzen ließen schließlich eine gemeinsame Adresse folgen. Der Monarch gab nach und ließ vor allem in der Rechtspflege auch das Französische zu. Aber solche Zugeständnisse führten erst recht zu weiteren Aktionen. Im Herbst 1829 setzte ein zweiter Strom von Petitionen ein, die in einem zweifachen Sinne auffällig sind: zum einen standen Zehntausende flämischer Bauern hinter der Bewegung, zum anderen scheint man hier in einer Verbindung von Religion und Sprache deutlich gemacht zu haben, daß eine Unterdrückung des Französischen (dessen die Bauern ja gar nicht mächtig waren) nicht nur einem Sieg des Niederländischen entspreche, sondern auch die Religion in Gefahr bringe.

Zwar hat der niederländische König noch weitere kleinere Konzessionen gemacht (etwa in der Rechtspflege), in der Hauptsache blieben die Regelungen jedoch erhalten. Den Haag ging von einheitlicher Sprache als Grundlage der staatlichen Einheit aus, abgesehen davon, daß in Regierungskreisen das Französische als kulturell zweitrangig erachtet wurde. Ein solcher 'staatstheoretischer' Ausgangspunkt ist auf jeden Fall begreiflich, und er fügt sich gewiß in eine Zeit, in der Volk, Kultur, Sprache Topoi der Staatswerdung waren, allein, unter den gegebenen Umständen war diese Politik nicht machbar. Sie setzte nicht nur an in einer Region, die jahrhundertelang eine andere kulturelle Entwicklung mitgemacht und eine festverwurzelte katholische Kirche hatte, mit allen traditionellen Ansprüchen gegenüber dem Staat und in der Gesellschaft, sondern auch selbst sprachlich geteilt war. Solche sprachliche Teilung hieß auch: kultureller Einfluß vom Süden her, dem vor allem die tonangebenden Schichten der belgischen Gesellschaft unterlagen und der sich gerade in den 20er Jahren bei einer neuen Generation belgischer liberaler Intellektueller durchsetzte. Und liberal sein hieß nichts anderes, als die Möglichkeit von Konstitution im Sinne der individuellen Freiheit durchzusetzen. Die persönliche, höchst autokratische Politik des niederländischen Königs mochte dann von gutem Willen geprägt sein und sich selbst der Förderung des Südens bevorzugt widmen, die Durchsetzung seiner Politik enthielt letztendlich gemessen an den Ansprüchen dieser Jahre mehr als einen Formfehler. Gerade dieser neue, in Belgien begreiflicherweise vorgetragene liberale Anspruch konnte sich leicht mit den Unzufriedenheiten wegen der Kirchen- und Sprachenpolitik der Regierung verbinden. So wird die an sich überraschende 'Union Sacrée', diese 'Heilige Allianz', zwischen belgischen Katholiken und Liberalen verständlich, zumal die Liberalen zwar antiklerikal, aber nicht antireligiös waren. Trat zu diesem Konglomerat von Unzuträglichkeiten noch eine wirtschaftliche Krise, die für die Industrie als eine für die Beginnphase typische Krise einer noch jungen industriellen Entwicklung anzumerken ist und nach einer Zeit des deutlichen wirtschaftlichen Aufstiegs als besonders schmerzlich empfunden wurde, und trat schließlich dazu das französische Beispiel der Juli-Revolution – möglicherweise war das Regime Karls X. mit dem Wilhelms I. zu vergleichen –, dann waren die Bedingungen für eine Revolte geschaffen.

Dieser vom Brüsseler Proletariat mit Unterstützung der Bourgeoisie und einem Teil der Geistlichkeit getragene Aufstand leitete die Spaltung ein, gegen die sich auch Versuche, anstelle des Auseinanderstrebens eine Verwaltungstrennung einzuführen, übrigens mit Zustimmung des eine neuerliche Schließung der Schelde fürchtenden Antwerpener Handels, nicht durchzusetzen vermochten. Augenfällig ist, daß die Niederlande im Augenblick des Aufstandes außenpolitisch allein standen. Der 'natürliche' Partner, Großbritannien, stellte sich nicht hinter seinen Alliierten, der sich ja schließlich auf Geheiß eben des Inselstaates zum Vereinigten Königreich hatte erweitern müssen. Großbritannien anerkannte den Aufstand, an dessen Ende die liberale Bourgeoisie als Gewinner stehen würde. Von London aus sah man eben die Entwicklung aus gesamteuropäischer Sicht, und da boten sich zwei Revolutionen – Paris und Brüssel – nebeneinander. Es empfahl sich offensichtlich, aus außenpolitischen Rücksichten den Aufstand zu stützen und nicht ganz unter französischen Einfluß fallen zu lassen. Die Verhandlungen, die schließlich auch zur völkerrechtlichen Anerkennung des neuen Staates führten (1839), sollen hier nicht im einzelnen betrachtet werden, es sei lediglich gesagt, daß das belgische Geschehen letztlich *außenpolitisch* zugunsten der Aufständischen entschieden wurde, und bemerkt sei schließlich, daß die noch 1829 mit soviel Verve vorgetragenen großmachtähnlichen Konzeptionen des niederländischen Außenministers Verstolk in einem deutlichen Widerspruch zur tatsächlichen Situation der Niederlande standen. Gerade das Vereinigte Königreich zeigte bei Etablierung und Spaltung gleichermaßen, daß Den Haag immer nur Objekt der Außenpolitik sein konnte. Die erste Hälfte des 19. Jahrhunderts bewies endgültig, wie sehr das Land in eine zweitrangige Position abgesunken war.

Die Abspaltung Belgiens war sicher kein Bruch in der außenpolitischen Entwicklung der Niederlande, und im Lande nördlich der Schelde scheint man den Rückzug aufs ursprüngliche Territorium als Befreiung von einer Last empfunden zu haben. Die Hartnäckigkeit, mit der man sich international um die Südprovinzen noch bemühte, war eine 'wilhelminische' Tendenz, mit der Einstellung breitester Schichten hatte das wohl nichts mehr zu tun. Das dürfte sicherlich zum Teil auf Einsicht in den Problemreichtum einer ausgewogenen Verwaltung zweier so unterschiedlich entwickelter Räume zurückzuführen sein, es beweist aber auch, daß man in einer kaum über den eigenen Lebensbereich schauenden nüchternen Selbstgenügsamkeit und Selbstzufriedenheit für Ereignisse jenseits der eigenen Grenzen nicht warmlaufen konnte. In dieser Hinsicht war Wilhelm I. gleichsam ein Burgunder mit sehr viel Sinn für die Zeichen der Zeit, kein Niederländer der eigenen Dezennien. In der Literatur ist häufig auf die Lethargie der Niederländer in der ersten Hälfte des 19. Jahrhunderts hingewiesen worden, und J. C. Boogman, der gar von „bornierter Selbstgenügsamkeit“ und „Mangel an Phantasie“ redet, erklärt etwa die furchtsame, von Unverständnis ausgehende Haltung der Niederlande gegenüber radikalen nationalen Bewegungen in Deutschland oder Italien aus dem Status einer historischen Staatsnation mit subjektivem Nationalbegriff. Er verweist auf die „oftmals schroffe Gleichgültigkeit der Niederländer“ gegenüber der flämischen Bewegung.[8] Möglicherweise war es auch ein Mangel an

[8] J. C. Boogman, Die holländische Tradition, S. 104.

Großzügigkeit des Denkens, der den Fehlschlag einer großräumigen Politik letztendlich mitbedingte. Andererseits: die auf den kleinsten Raum zurückgezogene Konzentration des politischen Denkens hat gewiß der entsprechend der Position der Zweitrangigkeit erforderlichen Neutralitätspolitik am ehesten entsprochen. Das war keine völkerrechtlich festgelegte Neutralität wie die des nun neuen Staates Belgien, sondern eine frei gewählte. Sie zu wählen, empfahl sich gerade auch im Hinblick auf die Wahrung vor allem des niederländisch-indischen Kolonialbesitzes. Das hieß allerdings, daß bei aller Neutralität sicherlich die Stellung und Haltung Englands besonderer Aufmerksamkeit bedurfte. Unter dem Aspekt der völkerrechtlichen Lage auf dem europäischen Kontinent konnte eine solche Neutralitätspolitik insofern in Schwierigkeiten geraten, als die Niederlande über die Personalunion mit dem Großherzogtum Luxemburg (der niederländische König war Großherzog von Luxemburg) und über die Provinz Limburg mit dem Deutschen Bund verflochten waren. Tatsächlich aber blieb es bei einer nur potentiellen Schwierigkeit. Denn: obgleich die Jahre nach 1850 sich ausweisen als eine Phase, in der die kleinstaatliche Existenz im Prozeß der Nationalstaatsbildung bedroht schien, hat der Bestand der Niederlande oder die neutrale Haltung des Landes niemals wirklich zur Diskussion gestanden und auch nie – ungleich der belgischen Politik – eine intensive Beobachtung erfahren. Sicherlich ist einsichtig, daß sich die niederländische Außenpolitik angesichts der europäischen Prozesse – angefangen beim italienischen Krieg (1859), über die kriegerische Lösung der dänischen Frage bis hin zum preußischen Sieg über Österreich 1866 und damit zur preußischen Vormachtstellung in Zentraleuropa – um die Existenz des eigenen Landes sorgte. Die Stellung der Niederlande hätte bei einer Frage wie etwa der einer Annexion Limburgs durch Preußen aufgrund des herrschenden Nationalitätenprinzips hochgespielt werden können, zumal 1848 die Ausgliederung Limburgs aus dem niederländischen Staatsverband durchaus schon gefordert worden war. Solche Furcht aber, so begreiflich sie sein mag, überschätzte wohl die Bedeutung des eigenen Landes im europäischen Geschehen. Gewiß, da hat es auswärtige Beobachter und Diplomaten gegeben, die eine Satellitenstellung des Landes zu Frankreich oder Preußen als durchaus möglich ansahen, das Land dürfte jedoch in der neuen, sich spätestens seit 1866 abzeichnenden Konfrontation Preußen–Frankreich (und nach dem Krieg 1870/71 auch Deutschland – Frankreich) keinen strategischen Wert für die potentiellen Konfligenten gehabt haben, wenn man das Königreich einmal unter diesem Gesichtspunkt mit der Lage Belgiens vergleicht. Nicht ohne Grund war 1839 schließlich nur dem aus dem niederländischen Staatsverband strebenden Belgien die Neutralität auferlegt worden. Selbst in der scharf geführten preußisch-französischen Auseinandersetzung um die Festung Luxemburg, die Den Haag unmittelbar betraf, hat die künftige Stellung der Niederlande nicht zur Diskussion gestanden. Das war für Belgien eben völlig anders. Es gab dort einige Entwürfe, die die nationale Existenz des Landes beendigen wollten. Schließlich hat der Außenminister Drouyn de Lhuys 1865 gar den Niederländern eine Teilung Belgiens angeboten. Man geht – und der Vergleich mit Belgiens Stellung dient zur Illustration der Lage der Niederlande – wohl darüber hinaus nicht fehl in der Annahme, daß die Großmächte in den 30er Jahren eine belgische nationale Existenz schon beim Beginn des Aufstandes anerkannt hatten, letztlich aber der belgischen Nationalität nicht der Wert beigemessen wurde, den man der nationalen Existenz der Niederlande zuerkannte. Die Niederlande galten eben als 'gestandenes' Staatswesen, sehr viel mehr als das 1830 geborene Belgien, bei dessen Geburt schließlich die Großmächte Pate gestanden hatten. Wie weit auch die Furcht um die eigene Existenz begründet gewesen sein mag, sie bedingte auf jeden Fall eine rigorose Neutralitätspolitik, die die Niederlande seitdem auch nicht mehr – bis hin zum Zweiten Weltkrieg – aufgegeben haben. In den politisch tonangebenden Kreisen der Niederlande bedeutete das Ausbleiben jeglicher Initiative und die Herbeiführung eines gewissen Maßes an Isolierung eine vernünftige und dem Staate zum Wohle gereichende Politik. Über diesen Befund noch hinausgehend stellt der Historiker Tamse fest, daß die diplomatische Enthaltsamkeit – das meint Entscheidung für die Isolierung – nicht nur nüchterner Analyse entsprungen sei, sondern auch auf eine bestimmte psychische Konstellation zurückgeführt werden müsse: auf das stark entwickelte Selbstbewußtsein eines Staates, der auf keinen Fall trotz der Abwesenheit von Großmachtingredienzen in die Abhängigkeit eines anderen Staates, in dessen Fahrwasser habe geraten wollen.[9]

[9] Hierzu C. Tamse, Nederland en België in Europa (1859–1871). De zelfstandigheidspolitiek van twee kleine staten. Den Haag 1973.

Möglicherweise hat die Reminiszenz an die Rolle in den vergangenen Jahrhunderten – die Niederländer haben ihre Geschichte in sehr intensiver Weise 'gepflegt' – solche Haltung beeinflußt. Jedenfalls wäre eine Neutralisierung, wie sie Belgien erfuhr, kaum als angemessener Status empfunden worden. Immerhin stand da im Hintergrund noch ein Kolonialreich, das seinesgleichen in jenen hier betrachteten Jahren durchaus zu suchen hatte.

Die rigorose Abwendung von der Koalitions- und Bündnispolitik scheint qualitative Konsequenzen für die entscheidungtragenden Kräfte niederländischer Außenpolitik gehabt zu haben. Da waren keine Ratspensionäre vom Schlage eines Oldenbarnevelt oder de Witt am Werk. Das entwickelte sich auch ganz anders als in Belgien, von dessen diplomatischer Kunst wenige Jahrzehnte später Kaiser Wilhelm II. noch nach der Lektüre der von den deutschen Behörden nach dem Einfall in Belgien beschlagnahmten belgischen diplomatischen Berichte höchst angetan war. Es kann im Hinblick auf mögliche Ursachen solcher Entwicklung unterschiedlicher personeller Qualität der Politiker und Diplomaten auch nicht übersehen werden, daß die belgische Position in Europa ein sehr viel höheres Maß an diplomatischer Kunst verlangte, als dies für die einigermaßen abgeschirmten Niederlande erforderlich war.

3. *Späte Industrialisierung*

Gewiß, verfassungspolitisch stand das Königreich 1848 europäisch gesehen durchaus auf der Höhe der Zeit, wirtschaftlich verlief da in den folgenden Jahrzehnten alles erheblich zögerlicher. Wenn sehr weitgehend behauptet werden darf, daß das 19. Jahrhundert die Länder Europas mit raschen Schritten in die Phase der modernen Industriegesellschaft hineintrug, die Niederlande jedenfalls zeigten Verspätung. Wie hieß es doch recht sarkastisch zum niederländischen Beitrag auf der Londoner Industrieausstellung 1851? „Traurig war in einem Wort der Anblick der niederländischen Abteilung; es herrschte dort etwas Totes, etwas Nacktes in dem Raum, den man für die Niederlande eingeräumt hatte . . . Die meisten Ausstellungsstücke waren . . . so seltsam, daß das Ganze den Niederländern einigermaßen peinlich erscheinen mußte; die Abwesenheit von Besuchern und die Ruhe in dieser Abteilung war dann auch ein sprechender Beweis dafür, daß jeder das ohnehin herrschende ungünstige Urteil teilte."[10] Und selbst 1868 qualifizierte man auf der Pariser Ausstellung französischerseits die niederländische Industrie als zweitrangig, die sich kaum im internationalen Konkurrenzkampf werde halten können. Tatsächlich waren die Träger der Wirtschaft der ersten Hälfte des Jahrhunderts kaum vorbildlich gewesen. Zeitgenossen wie H. J. Koenen haben solche wirtschaftliche Verschlossenheit auf mentale Trägheit zurückgeführt, auf Furcht vor Neuerungen, denen das Überkommene und Vertraute vorzuziehen war. Man habe selbst, so Koenen, den Dampf der Maschinen als den abscheulichen Qualm der Hölle angesehen.[11] Diese – bei dem Bestreben nach Neuerung – schon für das 18. Jahrhundert festzustellende Beharrung in der Routine, in Handel und Kapitalbesitz, scheint durch die Abgeschlossenheit in der französischen Zeit noch gefördert worden zu sein, jedenfalls fehlte es in der ersten Hälfte des 19. Jahrhunderts den niederländischen Wirtschaftskreisen an jener Offenheit und Empfänglichkeit, die nun einmal in einer Phase der neue Gesetze des Wirtschaftslebens schaffenden technologischen Veränderungen vonnöten gewesen wäre. Wenn noch dazu die Behörden, speziell das Ministerium für Gewerbe, die Ansicht vertraten, daß eben der Handel den Wohlstand des Landes ausmache, dann bestand für eine Förderung der Industrie nur geringe Aussicht. Das entsprach sicherlich nicht den Intentionen des Königs, aber es bleibt doch festzuhalten, daß die Politik des Monarchen letztendlich vor allem den industriell stark wachsenden Südprovinzen (Belgien) zugute kam. Huizinga hat in seiner Charakteristik der Niederlande von 1813 und die Jahre danach vom geistigen Rüstzeug des 18. Jahrhunderts gesprochen, praktisch von einer Nabelschau unter Kaufleuten und Professoren, und in solches Bild fügt sich eine von Beobachtern des Auslandes festgestellte Unkenntnis in technisch-industriellen und betriebswirtschaftlichen Fragen. Diese Beobachter wußten, wovon sie sprachen, denn sie halfen, wenigstens die Anfänge einer niederländischen Industrie aufzubauen. Wo schließlich eine Industrie entsprechend den Forderungen

[10] Zitat bei W. J. Wieringa, Economische heroriëntering in Nederland in de 19e eeuw. In: Economische ontwikkeling en sociale emancipatie, II (1977), S. 35.

[11] Ebd.

der Zeit Wurzeln faßte, war sie tatsächlich wesentlich das Ergebnis technischen und betriebswirtschaftlichen Know-hows aus dem Ausland. Es scheint darüber hinaus, als ob sozialpolitische Erwägungen, zielend auf Linderung des Pauperismus, in der Twenteschen Baumwollindustrie zur Intensivierung der Hausindustrie geführt haben – ein Faktum, das so gar nicht in die Landschaft moderner Industrieentwicklung passen wollte.

Natürlich hat es in dieser Phase Stimmen gegeben, die auf Rezeption neuer Technologien, überhaupt auf Hinwendung zur Industrie drängten, erste Schritte hierzu wurden allerdings erst unter der Ägide der Liberalen unternommen. Es entsprach ihrem politischen Programm, wenn sie zunächst einmal Hand an den Protektionismus legten. Da folgte man zunächst britischem Beispiel, etwa mit der Abschaffung aller Bestimmungen zum Schutz der eigenen Schiffahrt. 1854 folgte eine allgemeine Senkung der Zollsätze. Thorbecke ließ 1862 alle Ausfuhrzölle abschaffen und gestand nur geringe Einfuhrzölle für gewerbliche Erzeugnisse zu. Das brachte auf jeden Fall zunächst einmal dem Handel Vorteile, da sich Ein-, Aus- und Durchfuhr erheblich erhöhten. Von einer Industrialisierung kann zu diesem Zeitpunkt zwar immer noch keine Rede sein, da zum einen niederländische Wirtschaftskreise sich scheuten, ausländisches Kapital zu investieren, andererseits eigenes Kapital entsprechend der alten Routine in Staatsanleihen und im Ausland anlegten. Immerhin: zwischen 1855 und 1871 stieg die Zahl der Dampfkessel-Anlagen auf 6000. Die Abschaffung der in der vorliberalen Zeit so hinderlichen Brennstoffabgabe sowie der Niedrigzoll für die Einfuhr von Maschinen haben hier erhebliche Erleichterung geschaffen. Die technologischen Neuerungen setzten sich in diesem Zeitraum in den Baumwollfabriken Twentes und in Nordbrabant – hier nicht zuletzt auch unter belgischer Anleitung – durch. Twente stieg auf Großproduktion um. Der Rohstoffverbrauch verdoppelte sich zwischen 1861 und 1871. Die Verbesserung der Infrastruktur (Kanal Overijssel von Zwolle nach Almelo sowie Eisenbahnverbindungen) und die damit zugleich verbundene Verbilligung der Kohlepreise begünstigten den Aufschwung. Im übrigen aber erfaßte die Mechanisierung vor allem die Konsumgüterindustrie (Mühlen, Brotfabriken, Kerzenherstellung, Brauereien, Hefe- und Spiritusfabriken). Anfänge waren auf jeden Fall gemacht, aber das nicht zu übersehende Wachstum in diesem Zeitraum betraf vor allem den kleingewerblich-handwerklichen Sektor, der die wachsende Nachfrage auf dem Inlandsmarkt zu decken versuchte – ein Inlandsmarkt, der sich durch die steigende Nachfrage seitens der Landbevölkerung erweiterte. Solche Anfänge galten auch für veränderte Organisationsformen und neue Produkte.

Was für die Periode bis etwa 1875 noch ein Beginn war, setzte sich in der Phase bis etwa 1895 fort, obwohl eine internationale Depression mit einem starken Abfallen der Weltmarktpreise diese Phase bestimmte. Dabei sind sogenannte 'leading sectors' nicht auszumachen. Das Wachstum war zwar allgemein, jedoch von höchst unterschiedlichem Umfang und sicher nicht so stark, wie man nach der Entwicklung in den 70er Jahren noch hätte erwarten können. Lediglich die Diamantenindustrie wuchs besonders kräftig heran, gefolgt von Binnenschiffbau, landwirtschaftlicher Industrie, graphischem Gewerbe und dementsprechend von dem Sektor Papiererzeugung. Textil und Metall expandierten in geringerem Maße. Daß es in der Depression überhaupt noch insgesamt gesehen zu Wachstum kam, lag nicht zuletzt auch an der starken Verbesserung der gesamten Infrastruktur des Landes, die maßgeblich der Rheinschiffahrt und dem Hafenumschlag in Rotterdam zugute kam. Solche Verbesserung bedingte auch die Einbeziehung bisher abseits gelegener Regionen in das 'Marktgeschehen'.

Für die niederländische Landwirtschaft verlief die Entwicklung einigermaßen anders. Im dritten Quartal des 19. Jahrhunderts profitierte dieser Sektor vor allem vom freien Zugang zum englischen Markt. Butter, Käse und Fleisch (vor allem Schweine) stellten den größten Anteil. Die besondere Bedeutung der Exportexpansion lag nicht allein im starken mengenmäßigen Anstieg, sondern auch in steigenden Weltmarktpreisen. Der hohe Ertrag und die Aussicht auf weiteren hohen Erlös sorgten für Folgeerscheinungen wie Spezialisierung, Einbeziehung auch der kleinen Bauern in den Markt, Vermehrung von Arbeitsplätzen für Landarbeiter (Dauerbeschäftigung und Saisonarbeit), steigende Bodenpreise und Pachten. Vor allem in größeren landwirtschaftlichen Betrieben führte diese günstige wirtschaftliche Entwicklung nun zu modernisierter Ausstattung, neuen Produkten und Qualitätsverbesserung. Allerdings hielten sich die neuen Anbauformen in Grenzen. In der Depression erlitt die Landwirtschaft jedoch einen erheblichen Rückschlag durch den Preisverfall bei Getreide und Kartoffeln. Bis 1896 gingen die Preise gegenüber 1876/78 um die Hälfte zurück. Da die Pachtsätze langsamer fielen und die Bodenpreise bis 1896 nur noch ein gutes Viertel der Hausse-Zeit ausmachten, kam es zu erheblichen Einkommensverlusten, die auch nicht sogleich durch die Neuorientierung der Erzeugung ausgeglichen wurden, da es sich hier um einen langsamen Prozeß handelte. Der Preisabbau hat auf jeden Fall die Getreidebauern in arge Bedrängnis gebracht. Die Regierung hat ihrerseits gleichsam in Fortführung liberaler Wirtschaftsprinzipien trotz agrarischer Lobby und bei großem Interesse an niedrigen Brotpreisen für die städtische Bevölkerung keine protektionistischen Hilfsmaßnahmen getroffen. Auf lange Sicht dürfte sich das für die niederländische Landwirtschaft als vorteilhaft erwiesen haben, da die Bauern zum Teil nicht nur mit der obengenannten Neuorientierung der Erzeugung begannen – Übergang auf Obst- und Gemüseanbau sowie Viehzucht –, sondern auch zu genossenschaftlichen Formen als erhebliche Stärkung ihrer Marktstellung fanden. Allerdings hat die Regierung nach 1886 aufgrund eines Berichtes einer eigens dafür eingesetzten Agrarkommission Qualitätskontrollen eingeführt, Kredite bewilligt, eine Verbesserung des landwirtschaftlichen Fachunterrichts neben anderen Maßnahmen vorgenommen, die zusammen mit der Selbsthilfe der Bauern eine günstige Ausgangsposition für die Jahre nach 1895 schufen, als die Weltmarktpreise stiegen und sich stabilisierten. Der Export der landwirtschaftlichen Erzeugung nahm neuerlich erheblich zu. Das deutsche Kaiserreich avancierte zu einem wichtigen Abnehmerland und sollte es lange Jahrzehnte für die gesamte Land- und Gartenbauwirtschaft der Niederlande bleiben. Letztgenannter Sektor hatte übrigens in keiner Weise unter der Depression gelitten. Der durch die Verwendung von Kunstdünger bedingte erheblich erhöhte Produktionsausstoß kam auch aus den kleineren landwirtschaftlichen Betrieben, wobei durch die verbesserten Absatzmöglichkeiten (Genossenschaften, fabrikmäßige Verarbeitung) auch ehemalige Landarbeiter zu selbständigen Kleinbauern wurden.

Aber nicht nur für die Agrarwirtschaft, auch für die anderen Sektoren der Volkswirtschaft bedeuteten die letzten Jahre vor der Jahrhundertwende die Phase des großen Aufschwungs. Die günstige Konjunktur zeitigte einen Expansionsdrang, der schließlich zu einer Erweiterung der Kapitaldecke führte. Es zeigte sich dabei ein deutlicher Mentalitätswandel bei den niederländischen Kapitalbesitzern, denn jetzt wurde auch im großen Stil in die eigene Wirtschaft des eigenen Landes investiert. Die Banken erweiterten gleichfalls ihre Kapitalbasis, um ihrerseits investiv in größerem Stile tätig sein zu können. Es kam noch vor dem Ersten Weltkrieg zu Bankkonzentrationen, die der neuen Entwicklung nur förderlich sein konnten. Theo van Tijn stellt fest, daß in den Jahren 1895 bis 1914 die niederländische Industrie erwachsen geworden sei.[12]

4. *Die Konfession als politische Kraft*

4.1. Zur Stellung der Konfession und ihrer Organisation

Wenngleich die zuvor erörterten und noch zu erörternden Verfassungsänderungen von 1848 die Niederlande allmählich auf den Weg zur parlamentarischen Monarchie brachten, verzögerte sich die Gründung der zu solcher Entwicklung gehörenden Parteien erheblich, bis weit in die zweite Hälfte des 19. Jahrhunderts hinein, eine einigermaßen spät einsetzende Entwicklung, wenn man den Parteibildungsprozeß etwa im Nachbarland Deutschland zum Vergleich heranzieht. Aber es gab in jener frühen Phase doch deutlich voneinander unterschiedene Gruppierungen, ohne feste Organisation und Programm, in ihren politischen Wünschen aber klar auszumachen: Konservative, Liberale, Katholiken und Antirevolutionäre. Konservative, das waren eben jene Familien, die im Prinzip gegen eine Veränderung der bestehenden Ordnung eingestellt blieben, gleichermaßen vor und nach 1848. Sie zählten zur alten Notabeln-Elite, die sich rekrutierte aus Adligen, vor allem aber aus alten Regentengeschlechtern und Beamtenfamilien, geographisch vornehmlich anzusiedeln zwischen Amsterdam und Den Haag, und eben – wenngleich Adel zu ihnen gehörte – städtischer Herkunft. Sie blieben eine einflußreiche Gruppe, die sich nachgerade in traditionsreicher Kontinuität durchaus der verfassungspolitischen Entwicklung anzupassen vermochte, sie zwar nicht lebte, aber mit ihr leben konnte und bis in die zweite Hälfte des 19. Jahrhunderts hinein die Kabinette wennschon nicht beherrschte, so doch mitbestimmte. Und die, wie Kossmann fest-

[12] S. o. Anm. 5. Hier zu dieser Periode S. 239ff.

stellt, dieser Gruppierung eigene Anpassungsfähigkeit mag noch dadurch gestärkt worden sein, daß der politische und gesellschaftliche Erneuerungsprozeß in den Niederlanden sich nicht in so raschem Tempo vollzog, wie es vielleicht die Verfassungsänderung von 1848 glauben machen konnte.[13] Erst als es wirklich zu Veränderungen kam, die sich nicht nur in der wirtschaftlichen Entwicklung (Industrialisierungsprozeß) und der sozialen Strukturierung äußerten mit den entsprechenden organisatorischen Reaktionen auf die soziale Problematik, und erst als in Reaktion auf die vom Liberalismus in einem zutiefst mit und in der Konfession lebenden Land abstrakt gestellte Frage nach dem Verhältnis von Staat und Gesellschaft entsprechende Parteien das politische Spektrum der Niederlande bereicherten, erst von da an war für Konservative kein Platz mehr als eigenständige Gruppe, die von der Familientradition im Sinne des „do ut des" gelebt hatten, wo es klar Farbe zu bekennen galt. Noch vor der Jahrhundertwende verschwanden somit die Konservativen von der politischen Karte der Niederlande. Parallel zum allmählichen Rückgang des auf alten Ständeverhältnissen, sprich: Regententradition aufbauenden Konservatismus entwickelte sich eine andere, letztlich eine breite Basis im Volk findende konservative Strömung, die der Antirevolutionären, die sich 1878 als erste politische Partei unter dem calvinistischen Pastor Abraham Kuyper organisierten und ein Programm gaben. Die Entwicklung dieser Gruppierung enthält praktisch auch ein Stück Kirchengeschichte des niederländischen Protestantismus, sie birgt ein Stück Geistesgeschichte für die erste Hälfte des 19. Jahrhunderts, und sie enthält einen nachdrücklichen Hinweis auf die politische Wirkungsmächtigkeit einer gleichsam permanent aus der Vergangenheit schöpfenden Konfession. Die Bewegung dieser Antirevolutionären ist zuerst und vor allem zu begreifen als eine Reaktion gegen den Einfluß der Französischen Revolution, gegen das Gedankengut der Aufklärung. Insofern war sie konservativ, aber sie war es in einem anderen Sinne als der Konservatismus der bürgerlichen Notabeln, hohen Beamten und Adelskreise in der Monarchie. Sie war anders, weil sie gründete in der geistigen Atmosphäre des 'Réveil', an deren Anfang die für das kulturelle Leben der Niederlande so wichtige Männer wie die Literaten Willem Bilderdijk und Isaac Da Costa standen. 'Reveil', das hieß

[13] E. H. Kossmann, De Lage Landen, S. 199.

protestantische Erneuerung, emotionsgeladene Rückkehr zur Bibel, wie sie vor der Aufklärungsphase des Ancien régime verstanden wurde, das hieß aber auch Konfrontation mit dem Zeitgeist – mit dem Freisinn in Staat und Gesellschaft. 1823 hatte in Da Costas ›Bezwaren tegen de geest der eeuw‹ (›Bedenken gegen den Zeitgeist‹) Konstitution keinen Platz mehr. Aber dieses Büchlein enthielt viel mehr: Es sprach von der Notwendigkeit eines im Herkommen begründeten Privilegiums, verwarf die Macht des Volkes ebenso wie die absolute Macht der Monarchen und anderer Herrscher. Erziehung und Unterricht sollten auf Zufriedenheit mit der eigenen Existenz, in die man hineingeboren war, zielen. Dies alles wurde betrachtet unter dem Schirm des erneuerten, weil gegen Verflachung durch Rationalismus gerichteten orthodoxen protestantischen Glaubens in einem Land, das zu den auserwählten zählte. Die Bewegung, die insgesamt vor allem von Da Costa und darüber hinaus von Willem de Clercq getragen wurde, war poetisch und protestantisch gleichermaßen geprägt, nicht aber kirchlich, wurde nicht von Predigern getragen, stand andererseits gleichwohl in enger Beziehung zum kirchlichen Geschehen, das in den 30er Jahren nicht ohne Probleme ablief. Die Niederländisch Reformierte Kirche ('Nederlands Hervormde Kerk') mußte nicht nur aufgrund der ihr durch Königlichen Erlaß von 1816 zugewiesenen Kirchenordnung staatlichen Einfluß in Kirchenangelegenheiten dulden, sondern huldigte selbst auch dem Toleranzprinzip in den eigenen Reihen und darüber hinaus einem modernen Rationalismus. Gerade dagegen wandten sich einige Prediger der Kirche, aber auch Mitglieder der Gemeinde. In dem Wunsch nach einem intensiveren Erleben und Erfahren des Glaubens rückten diese Mitglieder der Kirche gedanklich in die Nähe der 'Réveil'-Bewegung. Sie erwies sich innerhalb der Kirche als stark genug, um 1834 zur ersten sogenannten 'Afgescheiden Gemeente' zu führen und dann in den folgenden 30er Jahren sich noch weiter auszubreiten. Die Staatsgewalt hat trotz massiver Maßnahmen gegen die führenden Pastoren die Bewegung nicht unterdrücken können, die – überschaut man das ganze 19. Jahrhundert – nur der Anfang einer protestantisch-kirchlichen Neugründung gegen Ende des Jahrhunderts war. Man wird zwei Bereiche gedanklicher Verwandtschaft zwischen 'Afgescheidenen' und 'Réveil'-Bewegung aufzeigen müssen. Zum einen die Intensivierung des Glaubens durch Ablehnung des Rationalismus und Hinwendung zur Lehre der Epoche vor dem Ancien régime, zum anderen die Loslösung vom staatlichen Einfluß und die Besinnung auf den besonderen Auftrag der Kirche in der niederländischen Gesellschaft durch eine Funktionalisierung des Glaubens. In der Gruppe der 'Afgescheidenen' selbst äußerte sich zugleich ein Stück soziale Gegensätzlichkeit, denn ihr gehörten Gläubige aus dem niederen sozialen Milieu an, die sich innerhalb der 'Hervormde Kerk' nicht gegen die eher liberal gerichtete Bourgeoisie durchzusetzen vermochten. Unter diesem Aspekt freilich hatten sie mit der Bewegung des 'Réveil' nichts zu tun.

In den auslaufenden 30er und vor allem in den 40er Jahren hat sich der über Willem de Clercq zur 'Réveil'-Bewegung gekommene Guillaume Groen van Prinsterer darangesetzt, die Ziele der poetisch-protestantischen Erneuerungsbewegung in staatspolitische Forderungen umzusetzen. Groen, ein zutiefst in den Kategorien niederländischer Geschichte und niederländischen Glaubens denkender Mann, der dies so überdeutlich auch als königlicher Hausarchivar in seinen ›Archives de la Maison d'Orange-Nassau‹ in den Anmerkungen bewies und der sich gegen die staatliche Verfolgung und für das Existenzrecht der 'Afgescheidenen' einsetzte, gab seiner 'Réveil'-Deutung eine auf politische Funktion des Glaubens gerichtete Verfeinerung, insofern er Willem Bilderdijk einen 'Konterrevolutionär' meinte nennen zu können, sich selbst aber als einen 'Antirevolutionär' apostrophierte. Mit solcher Unterscheidung deutete er an, nicht so sehr gegen Institutionen der Revolution gerichtet zu sein, sondern vielmehr gegen das Hauptelement der Revolution: den Unglauben. Groen hat in seinem Handbuch zur Geschichte der Niederlande die Historie unter diesem Aspekt betrachtet und gemeint, eine Beziehung zwischen Glaubensverfall und Niedergang des Landes feststellen zu können. Die Quelle aller Herrschaft lag für ihn und seine Anhänger in Gott. Demnach war Glaube auch keine Privatangelegenheit, und er war schon gar nicht – gleichsam auf dem Wege der weltzugewandten Gleichgültigkeit – auf eine neben anderen mögliche Lebensgestaltung zu beschränken, wie es eben die Liberalen taten. Unterwerfung unter die göttliche Autorität hieß also Verwerfen des liberalen Individualprinzips, hieß demnach auch Ablehnung des allgemeinen Wahlrechts. Groen hat über sich selbst bezeugt, er sei nicht Staatsmann, sondern Bekenner des Evangeliums. Daß er unter diesen Denkvoraussetzungen der christlichen Schule als einer wesentlichen Zelle der christlichen Gesellschaft das Wort redete, ist voll einsichtig. Das entsprach seinem Auftrag. Groen war allerdings Realist genug, um Kompromisse zu schließen, wo die volle Forderung nicht durchgesetzt werden konnte. Der an anderer Stelle zu erörternde Schulstreit zeigte es, wenngleich hier festzustellen ist, daß nach Groens Empfinden solche Kompromißpolitik einer Niederlage gleichkam.

Für Groen, der sich – sehr zu Recht wohl – als 'christlich-historisch' in seinem Denken einstufte, gab es, wennzwar er doch konservativ gerichtet war, keine Verbindung zum Konservatismus der alten Regenten- und anverwandter Schichten. Von der Dunk hat darauf hingewiesen, daß Groen auch nicht an solcher Verbindung gelegen habe, da die intellektuelle Basis beider Seiten letztlich von prinzipieller Unterschiedlichkeit war.[14] Die konservative Erneuerungsbewegung zielte tatsächlich auf „refaire le passé“, währenddessen der einfache Konservatismus sich auf Abwehr der revolutionären Folgen beschränkte, „en persistant dans ses erreurs“. Zuzustimmen ist von der Dunks Auffassung, daß solche Unterschiedlichkeit sich eben ergeben hat aus der nur teilweisen Rezeption des Vergangenen durch die Konservativen. Rezipiert habe man nur die in oranischer Herrschaft oder – in Republikzeiten – Mitherrschaft liegende zentralistische Tendenz, unbeachtet gelassen sei jedoch der Calvinismus der orangistischen Tradition. Man habe bei ihnen letztlich die rationalistische Staatsauffassung der Französischen Revolution übernommen.

Man überschätzt Groen gewiß nicht, wenn man ihn einen tiefgreifenden und der Aktualität verhafteten Denker christlicher Politik nennt, der es zugleich unternommen hat, seine Wertvorstellungen in der Tagespolitik zum Tragen zu bringen. Das hieß für seine Periode Umsetzung ohne eigentliche politische Organisation, das hieß auch Umsetzung in einer Phase, in der die Mobilisierungspotenz innerhalb der Bevölkerung noch nicht allzu stark entwickelt war, auf jeden Fall starker Anstöße bedurfte, um sich überhaupt zu zeigen. Ab 1851 gab es immerhin antirevolutionäre Wählergemeinschaften, mit denen Groen die Wahlen zur Zweiten Kammer bestreiten konnte – mit wechselndem

[14] H. von der Dunk, Conservatisme in vooroorlogs Nederland. In: Vaderlands Verleden in Veelvoud, II (1980), S. 260.

Erfolg. Die Begriffe 'antirevolutionär' und 'christlich-historisch' wurden nebeneinander verwandt.

Erst 1879 erfolgte der Zusammenschluß der Wählergemeinschaften zur Antirevolutionären Partei ('Antirevolutionaire Partij', ARP) unter Pastor Abraham Kuyper, der in der Literatur häufig als Volksführer angedeutet wird. Noch vor Groens Tod (1876) stand Kuyper mitten im politischen Kampf, im Kampf um das Schulsystem. Er schuf sich dazu ein eigenes Organ, ›De Standaard‹. Aber er tat noch ein übriges. Während Groen hervorstach durch die Unbedingtheit des Denkens, die Kompromisse nur schwer ertragen konnte, trat Kuyper hervor durch die Unbedingtheit der Tat. Nicht nur, daß er die antirevolutionären Gemeinschaften und Konventikel zu einer modernen Partei mit einem Programm zusammenfaßte, auf seine Initiative hin wurde auch die 'Vrije Universiteit' in Amsterdam (1880) gegründet – eine Stätte der Wissenschaft für seinen Glauben. Er war es aber auch, der in seinem Bekenntnis keine Kompromisse machte, selbst mit der eigenen Kirche brach (was Groen nie getan hatte) und eine eigene neue Kirche gründete. Als er, wie Groen Mitglied der 'Nederlands Hervormde Kerk', mit Glaubensinhalt und Organisation seiner Kirche nicht mehr übereinstimmen konnte, schied er zusammen mit anderen aus ('Doleantie', 1886) und gründete 1892 im Zusammenschluß mit der Christlich Reformierten Kirche ('Christelijk Gereformeerde Kerk') von 1869, der Organisation der ehemaligen 'Afgescheidenen', die Reformierten Kirchen der Niederlande ('Gereformeerde Kerken in Nederland'). Kuyper unterschied sich – in bewegteren Zeiten – in seinem Aktivitätsdrang von Groen. Er zog darüber hinaus jedoch noch eine andere soziale Basis heran. Wenngleich die 'Afgescheidenen' – wie fünf Jahrzehnte später übrigens auch die 'Doleanten' – schon aus den niederen und unteren Mittelschichten kamen und wenngleich ein beträchtliches Maß an Übereinstimmung in den Denkinhalten zwischen 'Réveil' und 'Afgescheidenen' bestand, war es Groen eigentlich nicht gelungen, eben diese Schichten wirklich zu aktivieren. Es gehörte wohl auch nicht zu seinem Habitus, sich darum zu bemühen. Kuyper, der es – unter anderen Zeitumständen – gerade auf diese Schichten anlegte, ist solches Vorhaben durchaus gelungen. Die ARP sammelte in ihren Reihen die 'kleyne luyden', das waren die Handwerker und Kleinhändler, die Schiffer, Fischer, Bauern und unteren Beamten. Die Kirchenspaltung von 1886/92 entsprach in etwa dann auch der sozialen Schichtung. Während Adel und Großbourgeoisie bei der Niederländisch-Reformierten Kirche ('hervormd') blieben, traten die zuvor genannten sozialen Schichten der neuen Gründung Kuypers und der 'Afgescheidenen' bei. Die 'Doleanten' waren innerhalb der Niederländisch Reformierten Kirche zuvor schon einigermaßen 'demokratisch' zur Geltung gekommen, insofern sie 1861 durch Einführung der Wahlordnung für die Bestallung der Pastoren, Ältesten und Diakone in den Wahlkollegien Mitspracherecht erhalten hatten.

Der hier schon zitierte von der Dunk merkt zu Recht an, daß die antirevolutionäre Bewegung unter Kuyper den niederländischen Konservatismus repräsentiert habe.[15] In diesem Konservatismus schloß dieser an 'Réveil' und Groen an, aber schon durch die sehr viel weiter reichende Basis forderte der Kuypersche antirevolutionäre Konservatismus ein weitgehendes *Maß* an Demokratie, das durchzusetzen die calvinistische Tradition durchaus ermöglichte, in jener Anfangsphase über die am Fortschritt und damit auf die Zukunft orientierte demokratische Konkretisierung der Liberalen hinausging, sich aber letztendlich gegen das *allgemeine* Wahlrecht stellte, da dies auf einen dem christlichen Ordnungsprinzip zuwiderlaufenden Individualismus hinausging. Im Augenblick der frühen Aktivitäten allerdings konnte Kuyper immerhin auftreten als Vertreter des gemeinen Volkes gegen die gehobenen und höheren Schichten, die dem Liberalismus das Wort redeten.

Unter Kuyper vollzog sich auch die für die innenpolitische Geschichte der Niederlande durchaus charakteristische protestantisch-katholische Annäherung. Das war zunächst nicht eben selbstverständlich, obwohl die niederländischen Katholiken sich seit den 1795 festgeschriebenen Neuerungen politisch und gesellschaftlich durchaus auf dem Vormarsch befanden, zuletzt noch in der Verfassung von 1848 einen wesentlichen Erfolg verbuchen konnten. Es ist vielleicht überspitzt formuliert, gleichwohl nicht abwegig, wenn die niederländischen Katholiken als eine Gruppe mit starkem religiösem Elan und ausgesprochener Frontmentalität beschrieben werden. Tatsächlich handelte es sich hier doch um eine nicht zu kleine, geographisch recht genau auszumachende Minderheit in einem protestantisch bestimmten Staat, die jede Begren-

[15] Ebd. S. 263f.

zung der protestantischen Staatsgewalt gegenüber religiösen Minderheiten nur begrüßen konnte. Umgesetzt in die politische Wirklichkeit bedeutete dies, daß die Katholiken vom liberalen Toleranzprinzip, von der Forderung der staatlichen Neutralität gegenüber den Konfessionen zunächst zu profitieren vermochten. Entsprechend verständlich ist auch das politische Verhalten. Katholiken und Liberale arbeiteten zusammen. Im Unterschied zum Katholizismus anderer europäischer Länder verblieben die niederländischen Katholiken länger auf der Seite der Liberalen. Die verfassungsmäßig verordnete Gleichberechtigung der Katholiken mochte dann von den Protestanten in der hier noch darzustellenden Aprilbewegung von der Straße her bestritten werden, an den von Liberalen durchgesetzten Prinzipien ließ sich jedoch nicht rütteln. Aber ebenso wie bei den Protestanten galt auch für die Katholiken die konkrete Umsetzung der Verfassungsnorm in die gesellschaftliche Wirklichkeit, das heißt, es stellte sich auch für sie als zentrale Forderung die Wirkungsmächtigkeit der Kirche im staatlich-gesellschaftlichen Leben. Die Schulfrage bot hier ebenso wie bei den Protestanten den Ansatzpunkt zur Auseinandersetzung mit den Liberalen, die in den 50er bis 70er Jahren weitgehend die Innenpolitik des Landes bestimmten. Die Schulfrage führte zur Annäherung der Konfessionen, zur Entfremdung von den Liberalen, nachdem die päpstlichen Enzykliken ›Quanta Cura‹ und der ›Syllabus Errorum‹ die ganze katholische Welt vor der Unverträglichkeit liberaler Prinzipien mit dem katholischen Glauben gewarnt hatten. Die niederländischen Katholiken reihten sich in die europäische Entwicklung ein, zumal die Liberalen dieses Landes, ebensosehr in den europäischen Chor einstimmend, sich gegen die päpstlichen Ansprüche in Italien kehrten. Die Zeiten der Zusammenarbeit zwischen Katholiken und Liberalen, Zeiten, in denen Thorbecke noch im katholischen Maastricht gewählt worden war, kehrten nicht wieder.

Die parteipolitische Organisation der Katholiken ließ allerdings lange auf sich warten. Sicherlich, schon 1848 hat man über eine Organisation nachgedacht. Das lief auf nichts hinaus, allerdings kam es in den 50er Jahren zur Bildung einer Reihe von örtlichen katholischen Wählergemeinschaften. Versuche, zu einem Verband auf Landesebene zu kommen, mißlangen jedoch. Lediglich in Nordbrabant gelang 1870 die Organisation einer römisch-katholischen Wählergemeinschaft auf Provinzialebene.

Wie der Name Kuyper mit der Gründungsphase der ARP und ihren ersten Jahrzehnten politischer Aktivität verbunden ist, so gilt dies für den Namen des Priesters H. J. A. M. Schaepman hinsichtlich der Entwicklung des organisierten politischen Katholizismus. Ursprünglich hatte dieser katholische Geistliche, 1880 übrigens als erster Priester in die Zweite Kammer gewählt, auf eine interkonfessionelle Partei gezielt, sich schließlich jedoch in seiner Arbeit für eine politische Organisation der Katholiken auf Landesebene eingesetzt. 1883 publizierte er hierzu die kleine Schrift ›Eene katholieke partij. Proeve van een program‹, in der er die niederländischen Katholiken als eigenständige, von den übrigen Gruppen nicht geschiedene, sondern nur unterschiedene Einheit im niederländischen Volk bezeichnete. Ihm war kaum Erfolg beschieden, was auch darauf hindeutet, daß der Scheidungsprozeß von den Liberalen nicht als abruptes Geschehen angemerkt werden kann, wie es sich überhaupt noch als schwierig erweisen sollte, innerhalb der katholischen Welt zu einem einheitlichen Standpunkt in aktuellen politischen Fragen zu kommen – eine begreifliche Erscheinung angesichts des durch das Band der Konfession zusammengehaltenen recht heterogenen sozialen Spektrums.

Immerhin ist es Schaepman gelungen, die katholische Fraktion 1896 auf ein gemeinsames Programm zu verpflichten. Im Jahr darauf haben Vertreter der katholischen Wählergemeinschaften das an den päpstlichen Enzykliken orientierte Programm unterschrieben. Es fehlte noch an der eigentlichen nationalen Organisation, die schließlich 1904, ein Jahr nach dem Tod Schaepmans, zustande kam. Die Wählergemeinschaften schlossen sich zum Allgemeinen Verband römisch-katholischer Wählergemeinschaften ('Algemeene Bond van Roomsch-Katholieke Kiesvereenigingen') zusammen. Der Verband darf als erster politischer Zusammenschluß der niederländischen Katholiken auf Landesebene angesehen werden, wenngleich nicht alle Wählergemeinschaften der noch lose strukturierten Organisation beitraten.

4.2. 'Souveränität des eigenen Kreises' und 'Antithese'

Das letzte Jahrzehnt des 19. Jahrhunderts und die Jahre bis hin zum Weltkrieg sind innenpolitisch als eine Phase der organisatorischen Konsolidierung und gleichzeitig der Unruhe der politischen Parteien über ihre Zielsetzung anzumerken. Es ist darüber hinaus die Phase des liberalen Ausklangs und des vollen konfessionellen Einstiegs, und schließlich charakterisieren sich jene Jahre als frühe Manifestation einer in Gewerkschaften und Partei organisierten Arbeiterbewegung, die allerdings kaum einigermaßen etabliert, nachgerade im Vorgriff auf die Entwicklung anderer europäischer Arbeiterparteien rasch zur Spaltung schritt.

Die Antirevolutionären begriffen sich völlig zu Recht als Volkspartei eigener Konfession. Sie verstanden sich darüber hinaus als Ordnungspartei – und zwar nicht als Wahrer irgendeiner liberalen oder demokratischen Ordnung, sondern in einem höheren Sinn, als Hüter der Allgegenwart und Unverletzlichkeit göttlicher Souveränität. Das kam noch von Groen van Prinsterer und wurde im Rahmen der organisierten Partei fortgeschrieben. Abraham Kuyper hat als ein mitten im politischen Leben stehender Parteiorganisator und in nüchterner Anerkennung der Gegebenheiten den hochgesteckten Anspruch theoretisch und praktisch umzusetzen versucht in seiner Lehre von der 'Souveränität des eigenen Kreises' ('Souvereiniteit in eigen kring'). Diese Lehre ging aus von dem Nebeneinander von Staat und Gesellschaft, von der Vielfalt der Formen gesellschaftlichen und gemeinschaftlichen Lebens und beschrieb praktisch eine Verbotslinie, über die hinaus der Staat und seine Organe nicht in die Souveränität jener vielfältigen Formen eingreifen durfte. Der Staat sollte nur dort intervenieren, wo die gesellschaftliche Ordnung insgesamt gefährdet war, aber er durfte sich nicht in die als souverän anzuerkennenden Bereiche nichtstaatlicher Gemeinschaft einmischen. Und nichtstaatliche Gemeinschaft, das meinte hier Familie, Vereine, berufliche Organisationen. Solche Konzeption, 1880 schon unmittelbar nach der Gründung der Antirevolutionären Partei entwikkelt, enthielt in der Abgrenzung der einzelnen souveränen Lebensbereiche gegen den Staat und untereinander in beschränktem Maße ein liberales Toleranzprinzip, letztlich aber war sie eine Defensiv- und Kompromißformel, die anschloß an den unten noch zu erörternden Groenschen Kompromiß in der Schulfrage, als deutlich geworden war, daß die öffentliche Schule als christlich-calvinistische Institution sich nicht durchsetzen ließ. 'Souveränität im eigenen Kreis', die im übrigen auch die Wissenschaft einschließen sollte, die eigene calvinistische wissenschaftliche Methodik, wie es Kuyper 1880 in seiner Rede zur Gründung der 'Vrije Universiteit' dargelegt hatte, sie eben bedeutete Wahrung des Bestandes an Bekenntnis und bekenntnisgebundenem Leben. Eine solche Formel hob dann auch nicht nur auf die Vergangenheit ab, sie hat Grundlagen politisch-gesellschaftlichen Lebens auch für die Zukunft geschaffen, die sich als tragfähig erwiesen. Die Konzeption von der 'Souveränität', die um die Jahrhundertwende in gesellschaftliche Wirklichkeit umgesetzt wurde, bedingte jenes eigenartige Phänomen, das 'Versäulung' ('verzuiling') genannt wird und zu den typischen Erscheinungsformen des gesellschaftlichen Lebens in den Niederlanden zu rechnen ist. Dabei ist festzuhalten, daß der in der hier betrachteten Periode voll einsetzende Prozeß der standes- und klassenübergreifenden Strukturierung mit ihren jeweiligen Denkinhalten nicht auf die Konfessionen begrenzt blieb, sondern als Abschottungsprozeß gegenüber dem 'anderen' auch die Arbeiterwelt und selbst den nicht konfessions- oder parteigebundenen Bevölkerungsteil, hier mehr in Form einer Reaktion sozusagen des Restbestandes, erfaßte.

Zu Kuypers Konzeption von der 'Souveränität des eigenen Kreises' trat die für das politische Handeln der Antirevolutionären wichtige 'Antithese'. Diese schrieb eine über die soziale Gruppierung hinausgehende politische Verhaltensweise vor, die einen scharfen Trennungsstrich zwischen Konfessionellen (aller Konfessionen) und Nichtkonfessionellen zog. Auch die 'Antithese' war recht eigentlich schon von Groen vorformuliert, als er 1849 den Katholiken bescheinigte, daß sie zwar in Zusammenarbeit mit den Liberalen durchaus politischen Einfluß auszuüben vermöchten, sie aber auf lange Sicht – in Gemeinschaft mit der Tendenz der Zeit, dem Unglauben – kaum einen Nutzen ziehen könnten. Er setzte dagegen die Gemeinschaft im Glauben gegen den Unglauben – das war das 'antithetische' Moment – und Gemeinschaft in der Gefahr – Gefahr, das hieß Zugriff staatlicher Oberherrschaft. David Friedman hat die Wurzeln der hier bei Groen und später bei Kuyper vorgetragenen Konfrontation 'christlich' – 'weltlich' und die durch die Säkularisierungstendenz der Zeit entsprechend präformierte konfessionelle Gemeinschaft schon auf die Geisteshaltung der Niederlande in republikanischer Zeit zurückgeführt. Bei ihm heißt es: „Dieses Zeitalter war in Wirklichkeit charakterisiert durch eine Antithese . . . zwischen den theokratischen Prinzipien der Reformation in ihrer calvinistischen Ausprägung und den humanistisch-individualistischen Prinzipien der

Renaissance, die sich beide in den Niederlanden niemals in einem harmonischen Ganzen vereinigt haben."[16] Kuyper jedenfalls stellte in seiner 'Antithese' Glauben und Unglauben gegenüber. Das war sicher ein hohes Maß an protestantischem Rigorismus, der allerdings nur 'organisatorische' Konsequenzen hatte, insofern er den Weg vorbereitete zu einer Koalition mit den Katholiken, die Inhalte der Politik allerdings noch offenließ.

Freilich: zwar ist kaum zu bezweifeln, daß die Konfession als einigendes Band sozial heterogener Schichten allgemein von einiger politischer Wirkungskraft gewesen ist, sozialpolitische Gegensätzlichkeit sicherlich nicht unterdrückt, aber doch gemildert hat, gleichwohl haben weder die 'Antithese' noch die 'Souveränität des eigenen Kreises' die mit der sozialen Heterogenität gegebene Problematik konfessioneller Parteien fortzuwischen vermocht, wozu in den Niederlanden als besonderes Spezifikum noch die unausgegorenen Gegensätze im protestantisch-kirchlichen Leben selbst traten. Zumindest bekamen die Antirevolutionären recht bald schon die Konsequenzen zu spüren. Es kam zur Spaltung der AR-Fraktion in zwei Gruppen, die eine geschart um Kuyper, die andere um den Fraktionsführer Alexander Frederik de Savornin Lohman. Will man die hier entstehende Konfliktkonstellation sozial festmachen, dann ist sie zu beschreiben als Gegensatz zwischen der hohen regentisch-patrizischen Bourgeoisie, die so viele Jahrzehnte das politische Leben bestimmt hatte, und den Mittelschichten, die eben nicht zum Patriziat zählten und hinunterreichten bis zu den 'kleyne luyden'. Dieses Konfliktpotential tat sich auf, sobald eben Abraham Kuyper sich anschickte, aus den Antirevolutionären eine Volkspartei zu schmieden. Bis 1878 war das antirevolutionäre Wahlvolk noch vertreten worden vornehmlich durch Abgesandte des Patriziats, der Wahlsieg der ARP in jenem Jahr aber brachte auch eine soziale Erweiterung der Fraktion nach 'unten'. Es kam zu einer Pattstellung zwischen zwei Fraktionsgruppen, die Savornin Lohman einerseits, Kuyper andererseits anhingen. Der Versuch und Erfolg Kuypers, die Antirevolutionären zu einer wirkungsmächtigen Partei auf Massenbasis umzuformen, wies in der Konsequenz des innerfraktionellen Konfliktes aus, daß die 'Aristokra-

[16] Zitat bei G. Geismann, Politische Struktur und Regierungssystem in den Niederlanden. Frankfurt/Bonn 1964, S. 56.

ten' diese moderne Tendenz der Parteibildung insofern gedanklich nicht nachvollziehen konnten, als sie psychologisch keine Beziehung zum Phänomen des Übergangs vom Honoratiorenclub zur Partei als politischer Äußerungsform breiter Volksschichten zu entwickeln vermochten. So drängte de Savornin Lohman auch auf Selbständigkeit der Fraktionen gegenüber Partei und Parteivolk. Dieser 'Unabhängigkeitsdrang' entsprach so gar nicht den Vorstellungen des sehr viel moderner eingestellten Kuyper, war aber für die andere Seite Motiv genug, sich bei der Diskussion um eine Erweiterung des Wahlrechts als selbständige Fraktion zu etablieren (1894) und schließlich 1897 eine eigene Partei, die Frei-Antirevolutionäre Partei ('Vrij Antirevolutionaire Partij'), eine von der Organisationsstruktur her lockere Verbindung, zu gründen. Parallel dazu, gleichsam an der Peripherie, in der Provinz Friesland, vollzog sich eine protestantische Neuformierung, die politische, vornehmlich aber konfessionelle Motive hatte. 1897 entstand hier der Christlich-Historische Wählerverband ('Christelijk Historische Kiezersbond') und ein Jahr später der sogenannte Friesische Bund ('Bond van Kiesvereenigingen op Christelijk Historische Grondslag in de Provincie Friesland') unter dem Pastor Ph. J. Hoedemaker. Diese Gruppierungen scheinen grundsätzlich die seinerzeitige Kuypersche Opposition in der eigenen, der Niederländisch-Reformierten Kirche nicht überwunden zu haben; sie vertraten die Ansicht, daß die ARP von den 'Gereformeerden' beherrscht werde. Der bei Kuyper vorhandene allgemeine christliche Rigorismus setzte sich bei den Friesen – gleichsam zeitlich zurückgreifend – in einen spezifisch protestantischen Rigorismus um, insofern auch Kuypers 'Antithese', die ein Zusammengehen mit den Katholiken ermöglichen sollte, scharf zurückgewiesen wurde. Der Antikatholizismus der Friesen blieb bestimmend. Um „die gesamte Kirche und das gesamte Volk" gehe es, so ließ sich Hoedemaker vernehmen. Über eine Fusion des Christlich-Historischen Wählerverbandes mit den Frei-Antirevolutionären (1903) zur Christlich-Historischen Partei ('Christelijk Historische Partij') kam es 1908 im Zusammengehen mit dem Friesischen Bund zur Gründung der 'Christlich-Historischen Union' ('Christelijk Historische Unie'), der zweiten großen protestantischen Partei, die für die nächsten Jahrzehnte durchaus mehr als nur ein Schattendasein führte.

Die CHU vertrat den 'rechten' Flügel, sie zeigte ebensosehr die

Schwierigkeiten sozial heterogener konfessioneller Parteien, wie die im ersten Jahrzehnt des neuen Jahrhunderts erfolgte Abspaltung der Christdemokraten ('Christelijke Democraten') von der 'Mutterpartei'. Ihr Initiator A. P. Staalman vertrat praktisch die Gegenposition zu den 'Lohmanianern'. Wo Kuyper von Lohman nachgerade des unerträglichen Modernismus bezichtigt wurde, tadelte Staalman die Zurückhaltung des AR-Führers in der Wahlrechtsfrage und gründete 1905 eine eigene Partei, eben die der Christdemokraten. Kuyper sah sich also in einer Mittelposition, aus der heraus er keine Beziehung zu Staalmans Kritik entwickeln konnte, der nicht nur um eine Erweiterung des Wahlrechts kämpfte, sondern das kapitalistische System in Frage stellte und eine Koalition mit den nichtkonfessionellen Parteien der mit den Katholiken vorzog.

Für diese selbst ist eine ähnliche interne Entwicklung kennzeichnend, wenngleich nicht übersehen werden kann, daß die Katholiken zunächst einen erheblich starreren Konservatismus in politicis et socialibus vorführten, abgesehen davon, daß die Katholiken am längsten mit der eigentlichen Parteigründung gewartet haben. Nachdem der hier schon genannte Schaepman die Fraktion 1896 auf ein gemeinsames Programm hatte verpflichten können (dem AR-Programm nicht unähnlich), das ein Jahr darauf von allen Wählergemeinschaften angenommen worden war, kam es eben erst 1904 zur Bildung des hier zuvor schon genannten Allgemeinen Verbandes römisch-katholischer Wählergemeinschaften. Es sollte noch über zwei Jahrzehnte dauern, ehe sich die Katholiken zu einer straff organisierten Partei zusammenschlossen. Die unten noch zu behandelnde Annäherung der Katholiken an die Antirevolutionären war vornehmlich ein Ein-Mann-Unternehmen von Schaepman gewesen, und die Folgezeit erwies auch, daß die Koalition der Konfessionellen – nicht zuletzt auch wegen der anfänglichen Zurückhaltung der Kuyper-Partei – sich bei der sich im übrigen recht elitär gebärdenden katholischen Bevölkerungsschicht nicht ohne weiteres durchsetzen ließ. Daß sich die Katholiken zunächst noch als Vertreter der höheren (begüterten) Stände verhielten, zeigte sich bei der Debatte um das Wehrpflichtgesetz (1898), als vom katholischen Minister Goeman Borgesius die persönliche Wehrpflicht eingeführt werden sollte. Zur Abschaffung des Vertretungsprinzips konnten sich die Katholiken nicht durchringen, wie man sich – und das lag eben genau in der Linie ausgemachter Klassenpolitik – auch mehrheitlich gegen die Erweiterung des Wahlrechts oder die Einführung der Schulpflicht stemmte. Die konservative Richtung wurde dabei von dem Fraktionsmitglied W. M. B. Bahlman angeführt. Erst das hier schon genannte, unter dem Einfluß der Enzyklika ›Rerum Novarum‹ (1891) entstandene Programm Schaepmans hat auch allmählich einen Wechsel in der Akzentuierung der politischen Richtung herbeigeführt, nach dem Tode Schaepmans gelenkt von dem Priester W. M. Nolens und dem katholischen Sozialpolitiker Aalberse – letztgenannter einer der Promotoren der niederländischen Sozialpolitik vor dem Ersten Weltkrieg. Erst im Interbellum – noch vor der Bildung der Römisch-Katholischen Staatspartei (RKSP) – sollte es zu Frontenbildung und Abspaltung kommen, die mehr oder weniger dem Rechts-Links-Schema folgten.

5. *Arbeiterbewegung*

Es ist nicht zuviel gesagt, wenn man diese Organisationen und die grundsätzlich geführten internen Konflikte mit ihren Spaltungs- und Neugründungskonsequenzen insgesamt sehr wesentlich als eine sich aus dem sozialökonomischen Entwicklungstrend ergebende Folgeerscheinung ansieht. Die Konflikte selbst lassen sich möglicherweise gar auf die Formel: 'Konservierung oder Reform des politisch-gesellschaftlich Vorhandenen' einengen. Eine andere Formel, die der strukturellen Änderung, brachte der Neuankömmling in der niederländischen Innenpolitik und Parteienlandschaft, die organisierte Arbeiterbewegung, ins Spiel. Sie trat nicht als Partner auf, nicht einmal als potentieller Partner, sondern war zunächst und vor allem Gegenstand argwöhnischer Beobachtung.

Als Organisation trat die Arbeiterbewegung sozialdemokratischer Observanz relativ spät in Erscheinung. Sie war auch nicht die erste organisatorische Äußerungsform der Arbeiter auf niederländischem Boden, aber praktisch doch die erste, die *voll* auf den internationalen Charakter der Arbeiterbewegung weisen konnte. Als sie entstand, reflektierte sie schon die für diesen internationalisierten Prozeß typische interne Konfliktsituation, das heißt, sie war selbst das Ergebnis solcher Konflikte. Daß sich die niederländischen Arbeiter relativ spät organisierten, sich als die unter kapitalistischen Produktionsverhältnissen antagonistische Klasse der Gesellschaft ihre politische Form gaben, ist sicherlich zu einem Großteil auf den ebenfalls verspätet einsetzenden Industrialisierungsprozeß zurückzuführen. Da sind parallele Entwicklungen zu erkennen. Gleichwohl dürfen andere, politische, Faktoren nicht übersehen werden. Faktoren, die zum einen die mentale Bereitschaft zur antagonistisch begriffenen Organisationsform stimulierten, zum anderen einer solchen 'Anti'-Organisation entgegengewirkt haben. Theo van Tijn hat in einem Versuch, die Entstehung eines modernen Klassenbewußtseins zu analysieren, auf die Auswirkung jener nachgerade traditionellen Herrschaftsverhältnisse hingewiesen, in denen die mit dem Staat und seiner Verwaltung verbundenen 'Herren' dem 'Volk' gegenüberstanden, und 'Herren' meint hier vornehmlich das patrizische Bürgertum mit seiner jahrhundertealten, zwar nicht unumstrittenen, aber doch gefestigten Herrschaftstradition.[17] In der Tat! Die Erfahrung, ausgeschlossen zu sein aus dem Lebenskreis dieser Schicht, die 'welgesteld' ('begütert') und mehr noch 'deftig' ('einen abgehobenen, reichen Lebensstil praktizierend') genannt wurde – man sollte gerade letztgenanntem Begriff einen hohen psychologischen Wert beimessen –, und der eben in Kaufmannskreisen und in zunehmendem Maße auch in der Landwirtschaft bei den 'hereboeren' (Großgrundbesitz) gepflegte, materiell reich angelegte Lebensstil haben möglicherweise je in gleichem Umfang das Bewußtsein von der Sonderheit und Besonderheit der Arbeiterschaft als Klasse zu schärfen vermocht, die unter veränderten Produktionsbedingungen quantitativ anwuchs und fabrikmäßig zusammengefaßt wurde. Will man dem schon aus der vorindustriellen Zeit datierenden mentalen Traditionsstrang solche Wirkung der erleichterten Umsetzung in Klassenbewußtsein unter industriekapitalistischen Verhältnissen attestieren – es ist deutlich, daß es sich nur um ein grobes Erklärungsmuster handeln kann –, dann sind dagegen auch retardierende Faktoren anzumerken, die sich zum einen aus dem liberalen Fortschrittsglauben nach 1848er-Zuschnitt ergaben und nicht unähnlich dem Arbeiterbildungsverlangen der Fortschritts-

[17] Th. van Tijn, Voorlopige notities over het ontstaan van het moderne klassebewustzijn in Nederland. In: Economische ontwikkeling en sociale emancipatie, II, S. 135.

partei in Preußen waren, zum anderen, und das eben erhielt in den Niederlanden einen größeren Stellenwert als andernorts, sich aus der kirchlichen Bindung ergaben, in concreto: mit der Anziehungskraft vor allem des Protestantismus, aber auch des Katholizismus zusammenhängen.

Die soziale Lage der Arbeiter, der Arbeiter in den Städten, in den Fabriken und sonstigen Gewerbebetrieben, und der Landarbeiter soll hier nicht in der ganzen regionalen, sozialen und zeitlichen Differenziertheit im einzelnen beschrieben werden. Es seien lediglich die typischen Merkmale genannt. Da ist zunächst das in den 60er Jahren einsetzende Bevölkerungswachstum festzustellen, mit entsprechenden Folgen für die Lebensverhältnisse aller Unterschichten in den Städten, deren Zahl sich ebenso durch natürlichen Zuwachs als auch durch Zuzug vom platten Land erheblich vergrößerte. Dieser Bevölkerungsanstieg ist nicht zuletzt auf die positive wirtschaftliche Entwicklung zurückzuführen, die zwar nur allmählich verlief, immerhin aber einige Perspektiven bot und auf jeden Fall die Heiratsfreudigkeit stimulierte. Faktisch profitierte diese Arbeiterbevölkerung vom Wirtschaftswachstum kaum. Die Säuglingssterblichkeit lag um 1870 in den südholländischen Städten bei 309 ‰, auf dem platten Land in Drenthe bei 135. Es liegen eine Reihe von Beschreibungen ärztlicher Betreuer vor, in denen die Ursachen solcher Erscheinung angegeben stehen: körperliche Verwahrlosung, sehr schlechte und ungeeignete Ernährung, schlechte Luft – letzter Punkt ein Hinweis auf die erbärmlichen Wohnverhältnisse. Der 'soziale' Wohnungsbau steckte noch in den Anfängen, konnte in dieser Phase nicht Schritt halten mit dem Bevölkerungszuwachs. Strukturelle Arbeitslosigkeit bestimmte zudem bis 1870 für diese Schichten die sozialökonomische Wirklichkeit. Daß dazu Kinder- und Frauenarbeit gehörte, braucht nicht besonders betont zu werden.

Für die nachfolgende Periode bis 1895 ist die Abhängigkeit der niederländischen Wirtschaft von der internationalen Konjunktur charakteristisch, sie kennzeichnet auch die Lebensverhältnisse der Arbeitnehmer. Es wäre falsch, sich eine allgemeine Verschlechterung der Lage der Arbeiter vorzustellen, wenn man einmal von den Folgen der schweren Depression in der Landwirtschaft absieht, von der infolge starken Preisverfalls wiederum der städtische Konsument profitieren konnte. Während zum einen für bestimmte Phasen das Lohn-Preis-Verhältnis in eine günstige Relation trat, verbesserten sich zum anderen die sekundären und tertiären Gegebenheiten wie Hygiene und Schulung der Arbeiter. Dies gerade führte auch mit zu der Erkenntnis, daß nicht jeder Zustand gleichsam als gottgegeben akzeptiert werden mußte. Die Funktion der Arbeit im System des Kapitalismus entwickelte sich im Bewußtsein der Arbeiter zum Nachdenken über den Platz der Arbeiter in der Gesellschaft überhaupt. Das ging nur allmählich, entwickelte sich auch nicht klassenautochthon, sondern wurde unter anderem von junger liberaler Seite eingebracht. Das war eben die Folge verbesserter materieller und kultureller Infrastruktur, was aber nicht hinwegtäuschen sollte über die Tatsache, daß durch verminderte Säuglingssterblichkeit und höhere Lebenserwartung die Familien sich vergrößerten, die zu erhalten über das Vermögen des einzelnen Familienvaters hinausging. Dazu trat eine Intensivierung der sozialen Mobilität, die vornehmlich den Schichten mit den besseren materiellen und ausbildungsmäßigen Startbedingungen zuguten kam, die Masse der Arbeiter aber weitestgehend ausschloß, damit auf besondere Art neue Kluften aufriß und den Arbeiter noch mehr auf eigene politische Organisation oder zunächst die Notwendigkeit der Organisation verwies.

Die Jahre nach 1895 bis zum Ersten Weltkrieg verzeichneten schließlich auch für die Industrie und Landarbeit eine deutliche Besserung der Lebensverhältnisse, auf jeden Fall wurde der Spielraum über dem Existenzminimum größer. Die positive Entwicklung auf dem Arbeitsmarkt führte zu spürbaren Lohnerhöhungen in beiden vorgenannten Wirtschaftssektoren, wobei die steigenden Industrielöhne auch die Erhöhung der Landarbeiterlöhne bedingten. Im Agrarsektor kam hinzu, daß durch den Aufstieg von Landarbeitern in den Bauernstand der Arbeitsmarkt angespannter wurde und sich zudem das herkömmliche Patronatsverhältnis lockerte. Die Verbesserung der hygienischen Infrastruktur (Wohnverhältnisse) trug zur weiteren Besserung der Lebensumstände bei, was allerdings nicht die Erwartungshaltung steigerte, sondern bei Konjunktureinbrüchen politisch eher zurückhaltend reagieren ließ. In solchen Phasen nahm die Streikbereitschaft ab, verringerte sich das Wachstum der Gewerkschaften, während in Hausse-Zeiten die Aktivitäten sich erheblich verstärkten. Die günstige Entwicklung der Gesamtwirtschaft führte zwar zu einem weiteren Bevölkerungswachstum; hier zeigten sich jedoch regionale Unterschiede. Die 'natürliche' (biologische) Stagnation in den Westprovinzen etwa ist vermutlich auf den Wunsch der Arbeiterfamilien zurückzuführen, einmal erreichten Wohlstand nicht durch hohe Kinderzahl zu gefährden und den wenigen Kindern eine bessere Ausbildung zu ermöglichen. Da im wirtschaftlichen Wachstumsprozeß der Arbeitsmarkt sich im Industrie- und Handelssektor günstiger entwickelte als im Agrarbereich, erfuhr die Urbanisierung eine erhöhte Beschleunigung. Die Arbeitskräfte fanden in den Industrieregionen vornehmlich Aufnahme in den Mittel- und immer stärker aufkommenden Großbetrieben. Letztgenannte nahmen zwei Drittel der Arbeitskräfte auf. Man sollte dies – angesichts der Quantität – noch nicht einen Konzentrationsprozeß nennen, gleichwohl ist allgemein das Aufkommen der Großindustrie für die Entwicklung der Arbeiterbewegung von einiger Bedeutung gewesen. Die sozialen Aufstiegschancen verbesserten sich zwar allgemein, jedoch blieb die Lohnarbeiterschaft hiervon weitgehend ausgeschlossen.

In der hier nur grob umrissenen sozialökonomischen Umgebung entwickelten sich organisatorische Anfänge und Aufstieg der niederländischen Arbeiterbewegung – der Gewerkschaften ebenso wie die der Parteien, der konfessionellen, liberalen und sozialistischen Richtung. Will man von den eher flüchtigen Erscheinungen von Arbeiterzusammenschlüssen bei Druckern und Diamantarbeitern in den 50er und 60er Jahren einmal absehen, zu einer ersten gewerkschaftlichen Organisation kam es 1871 durch Zusammenschluß örtlicher niederländischer Sektionen (Amsterdam, Den Haag, Utrecht) der Ersten Internationale ('Internationale Arbeiter-Assoziation', IAA) zum Niederländischen Arbeiterverband, an dessen Spitze einer der Vorkämpfer des Sozialismus in den Niederlanden, der Schneider H. Gerhard, stand. Es war eine Organisation, die praktisch das Schicksal vieler anderer der IAA angeschlossenen Verbände, ja der IAA überhaupt teilte: sie fand kein wirkliches Echo. Gerhard selbst war sicher kein Theoretiker von besonderem Tiefgang, nicht vergleichbar etwa dem deutschen Arbeitertheoretiker Joseph Dietzgen, eher lenkte ihn moralische Empörung. Freilich, wenngleich die aktuelle Effizienz des Verbandes gering gewesen sein mag, weil einfach die Basis fehlte, setzte er doch ein erstes Zeichen, insofern diese Organisation den Versuch enthielt, die Arbeiter aus dem Bereich der Philanthropie heraus auf die eigenen Füße zu stellen. Für niederländische Verhältnisse war es auf jeden Fall ein Versuch zur Unzeit, da Internationalität kein gängiger Begriff einer Schicht war, die sich national kaum organisiert hatte, Ereignisse wie die Aktionen der Pariser Kommune die Erste Internationale nicht empfahlen, die Diktion der politischen Sprache fremd blieb und schließlich die Arbeiterschaft dort, wo sie sich fähig zur Organisation zeigte, zum großen Teil noch in der Nähe des handwerklich-zünftigen Denkens stand.

Solches Denken verlangte zwar Reform, aber Reform unter grundsätzlicher Aufrechterhaltung der bestehenden Ordnung. Es war zugänglich linksliberalen Vorstellungen und vermochte seinerseits diese Linksliberalen zu stützen. So ist es nicht verwunderlich, daß es 1871 der Druckerverband, die Diamantschleifer und andere Handwerker waren, die sich zum Allgemeinen Niederländischen Arbeiterverband zusammenschlossen ('Algemeen Nederlandsch Werkliedenverbond', ANWV) der nicht mit dem zuvor genannten 'Niederländischen Arbeiterverband' verwechselt werden darf. Diese für die Geschichte der niederländischen Arbeiterbewegung wichtige Organisation zeigte sich ausgesprochen gegen Internationale und Sozialismus gerichtet. Auf dem Programm stand die materielle Besserstellung ebenso wie das politische Mitbestimmungsrecht und die sittliche Erbauung, und der Verband verstand sich keinesfalls als Kampforganisation. Immerhin zählte der Verband 1872 schon 16 Einzelorganisationen mit 3400 Mitgliedern, deren Zahl bis 1876 auf 5500 anstieg. Die große Agitation, die 1874 zur Unterstützung des Gesetzes gegen die Kinderarbeit inszeniert wurde und bei Demonstrationen nach Schätzungen 12000 Arbeiter auf die Beine brachte, erfolgte – und das ist bezeichnend – unter Führung der Linksliberalen.

Sehr viel stärker noch auf dem Boden der bestehenden Ordnung stand der protestantische Arbeiterverein 'Patrimonium', dessen Gründung einer gemeinsamen Initiative von Bankiers, Arbeitgebern und Arbeitnehmern entsprang und praktisch durch das Blatt ›De Werkmans Vriend‹ vorbereitet wurde. Ließ im linksliberal orientierten Verband der Ordnungsgedanke durchaus Konfrontation zu, auch wenn der ANWV nicht zu den Kampforganisationen zählte, so erledigte sich solche Konfrontation im protestantischen Verband im vorhinein durch Anerkennung der bestehenden Ordnung als einer gottgewollten. Brugmans hat in seiner umfangreichen Untersuchung zur niederländischen Arbeiterbewegung im 19. Jahrhundert festgestellt, daß die Tendenz des ANWV, mehr oder weniger auf friedlichem Wege zur Übereinkunft mit den Arbeitgebern zu kommen, bei 'Patrimonium' zu einer gewissen Form von Servilität entartet sei.[18] Wie immer dies auch gewesen sein mag, sowohl ANWV als auch 'Patrimonium' gingen letztlich von einem Harmonie-Modell aus, in dem die Arbeitgeberseite insgesamt eine positiv eingeschätzte Rolle spielte, bei den Protestanten eben noch schärfer ausgeprägt als bei den Radikal-Liberalen. Es waren auf jeden Fall auf Zusammenarbeit ausgerichtete Vereine, in denen nicht der Standpunkt der Arbeiter allein herrschte, also rein die Interessen dieses Standes oder dieser Klasse reflektiert wurden, sondern die eigenen Forderungen oder Bitten meistens schon unter Verarbeitung der Arbeitgebermeinung sich äußerten. Vielleicht mag man eine Aussage des ANWV-Leiters Heldt, den Gerhard als einen Schleppenträger der Unternehmer konterfeite, als typisch für das Verhalten des Vereins anmerken, in der betont wurde, daß es dankenswerterweise in den Niederlanden noch keinen Arbeiterverein gebe, der gegen die Unternehmer zu Felde ziehe.[19] Das war sicher eine allzu optimistische Darstellung, gab es doch Ende der 60er, Anfang der 70er Jahre eine Reihe von Lohnstreiks, die durchaus die Gestalt moderner Ausstände (Streikkomitees, Streikbrecher, Polizeieinsatz) annahmen, aber eher spontanen Chrakter trugen.

Die Mitgliederhausse des ANWV hielt nicht lange an. Bis 1887 war die Zahl der Mitglieder auf 2730 zurückgegangen. Für beide vorgenannten Arbeitervereine trat Konkurrenz auf, der 'Patrimonium' durch die starke konfessionelle Bindung allerdings weniger unterlag, die eine Art Immunitätssiegel gegen die neuen, auch vom Atheismus geprägten sozialistischen Strömungen bedeutete. In Amsterdam bildete sich 1878 der Sozialdemokratische Verein ('Sociaal-Democratische Vereeniging'), der sich 1881 mit ähnlich gerichteten Gruppierungen anderer Städte zum Sozialdemokratischen Bund ('Sociaal-Democratische Bond', SDB) zusammenschloß. Es begann jetzt die Zeit des ehemaligen lutherischen Pfarrers Ferdinand Domela Nieuwenhuis, der für etwa zwei Jahrzehnte die niederländische Arbeiterbewegung entscheidend prägte.

[18] I. J. Brugmans, De arbeidende klasse in de 19e eeuw (1813–1870). 's-Gravenhage 1925, S. 280.

[19] Ebd. S. 289.

Domela, der dem Titel seiner Autobiographie zufolge den Weg vom 'Christ zum Anarchisten' zurücklegte, muß gemessen an Popularität und Wirkungskraft, aber auch an der Entschiedenheit des Wollens in einem Zug mit dem Antirevolutionär Abraham Kuyper genannt werden – ein Vergleich der größten Gegensätzlichkeiten, doch ein Vergleich, der die frühe Bedeutung dieses Mannes für die niederländische Arbeiterbewegung zu unterstreichen vermag. „Uus verlosser komt“ hat einmal ein friesischer Arbeiter vor einer Veranstaltung mit Domela ausgerufen[20], eine Bemerkung, die hier nicht nur eine Aperçu-Funktion hat, sondern die Einschätzung von Domela in breitesten Schichten des Volkes wiedergibt. Man wird in ihm nicht den großen, selbständigen Theoretiker sehen können – den niederländischen Sozialisten fehlte es in der Frühzeit überhaupt an einem theoretischen Kopf, wie ihn etwa der belgische Nachbar in der Person des César de Paepe besaß – Nieuwenhuis war weit mehr als H. Gerhard der Mann der tiefempfundenen Emotion, mit einer Unbedingtheit und einer Unabdingbarkeit, die zum Teil noch aus seiner Erfahrung als lutherischer Pfarrer herrühren mögen. In dem Blatt ›Recht voor Allen‹, dessen Chefredakteur er war, äußerte sich seine Kompromißlosigkeit ebenso wie in seinem Werdegang hin zum Anarchismus. Domela war ein Mann, unter dessen Leitung die Wahlrechtsagitation in verhältnismäßig großem Stil in den 80er Jahren ins Leben gerufen wurde, er war auch der Mann, der in diesen Jahren wegen Majestätsbeleidigung für acht Monate ins Gefängnis wanderte – in einer Zeit der durch die damalige wirtschaftliche Depression gestiegenen sozialen Spannungen, wie sie sich bei den Unruhen im Amsterdamer Jordaan-Viertel zeigten. Über die Erweiterung des Wahlrechts kam er auch in die Zweite Kammer, gewählt von friesischen Arbeitern gegen den ANWV-Mann Heldt. Domela saß im Parlament als eine isolierte Figur. Er wollte die Gesetzesinitiative zur Einführung des 8-Stunden-Arbeitstages nutzen, wurde aber mehrmals abgewiesen. Die parlamentarische Erfahrung als Enttäuschung! Der erste Schritt auf dem Wege zum Anarchismus war getan, das Wahlrecht galt ihm rasch nicht mehr als Hebel zum revolutionären Umsturz. Denn als revolutionär verstand sich sein SDB allemal, der zunächst auf die Provinz Holland begrenzt

[20] Angeführt bei J. u. A. Romein, Ferdinand Domela Nieuwenhuis, de apostel der arbeiders. In: dies., Erflaters van onze beschaving, IV (1940), S. 220.

blieb, sich dann auf die Provinz Friesland und die Textilregion Twente ausbreitete. Der SDB gab gerade dem in den 80er Jahren aktiven 'Verband für allgemeines Wahlrecht' wichtige Impulse – ein Verband übrigens, der zunächst von bürgerlich Radikalen getragen wurde –, aber diese Agitationsrichtung war letztendlich die einzige Gradlinigkeit in seiner Politik. Seine Haltung etwa gegenüber der Bildung von Arbeitergenossenschaften oder der Position der Gewerkschaften war schwankend. Wohl unter dem Einfluß des Lassalleschen 'Ehernen Lohngesetzes', das auch in dem vom SDB weitestgehend übernommenen 'Gothaer Programm' (1875) erhalten geblieben war, sah man nicht immer den Sinn einer eigenständigen Gewerkschaftsbewegung ein. Zwar entschied man sich unter dem Eindruck des Brüsseler Kongresses der Zweiten Internationale (1891) und der Entwicklung in den Niederlanden selbst zur Gründung des Nationalen Arbeitssekretariats ('Nationaal Arbeids-Secretariaat', NAS) und damit für eine Gewerkschaft, gleichwohl deutete die ganze Verhaltensweise auf eine Menge theoretischer Schwierigkeiten hin, insbesondere im Hinblick auf das Theorie-Praxis-Verhältnis, wie dies auch in der Diskussion um 'Reform' und 'Revolution' deutlich wurde. Daß Domela mit der 1885 gegründeten Friesischen Volkspartei ('Friese Volkspartij') – eine Föderation von Wahlrechtskomitees, Gewerkschaften und SDB-Abteilungen – brach, auf deren Programm das allgemeine Wahlrecht, aber auch die Einführung des 8-Stunden-Tages und die Nationalisierung von Grund und Boden stand, ist als weiteres Zeichen des SDB-internen Konflikts zu werten, deutet aber auch die Lösung an. Propagierte man auf dem Weihnachtskongreß (1891) noch den Sturz der Gesellschaftsordnung mit allen gesetzlichen *und* ungesetzlichen Mitteln, ein Jahr später wurden mit nur noch 47 gegen 40 Stimmen bei 14 Enthaltungen parlamentarische Mitarbeit und Wahlbeteiligung verworfen.

Hier genau war die Grenze der Möglichkeiten des SDB, der wohl niemals mehr als 3500 Mitglieder zählte, erreicht. Zu vermuten steht, daß die nun sich vollziehende Spaltung, die zur Gründung der Sozialdemokratischen Arbeiterpartei ('Sociaal-Democratische Arbeiders Partij', SDAP) 1894 führte, wohl angesichts der Entwicklung der Sozialdemokratie in Deutschland zur Massenpartei vorangetrieben wurde, die zwar auch interne Konflikte ähnlicher Art kannte, sich aber voll für die parlamentarische Mitarbeit auf allen Ebenen entschied. Die

SDAP übernahm fast wörtlich das Erfurter Programm der deutschen Sozialdemokraten. Sie bediente sich des Marxismus als Instrument zur Förderung des Klassenbewußtseins. Sie 'verwissenschaftlichte' die Hoffnung, wie Hans Daalder es ausdrückt,[21] und konzentrierte die Auseinandersetzung auf den politischen Kampf im Rahmen langfristig gesetzter Ziele. Die Gründungsgruppe, die sogenannten 'Zwölf Apostel', bestand aus drei Intellektuellen, zwei Volksschullehrern, einem Einzelhändler und sechs Arbeitern, unter ihnen F. van der Goes, H. van Kol, P. J. Troelstra, J. Schaper, H. Spiekman, W. H. Vliegen, um nur einige zu nennen, die lange Jahre Politik und geistigen Habitus der Partei bestimmen sollten. Rein quantitativ hält die SDAP keinen Vergleich mit den entsprechenden Massenorganisationen anderer europäischer Länder aus, auch nicht, wenn man die Kleinheit des Landes in Rechnung stellt. 54 Personen waren auf dem Gründungskongreß anwesend. Die Mitgliederzahl stieg allmählich auf 700, um 1900 immerhin 3200 zu erreichen. Die Rekrutierungsbasis bildeten die bis dahin noch nicht von der sozialistischen Bewegung erfaßten Berufsgruppen: Diamantschleifer, Drucker, Metallarbeiter, Lehrer und kleine Angestellte. Andere Sparten wie die der Hafenarbeiter, Bauarbeiter, städtischen Arbeiter in Amsterdam und der Landarbeiter im Norden des Landes blieben zunächst noch im alten SDB. Ungelernte Fabrikarbeiter standen außerhalb jeder Bewegung. Überhaupt war die SDAP zunächst in den Städten noch schwach vertreten. Andererseits gelang es ihr, bei den ersten Wahlen nach dem neuen Wahlrecht 1897 zwei Sitze zu erobern und ihren Anteil bei den Wahlen von 1913 auf 15 Sitze zu erhöhen. Über diesen ganzen Zeitraum betrachtet werden einmal die Mitarbeit an der Sozialgesetzgebung, wie unbefriedigend diese auch immer im Ergebnis für die Partei gewesen sein mag, zum anderen die von ihr groß angelegte Wahlrechtsagitation wichtige Ursachen für die Zuwachsraten an Wählern aus der Arbeiterschaft auch auf dem platten Lande gewesen sein, das vom Wahlrecht her für die SDAP ohnehin günstiger gestellt war. Die Mitgliederzahl stieg bis 1914 immerhin auf 25 000 an, mit einem starken Anstieg zwischen 1911 und 1914, in der Zeit der großen Wahl-

[21] H. Daalder, Political Elites and Democratization: Pluralism and Segmentation in the Netherlands (1848–1940). In: Vaderlands Verleden in Veelvoud, II, S. 175.

rechtsdemonstrationen. Entsprechend sicherte sich die Partei allmählich auch in den Städten, lange der Schwachpunkt der SDAP, eine feste Position (Amsterdam, Rotterdam, Den Haag, Enschede). Sicherlich war es für diese Entwicklung auch nicht ohne Bedeutung, daß sich die SDAP relativ früh mit der Lage der Landarbeiter und der Pachtbauern im Norden des Landes befaßte und auch prinzipiell keine Einwände gegen Staatsbeiträge zu den Konfessionsschulen äußerte. Die von Anfang an bestimmende Maxime der Partei, parlamentarische Arbeit mit dem Anspruch auf eine revolutionäre Politik zu verbinden, die eben auch Anlaß zur Abspaltung vom SDB gewesen war, führte bis 1914 zu scharfen parteiinternen Auseinandersetzungen. Ursprünglich war die SDAP selbst ja nichts anderes als eine rechte Abspaltung des SDB, die ihre anfänglich recht karge Basis allmählich bei den Facharbeitern des Landes erweitern konnte. Ein weiteres Konfliktpotential für die SDAP zeigte sich auch im Zuge jener international verbreiteten Konfrontation, die in die Annalen der Geschichte des Sozialismus als Revisionismusstreit eingegangen ist, ohne daß sich bei der SDAP recht eigentlich ein revisionistischer Flügel gebildet hätte. Das Problem lag in der praktischen Umsetzung des obengenannten Anspruchs. Hier stand die Parteizentrale um den Friesen P. J. Troelstra gegen die um die theoretische Zeitschrift ›De Nieuwe Tijd‹ gescharte Gruppe, zu der Intellektuelle wie die Dichterin und Schriftstellerin Henriëtte Roland Holst und Herman Gorter zählten. Abgesehen vom Theorie-Praxis-Verhältnis, in dem Troelstra einer Konzentration auf die Mitarbeit in den Vertretungsorganen das Wort redete, richtete sich die Kritik der ›Nieuwe Tijd‹-Gruppe vor allem gegen die Agrarpolitik der Partei, die sich 1897 eben nicht für die Sozialisierung von Grund und Boden, sondern für Landverteilung an Landarbeiter und für bessere Pachtbedingungen ausgesprochen hatte. Sie richtete sich auch gegen die Subventionen für Konfessionsschulen und kehrte sich gegen die Unterstützung des konfessionellen Antrags auf Einführung des 10-Stunden-Arbeitstages, und schließlich verurteilte sie die Stichwahlbündnisse mit den Liberalen. Darüber hinaus war das Verhalten der Parteiführung im hier noch zu betrachtenden großen Streik 1903 für diese Gruppe ein Grund für den Vorwurf schwankender, undurchsichtiger Politik. Es ist bezeichnend für die gesamte Entwicklung der niederländischen nichtkonfessionellen Arbeiterbewegung, daß sich im Laufe des letztendlich ideologischen Klärungsprozesses eine neue Gewerkschaftszentrale heranbildete, der Niederländische Gewerkschaftsverband ('Nederlands Verbond van Vakverenigingen', NVV; 1906), der die Facharbeiterverbände erfaßte, sich deutlich im Gegensatz zum eher syndikalistisch orientierten NAS verstand, sich ganz auf effektive Verbandsarbeit und Tarifverträge konzentrierte und im Zuge des seit 1895 voll einsetzenden Industrialisierungsprozesses starken Aufwärtstrend verzeichnete.

Inzwischen trieben die Gegensätze in der SDAP einem neuen Höhepunkt zu, als der Politiker David Wijnkoop, der Essayist Willem van Ravesteijn und der Lehrer J. Ceton das Wochenblatt ›de Tribune‹ gründeten, in dem – immer noch innerhalb der Partei – scharfe Angriffe gegen Politik und Personen geführt wurden. Dieses Periodikum gab letztendlich den Ausschlag zur Parteispaltung, die 1909 auf dem Deventer Kongreß mit dem Ausschluß der ›Tribune‹-Gruppe und der bald darauf erfolgten Gründung der Sozialdemokratischen Partei ('Sociaal-Democratische Partij', SDP) vollzogen wurde. Diese Spaltung ist bemerkenswert. Zwar hatte es bis dahin scharfe Auseinandersetzungen gegeben, gleichwohl waren sie nicht von dem Kaliber, daß als Folge eine Spaltung ohne weiteres einleuchten könnte. Die Schwesterpartei in Deutschland widerstand sehr viel stärkeren inneren Belastungen, ehe sie schließlich unter der schwierigen Problematik des Ersten Weltkrieges zerbrach. Eine Erklärung zu finden, dürfte nicht einfach sein. Jedenfalls haben wir es auf seiten der SDAP mit einem nicht überaus reich bemessenen Toleranzspielraum zu tun, wie andererseits auf seiten der ›Tribune‹-Gruppe ein gewisses Maß an sektenhaftem Eiferertum zutage trat. Ein Erklärungsgrund dürfte möglicherweise im Charakter der SDAP als einer Organisation liegen, die zwar aufsteigenden Trend zeigte, quantitativ aber noch einigermaßen geringwertig war und Abweichungen nicht tragen zu können meinte, zumal sie deutlich in einer Konkurrenzposition zu anderen, durch konfessionelles Band gefestigten Gruppen mit Anspruch auf Arbeiterschaft lag, zum anderen scheint sich die hier an anderer Stelle apostrophierte, typisch niederländische Neigung zur Absonderung voll durchgesetzt haben, der übrigens, wie sich gleich im Ersten Weltkrieg zeigen sollte, ein eigenartig stark ausgeprägter Purismus im Blick auf eine einmal als richtig begriffene Lehre entsprach. Dies sei als mögliches Erklärungsmuster angeboten, festzuhalten ist darüber hinaus, daß diese Parteispaltung schlicht den Prozeß vorwegnahm, der in anderen europäischen Ländern sich gegen Ende des Krieges oder kurz danach vollzog: die Spaltung der Sozialdemokratien in Sozialdemokraten und Kommunisten. Die SDP war die unmittelbare Vorläuferin der Kommunistischen Partei. Bei Kriegsende ersetzte sie lediglich 'sozialdemokratisch' durch 'kommunistisch'. Die neue Gruppierung SDP war quantitativ zunächst nicht im entferntesten mit der SDAP zu vergleichen. Sie zählte 400 Mitglieder, und die ersten Wahlen 1909 gerieten zum Fiasko. In den drei Städten Amsterdam, Rotterdam und Leiden – nur hier stellte sie Kandidaten auf – stimmten insgesamt 542 Niederländer für die Partei, die im übrigen eher einem radikalen Bürgerclub als einer Arbeiterpartei glich, wenn man die Mitgliederstruktur aufschlüsselt. 56 v. H. zählten zu den kleinen Selbständigen, Angestellten und Lehrern. Intellektuelle leiteten die Partei. Zu den ständigen Mitarbeitern der ›de Tribune‹ zählte auch Anton Pannekoek, einer der wenigen über die Grenzen des Landes hinaus bekannten Theoretiker des Sozialismus, der im Bremer Bildungsausschuß der deutschen Sozialdemokratie tätig gewesen war und später zusammen mit dem Dichter Herman Gorter, jetzt auch SDP-Mann, den niederländischen Rätekommunismus theoretisch stützte. Im Weltkrieg allerdings sollte sich die Position der SDP erheblich verbessern.

6. *Liberale Organisation*

In einer politikwissenschaftlichen Analyse des Interbellums ist – wohl angesichts der in jener Zeit so facettenreichen Parteienlandschaft der Niederlande – nachstehende Formulierung gefunden worden: „Das ist der allerwichtigste Faktor in dem öffentlichen Leben Hollands, dieser immer rege Trieb nach Absonderung und Neubildung, dem der auf Vereinigung gerichtete nicht in gleicher Stärke entgegenwirkt.“ [22] Ein solcher Prozeß ist tendenziell auch schon der Vorkriegszeit zuzuschreiben. Bei den Protestanten schlug er voll durch, ohne schon abgeschlossen zu sein, bei den Katholiken war er angelegt, und die Liberalen, jene schon viele Jahrzehnte parlamentarisch tätige Richtung, hat ihm in der Phase der ins 20. Jahrhundert hineinweisenden politischen und sozialen

[22] Zitat bei G. Geismann, Politische Struktur, S. 50.

Forderungen nicht ausweichen können. Es scheint, daß keine Gruppierung der Wahlrechtsfrage zu begegnen vermochte ohne Manifestation von Interessenkonflikten. Für die Konfessionellen galt das wie für die Liberalen, die ohnehin generell Schwierigkeiten hatten, sich auf ein umfassendes Programm zu einigen. Die Gemeinsamkeit reichte in den 80er Jahren schon nicht über Antiklerikalismus hinaus. Die Autonomie der einzelnen Wählergemeinschaften galt noch als eine wesentliche Kondition für politisches Handeln überhaupt. In der Liberalen Union ('Liberale Unie') von 1885 schlossen sich dann auch nur 62 von 185 örtlichen Wählerverbänden zusammen. Es war einigermaßen bezeichnend, daß sich in Amsterdam die als 'Pelzmantelclub' charakterisierte Vereinigung 'Grondwet' nicht anschloß, ebensowenig wie der Verband 'Burgerpligt', der offensichtlich – wie sich rasch zeigte – in seinen Reihen eine fortschrittliche Politik entwickelte. Jetzt vollzog sich in der liberalen Bewegung allmählich ein Trennungsprozeß, der der deutschen Entwicklung bei der Spaltung der Fortschrittspartei 1867 durchaus ähnlich ist. Aus der Gruppe 'Burgerpligt' entwickelte sich eine Fraktion junger 'radikaler' Liberaler, die nicht nur Erweiterung des Wahlrechts forderte, sondern auch für progressive Einkommensteuer eintrat und für staatliche Intervention plädierte. Parallele Vorgänge gab es in den beiden Provinzen Friesland und Groningen (wie auch in Amsterdam und anderen Orten Nordhollands), bei denen versucht wurde, den kleinen Mittelstand und die Arbeiter zu einer Art Volkspartei heranzuziehen. Aus dieser zunächst im Wahlkampf nicht erfolgreichen Bewegung ging 1892 der Radikale Bund ('Radicale Bond') hervor. Die Liberale Union hat ihrerseits versucht, wenngleich dies keineswegs der allgemeinen Basisstimmung dieses Verbandes entsprach, den Weg der fortschrittlichen Politik zu gehen, zumindest soweit es das Wahlrecht betraf. Der von ihr gestellte Innenminister J. P. R. Tak van Poortvliet brachte 1892 einen Gesetzentwurf ein, der eine erhebliche Erweiterung des Elektorats vorsah und den die Union noch im November des gleichen Jahres durch Kongreßbeschluß auf Antrag des Vorstandes stützen ließ. Die folgende Auseinandersetzung, die die niederländische Innenpolitik beherrschte und 1894 zur Auflösung der Zweiten Kammer führte, brachte bei allen Parteien interne Konflikte ('Takkianer' und 'Antitakkianer') und bescherte den Liberalen sogar Verbandsaustritte, die noch zunahmen, als der Kongreß ('Algemeene Vergadering') 1896 ein

Reformprogramm annahm, in dem er Maßnahmen gegen überlange Arbeitszeiten, in Fragen des Arbeitsvertrages, der Sozialversicherung und zur Rechtsstellung der Frau forderte und zu einem Dringlichkeitsprogramm erhob. Mit dem alten Thorbeckeschen Demokratieverständnis ließ sich eben nicht mehr agieren, und die Entscheidungen im Sinne der zeitgebundenen Notwendigkeiten und auch einfach des Zeittrends mußten dann zu Konflikten führen, wenn eine ehemals allgemeingültige Formel vom politischen Mitbestimmungsrecht auf der Rechten der Liberalen zu einer Interessenpolitik verkümmerte. Die 'linken' Liberalen haben das gesehen und einen entsprechenden Kurs zu steuern versucht, andere haben solche Notwendigkeit politisch schlecht ertragen können. Beide Lager zogen Konsequenzen. 1901 schlossen sich die Linken mit dem 'Radikalen Bund' zum 'Freisinnig Demokratischen Bund' ('Vrijzinnig Democratische Bond', VDB), 1906 die bis dahin ohne Organisation agierenden Freiliberalen zum 'Bund der Freien Liberalen' ('Bond van Vrije Liberalen'), einer Vereinigung zusammen, die den Manchester-Liberalismus vertrat. Dazwischen blieb die Liberale Union, der die Entschiedenheit der einen wie der anderen Seite fehlte. Es sollte sich später zeigen, daß damit der Auflösungsprozeß des Liberalismus noch nicht abgeschlossen war.

7. *Entwicklungen in der Verfassungs- und Innenpolitik*

7.1. Die Arbeit des J. R. Thorbecke

Im Vergleich zu anderen Ländern verlief der verfassungspolitische Umbruch 1848 einigermaßen ruhig. Unruhen hatte es in den Jahren zuvor allerdings sehr wohl gegeben. Sie waren entstanden aus einer sich zunehmend verschärfenden sozialen Not. Die wirtschaftliche Stagnation der 40er Jahre traf die Unterschichten besonders hart. 1845 waren in Holland Bäckereien geplündert worden, bei den Hungerunruhen in Groningen und Friesland 1847 hatten Soldaten eingesetzt werden müssen. Gleichwohl – so stellt die Literatur fest – scheint die Bevölkerung allzu apathisch gewesen zu sein, als daß eine politische Massenbewegung hätte entstehen können. Für die Jahre nach 1848 ist folgendes festzuhalten: Politische Strukturen, sowohl im Bereiche der Konstitution als auch in dem der Organisation der Bürger, gerieten in Bewegung. Die Niederlande schlossen sich gleichsam der europäischen Entwicklung an, aber die Bedeutung der Konfessionen, die parteipolitische Umsetzung der Glaubensrichtungen, die innerkirchliche Entwicklung überhaupt sowie der Ansatz zu einer auch kulturpolitischen Abschottung der Konfessionen gegeneinander, das schon angesprochene und unten noch näher zu behandelnde Phänomen der 'Versäulung', hoben das Land doch aus der allgemeinen Entwicklung als Besonderheit heraus. In dieser Phase wurden politische Strukturen vorgeprägt, die sich über den Zweiten Weltkrieg hinaus gerettet und die Nachkriegszeit im gleichen Maße wie die Jahrzehnte zuvor geprägt haben.

Innenpolitisch bestimmten in dieser Phase zunächst einmal die Liberalen unter Thorbecke das Bild. Die Ergebnisse der ersten Wahlen nach der Verfassungsänderung im November 1848 schufen die Basis für liberales Regiment. Tatsächlich war gegenüber der Zusammensetzung der Zweiten Kammer vor 1848 ein wahrer Erdrutsch erfolgt. Von den 68 Sitzen stellten die Liberalen oder – nach eigener Benennung – 'Konstitutionellen' mehr als die Hälfte, ohne daß man hier von einer geschlossenen Fraktion oder einem homogenen Block sprechen könnte. Nicht nur die 'partei'-politische Verschiebung in der Zusammensetzung der Kammer ist von Wichtigkeit – nur 18 der ehemaligen Mitglieder wurden wiedergewählt –, auch die soziale Struktur ist interessant, insofern nun in sehr wesentlichem Maße das Bildungsbürgertum das Gesicht der Kammer prägte. Die Mehrzahl der Mitglieder (51) hatte eine juristische Ausbildung genossen, von ihnen kamen 24 aus der Justiz oder Verwaltung, die Zahl der selbständigen Unternehmer begrenzte sich auf 5 (1 Fabrikant, 2 Kaufleute und 2 Groninger Bauern), zu denen 14 Großgrundbesitzer und Privatiers traten. Nach einem Zwischenspiel des Kabinetts de Kempenaer-Donker Curtius erhielt Thorbecke den Auftrag, eine Regierung zu bilden, die er im November 1849 vorstellen konnte. Die Animosität des neuen Königs Wilhelm III. (Wilhelm II. war im März 1849 einem Herzanfall erlegen) gegenüber Liberalen vom Schlage Thorbeckes war sicherlich nicht zu übersehen. Dabei war Thorbecke kein Republikaner, sondern ein dem Gedanken der konstitutionellen Monarchie anhängender Liberaler, aber eben ein Liberaler, bei dem die Prärogativen der Krone keine wirkliche Existenzberechtigung hatten und der sich innerhalb der liberalen Vertretung nur auf 14 Abgeordnete

(Thorbeckescher Kammer-Klub) tatsächlich stützen konnte. Als prinzipieller Politiker trat er nachgerade als Moralist auf, dem es in hohem Maße um die Erhaltung der eigenen Grundsätze ging. Ihn kennzeichnend ist sicher seine Kammer-Rede von 1861, an den gemäßigten Liberalen van Hall in dessen Funktion als Ministerpräsident gerichtet, in der es hieß: „Wenn ich mich einer Politik gegenübersehe, die sich nicht auf die guten Eigenschaften des Menschen, sondern auf dessen sittliche Schwäche und Charakterlosigkeit gründet . . . die sich mit allen Elementen und Systemen vereint und bereit ist, Dienerin sowohl des Fortschritts als der Reaktion zu sein, eine Politik, die ich parasitär nennen möchte, weil sie sich an jede Autorität, an jedes Ereignis, an jedes Interesse, an jede Volksäußerung klammert, . . . Herr Vorsitzender, wenn ich mich einer solchen Politik gegenübersehe, ob in meinem eigenen Lager oder in dem meiner Gegner, dann kann ich solch politisches Verhalten nur deutlich ablehnen."[23] Für den liberalen Staatsmann gab es zwei Arbeitsfelder, auf denen er seine Aufgabe suchte: zum einen die deutliche Kompetenzabgrenzung der staatsrechtlich festgeschriebenen Gremien, zum anderen die Verwurzelung des staatsbürgerlichen Gedankens. Thorbecke hat sich in seinen Ministerpräsidenten-Jahren mit diesem Problem auseinandergesetzt, wobei er sich der Ministerverantwortlichkeit als einer wesentlichen Argumentationshilfe bediente. Die mit der Fortentwicklung des Wahlrechts verbundene Verwurzelung des staatsbürgerlichen Denkens hat er in seinen letztendlichen Konsequenzen der allgemeinen und direkten Wahlen nicht mehr miterlebt, diese aber immer als folgerichtig im Sinne des eigenen Ausgangspunktes begriffen, wenn er auch seinerzeit das 'Volk' durch Zensus begrenzt gesehen hatte. Schon 1844 hatte es doch bei ihm in der Broschüre ›Over het hedendaagsche staatsburgerschap‹ geheißen, daß der Grundsatz des allgemeinen Wahlrechts im Trend des Jahrhunderts liege. Das von ihm selbst eingeführte Zensuswahlrecht galt für ihn recht eigentlich nur als eine Schwelle, die eine allzu rasche Anwendung des radikal-demokratischen Prinzips behindern sollte. Er mochte dann noch am 11. April 1848 in seiner Erläuterung zu den Verfassungsänderungen sagen, daß der Staat ganz entgegen der Vergangenheit die Volkskraft in „seine Adern aufnehmen" müsse, so reichte 'Volk' in der sozialen Klassifizie-

[23] Zitat bei J. u. A. Romein, De Lage Landen, S. 470f.

rung wohl nur bis zum einigermaßen gut situierten Bürger und Bauern. Aber Thorbecke zählte zu jenen Politikern seiner Zeit, die zwar voll ihrem politischen Leitprinzip anhängen mochten, sehr wohl jedoch die Unzulänglichkeit der eigenen Denkvoraussetzungen gegenüber realpolitischen Entwicklungen erkannten, die das Prinzip selbst ad absurdum zu führen drohten. Solche Erkenntnis bezeugte er, wenn er in einer auf Kapital gründenden Gesellschaftsordnung eine tiefere Spaltung in arm und reich für möglich hielt und damit die Forderung nach einer für jeden Staatsangehörigen geltenden Staatsbürgerschaft als einen Formalismus anmerkte, solange die Gebundenheit der politischen Mitbestimmung an den Besitz erhalten blieb.

Dieser politische Zusammenhang wurde gleich zu Beginn des ersten Kabinetts Thorbecke im Rahmen der sogenannten 'organischen Gesetzgebung' ('organische wetten') umschrieben, die wohl zu den bleibenden Leistungen der Liberalen zählt. Entsprechend den Verfassungsbestimmungen brachte Thorbecke ein Wahl- und ein Provinzialgesetz ein. Das Wahlgesetz legte im Sinne der Thorbeckeschen Konzeption von einer allmählichen Umsetzung des staatsbürgerlichen Gedankens das Zensuswahlrecht fest. Der Entwurf erfuhr von seiten der konservativen und der konservativ-liberalen Abgeordneten mancherlei Widerstand, da sie sich sowohl mit der Abgrenzung der Wahlbezirke als auch mit dem Zensussatz nicht einverstanden erklären konnten. Er war ihnen zu niedrig. Gleichwohl wurde das Gesetz mit großer Mehrheit angenommen. Es brachte für die bald folgenden Wahlen zur Zweiten Kammer 81 497 Personen der über 23jährigen männlichen Bevölkerung das Wahlrecht, was 2,6 v. H. der Gesamtbevölkerung entsprach. Für die Kommunalratswahlen von 1851 waren es 4,5 v. H. Solche Zahlen mögen etwas aussagen über die Wirkungsweise von Zensuswahlrecht, das tatsächlich nur eine kleine Minderheit der Bevölkerung partizipieren ließ. Niederländische zeitgenössische Kritiker haben die Auswirkungen dann auch stark bemängelt und das neue – liberale – Wahlgesetz an den Bestimmungen der Vor-48er-Zeit gemessen. Es sei zuvor eben ein sehr viel größerer Teil der Bevölkerung wahlberechtigt gewesen. Tatsache ist allerdings, daß durch das indirekte Wahlsystem der frühkonstitutionellen Phase die Bevölkerung kaum Einfluß auf die endgültige Zusammensetzung der Zweiten Kammer ausüben konnte. Die nach diesem neuen Gesetz veranstalteten Wahlen vom August 1850 brachten ähnliche Ergebnisse wie gut eineinhalb Jahre vorher. Die Stellung der Liberalen konsolidierte sich. Thorbecke konnte mit fast 40 der 68 Abgeordneten rechnen, während sich seine engste Fraktion (der Thorbeckesche Kammer-Klub) auf 27 Mitglieder erweiterte. Eine wesentliche Stütze bildeten für die Liberalen in jener Phase auch die Katholiken, ohne die nichts durchzusetzen war.

Unter dem Aspekt der staatsbürgerlichen Erziehung und Beteiligung war das Wahlgesetz von 1850 sicherlich von einiger Bedeutung. Es zeigte, daß der Übergang zu einer politischen Mitbestimmung im heutigen demokratischen Sinne tatsächlich überaus vorsichtig gestaltet werden sollte. Aber staatspolitisch von zumindest ebensolcher Relevanz waren das schon angesprochene Provinzialgesetz vom gleichen Jahr sowie das Kommunalgesetz vom Juni 1851. Es handelte sich hier um eine gesetzliche Festschreibung der Beziehungen zwischen dem Staat und seinen Gliedern, den Provinzen, letztendlich um den Abschluß jener jahrhundertealten Auseinandersetzung zwischen den Teilen und dem Ganzen, der – wenn man sich erinnern will – schon wesentlich das Geschehen in der ersten Phase burgundischer Zentralisierungstendenzen bestimmt hat. Hier stand eine Neuregelung des Verhältnisses zur Diskussion, in dem die Ansprüche des modernen Staates in ausgewogener Form mit denen der historisch gewachsenen Einheiten, den Provinzen, in Einklang zu bringen waren. In diesem Gesetz äußerte sich liberales Staatsverständnis der Niederländer genauso eklatant, wie das Wahlgesetz liberale Denkweise von der stufenweisen Verwirklichung staatsbürgerlicher Integration manifestierte. Vielleicht sogar von größerer Bedeutung war das Kommunalgesetz. Der liberale Autonomiegedanke – intendiert war eine kontrollierte Autonomie – setzte sich hier im besonderen Maße durch, da das staatsbürgerliche Prinzip, in der Konkretisierung naturgemäß nicht nur auf den Inhalt eines Wahlgesetzes konzentriert, im kommunalen Bereich seinen ersten grundsätzlichen Arbeitsansatz finden konnte. Obwohl die Opposition gegen Thorbecke diesem einen zu großen Hang zu Reglementierung und Zentralisierung vorwarf, ist seine Intention, staatsbürgerliches Denken durch Autonomie zu fördern, mit diesem Kommunalgesetz erfolgreich gewesen.

7.2. Frühe Belastung durch konfessionellen Konflikt

Wenngleich die hier genannten Gesetze über die Partizipation der Bürger recht rasch durchs Parlament gingen und obwohl sich das Kabinett in eine gesetzgeberische Aktivität steigerte, gleichsam als wolle man die Funktionsfähigkeit der strengen Gewaltenteilung nachweisen, vermochte es einige in den Zusatzbestimmungen zur Verfassungsänderung vorgesehene gesetzliche Festschreibungen nicht mehr durch- oder einzubringen. So blieben die Gesetze über die Ministerverantwortlichkeit, das Koalitions- und Vereinsrecht sowie die über die Gerichtsverfassung aus. Schon das Jahr 1853 bewies, daß die Position der Thorbecke-Liberalen doch nicht stark genug war. Die relativ rasche Annahme der ersten 'organischen' Gesetze mag darüber hinwegtäuschen. Die Fraktion war nicht gefestigt genug gegenüber dem nachgerade historischen, in Abständen in der politischen Aktualität sich besonders hart manifestierenden Gegensatz zwischen Katholiken und Protestanten. Im 19. Jahrhundert war – obwohl sich die numerische Stärke der Katholiken nicht als gering veranschlagen läßt (1849 stellten sie 38,15 v. H. der Bevölkerung) – die protestantische, aus den 'republikanischen' Zeiten, aus dem Aufstand überkommene Konzeption vom katholischen Bürger als einem Bürger von zweitrangigem Status noch nicht überwunden. Solche Gegensätzlichkeit hatte etwas durchaus Unversöhnliches, bewegte sich nicht nur im theoretisch konfessionellen oder organisatorisch kirchlichen Bereich, sondern ragte in das persönliche Leben des Glaubensgegners hinein. Die sogenannte April-Bewegung von 1853 war in der Schärfe weitgehend eine Wiederholung der antikatholischen Agitation von 1841 – eine Bewegung, die selbst den Begriff der Nation auf den protestantischen (calvinistischen) Bevölkerungsteil begrenzt sehen wollte. Der katholische Bevölkerungsteil also als ein auszuscheidender Fremdkörper des Volkes, genau diametral entgegengesetzt der liberalen Auffassung des Thorbecke, der von einer 'Niederländischen' Nation gesprochen hatte, die zu schaffen sei. Am Ende der Bewegung stand der Rücktritt des Kabinetts des Liberalen, und hier manifestierte sich zuerst einmal deutlich die von Kossman apostrophierte weitgehende Identität von Opposition gegen doktrinären Liberalismus und Antikatholizismus. Was war geschehen? Es ging um den organisatorischen Aufbau der katholischen Kirche im Königreich. Auf Andringen Pius' IX. erfolgte

1852 die Aufhebung des Konkordats von 1827, so daß 1853 im März ein päpstliches Breve ergehen konnte, in dem die Bildung des Erzbistums Utrecht und der vier Bistümer Haarlem, 's-Hertogenbosch, Breda und Roermond verfügt wurde. Abgesehen davon, daß die liberale Regierung von solchem Schritt einigermaßen überfahren wurde, war der päpstliche Tonfall der Bekanntgabe mit der Apostrophierung der über ein Jahrhundert alten jansenistischen Kirche in Utrecht als 'monstrum ac pestis' oder mit der Bezeugung des Abscheus gegenüber dem Aufstand und der calvinistischen Ketzerei wenig dazu angetan, den immer latenten Gegensatz der Konfessionen auszugleichen. Protestantische Pastoren und Laien haben auf solche päpstliche Aktivität mit einem Übermaß an Zorn und Empörung reagiert und in einer Vielzahl von Periodika und Flugblättern gleichsam den katholischen Antichrist beschworen. Geschichte und Gegenwart mußten gleichermaßen als Beweisführung für katholische Untat herhalten. Tatsächlich beschwor man wieder die Zeiten des 80jährigen Krieges, und das hieß, das päpstliche Breve wurde zu einem Konflikt auf Leben und Tod hochstilisiert. In protestantischen Bevölkerungskreisen scheint man sich die Frage gestellt zu haben, ob nicht diesem Beginn eines organisatorischen Wiederaufbaus der katholischen Kirche bald auch eine intensive Ausbreitung des Katholizismus folgen würde, eine Art Missionstätigkeit 'in partibus infidelium', wie das von Rom aus gesehen wurde.

Selbst wenn man mancherlei Überreaktionen in Abzug bringt, dann ergibt sich doch insgesamt aus solchen heftigen Verhaltensweisen, daß man zwar eine liberale Verfassung mit allen liberalen Prinzipien, so auch mit der Bekenntnisfreiheit, haben konnte, daß die einer solchen Verfassung inhärente Toleranz jedoch Schwierigkeiten hatte, im politischen Verhalten zum Tragen zu kommen, solange der Modernität des Denkens einer aus dem Traditionalismus, in diesem Falle der erfolgreichen protestantischen Vergangenheit schöpfende Lebensweise entgegenstand. Die April-Bewegung ist wie die vorhergehenden antikatholischen Aktionen nur zu begreifen, wenn man von der Intensität protestantischen Lebens weiß, aber auch das hohe Maß an Orthodoxie kennt. Die Reaktion des Protestantismus, die April-Bewegung, hat dann den römischen Katholizismus nicht aus dem eigenen Lande verdrängen können, es ist andererseits auch nicht zu einer Ausbreitung des Katholizismus gekommen. Dagegen ist die einige Jahrzehnte später einsetzende

'Versäulung' der niederländischen Gesellschaft im konfessionellen Bereich aus diesem Gegensatz heraus zu begreifen und vor allem bei den Katholiken anzusehen als Selbstbehauptung durch Abschottung.

Gescheitert sind in dieser Auseinandersetzung der Konfessionen die Liberalen, die sich zuvor auf die Katholiken gestützt hatten. Zu den Gegnern Thorbeckes zählten die Konservativen ebenso wie die gemäßigt Liberalen – es waren jene, die in den politischen Institutionen saßen –, dazu gehörten aber auch protestantische Pastoren und die einige Jahrzehnte später für die ARP so wichtigen 'kleine luyden', die der Zensus noch vom Wahlrecht ausschloß und die sich unter den Schutz des gewiß autoritär orientierten Wilhelm III. begaben. Der Monarch stand nicht hinter dem Kabinett, und so war es ihm willkommen, daß Thorbecke den Rücktritt seiner Minister anbot (1853). Es kann nicht übersehen werden, daß dieses Angebot durch Druck von der Straße her, durch eine Unterschriftenaktion des Pastors, religiösen Schriftstellers und Utrechter Hochschullehrers Bernard ter Haar (51 000 Unterschriften) erfolgte (15. April 1853), die der König in verdeckter Desavouierung Thorbeckes kommentierte.

Zwei Dinge zeigt die Phase des ersten Kabinetts Thorbecke auf jeden Fall: zum einen ließ sich aus der Einrichtung staatlicher Entscheidungskörper gemäß liberaler Vorstellungen und aus der mit dem Prinzip der Gewaltenteilung verbundenen Gesetzlichkeit nicht in allen Belangen eine Nation schmieden, zum anderen wurde deutlich, daß die niederländische Gesellschaft noch weit davon entfernt war, die Versöhnung der Konfessionen herbeizuführen, die im übrigen keineswegs bereit schienen, bestimmte, nicht unmittelbar kirchliche Positionen und Arbeitsfelder in der Gesellschaft zugunsten staatlicher oder kommunaler Instanzen preiszugeben. Das zeigte sich etwa bei der Ablehnung des Thorbeckeschen Armengesetzes, in dessen Entwurf ein solcher Übergang vorgesehen war.

7.3. Auf dem Weg zur Regelung der Schulfrage

Das Kabinett van Hall, dieser selbst ein Vertreter der gemäßigt Liberalen, hat als Nachfolger der Thorbecke-Regierung am Inhalt des päpstlichen Breves von 1853 nichts ändern können, jedoch selbst den Versuch unternommen, die erregten Gemüter der April-Bewegung wieder zu beruhigen. Darüber hinaus schlossen die neuen Regierungsleute voll an die intensive gesetzgeberische Tätigkeit des Thorbecke-Kabinetts an, wie es schließlich auch Auftrag der Verfassung war. Die Neuwahlen von 1853 hatten eine Niederlage der Liberalen und einen Sieg der Anhänger des Groen van Prinsterer gebracht, wie das nach den Ereignissen vom April zu vermuten gewesen war. Die Juni-Wahlen von 1854 korrigierten allerdings das Ergebnis einigermaßen. Die Gesetzgebung (Hauptthematik: Ministerverantwortlichkeit, Koalitions- und Vereinsrecht) ist hier im einzelnen nicht zu erörtern, das Gesetz über die Verwaltung der Armenfürsorge (1854) verdient allerdings insofern besondere Erwähnung, als deutlich wurde, daß nur kompromißbereites Lavieren zwischen gemäßigt liberaler Konzeption von staatlicher bzw. kommunaler Aufsicht und dem konfessionellen Ausschließlichkeitsanspruch für dieses Arbeitsfeld zum Erfolg – und auch dann nur mit Mühe – führen konnte.

Die Schulfrage sollte dann im weiteren ausweisen, daß es äußerst schwierig war, ohne die volle Zustimmung des protestantischen Bevölkerungsteils eine so wichtige Frage wie die in die tägliche christliche Lebensgestaltung hineinragende Organisation der Schule zu einer Lösung zu führen. Das sollte bald die Zweite Kammer, das Repräsentativorgan, feststellen, die Kundgebungen von der Straße her nicht berücksichtigt wissen wollte. Denn solche nur auf die Kräfteverhältnisse in der Kammer gestützte Gesetzgebung im Schulbereich war lediglich dazu geeignet, latente Unzufriedenheiten nachhaltig wachzuhalten. Der Gesetzentwurf vom September 1854 sah für den Grundschulbereich die konfessionell gemischte, staatliche Schule vor und bot dazu die Möglichkeit, für Kinder bestimmten Bekenntnisses eigene öffentliche Schulen aufzubauen. Das war als Konzession an die Antirevolutionären um Groen van Prinsterer gedacht, fand aber nicht die Zustimmung der Kammermehrheit, so daß diese Möglichkeit in einem nächsten Entwurf fortfiel. Mit Groens Vorstellungen hatte die neue Form tatsächlich gar nichts mehr zu tun, denn er selbst plädierte zwar für eine öffentliche Schule, diese sollte jedoch von vornherein konfessionalisiert sein, so daß jedem Bekenntnis die Möglichkeit einer gegen die andere Konfession abgeschotteten Erziehung und Ausbildung gleichsam im eigensten Lebensbereich gewährleistet sein würde. Eben in dieser Richtung setzte eine umfangreiche Petitionswelle ein, die allerdings in der Zweiten Kammer unbeachtet blieb. Der liberal angelegte Entwurf kam jedoch nicht durch die Kammer, da König Wilhelm III. es sich angelegen sein ließ, die von Groen und anderen Protestanten initiierte Adressenbewegung zu unterstützen. Er schickte schlicht das Kabinett van Hall fort, zumal er eine Möglichkeit gegeben sah, mehr konservative Politiker ins Regierungsamt bringen zu können. So kam erst 1857 unter dem nachfolgenden Minderheitskabinett van der Brugghen das Schulgesetz durch. Van der Brugghen, selbst Antirevolutionär wie Groen, aber von weniger orthodoxer Haltung, hat gemeint, durch Einführung eines Kompromißvorschlages – Zulassung von Konfessionsschulen ('bijzondere school') ohne jeweilige Einzelgenehmigung und selbst Zuerkennung von staatlichen Zuschüssen von Fall zu Fall – die Antirevolutionären und Katholiken mitziehen zu können. Aber welche Stellung konnte ein solcher Kompromiß unter Verhältnissen haben, in denen die Antirevolutionären Groens von protestantischem Unterricht als logischer Entsprechung ihres Verständnisses von einer protestantischen Nation ausgingen. Tatsächlich enthielt der Gesetzestext wiederum deutlich liberale Züge, insofern er von Erziehung im Sinne von Anerkennung und Tolerierung der jeweils anderen Konfession sprach.

Das Gesetz von 1857 hat die niederländische Schullandschaft weitgehend geprägt und sicherlich auch – da der Staatszuschuß für staatsfreie Schulen schließlich doch nicht akzeptiert worden war – die Position der öffentlichen Schule gegenüber der konfessionellen gefestigt, auch wenn die Vielzahl von konfessionellen Schulgründungen in der Folgezeit nicht zu übersehen ist. Aber letztlich bildete dieses Gesetz erst den Anfang des Schulstreits, in dem die Antirevolutionären die treibende Kraft waren, für die auf jeden Fall 1857 zunächst die Auseinandersetzung verloren schien, zumal – wie erwähnt – die Kammer sich für eine Subventionierung der Konfessionsschulen nicht hatte bereitfinden können. Es war nicht ohne Logik, wenn Groen nunmehr den öffentlichen Schulen die Befugnis absprach, zu 'christlichen Tugenden' zu erziehen oder gar Religionsunterricht zu erteilen. Solches Urteil zeigt die Intensität der Emotionen auf jeden Fall bei führenden antirevolutionären Niederländern. Schließlich muß auch die Gründung des Verbandes für christlich-nationale Schule ('Vereeniging voor Christelijk Nationaal Onderwijs') als eine Reaktion auf das Gesetz von 1857 gesehen, als ein Versuch gewertet werden, den eigenen Anspruch durchzusetzen. Zu größeren politischen Aktionen ist es nicht gekommen, zumal in antirevolutionären Kreisen ohnehin nicht volle Einigkeit über die Haltung zum Schulgesetz herrschte.

Bewegung kam erst in den 70er Jahren wieder auf, nicht zuletzt durch die neue Position der Katholiken, die sich nach dem Hirtenbrief der Bischöfe von 1868, der zum Widerstand gegen den 'Staat in der Schule' aufrief, von den Liberalen zu lösen begannen. Der Auflösungsprozeß des Liberalismus stand zwar noch bevor, die Liberalen zeigten aber in jenen 70er und den folgenden Jahren nicht mehr die Stärke der vorhergehenden Periode. Die Abschaffung des Zeitungsstempels förderte im übrigen das Broschüren- und Zeitungswesen und intensivierte den 'Schulkampf', der nur gesetzgeberisch zur Ruhe gekommen war. Das 'Kopfblatt' der Antirevolutionären wurde der 1872 gegründete ›Standaard‹ unter der Leitung von Abraham Kuyper, der für die nächsten Jahrzehnte als Führer der ARP eine wichtige Rolle im politischen Leben der Niederlande spielen sollte.

Die in liberalen Kreisen vertretene Ansicht, daß das Schulsystem einer weiteren Verbesserung bedürfe und auch die Hoffnung der Liberalen, über die Lösung der Schulfrage die durch Meinungsverschiedenheiten zerstrittenen eigenen Reihen wieder zusammenführen zu können, aktualisierten das Problem insofern, als es nunmehr aus der Publizistik wieder in die Kammer hineingetragen wurde. Die herrschenden Antagonismen lassen sich somit zum einen mit der antirevolutionären Publizistik, zum anderen aber auch mit Auslassungen demonstrieren, die der liberale Abgeordnete Johannes Kappeyne van de Coppello gegenüber Abraham Kuyper vortrug. Er verglich die konfessionelle Minderheit mit einer toten Fliege, die die nationale Crème verunziere (ein wahrlich seltsamer Vergleich) und deren Unterdrückung kaum bedauert werden könne. Für sie gebe es ohnehin keinen Platz in der Gesellschaft. Abgesehen von der in diesem Falle nur schwach entwickelten Geschmackssicherheit, bewies die Äußerung, wie hart hier der liberale Begriff von Nation und die protestantisch-antirevolutionäre Konzeption einander gegenüberstanden. Die bei aller Zuerkennung von Autonomie auf Provinzial- und Kommunalebene und die bei aller Anerkennung der Freiheit politischen Denkens doch deutlich sichtbaren Zentralisierungstendenzen der Liberalen stießen sich an Sonderungen, die historisch recht eigentlich zwar einmal bestimmend gewesen waren, in ihrem staatspolitischen Anspruch aber als Anachronismus empfunden wurden. Kurz: die liberale Neutralität, die von der Regierungsspitze her zu wahren war, duldete keine konfessionelle Sonderexistenz.

Der hier genannte Kappeyne van de Coppello brachte als Regierungschef 1878 ein neues Grundschulgesetz durch, das nun den Konfessionsschulen kaum noch Platz ließ. Gewiß war es so, daß jene Kreise, darunter auch liberale, die die Grundschulstruktur mit der sozialen Frage verbanden (Kinderarbeit, Schulpflicht), nicht mit dem neuen Gesetz zufrieden waren, das durch Verbesserung von Schulgebäuden, Gehalt und Lehrerausbildung teurer wurde, aber sicher ist andererseits auch, daß durch weitestgehende staatliche Übernahme der bisher bei den Gemeinden ruhenden Schulverwaltung und -aufsicht dem Unterricht seine letzte religiöse Färbung genommen war. Was in der Kammer nicht erreicht werden konnte, versuchten die Antirevolutionären wiederum über eine Petition an den Monarchen durchzusetzen. Die Petition – eine solche brachten auch die Katholiken unter Schaepman ein – mag man sehen als die höfliche, nachgerade hofgerechte Form eines Proteststurms der Antirevolutionären. Sie wurde, versehen mit 300 000 Unterschriften, dem König mit dem Ersuchen 'um eine Schule unter dem Bibelwort' ('School met de Bijbel') überreicht (August 1878). Während der Monarch einige Jahrzehnte zuvor sich noch bereit gezeigt hatte, Petitionen zum Anlaß zu nehmen, um liberale Regierungen zu unterlaufen, blieb nunmehr seine positive Reaktion aus. Er unterzeichnete das neue Schulgesetz. Kuyper schrieb daraufhin, der Oranier, für ihn ohnehin nie ein echter Sproß dieses Hauses, habe mit der Tradition des Hauses gebrochen.

Die Niederlage der Konfessionellen führte nach 1878 zu ihrem engeren Zusammenrücken – recht eigentlich ein Novum in der niederländischen Innenpolitik, das einerseits zwar die 'Versäulung' nicht behinderte, andererseits jedoch der Ausgangspunkt für spätere konfessionelle Koalitionen gewesen ist. In den Wahlen nach Annahme des Schulgesetzes gewannen vor allem die Antirevolutionären, die nicht nur ihre Wahlkampfmunition aus dem jüngsten Schulstreit bezogen, sondern in ihrer ganzen Politik voll konzentriert blieben auf die Frage der Konfessionsschulen. Sie hatten gerade in ihrer Zusammenarbeit mit den Katholiken im Schulstreit Erfolg – schrittweise Erfolg, diesen aber unübersehbar und nicht zuletzt auch den an anderer Stelle zu erörternden Wahlrechtsänderungen zu verdanken. 1887 noch begnügten sich die auf die Möglichkeiten eines neuen Wahlrechts schauenden ARP-Vertreter mit der liberalen Erklärung, einer finanziellen Unterstützung der Konfessionsschule stehe die Verfassung nicht im Wege, 1888 schon wurden dann von einem konfessionellen Koalitionskabinett Subsidienleistungen gesetzlich verankert und die Gemeinden verpflichtet, Schulgeld für die Staatsschulen zu erheben. Das vermochte die Konkurrenzposition der Konfessionsschulen erheblich zu verbessern, da für die zu den Konfessionsschulen gehenden Kinder von den Eltern doch immerhin zwei Drittel der Kosten aufgebracht werden mußten. Der Streit, der hier nur in seinen Hauptzügen und Argumentationsweisen dargestellt wurde, wurde in den folgenden Jahren zwar mit sehr viel Verve, aber ohne die frühe Emotionalität geführt und endete 1917 in einer Verfassungsänderung mit der finanziellen Gleichstellung von Konfessions- und Staatsschulen. Darüber ist noch zu handeln.

7.4. Fortsetzung des Schulstreits und soziale Problematik

In den letzten beiden Jahrzehnten vor dem Ersten Weltkrieg führten Regierungen und Parteien zwar die innenpolitische Thematik der vorhergehenden Jahre fort, aber gegen den Hintergrund des erweiterten parteipolitischen Spektrums wurden die Auseinandersetzungen schärfer und differenzierter zugleich, hatten sich die Politiker mehr noch als zuvor den aus wachsendem Demokratiebewußtsein entspringenden Forderungen zu stellen und die durch die Organisation der Arbeiterschaft nachhaltig apostrophierten Probleme Wahlrecht und Sozialpolitik zu lösen. Es war die Phase der letzten liberalen Kabinette, die sozusagen vom Vorspiel der das Interbellum schließlich voll bestimmenden 'antithetischen' Koalitionen abgelöst wurden. Die Schulfrage löste sich immer mehr im Sinne der Konfessionellen, das Wahlrecht wurde mehr denn je Gegenstand außerparlamentarischer Demonstrationen und Agitation. Man steuerte nachgerade auf seine Allgemeinheit hin, und als neuer wesentlicher, die Verpflichtung des Staates gegenüber der Gesellschaft erweiternder und die materielle Existenz der Lohnarbeiter sichernder Faktor trat die Sozialgesetzgebung hinzu. Kossmann hebt in seiner kurzen Charakteristik richtig die durchdringende Politisierung dieser Jahre hervor, die sich in einer scharfsinnig die politische Entwicklung verfolgenden Presse (in Wort und Karikatur) äußerte und die eben durch die Parteien weit über den Rahmen einer parlamentarischen Behandlung hinausgetragen wurde. Das betraf auch nicht nur die Landespolitik, sondern zeigte sich in gleicher Intensität auf der Ebene der Provinzen und Kommunen. Tatsächlich dürften – wie Kossmann weiter betont – die Existenz der organisierten Arbeiterbewegung und der von dieser vorgeführte Klassenantagonismus als wesentliche Wirkungsprinzipien des staatlich-gesellschaftlichen Lebens eine neue Qualität der Aufgeregtheit herbeigeführt haben.[24] Die neue politische Kraft, die anfänglich schwach war, aber deutliche Wachstumstendenzen zeigte, zwang die anderen dazu, die eigenen Reihen zu ordnen, was angesichts einer stark ausgeprägten konfessionellen Gebundenheit nicht übermäßig schwierig war, und eventuell angepaßte neue Organisationsformen zu finden, wie es sich etwa in der Gründung des Christlich Nationalen Gewerkschaftsverbandes, ('Christelijk Nationaal Vakverbond', CNV) manifestierte; sie verlangte auch eine über die Bildung von Gegenorganisationen hinausgehende Antwort im staatlich-gesellschaftlichen Bereich. Diese erfolgte in Form der Repression sozialer Aktion und zugleich in Anerkennung sozialpolitischer Forderungen.

Die den Wünschen der Konfessionellen entsprechende Regelung der Schulfrage konnte sich infolge der Zersplitterung unter den Liberalen relativ rasch vollziehen. Die drei konfessionellen Kabinette dieser Phase haben dies zustande gebracht. Sie haben die staatlichen Subventionen für die Konfessionsschulen erhöht und zugleich die Anerkennung von Abschlußzeugnissen der Konfessionsschulen im Gymnasialbereich durchgesetzt. Und nicht nur dies. Gleich zu Beginn wurden – wie oben gezeigt – die Gemeinden verpflichtet, bei den Bürgern Beiträge zu den Kosten an den öffentlichen Schulen zu erheben. Das hieß nichts anderes als eine Verbesserung der konfessionellen Konkurrenzposition. Wie stark darüber hinaus die von Kuyper propagierte 'Souveränität im eigenen Kreis' ein wesentliches Entscheidungsmotiv war, bewies die Haltung der Konfessionellen in der Schulpflicht-Frage. Was Liberale seit je,

[24] S. in E. H. Kossmann, De Lage Landen, vor allem Kap. VI.

später auch Sozialisten in ihrem Prinzipien-Portefeuille bargen, das stieß bei den Konfessionellen auf heftigen Widerstand. Für sie bedeutete Schulpflicht einen Eingriff in das Elternrecht, in die elterliche Gewalt. Sie fürchteten, daß sie dann gezwungen sein würden, die Kinder in jenen Gemeinden in öffentliche Schulen zu schicken, wo es keine Konfessionsschulen gab. Abgesehen noch von einer Kompromißlösung des Kabinetts Pierson/Goeman Borgesius in der Schulpflichtfrage (1900) – die 6jährige Schulpflicht wurde eingeführt, ohne die Verpflichtung zum Besuch einer öffentlichen Schule –, unternahm Abraham Kuyper (Kabinettschef von 1901–1905) noch einmal 1904/05 einen großangelegten Vorstoß, der ein gut Stück auf dem Weg zur völligen finanziellen und rechtlichen Gleichstellung der beiden Schularten führen sollte. Zunächst setzte er die Anerkennung der Hochschulabschlüsse der konfessionellen Universitäten durch. Für die Finanzierung der Grundschule brachte er ein recht einfaches Argument ins Feld: der Staat habe die beiden 'antithetischen Teile' (Konfessionelle und Nichtkonfessionelle) der Gesellschaft gleichermaßen zu unterstützen. Der nüchterne Rechner sah zugleich die begrenzten finanziellen Möglichkeiten, so daß sein Gesetzentwurf allein die Regelung enthielt, daß die gesetzlichen Mindestgehälter des gesamten Lehrpersonals direkt vom Staat getragen werden sollten. Da aber, soweit es um Lehrpersonal an öffentlichen Schulen ging, diese Beträge von den jährlichen Leistungen der Staatskasse an die Gemeinden abgezogen werden sollten, lief die Regelung indirekt auf weitere Subventionen für die Konfessionsschulen hinaus. Wie stark eigentlich die Position der Konfessionellen war, zeigt sich auch daran, daß man zwar eine Gleichstellung der Abschlußzeugnisse durchsetzte, aber gleichzeitig mit Erfolg eine öffentliche Kontrolle des Lehrplans der Konfessionsschulen abwehren konnte. Für die Konfessionellen selbst waren solche Erfolge von einiger Bedeutung. Die sich in der Schulfrage manifestierende Kontraktionstendenz und ihre theoretisch überhöhte Prämisse von der 'Souveränität im eigenen Kreis', die durchaus als eine Reaktion auf die zunehmende Laizisierung und weltanschauliche Neutralität des öffentlichen Lebens begriffen werden kann und wie jede Kontraktion einer Defensivhaltung entsprang, schuf eine noch bessere Grundlage für eine Festigung der 'Säulen' in der niederländischen Gesellschaft. Insofern waren die 'Schulerfolge' dann auch mehr als eine Gewinnverbuchung auf dem politischen Saldo der Konfessionellen, sie prägten als Beispiel für andere Bereiche die Zukunft des niederländischen Zusammenlebens.

Als von ebensolcher Wichtigkeit für die Innenpolitik erwies sich die unmittelbar die materielle Existenz vor allem der Arbeiter berührende Sozialgesetzgebung. Es mochte dann eine Verbesserung der materiellen Position der Arbeiter festzustellen sein, sobald allerdings Krankheit oder Tod des Familienoberhaupts und Ernährers eintraten, waren die Angehörigen praktisch der Armenhilfe überantwortet. Der liberale Minister S. van Houten hatte 1874 einen ersten, sehr bescheidenen sozialpolitischen Schritt unternommen mit der Vorlage des Gesetzes zur Regelung der Kinderarbeit, die im Parlament auch angenommen worden war. Das Gesetz stellte sozial gesehen tatsächlich nur einen allerersten Schritt dar und sollte noch eher gesehen werden als Teil einer Reihe von liberal-demokratischen Maßnahmen, die in den 70er Jahren das Image der Liberalen prägten. Ganz in der Linie des Van-Houten-Gesetzes lag dann – immerhin 15 Jahre später – das Arbeitsgesetz von 1889 vor, vom Koalitionskabinett des Antirevolutionärs A. Mackay und hier vom katholischen Justizminister Ruys de Beerenbrouck eingebracht und vom Parlament angenommen. Auch hier hatte eine linksliberale Abgeordnetengruppe für entsprechende Materialsammlung aufgrund der Ergebnisse einer Enquête-Kommission gesorgt, die eingesetzt worden war, um die Folgen des Gesetzes van Houten zu überprüfen. Ziel des Gesetzes, das vor allem Frauen- und Kinderarbeit betraf, war der Schutz dieser Gruppen gegen übermäßig lange und gefährliche Arbeit. Für diese personae miserabiles sollte sich der harte Wirtschaftskampf nicht im gleichen Maße auswirken wie für andere Arbeitnehmerkategorien. Die Enquête-Ergebnisse waren mehr als eindeutig. Im Gesetz wurde nun endgültig Arbeit für Kinder unter 12 Jahre und für Frauen vier Wochen nach einer Niederkunft in Fabriken und Werkstätten verboten. Für Kinder unter 16 Jahren und für Frauen galt jetzt eine Arbeitszeitbeschränkung auf maximal 11 Stunden. Schließlich wurden das Sonntagsarbeitsverbot und eine Fabrikinspektion eingeführt. Abgesehen davon, daß in einem mit wenig Emotionen verfahrenden Parlament lediglich Domela Nieuwenhuis auf die niederländische Rückständigkeit der Sozialgesetzgebung verwies, ist zu bemerken, daß solche Regelungen tatsächlich eben nur die schwächsten, schutzlosesten Kategorien von Arbeitnehmern erfaßten, von einem Schutz der Arbeiter im Sinne einer

Sicherung zumindest der Minimalexistenz aber eben noch keine Rede war.

Das Arbeitsschutzgesetz von 1889 war nur ein erster, relativ später Schub, der darauf zielte, die ärgsten Auswüchse in einer sich industrialisierenden Wirtschaft und Gesellschaft zu beseitigen. Es dauerte noch bis ins 20. Jahrhundert hinein, ehe weitere Schritte auf diesem Wege unternommen wurden. Gerade in jenen Jahren zeigte sich bald, daß die organisierte Arbeiterschaft als gesellschaftliche und politische Kraft auch außerhalb der konstitutionell verankerten Institutionen nicht mehr ohne weiteres übersehen werden konnte, sozialgesetzgeberische Aktivitäten demnach nicht nur ein moralisches Gebot, sondern ein politisches Erfordernis waren. Da wurde die Regierung Kuyper doch mit einem Beweis sozialer Unruhe konfrontiert, die die neue politische Qualität der Gesellschaft recht eindrucksvoll vorführte. Gemeint sind hier die Streiks der Hafenarbeiter und Eisenbahner von 1903, die – wie der Historiker A. J. C. Rüter es im Untertitel seiner Untersuchung zum Thema ausgedrückt hat – auch den Stand der niederländischen Arbeiterbewegung widerspiegeln.[25] Wenngleich – aus unterschiedlichen Motiven – immer ein Stückchen Übertreibung in kurz formulierter Charakteristik bisher unbekannter Ereignisse liegt, wird man die pessimistische Aussage Kuypers auf der einen, den eher hoffnungsfrohen Spruch Troelstras auf der anderen Seite als die Lage durchaus richtig einschätzende Ansichten ansehen dürfen. „Die Autorität hat sich verschoben", schrieb Kuyper in seinem Blatt ›De Standaard‹, der Löwe habe seine Krallen nur kurz gezeigt, aber seine Möglichkeiten bei voller Kraftentfaltung in der Zukunft angedeutet, so hieß es bei Troelstra.[26] Anlaß der Streiks war in dieser Zeit der sozialen Unsicherheit und einer gewissen Zerrissenheit in der niederländischen Arbeiterbewegung die Unzufriedenheit über die Arbeitsbedingungen sowohl bei den Hafenarbeitern, wo der Streik begann, als auch bei den Eisenbahnern, die diesen Streik übernahmen. Enquête-Ergebnisse zur Lage dieser Arbeiterkategorien machten deutlich, daß die Mißstände schlicht nicht mehr zu übersehen waren. An der

[25] A. J. C. Rüter, De spoorwegstakingen van 1903. Een spiegel der arbeidersbeweging in Nederland. Leiden 1935.

[26] Zitat bei ders., De spoorwegstakingen van 1903. In: ders., Historische studies over mens en samenleving. Sociaal-Historische Studiën. Uitg. d. IISG., III. Assen 1967, S. 166.

Mole verdienten die Arbeiter bei einer Arbeitszeit von 10, zuweilen 14 bis 16 Stunden 12 bis 15 Gulden in der Woche, die große Masse der Gelegenheitsarbeiter brachte es bei günstiger Hafenkonjunktur oft bei bis zu 40 Stunden ununterbrochener Arbeit auf 20 Gulden. Die langen Perioden der Arbeitslosigkeit drückten allerdings das Durchschnittseinkommen erheblich. Die Unsitte des Subunternehmertums führte zu weiteren Lohndrückereien (Lohnbetrug). Selbst wenn die Lage der Eisenbahner insgesamt günstiger sein mochte, man lag doch bei überaus langen Arbeitszeiten immer am Rande des Existenzminimums und arbeitete in einer zentralistischen und hierarchisch geführten Betriebsstruktur, in der strenge Disziplinarmaßnahmen gegen Arbeiter zum typischen Erscheinungsbild zählten. Das galt auch für die Hafenarbeiter. Gewerkschaften bekamen hier keinen Fuß an die Erde. Eben diese Ablehnung von Gewerkschaften führte neben der obengenannten sozialen Lage der Arbeiter zunächst die Hafenarbeiter der Fa. Müller & Co. zur Arbeitseinstellung, die sich im ganzen Hafengebiet und bald bei den Eisenbahnern durchsetzte, so daß zwei Tage nach Streikbeginn Amsterdam vom Eisenbahnverkehr abgeschlossen war. Und auf diesen Streik der Eisenbahner konzentrierte sich das Geschehen. Vornehmlich wohl aus Furcht, daß sich der deutlich als Solidaritätsaktion erkennbare Streik auch auf andere Städte ausdehnen würde, haben die Arbeitgeber nachgegeben, die Gewerkschaften anerkannt und sich bereit erklärt, über die Arbeitsbedingungen zu unterhandeln. Darüber hinaus bewilligten sie die Forderung, daß Eisenbahner nicht dort zur Arbeit eingesetzt werden durften, wo sie streikenden Kollegen schaden konnten. Solcher Erfolg wirkte nachgerade beispielhaft, insofern andere Gewerkschaften Streikaktionen begannen und auch die kommunalen Arbeiter (Gas- und Wasserwerke) mit Streik drohten. Die neue Qualität dieser Streiks oder Streikdrohungen lag darin, daß hier nicht nur privates, sondern zugleich öffentliches Interesse tangiert wurde, was vermutlich einer der Schwachpunkte der Bewegung war. Streiks oder Streikmöglichkeiten bei Versorgungsbetrieben stießen bei der Bevölkerung nicht eben auf Sympathie. Für die Regierung, die sich zunächst zurückgehalten hatte, bot dies letztlich einen Anknüpfungspunkt, gesetzgeberisch gegen die Streiks tätig zu werden. Schon recht rasch forderte der Frei-Antirevolutionäre de Savornin Lohman ein Streikverbot für die Arbeiter der Versorgungsbetriebe. Für die Eisenbahner hieß die Antwort

Vorbereitung auf neue Streiks und Demonstrationen, falls die Regierung ein Gesetz über strafrechtliche Verfolgung von Streiks in Versorgungsbetrieben einbringen und das Parlament es annehmen sollte. Der Übergang vom wirtschaftlichen zum politischen Streik war so in nuce angelegt. Tatsächlich war de Savornin Lohman so etwas wie das Sprachrohr der Regierung, die am 25. Februar drei Gesetzentwürfe vorlegte, nachdem zuvor schon Truppen auf einen möglichen Belagerungszustand in Nordholland, Südholland und Utrecht vorbereitet worden waren. Der wichtigste Entwurf, eine Ergänzung zum geltenden Strafrecht, enthielt schlicht ein Streikverbot für Beamte und alle Arbeitnehmer in öffentlichen Betrieben oder bei den Eisenbahnen. In Tateinheit mit Verschwörung konnten Strafen von 18 Monaten bis 6 Jahren Haft auferlegt werden. Daß zugleich auch regierungsseits die Bildung einer Enquête-Kommission zur Untersuchung der Arbeitsbedingungen beantragt wurde, vermochte die empörte Reaktion der Arbeiterorganisationen nicht zu mildern. Auf jeden Fall war hier der Streik in seiner ganz modernen Form zur Diskussion gestellt, zumal auch den Arbeitswilligen gesetzlicher Schutz zuerkannt wurde. Es entsprach der politischen Konzeption des Antirevolutionärs Kuyper, wenn er gleichzeitig Lohn- und Arbeitszeit in den Versorgungsbetrieben der Billigung seitens der Regierung unterworfen und eine Arbeitnehmervertretung mit Beschwerderecht sowie eine Schiedskommission eingesetzt sehen wollte. Diese ausgleichende Einstellung Kuypers hatte jedoch insgesamt im Kabinett wenig Erfolg, da man hier bei solchem Vorhaben fürchtete, den Streiks eine gewisse Berechtigung zuzuerkennen.

Über die Besprechung der Vorlagen im Kabinett ist hier nicht im einzelnen zu handeln. Festzuhalten bleibt lediglich folgendes: Wenngleich die Regierung mitteilte, vor der Abstimmung im Parlament noch die Rechtsposition und Dienstvorschriften der Eisenbahner festlegen zu wollen, hat sie im April 1903 den Generalstreik – einen deutlich politischen Streik – nicht verhindern können. Für Sozialdemokraten und Sozialisten war dies, angesichts der geringen Stärke in der Zweiten Kammer, wohl die einzige Möglichkeit einer Antwort. Es zeigte sich rasch, daß ein *politischer* Generalstreik in den Niederlanden kaum eine Chance auf Erfolg haben konnte. Er endete nach kurzer Zeit mit einer völligen Niederlage. Obwohl in Amsterdam insgesamt 25 000 Arbeiter streikten, blieb die Basis doch zu schmal. Gewinner war die Regierung, die gegen die Stimmen der SDAP, der Freisinnigen und des Katholiken Staalman ihre Vorlagen durchbrachte. Aber mehr noch. Der Streik, gedacht als politische Waffe gegen die Regierung, war recht eigentlich kein Problem des Kabinetts Kuyper mehr, sondern entpuppte sich als ein Problem der jungen Arbeiterbewegung selbst, die zu diesem Zeitpunkt zunächst noch die interne Auseinandersetzung zwischen gemäßigter und extremer Richtung zu führen hatte. Letztlich forcierte die Niederlage den Trennungsprozeß. Was zu Beginn noch im Nationalen Streikausschuß ('Comité van Verweer') – sicherlich etwas Neues im niederländischen Arbeitskampf – zusammengesessen hatte, dividierte sich nach dem Streik völlig auseinander. Die SDAP schied sich hier endgültig von der anarcho-syndikalistischen Strömung, und innerhalb der Partei erhielt der Streit zwischen Revisionisten und Marxisten neue Nahrung. Die Gründung des Niederländischen Gewerkschaftsverbandes als Gegenstück zum syndikalistischen Nationalen Arbeitssekretariat (NAS) muß als Ergebnis auch dieses Mißerfolgs angesehen werden. Die christliche Arbeiterbewegung sah eine Möglichkeit, sich gegenüber den anderen abzuschotten, ihre Reihen zu vergrößern, gleichzeitig aber in den konfessionellen Parteien auf die Dringlichkeit der umfassenden Sozialgesetzgebung hinzuweisen.

Offensichtlich haben die Ereignisse dieser Streikphase Januar bis April 1903 nicht ausgereicht, die Regierung zu sozialpolitischen Taten zu veranlassen. So arbeitete Kuypers Kabinett eine Reihe von Sozialgesetzen aus; keines jedoch wurde ins Parlament gebracht. Auch die schon vor Kuyper vom Kabinett Pierson vorgetragene Arbeitszeitbeschränkung für männliche Arbeitnehmer kam wieder in die Regierungsschublade zurück. Viel mehr als kleine Ergänzungen zu bestehenden Gesetzen, etwa dem Unfallversicherungsgesetz von 1898, kam nicht zustande. Erst unter dem Kabinett Th. Heemskerk geriet die Sozialgesetzgebung wieder in Bewegung. Dies war vornehmlich dem protestantischen Pfarrer A. S. Talma, AR-Mann und Minister für Landwirtschaft, Handel und Gewerbe, zu verdanken, der es mit großer Energie vermocht hat, zumindest einen Teil seiner Auffassung von einer christlichen Gesellschaftsordnung durchzusetzen. Talma war zugleich ein Verfechter des christlichen Gewerkschaftsgedankens, nach dem Gewerkschaften als rein wirtschaftliche Interessenvertretung der Arbeitnehmer neben einer weiteren, auf christliche Bildung und Ausbildung gerichteten, mit der Kirche verbundenen Organisation wirken sollten. Talma war, gemessen am kirchlichen (übrigens katholischen wie protestantischen) Vorstellungsbereich, seiner politischen Umwelt voraus, insofern er einer selbständigen Arbeitnehmervertretung das Wort redete. Dieser protestantische Pfarrer präsentierte sich als ein Politiker, der seine gesellschaftlichen und politischen Ordnungsvorstellungen in ein System einzubringen gedachte, in dem die einzelnen gesellschaftlichen Einheiten (Staat und gesellschaftliche Gruppen) als Träger eingeschaltet waren, mit der wohl nicht zu übersehenden Absicht, die sozialökonomischen Gegensätze zu erkennen und auszugleichen. Dies war wohl das Prinzip, das ihn beim Entwurf seines Arbeitsrätegesetzes ('Radenwet') 1910 leitete, nachdem er zuvor im Gesetzentwurf über Bäckerräte den Gedanken in einem spezifischen Gewerbezweig hatte verwirklichen wollen. Das Bäckergesetz kam schließlich nicht zustande. Sicherlich war der Gedanke nicht ganz neu, hatte doch im letzten Jahrzehnt des vorhergehenden Jahrhunderts das liberale Kabinett Roëll/van Houten ein Gesetz zur Bildung von lokalen Arbeitskammern eingebracht und war im Zuge der Diskussion um diese Frage von Kuyper ein Konzept vorgelegt worden, das die höchst bescheidenen Funktionen der Arbeitskammern des liberalen Entwurfs beträchtlich erweiterte. Was Talma in seinem allgemeinen Rätegesetz (1910 eingebracht) vorschwebte, ging aber noch darüber hinaus: 80 Arbeitsräte, paritätisch von gewählten Vertretern der Arbeitgeber und Arbeitnehmer besetzt und zuständig für einzelne Städte oder Bezirke, sollten als soziale Vertretungsorgane die Durchführung der Sozialgesetzgebung und deren Kontrolle im gesamten Umfang übernehmen und sogar Verordnungs- und Sanktionsbefugnisse erhalten. Die Übertragung der Arbeits- und Sozialversicherung auf solche Selbstverwaltungsorgane der Interessengruppen mit öffentlich-rechtlichen Befugnissen – und um nichts anderes ging es hier – scheint im niederländischen Parlament nicht das nötige Echo gefunden zu haben. Das Gesetz wurde 1913 zwar angenommen, in einer Form jedoch, die mit dem ursprünglichen Entwurf nicht mehr viel zu tun hatte. Die öffentlich-rechtlichen Befugnisse entfielen, die Kompetenzen wurden auf Hilfstätigkeit im Bereich der Arbeiterversicherung begrenzt.

Abgesehen noch von diesem im Kern gescheiterten, letztlich für Talma selbst wohl wichtigsten Arbeitsrätegesetz und von einzelnen Arbeitsschutzgesetzen, hat er es unternommen, die Sozialversicherungspolitik neu in Gang zu bringen, die seit der Jahrhundertwende ins Stokken geraten war. Gleichwohl kann seine Initiative, die die erste systematische Initiative für einen ersten Ausbau des Sozialversicherungsnetzes der Niederlande überhaupt darstellte, nicht ohne Vorbehalt als erfolgreich angesehen werden. Nimmt man die Diskussion der Jahre um die Jahrhundertwende hinzu, dann konzentrierte sich insgesamt die parlamentarische Auseinandersetzung im Kern auf die Frage nach Abgrenzung von Staatseinfluß und Kompetenzbereich gesellschaftlicher Gruppen. Zur Annahme standen unter Talma das mit dem Arbeitsrätegesetz eingebrachte Krankenversicherungsgesetz und ein Jahr später das Renten- und Invaliditätsgesetz (1911). Krankenversicherungs- und Invaliditätsgesetz wurden zwar angenommen, ihre Durchführung allerdings blieb nach Demission der Regierung für einige Jahre aufgeschoben. Eine Teilausführung erfuhr lediglich das Altersversorgungsgesetz. Die über 70 Jahre alten Arbeitnehmer, die bis zur Verkündung des Gesetzes keine Versicherungsbeiträge geleistet hatten, erhielten eine staatliche Rente.

Wirtschaftliche und soziale Entwicklung sowie die innenpolitischen Prozesse und Entscheidungen lassen die Anmerkung zu, daß die Niederlande im 19. Jahrhundert sich nicht vom Bild anderer europäischer Industriestaaten unterschieden. Ihre Besonderheit, die ihnen für das 18. Jahrhundert noch vor allem im Zusammenhang mit ihrer republikanischen, patrizisch-aristokratisch bestimmten Konstitution zugeschrieben werden kann, hatte die Konturen verloren, eine neue Besonderheit schien sich allerdings aus konfessioneller Intensität mit ihren gesellschaftlichen Konsequenzen ('verzuiling') anzudeuten. Darüber ist an anderer Stelle ausführlich zu berichten.

7.5. Wahlrecht

Die Regelung der Schulfrage enthielt den Versuch, die in der Verfassung festgeschriebene Bekenntnisfreiheit und damit die Neutralität des Staates über historisch gewachsene Strukturen zu stellen oder sie auf jeden Fall einzubauen. Sie war im übrigen nicht die einzige Verfassungsfrage. Als von ebensolcher Bedeutung erwies sich das Wahlrechtsproblem, das in den 70er und vollends in den 80er Jahren zur Diskussion stand, nicht mehr nur im Sinne gradueller Veränderungen (Zensusänderung), sondern auf prinzipiellen Wechsel zielend, das hieß: 'Wahlrecht los vom Zensus'. Es zeigte sich, daß das bestehende Zensuswahlrecht kaum noch für eine funktionstüchtige Kammer zu sorgen vermochte und mancherlei von Zufälligkeiten abhing. Die Anstellung von Fachkabinetten und das freie Schalten und Walten des Monarchen bei der immer wieder geübten Kabinettsneubildung entsprach auch kaum noch den politischen Vorstellungen weiter Kreise. Die Forderung nach allgemeinem Wahlrecht oder jedenfalls Wahlrechtserweiterung wurde gleichsam 'organisiert' geäußert, getragen von Organisationen linksliberaler (van Houten) oder gewerkschaftlicher-arbeiterparteilicher Observanz, aber auch getragen von Gruppierungen, die die Beamten, Einzelhändler, Lehrer und schließlich die etwas besser situierte Bürgerschaft vertraten. Allerdings sollte man dieser Bewegung insgesamt nicht zu viel Bedeutung beimessen, auch nicht der auf Arbeiterseite organisierten, da hier die Aufmerksamkeit sich angesichts der Wirtschaftskrise der 80er Jahre eher auf akute soziale Probleme konzentrierte.

Gegen eine Änderung des Wahlrechts waren eigentlich die wenigsten. Auch für die Liberalen galt die Einführung des allgemeinen Wahlrechts durchaus als prinzipielles Ziel. Es fiel allerdings unter die Kategorie der Wünschbarkeit, da die Einführung eben nur stufenweise erfolgen konnte, entsprechend dem Fortschritt bei Bildung und Wohlstand. Es war der für die liberale Bewegung eigentlich ganz Europas typische Fortschrittsoptimismus, der die Haltung in der Wahlrechtsfrage bestimmte. Im Grunde hat die Konzeption von der Allmählichkeit auch die Entwicklung bestimmt. Wußten die politisch führenden Kräfte aller Kammerfraktionen einerseits, daß auf Dauer das allgemeine Wahlrecht nicht ferngehalten werden konnte, so waren sie andererseits der Ansicht, daß eben nur schrittweise vorangegangen werden könne. Der Katholik Lohman und der Antirevolutionär Kuyper etwa sahen Möglichkeiten in Zuerkennung des Wahlrechts an alle Familienväter ('huismanskiesrecht'); die Antirevolutionären wandten sich zwar gegen das allgemeine Wahlrecht, setzten sich aber für eine Erweiterung der Wählerschaft durch Senkung des Zensus ein, da sie sich zu Recht Wahlerfolge beim unteren Mittelstand ausrechnen konnten.

In Ausführung der Verfassungsänderung von 1887 ist dann auch das Wahlrecht geändert worden. Die Änderungsbestimmung enthielt keinen Zensus mehr, dagegen galten persönliche Eignung und Status als Kriterien für die Feststellung des Elektorats unter der über 23 Jahre alten männlichen Bevölkerung. In den Zusatzbestimmungen wurde bei aller geringen Bestimmtheit der Kriterien eine erhebliche Erweiterung des Elektorats in Aussicht gestellt, was tatsächlich erfolgte und vor allem die Antirevolutionären zufriedenstellte. Zu den ersten Wahlen nach der Änderung erhielten dann auch 292000 = 13,9 v. H. der Bevölkerung das Wahlrecht gegenüber zuvor etwa 122000 = 6,4 v. H. Die Zahl der Mitglieder in der Zweiten Kammer wurde zugleich auf 100 festgesetzt, die der Ersten Kammer auf 50, die auch das Enquêterecht erhielt. Zu Recht stellt die Literatur fest, daß durch die Erweiterung des Wahlrechts die Entwicklung hin zur parlamentarischen Monarchie stimuliert worden sei, insofern es die Bildung von Ministerien aufgrund von deutlichen Mehrheiten in der Kammer förderte.

Seit 1887 machte sich die Wahlrechtsentwicklung auf den Weg zum allgemeinen Wahlrecht, das weitere Zwischenregelungen 1894 und 1897 mit den ihnen eigentümlichen Interpretationen von Wohlstand und Befähigung kannte und erst 1917 voll eingeführt wurde. Das führte im niederländischen Parteienspektrum zu scharfen Auseinandersetzungen, die hier im einzelnen nicht zu behandeln sind. Festgehalten sei allerdings, daß die ohnehin in dieser Phase kaum gefestigt zu nennende Einheit der Liberalen erhebliche Risse davontrug. Sicher ist es so, daß die sich in dieser Phase organisierende Arbeiterschaft sich durch das Prinzip der Allmählichkeit lange aus der parlamentarischen Mitarbeit ausgeschlossen sah, grundsätzlich bleibt jedoch festzuhalten, daß die jeweiligen Änderungen spürbar die Mitbestimmung am Prozeß der öffentlichen Entscheidung erweiterten, was zugleich zu einer Erweiterung der parlamentarischen Thematik führte.

7.6. Kolonialpolitik als Wirtschafts- und Innenpolitik

Zum weiteren Bereich der Innen- und Wirtschaftspolitik zählt auch die Kolonialpolitik in Niederländisch-Indien. Sie hat im 19. Jahrhundert bis ins 20. Jahrhundert hinein die niederländische Regierung in hohem Maße beschäftigt, insofern man zum einen auf hohe Ertragsquoten aus dem Kolonialbesitz hinarbeitete, zum anderen gezwungen war,

Regungen, die auf Unabhängigkeit zielten, zu 'befrieden'. Die Übernahme der Kolonien aus den Händen der Ostindischen Kompanie durch den Staat 1798 hieß zugleich Belastung des Staates mit hohen Schulden. Der Kolonialbesitz ging zwar zunächst im Zuge der Napoleonischen Kriege an die Engländer verloren, fiel jedoch 1816 wieder an das Land zurück, und damit übernahm man auch erneut die Schuldenlast. Es ist der niederländischen Regierung innerhalb des nächsten Jahrzehnts auch nicht gelungen, ihre Kolonialpolitik aus den roten Zahlen zu holen. Die Ausgaben – zum Teil auch kriegsbedingt durch Auseinandersetzungen mit den Eingeborenen – überstiegen weiterhin die Einnahmen. Eine Änderung brachte erst der 1829 von Johannes van den Bosch, bald Generalgouverneur in Niederländisch-Indien (1830–34) und Kolonialminister, entwickelte Anbauplan ('cultuurstelsel'). Dieser Plan sah folgendes vor: die Bevölkerung Javas sollte nun nicht – wie bisher – ein Fünftel der Reisernte in Geld aufbringen, sondern ein Fünftel ihres Bodens und ein Fünftel ihrer Arbeitszeit zugunsten eines zuvor je Dorf festgelegten Produktes zur Verfügung stellen. Bei diesen 'eingeplanten' Agrarerzeugnissen handelte es sich hauptsächlich um Kaffee, Zucker und Indigo. Die Ware wurde der Niederländischen Handelsgesellschaft in Kommission übergeben und auf niederländischen Schiffen nach Amsterdam gebracht. Die Handelsgesellschaft gewährte der niederländisch-indischen Regierung Vorschüsse und rechnete später mit den Behörden im Mutterland ab. Aufgabe der Handelsgesellschaft war es darüber hinaus, die Textilerzeugnisse der Twenter Industrie in den Kolonien auf den Markt zu bringen. Dieses 'cultuurstelsel', das praktisch auch wieder die alte Stapelfunktion der Niederlande zu neuem Leben erweckte, hat sich tatsächlich als ein höchst profitables Unternehmen erwiesen. Schon bis 1834 konnte die Regierung auf einen Gesamtertrag von etwa zehn Millionen Gulden schauen, und in den folgenden Jahren erwirtschaftete man einen Überschuß von jährlich beinahe 20 Millionen Gulden. Ab etwa 1830 bis 1867 sollen die Kolonien die Staatsfinanzen mit insgesamt 672 Millionen Gulden aufgebessert haben. Wichtig für die niederländische Innenpolitik war, daß diese Beträge nicht vor den Generalständen verantwortet werden mußten, da der König kolonialer Oberherr war. Dadurch war es dem Monarchen auch möglich, außenpolitische Querelen wie die belgische Frage voll durchzuhalten, aber auch die Staatsschuld zu amortisieren, Eisenbahn und Straßenbau sowie

Festungsanlagen zu finanzieren. Solch finanzieller Vorteil ging natürlich auf Kosten der niederländisch-indischen Regierung, deren Budget äußerst knapp bemessen war. Sicher ist, daß das System – ein System übrigens der gelenkten Staatswirtschaft – zu bis dahin unbekannten Ausbeutungsformen führte, an denen sich vor allem die eingeborenen Fürsten (Regenten) und niederen einheimischen Herrscher beteiligten, ohne daß die niederländischen Kolonialbehörden gegen solche 'internen' Mißbräuche aufgetreten wären. Die Kolonialbeamten kamen zwar gerade über dieses Zwangswirtschaftssystem in engen Kontakt mit der javanischen Gesellschaft und ihren Nöten und Schwierigkeiten, aber an deren Beseitigung wurde kaum gearbeitet, da das knapp bemessene Budget der Kolonialregierung auch keine größeren Aktionen zuließ. Die im Zuge des Anbauplans auftretende Problematik hat übrigens einer der Kolonialbeamten, Edouard Douwes Dekker, unter dem Pseudonym Multatuli in dem Roman ›Max Havelaar‹ dargestellt. Das Buch zählt nicht nur unter literarischem Aspekt zu den Meisterwerken niederländischer Literatur, es gewährt eben auch den Historikern einen tiefen Einblick in das niederländische Kolonialsystem der Zeit, in der die Niederländer versuchten, nach Java auch die anderen Inselreiche des gewaltigen Archipels unter unmittelbare Kontrolle und Verwaltung zu bringen – eine Unternehmung, die in permanenten harten Auseinandersetzungen mit den einheimischen Fürsten und den etwa auf Borneo konkurrierenden Engländern durchzusetzen war. Das ist im einzelnen hier nicht darzustellen.

Zwar tauchten im Mutterland unter den Liberalen bald Stimmen auf, die auf Änderung dieser staatswirtschaftlichen Struktur zugunsten freier Unternehmerschaft drängten, doch setzten sich diese Forderungen nur sehr langsam durch. Schließlich hatte der Anbauplan zählbaren Erfolg in Gulden aufzuweisen und ließ sich damit ein etwaiges Anziehen der Steuerschraube im Mutterland, erforderlich etwa infolge notwendigen Ausbaus der Infrastruktur, vermeiden. Bis zum Atjeh-Krieg (1878–1904), über den noch zu handeln sein wird, wurde allerdings das 'cultuurstelsel' einigermaßen durchlöchert, da man zum einen eine Reihe von Erzeugnissen aus dem Zwangsanbau herausnahm und da zum anderen die Zahl der Privatunternehmer erheblich wuchs. Bis 1872 stieg da der Anteil der Erzeugung aus privatem Anbau auf 70 v.H. gegenüber nur 15 v.H. 1842. Kossmann weist darauf hin, daß gerade dieses Anbausystem der Regierung Ansporn für investive Unternehmertätigkeit gewesen ist, da dieses System die Möglichkeiten der Kolonien deutlich werden ließ.[27] Ab den 70er Jahren konnte sich die von den Liberalen inspirierte Kolonialpolitik des freien Unternehmertums dann voll durchsetzen, allerdings mit wechselndem Erfolg, ja, selbst mit erheblichen Krisenerscheinungen. In diese spätere Phase fiel auch der Atjeh-Krieg, der nichts anderes war als die Folge der niederländischen Absicht, alle Gebiete außerhalb Javas und Maduras unmittelbarer Kontrolle zu unterwerfen oder auf jeden Fall die niederländische Oberhoheit durch die Häupter und Fürsten des Archipels anerkennen zu lassen. Der Krieg im Atjeh-Gebiet, im Westen Sumatras, brachte kaum ein Erfolgserlebnis. Es war eine Unternehmung, die bei der Kolonialmacht anfänglich nicht nur an geringer Kenntnis der geographischen Verhältnisse, sondern auch an deutlicher Unterschätzung des Gegners litt und die nach mehr als drei Jahrzehnten zwar nicht mit einem kompletten Fehlschlag endete, aber kaum noch als umfassender Sieg ausgedeutet werden konnte. Als wichtiges Ergebnis wird man die ungeheuren Kosten anführen müssen, die diese militärische Expedition in Permanenz verursachte. Gewiß war Groß-Atjeh bis 1880 zunächst erobert worden, aber der zu Beginn der 80er Jahre wieder ausbrechende Aufstand, der nunmehr als ein Religionskrieg geführt wurde, bewies doch, wie schwach die militärische Position der Niederlande war. Die Generalstände im Haag beschlossen 1884 angesichts der hohen Kriegskosten die unmittelbare militärische Herrschaft auf 16 feste Plätze, gelegen in einem Umkreis mit einem Durchmesser von 5 km, zu beschränken. Zwölf Jahre lang wurde dieses System durchgehalten und wohl ebenso lange von Außenstehenden mit Schmunzeln betrachtet. Der niederländische Orientalist und Kolonialpolitiker Christian Snouck Hurgronje verglich die niederländischen Truppen mit einem angeketteten Affen, der von einigen 'dummen Jungs' ohne Gefahr bis zur Weißglut gereizt werden konnte. 1896 gaben die Militärs dann auch dieses System auf und gingen zum Angriff über, der schließlich einigen Erfolg hatte und den Krieg 1903/04 abschloß.

Das bedeutete nicht das Ende kriegerischer Expeditionen im Archipel. Der Unwille, sich der unmittelbaren Kontrolle der niederländi-

[27] E. H. Kossmann, De Lage Landen, S. 195.

schen Verwaltung zu unterwerfen, war in diesem sich ungeheuer weit erstreckenden Gebiet stark ausgeprägt und führte zu zahlreichen Unruhen und kleinen Aufständen. Bis 1910 allerdings war der gesamte Archipel vorläufig befriedet. Große Teile, etwa Borneo, Sumatra, Celebes, Bali unterstanden nunmehr direkt der niederländisch-indischen Regierung, mehr als die Hälfte der Region allerdings erhielt eine Art autonomen Status, der naturgemäß wichtigen Beschränkungen unterworfen war und in jedem Augenblick von der Regierung aufgehoben werden konnte.

Im Hinblick auf die innere soziale und wirtschaftliche Entwicklung in den Kolonien ist festzustellen, daß die Einführung kapitalistischen Wirtschaftens zum einen – wie schon angedeutet – nicht in jeder Phase den gewünschten wirtschaftlichen Erfolg hatte (Zuckerkrise), zum anderen zu erheblichen Einbrüchen in die Sozialstruktur (Lockerung der dörflichen Gemeinschaft) führte, zugleich eine Klassengliederung entsprechend rassischer Herkunft verursachte. Während Handel, Banken und die agrarischen Großbetriebe in den Händen der Europäer blieben, nahm die chinesische Bevölkerungsgruppe den Zwischenhandel wahr, während die Javaner eben die Unterschicht stellten, die ganz deutlich verarmte, was wiederum einen Rückgang des Warenimports aus dem Mutterlande verursachte. Eine Linderung der Armut blieb aus, da die Behörden an Geldmangel litten.

In dieser Phase niederländischer Kolonialpolitik entwickelte sich im Mutterland eine Strömung, die sogenannte ‘ethische Richtung’, die auf eine neue auf Fürsorge und Aufbau gerichtete Politik in einem Territorium zielte, das gemäß der Verfassung von 1848 integraler Bestandteil des Königreiches war, recht eigentlich also nichts anderes als eine Provinz, deren Zustand sich allerdings kaum als günstig beschreiben ließ, wenn man einmal vom Reichtum in den Händen weniger absah. Hinter der neuen Strömung stand überdies der Gedanke, daß diese Kolonien dem Mutterland erhebliche Beträge zugeschossen hatten, die auch nicht aufgewogen wurden, wenn man die in den letzten Jahrzehnten vor der Jahrhundertwende umgekehrt fließenden Zuschüsse aufrechnete. Einer der Protagonisten dieser Richtung war der zunächst in der niederländisch-indischen Gerichtsverwaltung tätige Jurist C. Th. van Deventer, der gleichsam unter dem Aspekt einer Ehrenschuld des Mutterlandes einen Ausbau des Archipels verlangte. Grundlagen solchen Ausbaus waren für ihn: Bewässerung, infrastrukturelle Erschließung und Ausbildung – Maßnahmen also, die gegenwärtig unter den Begriff Entwicklungshilfe fallen würden. Tatsächlich hat sich dieser Gedanke der 'ethischen Politik' bis in die Thronrede von 1901 durchsetzen können. So hieß es dort: „Als christlicher Staat sind die Niederlande verpflichtet, die Regierungspolitik im indischen Archipel unter den Leitsatz zu stellen, daß das Land gegenüber der Bevölkerung dieser Territorien einen sittlichen Auftrag zu erfüllen hat." [28] An die Stelle der Beherrschung sollte – dies war die Quintessenz der Überlegungen – die Verwaltung treten. Und das hieß neben der besseren Nutzung der agrarischen Möglichkeiten und dem Ausbau der Infrastruktur eine bessere Versorgung der Bevölkerung im materiellen und immateriellen Bereich, hieß Schulbildung, meinte medizinische und hygienische Vorsorge und zielte auf Vereinheitlichung der Rechtsverhältnisse. Es bleibt festzuhalten, daß solche Gedanken sich recht weitgehend haben durchsetzen können, nicht zuletzt auch darum, weil die konkreten Maßnahmen im Bereich der Wirtschaft letztlich eine Unterstützung kapitalistischer Betriebsamkeit bedeuteten. Ein Anstieg der allgemeinen Kaufkraft war schlicht die Voraussetzung für den Absatz von Industrieerzeugnissen aus dem Westen, Bewässerung förderte die Zuckerplantagen, Aufbau einer guten Infrastruktur konnte dem Warenverkehr allgemein zugute kommen. Eine bessere Schulbildung kam dem Bedarf der Unternehmen an Fachleuten entgegen, und Hygiene galt als Voraussetzung für Arbeitsleistung.

Gedanken, wie sie van Deventer zuerst mit aller Intensität vorgetragen hatte, fanden auch bei niederländischen Sozialdemokraten – ihr Sprecher war ihr Experte in Kolonialfragen, H. H. van Kol – Anklang. Sie verwarfen Kolonialismus nicht pauschal, sondern plädierten für eine allmähliche Erziehung der kolonisierten Bevölkerung zur Unabhängigkeit. Eine sehr wesentliche Rolle für diese Politik spielten die protestantischen Christen, die schon in den Jahren zuvor in ihrem Blatt ›Standaard‹ solche Gedanken verbreitet, ein Stück echten Paternalismus zur Schau gestellt hatten. Und die obengenannte Thronrede mit ihren Passagen über das Verhältnis des Mutterlandes zur Kolonie wurde eben zur Zeit des Kabinetts des Abraham Kuyper ausgesprochen.

Die Maßnahmen, die im Zuge der allgemein akzeptierten Konzeption

[28] Zitat in AGN, XI (alte Ausgabe), S. 328.

von der 'ethischen Politik' getroffen wurden, können im einzelnen nicht besprochen werden. Auch ist es schwierig, ihren Erfolg zu beurteilen. Insgesamt ist jedoch festzustellen, daß der Lebensstandard der eingeborenen Bevölkerung sich zwischen 1904 und 1914 deutlich erhöhte und daß eben diese Maßnahmen auf dem Gebiet der schulischen Bildung, der ärztlichen Betreuung und hygienischen Vorsorge sowie der Infrastruktur der Bevölkerung zum Vorteil gereichten, zugleich aber der niederländischen Wirtschaft dieser Jahre voll zugute kamen.

8. Ein konsequent neutrales Land

8.1. Die Schwierigkeiten der Neutralität vor und im Kriege

Außenpolitisch ging das Land den Weg der neutralen Bedeutungslosigkeit, sicherlich noch einmal aufgewertet durch den Zusammenschluß mit Belgien, nach der Trennung 1830/39 aber endgültig aus dem internationalen Geschehen, wenn auch nicht ausgeschlossen, so doch nicht mehr primär berücksichtigt wie etwa der südliche Nachbar. Die Niederlande lebten außenpolitisch ihr Leben als ein Kleinstaat, vom Range her an die Seite Belgiens oder der Schweiz rückend, und auf ähnliche Weise wie diese die eigene Kleinstaatlichkeit reflektierend. Es ist doch auffällig, daß sich im Zuge der dezidiert ausgesprochenen und rundum vertretenen selbstbewußten Neutralitätspolitik allmählich besondere Konzeptionen von der Funktion eines neutralen Kleinstaates innerhalb eines permanent vom Kriege bedrohten Konzerts der Großmächte entwickelten: die Moralität der Neutralen im System großer Mächte als ein vermittelndes oder gar initiatorisches Ausgleichs- und Harmonieinstrument. Die Schweiz scheint solches schon in der zweiten Hälfte des 19. Jahrhunderts entwickelt zu haben, hieß es doch 1883 bei dem Schweizer Bundesrat Numa Droz: „Die Schweiz ist eine Art intellektueller und moralischer Vorort im Bereich der internationalen Beziehungen geworden . . . wie der Vestalin der Antike obliegt es ihr, eine ewige Flamme zu erhalten, und zwar die der Gerechtigkeit, des Rechtes und des Friedens.“ [29] Die Neutralität war ein „höheres Interesse der

[29] Zitat bei H. Lademacher, Die belgische Neutralität als Problem der europäischen Politik, 1830–1914. Bonn 1971, S. 484.

menschlichen Gemeinschaft" (Ernest Roethlisberger).[30] In der Entwicklung solcher Gedankengänge hatte die Schweiz sicherlich einen Vorsprung; denn hier war die Neutralität das Ergebnis einer freien Entscheidung aus dem Jahre 1815 und seitdem als ein fundiertes Rechtsprinzip in das Nationalbewußtsein eingegangen. Die Belgier haben da ganz anders reagiert, wohl aus einer anderen strategischen Lage und aus anderer völkerrechtlicher Voraussetzung – Neutralisierung – heraus. Aber immerhin versuchten auch sie den eigenen Staat als 'moralische Kraft' in eine europäische Funktion hineinzutheoretisieren und solcher Funktion ein gewisses Maß an Expansionismus gleichsam als Hintergrund territorialer Sicherstellung beizugeben. Es war der Gedanke von der zu erneuernden Staatlichkeit des burgundischen Raumes, der da auftauchte, die Niederlande gleichsam in Föderation einbegriff und demzufolge die Lösung des Wiener Kongresses als eine richtige ansah (die Politiker und Staatsmänner Emile Banning, Charles Rogier u. a.). Die Niederländer haben sich mit solchen Dingen, die sicherlich einen derben Schuß romantischer Reminiszenzen enthielten, aber aus der spezifisch belgischen Lage heraus durchaus begreiflich sind, nicht befaßt, auf jeden Fall aber höchst zurückhaltend gezeigt. Nach der Jahrhundertwende dann scheinen in wissenschaftlichen und politischen Kreisen solche schweizerischen Gedanken aufgetaucht zu sein, was nicht zuletzt auch durch die nach Den Haag anberaumten Friedenskonferenzen 1899 und 1907 gefördert worden sein mag. Daß die erste Konferenz in Den Haag stattfand, war noch einer Initiative des Zaren zu verdanken, der Land und Ort wählte, weil hier seit 1893 Konferenzen zur Kodifizierung des internationalen Privatrechts stattfanden; zur zweiten Konferenz aber war die Initiative der niederländischen Regierung selbst schon deutlich. Da scheint sich bei einigen die Auffassung von der besonderen Rolle der neutralen Niederlande durchgesetzt zu haben. Der Leidener Hochschullehrer und Völkerrechtler C. van Vollenhoven hat das gleich in konkrete Vorschläge umgemünzt. So schlug er die Bildung einer internationalen Polizeistreitmacht vor, die auftreten sollte als Sanktionsorgan eines internationalen Schiedsgerichtshofs. Aber so etwas äußerte sich eben zunächst in den Studierstuben, dann in der Presse oder ähnlichen Kommunikationsmitteln, ist auch in Regie-

[30] Zitat ebd. S. 485.

rungskreisen besprochen worden, fand hier aber wohl nicht den erforderlichen Beifall, da eine solche Politik der internationalen Moralität eine Profilierung der eigenen Position erforderte, ein 'Auf-sich-aufmerksam-Machen', was nicht unbedingt in der Absicht der Politiker lag.

Andererseits: Neutralität hieß nicht Zurückhaltung in allen Bereichen. In der Auseinandersetzung der Buren mit den Engländern in Südafrika zu Ausgang des Jahrhunderts (1899–1902) bezeugten große Teile der öffentlichen Meinung gar einen nationalen Enthusiasmus, der sich für die Sache der Buren einsetzte, dies sogar als niederländisches Interesse identifizierte, was immer das sein mochte, da wirtschaftlich kaum Belange vorlagen. Aber auch solches Hineinsteigern in nationalistisches Gehabe, das über die angemessenen Grenzen neutraler Kleinstaatlichkeit hinausschoß, änderte letztlich doch nichts an dem Bild von der neutralen Grundentscheidung, die sich naturgemäß mit den wachsenden internationalen Spannungen auf dem Kontinent festigte. Gewiß, der Antirevolutionär Abraham Kuyper neigte eher zum deutschen Kaiserreich als zu England. Das mag am Burenkrieg gelegen haben, war aber zum gut Teil gewiß auf kirchliche Verwandtschaft zurückzuführen, wie selbst doch das katholische Belgien bei der nachgerade permanent diskutierten Frage nach einer etwaigen Entscheidung für Frankreich oder Deutschland eher zu dem jedenfalls christlichen Kaiserreich – in Ablehnung des laizistischen, so nicht atheistischen Frankreich – tendierte. Aber die Niederlande haben keine solche Entscheidung getroffen. Großbritannien zum Gegner zu haben, hieß schließlich, den Kolonialbesitz im indonesischen Archipel in Gefahr bringen. Es ist sicherlich bezeichnend, daß die Regierung Kuyper den Briten im Burenkrieg ihre guten Dienste zur Vermittlung anbot – die sicherste Manier, Gesicht und Interessen gleichermaßen zu wahren. Auf dem Kontinent lag es im niederländischen Interesse, Großbritannien und das deutsche Kaiserreich auseinanderzuhalten. Der deutsche Gesandte in Den Haag, Richard von Kühlmann, sah das im Zusammenhang mit dem Nordsee-Abkommen (1908) durchaus richtig. Durch einen Beitritt konnte man solchem Ziel dienen, zumal darüber hinaus das deutsche Kaiserreich seinerseits mit solchem Angebot einen Beweis deutscher Zuverlässigkeit in internationalen Fragen liefern und in den Niederlanden Mißtrauen im Hinblick auf deutsche Annexionsgelüste abbauen wollte. Das Kaiserreich ergriff diese Initiative, weil es auf solche Weise als Beschützer der kleinen Staaten auftreten konnte. Es ist hier nicht der Ort, im einzelnen die Verhandlungen zum Nordsee-Abkommen nachzuvollziehen, festzuhalten bleibt lediglich, daß mit Großbritannien und Deutschland als Vertragspartner zumindest vorläufig eine Sicherung des politischen Status quo auch der Niederlande festgelegt wurde und daß die Niederlande auch im Falle eines künftigen Krieges neutral bleiben konnten. Auf eine entsprechende Erklärung des deutschen Staatssekretärs im Auswärtigen Amt, W. Freiherr von Schoen, haben die niederländische und die dänische Regierung besonderen Wert gelegt.

Man mochte in den Niederlanden einerseits die Vorstellung entwikkeln, daß eine wesentliche Aufgabe der Neutralen in der Verbreitung internationaler Moralität liege (man wird den Bau des Friedenspalastes in Den Haag 1913 als eine Art Symbol werten können), das hieß für die Regierung jedoch nicht, sich auf den völkerrechtlichen Wert von Neutralität allein zu verlassen und sozusagen ohne zureichende Bewaffnung abzuwarten. Die zunehmenden internationalen Spannungen haben 1910 die Regierung des Antirevolutionärs Th. Heemskerk (1908–1913) bewogen, einen umfassenden Verteidigungsplan für Land- und Seeverteidigung vorzulegen. Gerade der Ausbau der Küstenbefestigung im seeländischen Vlissingen am Ausgang der Westerschelde hat international einigen Staub aufgewirbelt, insofern die Stellung der belgischen Neutralität viel stärker betroffen schien als der politische Status der Niederlande selbst, wobei es hier um ein Projekt ging, das schon seit drei Jahrzehnten auf der Tagesordnung niederländischer Neutralitäts- und Verteidigungspolitik stand. Auf diese Entwicklung sei hier kurz hingewiesen. Die Opposition der 80er Jahre, die sich gegen das System der auf Amsterdam 'konzentrierten Verteidigung' wandte, vermochte sich in den 90er Jahren unter dem Eindruck zunehmender Rüstungen und beträchtlicher Heeresverstärkungen in anderen europäischen Staaten durchzusetzen, um schließlich in Abraham Kuyper einen Verfechter an verantwortlicher Stelle zu finden. Unter Kuyper, der 1903 eine Kommission mit der Untersuchung der Verteidigungsmöglichkeiten an der niederländischen Küste beauftragte, griff die Regierung das Projekt erneut auf. Zwar war die Aktivität nur von kurzer Dauer, da Kuyper schon 1905 zurücktrat, jedoch fielen gerade in seine Zeit Entscheidungen und Ereignisse, die für die Stellung des Landes zwischen den

Großmächten im allgemeinen sowie für die Küstenverteidigung im besonderen wichtig werden konnten. Noch vor Abschluß der 'Entente Cordiale' zwischen Frankreich und Großbritannien (1904) traf in Den Haag gar aus unterschiedlichen englisch-französischen Quellen die Nachricht ein, es sei eine kriegerische Auseinandersetzung zwischen einer deutsch-französischen Koalition und einer britisch-japanischen Front zu erwarten. Es hieß, die Niederlande würden sich, da sie nicht in der Lage seien, sich zu verteidigen, innerhalb von 24 Stunden für eine Seite zu entscheiden haben. Es war unerheblich, ob die Prognose künftiger Koalitionen stimmte, wichtig war vielmehr, daß offenbar leitende Kreise der europäischen Politik die niederländische Verteidigungsfähigkeit in Frage stellten. Schwierig war die Situation in jener Phase insofern, als Kuyper nach dem Geschehen im Burenkrieg eben eine antibritische Einstellung zeigte. Die internationale Diskussion um die Küstenbefestigung bewies allerdings, daß die Niederlande – vermittelt über den spezifischen Neutralitätsstatus des Nachbarlandes Belgien – im internationalen Kräftespiel doch noch eine Funktion hatten. Die völkerrechtlichen 'Turbulenzen' schienen sich da in erster Linie für Belgien zu ergeben, erhob sich doch die Frage, ob Großbritannien als Garantiemacht belgischer Neutralität im Vertragsfalle ungehindert die Schelde-Mündung passieren durfte, an der die Vlissinger Kanonen standen. Das Problem reduzierte sich kurzerhand auf das Verhältnis von europäischer Garantieverpflichtung zu den Pflichten eines nicht unter Vertrag stehenden neutralen Staates, auf eine rechtliche Priorität also. Die Antwort war zuvor in Belgien unterschiedlich ausgefallen. Baron Guillaume, belgischer Gesandter im Haag, gab dem europäischen Recht den Vorzug, Léon Arendt, führender Mann im Außenministerium Brüssels, meinte, den Niederlanden nicht a priori zumuten zu dürfen, sich für die belgische Neutralität zu schlagen. Für ihn überwog das nationale Interesse der Niederlande, die eine Durchfahrt demnach nicht zuzulassen brauchten. Die britischen Diplomaten und Politiker zeigten sich zunächst zwar einigermaßen zurückhaltend, scheinen auch – obwohl Gerüchte über massiven deutschen Druck auf die Haager Regierung von Den Haag zurückgewiesen wurden – beunruhigt gewesen zu sein, schrieb doch der britische Militärattaché in Den Haag, Yarde-Buller: „Wie es auch sein mag, die Tatsache, daß Vlissingen in Verteidigungszustand gebracht wird, kann nicht als die wichtigste Frage für Großbritannien betrachtet werden, vor allem, weil die Niederlande, die mit aller Macht an ihrer Unabhängigkeit hängen, ihr Äußerstes tun würden, um alle Versuche eines Verstoßes gegen das Völkerrecht zu unterbinden, der sie in einen Konflikt verwickeln könnte, wobei es völlig gleichgültig ist, ob dieser Verstoß von britischer, deutscher oder irgendeiner anderen Seite kommt."[31] Solche Betrachtung zeugte nicht nur von Realitätssinn, sondern bewies auch Vertrauen in neutrale Unabhängigkeitspolitik des kleinen Landes. Der Nachfolger Yarde-Bullers in Den Haag allerdings, der britische Militärattaché Bridges, sah den Beweis echter neutraler Unabhängigkeitspolitik erst dann gegeben, wenn die Niederlande gleichzeitig einen Ausbau der Landfront im Osten vornähmen. Der Spätherbst 1911 hat die ganze Diskussion verstärkt in Gang gebracht. In der Diplomatie und namentlich in der Presse wurden Erwägungen angestellt, Angriffe geführt, an denen sich sehr bald auch Frankreich beteiligte. Das ist im einzelnen nicht darzustellen, aufzuzeigen war nur die Grundproblematik, mit der sich die Niederlande im internationalen Verband konfrontiert sahen, und zu sagen ist, daß dieses Land hartnäkkig allen Angriffen zum Trotz den Standpunkt des Verteidigungsrechts eines unabhängigen Staates vertrat. Dazu kam, daß strategische und allgemeine politische Erwägungen die britischen Stellen 1911 schließlich zu der Überzeugung brachten, daß die Befestigung Vlissingens die britischen Interessen nicht berührte. Und schließlich endete diese 'Affäre', die soviel Staub aufwirbelte, wie das Hornberger Schießen. Das Gesetz kam endgültig erst 1913 zustande – bei sehr viel geringeren Kosten als zuvor veranschlagt. Als der Krieg ausbrach, standen lediglich die Grundmauern, und die bei Krupp bestellte waffentechnische Ausrüstung wurde nicht mehr geliefert.

Die niederländische Standfestigkeit in der Vlissingen-Frage schloß an die Zurückhaltung an, die das Land zuvor, 1906, bei belgischen Annäherungsversuchen mit dem Ziel einer 'Entente hollando-belge' bewiesen hatte. In jenem Jahr ging es, da Belgien die Möglichkeit, eine Defensivallianz zu schließen, ausschloß, lediglich um Koordinierung von Verteidigungsmaßnahmen. Das Vorhaben scheiterte, da angesichts einer zugunsten dieses Zieles überaus eilfertigen belgischen Pressekampagne der – nicht stichhaltige – Verdacht auftauchte, daß es sich hier um eine von

[31] Zitat ebd. S. 332.

der französisch-britischen Entente inspirierte Aktion handelte. Die Merkmale niederländischer Außenpolitik schildert anhand dieser belgischen Tastversuche am besten wohl die britische diplomatische Korrespondenz, wo es in einem Schreiben des FO-Beamten H. Howard an den Ständigen Unterstaatssekretär im Foreign Office, T. Sanderson, heißt: „... Was kann getan werden, um die niederländische Unabhängigkeit zu schützen? In diesem Zusammenhang ist von einer internationalen Garantie geredet worden. Die Niederländer sind sehr stolz, und solch eine Garantie würde bei ihnen auf Widerstand stoßen ...", und nach Äußerung der Ansicht, lediglich das Kaiserreich schaue interessiert auf die Niederlande, eine internationale Garantie sei damit für Den Haag insofern unannehmbar, als dies als Affront gegen das Kaiserreich gedeutet werden könne, heißt es weiter: „... Eine Defensivallianz zwischen Belgien und den Niederlanden ist auch vorgeschlagen worden. ... Eine solche Union würde nicht so einseitig sein wie die internationale Garantie der niederländischen Unabhängigkeit, denn man könnte sagen, daß sie nicht nur Deutschland, sondern auch Frankreich im Blick habe ... Ich bezweifle allerdings, daß die Niederlande den Deutschen einen Beschwerdegrund geben wollen, indem sie in eine solche Allianz eintreten"[32] – was die Haager Regierung dann auch nicht tat. Im Weltkrieg haben die Niederlande ihre Neutralität wahren können, obwohl die deutsche Heeresleitung zunächst Südlimburg als Durchmarschgebiet eingeplant hatte. Den frühen Plan hatte man jedoch aus primär politischen Rücksichten relativ rasch wieder aufgegeben. *Politische Rücksichten*, das hieß, daß die Niederlande eine wesentliche Funktion für die Wirtschaft des Kaiserreiches erfüllten. So sah es auf jeden Fall der kaiserliche Stabschef von Moltke.

Neutralitätskurs in diesem Krieg hieß für die Haager Regierung allerdings nicht, die Rolle des geruhsamen Zuschauers zu spielen. Die Glaubwürdigkeit des Kurses mußte unter Beweis gestellt werden. Am Tage der österreichischen Kriegserklärung an Serbien beschloß das Haager Kabinett des Liberalen Cort van der Linden die Mobilisierung zu Land und zur See. Bewaffneter Widerstand gegen einen etwaigen Neutralitätsbruch wurde angekündigt. Das Parlament von links bis rechts stimmte der Regierungspolitik zu. Wie in anderen Ländern des Konti-

[32] Zitat ebd. S. 299.

nents herrschte auch hier der Burgfriede. Zugleich stellte Den Haag ein Stückchen situationsabhängigen Opportunismus zur Schau. Nachdem Jahre zuvor, wie oben dargestellt, belgische Annäherungsversuche behufs gemeinsamer Verteidigung abgewiesen worden waren, meinte man nun, in Brüssel vorstellig werden zu müssen. Die Belgier zeigten sich unwillig. Da von Moltke jedoch am 2. August 1914 bekanntgab, die niederländische Neutralität auf jeden Fall wahren zu wollen, liefen andererseits wiederum die nach Übergabe des deutschen Ultimatums an Belgien anlaufenden Brüsseler Demarchen im Haag auf nichts hinaus. Die Niederländer sahen sich gesichert. Auch Großbritannien akzeptierte, wenngleich nicht sonderlich befriedigt, eine niederländische Erklärung über die Wahrung des Neutralität, mit der zugleich eine Schließung der Schelde für alle kriegführenden Länder verbunden war. Wahrscheinlich die allgemeine Stimmung in den Niederlanden richtig wiedergebend, hieß es in einem Pressekommentar: „Unser Selbstwertgefühl sagte uns, daß wir uns zu gut waren, den Ehrgeiz anderer Leute mit unserem Blut besiegeln zu müssen.“[33]

Das war feste Überzeugung, die sich übrigens auch nicht änderte, als Großbritannien schon im September 1914 drohte, die Niederlande bei Kriegsende für die neutrale Haltung mit dem Verlust Seeländisch-Flanderns zugunsten Belgiens büßen zu lassen. Tatsächlich avancierte dieses Territorium 1919 in Versailles zum Zankapfel zwischen Belgien und dem nördlichen Nachbarn. Gleichwohl: die Nähe der Front im Oktober 1914 mit dem für die allernächste Zukunft voraussehbaren Fall von Antwerpen brachte einige Unruhe in die Entschlossenheit des Kabinetts, neutral zu bleiben. Die Verbindung von günstiger militärischer Lage für das Reich mit einer letztendlichen Machtverschiebung durch Annexion Belgiens war rasch gelegt und ließ einige Minister des niederländischen Kabinetts an der Richtigkeit des neutralen Kurses zweifeln. Ein Mittun auf der Seite der Entente erschien ihnen sinnvoller, da sie bei einem Sieg der Alliierten keine unmittelbare Bedrohung der eigenen, niederländischen Existenz ausmachen konnten. Die Öffnung der Schelde für britische Kriegsschiffe bot sich an. Diese Minister blieben in der Minderheit. Die Mehrheit führte dagegen den moralischen Wert der Neutralität ins Feld – das entsprach manchen Stimmen der Vorkriegs-

[33] Zitat bei E. H. Kossmann, De Lage Landen, S. 497.

zeit. Aber vermutlich standen ganz konkrete Überlegungen im Hintergrund solcher Argumentationsweise. Eine Änderung des Neutralitätskurses konnte – selbst wenn es nicht um einen Truppenbeitrag, sondern etwa nur um die Öffnung der Schelde ging – das Kaiserreich zum Angriff auf die Niederlande provozieren. Es ließ sich leicht ausrechnen, wie rasch das deutsche Heer die Niederlande besetzt haben würde. Und das war ein Grundproblem der niederländischen Position. Die Regierung sah dann auch mehrheitlich keine andere Lösung als die der striktesten Neutralität, die sich auf keinen Fall die Haltung Belgiens zum Beispiel nehmen wollte, da das Land sich nach dem deutschen Einmarsch sogleich mit der Entente verbunden hatte. Das hieß im Klartext: im Falle eines Neutralitätsbruchs durch eine der Mächte Verteidigung des eigenen Territoriums, aber nicht in Zusammenarbeit mit dem Gegner der rechtbrechenden Macht. Der niederländischen Regierung blieb nichts anderes übrig, als einen den Willen zur Neutralität demonstrierenden Eiertanz zu vollführen, der dennoch das Land nicht vor Schaden behüten konnte. Am Anfang schon stand die im Herbst 1914 einsetzende, sodann im Frühjahr verschärfte Blockadepolitik zugleich mit einer Prisenordnung der Entente im Weg, die das Prinzip von der Freiheit der Meere schlicht ad absurdum führte. Entsprechend setzte von deutscher Seite ein U-Boot-Krieg ein, der nicht nur dem Gegner schadete, sondern auch die Neutralen, speziell auch die Niederländer, in Mitleidenschaft zog. Es erwies sich rasch, daß Neutralität als Zeichen souveräner Unabhängigkeit zu einem hohen Grad an Bewegungslosigkeit pervertieren konnte. Neutralität wurde gleichsam in einer Vielzahl von Protesten etwa gegen die Beschlagnahme von Handelsschiffen oder gar gegen Versenkung solcher Schiffe bewiesen. Die Ohnmacht eines Kleinstaates inmitten einer kriegerischen Auseinandersetzung von Großmächten bewies sich auch im Falle striktester Neutralität, die mit der Verschärfung des Krieges zunehmend enger ausgelegt wurde.

Die niederländische Regierung hat sicherlich recht geschickt versucht, die Problematik zu umgehen, da sie sehr wohl voraussah, daß die in der Seerechtsdeklaration (Haager Friedenskonferenz 1907) getroffene Unterscheidung zwischen absoluter und relativer Konterbande zur Interpretationsfrage degradiert werden konnte. Daher wurde im November 1914 die 'Nederlandse Overzee Trust Maatschappij' (NOT) gegründet, die die Ein- und Ausfuhr zwischen Kolonien und Mutterland sicherstellen sollte. Es handelte sich hier um eine Aktiengesellschaft, die von Banken und Reedereien geleitet wurde. Es ging um eine Gründung, die dazu diente, die Regierung selbst aus dem Schußfeld vor allem der britischen Forderung hinsichtlich des niederländischen Handels mit dem Kaiserreich zu ziehen. Die Regierung hatte sich bis dahin geweigert, britischen Forderungen nachzukommen. Die Übertragung des Kolonialhandels auf die NOT hatte zudem den Vorteil, daß wiederum bei etwaigen Vereinbarungen mit Großbritannien die Haager Regierung von Berlin aus nicht einer Änderung des Neutralitätskurses beschuldigt werden konnte. Tatsächlich hat Großbritannien – möglicherweise hat der britische Handelsattaché Oppenheimer bei der Gründung mitgemischt – im März 1915 eine Übereinkunft mit der Privatgesellschaft getroffen, nach der sich die NOT verpflichtete, einen Weiterverkauf der Einfuhrgüter nach Deutschland zu unterbinden. Das hieß letztlich nichts anderes, als daß diese Gesellschaft die Fortführung der britischen Blockade für das niederländische Territorium übernahm. Dies erhielt insofern sogar offiziellen Charakter, als die NOT allmählich die ganze niederländische Wirtschaftspolitik an sich zog. Der privatrechtliche Charakter solcher Vereinbarungen war recht eigentlich eine Fiktion, bot jedenfalls aber keine Handhabe für Berlin, um Gegenforderungen zu stellen. Oppenheimer schrieb dann auch: „Die Bildung des Trusts stellte einen Versuch dar, die niederländische Neutralität mit Großbritanniens Seepolitik zu versöhnen . . . Der Trust half den Alliierten auf dem Wege zum Sieg, und er hielt die Niederländer aus dem Kriege.“[34] Gleichwohl: Vereinbarung war eine Sache, die Handelspraxis eine andere. Abgesehen davon, daß die britische Regierung im Laufe des Krieges immer weiterreichende Restriktionen verlangte und die NOT der Nachlässigkeit beschuldigte, es gab Möglichkeiten und Auswege genug (bis hin zum Schwarzen Markt), das Kaiserreich auch weiterhin mit ‘Kolonialwaren’ zu versorgen. Dazu trat, daß der Handel mit niederländischen Erzeugnissen noch wuchs und die Versorgung im Westen des Kaiserreichs sicherstellte. Die deutsche Regierung hatte also noch allen Grund, sich ruhig zu verhalten. Das hat sich bis zum Ende des Krieges auch nicht geändert, wenngleich es 1917/18 zu Spannungen

[34] Angeführt bei C. Smit, Tien Studiën betreffende Nederland in de Eerste Wereldoorlog. Groningen 1975, S. 74.

kam, als die Niederländer zwei deutsche U-Boote aufbrachten und die Besatzungen internierten. Die Spannungen nahmen noch zu, als das Kaiserreich von den Niederlanden die Durchfuhr von Sand und Schotter nach Belgien verlangte und auch den Transport deutscher Truppen durch Limburg forderte. Die deutsche Heeresleitung war im Frühjahr 1918 nicht mehr bereit, die niederländische Neutralität zu schonen. Der starke Widerstand der Reichsleitung und ihrer Diplomaten hat das Land vor einer deutschen Besetzung bewahrt. Auf einen Bericht des deutschen Gesandten im Haag, Rosen, plazierte der Kaiser dann auch die Bemerkung: „Holland ist in Ruhe zu lassen."[35]

8.2. Innere Entwicklungen in der Kriegszeit

Die Niederländer hatten zwar außenpolitisch unter den Folgen des Krieges zu leiden, aber letztendlich blieb es bei kleinen Einbußen. Ihre gewiß nicht ungeschickte Politik, zugleich jedoch auch die Tatsache, daß Großbritannien und das Kaiserreich bei Neutralität der Haager Regierung nur zu gewinnen hatten, verhinderten, daß das Land zum Kriegsschauplatz wurde.

Mit der Verschärfung und Ausweitung des Krieges (Kriegseintritt der USA 1917) wuchsen nicht nur die außenpolitischen Schwierigkeiten, sondern auch die Probleme im Innern des Landes. Zunächst schien man hier noch von dem Krieg zu profitieren. Das galt für Großindustrie, Handel, Bauern und kleinen Mittelstand gleichermaßen. Insgesamt war – auch unter Berücksichtigung des Kaufkraftverfalls des Guldens – ein realer Anstieg des Bruttosozialprodukts festzustellen. Die Lage änderte sich jedoch 1917/18 mit dem Kriegseintritt der Vereinigten Staaten, die sich gleich dem Blockadekrieg der Entente anschlossen, und mit der Verschärfung des uneingeschränkten U-Boot-Krieges. Daß die Vereinigten Staaten die Ausfuhr von Gütern und Waren verboten, die bis dahin für die Niederlande von lebenswichtiger Bedeutung waren (Kohle, Eisen, Stahl, Kunstdünger, Viehfutter usw.), und daß darüber hinaus durch das Ausbleiben von Bunkerkohle niederländische Schiffe in amerikanischen Häfen festlagen und in britischen Häfen lange festgehalten

[35] Ebd. S. 69.

wurden, führte rasch zu einer Stagnation im Wirtschaftsleben, zur scharfen Lebensmittelverknappung und zur Arbeitslosigkeit. Die wesentlich außenwirtschaftlich bedingte Misere – von einer solchen ist gegen Ende des Krieges sicherlich zu sprechen – veranlaßte noch manche diplomatischen Aktionen, die hier nicht im einzelnen erwähnt werden können, sie brachte aber auch – ganz konkret im äußeren Erscheinungsbild – eine Verschärfung der Kluft zwischen arm und reich. Trotz sinkender Dividende für die Aktionäre trat etwas hervor, was Jürgen Kocka für das Kaiserreich als 'Klassengesellschaft im Krieg'[36] beschrieben hat. Letztlich standen sich doch das Verteilungssystem, zu dem die Regierung übergehen mußte und das den Haushalt erheblich belastete, und der Schwarze Markt gegenüber. Und nur eine einigermaßen begüterte Schicht konnte ihre Bedürfnisse des täglichen Lebens befriedigen.

Innenpolitisch förderte der Krieg der Großmächte auch in diesem neutralen Land die Radikalisierung der Arbeiterbewegung und beschleunigte darüber hinaus die Entscheidungen in der Wahlrechtsfrage, die in der Vorkriegsperiode einen großen Teil der innenpolitischen Auseinandersetzungen beherrscht hatte. Am Anfang stand da der Burgfriede. Die SDAP, die noch 1913 nach ihrem überraschenden Wahlerfolg das Angebot der bürgerlichen Parteien auf Regierungsteilnahme ausgeschlagen hatte, stimmte der Regierungspolitik zu. Grundsätzlich hat es in dieser Haltung bis Kriegsende keine Änderung gegeben. Die Motivation zu solcher der europäischen Entwicklung im übrigen völlig entsprechenden Haltung lag nicht nur in der Rezeption und Bejahung des Nationalen, sondern zugleich in der Hoffnung – und hier entsprach der Gedankengang dem der deutschen Mehrheitssozialdemokratie – auf rasche Einführung des allgemeinen Wahlrechts, Hauptziel der Partei aus der Vorkriegszeit. Die Geschichte dieser Partei im Ersten Weltkrieg ist dann auch nicht die ihres Verhältnisses zu Staat und Regierung, sondern vielmehr die der permanenten Auseinandersetzung mit der konkurrierenden SDP und anderen zahlreichen Gruppen, die da plötzlich auftauchten, sie ist auch, auf einen kurzen Nenner gebracht, die Geschichte der Auseinandersetzung zwischen nationalem Gedanken und dem gegen den Hintergrund des Kriegsgeschehens neu- oder intensiver formu-

[36] J. Kocka, Klassengesellschaft im Krieg 1914–1918. Kritische Studien zur Geschichtswissenschaft, 8. Göttingen 1973.

lierten Internationalismus und darüber hinaus zwischen parlamentsorientiertem Pazifismus und revolutionärem Umsturzwillen. Auch für diesen Bereich unterscheidet sich die niederländische Entwicklung nicht von der in anderen Ländern, aber nachgerade traditionsgemäß wurde solche Auseinandersetzung unbedingter, zersplitterter und eigenwilliger geführt. In den Reihen der SDAP hat sich zwar Widerstand gegen die Haltung der Fraktion geregt, die Mehrheit des Arnheimer Kongresses der Partei vom April 1915 meinte jedoch, diese Politik billigen zu müssen. Das anerkannte Handlungsprinzip lautete, daß „der nationale Gedanke die nationalen Streitigkeiten überdecken solle" (so Troelstra am 3. August 1914 in der Zweiten Kammer).[37] Gegen den Landsturm-Gesetzentwurf vom Juni 1915 liefen die Sozialdemokraten in einer großangelegten Agitation in ihrem Parteiblatt ›Het Volk‹ Sturm, konnten jedoch die Annahme in der Kammer nicht verhindern. Es vertrug sich auch mit dem Prinzip, wenn einige führende Sozialdemokraten (unter ihnen Wibaut, Schaper und Vliegen) in dem im Oktober 1914 gebildeten Niederländischen Antikriegsrat ('Nederlandse Anti-Oorlog Raad') Platz nahmen, der es sich angelegen sein lassen wollte, nach den Ursachen des Krieges zu forschen, Instrumente zu einer Verhinderung von Kriegen überhaupt zu finden.

Für die radikalen Gruppen und Grüppchen links von der SDAP gewann die 'große' Partei keineswegs an Zuverlässigkeit. Im Gegenteil. Der Argwohn ob des nationalen Charakters der SDAP wuchs und äußerte sich in scharfer Auseinandersetzung im Lande selbst wie auch auf internationaler Ebene. Schärfste Gegnerin war die SDP, die im Laufe des Krieges quantitativ aus ihrer Sektiererrolle herauswuchs, sich von Beginn an mit der syndikalistischen NAS, der Internationalen Antimilitaristenvereinigung (IAMV) und der Sozialistisch-Anarchistischen Aktion im Kooperationsverband der Arbeitervereine ('Samenwerkende Arbeidersvereenigingen', SAV) zusammenschloß und den Kampf führte. Es handelte sich hier um ein Agitationskomitee, das schon vor dem Krieg im Kampf um die Sozialversicherung entstanden war und nunmehr den Kampf gegen Militarismus und für Demokratisierung aufnahm. Die SDP spielte da sicher eine führende Rolle, vor allem auf internationaler Ebene. Schon vor der Zimmerwalder Konferenz

[37] Nach E. H. Kossmann, De Lage Landen, S. 424.

(Schweiz 1915) der sozialistischen Kriegsgegner zog sie die Aufmerksamkeit Lenins und seiner Bolschewiki auf sich. Sie zählte zu jenen Gruppen, denen von den russischen Emigranten bolschewistischer Observanz theoretische Klarheit bescheinigt wurde.

Freilich: Im Endeffekt, als es zum Schwur über den Anschluß der SDP an diese neue, die 'Dritte Internationale' vorbereitende internationale Bewegung kommen sollte, vermochte diese Gruppe um Wijnkoop, van Ravesteijn und Ceton sich nicht zu entschließen, sich für irgendeine der Zimmerwalder Gruppierungen zu entscheiden. Auch Lenins Bolschewiki fanden keine Gnade in den Augen der Niederländer. Hier demonstrierten sie ein Stück Eigenwilligkeit, die letztendlich im Hinblick auf die internationalistische Zielsetzung nicht mehr recht einsichtig war und sich am ehesten auf einen besserwisserischen Moralismus reduzieren läßt. Die SAV, mit der SDP in führender Position (soweit es zumindest die Anerkennung außerhalb der Grenzen betraf), war nicht die einzige organisatorische Äußerung oppositioneller Sonderung auf der linken Seite des politischen Spektrums. Im Mai 1915 trat unter Führung der Dichterin und Sozialistin Henriëtte Roland Holst der Revolutionäre Sozialistische Verband (RSV) ins Leben. Es handelte sich um eine Vereinigung örtlicher revolutionär-sozialistischer Clubs – eine Gruppierung, die jede 'Vaterlandsverteidigung' ablehnte, folgerichtig Militärausgaben zurückwies und auf internationale Solidarität setzte. Unterschiede zur SAV, soweit es das Bekenntnis gegen Krieg und Militarismus betraf, bestanden wohl nicht; da über spezifische Aktionen bei beiden Gruppierungen nichts ausgesagt war, sind sie zumindest in keiner Weise deutlich geworden, so daß der für die Niederländer so typische Hang nach Eigenständigkeit hier zu einem eigenartigen Organisationsformalismus ausartete. Ursprünglich verstand sich der RSV noch gleichsam als Agitationsvorhut innerhalb bestehender Parteien. Mitgliedschaft in diesen war zulässig. Aber eben über dieser Frage zerbrach der Verband, und es kam zu einer Neugründung, der 'Revolutionär-Sozialistischen Vereinigung', und schließlich schlossen sich 1916 RSV und SDP zusammen. Die RSV selbst setzte ihr Bekenntnis zum Internationalismus der Arbeiterbewegung insofern in die Praxis um, als sie ihre Agitation auch mit Hilfe von Rednern oppositioneller Gruppen des Auslandes führte (etwa der oppositionellen deutschen Sozialdemokratin Käte Duncker, später USPD). Die Intensität, mit der die Vereinigung unter

H. Roland Holst und dem SDAP-Mann Rudolph Kuyper die Agitation führte, stand sicherlich im umgekehrten Verhältnis zur Stärke des Verbandes. Durch den Zusammenschluß mit der SDP erweiterte sich allerdings die gemeinsame Basis der Kriegsopposition einigermaßen, und die 17000 Stimmen, die die SDP 1917 bei den letzten vor Einführung des allgemeinen Wahlrechts durchgeführten Wahlen erhielt, sollten nicht übersehen werden. Sie waren sicherlich Zeichen einer beginnenden und durchaus Fuß fassenden Radikalisierung im politischen Leben der Niederlande – einer Radikalisierung, die auch nach dem Krieg noch durchaus lebensfähig zu sein schien.

Für das politische Leben der Niederlande von ungleich höherer Wichtigkeit war allerdings die Einführung des allgemeinen Wahlrechts. Tatsächlich schien sich die Hoffnung Troelstras und seiner Sozialdemokraten einigermaßen rasch zu erfüllen, denn schon ein Jahr nach der Zustimmung zum Burgfrieden brachte das Kabinett Cort van der Linden die Wahlrechtsfrage in die Diskussion. Die Thronrede Wilhelminas vom 23. September 1915 kündigte eine entsprechende Verfassungsänderung an. Es bedurfte auch keines Drängens der SDAP mehr, denn schon am 29. Oktober hieß es in der Entwurfbegründung nachgerade wie selbstverständlich: „Die Annahme des allgemeinen Wahlrechts ist schon darum begründet, weil sie den letzten Schritt auf dem 1848 eingeschlagenen Weg bedeutet, an dessen Ende, wie es schon Thorbecke 1844 voraussagte, das allgemeine Wahlrecht steht.“ [38] So einfach stellte sich das dar, und es zeigte sich rasch, daß es zwar Widerstand auf der Seite der politischen Rechten gab, sich aber bald eine Kompromißsituation abzeichnete, als von dieser Verfassungsänderung im übrigen auch jener zweite innenpolitische Schwerpunkt der Vorkriegszeit, die Schulfrage, erfaßt werden sollte. Zu diesem Problemfeld war schon 1913 von der Regierung ein sogenannter Schlichtungsausschuß unter Vorsitz des Freisinnigen D. Bos eingesetzt worden, der die Möglichkeiten einer endgültigen Regelung zu sondieren hatte. Zu Anfang des Krieges wurde das Arbeitsergebnis vorgelegt. Der Ausschuß schlug für die Grundschulen finanzielle Gleichstellung der Staats- und Konfessionsschulen vor und sprach sich für staatliche Mittel zur Unterstützung der konfessionellen Gymnasien aus. Die Regierung hat diesen Vorschlag in ihrem

[38] Zitat in AGN, XII (alte Ausgabe), S. 77.

Änderungsentwurf zum Verfassungsartikel 192 voll übernommen (1916). Nach Annahme im Parlament wurde die Änderung 1917 im ›Staatsgesetzblatt‹ publiziert.

In der parlamentarischen Auseinandersetzung um die Wahlrechtsänderung sprach die Kritik der Rechten vom Treibsand, der das Staatsschiff versinken lasse; einige von ihnen kehrten sich auch gegen das aktive Frauenwahlrecht. Der alte Savornin Lohman, sicherlich ein Parlamentarier der ersten Stunde, lehnte sogar das passive Frauenwahlrecht ab. Die Argumentation zu solchem Widerpart schöpfte er aus der Erotik. Er fürchtete nämlich den Einfluß weiblicher Abgeordneter auf ihre männlichen Kollegen. Die unbeeinflußte Handlungsweise schien da nicht mehr möglich zu sein: „Es gibt Männer", so begründete er seine Haltung, „die in jedem Alter die Frauen charmant und liebreizend finden. Das geht nie vorbei." [39]

Zu einer allzu heftigen Kontroverse hat es die im Herbst 1916 einsetzende Hauptdiskussion jedoch nicht gebracht, da die parlamentarische Rechte in der Schulfrage ihre Wünsche doch weitgehend erfüllt sah. Schließlich kam es im Spätherbst 1917 zur Entscheidung – zu einer Entscheidung mit Kompromissen. Das allgemeine Proportionalwahlrecht für Männer wurde eingeführt. Das Frauenwahlrecht folgte schließlich 1919 (Gesetzesinitiative Marchant) – und bald darauf erhielten die weiterführenden Konfessionsschulen auch die finanzielle Gleichstellung. Im Juli 1918 wählten die Niederlande zum ersten Mal nach dem neuen Wahlrecht. Die SDAP buchte zwar Erfolge, aber diese blieben hinter den Erwartungen weit zurück. Der Kampf um das allgemeine Wahlrecht, so lange geführt, schien sich nicht auszuzahlen. Immerhin: Die Partei erhöhte die Zahl ihrer Mandate von 15 auf 22 und verdoppelte gegenüber 1913 ihre Stimmenzahl. Der Bedeutungszuwachs der Partei war unverkennbar, er wird selbst noch einsichtiger, wenn man die Kommunalwahlen von 1919 heranzieht. Die Zahl der Stadtverordneten wuchs von 420 aus 1917 auf 1217. Zugleich stellte die Partei 83 Stadträte, was nicht zuletzt auf die intensive und fruchtbare Mitarbeit der Parteimitglieder in den 1915 durch die Mobilisierung notwendig gewordenen Ortsausschüssen für Lebensmittelversorgung und -verteilung zurückzuführen war. Diesem wachsenden Anteil von SDAP-Mitgliedern in

[39] Nach ebd. S. 78.

den kommunalen Gremien entsprach auch ein Anstieg der Mitgliederzahl, die bis Juni 1919 beinahe 50 000 erreichte. Es stellte sich allerdings rasch heraus, daß der Zuwachs nur relativen Wert hatte, abgesehen davon, daß der Stand in den nächsten Jahren nicht einmal ganz gehalten werden konnte. Die konkurrierende SDP erhielt bei den Wahlen von 1918 zwei Mandate. Für künftige Koalitionen aber war es von Wichtigkeit, daß auch die konfessionellen Parteien vom allgemeinen Wahlrecht profitierten. Die Katholiken stiegen von 25 auf 30 Mandate. Die Antirevolutionären buchten zwar einen weniger spektakulären Erfolg (11 auf 13) und die Christlich-Historische Union ging selbst um 3 Sitze zurück – was nicht überraschen kann –, aber zusammen nahmen diese Parteien doch 50 der 100 Parlamentsmandate in Beschlag, und das sollte bis zum Zweiten Weltkrieg so bleiben oder sich sogar verbessern. Mit der Einführung des allgemeinen Wahlrechts war auch praktisch für mehr als 20 Jahre die Zeit des konfessionellen Regierungsblocks gekommen, in den die anderen Parteien, angesichts auch der hohen Zersplitterung der Parteienlandschaft, nicht mehr einzubrechen vermochten.

9. *'Die Revolution, die nicht stattfand'*

Die Niederlande standen 1918 somit am Anfang eines neuen, gewiß demokratisch bestimmten Lebens. Der Weg dorthin war insgesamt gesehen ohne jede Problematik verlaufen, im Weltkrieg praktisch ausschließlich innerhalb der Institutionen gegangen worden. Um so seltsamer nimmt sich dann ein Ereignis aus, das H. J. Scheffer als die „Revolution, die nicht stattfand" beschrieben hat.[40] Dies Ereignis ist sicherlich primär ein nachgerade skurriles Stück Lebensgeschichte des führenden Sozialdemokraten P. J. Troelstra, andererseits freilich auch ein Demonstrationsobjekt für den sozialdemokratischen Theorie-Praxis-Konflikt. Es ist an anderer Stelle von Radikalisierung der Arbeiter im Laufe des Krieges die Rede gewesen. Sie äußerte sich auch in den Wahlen von 1918, als die einzelnen radikalen Organisationen einschließlich der SDP landesweit immerhin 50 000 Stimmen auf sich vereinigen konn-

[40] H. J. Scheffer, November 1918, journaal van een revolutie die niet doorging. Amsterdam ²1971.

ten. Das machte zwar insgesamt nur ein Sechstel der sozialistisch-sozialdemokratischen Stimmen insgesamt aus, sie konzentrierten sich allerdings auf eine große Stadt wie Amsterdam (18490). Selbst wenn man berücksichtigt, daß die SDAP (1918) in Rotterdam 43,2 v. H. bzw. mehr als 39000 Stimmen gegen knapp über 5000 der links von ihr stehenden Organisationen erhielt, die Zahl der SDAP-Stimmen in Amsterdam fast das Doppelte der Radikalen betrug, dann lag ein Doppelkonflikt der SDAP mit rechts und links durchaus im Bereich des Möglichen, zumal international gesehen im Spätsommer und Herbst die sozialen Spannungen zunahmen. Den eigentlichen Katalysator-Effekt übernahm allerdings die deutsche Revolution, die einige Sozialdemokraten optimistisch, bürgerliche Kreise dagegen pessimistisch ob des bevorstehenden Zusammenbruchs bürgerlicher Herrschaft zu stimmen schien. Nachdem sich einige kasernierte Einheiten niederländischer Soldaten schon am 25. Oktober auf der zwischen Arnheim und dem Ijsselmeer sich erstreckenden Veluwe unruhig, aber nicht aufständisch oder gar revolutionär gezeigt hatten (Anlaß war eine Urlaubsbeschränkung), verhielt sich der Rotterdamer Bürgermeister Zimmermann am 9. November gegenüber den Führern der Seemanns- und Hafenarbeitergewerkschaft so, als ob der Machtwechsel unmittelbar bevorstehe. Die Gewerkschaftsführer Heykoop und Bräutigam, von der Schwäche der Bourgeoisie, für sie personifiziert durch Zimmermann, überzeugt, rapportierten entsprechend, möglicherweise auch übertreibend, bei Troelstra. Von diesem Punkt an wird die weitere Entwicklung zur Geschichte des verhinderten Revolutionärs Troelstra, dessen Verhalten sein Parteifreund H. H. van Kol im nachhinein ein psychologisches Rätsel nannte. Zwischen dem 10. und 12. November verkündete der Parteisekretär die Revolution. Am 10. ließ er sich so auf einer Parteivorstandssitzung in diesem Sinne vernehmen, ohne den Beifall seiner Parteifreunde zu finden, am Tag darauf scheint er zusammen mit dem Gewerkschaftler Heykoop in Rotterdam noch radikalere Töne angeschlagen zu haben, und den Höhepunkt – der zugleich das Ende der 'Vorstellung' bedeutete – bot er am 12. November in der Zweiten Kammer, als er die Revolution an die Tür pochen ließ, ihr das ganze Ethos der sozialistischen Tradition beigab, daher ihre Berechtigung bezog, den historischen Augenblick pries, die nur 22 Mandate positiv als Äußerung der Denkenden (darauf lief es zumindest hinaus) deutete und gar Opferbereitschaft als

Dienst an der Revolution anbot. Die Arbeiterbewegung werde sich auf dem nächsten Kongreß für diese Revolution aussprechen. Sicherlich hat es Gruppen in der SDAP gegeben, die Ähnliches dachten und wünschten wie Troelstra, gleichwohl blieb das Vorgehen des Parteimannes ein Trapezakt ohne Netz. Es fehlte nicht nur die Parteibasis, es fehlte auch darüber hinausgehend im Land und beim Volk an Anknüpfungspunkten, die diesen lautstarken Parforce-Ritt auch nur annähernd zu rechtfertigen vermochten. Troelstra selbst hat in seinen ›Gedenkschriften‹[41] später vom Einfluß der Enttäuschung über den Fehlschlag der Internationalen Stockholmer Sozialistenkonferenz (1917) gesprochen und auch auf sein nachgerade permanentes Unbehagen gegenüber dem parlamentarischen System hingewiesen; tatsächlich aber dürfte es sich eher um die Folgen von Revolutionsvorstellungen handeln, die möglicherweise Lenins Gedanken von Berlin als dem Zentrum der Weltrevolution für bare Münze nahmen, Anleihen bei der Sozialdemokratie der Vorzeit machten (Kautsky), aber das Problem der Umsetzung in die Praxis (Ausgangslage und Organisation der Revolution) nicht einmal im Ansatz durchdachten. Gerade diese Beziehungslosigkeit des Niederländers zur Praxis, die auch als nur gering entwickelte analytische Kraft apostrophiert werden darf, ließ ihn überaus heftig auf den Bauch fallen, denn noch in der gleichen Woche mußte er anerkennen, daß es keine revolutionäre Situation gab. Parteifreunde, die sein Verhalten von vornherein mißbilligt hatten, waren gezwungen, den Rückzug des psychisch zusammengebrochenen Troelstra zu decken, zumal die Demonstrationen im Lande zugunsten der bestehenden Ordnung in eben jener Woche keinen Zweifel daran ließen, wie die politische Haltung des Volkes einzuschätzen war. Es zeigte sich auch, daß der Anhang der Konfessionellen sich nicht nur in der Erringung von Parlamentsmandaten, sondern auch außerparlamentarisch zu manifestieren wußte. Demgegenüber blieben Unternehmungen unbedeutend, wie sie ein von SDP und NAS gebildetes Revolutionskomitee am 13. November mit einem Zug zur Oranje-Nassau-Kaserne inszenierte, wo der Vorsitzende eines Soldatenrates verhaftet worden sein sollte.

Die Revolution in den Niederlanden, die die SDAP schon auf dem Rotterdamer Kongreß am 16. und 17. November zu Grabe trug, gestal-

[41] P. J. Troelstra, Gedenkschriften, I–IV. Amsterdam 1927–31.

tete sich somit eher zur Affäre. An jenen Tagen beschloß die SDP in Leiden, ihren Namen in 'Communistische Partij Holland' (CPH) zu ändern. Die neue Partei schloß sich 1919 der Kommunistischen Internationale (Komintern) an. Die SDAP setzte gegen den revolutionären Alleingang Troelstras schließlich ein Paket von Forderungen – zusammen mit dem Gewerkschaftsbund NVV –, von denen die Forderung nach dem 8-Stunden-Tag sowie nach Einführung einer gesetzlichen Rentenregelung von der Regierung bewilligt wurde. Allerdings erwies es sich als schwierig, es dabei zu belassen, solange in der Partei selbst der Wunsch lebte, auch strukturelle Änderungen in der bestehenden Ordnung durchzusetzen. Troelstra selbst hat diesen Gedanken nie aufgegeben. So entstand 1919 die sogenannte 'Einheitsresolution' ('Eenheidsresolutie'), in der das Aufkommen revolutionärer Bewegungen als Impuls für die Einführung neuer sozialer Reformen und möglicherweise auch struktureller Änderungen gewertet wurde. Die unbedingte Wahrung der Legalität setzte aber den Rahmen des politischen Kampfes. Für den Fall einer revolutionären Entwicklung (wie immer sie aussehen mochte) hatte die SDAP vor der Nutzung auf ausreichende Unterstützung seitens der Arbeiterklasse und anderer Gruppierungen zu achten. Eine revolutionäre Machtübernahme sollte sogleich durch Wahlen abgesichert werden. Diktatur und Terror wurden abgelehnt. Dies waren die Hauptingredienzen einer Resolution, die letztlich nichts anderes darstellte als ein Kompositum aus kriegssozialdemokratischen Überlegungen und aktuellen Erfahrungen im eigenen Land und im Ausland (Revolution der Bolschewiki). Diese Resolution als Ausgangspunkt des SDAP-Verhaltens, eine Resolution auch des in jenen Monaten begreiflichen Optimismus, hat nie zur Anwendung gebracht werden müssen.

10. Zwanzig Jahre politische Stabilität trotz politischer Zersplitterung. Ihr Merkmal: die Koalition der Konfessionen

10.1. Lage und Politik der Katholiken

Diesen Wochen der pseudorevolutionären Aufregung oder auch der Überreaktion eines einzelnen folgten in den Niederlanden Jahre der innenpolitischen Ruhe. Es war die Ruhe eines Staates, der es vermocht hatte – wenngleich dies nicht unbestritten war –, sich aus dem Kriege herauszuhalten und der auch die Folgen des Krieges nicht zu tragen brauchte, nicht einmal jene Folgen, die sich aus einer allgemeinen europäischen sozialen Unruhe der Nachkriegszeit ergaben. Daß 1922 auch das allgemeine Frauenwahlrecht in der Verfassung festgeschrieben wurde, lag völlig im Strom der Entwicklung nach 1917. Damit war endgültig das Ende der politischen Kraft der Liberalen besiegelt, zugleich aber der Beginn einer Phase konfessioneller Koalitionsregierungen in Permanenz eingeläutet. Aber mehr noch. Die Jahre nach 1918 offenbarten vollends die Neigung der Niederländer, ihren so differenzierten politischen Willen gleichsam organisatorisch zu manifestieren. 1933 nahmen nicht weniger als 54 Parteien an den Wahlen teil. Da das Verhältniswahlsystem galt, reichten nicht einmal 1 v. H. der Stimmen, um einen Parlamentssitz zu erobern. So gelang es sieben dieser kleinen Parteien, wenigstens je einen Sitz neben den sieben großen Parteien im Parlament einzunehmen. 14 Fraktionen kontrollierten die Politik. Gleichwohl führte dies nicht zur Destabilisierung der politischen Entwicklung. Im Gegenteil: sehr richtig stellt die Historiographie ein hohes Maß an Stabilität der niederländischen Innenpolitik fest. Nicht zuletzt die seit 1922 errungene absolute Mehrheit aller konfessionellen Parteien zusammen sorgte für solche Stabilität, und innerhalb dieser Konfessionellen hatten die Katholiken, seit 1926 organisiert in der 'Römisch-Katholischen Staatspartei' ('Roomsch Katholieke Staatspartij', RKSP) den größten Anteil. Zwischen 1918 und 1937 schwankte ihr Anteil zwischen 28 (Tiefpunkt 1933) und 32 (1928) Sitzen. Demgegenüber hatten die protestantischen Antirevolutionären für den gleichen Zeitraum zwischen 12 und 17 Sitzen aufzuweisen, während die CHU 7 bis 11 Sitze erhielt. Dies wird hier angeführt, um auf die Folgen der Zersplitterung in der protestantischen Kirche hinzuweisen, die sich so deutlich und politisch fühlbar von jenem homogenen katholischen Block abhob, der sich vor allem aus der Bevölkerung südlich des Maas–Waal–Rhein-Gebietes rekrutierte. Solche Zahlen standen jedoch zugleich im umgekehrten Verhältnis zur gegenseitigen politisch-sozialen Anerkennung und zum Selbstbewußtsein der Protestanten einer- und Katholiken andererseits. Der protestantisch-katholische Gegensatz mochte sich rein äußerlich in Koalitionskabinetten wegretuschieren lassen, zumal bestimmte, beiden Seiten gemeinsame Belange vorgelegen hatten oder noch vorlagen, der protestantische Charakter der niederländischen Staatsordnung war allerdings zu tief verwurzelt, als daß eine volle Anerkennung des Katholizismus hätte stattfinden können. Das hatte noch andere Gründe. Die Bevölkerung im Süden der Monarchie hatte sozial, wirtschaftlich und intellektuell noch einen Rückstand einzuholen. Die katholische Universität in Nimwegen, kaum über den Rahmen einer Provinzuniversität hinausreichend, war bis dahin noch nicht in der Lage gewesen, eine breite katholische Führungsschicht heranzubilden. Vielmehr war die Führungsschicht sehr schmal, bestand aus Adel und besitzendem Bürgertum, so daß die Führungsstruktur der 1926 gegründeten RKSP etwa der der deutschen Zentrumspartei im ausgehenden 19. Jahrhundert entsprach.

Aber abgesehen von der anfänglich schwachen Position als Juniorpartner der Protestanten ergaben sich aus der Schmalschichtigkeit der Führungsspitze Probleme für eine Partei, die angesichts eines deutlichen öffentlichen Bewußtseinswandels, in dem die soziale Frage zur sozialökonomischen Strukturfrage sich auswuchs, zunächst einmal nur das Band der Konfession zur Wahrung der katholischen Einheit anzubieten hatte. Gewiß: bis dahin hatte der Verband der Römisch-Katholischen Wählervereinigungen der sozialen Frage sicher nicht fremd gegenübergestanden – die Aktivitäten des P. J. M. Aalberse und des Limburger Priesters H. Poels bezeugen das –, aber nach 1918 stand eben weitaus mehr zur Diskussion. Troelstra mochte dann im Irrtum befangen gewesen sein ob des zwingenden Charakters einer revolutionären Situation seines Landes, die Struktur der Gesellschaft blieb in der Diskussion, dafür sorgten schon die Sozialdemokraten. Sicher war, daß man den Fragen nicht mehr ausweichen konnte, zumal sich die Problematik der Gesellschaft durchaus zur Existenzfrage des politischen Katholizismus auszuwachsen vermochte. So kamen schon zu Ostern 1919, als Gerüchte über einen bevorstehenden Putsch oder Aufstand die Runde machten, die katholischen Standesorganisationen auf Betreiben des Delfter Hochschullehrers J. A. Veraart zusammen, um über ein Programm der sozialen Erneuerung zu beraten. Das Ergebnis war das Ostermanifest, das auf einer vom Harmonieprinzip ausgehenden solidaristischen Grundlage beruhte und konkret die Bildung von Wirtschaftsräten ('bedrijfsraden') forderte, die Tarifverträge abschließen und andere Arbeitsbedingungen regeln sollten. Es hieß zur Zielsetzung:

„Der Römisch-Katholische Zentrale Wirtschaftsrat will so schnell wie möglich zu einer öffentlich-rechtlichen Organisation des Wirtschaftslebens in den Niederlanden gelangen. Er wird versuchen, die Betriebe zu Organen im niederländischen Staate zu machen, die verfassungsmäßig und durch ein Wirtschaftsgesetz die Befugnis zum Erlaß von Betriebs- und Arbeitsverordnungen und für richterliche Befugnisse in Wirtschafts- und Arbeitsangelegenheiten erlangen."[42] Was Veraart hier nachgerade im Namen des niederländischen Katholizismus entwickelte, war sehr viel mehr als die einzelne sozialpolitische Maßnahme wie etwa die 1919 zugleich erfolgende Einführung des 8-Stunden-Arbeitstages und der 45-Stunden-Arbeitswoche (1922 übrigens wieder auf 48 Stunden erhöht). Die Vorschläge zielten auf eine umfassende öffentlich-rechtliche Organisation der Wirtschaft und Wirtschaftszweige ab, die Klassengegensätze harmonisieren und den Staat zurückdrängen sollte. Das mochte in jenem Augenblick noch zur Unzeit diskutiert werden, sicher ist, daß dieses Konzept in den Kriegsjahren 1940–45 und intensiver noch in den ersten Nachkriegsjahren von sozialdemokratischen Politikern und Theoretikern wiederaufgegriffen worden ist. Auf andere Weise als die sozialdemokratische (SDAP) Theorie thematisierten die Katholiken vom Schlage Veraarts die *Arbeiterfrage* als *Arbeitsfrage*. Aber Veraart überschätzte wohl die Überzeugungskraft seiner Person ebenso, wie er den heterogenen Charakter des Allgemeinen Verbandes der Römisch-Katholischen Wählervereinigungen unterschätzte, wozu trat, daß die allgemeine Begeisterung für das Wirtschaftsrätesystem relativ rasch abnahm. So korporatistisch und damit so katholisch das System Veraarts auch sein mochte, das Interesse der katholischen Arbeitgeber zielte doch eher in andere Richtung. Sehr bald erhob sich hier Opposition, die zunächst von der Provinz Brabant ausging und die sich geistlicher Schützenhilfe etwa des Paters F. Hendrichs bediente. Dieser sah gar in der Konzeption von Wirtschaftsräten einen Angriff auf die Enzyklika ›Rerum Novarum‹ und meinte die in jener Phase die Wirtschaft beherrschende Depression der Arbeiter-Mitbestimmung und der Einführung des 8-Stunden-Arbeitstages zuschreiben zu müssen. Der weltliche Vorreiter der katholischen Arbeitgeberseite war L. G. Kortenhorst, der Veraart selbst des Wunsches nach Einführung der proleta-

[42] J. Rogier e. a., In vrijheid herboren, S. 624.

rischen Diktatur bezichtigte. Aber wie immer auch die Bezichtigungen hüben und drüben ausgesehen haben mögen – die Fraktion Veraart wurde auf dem Kongreß Katholischer Fachverbände (Utrecht, Mai 1920) übrigens von dem Pater und Soziologen Raaijmakers unterstützt –, die Diskussion vollzog sich inmitten einer wirtschaftlichen Depression, in der sich die Arbeitgeber an die Arbeitnehmer-Mitbestimmung nicht nur aus prinzipiellen Erwägungen, sondern auch angesichts der unternehmerischen Freiheit auf liberaler oder protestantischer Seite nicht binden wollten.

Die scharfe Auseinandersetzung hatte Konsequenzen. Der konservative Arbeitgeberflügel konstituierte sich 1922 als Neue Katholische Partei ('Nieuwe Katholieke Partij'), der es im wesentlichen um einen Abbau des sozialen Netzes ging, das das erste Kabinett Ruys de Beerenbrouck mit dem katholischen Sozialminister Aalberse 1919 geknüpft oder ausgebaut hatte (Unfall- und Invaliditätsgesetz, Altersrente, Arbeitslosenversicherung). Diese Partei erlitt 1922 bei den Parlamentswahlen eine schwere Niederlage (0,46 v. H.) und verschwand dann auch wieder von der Bildfläche. Gleichsam in Reaktion auf die etwas kurzatmige Parteigründung rechter katholischer Unternehmer bildete sich noch im gleichen Jahr die aus dem Haager Ultrem ('Ultrum Remedium')-Club hervorgehende Römisch-Katholische Volkspartei ('Roomsch Katholieke Volkspartij'), die tatsächlich unter dem Tilburger Pius Arts 1925 und noch 1933 je einen Parlamentssitz errang. Es handelte sich hier um eine Vereinigung katholischer Demokraten, die ihren Anhang vornehmlich unter den Arbeitern suchten, aber eben nur zum geringen Teil fanden. Größere Bedeutung ist dagegen dem 'Bund St. Michael', an dessen Spitze schon bald Veraart stand, zuzumessen. Diese Gruppe wirkte innerhalb des 'Allgemeinen Verbandes' und drängte insofern auf einen katholischen Kurswechsel, als er zu einem Ausscheiden aus der konfessionellen Koalition und einer Hinwendung zur SDAP tendierte, diese sogar forderte. Demokratisierung der Gesellschaft, aber auch eine demokratische Organisation der Partei oder des parteiähnlichen Verbandes waren die Kardinalforderungen des St.-Michael-Bundes. Vor allem ging es ihm darum, sicherzustellen, daß das katholische Wahlvolk Einfluß auf die Kandidatenbenennung erhielt. 1926 kam es schließlich zur neuen Durchorganisierung des Allgemeinen Verbandes und zur Umbenennung in Römisch-Katholische

Staatspartei. Die Koalitionswünsche Veraarts stießen auf Ablehnung. Dieser zog schließlich 1929 die Konsequenzen, trat aus der Partei aus und gründete entgegen den vollmundigen Warnungen des Episkopats den Katholisch-Demokratischen Bund ('Katholiek Democratische Bond'), der bei den 33er Wahlen jedoch nur 0,5 v. H. der Stimmen erhielt und noch im gleichen Jahr mit der Volkspartei fusionierte. Der geringe politische Erfolg sowie die Mahnungen des Episkopats brachten die Mitglieder dieser Partei 1939 zur RKSP zurück.

Die parteipolitischen Wechselfälle bei den niederländischen Katholiken, deren Anteil an der Gesamtbevölkerung sich 1920 auf 35,6 v. H. belief, zeigen zum einen, daß die Phase des Schulstreits abgeschlossen und damit ein sicherlich wichtiges Ingredienz katholisch-politischer Homogenität fortgenommen war. Zur Beratung in der Öffentlichkeit und im öffentlichen Bewußtsein stand aber eben die soziale Frage. Soweit es die Führung der Katholiken auf dem weltlichen Feld der Politik betraf, hatte Schaepman es leichter gehabt als etwa Aalberse oder gar ein Mann wie Veraart. Andererseits wäre es falsch, angesichts der Abspaltungen, die so etwas wie einen katholischen Pluralismus demonstrierten, einen Zerfall der katholischen Einheit zu signalisieren. Im Gegenteil: trotz der deutlichen Interessengegensätze ist es in der Fraktion kaum zu schweren Zerwürfnissen gekommen. Dies zu verhindern hatte sich der Priester, Politiker und Abgeordnete Monsignore W. H. Nolens zur Aufgabe gemacht, und er hat diese Aufgabe, einerseits durch große Offenheit, andererseits in Verfolgung eines Mittelkurses, durch ausgemachte 'juste-milieu'-Politik also, erfüllen können. Es wirft wohl ein bezeichnendes Licht auf das Geschick und die bindende Kraft der Persönlichkeit dieses katholischen Geistlichen, wenn sich nach seinem Tod 1931 die Spannungen innerhalb der Partei entluden, wobei hinzuzufügen ist, daß die große weltweite Wirtschaftsdepression, der auch die Niederlande nicht entgingen, ihre besonderen sozialen Probleme mit sich brachte und ihr besonderes Scherflein zur Auseinandersetzung beitrug.

10.2. Führung durch Protestanten

Dieser politische Kurs der Mitte war sicherlich auch die Voraussetzung für die Koalition mit der protestantischen Seite. Es zählt nun – und das sei noch einmal wiederholt – zu den Eigenarten der niederländischen Entwicklung, daß die katholischen Wählervereinigungen bzw. dann die RKSP als Nachfolgeorganisation trotz ihrer numerischen Spitzenstellung im Parlament und trotz ihrer engen Bindung an ihre Wähler – ein hoher Prozentsatz des Wahlvolks war zugleich Parteimitglied – immer ein wenig als der Juniorpartner in der konfessionellen Koalition erschien. Die Bindung an die Protestanten haben die Katholiken tatsächlich erst 1939 mit der Option für die Sozialdemokraten lösen können.

Aber nun zu den Protestanten. Der Sozialstruktur nach ähnelten die Antirevolutionären als stärkste politische Partei dieser Konfession durchaus den Katholiken. Mitglieder und Wähler kamen aus allen Schichten der Bevölkerung, wobei der orthodoxe Flügel sich vornehmlich aus dem unteren Mittelstand rekrutierte. Allerdings stellte sich die innerparteiliche Problematik ganz anders. Während bei den Katholiken der soziale Konflikt zwischen Arbeitgebern und Arbeitnehmern vorherrschte, zogen die Protestanten in erster Linie die theologische Auseinandersetzung vor. Vermutlich hat das Übergewicht des Mittelstandes doch dazu beigetragen, daß der soziale Konflikt sich hier nicht als zentrales Thema durchzusetzen vermochte. Mehr noch will es scheinen, als ob diese Struktur, der ein Anspruch aus der Tradition zunächst der Republik, sodann der Monarchie parallel lief, für eine stärkere Einbindung auch jener sozialen Schichten sorgte, die nicht das sozialökonomische Interesse des Mittelstandes teilten. So war die protestantische Arbeiterschaft organisiert in dem der ARP zuneigenden und mit dieser Partei zusammenarbeitenden Christlich Nationalen Gewerkschaftsverband ('Christelijk Nationaal Vakverbond', CNV), der 1920 60000, in den 30er Jahren sogar 100000 Mitglieder zählte. Erst 1931 erhielt aber ein protestantisches Gewerkschaftsmitglied einen Parlamentssitz. Es ist nicht abwegig zu vermuten, daß das in der ARP, in der CHU mit ihrer eher homogenen, stark aristokratisch großbürgerlichen Struktur und mehr noch in den kleinen protestantischen Splittergruppen entwickelte Ordnungs- und Führungsdenken (soweit es jedenfalls die eigene 'Säule' betraf) ein hohes Maß an bürgerlichem Gehorsam förderte, der keine

Abweichung von der von der politischen Führung vorgezeichneten Linie duldete und der in jedem Fall vom korporatistischen Ordnungsgedanken ausging. So konnte sich unter solchen Denkvoraussetzungen eine politische Führungselite heranbilden, die sich sicherlich auch bei den Katholiken entwickelte, bei den Protestanten jedoch in dem unten noch näher zu betrachtenden AR-Mann Hendrik Colijn eine autoritäre, an der Spitze eines internationalen Konzerns großgewordene Persönlichkeit hatte, der die anderen im Hinblick auf selbstbewußte Tatkraft und Durchsetzungsvermögen kaum Gleichwertiges entgegenzusetzen hatten.

Angesichts des Übergewichts der protestantischen politischen Führung, die innerhalb der Koalition die politischen Richtlinien bestimmte, fragt es sich ganz besonders, was denn eigentlich die Koalition mit den Katholiken als der im gesamten Parlament stärksten Fraktion zusammengehalten hat. Zum einen lebte in der ARP noch der alte Kuypersche 'Antithese'-Gedanke fort, so daß das Verhältnis zwischen ARP und RKSP sehr viel positiver war als etwa zwischen den Katholiken und der Christlich-Historischen Union, geschweige denn zwischen Katholiken und der höchst orthodoxen Reformierten Politischen Partei ('Staatkundig Gereformeerde Partij', SGP) unter dem Pastor Kersten, dem es 1925 selbst gelang, über die Frage der Aufhebung der niederländischen Gesandtschaft beim Vatikan die AR-RKSP-Koalition (erstes Kabinett Colijn) zu stürzen. Andererseits – und dies sei in Übereinstimmung mit Ivo Schöffers Analyse gesagt[43] – haben das gemeinsame Erfolgserlebnis aus dem Schulstreit, das eben in den 20er Jahren voll ausgekostet werden konnte, und die Reflexion über den lange geführten gemeinsamen Kampf, in dem sowohl die Antirevolutionären als auch die Katholiken auf gleichermaßen bedeutende Vorkämpfer zurückblickten, ein Zusammenrücken ebenso begünstigt wie die diesen Parteien gemeinsame Furcht vor der 'roten Gefahr', die bei Troelstras Revolutionsverkündigung allerdings schon im Ansatz steckengeblieben war, sich aber in den späten 20er und ersten 30er Jahren für den konfessionellen Bevölkerungsteil in Gestalt der großen Textilstreiks in Twente 1928, dem Jordaan-Aufstand (Amsterdam) 1934 und in der Meuterei auf dem Schlachtschiff 'De Zeven Provincien' 1933 bedrohlich zu konkretisieren schien.

[43] Verwiesen sei hier auf I. Schöffer, De Nederlandse confessionele partijen 1918–1938. In: Vaderlands Verleden in Veelvoud, II, S. 209 ff.

10.3. Sozialdemokraten – Versuch der sozialökonomischen Orientierung

Solche Feindbildformung zählte nicht nur in den Niederlanden zu den zeitweiligen Inhalten politischer Äußerungen vornehmlich der sich aus dem Bürgertum rekrutierenden Parteien. Sie war demnach nichts Typisches und lag im übrigen auch in den Niederlanden abseits der politischen Realität. Zwar gab es einen Linksradikalismus in Gestalt der der Komintern angeschlossenen Kommunistischen Partei (CPH, dann ab 1935 CPN) und gab es darüber hinaus eine anarcho-syndikalistische Strömung, aber die Mehrheit der niederländischen Arbeiterbewegung hing innerhalb des linken Spektrums eben der SDAP an, die den Troelstraschen Irrtum gleichsam zurückgepfiffen hatte, andererseits wiederum keine Partei der gesellschaftlichen Integration war, sondern ihr Gesicht als Partei des theoretischen Anspruchs und der Prophezeiung mit ausgeprägter Erwartungshaltung im Hinblick auf sozialistische Zukunft zu wahren suchte. Sicherlich zu Recht wird behauptet, daß der Irrtum Troestras ihr den Elan nicht genommen hatte. Aber solcher Elan ließ sich zahlenmäßig nicht gleich hinreichend umsetzen, wenn es zur Wahl kam. Die Partei blieb bis hin zum Ausbruch des Zweiten Weltkrieges zweitstärkste politische Formation, mit ersten Verlusten (zwei Sitze) bei den Wahlen von 1922 und einem Zuwachs von vier Sitzen gegenüber 1922 bei den Wahlen von 1925, bei denen sie ihren Höchststand von 24 Sitzen erreichte. So waren die Sozialdemokraten sicherlich ein gewichtiger Faktor in der niederländischen Politik, aber sie wurden eben nicht für koalitionsfähig befunden, obwohl sie selbst Bereitschaft zeigten, mit der RKSP und dem linksliberalen Freisinnig-Demokratischen Bund eine Regierung zu bilden. Erst die Entscheidung der Katholiken 1939, sich aus der Bindung an AR und CHU zu lösen, brachte die SDAP in die Regierung. Gleichwohl blieb die Partei nicht ohne unmittelbare politische Wirkung. Vor allem in den großen Städten der Provinz Holland nahm sie in der Kommunalpolitik eine sehr starke Stellung ein. Aber auf nationaler Ebene war eben nur Stagnation festzustellen, und dies lag nicht zuletzt auch an dem Unvermögen der Partei, die konfessionell gebundenen Arbeiter heranzuziehen. Daß man dieser Gruppe bedurfte, wußte Troelstra auf dem Arnheimer Kongreß seiner Partei 1919 schon zu zeigen, aber er tat es im Rahmen einer Zukunftsvision, die insofern eine eigenartige Form der Werbung implizierte, als von diesen Arbeitergruppen die Einsicht in 'historische Notwendigkeiten' kapitalistischer Entwicklung gefordert wurde. Der Zulauf blieb aus, wie auch die Mitglieder des im Zuge der großen Depression ab 1929 proletarisierten neuen Mittelstandes der Partei fernblieben. Das Problem lag auch wohl darin, daß es der Partei an genügender Transparenz insofern fehlte, als sie über die nachgerade typisch sozialdemokratische Auseinandersetzung um das Verhältnis von Reform und Revolution nicht recht hinauskam. Troelstra zeigte sich zunächst trotz seiner 'Fehleinschätzung' ungebrochen, auch 1919 noch Hoffnung schöpfend aus vielerorten in Europa zu beobachtenden Unruhen. Ihm gegenüber standen Vertreter des reformistischen Flügels wie W. H. Vliegen, J. H. Schaper und J. W. Albarda, die beiden erstgenannten gleichsam großgeworden in der niederländischen Vorkriegs-Sozialdemokratie. Troelstra befand sich immer noch auf dem revolutionären Standpunkt, der einschloß, daß man sich parteiseits eben nicht beschied mit „parlamentarischem Getue“, wie er in Arnheim sagte, um noch hinzuzufügen: „Es wird niemals in den Geschichtsbüchern stehen dürfen, daß in einer Zeit, als das Volk seine Wilhelms von Oranien und seine Aldegondes brauchte, die Partei, die dafür zu sorgen hatte, daß solche Menschen auftraten, durch den Kapitalismus demoralisiert war.“ [44] Der reformistische Flügel konnte dagegen nicht ausmachen, wo sich denn nun die Situation radikal verändert hatte. Mit dem Umsturz der Verhältnisse in den Autokratien Rußland und Deutschland war für die Reformierer der Neuerungsprozeß in Europa abgeschlossen. Die Aufgabe der Sozialdemokratie war es demnach, im Rahmen der vorgegebenen Institutionen der politischen Demokratie an einer Demokratisierung der Wirtschaft mitzuarbeiten – und zwar aufgrund eindeutiger Mehrheitsentscheidungen bei den Wahlen. Diese blieben jedoch aus, und auch Troelstra mußte angesichts der wirtschaftlichen Depression um 1921 einsehen, daß die revolutionären Aussichten erheblich reduziert waren. Das bedeutete auch endgültig Übernahme der Richtlinienkompetenz durch den reformistischen Flügel, der nun das Bild der Partei prägte. H. F. Cohen konstatiert dann auch, daß die Partei auf diesem Wege bis um 1930 zu

[44] Zitat bei H. F. Cohen, Om de vernieuwing van het socialisme. De politieke oriëntatie van de Nederlandse sociaaldemocratie 1919–1930. Leiden 1974, S. 18.

einer starken Organisation heranwuchs, umgeben von blühenden Schwesterorganisationen.[45]

Gleichwohl blieb die Partei auch nach dem Abgang Troelstras (1925) nicht von ideologischer Unruhe verschont. Einer der 'Unruhestifter' war der Gewerkschaftsvorsitzende (NVV) Roel Stenhuis, der für einen Zusammenschluß von SDAP und NVV zu einer neuen Arbeiterpartei plädierte. Von einer solchen Partei erhoffte er sich neue Impulse auf dem nach seiner Ansicht zu jenem Zeitpunkt versperrten Weg zum Sozialismus. Dieser Plan des Gewerkschaftsführers fiel auf dem SDAP-Parteikongreß von 1926 voll durch. Die reformistische Führung hatte ihre Organisation im Griff und duldete keine Abweichung von dem einmal eingeschlagenen politischen Kurs, der wenig später ähnlich wie im Falle Stenhuis von einer Gruppe um den ehemaligen Kommunisten Jacques de Kadt erneut attackiert wurde. Für de Kadt ging es zunächst um ein deutliches Bekenntnis zum Sozialismus und zur sozialistischen Gesellschaftsordnung. Unter solchen Vorzeichen war nach seiner Ansicht der politische Kampf zu führen und damit auch die immer wieder betonte Bereitschaft aufzugeben, eine Koalition mit den Katholiken einzugehen. Diese klassische, koalitionsabweisende Oppositionshaltung der Parteilinken scheiterte in der Partei, schien zunächst keine Folgen zu haben, führte aber schließlich 1932 zur Abspaltung der Unabhängigen Sozialistischen Partei ('Onafhankelijke Socialistische Partij', OSP), die etwa 2000 Mitglieder zählte. Es vollzog sich hier ein Prozeß, der der Bildung der Sozialistischen Arbeiterpartei (SAP) in Deutschland durchaus vergleichbar war. Die Parlamentswahlen von 1933 zeigten allerdings, daß die niederländischen Arbeiter die Spaltung nicht zu honorieren gedachten. Die neue Partei erhielt keinen Sitz im Parlament, die SDAP verlor ihrerseits jedoch 145000 Stimmen und damit zwei Sitze. Vliegen schrieb diesen Verlust der Existenz der unabhängigen sozialistischen Gruppe und der Kommunisten zu. Die OSP repräsentiere jene Parteikritiker, die nach einem halben Jahrhundert SDAP-Politik endlich eine Veränderung in Gesellschaft und Wirtschaft erwarteten.

Eine erheblich breitere Basis fanden dagegen die Theorien des belgischen Sozialisten Hendrik de Man. Dieser Belgier war der Autor der 1926 erschienenen Studie ›Zur Psychologie des Sozialismus‹, die in brei-

[45] Ebd. ab Kap. III.

ten Kreisen gelesen wurde und eine ethische Begründung des Sozialismus einzuführen gedachte. Ausgangspunkt dieser auf lange Beobachtung und zugleich Erfahrung (de Man hatte zunächst auf dem linken Flügel der belgischen Arbeiterpartei [BWP] gestanden) sich stützende Studie war die Furcht vor einer überall erkennbaren, tendenziell zunehmenden Verbürgerlichung der Arbeiter, war aber auch die Auffassung, daß der Marxismus kein Instrumentarium bot, mit dem solcher Prozeß aufgehalten werden konnte. De Mans Auffassungen enthielten eine völlige Abkehr von Marx und eine Hinwendung zum Sozialismus als einer dem Kapitalismus ethisch weit überlegenen Volksbewegung – eine Abkehr im übrigen, die orthodoxe Marxisten und Revisionisten gleichermaßen betraf. De Man fand Widerhall bei den christlichen Sozialisten um Willem Banning, vor allem aber bei der recht starren, von dem Lehrer Koos Vorrink geführten sozialistischen Arbeiterjugend (AJC). Die Forderung des Belgiers nach Mentalitätsveränderung als wesentliche Voraussetzung, um Sozialismus zur Volksbewegung zu machen, stand hier zentral. Solche Gedanken lebten gerade auch in der sozialistischen Jugendbewegung, insofern man eine eigene sozialistische Kultur aufzubauen strebte und gleichsam vorzuleben gedachte in der Gestalt von Wanderfahrten, Zeltlagern, Volkstanzveranstaltungen und Kameradschaftspflege, wobei die Distanzierung von der überkommenen Bürgerlichkeit sich bis in den persönlichen Habitus hinein äußerte. Letztlich fügte sich diese AJC in andere Jugendbewegungen europäischer Länder ein.

Wirklich umfassende Rezeption in den Niederlanden erfuhr der Belgier allerdings erst mit der Ausarbeitung seines 'Planes der Arbeit' ('Plan van de Arbeid'), den er 1933 auf Bitten des belgischen Sozialisten Emile Vandervelde in Kurzform vorlegte und zwei Jahre später als eine große Studie herausbrachte. Die belgische Arbeiterpartei hat auf ihrem Weihnachtskongreß 1933 diesen Plan angenommen, der – entstanden in Zeiten schwerer wirtschaftlicher Depression – Instrumente im Kampf gegen die Krise enthielt, vor allem gegen Arbeitslosigkeit, zugleich aber auf Änderungen der Wirtschaftsstruktur zielte. Der de Mansche Plan ist zu charakterisieren als ein Ansatz, von dem aus unter den Voraussetzungen des Kapitalismus eine Wirtschaftsplanung erreicht, der Sozialismus von seiner 'Warten-auf-Godot'-Haltung bzw. von seinem reformistischen Kleinkrieg weggeführt und den sozialökonomischen

Gegebenheiten nähergebracht werden sollte; er fügte sich praktisch in eine internationale Diskussion, die schon seit geraumer Zeit die Frage der Wirtschaftslenkung behandelte und auf internationalen Konferenzen geführt worden war. Es ist für die SDAP kennzeichnend, daß sie diese Diskussion zumindest in der Führungsspitze nicht zur Kenntnis genommen hat und Begriffe wie Ordnung und Planung, die ihr nicht unbekannt waren (das beweist das oben erwähnte 'Sozialisierungsproblem'), für Kategorien hielt, die erst nach der Übernahme der politischen Macht umgesetzt werden konnten. Lediglich eine Gruppe jüngerer Wirtschaftswissenschaftler und SDAP-Mitglieder um Jan Tinbergen und Hein Vos haben sich um eine Rezeption dieser Gedanken bemüht. So ist auch der anfängliche Widerstand begreiflich, den die Parteispitze einer etwaigen Übernahme des Planes de Man entgegensetzte, wenngleich die sozialistische Presse doch recht positiv reagierte. Freilich: die Wirtschaftskrise im Zusammenhang mit der Entwicklung in Deutschland im Jahre 1933 drängte nachgerade die Frage auf, ob man das Schicksal der deutschen Sozialdemokratie erleiden wolle. Die Erörterung drängte sich allein schon deswegen auf, weil die SPD von Beginn an die beispielgebende Schwesterpartei gewesen war. Die Antworten blieben unterschiedlich. Während auf dem linken Flügel das Ende der SPD dem Mangel an entschiedener Klassenpolitik zugeschrieben wurde, meinten die um den ehemaligen Pastor Willem Banning gruppierten SDAP-Mitglieder, den Untergang der Partei der Unfähigkeit zuweisen zu müssen, sich auch den antikapitalistischen Mittelgruppen, den Angestellten und Bauern, zu öffnen. Genau hier erreichte die niederländische Partei einen Diskussionsbereich, der gleich zu Anfang auch in der deutschen Sozialdemokratie, vornehmlich unter Anleitung Rudolf Hilferdings, in der Emigration geführt wurde. Und eben in dieser These Bannings lag zugleich die Öffnung hin zum Plan von de Man. Die Strömung in der Partei, die auf Öffnung gegenüber den Mittelgruppen zielte, hat sich schließlich durchsetzen können. Auf dem Osterkongreß der Partei von 1934 wurde die Erarbeitung eines Planes zur Bekämpfung der Wirtschaftskrise beschlossen. Ein eigenes wissenschaftliches Büro sollte die Ausarbeitung übernehmen. Im November 1935 lag der Plan bei Partei und Gewerkschaftsleitung (NVV) vor, der Krisenbekämpfung und Strukturveränderungen anvisierte. Dem Staat war hier eine wichtige Rolle als Arbeitgeber zugewiesen, als Investor, der Geld auf dem Kapitalmarkt aufzunehmen und dieses in Arbeitsbeschaffungsprogrammen zu investieren hatte. Wichtig erschien, daß die Löhne entgegen dem Verfahren in bisher angekurbelten Beschaffungsprogrammen in Höhe des Landesdurchschnitts gezahlt wurden. Hier schaute man einfach auf die dadurch wachsende Kaufkraft. Man setzte auf den Schneeballeffekt auch für andere Industriezweige, die ihrerseits wieder in die Lage versetzt würden, Arbeiter einzustellen. Letztlich lief also das Hilfsprogramm auf Kaufkrafterhöhung mit allen 'segensreichen' Konsequenzen für die gesamte Wirtschaft hinaus. Auf der Basis einer auf solchem Wege gesundenden Wirtschaft waren dann die strukturellen Änderungen anzubringen. Den Ausgangspunkt formte auch hier, in einer neuen Ordnung, eine höhere Beteiligung des Staates insbesondere auf dem Kreditsektor. Es waren Instrumente zu schaffen, die eine ungezügelte Expansion (begriffen als Ursache für wirtschaftliche Stagnation) zu behindern und den Wirtschaftsablauf zu ordnen vermochten. Letztgenanntes lief auf die Schaffung paritätisch (Arbeitgeber, Arbeitnehmer und Staat) besetzter Wirtschafts- bzw. Wirtschaftszweig-Räte hinaus, die Kompetenzen im Produktions- und Investitionsbereich sowie für die Frage der Arbeitsbedingungen zugewiesen erhielten. Über den Räten der einzelnen Wirtschaftszweige residierte als Gesamtorgan der Allgemeine Wirtschaftsrat, der generelle Entscheidungen über Gesamtinvestition, Industrialisierung und Rationalisierung zu treffen hatte. Die für die einzelnen Entscheidungen strikt erforderliche Datenkenntnis verschaffte ein Konjunkturamt, das eng mit dem Zentralamt für Statistik ('Centraal Bureau voor de Statistiek, CBS) zusammenarbeiten sollte. Spezifischen Vorschlägen für einzelne Wirtschaftszweige ist hier keine Beachtung zu schenken, zu betonen ist dagegen, daß das noch 1920 im 'Sozialisierungsmemorandum' angestrebte Ziel der Sozialisierung weitgehend in den Hintergrund rückte. Man beschränkte sich im Plan auf die Nationalisierung der Niederländischen Bank, sah im übrigen aber in der Schaffung von Wirtschaftsorganen und deren Zusammensetzung eine Vergesellschaftung des Entscheidungsprozesses. Das war eben die Essenz des Ordnungsprinzips: Planung und gesamtgesellschaftliche Entscheidung auf dem Boden der bestehenden Eigentumsverhältnisse. Dem Sozialismus gaben Partei und Gewerkschaften somit einen neuen Inhalt und schufen so die Bedingungen für die Bejahung ihrer Organisationen auch durch andere Schichten der Gesellschaft, die nicht zu den Arbeitern zählten. Mit diesem 'Plan der Arbeit' sowie mit der unter dem Druck der internationalen Lage erfolgenden Preisgabe der antimilitaristischen Einstellung war die Basis nicht nur für die Konkretisierung des Volkspartei-Gedankens gelegt, sondern auch die Koalitionsfähigkeit der Partei für die bürgerlichen Organisationen unter Beweis gestellt. Im neuen Parteiprogramm von 1937 hat die Organisation diese Wende noch einmal bestätigt, was von den Katholiken der RKSP sicherlich begrüßt wurde, da hier schon spätestens seit der Wirtschaftskrise einerseits die Koalition mit den Protestanten als kaum noch tragbar empfunden wurde, andererseits die Heterogenität der Mitgliedschaft der RKSP und das von ihr immer verfochtene Harmoniemodell ein Zusammengehen mit den Sozialdemokraten behinderte. Darüber hinaus förderten die starre liberale Wirtschaftspolitik des AR-Premiers Hendrik Colijn und dessen nur gering entwickeltes Gefühl für die soziale Malaise den katholischen Trend zum Absprung, der schließlich 1939 erfolgte. Der Christlich-Historische Premier de Geer bot der SDAP zwei Kabinettssitze an, die diese dann auch, nun zum ersten Mal in ihrer Geschichte Regierungspartei, akzeptierte. Im Kabinett von 1939 saßen nun CHU, RKSP und SDAP zusammen.

10.4. Die 'Versäulung' – Element der Stabilität

Es ist an dieser Stelle über die Gruppierung in den politischen Parteien hinaus auf die zuvor schon einige Male angesprochene 'Versäulung' der niederländischen Bevölkerung hinzuweisen, jenes Phänomen also zu akzentuieren, das eine Aufteilung der niederländischen Öffentlichkeit in gegeneinander abgeschottete, ein eigenes Lebens- und Kulturbewußtsein pflegende Gruppierungen enthält, die zugleich durchaus auch als Stützen im politischen Entscheidungsprozeß dienten. Die 'Säulen' ('zuilen') sollten gesehen werden gleichsam als ein Lebensprinzip der niederländischen Gesellschaft, als Kennzeichen der politischen Kultur dieses Landes, das letztlich eine über die politischen Parteien hinausgehende, in stillschweigender, weil selbstverständlicher, Übereinkunft durchgeführte Institutionalisierung des aus dem 19. Jahrhundert datierenden Emanzipationsstrebens darstellt. Gewiß hat es auch in anderen Ländern solche Erscheinung gegeben, jedoch wurde sie nirgendwo mit solcher Intensität gelebt. In der Antwort auf die Frage nach den Ursachen dieses das gesellschaftliche Leben so stark charakterisierenden Phänomens soll hier Ivo Schöffers Erklärungsversuch als durchaus einleuchtend apostrophiert werden. Der Leidener Historiker weist auf die lange Tradition des provinzialen, regionalen und städtischen Partikularismus in den Niederlanden hin, eine Tradition, die nicht nur deutliche Abschottungstendenzen enthalte, sondern auch in keiner auf Zentralisierung zustrebenden Phase überwunden worden sei. Französischer Zentralismus habe zwar in Belgien, nie aber in der Republik eine Chance erhalten. Schöffer vermutet darüber hinaus, daß die starke Bindung an die soziale Kleingruppe, die Familie und die calvinistische Gemeinde, beide geprägt auch durch protestantischen Individualismus, und darüber hinaus eine eben auf die Familie gerichtete Arbeitsmoral und Nüchternheit diese Abgrenzungstendenz gefördert haben. Und die Vermutung findet er unterstützt durch die Existenz des familiengerichteten städtischen Patriziats in der Phase des Handelskapitalismus vom 16. bis 18. Jahrhundert. Die starke kirchliche Einbindung der Protestanten und Katholiken habe auch im Zuge des Emanzipationsprozesses der unteren Mittelschichten und der Arbeiterschaft standgehalten, und durch die spät einsetzende Industrialisierung sei eine radikale 'Entchristlichung' der Arbeiterschaft verhindert worden. Für die Katholiken führt Schöffer deren regionale Konzentration auf die Provinzen Brabant und Limburg an – die regionale Prädisposition der Abschottung also.[46] Dieser Schöffersche Ansatz kann noch ergänzt werden: die Kuypersche 'Antithese' und die 'Souveränität im eigenen Kreis' haben zum einen das anfängliche Zusammengehen der beiden Konfessionen in den für sie existenziellen politischen Fragen bedingt und zum anderen (vor allem die 'Souveränitätskonzeption') in Verbindung mit dem traditionsbegründeten konfessionellen Antagonismus für eine gegenseitige gesellschaftliche und kulturelle Abgrenzung gesorgt, die die politische Koalition als einen auf die Sicherung eines einzigen Lebensbereiches, die Schule, gerichteten Zweckverband erscheinen läßt, der nach Erfüllung des gemeinsamen Wunsches schließlich in den 20er und 30er Jahren wohl nur noch durch die gemeinsame Abwehr der Moder-

[46] I. Schöffer, Verzuiling, een specifiek Nederlands probleem. In: Sociologische Gids 1956 (3), S. 121 ff.

nisierungsfolgen, Konsequenzen der Massengesellschaft, zusammengehalten wurde. Will man die 'Säulen' von ihrem Lebensinhalt her allgemein definieren, so wird man sie auf jeden Fall als Zusammenschlüsse in emanzipatorischer Absicht und zugleich zur Sicherung einmal erreichter Positionen in der Gesellschaft einordnen können.

Als wichtigste 'Säulen' im gesellschaftlichen Leben der Niederlande entwickelten sich die protestantische, katholische und die sozialistische 'Säule', und schließlich bildete sich eine vierte 'Säule', die der Liberalen, eine weder durch Konfession noch durch gesellschaftsverändernden Impetus gebundene Gruppe von Neutralen heran, die eher ein offener Verbund, eine Erscheinung war, die gleichsam als 'Gegenmacht' gegenüber der religiösen und weltanschaulichen Geschlossenheit auftrat. Mit den 'Säulen' selbst waren eine ganze Reihe von äußeren Erscheinungsmerkmalen und Verhaltensweisen verbunden, die schon von außen her eine Zuordnung zur jeweiligen Gruppe mit einiger Sicherheit zuließen. Kleidung, Sprache, Lebensstil zählten dazu. Der Aktionsbereich dieser einzelnen 'Säulen' erfaßte praktisch alle über den engsten familiären oder persönlichen Kreis hinausgehenden politisch-kulturellen Lebensäußerungen. Die Schulen bis hin zur Hochschule (Vrije Universiteit Amsterdam, Katholieke Universiteit Nijmegen) waren sicher ein primärer Sektor, aber darüber hinaus wurden das ganze Vereinsleben, medizinische Versorgung, Berufsorganisationen von dieser organisierten Einheit der Religion oder Weltanschauung erfaßt, die Massenmedien einbezogen. Zu denken ist dabei nicht nur an die Presse, sondern vor allem an Rundfunk und – heute – Fernsehen. Die Rundfunkanstalten sind nach 'Säulen' strukturiert. Man gehört – heute noch – katholischen (KRO), protestantischen (NCRV), sozialistischen (VARA) oder neutralen (AVRO) Sendegesellschaften an. Die 'Säulen' existierten nicht in den zugehörigen politischen Parteien, sondern neben ihnen, gleichwohl nicht unabhängig von ihnen, denn diese weltanschauliche Organisationskette bildete gleichsam die Basis und das Ferment der politischen Partei. Vermutlich ist die religiös-weltanschauliche Parzellierung des gesellschaftlichen Lebens als ein wesentlicher Grund für die relative Stabilität der politischen Verhältnisse in den Niederlanden der 20er und 30er Jahre anzuführen. Ein Überblick über die Wahlergebnisse bis hin zu den letzten Wahlen vor dem Zweiten Weltkrieg weist doch aus, wie gering die Verschiebungen waren. Die Einführung des allgemeinen Wahlrechts 1917 schrieb praktisch die Machtverhältnisse für mehr als zwanzig Jahre fest. Das hieß Stabilität, konnte aber auch Erstarrung bedeuten, Behinderung von neuen Entwicklungen. Wo solche tatsächlich auftauchten – wie etwa mit der Bildung der sozial und pazifistisch orientierten Christlich-Demokratischen Union ('Christelijk Democratische Unie', CDU) oder den katholischen Parteigründungen neben der RKSP in den 20er Jahren – blieben sie einfach Randerscheinungen. Für die jeweilige politische Partei als übergreifende Organisation der 'Säule' bot solche Parzellierung in soziale und kulturelle Zusammenschlüsse gewiß die Möglichkeit, die eigene Politik stärker von unten nach oben am Willen ihrer festgefügten Wählerschaft zu orientieren, sich gleichsam nach der Parteibasis zu richten, doch erhielt sie zugleich – nachgerade in umgekehrter vertikaler Richtung – eine sehr viel größere Chance, einen an der Parteispitze einmal gefundenen politischen Willen als erforderliche politische Verhaltensweise, als politischen Kurs, nach unten bei der Wählerschaft durchzusetzen. Die in der und durch solche Parzellierung geförderte Intensivierung der religiös-weltanschaulich orientierten Lebensgestaltung hat dann auch den politischen Eliten des Landes ein hohes Maß ein Einflußmöglichkeiten und Stabilisierung der eigenen Position vermittelt. Die an anderer Stelle einmal betonte Vielfalt der Parteienwelt darf nicht als im Widerspruch mit dem 'versäulten' Charakter der niederländischen Gesellschaft empfunden werden. Diese Parteien blieben Splittergruppen, unbedeutend, meistens ohne Sitze im Parlament, wiesen durchaus vorhandene Eigenwilligkeiten, Eigensinnigkeiten aus, aber sie waren Randerscheinungen neben den großen Blöcken, neben jenen großen konfessionellen und weltanschaulichen Verflechtungen. Allerdings ist auch auf den unterschiedlichen Versäulungsgrad innerhalb der einzelnen Großverbände hinzuweisen. Das katholische Verbandsleben war in sich besonders gefestigt. Hier setzte sich auch wesentlich die geistliche (bischöfliche) Leitung und Anweisung durch. Gerade die niederländischen Katholiken haben fast alle Bereiche gesellschaftlichen Lebens für ihre Glaubensgenossen zu strukturieren vermocht, die Bindung auch durchsetzen können. Den Katholiken gelang es innerhalb ihrer 'Säule' unter der Leitung des Episkopats, „katholisch zu schwimmen, Fußball zu spielen, zu tanzen, Schach zu spielen, dem eigenen Rundfunk zuzuhören, zu verreisen und katholische Lebensversicherungen abzuschließen“[47]. Solche Gemeinsamkeit der Lebensgestaltung galt natürlich auch für die anderen ‘Säulen’, jedoch war die Durchdringung der Tätigkeitsbereiche gesellschaftlichen Lebens nicht im gleichen Maße umfassend wie bei den Katholiken, was zurückzuführen sein dürfte auf die geringere Homogenität bzw. die größere Diversifizierung der protestantischen Bevölkerung – eine Diversifizierung, die ihre Ursachen vornehmlich im Streit um die Exegese der Hl. Schrift fand. Ähnlich verhielt es sich, soweit es Umfang und Intensität angeht, bei der sozialistischen Säule sowie bei den ohnehin nicht so stark engagierten Neutralen. Es ist bei diesem kurzen Intensitätsvergleich darauf hinzuweisen, daß die Katholiken in den Jahren zwischen 1920 und 1930 zur stärksten konfessionellen Gruppe heranwuchsen. Sie überflügelten die bis dahin führenden Reformierten (‘Hervormde Kerk’). Die andere Gruppe der Reformierten (‘Gereformeerde Kerk’) nahm zu, stellte aber – wie immer zuvor – nur die Minderheit. Ursache des Rückgangs der ‘Hervormden’ war zum Teil der Übergang zu den ‘Gereformeerden’, sehr wesentlich aber auch eine Folge von zahlreichen Kirchenaustritten. Zwar machten sich Kirchenaustritte auch bei der katholischen Kirche bemerkbar, sie wurden jedoch durch höhere Geburtenziffern wieder ausgeglichen.

Es ist schon mehrfach betont worden, daß die versäulte Struktur eine hohe Stabilität in die niederländische Politik einbrachte. Freilich: ‘Versäulung’ hieß schließlich nicht nur Lebensführung in abgeschotteten Rastern, sie bedingte auch eine gewisse, von Prinzipien getragene Stromlinienführung des Denkens, das freilich in der gegebenen Gesamtstruktur zur Unbeweglichkeit leiten, darüber hinaus einen gewissen Konservatismus zeitigen konnte. ‘Versäulung’, diese permanente Lebensäußerung im ‘eigenen Kreis’, barg die Möglichkeit der Selbstgenügsamkeit, und zwar im privaten und öffentlichen Bereich gleichermaßen, ließ letztlich auch die Bedeutung des Parlaments in den Hintergrund rücken, zumal die politischen Eliten der einzelnen Großverbände anstehende Fragen unter sich auszuhandeln pflegten. Allerdings trat dazu noch ein anderes. Die Konsequenzen der oben apostrophierten Industrialisierung, Massifizierung und Parlamentarisierung, kurz die der Modernität, haben nicht nur die in der Abschottung implizierte Behar-

[47] Zitat nach AGN, 14 (1979), S. 204.

rungstendenz verstärkt, sondern zugleich die 'Antithese' aufgelockert und zu einem gewissen Einvernehmen zwischen Liberalen und Christlichen geführt – in der Abwehr jener Kräfte eben, die auf Änderung gesellschaftlicher Struktur zielten. Ein Mann wie der AR-Ministerpräsident Hendrik Colijn war eben in seiner wirtschaftlich-gesellschaftlichen Konzeption durchaus auch ein Mann nach dem Gusto der Liberalen. Diese Auflockerung der 'Antithese' aus antimodernistischer und sozialökonomischer Motivation führte zum Zweifel an Nutzen und Funktionstüchtigkeit des Parlamentarismus, d. h. solcherart Antimodernismus begab sich auf die Suche nach einem neuen Typus von Autorität ('gezag'). Solche Suche nahm an Intensität zu, wurde lautstärker entsprechend der wachsenden Dringlichkeit sozialer Probleme aus wirtschaftlicher Depression. Schon Mitte der 20er Jahre entstanden Vereinigungen wie der 'Vaderlandsch Verbond', die 'Nationale Unie' oder der 'Verbond van Nationaal Herstel', die dem Parlamentarismus skeptisch gegenüberstanden und denen Protestanten und Liberale gleichermaßen angehörten. Nachgerade als Ausgangspunkt für diese Denkweise mag hier eine Aussage aus dem 1925 als ›Staatkundig Advies‹ ('Politischer Rat') in Form eines offenen Briefes an die Parteien verbreiteten und von 200 Personen der oberen Mittelschicht unterzeichneten Dokuments benannt werden, in dem es heißt: „Wir anerkennen den christlichen Charakter unseres Volkslebens als die historische Grundlage unserer nationalen Kultur und halten den liberalen Staat für den Rahmen, in dem dieser Charakter sich unbehindert in alle Richtungen entwickeln kann.“ [48] Hier wurde tatsächlich der Versuch einer Symbiose zwischen 'christlich-national' und 'liberal' unternommen, um die alte 'Antithese' des 19. Jahrhunderts zu überwinden. Dazu diente ein Rückzug auf das 19. Jahrhundert mit Untersuchungen etwa der Arbeiten Thorbeckes, der die Volkssouveränität verworfen habe, auf eine Zeit also, in der das Parlament eine begrenzte Rolle unter der Denkvoraussetzung des sog. Vereinbarungsprinzips zugewiesen erhalten hatte. Ereignisse, die im Zuge der großen Wirtschaftskrise die niederländische Öffentlichkeit stark beschäftigten, haben solche Gedankengänge noch verschärft.

[48] Zitat bei H. von der Dunk, Conservatisme, S. 270.

11. *Die große Krise der Wirtschaft*

11.1. Ursachen der Depression

Die große Weltwirtschaftskrise ging an den Niederlanden nicht vorbei. Die einzelnen Sektoren waren allzu intensiv mit der Weltwirtschaft verbunden, als daß sie ihren Standard aus der vorausgehenden guten Konjunktur hätten wahren können. Die Niederlande, so konstatiert Johan de Vries, wurden von der Depression erfaßt, weil sie einen Teil des 'weltwirtschaftlichen' Systems bildeten. Doch habe der wirtschaftliche Abschwung in seiner Dauer und Tiefe in den Niederlanden seinen durch die interne Wirtschaftsstruktur bedingten besonderen Charakter erhalten.[49] Tatsächlich lag verglichen mit den anderen Industrieländern der Anteil des Agrarsektors an der Gesamtwirtschaft hoch, wenngleich der spät begonnene Industrialisierungsprozeß recht fortgeschritten war. So mußte sich der Preisverfall auf dem Weltmarkt, auf dem die Preise für Agrarerzeugnisse erheblich stärker sanken als für Industrieerzeugnisse, besonders heftig in den Niederlanden auswirken, abgesehen davon, daß die Wettbewerbsfähigkeit der niederländischen Industrie durch – verglichen etwa mit England – höhere Gestehungskosten, die protektionistischen Maßnahmen von Abnehmerländern und den kleinen Binnenmarkt schwach entwickelt war. So sank der Wert der Produktionsmittel- und Konsumgütererzeugung zwischen 1929 und 1935 von 1012 Milliarden Gulden auf 479 Milliarden, die Einfuhr verringerte sich für den gleichen Zeitraum um zwei Drittel (in Gulden), die Ausfuhr um den gleichen Betrag. Der Hafenumschlag sank um zwei Fünftel, und in dieser Höhe blieb Schiffsraum ungenutzt. Der oben schon apostrophierte Preisverfall auf dem Agrarmarkt war besonders kraß; so brachte Weizen innerhalb von vier Jahren fast nur noch den halben Preis, Roggen, Butter, Schweinefleisch sanken selbst um mehr als die Hälfte im Preis. Nach den Berechnungen von Keesing betrug der Ertragsverlust je Hektar im Erntejahr 1929/30 29 Gulden, ein Betrag, der 1932 auf ein Minus von 85 Gulden anstieg. Die Agrarbetriebe erwirtschafteten praktisch nichts mehr, vor allem sanken die ohnehin wenig ertrag-

[49] S. den Beitrag von J. de Vries in: De economische geschiedenis van Nederland, S. 284.

reichen Sandböden in Twente in ihrem Ertragswert fast auf Null herab.[50]

Die der Gesamtentwicklung entsprechende Arbeitslosigkeit erwies sich in jenen Jahren als dringlichstes, zunächst kaum zu lösendes Problem. Die Zahl der Beschäftigungslosen betrug 1930 schon 100000 und stieg bis 1936 auf 480000 (= 17,4 v. H. der Erwerbsbevölkerung)[51] an. Durch Lohnsenkungen versuchten manche Unternehmer, die Produktion aufrechtzuerhalten. Andere, die nicht unter die Fabrikinspektion fielen, erhöhten den Leistungsdruck bei ihren Arbeitnehmern. Die hohen Einkommensverluste der Arbeitnehmer wirkten sich verheerend auf die Ertragslage der Einzelhandelsbetriebe aus. Nur geringfügig sinkenden Betriebskosten stand zwischen 1928 und 1933 ein Umsatzverlust von einem Drittel gegenüber. Herbe Kritik und wachsender Unmut galten den großen Warenhäusern, den Konsumgenossenschaften und Kettenläden, obwohl diese nur erst einen geringen Anteil von etwas mehr von 14 v. H. am Gesamtumsatz hatten. Die Folge war, daß in Stadt und Land Tausende von Geschäften aufgegeben wurden. So drohte großen Teilen des unteren Mittelstandes, der Landwirtschaft und der Arbeiterschaft völliger Verlust der Existenzgrundlagen und ein Leben unter dem Existenzminimum. Staatliche Intervention blieb zunächst aus, da das liberale, staatsfreie Wirtschaftsprinzip die herrschende Lehre an Universitäten und bei den Regierungsmitgliedern war. Ein Mann wie Hendrik Colijn dachte in diesen und keinen anderen Kategorien. Die zentrale Aufgabe des Staats war demnach begrenzt. Sie betraf die Stabilisierung der öffentlichen Haushalte und galt dem Ausgleich der internationalen Zahlungsbilanz. Auf diesem Wege hoffte man die Währungsstabilität zu garantieren und damit ein Abgleiten in eine weitere Malaise – durch Gold- und Kapitalabfluß und dadurch Dekkungsschwäche des Guldens – zu vermeiden. Die schließlich doch unvermeidlichen Regierungsmaßnahmen hat F. H. Keesing „Kurieren am Symptom" genannt. Zunächst kam es 1931 zur Unterstützung der

[50] Hierzu F. A. G. Keesing, De conjuncturele ontwikkeling van Nederland en de evolutie van de economische overheidspolitiek 1918–1939 (1947).

[51] Zahlen nach J. de Vries S. 284 (s. o. Anm. 49), sowie P. W. Klein, Depressie en beleid tijdens de jaren dertig. In: Economische ontwikkeling en sociale emancipatie, II, S. 170.

Industrie, und zwar zum Kriseneinfuhrgesetz ('Crisisinvoerwet'), das nichts anderes enthielt als eine Schutzmaßnahme mittels Einfuhrkontingentierung. Die Regierung durfte die Einfuhrkontingente bei allzu großem Zustrom bestimmter Waren festsetzen. Für die notleidende Binnenschiffahrt führte sie 1933 das System der proportionalen Frachtverteilung ein. Im großen Agrarkrisengesetz ('Landbouwcrisiswet') von 1933 faßte sie schließlich alle bis dahin getroffenen Stützungsmaßnahmen zusammen. Hier handelte es sich um ein kompliziertes Netz von Preisregulierungen, -garantien, Abgaben und Organisationszwang der Land- und Gartenbauwirtschaft, die dazu dienen sollten, eine neue Existenzgrundlage dieser Wirtschaftszweige sicherzustellen. Dies alles geschah unter weiterem Festhalten am Goldstandard des Guldens, einer Politik, die die Regierung erst 1936 preisgab, worauf der Gulden sogleich um 20 v. H. seines Wertes sank.

11.2. Arbeitslosigkeit

Schon allein wegen ihrer Massalität stellte sich die Arbeitslosigkeit als besonders bedrohliches Problem. L. de Jong hat aufgrund der Untersuchungen des Statistischen Amtes der Stadt Amsterdam die materielle und psychologische Lage der Arbeitslosen eindringlich beschrieben, und solche Beschreibung ist typisch für Stadt und Land in den Niederlanden allgemein. Theo Thijssens Roman ›Kees, de Jongen‹ vermag über die amtliche Quelle hinaus einen Eindruck von der Situation auf dem platten Lande zu vermitteln. Abgesehen davon, daß große Gruppen von Arbeitslosen nicht unter die Kategorien für die 'Arbeitslosenunterstützung' fielen, waren die Unterstützungssätze sehr knapp bemessen, dienten nur dem primären Lebensbedarf Essen und Wohnen. Die Bemessungsgrundlage richtete sich nicht allein nach dem bis zum Zeitpunkt der Arbeitslosigkeit bezogenen Wochenlohn, sondern kalkulierte jedweden Betrag als Abzugsposten ein, der irgendwie noch als arbeitsloses Einkommen veranschlagt werden konnte. So mußte Erspartes um zwei Drittel aufgezehrt werden, ehe Unterstützung gezahlt wurde. Das Amsterdamer Statistische Amt hat für die Einnahmen- und Ausgabenseite arbeitsloser Familien mit einer durchschnittlichen Kopfzahl von 4 Personen folgende Zahlen ermittelt: Diese Familien gaben wöchentlich hfl. 19,30 aus, gespeist aus Arbeitslosenunterstützung und gelegentlichen Nebeneinkünften. Mieten, bei denen nicht eingespart werden konnte, und Lebensmittel verschlangen insgesamt schon fast 75 v. H. des Betrages (30 resp. 41 v. H.). Familien von Arbeitern, die noch im Produktionsprozeß standen, hatten für den gleichen Zeitraum durchschnittlich hfl. 35,48 zur Verfügung. Von der Kalorienzahl her (2711 je Tag gegenüber 3178 bei Arbeitnehmerhaushalten mit noch beschäftigten Familienvätern) mochte die Ernährung einigermaßen sichergestellt sein, die Qualität der Nahrung ließ jedoch vor allem infolge der Eintönigkeit manches zu wünschen übrig. So verzehrte eine Arbeitslosenfamilie nur ein Fünftel der Menge an Obst, die sich der beschäftigte Arbeiter erlauben konnte. Fleisch, Fisch und Gemüse wurden von Erbsen, Bohnen und Kartoffeln verdrängt. Textilien kamen meistenteils nur den Kindern zu. Für die Ausstattung der Wohnung (einschließlich Reparaturen) blieben nur 25 Cent in der Woche übrig. Die durchschnittlichen Ausgaben für Unterhaltung, Lektüre usw. beliefen sich auf 8 Cent je Woche und Familie. In 22 von 78 der untersuchten Familien kaufte man keine Zeitung mehr, die Zahl der Radiogeräte war erheblich geringer als bei den Beschäftigten. Die Folge war eine verstärkte Isolierung der Arbeitslosen. Vielleicht mag hier die Aussage einer Amsterdamer Frau aus einer arbeitslosen Familie als Ausdruck der allgemeinen Niedergeschlagenheit jener Gruppe gelten. Es heißt dort: „Essen und Trinken haben wir zwar noch genug, da werden wir nicht krank von, aber die vielen anderen Dinge, die uns fehlen, das macht dich sehr wohl krank. Wenn du jeden Tag fühlen und sehen mußt, daß du außerhalb des Geschehens stehst, dann gehst du zugrunde.“ [52]

Die Arbeitsbeschaffungsmaßnahmen der Regierung konnten angesichts der Massalität der Arbeitslosigkeit kaum Erleichterung bieten, zumal die Tätigkeit des 1934 gebildeten Arbeitsbeschaffungsfonds recht träge anlief. Das Planziel, etwa 40000 Arbeitslose bei öffentlichen Arbeiten und in Projekten zu beschäftigen, wurde bis 1938 mit 15000 Arbeitslosen lediglich zu einem guten Drittel erfüllt. Der katholische Sozialminister Romme hob den Arbeitsfonds auf und rief das Landesamt für Arbeitsbeschaffungsmaßnahmen ins Leben, das einem Ausbau der

52 Zitat bei L. de Jong, Het Koninkrijk der Nederlanden in de Tweede Wereldoorlog, I: Voorspel. 's-Gravenhage 1969, S. 139.

für die Wirtschaft des Landes wichtigen Infrastruktur dienen sollte. Zu den sachdienlichen Vorhaben zählte hier der Plan des Amtsdirektors J. Th. Westhoff zur Förderung der Zuiderzee-Arbeiten und den Ausbau der trockengelegten Polder. Zum Arbeitsplan des Landesamtes gehörte darüber hinaus ein Umschulungsplan für jugendliche Arbeitslose, deren Zahl 1938 auf etwa 70000 beziffert wurde.

Einigermaßen bemerkenswert war im Rahmen der Arbeitsbeschaffungsmaßnahmen sicherlich die Vermittlung niederländischer Arbeitskräfte ins Deutsche Reich. Solches Vorgehen zeigte sich nicht von ideologischen Skrupeln geplagt, sondern beherrscht von dem Willen zur Einsparung bei den öffentlichen Finanzen, von einer zwar erklärlich rechenhaften, unter den bestehenden Verhältnissen gleichwohl überraschenden Denkweise. Sozialminister Slingenberg (Freisinnige Demokraten) und dann Romme, der neben seinen Großvorhaben einiges zur materiellen Verbesserung der Arbeitslosen-Existenz durchsetzte, wiesen die örtlichen Arbeitsämter an, die Unterstützungssätze einzubehalten, falls sich ein Arbeitsloser weigerte, einen ihm in Deutschland angebotenen Arbeitsplatz anzunehmen. Im Reich war im Zuge der auch in den Niederlanden bekannten hektischen Aufrüstung und Kriegsvorbereitung jede Arbeitskraft willkommen. Zwischen 1937 und 1939 wurden so 30000 niederländische Arbeiter eingesetzt, zunächst hauptsächlich Land-, später auch Bauarbeiter. Proteste seitens der SDAP und Gewerkschaften fegte der Direktor des Landesamtes Verwey mit dem Anwurf vom Tisch, es handele sich hier um organisierte 'Volksverarmer'. Solche Vorgehensweise, der der Zwang zugrunde lag, irgendwie zu einer Lösung des Arbeitslosenproblems kommen zu müssen, war sicherlich von jeder politischen Einsicht entblößt und atmete ganz den Geist des technokratischen Finanzverwalters, der sicherlich auch einiges an politischer Instinktlosigkeit bewies. Slingenberg unternahm auch offiziell als erster niederländischer Minister eine Rundreise durch das nationalsozialistische Deutschland, um sich dort unter anderem von der Effektivität des Reichsarbeitsdienstes zu überzeugen. Nach Berichten von Vertrauensleuten des deutschen Gesandten scheint er vom nichtmilitärischen Charakter der deutschen Erfindung überzeugt worden zu sein und in den Ministerien die Einführung eines niederländischen Pendants erwogen zu haben. Auffällig ist jedenfalls, daß bei der Reise des Ministers und in den Fragen des Arbeitseinsatzes die niederländische

Regierung nicht das Maß jener Unsicherheit bewies, die die deutsche diplomatische Vertretung in den Niederlanden im Hinblick auf die Furcht des Kabinetts vor ungünstigen Reaktionen der öffentlichen Meinung – vor allem wohl der Linkspresse – glaubte feststellen zu können, wie sich dies bei einigen anderen – inoffiziellen – Reisen niederländischer Kabinettsmitglieder schon gezeigt hatte.

11.3. Unruhen

In dieser Phase einer in vielerlei Beziehung depressiven Lebenswelt blieb es in den Niederlanden sozial und politisch ruhig. Agitationen kommunistischer und revolutionär-sozialistischer Parteimitglieder vor den Arbeitsämtern führten zwar zuweilen zu handgreiflichen Auseinandersetzungen mit der Polizei, massive Demonstrationen und Gewaltakte blieben jedoch aus. Die tiefe Depression scheint das Wissen um die totale Abhängigkeit verstärkt zu haben. Lediglich im Juli 1934 kam es zu einem Aufruhr im Jordaan, einem Stadtteil Amsterdams. Anlaß waren die Ereignisse auf einer von dem zu dieser Zeit gebildeten kommunistischen 'Kampfausschuß der Arbeitslosen' anberaumten Protestversammlung gegen die im Zuge der Sparpolitik vorgenommene Kürzung der Arbeitslosenunterstützung. Die Schlägereien mit der Polizei wuchsen sich zu einer Art Barrikadenkampf aus. Polizeitruppen, Marinesoldaten und Infanterie rückten bald darauf in den Stadtteil vor, der sich völlig verbarrikadiert und isoliert hatte. Der Aufruhr wurde rasch niedergeschlagen. Das Ergebnis: 7 Tote und 200 Verletzte. Dieser Aufruhr war nicht mehr als eine Episode, ein schwacher Versuch, tägliche Misere in gewalttätigen Protest umzusetzen. Er war schon von der Quantität her zu geringfügig, um Bedeutung erlangen zu können. Kleinere Unruhen in anderen Städten verliefen ebenfalls völlig im Sande. Insgesamt waren schon die Beobachtungen des geheimen Zentralen Nachrichtendienstes der Regierung richtig, der 1935 und 1938 jeweils rückschauend auf die Jahre 1934 und 1937 feststellte, daß mutlose Gelassenheit, Lethargie, Schicksalsergebenheit die Unterschichten regiere und daß soziale Unruhe nirgendwo zu bemerken sei, auch wenn der Druck der Misere besonders stark empfunden werde. Es herrsche eine politische Ruhe wie nie zuvor. Daran änderte tatsächlich der Jordaan-Aufruhr ebensowenig wie die Meuterei auf dem zwischen Java und Sumatra kreuzenden Kriegsschiff 'De Zeven Provincien' im Jahre 1933, die zum Teil ebenfalls eine Folge der Krisenerscheinungen – nunmehr jedoch in Niederländisch-Indien – war (Senkung des Solds und andere Einschränkungen).

Allerdings konnte die relative Ruhe nicht darüber hinwegtäuschen, daß die sozialen Gegensätze in der niederländischen Bevölkerung wuchsen. Das wiederum führte auf der Seite radikaler Arbeiterorganisationen zu Spekulationen über Möglichkeiten oder gar Nähe revolutionären Umsturzes, ließ auf der Seite der bürgerlichen Parteien die Furcht vor solchem Umsturz wachsen. Bei Sozialisten und Kommunisten stand der allgemein für die Geschichte dieser Bewegung bekannte Streit um den richtigen (revolutionären) Weg im Vordergrund. Die CPH errang 1933 mit ihren 6000 Mitgliedern zwar 118000 Stimmen, aber vier Jahre später erhöhte sich der Anteil lediglich um 12000 Stimmen, obwohl die Arbeitslosigkeit bis dahin noch erheblich zugenommen hatte. Die Partei sah sich nach dem Jordaan-Aufruhr 1934 der Kritik von SDAP und Gewerkschaftsverband ausgesetzt, die beide einem Barrikadenkampf kaum Geschmack abgewinnen konnten, und war auch in den eigenen Reihen geteilter Meinung. Während das Parteiblatt der CPH ›De Waarheid‹ die 'Kapitulation der Bourgeoisie' bevorstehen sah, fürchtete der Geschäftsführende Vorstand die Niederlage mangels Masse. Was war ohne die Fabrikarbeiter und die Gewerkschaften als politisch führende Kraft in einer etwaigen Auseinandersetzung zu gewinnen? Die OSP, gebildet von ehemaligen SDAP- und CPH-Mitgliedern, kämpfte mit ähnlichen Kontroversen, die selbst zum Austritt von politisch so wichtigen Personen wie J. de Kadt führte. Die Partei verschwand praktisch von der Bildfläche.

12. *Aufkommen faschistischer und nationalsozialistischer Bewegungen*

12.1. Kleine Gruppen

Solche Spekulationen über revolutionäre Effizienz waren typische Krisenerscheinungen. Sie betrafen lediglich die Organisationen des linken Parteispektrums, hatten organisatorische Konsequenzen. Sie rührten nicht an die niederländische Gesellschaft, weil zum einen diese Gesellschaft in ihrer versäulten Form in sich relativ gefestigt war und weil ganz besonders auch jene 'Säule', die auf eine strukturelle Änderung zielte, der sozialdemokratische Partei- und Organisationenverbund, die Legalität niemals in Abrede stellte, im Zwiespalt zwischen Klasseninteresse und Staatsverantwortung eine eindeutige Entscheidung zugunsten der Staatsverantwortung traf.

Im Anschluß an die von A. A. de Jonge vorgetragene Unterscheidung zwischen der „großen" und der „kleinen" Krise der niederländischen Demokratie ist in diesem Zusammenhang festzustellen, daß die apostrophierten Spekulationen um den Weg zur Überwindung der bestehenden Gesellschaftsordnung unter keinen dieser Begriffe fallen.[53] In der Auseinandersetzung bei der niederländischen Linken ging es – theoretisch – um die Fortschreibung der Demokratie. Das hatte nichts zu tun mit der Kritik an der Funktionsfähigkeit der parlamentarischen Regierungsform, wie sie de Jonge in seinen 'Krisen'-Begriffen im Blick hat. Die „kleine Krise" nun stand für ihn im Zeichen des Zweifels an der politischen Schlagkraft des Parlaments, stand im Zeichen auch eines im Zuge der Bürokratisierung deutlich empfundenen Abstandes zwischen Wähler und Gewählten. Mancherlei Unbehagen ob solcher Entwicklung war nicht zuletzt auf die Abschottung der 'Säulen' gegeneinander, die beharrliche Bindung und Anhänglichkeit und damit auf die Erstarrung der parlamentarischen Sitzverteilung zurückzuführen. Eine Verschiebung von zwei Sitzen bei Wahlen stellt im allgemeinen sicher keinen Erdrutsch dar, in den Niederlanden gingen Sitzveränderungen tatsächlich kaum über eine solche Marge hinaus. Die „große Krise" meint bei de Jonge erheblich mehr. Sie wird als eine allgemein europäische Erscheinung angemerkt und deutet auf Ablehnung der „ideellen Grundlagen der Demokratie". Letztlich angezweifelt wurden die Erkenntnisse des 18. Jahrhunderts, der Aufklärung; man verweigerte die Anerkennung des Menschen als eines vernunftbegabten Wesens und damit des politisch entscheidungsfähigen Menschen. Hier war der Kampf gegen

[53] Dargestellt in A. A. de Jonge, Crisis en critiek der democratie. Anti-democratische stromingen en de daarin levende denkbeelden over de staat in Nederland tussen de wereldoorlogen. Sociaal-Historische Studiën, IV. Assen 1968.

das Parlament eine Prinzipienfrage aus einem anderen Menschenbild heraus. Beide Denkweisen haben in der niederländischen Gesellschaft ihren Platz gefunden – allerdings nur Minderheiten erreicht. Sie äußerten sich zum einen in einer konservativ orientierten antiparlamentarischen Form, zum andern in einem aggressiven – de Jonge nennt es: revolutionären – Antidemokratismus mit seiner vollständigen Ablehnung der bestehenden politischen Ordnung. Auf jene konservativen Strömungen mit ihrer am Ordnungsdenken orientierten christlichen und sogar frühliberalen Regentenmentalität wurde schon an anderer Stelle kurz hingewiesen; zu erwähnen sind nun die aggressiven Bewegungen, die sich den Faschismus Italiens oder den Nationalsozialismus Deutschlands zum Vorbild nahmen. Sie blieben im wesentlichen politische Randerscheinungen, national begrenzt oder über die südliche Staatsgrenze mit flämischen Nationalisten und Faschisten verbunden. Zu den ersten faschistischen Gruppierungen zählte der 1922/23 gegründete 'Verbond van Actualisten'. Ihre Gründer gehörten zu den Bewunderern des Benito Mussolini, und es bedurfte wohl des Mussolinischen Marsches auf Rom, um in den Niederlanden zu entsprechender Organisation zu gelangen. Niederländische Intellektuelle unternahmen die Gründung, die in ihren besten Zeiten etwa 2000 Mitglieder zählte und sich an Kleinbürger und Arbeiter zu richten vornahm, ohne dort Fuß fassen zu können und ohne sich im übrigen auch mit konservativen Organisationen wie der Nationalen Union ('Nationale Unie') oder dem Vaterländischen Bund ('Vaderlandsch Verbond') abfinden zu können, deren liberale Staatsauffassung den Vorstellungen der Faschisten nicht entsprach. Die 'Aktualisten' waren nur der Anfang einer Reihe von faschistischen Organisationen, der – wie de Jonge festgestellt hat – ab 1927 eine zweite Welle folgte, die einsetzte mit der Herausgabe des Blattes ›De Bezem‹ (Dezember 1927) – ein Blatt, das sich selbst als faschistisch bezeichnete, ganz auf die Unterschichten eingestellt war und in revolutionärem Ton die gesamte Ordnung in Frage stellte, ein Blatt übrigens auch, das zunächst einige Verkaufserfolge aufzuweisen hatte.[54] Die um diese Zeitschrift sich scharende Gruppe von Intellektuellen war schon recht bizarr, ohne einheitliche Konzeption, unterschiedlich in der Radikalität. Figuren wie der Bohemien Ernst Wichmann, Alfred Haighton, Direk-

[54] Ebd. S. 118ff.

tor einer Versicherungsgesellschaft, und Jan Baars sind eng mit dem Namen 'De Bezem' verbunden. Im Sommer gaben sich die 'Bezem'-Anhänger eine feste organisatorische Form als 'Fascisten Bond De Bezem, coop. Uitgeversbedrijf'. Die Unausgegorenheit der politischen Vorstellungen führte allerdings rasch zur Spaltung und damit zur Gründung des Allgemeinen Niederländischen Faschistenbundes ('Algemeene Nederlandsche Fascisten Bond', ANFB) unter Jan Baars und damit zur Betonung des italienisch-faschistischen Charakters der Bewegung, die sich ausdrücklich vom deutschen Nationalsozialismus absetzte. Erst über Haighton und seine verbliebene Gruppe ist der Nationalsozialismus als radikalfaschistische Tendenz mit der Rassenlehre übernommen worden. Daß er mit der höchst ephemeren Nationalsozialistischen Niederländischen Arbeiterpartei ('Nationaal-Socialistische Nederlandse Arbeiders Partij', NSNAP) fusionierte, war nur folgerichtig. Im übrigen ist zu vermuten, daß der ANFB zu den wenigen zahlenmäßig durchaus zu beachtenden faschistischen Gruppen zählte. Zwar liegen keine Angaben über Mitgliederzahlen vor, jedoch hat der Bund 1932 bis 1933 eine Reihe von Versammlungen organisiert, die mehr als 2000 Besucher zählten. Gleichwohl hat der ANFB bei den Wahlen von 1933 nicht über gut 17000 Stimmen hinauskommen können. Der Bund suchte seine Partner sowohl bei den kleineren radikalfaschistischen Gruppen als auch bei den eher konservativ gerichteten Verbänden wie der schon an anderer Stelle genannten Nationalen Union, mit der er sich schließlich zur Korporativen Konzentration zusammenschloß (Sommer 1933). In der von diesem Zusammenschluß herausgegebenen Grundsatzerklärung stand zum einen der korporative Staat zentral, zum anderen wurde der Antisemitismus, in welcher Form auch immer, abgelehnt. „Für uns Faschisten gibt es keine Judenfrage", hieß es da.[55] Jan Baars bat Hitler gar in einem Telegramm, kein Judenpogrom zuzulassen. Der nach Inhalt und Ton relativ gemäßigte Charakter der Bewegung nahm nach dem Zusammenschluß mit der Nationalen Union einen eher noch vom konservativen Habitus der Union als von irgendeiner radikalfaschistischen Spielart beherrschten Zug an, was in der sogenannten ›Grundsatzerklärung der niederländischen Volksfaschisten‹ zum Ausdruck kam. Die Begrifflichkeit war ausgemacht kon-

[55] Zitat ebd. S. 163.

servativ und dürfte von dem Vormann der 'Nationalen Union', dem Hochschullehrer F. C. Gerretson, bestimmt worden sein.

Scharfer Antisemitismus war dagegen der Brabanter Abteilung der Korporativen Konzentration, der Schwarzen Front ('Zwart Front') des Arnold Meijer, vorbehalten. Diesen A. Meijer, ein ehemaliger katholischer Seminarist, nennt L. de Jong sicher zu Recht einen Kondottiere-Typ.[56] Er war es auch, der die Bewegung im Süden des Landes zu einer völlig selbständigen Organisation ausbaute (über die Wechselfälle des ANFB in diesem Zusammenhang ist hier nicht weiter zu handeln) und der sicherlich mehr als andere um eine theoretische Grundlegung bemüht war, die sich wiederum gegen das bestehende parlamentarische System richtete und sich gegen die hier noch vorzuführende Nationalsozialistische Bewegung ('Nationaal-Socialistische Beweging', NSB) absetzte. Wenngleich er 1934 schon von einer totalen Umwälzung der bestehenden Regierungsform sprach, enthielten seine Darlegungen doch noch viel konservative Terminologie, zeigten sich so gar nicht faschistisch, wo es um die Frage nach staatlicher Zentralisierung und Dezentralisierung ging. Meijer setzte sich – ungleich den allgemeinen faschistischen Vorstellungen – für Dezentralisation ein. Ein Jahr später änderte sich der Ton. Der revolutionäre Charakter der Bewegung wurde unterstrichen, der Antikapitalismus hervorgehoben, damit die deutliche Hinwendung zu den Mittel- und Unterschichten angezeigt ('Volksfaschismus') und schließlich der Antisemitismus vor allem in der Propaganda vorgetragen. Die revolutionäre Propaganda lehnte jeden Legalismus ab, meinte Teilnahme an Wahlen nur aus propagandistischen Gründen. 'Antikapitalismus', das hieß zwar Bejahung des Eigentums, forderte zugleich aber Verpflichtung bei Strafe des Verlustes dieses Eigentums und richtete sich – mit Blick auf das kleine Bürgertum – gegen Warenhäuser und Kettenläden. All dies waren ganz generelle faschistische Angriffsziele. Meijers Antisemitismus gründete sich nicht auf irgendeine Rassenlehre, war nicht biologisch gemeint. Juden wurden schlicht als Fremdkörper in einer Volksgemeinschaft begriffen – sie waren es, gleichviel ob es sich um religiöse oder nichtreligiöse Juden handelte. Völlig zu Recht hat nun A. A. de Jonge betont, daß es gefährlich sei, zwischen rassisch und kulturhistorisch begründetem Antise-

[56] L. de Jong, Het Koninkrijk, I, S. 387.

mitismus zu unterscheiden,[57] und tatsächlich entwickelte die Schwarze Front auch bei nur kulturhistorischer Begründung eine Form der antisemitischen Propaganda, die – zumindest in der bildlich-karikaturalen Darstellung – den Inhalten des deutschen ›Stürmer‹ ähnelte. Dies läßt sich auch nicht durch die Tatsache wegretuschieren, daß sie 1938 gegen die 'Reichskristallnacht' in Deutschland und ihre Weiterungen protestierte, zumal sie zuvor noch an einem von deutscher Seite organisierten Antisemiten-Tag in Erfurt teilgenommen und dort die eigene Ablehnung des rassistischen Antisemitismus stark relativiert hatte, Deutschland aus der Tradition dieses Landes heraus eine solche Konzeption zuerkennend, die sie für die Niederlande ablehnte.

Wie heftig auch immer die Agitation sein mochte, sie entsprach in keiner Weise den quantitativen Gegebenheiten. Bei den Wahlen von 1937 erhielt die Schwarze Front nicht mehr als 0,2 v. H. der Stimmen (absolut 8178). Davon entfielen fast 5000 Stimmen auf die Provinz Brabant, Zentrum der Meijerschen Aktivitäten. In seinem Wohnort Oisterwijk errang Meijer über 20 v. H. der Wählerstimmen. Die Zahl der Mitglieder bezifferte der Zentrale Nachrichtendienst gegen Ende 1935 auf etwa 1100, die nach Angabe eben dieses Dienstes vornehmlich aus der Arbeiterklasse und dem Mittelstand kamen, wenn man von den Besuchern des sog. 'Landtages' von 1938 ausging. Die einigermaßen geringe Wirkung der Bewegung führte A. A. de Jonge unter anderem auf das in der Schwarzen Front scharf akzentuierte faschistische Führerprinzip zurück, das in einem eher als individualistisch zu charakterisierenden Volk wie dem der Niederländer kaum festen Fuß zu fassen vermochte.[58]

12.2. Die Nationalsozialistische Bewegung (NSB)

Ein Bericht zu den faschistischen Gruppen und Parteien wird immer die größte Aufmerksamkeit der Nationalsozialistischen Bewegung, die politisch noch relevant werden sollte, widmen müssen, weil dies die Partei mit dem größten Erfolgserlebnis war. Die von dem Wasser-

[57] A. A. de Jonge, Crisis, S. 285.
[58] Ebd. S. 288.

bauingenieur Anton Mussert zusammen mit dem Kanzleibeamten C. van Geelkerken 1931 gegründete Bewegung konnte zwar auf der Gründungsversammlung nur 12 Zuhörer interessieren, von denen sich vier der 'Bewegung' anschlossen, und auf den folgenden Versammlungen vermochte die zunächst auf Utrecht begrenzte Gruppe kaum Zuwachs zu verbuchen, aber noch im Laufe des nächsten Jahres ließen sich immerhin etwa 1000 Mitglieder einschreiben, deren Zahl sich auf mehr als 21 000 im Jahre 1934 erhöhte, um 1936 die Höchstzahl von 52 000 zu erreichen. Ihren größten Erfolg erzielte die Bewegung 1935 bei den Wahlen zu den Provinzialständen, als sie 8 v. H. der Stimmen erhielt – tatsächlich aber nur ein vorübergehender Erfolg, der sich bei den Parlamentswahlen von 1937 nicht wiederholen ließ, als sie 4,22 v. H. der Stimmen nicht übersteigen konnte, um 1939 sogar unter 4 v. H. abzusinken. Solche Resultate lassen den Schluß zu, daß es sich bei Musserts Partei zunächst einmal um eine vorwiegend krisenbedingte Gruppierung handelte, denn ab 1936 schien sich eine Besserung der wirtschaftlichen Entwicklung abzuzeichnen. Viel mehr aber dürfte sich allerdings noch die intensive Gegenpropaganda ausgewirkt haben, die vornehmlich von der 1935 gebildeten 'Einheit durch Demokratie' ('Eenheid door Democratie') gelenkt wurde, ein Zusammenschluß, in dem die großen parlamentarischen Parteien zusammenarbeiteten, und schließlich dürften weder Mussolinis Abessinien-Politik, mit der sich Mussert solidarisch erklärte, noch die Hitlersche Außenpolitik und die Judenverfolgung der NSB förderlich gewesen sein. Zu dem relativ schlechten Ergebnis bei den Provinzialständewahlen von 1939 trat, daß der NSB-Anhang zu diesem Zeitpunkt im politischen Leben der Niederlande einigermaßen isoliert stand. Es gab eben ein hohes Potential eines in der kleinstaatlichen Existenz herangewachsenen moralischen Empfindens wie darüber hinaus schlichte Furcht angesichts der Außenpolitik Hitlers.

So einleuchtend die Erklärung für den Schwund der NSB-Anhängerschaft bis auf einen festen und – wie sich zeigen sollte – fanatischen Kern sein mag, weniger durchsichtig ist recht eigentlich der Aufstieg der Bewegung. Gewiß, sie war eine Erscheinung der Krisenzeit. Aber es gab andere faschistische Gruppen, die lange nicht solche Quantitäten erreichen konnten. Zu vermuten steht, daß die Person Musserts selbst genug Anziehungskraft besaß, um einen solchen Aufstieg begreiflich zu machen. A. Mussert, alles andere als eine charismatische Führerfigur, war kein Unbekannter in der niederländischen Politik. In seinen Aktionen gegen den belgisch-niederländischen Vertrag (1926), über den hier an anderer Stelle gehandelt wird, hatte er sich einen Namen gemacht. Zudem galt er als ein sehr fähiger Mann in seinem Beruf. Mussert war nichts anderes als ein gutsituierter, anerkannter Bürgersmann, der nichts gemein hatte mit den Führern anderer faschistischer Gruppen und sich auch ausdrücklich von eben diesen Gruppen distanzierte. De Jonge hat einleuchtend darauf hingewiesen, daß die Bindungslosigkeit Musserts innerhalb der 'versäulten' Gesellschaft und vor allem sein Abstand von den Konfessionen, darüber hinaus schließlich seine moderne professionelle Organisationspolitik und Propaganda wichtige Ausgangspunkte für den Erfolg in diesen Krisenzeiten gewesen sind und daß schließlich die Farblosigkeit des Mannes die Möglichkeit schuf, die unterschiedlichsten Kräfte zusammenzuhalten.[59]

Die NSB rekrutierte ihren Anhang (Mitglieder und Wähler) im städtischen Mittelstand (alter und neuer Mittelstand) sowie aus dem Kreis der Freiberuflichen. Geographisch war dieser Anhang recht ungleich verteilt. In den Provinzen Limburg und Drenthe erzielte sie bei den Wahlen von 1935 die größten Erfolge (11,69 v. H. bzw. 11,19 v. H.). Nordbrabant und Friesland haben sich dagegen am stärksten dem Werben der Bewegung verschlossen (2,93 v. H. bzw. 3,17 v. H.). Zwei Drittel ihrer Mitglieder lebten in Nord- und Südholland und konzentrierten sich hier wiederum auf die großen Städte Amsterdam, Rotterdam und Den Haag. Die Provinz Nordholland äußerte sich 1935 mit immerhin noch 9,64 v. H. der Stimmen für diese NSB, in Südholland waren es 8,8 v. H., in Utrecht 9,51 v. H. und Groningen noch 8,42 v. H. Zwischen diesen und den Provinzen Nordbrabant und Friesland lag Geldern mit annähernd dem Landesdurchschnitt, während Overijssel und Seeland um 5 und 6 v. H. zu verbuchen hatten. Die Wählerverteilung innerhalb dieser einzelnen Provinzen war derart unterschiedlich stark, daß eine genaue Aufzählung oder gar Analyse in unserem Rahmen nicht möglich erscheint. Immerhin sei doch festgestellt, daß sich anders als beim Wahlverhalten im benachbarten Reich die NSB-Stimmen vor allem in den städtischen Zentren konzentrierten, in den ländlichen Gemeinden

[59] Ebd.

unter 5000 Einwohnern jedoch nur um durchschnittlich 5,97 v. H. lagen. Gleichwohl bleibt mit G. A. Kooij festzuhalten, daß daraus kein Zusammenhang zwischen Urbanisierungsgrad und Nazifizierung der niederländischen Bevölkerung abzuleiten ist.[60] Auffällig ist auch, daß das protestantische, aber nicht kirchlich orientierte Groninger-Drenther Grenzgebiet ein hohes Wählerpotential aufwies, ebenso auch das katholische Südlimburg. Überhaupt ist die Provinz Limburg als eine sehr bemerkenswerte Region zu apostrophieren. Nördlich von Roermond vermochte die NSB zwar kaum Fuß zu fassen, in Südlimburg dagegen lag der Anteil der NSB-Stimmen in mehreren Gemeinden über 20 v. H. Das heißt auch, daß die katholische 'Säule' in dieser Region ihre einbindende Kraft nicht umfassend hatte entfalten können. Das Wahlergebnis ist in der Tat um so erstaunlicher, weil sich die RKSP relativ rasch auf die Spitzen des Dritten Reiches einschoß. Goebbels galt als „abgefallener Katholik", Göring fungierte als „fanatischer Katholikengegner" und Hitler wurde Verfassungsbruch, persönliche Bereicherung und Aufhebung des ursprünglichen nationalsozialistischen Wirtschaftssystems vorgeworfen. Dies waren alles Argumente, die nicht primär außenpolitische Äußerungen darstellten, sondern vor allem gegen die NSB gerichtet blieben. Die RKSP sah sehr wohl, daß sie gerade dort ihre Wähler zu verlieren drohte, wo sie bisher aus einem homogenen Wählerreservoir hatte schöpfen können: im Kohlenbezirk der Provinz Limburg mit seiner konfessionellen Monostruktur und mit seinen persönlichen und verwandtschaftlichen Kontakten zum deutschen und belgischen Nachbarn sowie mit einer Wirtschaft, die in der ersten Hälfte der 30er Jahre sowohl im Bereich der Industrie als auch im Agrarsektor völlig zusammenbrach. Es sei darauf verwiesen, daß die Zahl der Arbeitslosen im Bergbaugebiet zwischen 1934 und 1936 etwa 10 bis 15 v. H. der Erwerbsbevölkerung betrug. Dazu traten Lohnkürzungen, deren Ende 1935 noch nicht abzusehen war. Sowohl katholische Standes- als auch Gewerkschaftsorganisationen wie schließlich auch die katholische Partei liefen Gefahr, ihren traditionellen Zugriff auf dieses Gebiet zu verlieren, deren Einwohner sich nicht zuletzt auch durch die hohe Mobilität der sozialen Kontrolle seitens der Kirche oder anderer katholischer In-

[60] G. A. Kooij, Het échec van een 'volkse' beweging. Nazificatie en denazificatie in Nederland 1931–1945 (1964).

stanzen entzogen. Man wird feststellen müssen, daß auch frühe Hirtenbriefe den für die Katholiken ungünstigen Trend nicht haben aufhalten können – Hirtenbriefe, in denen jenen die Verweigerung der Sakramente angedroht wurde, die die NSB unterstützten.

So wenig profiliert oder zumindest so wenig aus dem Ton fallend wie der 'Führer' der Bewegung war zunächst auch das Programm. Es ist auf jeden Fall erstaunlich, daß das Epitheton 'nationalsozialistisch' mit auf den Weg gegeben wurde. Mussert selbst scheint – nach eigener Aussage – in diesem Terminus, und zwar in Verbindung von 'national' und 'sozialistisch', eine gewisse Anziehungskraft gesehen zu haben, die zu einer recht inhaltslosen Begriffsübernahme führte, lehrt doch eine Durchsicht des Programms von 1931, daß zunächst weder das Führerprinzip noch Antimarxismus oder Antisemitismus zu den topics der Bewegung zählten. Von einer kräftigen und unabhängigen Staatsgewalt war die Rede, von einer Einteilung der Gesellschaft in Korporationen, deren Mitgliedern allein das Wahlrecht zustehen sollte – Forderungen, die unter die Überschrift 'Faschismus' fallen konnten, mit Nationalsozialismus aber wenig zu tun hatten, abgesehen davon, daß ganz sicher die Radikalität des Tons fehlte. Was darüber hinaus zur Sozialökonomie gesagt wurde, entsprach etwa den Auslassungen der 'Korporativen Konzentration'. Genannt seien hier Streikverbot, staatliche Bankenaufsicht, Aufbau staatlicher Unternehmen, soweit sich dies als zweckmäßig erweisen sollte, Gewinnbeteiligung für Arbeiter, Pensionsrecht im Alter von 50 oder 60 Jahren. Eine gewisse Profilierung schuf sich die Bewegung nach diesen Allgemeinheiten in der Ausarbeitung des Staatsgedankens. Sie hat diesen Gedanken in der sogenannten ›Broschüre Nr. 3‹ entwickelt, in der die Hegelsche Staatslehre den Ausgangspunkt bildete. Ganze Passagen aus Hegels Rechtsphilosophie wurden – übersetzt – in die Broschüre übernommen. Dabei kam es nun doch zu einer Verquickung von Staats- und *Führer*gedanken. Demnach konkretisierte sich der allgemeine sittliche Wille im Staatswillen und damit in der Person des Führers. Nur der Bürger war wirklich frei, der den Staat als die Verwirklichung der allgemeinen sittlichen Idee begriff und sich selbst in den Dienst dieser allgemeinen Idee stellte. Staat und staatliches Recht wurden verstanden als Instrumente zur Selbstbefreiung des Geistes. Daher hat der Staat auch das Ziel politischen Strebens seiner Bürger zu sein. An anderer Stelle der Broschüre wurde dieser Staat gar als Geist der

Nation begriffen, als etwas Permanentes, über der zufälligen Existenz des einzelnen Stehendes. Damit war praktisch jeder – liberale – Individualismus dem Anspruch des Staates unterworfen. Hier trat eindeutig die Gemeinschaft an die Stelle der partikularistischen Gesellschaft. Das mochte alles im europäischen Denken der Zeit nichts Besonderes sein, für die auf ihre Eigenart, Eigenheit und Eigensinnigkeit, kurz: auf ihren Individualismus bedachten Niederländer, die – ob sie nun weltanschaulich oder kirchlich gebunden waren – zum großen Teil dem Gedanken der 'Souveränität im eigenen Kreis' lebten, war solche Staatsverherrlichung kaum erträglich.

Es hat innerhalb der NSB eine Reihe von Intellektuellen vor allem auch protestantischer Observanz gegeben, die meinten, ihre eigenen Interpretationen des faschistischen Programms vortragen oder etwa, wie der mennonitische Pfarrer C. B. Hylkema, den sozialen und ethischen Charakter der NSB hervorheben zu müssen, der mit dem Begriff 'Volk' operierte und in der Verbindung von Gott, Staat und Volk die Rechtfertigung des faschistischen Führerstaates fand. Dabei blieb die Frage nach der Provenienz des Führers unbeantwortet. Er tauchte einfach auf, gleichsam ein deus ex machina.

Andere, die aus dem katholischen Lager kamen, wie der Privatdozent für Wirtschaftspolitik E. Verviers, oder aus der antidemokratisch-konservativen Bewegung, wie der Hochschullehrer Valckenier Kips, haben ebenfalls je ihren eigenen Theoriebeitrag geleistet. Auf die einzelnen Konzeptionen ist hier nicht einzugehen, vielmehr bleibt festzuhalten, daß die mehrgestaltige Interpretation 1935/36 der mehr auf Deutschland gerichteten Linie weichen mußte. Zum einen griff das Wort vom 'Völkischen' in wachsendem Maße Platz, zum anderen rückten die Rassenlehre und besonders stark auch das Führerprinzip in den Vordergrund. Es ist schwierig, diese Entwicklung auf die eine oder andere Figur der Bewegung zurückzuführen. Auf jeden Fall vollzog sie sich ohne Musserts Zutun, und sicher hat hierin M. M. Rost van Tonningen eine Rolle gespielt, ein in Surabaja geborener Niederländer, der schon früh mit dem österreichischen Nationalsozialismus in Berührung kam und ein enger Freund Himmlers war. Natürlich kann die allmählich sich durchsetzende Radikalisierung nicht nur auf sein Konto geschrieben werden. In der ›Broschüre Nr. 5‹ von 1936, die die staatstheoretisch orientierte

›Broschüre Nr. 3‹ ersetzen sollte, ist die neue Richtung der Bewegung zum Teil fixiert worden. Volksgemeinschaft und vor allem Rasse wurden betont. Die Verschiedenheit der Rassen und die Blutsbindung der Menschen einer Rasse als Wille der Schöpfung, das waren die neuen topics. Freilich: bei der Definition des Volkes als Rasse verharrten die Autoren nicht bei der Biologie, vielmehr zogen sie Sprache, Sitten und Gebräuche, Geschichte und Lebensumstände als bestimmende Charaktermerkmale eines Volkes hinzu. Man zeigte sich hier also theoretisch noch entfernt vom Antisemitismus, wenngleich diese Perzeption von Rasse als Bestimmungsmerkmal in nuce zumindest die Möglichkeit eines völkischen Ausscheidungsprozesses enthielt. Hierzu ist festzustellen, daß zunächst auch Juden die Mitgliedschaft der NSB erwerben konnten. Diese Öffnung nun dürfte vornehmlich aus opportunistischen Gründen erfolgt sein, da infolge der gesellschaftlichen Integration der Juden in den Niederlanden ein Judenproblem gar nicht denkbar war. Andererseits dürfte schließlich bei der Kontaktsuche zu Deutschland, bei der Rost van Tonningen seine Beziehungen spielen ließ, Opportunismus eine Rolle gespielt haben. Der Wunsch nach Anerkennung durch die deutsche Bewegung ließ Mussert umschwenken und den für den Erfolg solchen Kontaktes erforderlichen prinzipiellen Antisemitismus einführen. 1937 war dann auch in der Broschüre ›De bronnen van het Nationaal-Socialisme‹ die Rede von der nordischen Rasse als der schöpferischen und führenden Kraft der Welt und der Geschichte. Kühnheit, Durchsetzungsvermögen, Willenskraft waren ihr eigen. Das war eine Sprache, die in Deutschland sehr bekannt klang; fügte man hinzu, daß die Juden damit befaßt seien, den Boden der Niederlande in ihren Besitz zu bringen, daß sie – wie propagiert wurde – Handel und Industrie beherrschten und gar die Erziehung der Jugend bestimmten, dann war alles das genannt, was auch im benachbarten Deutschland zum täglichen Propagandastil zählte. Hierzu sei A. A. de Jonge zitiert, der die opportunistische Kehrtwendung Musserts zum einen auf die ohnehin einsetzende Radikalisierung der Bewegung, aber auch auf den moralischen Nihilismus des NSB-Führers zurückführt: „Vor die Wahl gestellt, entweder eine gewisse Verbindung noch mit den traditionellen Werten der niederländischen Kultur zu halten oder sich, auf wessen Kosten auch immer, mit den mächtigen geistesverwandten Bewegungen im Ausland zu vereinen, entschieden sich Mussert und seine Anhänger für die zweite Möglichkeit."[61] Der Antisemitismus der NSB war sichtlich der Anstoß, um diese Bewegung innerhalb der niederländischen Gesellschaft vollends zu isolieren. Die Wahlen von 1937 und 1939 bewiesen das. Erst mit dem Einfall der Deutschen in das Land und in den folgenden Besatzungsjahren erreichte die Bewegung eine neue Qualität – die des kollaborierenden Unterdrückers.

13. *Außenpolitische Orientierungen*

13.1. Allgemeine Übersicht

Die hier geschilderte innere Entwicklung der Niederlande nach dem Ersten Weltkrieg bis hinein in die 30er Jahre bedarf der außenpolitischen Ergänzung. Trotz der ängstlich gepflegten Neutralität im Ersten Weltkrieg schien das Land in der Phase des Friedensschlusses einen kurzen Augenblick lang in Bedrängnis zu kommen, als die belgische Regierung in Auswertung ihrer Kriegserfahrungen Ansprüche auf Seeländisch-Flandern und Limburg erhob – Ansprüche, die bei den Verhandlungen in Versailles geltend gemacht wurden. Die belgische Hoffnung lag bei den Alliierten, in erster Linie bei Frankreich. Die Belgier mochten dann stark unter dem Krieg gelitten und im Verein mit den Alliierten einen militärischen Sieg, zugleich auch einen moralischen Sieg davongetragen haben, aber sie blieben in Versailles eben eine 'puissance à intérêts limités'. Zudem erwies sich Frankreich nicht einmal als ein so starker Partner. Das bedeutete wiederum, daß die niederländische Regierung recht eigentlich zu keinem Zeitpunkt einer echten Bedrohung ihres Territoriums sich gegenüberzusehen brauchte. Gleichwohl blieb die Haager Außenpolitik nicht ganz untätig. Außenminister van Karnebeek verweigerte einerseits jegliche militärische und territoriale Konzession, zeigte sich aber bereit, den belgischen Wünschen insofern entgegenzukommen, als er bessere Verbindungen zwischen Antwerpen und der Nordsee einerseits, dieser belgischen Hafenstadt und dem Rhein andererseits anbot. Schon 1920 führten die Verhandlungen zu einem ersten Vertragsentwurf, der 1925 erst als sogenannter Scheldevertrag para-

[61] A. A. de Jonge, Crisis, S. 239.

phiert wurde, in der Zweiten Kammer in eben jenem Jahr eine knappe Mehrheit fand, 1927 jedoch in der Ersten Kammer verworfen wurde. Im Ergebnis diente dieser 1926 vom belgischen Parlament angenommene Vertrag dazu, die internationale Position Belgiens als nicht mehr durch Neutralität gebundenen Kleinstaat aufzubessern. Er enthielt tatsächlich keine besonderen Vorteile für die Niederlande und war in der Presse eine Zeitlang heftig umstritten. In der niederländischen Ab- und Zuneigung spielte ein gut Stück militärstrategischer, wirtschaftlicher und soziokultureller Interessen eine Rolle, und bis zum Zweiten Weltkrieg ist es nicht gelungen, Änderungen einzubringen, die schließlich beide Seiten befriedigen konnten.

Während im Streit um dieses „unannehmbare Traktat" (so R. L. Schuursma im Titel seiner Dissertation)[62] die Interessenpolitik im Vordergrund stand – sie hat sicherlich nicht zur Verbesserung des kaum herzlich zu nennenden niederländisch-belgischen Verhältnisses beigetragen –, setzte sich bei der Streichung der diplomatischen Vertretung der Niederlande beim Vatikan (1925) ebenso eine etwas enge protestantische Prinzipienhaftigkeit durch wie in der Frage nach der diplomatischen Anerkennung der Sowjetunion. Die Vertretung beim Vatikan wurde in der Presse ebenso heftig besprochen wie der belgische Vertrag, und das niederländische Parlament drehte praktisch die Beziehungen zum Heiligen Stuhl auf den Stand von 1871 zurück, nachdem im Weltkrieg aus im wesentlichen aktuellen außenpolitischen Gründen (Friedensvermittlung) eine niederländische Vertretung beim Papst geschaffen worden war. Es handelte sich um eine Aktion des Parlaments, die die diplomatische Vertretung durch Streichung des entsprechenden Postens im Staatshaushalt beseitigte, was den Papst 1926 immerhin zu der politisch-ideologisch aufschlußreichen Auslassung verleitete: „... kann man ein Gewissen bei einer kollektiven Instanz vermuten?"[63] Zum Problem der Anerkennung der Sowjetunion nahmen die niederländischen Regierungen sicherlich eine Haltung ein, die sich in die Politik zahlreicher Regierungen anderer europäischer Länder fügte – allein, sie tat es ungleich hartleibiger, intransigenter als andere. Bol-

[62] R. L. Schuursma, Het onaannemelijk tractaat. Het verdrag met Belgie van 3 april 1925 in de Nederlandse publieke opinie. diss. letteren. 1975.

[63] Zitat in AGN, 14 (1979), S. 346.

schewistenfurcht und Moralität fügten sich hier zu einem unüberwindlichen Block des 'non possumus'. Solche Aversionen haben sich auch gegen das einfache Wirtschaftsinteresse durchzusetzen vermocht. Der kalkulierbare Vorteil aus Handelsbeziehungen reichte nicht hin, jene Politiker, an deren Spitze zunächst van Karnebeek stand, von der Notwendigkeit einer De-jure-Anerkennung Moskaus zu überzeugen. Erst in den 40er Jahren (!), im Londoner Exil, ist es zu einer Anerkennung gekommen.

Auf die Beispiele Beziehungen zum Vatikan und zu Moskau wurde hingewiesen nicht weil sie von hervorragender Bedeutung für die Entwicklung niederländischer Außenpolitik waren, sondern weil sie etwas von der Kraft einer moralisierenden Prinzipienhaftigkeit der niederländischen Politik aussagen. Weniger zur Moralität als zur nüchternen Erkenntnis, daß die politischen Möglichkeiten von Kleinstaaten äußerst begrenzt waren, zählte das zähe Festhalten an der Neutralität. Die belgische Erfahrung zu Beginn des Ersten Weltkrieges blieb da ohne Einfluß, man zog nicht die Konsequenzen, die der Nachbar im Süden durch Abschluß eines Militärabkommens mit Frankreich (1920) zunächst gemeint hatte ziehen zu müssen. So ist es auffällig, daß sich die niederländische Politik zwar einerseits recht intensiv in den Gremien des Völkerbundes mit den Fragen der Konfliktlösung durch Internationalisierung befaßte, den Weg dorthin jedoch nur schwer fand, da man durch etwaige Einbeziehung schon in eine internationale Streitmacht einen Neutralitätsverlust befürchtete.

In diesem Zusammenhang und im Hinblick auf das Schicksal der Niederlande im Zweiten Weltkrieg ist etwas ausführlicher nachzuzeichnen, wie sich das Land außenpolitisch gegenüber dem nationalsozialistischen Deutschland verhalten hat und welche Umstände solches Verhalten letztlich bedingt haben.

13.2. Das Verhältnis zum nationalsozialistischen Deutschland – international und transnational[64]

Im Herbst 1939, kurz nach Ausbruch des Krieges, sah sich der niederländische CHU-Kabinettschef de Geer genötigt, vor der Zweiten

[64] Die Quellen- und Literaturzitate der nachfolgenden Darstellung der nie-

Kammer des Haager Parlaments das Erfordernis strenger Neutralität vorzutragen, die Kontinuität des bis dahin hantierten außenpolitischen Instrumentariums nachdrücklich zu unterstreichen. Er tat dies in zweifellos eindringlichen Worten, die ebenso prinzipienhaft wie allgemein waren, in nachgerade kühnem Optimismus den Niederlanden eine friedensrettende Beispielhaftigkeit beimessend. Von äußerer und innerer Neutralität sprach der Premier, vom europäischen Interesse des niederländischen Verhaltens, von den Niederlanden als „Leuchtturm" in dunklen Zeiten, von dem Rettung ausgehen könne. Die innere Überzeugung des Regierungsmannes suchte nach Stützen der außenpolitischen Konzeption außerhalb der Regierungskreise. Er fand sie bei führenden Sachkundigen des Völkerrechts wie B. M. Telders, der kurz zuvor ein Plädoyer für die niederländische Neutralität veröffentlicht hatte. Dies enthielt eine Antwort auf Äußerungen des In- und Auslandes, in denen ein Anschluß auf der Seite der westlichen Demokratien Frankreich und England in mehr oder weniger subtiler Form ebenso dringend befürwortet wurde, wie sich de Geer oder Telders für Beibehaltung der Neutralität aussprachen. Selbst aus der Ersten Kammer im Haag scheint man Telders gegenüber die Vermutung geäußert zu haben, daß mehr Niederländer als bis dahin angenommen für einen Anschluß an England und Frankreich eintreten würden. Für den Völkerrechtler kam es darauf an, die niederländische Haltung zu rechtfertigen, ihr den moralischen 'touch' mitzugeben. Den Anlaß zu dieser Moralität fand Telders in der Unzulänglichkeit alliierter politischer Praxis der Zwischenkriegszeit – weniger noch in den Bestimmungen des Versailler Vertrages allgemein als in konkreten Folgen wie Reparationspolitik und Ruhrbesetzung. Die Schuld am Aufstieg des Nationalsozialismus wurde kurzerhand Frankreich zugeschoben, Hitler selbst von Telders noch als Kronzeuge

derländisch-deutschen bzw. deutsch-niederländischen Beziehungen finden sich alle belegt in: H. Lademacher, Niederlande – zwischen wirtschaftlichem Zwang und politischer Entscheidungsfreiheit. In: E. Forndran u. a. (Hrsg.), Innen- und Außenpolitik unter nationalsozialistischer Bedrohung. Opladen 1977, S. 192–215, sowie in H. Lademacher, Die Niederlande und Belgien in der Außenpolitik des Dritten Reiches, 1933–1939 – ein Aufriß. In: M. Funke (Hrsg.), Hitler, Deutschland und die Mächte. Materialien zur Außenpolitik des Dritten Reichs. Kronberg/Düsseldorf 1978, S. 654–674.

angeführt, ›Mein Kampf‹ zitiert, wo es heißt: „. . . mit der Besetzung des Ruhrgebiets hat das Schicksal noch einmal dem deutschen Volk die Hand zum Wiederaufstieg geboten. Denn was im ersten Augenblick als schweres Unglück erscheinen mußte, umschloß bei näherer Betrachtung die unendlich verheißende Möglichkeit zur Beendigung des deutschen Leidens überhaupt . . .“ Es ist sicher ebenso pikant wie überraschend, daß Kenntnis des Buches bestand, ohne daß es in seiner ganzen aggressiven und expansionistischen Tendenz gewürdigt, dagegen die Fehlerhaftigkeit alter Entente-Politik extrapoliert wurde. Aber Telders beschränkte sich nicht auf den Vorwurf der Schuld am Aufkommen des Nationalsozialismus. Versagen der Westmächte in der Zwischenkriegszeit gegenüber dem deutschen Zugriff auf Österreich, auf die Tschechoslowakei sowie gegenüber der italienischen Annexion Albaniens wurde angeprangert, zugleich der Altruismus der Mächte im Hinblick auf die Existenzsicherung der kleinen Staaten angezweifelt, purer Egoismus dagegen als Motiv einer etwaigen Kriegsbereitschaft gesehen. Zu dieser Schuldzuweisung beim Aufstieg des Nationalsozialismus durch intransigente Siegerhaltung sowie zum Zweifel am Altruismus der Westmächte trat für Telders als ausschlaggebendes Argument der Traditionalismus der Neutralitätspolitik, der sich unter den gegebenen Umständen als niederländische Pflicht, aber auch als niederländisches Recht äußerte und sich nur als richtig erweisen konnte. Die Wahrung der Neutralität galt als der europäische Beruf der niederländischen Monarchie. Europäischer Beruf, das hieß hier, Handhabung des europäischen Gleichgewichts durch die Niederlande, deren Funktion als Zufahrtsstraße aus Zentraleuropa zur See und von der See her nach Zentraleuropa allgemeine Anerkennung verdiente und nach Ansicht Telders' auch in der Geschichte Anerkennung gefunden hatte, und er konnte sich bestätigt finden durch Auslassungen anderer Rechtslehrer wie Struycken oder van Karnebeek, welch letzterer noch 1938 von der niederländischen Treuhänderschaft im Verbande des europäischen Machtgleichgewichts gesprochen hatte.

Wenn de Geer 1939 die Neutralitätsideologie des Völkerrechtlers Telders ausdrücklich erwähnte, dann weist dies doch auf eine Kongruenz der Gedanken, die Politik letztendlich noch unter dem Aspekt der Kabinettspolitik begreifen, die Führung des Dritten Reiches als ein Kabinett unter anderen betrachten und die unbedingte expansionistische

Dynamik und Ideologie des Reiches gar nicht berücksichtigen wollte. De Geer sprach für seine Regierung, aber es scheint, nach einer späteren Aussage von J. J. Schokking, eines Politikers der CHU, sehr wohl so gewesen zu sein, daß sich auch weitere politische Kreise kaum mit dem Gedanken einer Lösung vom Neutralitätsdenken haben vertraut machen können.

Zweifellos ist diese so alte, zuletzt noch durch die Erfahrung des Ersten Weltkrieges geübte Tradition als ein erheblicher Wirkungsfaktor anzuerkennen, entstanden aus einem deutlichen Fehlbestand an wirklicher Macht, an deren Stelle das zum Paradigma erhobene Prinzip der Neutralität trat, geboren auch aus einem jahrhundertealten, primär maritim gerichteten Streben nach Machtgleichgewicht, nicht nach Machtpolitik. Es war die Politik des Kaufmanns und des Predigers gleichermaßen, die das nüchterne Kalkül des Eigeninteresses und die Sublimierung zum Moralismus für die umgebende Staatenwelt fortzeugte. Aber wie schon in der Vergangenheit das nüchtern kalkulierte Eigeninteresse den Neutralitätskurs bestimmt hat, bleibt auch für die 30er Jahre zu hinterfragen, welche konkreten Bedingungen des Inlandes die Neutralitätsideologie stützten, wer die Träger eben solcher Politik waren, kurz: welche innenpolitischen Voraussetzungen überkommener außenpolitischer Tradition Vorschub leisteten und einen erheblichen Mangel an „Perzeption von Bedrohung" (Begriff bei dem Politikwissenschaftler K. P. Tudyka) seitens eines anderen Staates bedingten. Es ist eigentlich zu ermitteln, welche Faktoren die Prädisposition für Perzeptionsfähigkeit verschüttet oder zumindest unterdrückt haben. Eine solche Untersuchung hätte bis in die Analyse des Erfahrungsbereiches und der Persönlichkeitsstruktur niederländischer Entscheidungsträger vorzudringen – ein Unterfangen, das hier in keiner Weise unternommen werden kann. Aber auf einige doch wohl relevante objektive Wirkungsbedingungen sei im folgenden verwiesen.

Die Beobachtung des Faschismus und Nationalsozialismus datiert in der niederländischen Politik nicht erst ab der 'Machtergreifung' Hitlers 1933. Schon zu Beginn der 30er Jahre berichtete der niederländische Gesandte in Berlin recht regelmäßig über die deutsche politische Parteienszene. Die NSDAP fungierte hier als eine Partei unter vielen, ein wenig den Rahmen sprengend, insofern sie – rhetorisch begabt, innerlich aber hohl – die Jugend zur Aktion zog und die regelmäßige Anwendung von Brachialgewalt nicht scheute. Ihr überraschend großer Wahlsieg vom September 1930 wurde der Schwäche der zersplitterten bürgerlichen Parteien sowie der politischen Unreife des Wahlvolks zugeschrieben. Dabei fanden sich die Nationalsozialisten in die Nähe der marxistischen Lehre gerückt, wenngleich sie – wie richtig beobachtet wurde – aus eigentlich allen Schichten Anhänger rekrutierten. Die politische Konzeption der Nationalsozialisten blieb im wesentlichen unbeachtet; von außenpolitischen Vorstellungen war keine Rede. Die Partei saß eben noch nicht in der Regierung und wurde zudem insgesamt als ein Hort hohler Phraseologie abgetan. Volle Aufmerksamkeit hingegen fanden die Aussagen zur Wirtschafts- und Handelspolitik, insofern die Nationalsozialisten einen erhöhten Zollschutz für die eigene Landwirtschaft forderten. Solche Aufmerksamkeit war geboten, weil die Partei die Front jener Gruppen zu stärken vermochte, die unter Führung des Ministers Schiele im Brüning-Kabinett gleichfalls Erhöhung der Tarife für die für die Niederlande wichtigsten landwirtschaftlichen Exporterzeugnisse verlangten.

Die hier in den Gesandtschaftsberichten angedeutete Beobachtung der wirtschaftspolitischen Szene wird – überschaut man die nachfolgenden Jahre – als ein sehr wesentlicher Aspekt niederländischer Außenpolitik zu charakterisieren sein. Es ist selbst die These zu wagen, daß die Konzentration auf eine günstige Entwicklung der Handelsbeziehungen einen bruchlosen Übergang in der Beurteilung der außenpolitischen Qualität des Reiches von Weimar zu Hitler garantierte. So abwegig war die Vermutung eines Korrespondenten der ›Kölnischen Zeitung‹ nicht, der nach den September-Wahlen 1930 angesichts der Unruhe des Auslandes über den Wahlerfolg der Nationalsozialisten nach Gesprächen mit niederländischen Wirtschaftlern schrieb: „Wirtschaft ist alles, Politik nicht viel! Das ist eigentlich das Kriterium des Holländers, und deshalb darf man die politische Neuorientierung in Deutschland, die die Wahl mit sich gebracht hat, als für den Holländer wenig bedeutungsvoll ansehen.“ Es ist dann nicht verwunderlich, daß der ›Standaard‹, das noch von Kuyper begründete Organ der ARP, am 31. Januar 1933 nach der Machtübernahme diesen Akt kurz erwähnte und zugleich in einem zweiten Absatz hinzufügte, mit Hugenberg als Ernährungsminister sei wenig Hoffnung für die landwirtschaftliche Erzeugnisse der Niederlande gegeben. Den Artikel schrieb Hendrik Colijn, der wenige Monate später zum zweiten Mal Kabinettschef werden sollte.

Die wirtschafts- und handelspolitischen Details können hier nicht im einzelnen Beachtung finden, aber es sei doch in Ergänzung der an anderer Stelle beschriebenen Struktur auf einige grundsätzliche Voraussetzungen der niederländischen Wirtschaft verwiesen. Sie war gekennzeichnet durch die historisch seit dem 19. Jahrhundert stark angewachsene weltwirtschaftliche Verflechtung, mit einer besonders hohen Außenhandelsquote pro Kopf der Bevölkerung. Ihre Politik vollzog sich auf dem Weg über zahlreiche Handelsverträge mit Anwendung der Meistbegünstigungsklausel, also praktisch auf dem Weg des Freihandels. Dies kam in erster Linie dem Agrarsektor der niederländischen Wirtschaft zugute, der in den Jahren zwischen 1925 und 1930 aufblühte. Die Abhängigkeit vom Außenhandel erwies sich als unangenehme Sackgasse, als gegen Ende der 20er und zu Beginn der 30er Jahre Staaten wie Deutschland, die USA und Großbritannien auf einen protektionistischen Kurs einschwenkten, der vor allem die landwirtschaftliche Erzeugung traf. Dazu trat, daß die USA und Kanada durch zunehmende Rationalisierung und Mechanisierung zur Produktionssteigerung kamen und durch Verbesserung der Transportmittel den europäischen Markt schneller und billiger erreichten. Die begreiflicherweise freihändlerisch eingestellte niederländische Landwirtschaft und die ebenso orientierte Regierung mußten angesichts solcher Entwicklung zum Protektionismus Maßnahmen ergreifen und Verhandlungen anknüpfen mit den Abnehmerländern, die den Exportumfang einigermaßen zu wahren vermochten, zumal der Anteil der in der Landwirtschaft Beschäftigten von 1920 bis 1930 um etwa 20 v. H. auf fast 650 000 bei einer Gesamtbeschäftigtenzahl von ca. 3,1 Millionen (1930) gestiegen war, die sozialpolitischen Folgen einer Agrarkrise sich also leicht ausrechnen ließen. Die wichtigsten Handelspartner für die Niederlande waren die zentral- und westeuropäischen Nachbarstaaten, unter denen Deutschland immerhin einen vorrangigen Platz einnahm. Die Landwirtschaft stellte bis in die ersten 30er Jahre hinein – über Einfuhrbeträge soll hier nicht gehandelt werden – zwischen 35 bis 50 v. H. des Gesamtexportwertes und trug insgesamt zu einem großen Ausfuhrüberschuß bei. Im Hinblick auf Deutschland ist festzustellen, daß der bei weitem größte Teil des niederländischen Exports ins Reich von Agrarerzeugnissen gestellt wurde.

Unter diesen waren vor allem Gartenbauerzeugnisse besonders exportintensiv (70 v. H. der Gesamterzeugung des Anbaus); es folgten Eier, Butter, Käse (über 50 v. H.) und Ackerbauerzeugnisse (20 v. H.). Der *Wert* des Agrarexports wurde zwischen 52 und 64 v. H. bestimmt durch tierische Exporterzeugnisse und zu 16 bis 33 v. H. durch den Export von Ackerbauprodukten. Insgesamt stellten die niederländischen Agrarerzeugnisse im Gesamtwarenexport ins Reich zwischen 1923 und 1938 einschließlich, ohne Österreich, weitaus mehr als die Hälfte, mit Höhepunkten zwischen 1927 und 1929. Bei der allgemeinen Schrumpfung des Handelsverkehrs insbesondere nach 1933 ging auch der niederländische Anteil an der deutschen Gesamtagrareinfuhr stark zurück, d. h. die Niederlande verloren als Lieferant von Agrarerzeugnissen für Deutschland an Bedeutung. Das war nicht allein auf eine intensive deutsch-italienische Zusammenarbeit, sondern auch auf die deutsche Politik zurückzuführen, den südosteuropäischen Raum wirtschaftlich stärker an das Reich heranzuziehen. Jedenfalls machte der niederländische Anteil 1938 an der deutschen Gesamtagrareinfuhr nur noch 5 v. H. aus, gegenüber 8,7 v. H. im Jahre 1930. Vergleicht man für diesen Zeitraum die Übersichten der niederländischen Ausfuhr mit den Statistiken der deutschen Gesamteinfuhr auf einzelne Länder verteilt, dann ist allgemein festzustellen, daß die Bedeutung Deutschlands als Käufer niederländischer Agrarerzeugnisse größer war als die der Niederlande als Lieferant dieser Erzeugnisse für Deutschland. Es ist somit deutlich, daß angesichts solcher Außenhandelsstruktur jede Handelsbehinderung in Form von Zollerhöhungen oder Kontingentierungen ungünstige Auswirkung für die konjunkturempfindliche Agrarwirtschaft der Niederlande haben mußte. Im Verlauf der Weltwirtschaftskrise ergriff Deutschland Maßnahmen wie Devisenbewirtschaftung und Zollerhöhungen vor allem auch für Agrarerzeugnisse, die zunächst deutlich protektionistischen Charakter hatten und nach 1933 in den Dienst der Autarkiepolitik des Reiches gestellt wurden. Im Zuge der Devisenbewirtschaftung verkündete die Reichsregierung im September 1934 den 'Neuen Plan', der darauf abzielte, die Einfuhr unentbehrlicher Rohstoffe sicherzustellen, die Produktionskapazität der Wirtschaft in den Dienst vor allem der Aufrüstung zu stellen, die wirtschaftliche Selbstversorgung zu fördern, die deutschen Auslandsschulden zu reduzieren und den Handelsverkehr mit dem südosteuropäischen Raum zu verstärken. Rohstoffländer genossen Vorrang, der Handel mit Nicht-Rohstoffländern ging dagegen zurück. Und eben dazu zählten auch die Niederlande, die in der Außenhandelsprospektion des Reiches praktisch langfristig nur noch die Rolle des Lückenbüßers spielen sollten, insofern die vollgenutzte Wirtschaftskapazität des Reiches bestimmten Bedarf nicht mehr zu decken in der Lage war. Natürlich lautete die Konsequenz nicht Ausschaltung der Niederlande vom deutschen Markt, aber es war so, daß die niederländische Wirtschaft in teilweise mühseligen Verhandlungen um relativ günstige Zollsätze und -kontingente für ihre Wirtschafts-(agrar)erzeugnisse zu kämpfen hatte und eben Erfolge nur verbuchen konnte, wenn sie ihrerseits Gegenleistungen in Form von Extrakontingenten für deutsche Waren erbrachte oder den Zinsfuß für den 1920 gewährten, ursprünglich auf 10 Jahre befristeten, dann aber bis 1937 verlängerten 'revolving-credit' verringerten (Tredefina-Kredit).

In den Verhandlungen bot Deutschland den stärkeren Part, und angesichts der Bedeutung des deutschen Marktes für die niederländische Landwirtschaft ließen sich politische Stellungnahmen, die auf eine Parteinahme gegen faschistische Regime hinausliefen, kaum als gelungene Beigabe ansehen. In diesem Zusammenhang ist sicher die Lektüre etwa der Jahresberichte der Industrie- und Handelskammer von Rotterdam interessant, die auf den ersten Seiten jeweils einen Gesamtüberblick auch über die politische Entwicklung in den niederländischen Wirtschafts-Partnerländern bieten. Dabei fällt die Nüchternheit der nachgerade im Ton eines Nachrichtensprechers gehaltenen Informationen auf, die sich jeder Beurteilung des Regimes selbst enthält, nicht einmal zwischen den Zeilen eine Stellungnahme bietet. Wo schließlich von wirtschaftlichen Schwierigkeiten in Deutschland im Zuge der autark gerichteten Ankurbelungspolitik gesprochen wurde, da wußte man gleich auf die wirtschaftlichen Konsequenzen für die Niederlande hinzuweisen, etwa im Jahresbericht von 1935. Schon die Wortwahl bei der Beschreibung wichtiger politischer Ereignisse war die der Nichtintervention. Der Einmarsch in die Rheinlande wurde als demonstrative Kündigung des Vertrages von Locarno bezeichnet, dieweil Österreich sich 1938 dem Reich *wieder* hinzugefügt fand. Die wesentliche Sorge galt dem Umschlag im Rotterdamer Hafen. Da war das Wissen um verstärkte Aufrüstung nur insoweit interessant, als die erhöhte Einfuhr von Rohstoffen die Kapazität des Hafens voll ausnutzte. Sorgenvoll schaute man bei erhöhtem Rohstoffumschlag lediglich aus der Furcht heraus, es mit nur vorübergehender Kapazitätsnutzung angesichts einer im ganzen schwachen Wirtschaftslage im Reich zu tun zu haben, wissend, daß Aufrüstung wirtschaftlich eine tote Last bedeutete. Und die gleiche Sorge erfüllte die Rotterdamer Wirtschaft bei den Bemühungen des Reiches um den Ausbau des Binnenschiffahrtsnetzes, da dadurch ein Großteil der Importe zu den deutschen Nordseehäfen umgeleitet werden könnte. Es entsprach durchaus traditionellem freihändlerischem Denken, wenn man in umfassender Autarkiepolitik Wurzeln des Kriegsübels entdeckte, und man hoffte, daß durch eine Erhöhung des Wohlstandes in der Welt solche Gefahr genommen wurde, zumal keiner der führenden Staatsmänner nach Ansicht des hier beschriebenen Kreises niederländischer Wirtschaftler auf eine kriegerische Lösung aus war. Wenig erfreut schaute die Rotterdamer Handelskammer auch auf die Hinwendung des Reiches zum südosteuropäischen Raum, und die Äußerung des Wirtschaftsministers Funk in Sofia über das Gebiet zwischen Nordsee und Schwarzem Meer als einem „natürlichen Wirtschaftsraum“ ließ für die niederländische Durchfuhr und die Agrarwirtschaft nur Dunkles ahnen. Solange aber der Rhein noch als wichtige Verkehrsader gelten konnte, Deutschland eine ganz besonders hohe Wirtschaftstätigkeit aufwies und das Rheinland selbst zu den wesentlichen Wirtschaftszentren des Reiches zählte, war Hoffnung auch für die Niederlande gegeben.

Sicherlich ist es nicht zu weit gegriffen, wenn man die Berichterstattung der Rotterdamer Handelskammer als klinisch unterkühlten Opportunismus klassifiziert, aber die auf einen ertragreichen Außenhandel aufbauende Wirtschaftsstruktur des Landes verlangte in der Tat eben äußerste Zurückhaltung, zumal die weltwirtschaftliche Entwicklung und damit die Haltung möglicher politischer Partnerländer der Niederlande keineswegs erlaubten, auf das nationalsozialistische Reich als Handelspartner zu verzichten, was immer dort geschehen mochte. Vor allem auch Großbritannien zeigte sich um 1934 wenig bereit, wirtschaftliche Konzessionen zu machen, und es war selbst so, daß Deutschland sich in Fragen der Kontingentierung durchaus konzessionsbereiter erwies als England. Daß manche Kreise die deutsche Wirtschafts- und Außenhandelspolitik, aber auch die große Politik der Deutschen insgeheim mit Empörung beobachteten, darf sicher vermutet werden. Ein Mann wie der niederländische Wirtschaftsführer Ernst Heldring, entschiedener Anhänger der Freihandelslehre und vom baldigen wirtschaftlichen Zusammenbruch des Reiches fest überzeugt, vertraute seinen Groll dem Tagebuch an, aber auch er wollte die deutsche Politik – ohne diese zu rechtfertigen – in erster Instanz auf die total verfehlte Politik der Alliierten in Versailles zurückgeführt sehen. Das zeugt von einem Versuch, die Entwicklung zu begreifen, auch wenn sie nicht begrüßt wurde. Das Verständnis für die deutsche Lage wiederum war sicherlich recht weit fortgeschritten, wenn die Handelskammer Utrecht die Rede Carl Luers', des Reichsführers für Handel und Präsidenten des Rhein-Mainischen Industrie- und Handelstages, zur 31. Utrechter Messe in extenso in Broschüreform veröffentlichte – eine Rede, die gewiß die Zukunft der deutsch-niederländischen Wirtschaftsbeziehungen positiv beurteilte, in erster Linie aber für Verständnis der deutschen Situation warb und letztlich eine Rechtfertigung der wirtschaftspolitischen Maßnahmen enthielt.

Im ganzen kann man sich des Eindrucks nicht erwehren, daß es bei persönlichen Kontakten zwischen den Wirtschaftsgremien der beiden Länder eher herzlich als reserviert zuging. Es seien hier einige Beispiele genannt. Ein Besuch der Kölner Stadtverwaltung in Rotterdam, auf Einladung des dortigen Bürgermeisters (September 1937), war von einer Reihe von Veranstaltungen umrahmt, die „auf seiten der Holländer das deutliche Bestreben [zeigten], den nationalsozialistischen Repräsentanten der großen Wirtschaftszentrale des Rheinlandes freundlich und verständnisvoll entgegenzukommen". An der Hafenrundfahrt nahm Handelsminister Steenberghe teil, am Empfang im Museum Boymans Kultusminister Slotemaker de Bruıne. Beim Staatsdiner im Rathaus saßen führende Leute aus Schiffahrt und Handel zu Tisch. Der Präsident der Rotterdamer Handelskammer nahm an weiteren Veranstaltungen zusammen mit Spitzen der Wirtschaft teil. Das Ganze war eine groß aufgezogene Angelegenheit, bei der der deutsche Konsul Windecker selbst eine Preisgabe der bisher beobachteten Reserviertheit der Niederlande festzustellen glaubte. Offensichtlich haben selbst die meisten SDAP-Beigeordneten Rotterdams an den Veranstaltungen teilgenommen, und der sozialdemokratische ›Voorwaarts‹ brachte einen Bericht zur vollen Zufriedenheit des deutschen Konsulats. Auch waren die führenden Vertreter der an anderer Stelle näher behandelten Reichsdeutschen Gemeinschaft (RDG) zum Diner eingeladen. Konkludierend stellte der Konsul dann fest, „daß schließlich auch die liberalen Behördenvertreter und Handelsherren vor den Trägern des Parteiabzeichens und manchen klärenden Gesprächen über den Nationalsozialismus nicht mehr so reserviert wie früher zurückgewichen sind. Zu dieser freundlicheren Haltung hat sicherlich das in jeder Hinsicht vorzügliche Auftreten der Kölner Herren ebenso beigetragen wie der günstige Stand des deutsch-holländischen Clearings und die durch den deutschen Transithandel verursachte Konjunktur im Rotterdamer Hafen".

Der Gegenbesuch der Rotterdamer in Köln anläßlich der dortigen Frühjahrsmesse verlief insgesamt in einem wohl noch aufwendigeren Stil, wenn nicht gar aufgeschlosseneren Ton, obwohl der Anschluß Österreichs erst allerkürzeste Vergangenheit war. Bürgermeister Drooglever-Fortuyn sprach bei dieser Gelegenheit im Kölner Arbeitskreis der Deutsch-Niederländischen Gesellschaft (DNG). Dabei scheint er auf die obligaten und den Zielsetzungen der Rotterdamer Wirtschaft entsprechenden Verbindungen der rheinisch-westfälischen Industrie im Rheinmündungsgebiet und auf das Streben des nationalsozialistischen Deutschland hingewiesen zu haben, nicht nur die eigene wirtschaftliche Stellung zu stärken, sondern auch die Handels- und Zahlungsbedingungen gegenüber dem Ausland zu verbessern. Beim Empfang im Kölner Rathaus hob der Kölner Oberbürgermeister Schmidt hervor, daß der Führer dem Rotterdamer Amtskollegen eine hohe Auszeichnung wegen der Verdienste um die deutsch-niederländische Zusammenarbeit verliehen habe. Drooglever-Fortuyn muß sich nach Mitteilung des deutschen Konsuls bewundernd über deutsches Genie und Fleiß ausgelassen und den Wunsch ausgesprochen haben, daß sich die Zukunft „unter der heutigen festen Leitung" erfüllen möge.

Für enge persönliche und wirtschaftliche Kontakte zwischen Deutschland und den Niederlanden sorgte in den letzten 30er Jahren vor allem die Deutsch-Niederländische Gesellschaft, die sich in jener Periode außerordentlich rührig gab und deren Arbeit in gewissem Sinne von der Niederländisch-Deutschen Vereinigung (NDV), schon 1921 gegründet, vorbereitet worden war. Die NDV, eine recht elitäre Gruppe aus Adel, Universitäts-, Verwaltungs- und Wirtschaftskreisen mit durchaus ansehnlichen Mitgliederzahlen vor allem in Den Haag, Utrecht, Amsterdam und Rotterdam, hatte als Ziel die Pflege der kulturellen und wirtschaftlichen Bande mit Deutschland, und hinter den wirtschaftlichen Ambitionen steckte die These, daß ein armes Deutschland auch ein armes Holland nach sich ziehe. Diese indirekt gegen die Bestimmungen von Versailles agitierende Vereinigung kam mit der Machtübernahme durchaus in eine Konfliktsituation, die sich vor allem aus dem mit aller Heftigkeit losbrechenden Antisemitismus der NSDAP ergab, der bei aller Deutschfreundlichkeit der Vereinsmitglieder für manche schlicht unverdaulich erschien. Allerdings hat sich schließlich die pro-deutsche Richtung durchsetzen können, zumal manche geneigt waren, die Auswüchse des Staatsterrors weniger Hitler als den Entgleisungen der niederen Chargen („dii minores") zuzuschreiben. In der Führung der 1936 gebildeten Deutsch-Niederländischen Gesellschaft nun stand der für Wirtschaftsfragen äußerst kompetente deutsche Staatsrat Emil Helfferich, Kaufmann und Reeder, ehemals Generaldirektor des Straits & Sunda-Syndikats, Hamburg–Batavia, und zwischen 1933 und 1941 auch Aufsichtsratsvorsitzender der Hamburg–Amerika-Linie. Helfferich unterhielt vortreffliche Beziehungen zu den Spitzen der niederländischen Gesellschaft, war ein Freund des Außenministers de Graeff und wußte selbst über de Graeff zu Ministerpräsident Colijn vorzudringen. Die sich aus den gestörten Wirtschaftsbeziehungen ergebenden Spannungen hat nicht zuletzt Helfferich ausräumen können. Helfferich, Vorsitzender des 1937 gegründeten Wirtschaftsausschusses der DNG, bot als Programm die Regelung der schwierigen Wirtschaftsfragen durch persönliche Kontakte über die Grenze hinweg, ohne dabei den Industrie- und Handelskammern die Arbeit wegnehmen zu wollen. Daß die DNG letztlich ein Instrument zur Ausbreitung des nationalsozialistischen Gedankens zunächst bei den Deutschen in den Niederlanden war, konnte kaum unbekannt geblieben sein, aber angesichts der noch zunehmenden Arbeitslosigkeit in den Niederlanden bot die wachsende Nachfrage nach Gütern und Arbeitsplätzen in Deutschland eine willkommene Erleichterung. Sowohl politische als auch wirtschaftliche Spitzenkräfte nahmen Einladungen der DNG zu einzelnen Veranstaltungen gerne an. Zum Vondel-Gedenktag in Köln, im Mai 1937, arrangiert von der DNG und präsidiert vom nationalsozialistischen Dichter Hans Friedrich Blunck, erschien selbst Kultusminister und CHU-Politiker Slotemaker de Bruïne. Die auf 'goodwill' für Deutschland getrimmte Kontaktpolitik der DNG scheint Früchte getragen zu haben. Es wird sicherlich in den Niederlanden nicht verborgen geblieben sein, daß die DNG Leute wie Krupp, Thyssen und Vertreter der IG Farben in ihren Reihen zählte, die durchaus eindrucksvolle Veranstaltungen zu finanzieren wußten. Folgt man dem Jahresbericht von 1937, dann ergeben sich daraus folgende Aktivitäten: Im Januar fanden die ersten vorbereitenden Wirtschaftsbesprechungen in den Niederlanden statt, dem neuen niederländischen Gesandten in Berlin, van Rappard, bot die DNG ein Frühstück. Im März erfolgte in Düsseldorf die Bildung des obengenannten Wirtschaftsausschusses. An der Sitzung nahmen auch Vertreter der Niederländisch-Deutschen Vereinigung teil, über deren Geschichte oben kurz gehandelt wurde. Ein entsprechender Ausschuß, der Kontakte mit der DNG unterhalten sollte, kam in den Niederlanden zustande. In ihm saßen: D. Crena de Jongh, Präsident der Nederlandse Handel-Maatschappij (NHM), M. H. Damme, Direktor der Werkspoor, A. D. Delprat, Direktor der Stoomvaartuig Nederland, J. Gelderman, Direktor von H. P. Gelderman & Zonen (Oldenzaal), W. H. van Leeuwen, Präsident der Nederlandsche Gist- en Spiritusfabriek Delft, W. H. de Monchy, Direktor der Holland-Amerika Linie, F. E. Posthuma, ehem. Handelsminister, Aufsichtsratsvorsitzender der Coop. Vereniging 'Centraalbeheer', G. van Beuningen, Direktor der Steenkolen-Handelsvereniging N. V., F. H. Fentener van Vlissingen, Vorsitzender der Internationalen Handelskammer Utrecht. Auf der hier schon erwähnten Vondel-Feier vom Mai überreichte der niederländische Generalkonsul H. C. Scheibler dem Kölner Oberbürgermeister Schmidt die Urkunde der Ernennung zum Kommandeur des Ordens von Oranien-Nassau, „eine Auszeichnung von höchster niederländischer Seite, die auch gleichzeitig die Anerkennung für das erste öffentliche Auftreten der Deutsch-Niederländischen Gesellschaft in sich schließt". Im Juni folgten niederländisch-deutsche Wirtschaftsbesprechungen im Haag, und im Juli nahm ein DNG-Vertreter am Friesenkongreß in Medemblik teil. Dazu traten dann die Veranstaltungen von Studienreisen in Deutschland bis hin zum gemeinsamen deutsch-niederländischen Martinsgansessen. Daran nahmen offizielle Vertreter der beiden Staaten sowie der NSDAP teil. Ende 1937 scheint auch der Tiefpunkt der niederländisch-deutschen Handelsbeziehungen überwunden gewesen zu sein.

Im folgenden Jahr konsolidierte sich der um einige Vertreter wichtiger Firmen erweiterte niederländische Wirtschaftsausschuß, immer noch mit Fentener van Vlissingen an der Spitze, der direkte Kontakte mit Helfferich unterhielt. Fentener war Aufsichtsratsmitglied zahlreicher niederländischer Gesellschaften. In diesem Jahr veranstalteten die Niederländer in Rotterdam, die Deutschen in Berlin eine niederländisch-deutsche Wirtschaftstagung. Zuvor sprach Helfferich vor der äußerst exklusiven („hochangesehene holländische Beamte, Ärzte, Rechtsanwälte, Geschäftsleute etc") Rotterdamer Gesellschaft 'Gijsbert van Hogendorp' auf deren Einladung über die „wirtschaftliche und soziale Entwicklung im neuen Deutschland" – und da wurde das hohe Lied der neuen Ordnung unter Hitler gesungen, die alte liberale Theorie zu Grabe getragen. Arbeitsfreude und Arbeitsfriede galten als Motto. Der Hinweis ist sicherlich interessant, daß die niederländische Regierung die „Organisation der gewerblichen Wirtschaft in Deutschland", über die Helfferich gesprochen hatte, untersuchen ließ, und es fragt sich, ob man hier die Möglichkeit einer Beendigung des Klassenkampfes in den Niederlanden sah. Anfang November 1938 wiederholte sich das Martinsgansessen im Berliner Hotel 'Bristol'. Anwesend waren deutsche Regierungsmitglieder sowie niederländische und deutsche Wirtschaftsführer, wobei Fentener van Vlissingen in der Tischrede recht Positives zur Lage in Deutschland zum Besten gab. Im Jahresbericht wurde sicherlich nicht ohne Zufriedenheit festgestellt, daß es der DNG in zunehmenden Maße gelungen sei, „maßgebliche Persönlichkeiten und Kreise der Niederlande über die oft mißverstandenen Bestrebungen des nationalsozialistischen Deutschland aufzuklären und Vorurteile zu zerstreuen". Und angesichts der erzielten Erfolge konnte man sich des wohl schon als Ausgangspunkt projektierten Niederländerbildes zumindest für die hier beschriebene Gruppe großer Wirtschaftsführer sicher sein, das die Charaktereigenschaften wie folgt wiedergab: „Der Niederländer ist eine konzentrierte Natur. Bei ihm gilt das Wesentliche, die Phrase ist ihm fremd und die Kompliziertheit sein Feind. Der Holländer ist Gestalter, Realpolitiker und kein Theoretiker."

Die hier angeführten Einzelheiten sollten keinesfalls als Quisquilien angemerkt werden, sie zeigen vielmehr, daß durchaus tonangebende Kreise in den Niederlanden bereit waren, ihren Begriff vom Politischen auf die Wirtschaftspolitik zu begrenzen, solange nur die Zahlungsbilanz stimmte, und es bliebe im einzelnen noch zu untersuchen, ob nicht die

Furcht vor Unruhe im eigenen Land als Konsequenz einer wirtschaftlichen Krise das Wissen über Terror und Verfolgung im Machtbereich des östlichen Nachbarn verdrängt hat. Die Erfordernisse des Wirtschaftlichen und Sozialen bedingten die Exkulpation. Aber war diese Haltung des profitablen Wirtschaftsdenkens typisch für die Haltung anderer sozialer Gruppen der Niederlande? Hierzu sei ein Lagebericht des deutschen Gesandten Zech zitiert, der im September 1933, nach einem Gespräch mit einem hohen Haager Beamten, dessen Bemerkungen mitteilte: „Jetzt habt ihr Deutschen wirklich ganz Holland gegen Euch aufgebracht. Die Juden, Intellektuellen und Humanisten sind gegen Euch wegen Eurer Aktion gegen die deutschen Juden, die Katholiken wegen der Vorgänge beim Münchener Gesellentag und die Protestanten wegen des Antisemitismus in der Lehre der Deutschen Christen, die Landwirtschaft ist schon lange gegen Euch, weil Ihr ihre Produkte nicht in genügendem Umfange abnehmt: die Banken wegen der Stillhaltung [sic!] und die Arbeitnehmer wegen Eures Vorgehens gegen die Gewerkschaften. Nun habt Ihr Euch noch die ganze große Menge derer zu Feinden gemacht, die Geld in deutschen Werten angelegt hatten." Hier wurden einige Punkte niederländischer Kritik nach einem halben Jahr eines schon höchst aktiven Terrorregimes genannt. Zu fragen bleibt jedoch, ob dies eine prinzipielle Ablehnung des Regimes implizierte oder ob man die Zielvorstellungen nationalsozialistischer Politik im Augenblick der Machtübernahme überhaupt durchschaut hat. Es wäre zusätzlich die Frage anzuschließen, ob man sich nicht in einigen Gruppen mit manchen Aktionen der Nationalsozialisten sogar hat einverstanden erklären können, man die eigene Perzeptionsfähigkeit zu beschränken sich anschickte und den Nationalsozialismus nicht insgesamt als Terrorsystem begriff, sondern ihn lediglich ablehnte, soweit er über die eigenen politischen und kulturellen Feindbilder hinausgriff. Die Machtübernahme selbst stimmte zwar nicht ruhig, aber die Presse scheint anfangs hierin noch eher eine der bis dahin so zahlreich gespielten parlamentarischen Partien gesehen zu haben. Da das Intrigenspiel um Papen, Schleicher, Hugenberg nicht unbekannt geblieben war, schien auch Hitler keine lange Regierungszeit beschieden zu sein. Selbst das SDAP-Organ ›Het Volk‹ ließ sich so vernehmen. Dennoch enthielt sich die Presse der Beurteilung, und da fällt auf, daß die bürgerlichen und konfessionellen Organe in erster Linie den Hitlerschen Antimarxismus begrüßten, die Restauration der in Weimar „verkommenen" Sittlichkeit bejahten. Der ›Telegraaf‹ äußerte sich in diesem Sinne, die katholische ›De Tijd‹ und das protestantische ARP-Organ ›De Standaard‹ zeigten sich in diesem Sinne nicht unberührt. Der ›Standaard‹, dessen Chefredakteur Hendrik Colijn von Mai 1933 bis August 1939 die niederländischen Kabinette führen sollte, begrüßte Hitlers Rede vom 1. Februar als gewaltige Leistung mit großen Wahrheiten. Colijn selbst kommentierte den Reichstagsbrand als „kommunistisches Komplott", und er konnte nur bedauern, daß die „Herren Kommunisten" in den Niederlanden noch öffentliche Funktionen ausübten. Terror war hier ein Epitheton, das für die Kommunisten angemessen schien. Hitler erhielt bei Colijn und seiner Zeitung in jenen ersten Monaten nachgerade den Charakter eines Instruments im Kampf gegen die Linke. Die Märzwahlen hatten die Kommunisten nicht ganz aus dem Reichstag vertrieben, und in dieser Feststellung spürte man den Unterton des Bedauerns: da wurde auf Gefahren hingewiesen, indem man die Zahl der kommunistischen Mandate prozentual umlegte auf niederländische Verhältnisse. Dabei sprangen eben zwölf Mandate bei hundert Parlamentssitzen insgesamt heraus. Und die Sozialisten hatte man dabei nicht einmal berücksichtigt. Es verwundert angesichts solchen Tenors denn auch nicht, daß die früh eröffnete Sozialisten- und Kommunistenhatz der deutschen Partei- und Reichsleitung von Colijn im ›Standaard‹ euphemistisch als „Widerrede" klassifiziert wurde. Nachgerade mit erhobenem Zeigefinger wohl auf eigene Verhältnisse deutend, hieß es dann: „Deutschlands Beispiel lehrt, wie ein Volk, das in zunehmendem Maße durch kommunistische Frechheit bedroht wird, letztendlich dann, nur um die Ordnung gewährleistet zu sehen, die häufig mißbrauchte Freiheit gerne preisgibt, die zu so viel Zügellosigkeit Anlaß gegeben hat." Verständnis für nationalsozialistischen Terror wuchs aus einem Ordnungsdenken, das erst Besorgnis äußerte, als auch die anderen Parteien von der Bildfläche verschwanden und der Antisemitismus in antijüdische Aktion umgesetzt wurde. Eben der Antisemitismus war eine Komponente, die Colijn im ›Standaard‹ voll zurückwies und mißbilligte. Aber gerade angesichts dieser Antihaltung in der Judenfrage ist zu konstatieren, daß die aus den Widrigkeiten des eigenen politischen Kampfes erwachsene Einstellung eine Gradation des Menschen und somit eine Degradierung der Menschlichkeit implizierte.

Die Zeitung, die hier etwas ausführlicher betrachtet wurde, eben weil sie das Blatt des Ministerpräsidenten war, hat zwar in den folgenden Jahren eine etwas kritischere Haltung angenommen, aber im ganzen gab doch Zurückhaltung den Ton an, und dort, wo vermeintliche „sozialistische“ oder „bolschewistische“ Tendenzen mit Gewalt abgewürgt wurden – so interpretierte man die Röhm-Affäre 1934 –, fand man die Handlungsweise des Regimes begreiflich. Solche Fehlinterpretationen, denen in erster Linie die eigenen Ordnungsvorstellungen zugrunde lagen, ergaben sich auch im Hinblick auf die Außenpolitik des Dritten Reiches, wenngleich etwa die Rheinlandbesetzung 1936 als ein deutlicher Verlust der außenpolitischen Moral Hitlers angemerkt wurde und man offensichtlich im Anschluß Österreichs 1938 eine Bedrohung der europäischen Kleinstaaten *überhaupt* erkannte, die politische Haltung hinter solchen Konzeptionen fürchtete.

Eine ähnliche Einstellung ist in manchen Fällen in der so zersplitterten protestantischen Kirche in den Niederlanden festzustellen wie auch in den großen protestantisch-christlichen Parteien AR und CHU, aber es muß hinzugefügt werden, daß der Protest gegen die Konsequenzen des Antisemitismus kaum übermäßig laut ertönte. Lediglich der deutsche Kirchenkampf hat niederländischen Protestanten ganz allmählich die Augen über den eigentlichen Charakter des nationalsozialistischen Regimes geöffnet. Es ist so insgesamt auch nicht erstaunlich, daß die angestrengte deutsche Beobachtung vornehmlich der katholischen und marxistischen Presse, nicht jedoch den protestantisch-christlichen Organen galt, d. h. es gab für den Beobachter nichts, das auf feindselige Haltung gegenüber dem Dritten Reich schließen ließ. Damit ist im übrigen noch nichts gesagt über die Haltung des einzelnen Protestanten, des Kirchgängers oder Abonnenten protestantischer Zeitungen, da der Entscheidungsprozeß im wesentlichen doch eine Angelegenheit weniger leitender Instanzen war und die Wechselwirkung zwischen Basis und Führung im einzelnen noch untersucht werden müßte. Gleichwohl sei festgehalten, daß sozial gesehen die protestantische Welt der Niederlande sehr wesentlich auf dem Mittelstand beruhte und durchaus eine gewisse Anfälligkeit für konservatives, wenn nicht gar autoritäres Denken mit seinen festgefahrenen Feindbildern zeigte.

Die Beachtung, die dagegen die katholische Presse und Kirche bei den Nationalsozialisten genossen, resultierte nachgerade in Hysterie. ›De

Tijd‹ und ›De Maasbode‹ galten schon im Juli 1934 als würdig, neben die „jidisch-roten Skribenten der Asphaltpresse“ gestellt zu werden. Über die Verluste der Katholiken zugunsten der NSB wurde schon an anderer Stelle gehandelt. Es ist sicher nicht uninteressant und zeigt eine gewisse Parallelität der protestantischen und katholischen Denkweise, wenn in der zu Hunderttausenden verbreiteten Broschüre ›Ismael trekt op‹ die NSB als neuartige sozialistische Bewegung angeprangert wurde. Nach Mitteilung eines Gestapo-Vertrauensmannes drohten die katholischen Gewerkschaften, denen die Auszahlung der Erwerbslosenunterstützung oblag, allen Besuchern von NSB-Veranstaltungen die Verweigerung des Unterstützungsbetrages an, und stellenlose katholische Lehrer und Lehrerinnen mußten den Nachweis der Mitgliedschaft in einer explizit gegen den Nationalsozialismus gerichteten Organisation erbringen, und dies alles sehr zum Mißvergnügen deutscher Stellen, die vor allem das nahe Limburg mißtrauisch betrachteten, wo in den größeren Städten 1936 nach dem Hochamt zahlreiche gutbesuchte Demonstrationen stattfanden. Zentrale Figur des katholischen antinazistischen Kampfes war Pater Henri Poels, der wohl mit dem modernen Begriff des Arbeiterpriesters richtig charakterisiert ist und der als Freund des deutschen Jesuitenpaters Friedrich Muckermann galt. Es bleibe nicht unerwähnt, daß Poels sich schon im Juni 1933 gegen die Verfolgung der Sozialisten, Kommunisten und Juden im Dritten Reich wandte und eben – obwohl ein Gegner des Sozialismus und Kommunismus – nicht jene Differenzierung der Menschlichkeit vornahm, wie es doch der protestantische ›Standaard‹ tat. Poels hat diesen Protest wiederholt hören lassen; das war für die Reichsinstanzen und Beobachter vor allem im Poelsschen Wirkungszentrum Heerlen peinlich, wo sie ein Spionage- und Propagandazentrum unterhielten. Und in Heerlen nun schien sich 1935 bei den Wahlen zu den Provinzialständen eine Feste der NSB zu bilden.

Neben den Katholiken, die offensichtlich die reichsdeutschen Stellen einigermaßen verunsicherten, erfreuten sich die Sozialisten und Kommunisten angestrengter Beobachtung. Im einzelnen braucht das nicht betrachtet zu werden. Die Linkspresse lehnte einfach den Nationalsozialismus konzessionslos ab, nicht allein wegen des Terrors gegen die Parteigenossen in Deutschland, sondern weil Hitler schlicht mit Krieg identifiziert werden konnte. Die SDAP und der Niederländische Gewerkschaftsverband organisierten 1933 selbst einen Boykott deutscher Waren, der aber im Detailhandel offensichtlich nicht überall lauthals begrüßt wurde und auch offiziell so mancherlei Ausnahmen zuließ. Zugleich bildeten letztgenannte Organisationen eine Aktions- und Propagandastelle zur Bekämpfung des Kommunismus und Faschismus. Eine neue Organisation, die schon erwähnte 'Einheit durch Demokratie', trat noch hinzu, die Ende Juni 1935, zwei Monate nach den Wahlen zu den Provinzialständen mit ihrem Wahlerfolg für die NSB, gebildet wurde. An der Spitze standen vor allem Sozialdemokraten, aber auch Liberale und Freisinnige Demokraten. Die Konfessionellen hielten sich hier stark zurück. Diese Organisation zählte bald 30 000 Mitglieder und war bis zum Einmarsch der Deutschen gegen Nationalsozialismus und NSB propagandistisch tätig.

Es muß fraglich erscheinen, ob die NSB des Ingenieurs Mussert ein Gegengewicht etwa zum sozialdemokratischen und kommunistischen Antifaschismus und Antinationalsozialismus bilden konnte. Von ihr selbst kam ja zudem auch kein deutliches Bekenntnis zu Deutschland, zumal die deutsche Judenhetze anfänglich nicht zu ihrem Vorstellungsbereich zählte. Auf deutscher Seite bestimmte so zu Beginn auch nur kühles Abwarten die Haltung. Es herrschte zwar schon im Oktober 1933 Interesse für die Bewegung, mehr als eine Aufzeichnung der Teilnehmerzahlen in Versammlungen und Demonstrationen durch die diplomatischen Instanzen sprang dabei jedoch nicht heraus. Es darf selbst bezweifelt werden, daß das Interesse der Berliner Regierung nach dem großen Wahlerfolg der NSB bei den Provinzialständewahlen von 1935 übermäßig gewachsen ist. Sicherlich haben eine Reihe persönlicher Kontakte zwischen den Parteispitzen beider Länder bestanden, und nach den Maiwahlen von 1935 schrieb auch die Gestapostelle Recklinghausen von einem „freundlich gesinnten Abwarten", aber es gelang Mussert im Juni des Jahres nicht, zu Hitler vorzudringen, wie es seine Absicht gewesen war. Daß der NSB-Führer im Herbst 1936 doch vorgelassen wurde, gehörte zur Ausnahme von der Regel deutscher Politik, mit faschistischen und rechtsradikalen Führern anderer Länder nicht in Verbindung zu treten, da dies leicht als Intervention in die Innenpolitik ausgelegt werden konnte. Das fügte sich nicht in den Rahmen der unten noch zu erörternden Politik der Selbstverharmlosung. Eigentlich blieb die Bewegung nicht bedeutend genug, als daß sich hierauf die Aufmerksamkeit hätte konzentrieren müssen. Für eine behutsame freundnachbarliche Außenpolitik empfahl sich möglicherweise viel eher eine kulturelle Initiative mittels einer Tageszeitung vom Format der ›Algemeen Handelsblad‹ oder ›Nieuwe Rotterdamsche Courant‹ (NRC). So schlug es jedenfalls ein Berichterstatter aus Amsterdam vor. Dazu trat, daß die NSB zwar in Limburg recht stark war, in einem katholischen Gebiet also, mußte aber nicht allzu offene Stellungnahme oder allzu offenes Hofieren gleichzeitig wie ein Affront der starken RKSP erscheinen? Und so ist festzuhalten: Ein Werben des Reiches um die Partei oder eine wie immer auch geartete Unterstützung erfolgte nicht. Das Werben kam von NSB-Seite, von Mussert selbst, der nach der frühen Zurückhaltung im Laufe der Jahre meinte, sich immer mehr ans Reich anlehnen zu müssen – mit Vorstellungen allerdings, die durchaus von der Selbständigkeit der Niederlande nach einem europäischen Krieg ausgingen.

Auf diesem Hintergrund der wirtschafts- und innenpolitischen Gegebenheiten, die naturgemäß nur grob skizziert werden konnten, sind die innen- und außenpolitischen Verhaltensweisen der niederländischen Regierung zu betrachten. Für die Berliner Instanzen, die sich vom Mai 1933 bis zum August 1939 den einzelnen Kabinetten des AR-Politikers Colijn gegenübersahen, kam es darauf an festzustellen, wieweit die Niederlande auf dem alten Neutralitätskurs beharrten oder ob sie dem Kreis potentieller Gegner zuzurechnen waren. Die Beurteilung politischer Fakten hing dabei, wenn man den Erwartungshorizont abstecken wollte, weitgehend von den politischen Prinzipien der einzelnen Kabinettsmitglieder oder zumindest des Kabinettschefs ab, wobei unter 'Prinzipien' mehr begriffen sein soll als bloße Sicherung der außenpolitischen Stellung des eigenen Landes. Die Reichsregierung verstand darunter zugleich Verständnis für die Nöte der außenpolitischen Lage des anderen sowie ein Begreifen, wenn nicht gar verwandtes Denken, im Hinblick auf eine völlig anders geartete, den Traditionen des eigenen Landes nicht entsprechende innenpolitische Struktur. So ist es nicht verwunderlich, daß der Gesandte Zech das Ausscheiden des Außenministers Beelaerts van Bloklands aus dem Außenministerium im Kabinett Ruys de Beerenbrouck (1933) stark bedauerte, da eben dieser wiederholt volles Verständnis für Deutschland bewiesen hatte. Volle Aufmerksamkeit genoß gleich zu Beginn natürlich Colijn, der in seiner Prinzipienhaftigkeit als Wirtschaftler, Politiker und als reformierter

Protestant selbst den Spielraum des Verständnisses für deutsche Politik und Verhältnisse absteckte. Der deutsche Diplomat im Haag sollte in diesem Zusammenhang ausführlich zitiert werden: „Colijn verbindet in besonders sympathischer Weise die Bodenständigkeit des Bauern mit dem Weitblick des Kolonialholländers. Für deutsche Dinge hat er viel Verständnis und namentlich bei der Konferenz in Basel große und nützliche Dinge geleistet. Damals erfreute es ihn sehr, daß er von deutscher Seite zum Sachverständigen vorgeschlagen wurde. Ebenso war er sehr erfreut, als ihm vor einigen Monaten der deutsche Präsident der Internationalen Handelskammer seine Nachfolgeschaft anbot. Als überzeugter Freihändler ist Colijn jedoch Gegner der deutschen Zollpolitik der letzten Jahre. Der nationalen Erhebung Deutschlands stand er zunächst als scharfer Gegner der Sozialdemokraten und Kommunisten durchaus freundlich abwartend gegenüber, dagegen vermag er kein Verständnis für die deutsche Aktion gegen die Juden aufzubringen. In Indien, wo die Wurzeln von Colijns Laufbahn liegen, fördert die holländische Regierung eher eine Vermischung von Rassen, und als frommer Reformierter geht ihm Glaubens- und Gewissensfreiheit über alles. Die Hauptsympathien Colijns liegen auf der Seite Englands, was auch mit seiner indischen Vergangenheit zusammenhängt. Er hat in allen Teilen des Britischen Weltreichs gute Freunde, mit denen er dauernd in Verbindung steht." Für die Beurteilung der deutschen Szene und damit für die Richtlinien der Politik war die innenpolitische Einstellung Colijns sicherlich nicht ohne Belang, wenngleich nicht außer acht bleiben sollte, daß Colijn in seiner Politik abhängig war vom 'goodwill' des katholischen Koalitionspartners, der gegenüber der deutschen Entwicklung nicht die freundlichsten Gefühle hegte.

Wie oben im Zusammenhang mit der Presse beschrieben und schließlich auch von Zech durchaus richtig nachgezeichnet, prägte den Ministerpräsidenten eine ausgemachte Aversion gegen 'links'. Zum parlamentarischen System insgesamt dürfte er zudem ein ambivalentes Verhältnis gehabt haben. Unmittelbar nach der Regierungskrise von 1935, die zur Bildung des dritten Kabinetts Colijn führte, besprach er mit dem deutschen Gesandten während eines für diesen völlig überraschenden Besuchs die innenpolitische Lage in den Niederlanden. Zech führte die Krise als Beweis für die Unfähigkeit des parlamentarischen Systems und der Notwendigkeit einer autoritären Regierungsstruktur an. Man müsse jetzt den „Schnitt" so schnell wie möglich vollziehen. Colijn, dessen Äußerungen Zech höchst vertraulich behandelt wissen wollte, sah daran Richtiges („möglicherweise werde später einmal die jüngst durchlebte Krise als Beginn des Todeskampfes des holländischen Parlamentarismus angesehen werden"). Sicherlich sprach aus Colijns Worten Unzufriedenheit mit der bestehenden parlamentarischen Form, es wäre jedoch verfehlt, wollte man daraus auf Ablehnung des Parlamentarismus überhaupt oder gar auf Anpassung an faschistische Systeme schließen. Aber eine Neigung zum Autoritären hatte er allemal. Wenn er 1937 in einer Wahlrede vor seiner Partei Kommunismus und Faschismus (Nationalsozialismus) als brauchbare Gesellschafts- oder Regierungsformen gleichermaßen ablehnte, dann geschah das nicht aus wahltaktischen Erwägungen heraus, sondern es dürfte als tiefste Überzeugung zu sehen sein. Es war die Überzeugung eines bürgerlichen und zugleich religiös geprägten 'Juste-Milieu-Politikers', für den Extreme praktisch keine Existenzberechtigung genossen, zumal sie außerhalb der niederländischen Tradition lagen. Extreme fügten sich ebensowenig in sein Ordnungsbild wie ihn, den in der wirtschaftlichen Praxis umfassend Ausgebildeten, mangelnde Effektivität beleidigte. Und eben dieses Element der Effektivität ließ ihn für eine Stärkung der Exekutive gegenüber dem Parlament plädieren. Letztlich formte der Nationalsozialismus oder Faschismus für ihn den drohenden Stock hinter der Tür, der zum Vorschein kommen könne, wenn man die freiheitlichen Grundrechte in hemmungsloser Weise weiterhin ausbeute – auf Kosten der Regierungsautorität. Unter diesem Aspekt ist auch wohl seine Broschüre von 1940 zu begreifen, die aus mehreren Gründen so viel Unwillen in Freundeskreisen verursachte. Es ging ihm nicht um eine Abschaffung der parlamentarischen Form überhaupt, sondern um Beseitigung ihrer Auswüchse durch neue Stützen für die Position der Regierung. Er stellte die „gesunde" Demokratie der „modernen" Demokratie gegenüber. Über diese Broschüre ist an anderer Stelle zu handeln.

Wie aber beurteilten die niederländischen Kabinette die deutsche Außenpolitik? Es sei hier festgestellt, daß die Außenpolitik gegenüber dem Dritten Reich von stark akzentuierter Zurückhaltung geprägt war, soweit es die europäischen Progressionen Deutschlands betraf, daß sie sich anfänglich auf Völkerbund und Abrüstung kaprizierte und daß sie sich über den geringen Zusammenhalt in dieser Weltorganisation der

Staaten wenig glücklich zeigte. Diplomatisches Verhalten nun implizierte für die Niederlande nicht nur den Bereich politischer Handlungen, sondern auch Äußerungen, die – selbst wenn es um zutiefst humanitäre Dinge ging – als Stellungnahme gegen das Regime des Dritten Reiches hätten ausgelegt werden können.

Neutralitäts- und Unabhängigkeitspolitik bedeutete zugleich auch Zurückweisung eines jeden Versuchs, zum Abschluß eines Nichtangriffsvertrages zu gelangen. Nachdem Hitler mit solchen Angeboten bei den europäischen Staaten nachgerade um sich geworfen hatte und im Falle Polen zum Erfolg gelangt war, ist die Frage in Regierung und Presse erörtert worden – mit einem negativen Ergebnis. Ein solcher Vertrag, so ließ der Generalsekretär ('Secretaris-Generaal') Snouck-Hurgronje als Interpret seines Ministers wissen, widerspreche der „traditionellen holländischen Politik, keine vertraglichen Bindungen auf politischem Gebiet einzugehen". Snouck bemerkte dazu noch, daß im übrigen ein solcher Pakt lediglich der Sicherung der französischen Nordflanke dienen könne. Vorstöße, wie sie der AR-Mann Paul Briët (Erste Kammer) bei einigen Regierungsstellen, u. a. beim Propagandaministerium in Berlin auf eigene Faust zu unternehmen gedachte und in der Presse schon unternommen hatte, verfielen der Ablehnung. Gewiß: der ›Nieuwe Rotterdamsche Courant‹ sprach von der Unsinnigkeit eines Nichtangriffspaktes bei freundnachbarlichen Beziehungen, und auch Außenminister de Graeff hielt die Integrität niederländischen Territoriums doch für eine Selbstverständlichkeit der deutschen Politik. Es fragt sich allerdings, ob nicht tatsächlich für die deutsche Politik der Abschluß eines Nichtangriffspaktes zu den über den bloßen Demonstrationswert hinausgehenden diplomatischen Maßnahmen zählen konnte, nachdem der britische Premier Baldwin in einer Rede am 30. Juli 1934 erklärt hatte, im Zeitalter der Luftfahrt liege die Grenze Englands nicht mehr in Dover, sondern am Rhein. Für die niederländische Politik waren das höchst peinliche Aussagen, zumal sich in der ausländischen Presse hartnäckige Gerüchte hielten, die Niederlande würden Ausgangsbasis für die englische Luftflotte. Dazu sollten geheime britisch-niederländische Absprachen stattgefunden haben. Die Niederländer hatten dann auch nichts Eiligeres zu tun, als die Gerüchte sowohl bei deutschen Stellen als auch in der Kammer zu dementieren – zu Recht. Jedenfalls fielen die Ausführungen des Südafrikaners General Smuts, der schon bei den Versailler Beratungen für eine milde Behandlung Deutschlands plädiert hatte und nunmehr im Royal Institute of International Affairs erneut eine Lanze für Deutschland brach, in den Niederlanden ohne Zweifel auf günstigeren Boden. Denn Smuts, ein in den Niederlanden hoch anerkannter Politiker, sprach sich nicht nur für eine Verstärkung des Völkerbundes ohne militärische Sanktionen und für Abrüstung aus – die Steckenpferde doch der niederländischen Politik –, sondern er verdolmetschte auch den vielerorts in Europa lebendigen Gedanken vom Versailler Unrecht an Deutschland, vom Erfordernis der deutschen Gleichberechtigung, und dies in der Hoffnung, die Wurzeln des Nationalsozialismus, den Rassenhaß und den Minderwertigkeitskomplex, zerstören zu können.

Möglicherweise hat solche reichlich vereinfachte Sichtweise nationalsozialistischer Außenpolitik gerade dem zweifellos ausgeprägten Wunschdenken des Kleinstaates Niederlande entsprochen, dessen Existenz letztlich von der Friedfertigkeit der Großmächte abhing. Es war dies eine Form der von de Jong apostrophierten 'Politik des als-ob', die die deutsche Bedrohung schlicht als Äußerung eines Versailles-Komplexes interpretierte – und dies, obwohl der Gesandte in Berlin sicher eher von der Kriegsbereitschaft als von solchem Komplex sich überzeugt zeigte. Es ist in diesem Zusammenhang gewiß nicht uninteressant, daß das niederländische Außenministerium unmittelbar nach Verkündung der allgemeinen Wehrpflicht 1935 im Reich ein Zirkular zusammenstellte, in dem die einzelnen Phasen niederländischer Unabhängigkeitspolitik seit 1919 dargelegt und erläutert wurden. Man wird vermuten dürfen, daß angesichts des Hitlerschen Schrittes Demarchen von dritter Seite befürchtet wurden, die auf eine Preisgabe der Neutralitäts-(Unabhängigkeits-)politik hinauslaufen sollten. Das Papier erweckt den Eindruck eines historisch-politischen Lesebuchs, das für die diplomatische Praxis im Sinne der außenpolitischen Tradition des Landes Verwendung finden sollte. Es war wohl unvermeidlich, daß das Buch des oben schon genannten niederländischen Völkerrechtlers Struycken einleitend herangezogen wurde, der als Konsequenz aus der Entwicklung des Staatensystems nach 1813 nur die abseits aller Konflikte stehende Neutralitätspolitik zu empfehlen vermochte, wenn sich die Niederlande nicht zu Schleppenträgern der Großmächte degradieren lassen wollten. Auffällig ist aber, daß man doch gleich zu Beginn jenen Passus zitierte, in dem er die Niederlande auch nicht in einen machtpolitischen Konflikt im Rahmen des Völkerbundes verwickelt sehen mochte; er stellte die wohl recht eigenartig klingende Vorbedingung, nur bei umfassenden Rechtsgarantien im Hinblick auf die eigene Unabhängigkeit auftreten zu wollen. Es kann hier nicht die Absicht sein, die historisch-politische, mit umfangreicher Dokumentation gespickte Fleißarbeit im einzelnen vorzuführen. Es sei lediglich darauf hingewiesen, daß das Außenministerium als Beweis für die erstgenannte Haltung die Ablehnung einer von Belgien angetragenen Militärallianz für das Scheldegebiet und Limburg anführte, für den zweiten Fall der Wahrung der Unabhängigkeit auch im Rahmen des Völkerbundes eine Vielzahl von entschieden in diese Richtung zielenden Erwägungen und Auffassungen zitierte. Es verdient im Hinblick auf die Situation von 1935 alle Beachtung, daß auch der in den zwanziger Jahren im Völkerbund geäußerte Gedanke, den Sicherheitsgedanken durch Abschluß einer Anzahl von Garantie- und Beistandsverträgen zu erhöhen, der Ablehnung durch die Niederlande verfiel.

Mit der Rheinlandbesetzung war knapp ein Jahr später die Möglichkeit geboten, diese Prinzipien in die Tat umzusetzen. Zunächst einmal stieß die deutsche Argumentation vom Drohcharakter des sowjetisch-französischen Beistandspaktes (1935 schon paraphiert) bei der niederländischen Regierung durchaus auf Verständnis. Schon im August 1934 hatte der Gesandte in Berlin angesichts der Ostpaktpläne wissen lassen, daß diese für die europäische Entwicklung nur nachteilig sein könnten („Frankreich als Polizist in Osteuropa"), und auch 1936 wurde das deutsche Memorandum zur Rheinlandbesetzung an entsprechender Stelle der Argumentation positiv bewertet. Viel wichtiger aber war wohl die Zusendung eines Memorandums an den Londoner Gesandten über etwaige Verpflichtungen der Niederlande im Zusammenhang mit der Rheinlandbesetzung. Dieses Memorandum sollte – wie ein Jahr zuvor die Grundsatzerörterung – als Grundlage aller Gespräche über solche Fragen dienen. Die Gefahr einer Einbeziehung der Niederlande in die Sanktionspolitik des Völkerbundes gegen Deutschland diktierte hier die Feder, und es fällt auf, daß die Regierung auf dem Boden rein juristischer Erwägungen zu dem Schluß kam, nicht zur Teilnahme an Sanktionen des Völkerbundes verpflichtet zu sein. Unbeschadet der Frage, ob die Niederlande das internationale Recht richtig gedeutet haben, spürt man förmlich zwischen den Zeilen das große Aufatmen eines 'non-commitment'. Schließlich haben die Niederlande gar nicht erst eine Reaktion des Völkerbundes abgewartet, obwohl sie zwar in diesem Genfer Organ eine zentrale Möglichkeit außenpolitischen Wirkens im Sinne der Friedenswahrung sahen, möglicherweise aber aus den Erfahrungen der letzten Jahre von dem Bund als interessenfreier Instanz nicht mehr überzeugt waren. Darüber hinaus waren die in Artikel 16 der Völkerbundsakte enthaltenen wirtschaftlichen Sanktionen unter den gegebenen Umständen für die Niederlande ohnehin völlig indiskutabel, selbst wenn man anerkannte, daß Hitler einen flagranten Vertragsbruch beging. Es entsprach schließlich auch dieser Politik – und das war völlig logisch –, wenn das deutsche Angebot eines Nichtangriffspaktes vorläufig abgelehnt wurde mit dem Bemerken, man wolle sich nicht zu Konsequenzen verpflichten, die über die Verpflichtungen aus dem Völkerbund hinausgingen. Wenn man beachtet, daß die Niederlande solche Bindungen ohnehin schon minimal deuteten, dann ist festzuhalten, daß sie sich schlicht zu nichts verpflichtet sahen. Als Höhepunkt solcher Politik des 'non-commitment' erwies sich dann die Erklärung der sogenannten Oslo-Staaten (6 neutrale Länder) vom Frühsommer 1936, die sich nicht mehr an Artikel 16 gebunden achten wollten. Dies geschah auf Anregung der Niederlande. So vermied die Regierung peinlich jede Blockbildung im europäischen Raum, zeigte sich aber auch für den niederländisch-indischen Kolonialbesitz nicht einmal mit dem Köder des aktiven Antikommunismus bereit, gemeinsame Sache mit Japan zu machen, das sich mit dem Dritten Reich im Antikominternpakt 1936 zusammengeschlossen hatte und im Haag nach weiteren Bundesgenossen suchte. Zu einer Zusammenarbeit auf Basis von Polizei- und Rechtsverwaltung wäre die Regierung durchaus bereit gewesen, ein Block offenkundig antisowjetischen Charakters war jedoch abzuweisen.

In dieser Phase entwickelte Den Haag eine Reihe von politischen und terminologischen Empfindlichkeiten. Anlaß dazu bot die Führerrede vom 30. Januar 1937, in der es hieß: „Die deutsche Regierung hat weiter Belgien und Holland versichert, daß sie bereit ist, diese Staaten jederzeit als unantastbare neutrale Gebiete anzuerkennen und zu garantieren." Wiewohl Unantastbarkeit des Territoriums für die niederländischen Politiker eine schiere Selbstverständlichkeit, die Bemerkung Hitlers also eine ebenso schiere Überflüssigkeit darstellte, begrüßte man dennoch solche Auslassungen. Die Haager Regierung gab sich zunächst unsicher ob des Gehalts der Erklärung, las aber dann doch die Bestätigung des Vorschlages über einen Beitritt zu einem Westpakt heraus. Der Text lautete zwar anders als das unten noch zu erwähnende, am 7. März 1936 vorgetragene Angebot eines Beitritts zu einem neuen Westpakt, jedoch war der Passus der Rede so zu verstehen, daß die Niederlande entweder in einen Westpakt einbezogen wurden oder im Rahmen wohl eines bilateralen Vertrages die Unantastbarkeit bestätigt erhalten sollten. Keine dieser Formen kam jedoch für die Haager Regierung in Frage, da die Unantastbarkeit ein Axiom der niederländischen Außenpolitik darstellte. Dieser Haltung lag der inzwischen im Außenministerium vom Generalsekretär ausgearbeitete sogenannte 'Plan Snouck-Hurgronje' zugrunde, der die Stellung der Niederlande in einem seinerzeit allerorten besprochenen möglichen Westpakt definierte. Das heißt, im Außenministerium war man sich sehr wohl klar darüber, daß die Haltung der Niederlande deutlich sein mußte, ehe es zum Abschluß eines Westpaktes kam. Der Plan war gedacht als Abrundung einer solchen neuen etwaigen Vereinbarung. Demnach bestand bei den Niederlanden kein Bedarf, um durch Garantie oder eine Erklärung in welcher Form auch immer, die eigene Sicherheit gewährleistet zu sehen. In einem Westpakt (ohne die Niederlande) sollten die Mächte lediglich erklären, daß Verletzung der niederländischen oder belgischen Grenze einer Verletzung des eigenen Territoriums gleichkomme. Es ist in diesem Zusammenhang sicherlich der Hinweis aufschlußreich, daß der Begriff der Neutralität für Den Haag nun schon zu den termini non grati zählte. Solcher Begriff implizierte offensichtlich allzu sehr den Ruch der Abhängigkeit und Begrenzung der Entscheidungsfreiheit, dieweil die 'non-alignment'-Politik schon längst zu einem moralischen Faktor der Außenpolitik hochstilisiert war und eben nur durch 'Unantastbarkeit' ersetzt werden konnte, ein Begriff, der sicherlich besser mit der Konzeption von Unabhängigkeit = Handlungsfreiheit zu vereinbaren war als 'Neutralität'. So ist es nur folgerichtig, daß im Plan Snouck der mit der Neutralität durchaus verbundene Garantiebegriff der Ablehnung verfiel, da hieraus Verpflichtungen zu erwachsen vermochten. Es ist wohl nicht zu übersehen, daß die Niederlande sich alle Hände für eine von Fall zu Fall zu entscheidende opportunistische Politik freihalten wollten („ohne Beeinträchtigung ihres Rechts, souverän zu bestimmen, welche Folgen sie selbst mit einer Verletzung ihres Gebietes verknüpfen wollten"). F. Gaus, Leiter der Rechtsabteilung im Berliner Außenamt, hat die Lücken dieses Plans sehr plastisch herausgearbeitet, ohne jedoch zu einer Modifikation überreden zu können. Er sah in dem Vorschlag für den Fall eines Konfliktes zwischen den Vertragspartnern die den Niederlanden (und Belgien) gegebene Möglichkeit, die Grenzen des eigenen Landes zugunsten des einen oder anderen Gegners zu öffnen. Für den Rechtsexperten bestand die eigentliche Abrundung des Vorschlags erst in einer niederländischen und belgischen Erklärung, keine der Konfliktparteien militärisch zu unterstützen. Gaus glaubte, solche Erklärung biete eine Handhabe, jeden Druck zu unterbinden, der andernfalls von den Streitenden auf die neutralen Länder ausgeübt werden könne. Darüber hinaus aber sah er – und hier spielte er geschickt auf die doch deutliche niederländische Abkehr von Völkerbundsverpflichtungen an – die Möglichkeit gegeben, solchen etwaigen Verpflichtungen auf gutem Rechtsboden auszuweichen.

Der vieldiskutierte Westpakt ist schließlich nicht zustande gekommen. Die Beschäftigung der internationalen Politik mit dieser Frage diente den Niederlanden in jedem Fall dazu, den Außenministerien der Nachbarstaaten die künftige Stellung des Landes deutlich zu machen. An dieser prinzipiellen Konstruktion änderte sich bis zum Ausbruch des Krieges nichts mehr. Zu Beginn des Jahres 1939 hat der Außenminister im vierten Kabinett Colijn, J. A. N. Patijn, kurzfristig den Abschluß von Nichtangriffsverträgen erwogen, ohne daß diese Idee weiter verfolgt worden wäre. Nun fragt sich auch, ob solche Vorschläge realisiert werden konnten, wenn Colijn in einer Radiorede Ende September 1938 darauf hinwies, daß Deutschland ja nur auf den Osten ziele. Und schließlich meint de Jong, daß Colijn zutiefst davon überzeugt war, daß Deutschland im Falle eines internationalen Konflikts die niederländische Neutralität nicht verletzen würde. Die am Anfang des Kapitels zitierte Erklärung de Geers ist nur eine letzte Fortsetzung der Politik, die die Neutralitätspolitik selbst im Wortgebrauch ummünzte zu einer Unabhängigkeitspolitik der völligen Handlungsfreiheit, entsprechend auch nach allen Seiten Zurückhaltung übte, die von der nächsten Nachbarschaft Deutschlands und ökonomischer Gebundenheit ebenso geprägt war wie von der Furcht vor dem Verlust der Kolonien an England und die letztlich auch Loslösung vom Völkerbundsgedanken enthielt.

Daß einer so begriffenen Unabhängigkeit keine echte Aufrüstungspolitik entsprach, vermag dabei als Perversion des Unabhängigkeitsgedankens erscheinen. Der gesamte Verteidigungsapparat lag quantitativ und qualitativ hinter dem Stand der Entwicklung zurück. Schaut man auf die permanenten Auseinandersetzungen und den schleppenden Gang der Dinge in Verteidigungsfragen auch in den Phasen höchster außenpolitischer Spannungen in Europa, dann ist man geneigt, nach der psychologischen Struktur eines seit anderthalb Jahrhunderten von den europäischen Kriegswirren verschont gebliebenen kleinen Handelsstaates zu fragen. Man wird auch auf die scharfe, von Klassengegensätzen geprägte Innenpolitik als Hemmschuh zu sehen haben, in einer Zeit, in der der sozialistische Anhang sich möglicherweise noch nicht recht vom Wert des Nationalen hatte überzeugen lassen. Es fragt sich bei alledem auch, ob nicht die Selbständigkeit und Unantastbarkeit der Niederlande als Faktoren der internationalen Moral mit ihrem so wesentlichen Element Entscheidungsfreiheit in der niederländischen Politik ein Denken erzeugten, das von vornherein auf Hilfe von außen spekulierte, zumal die strategische (militärische und wirtschaftliche) Bedeutung des Landes solches Denken noch begünstigen konnte.

Und eben diese postulierte Entscheidungsfreiheit war es, die die Niederlande für das Dritte Reich bei allen intensiven Kontakten auf nichtoffizieller Basis zu einem unsicheren Element in dessen expansionspolitischem Konzept machten. Über die Rolle der Niederlande in der deutschen Außenpolitik ist nachfolgend zu handeln.

Eine Skizze der Politik des Reiches gegenüber den Niederlanden läßt sich in zwei Abschnitte periodisieren: die erste Phase wäre am besten als ein 'no-claim'-Verhalten einzuordnen, die zweite – etwa ab 1938 – als Phase des strategischen Kalküls zu bezeichnen. Gegenüber einem Land, das nicht nur die Bestimmungen von Versailles weitgehend als diktatorisch vermittelten internationalen Unsinn empfand, sondern auch schlicht außerhalb des Vertrages stand und einfach nicht mit Revisionsansprüchen konfrontiert werden konnte, ließ die von Jacobsen apostrophierte Strategie grandioser Selbstverharmlosung möglicherweise besonders großen Anklang finden, solange diese Strategie im Zeichen moralischer Entrüstung über Versailles stand. Es war im Hinblick auf eine außenpolitische Beurteilung des Regimes auch in den Niederlanden nicht unwichtig, wenn Hitler für den 'Arbeitsbereich Revisionspolitik' zunächst einmal nach außen hin die überkommene konservative Linie fortsetzte und diese Politik auch im Nachbarstaat als eine solche begriffen wurde. Dies implizierte eine Politik des Werbens um Verständnis, die zum einen dem frühen Ausbau der eigenen Machtstellung im Innern diente, zum anderen auf Behinderung einer antinationalsozialistischen Frontbildung im Ausland, zumal in den Nachbarstaaten, zielte. Solche Sicherung allerdings erschöpfte sich nicht im traditionellen Instrumentarium der Friedensbeteuerungen: in Reden, Interviews oder in den eingefahrenen diplomatischen Bahnen des Auswärtigen Amtes. Das Dritte Reich versuchte vielmehr, sich auch in den Niederlanden des gleichsam außeramtlichen Weges des Auf- und Ausbaus von reichsdeutschen Gruppen oder gar Parteiformationen zu bedienen – ein Aufgabenbereich, der im wesentlichen von der Auslandsorganisation (AO) der NSDAP wahrgenommen wurde. Die wichtigste Aufgabe der AO lautete, „bei dem Gastvolk Verständnis und Sympathie für die nationalsozialistische Bewegung und den von ihr machtpolitisch eroberten Staat zu wecken" und zugleich „Deutschland und seiner Regierung alle Schwierigkeiten aus dem Wege zu räumen und nichts zu unternehmen, was zu außenpolitischen Komplikationen führen" könne. Diese Richtlinien politischer Werbung wurden in den Niederlanden aber als unzulässiger Versuch politischer Infiltration empfunden. So hatte gleich zu Beginn das Unternehmen, die propagandistische Basis des Reiches in den Niederlanden zu stärken, manch offiziellen Widerstand zu überwinden. Gerade das Neutralitäts- und schließlich Unabhängigkeitsprinzip der Niederlande, eine überkommene außenpolitische Maxime, verbot einfach die Duldung von nationalsozialistischen Parteiformationen oder ähnlichen, von den Nationalsozialisten inspirierten Gruppen. Der deutsche Gesandte Zech, der eine recht gute Kenntnis niederländischer Mentalität entwickelt hatte, schrieb schon im September 1933, daß wirtschaftliche Erfolge in Deutschland eine ungleich größere Überzeugungskraft haben könnten als intensive politische Propaganda. Er schlug dazu die Entsendung Gelehrter, Industrieller und Künstler vor, die – am liebsten mit der Geste des objektiven Betrachters und durchaus auch mit einem kritischen Unterton – auf die Errungenschaften der 'nationalen Revolution' hinweisen sollten. Zech selbst war es schon gelungen, Niederländer mit einiger Resonanz im eigenen Land zu einem Sommeraufenthalt im Reich zu veranlassen. Das Ergebnis scheint angesichts der 'Ruhe und Ordnung' in Deutschland überaus positiv gewesen zu sein. Gegenüber der behutsamen und indirekten propagandistischen Linie des deutschen Gesandten nahmen sich die organisatorischen Bemühungen der Auslandsorganisation nachgerade rüde aus. Tatsächlich scheint auch Zech selbst eine bessere Werbung für das neue Deutschland gewesen zu sein als viele Aktionen der Nationalsozialisten. Ausgerechnet er mußte sich nun bei der niederländischen Regierung der Ausweisung unliebsamer aktiver Nationalsozialisten widersetzen – und zwar schon gegen Ende 1933. Es erwies sich eben sehr rasch, daß das freie Wirken der Auslandsorganisation bzw. später ihrer Camouflage-Gruppe Reichsdeutsche Gemeinschaft (Bezeichnung ab 1934) erheblich größerem Widerstand seitens des Haager Außen- und Justizministeriums ausgesetzt war, als man möglicherweise erwartet hatte. Nach ersten Querelen schon im Juli 1933 mit NSDAP-Organisationen im Lande kam es im November zu jenem Streit und Notenwechsel über die Ausweisung von drei Aktivisten der Auslandsorganisation. Die einzelnen offiziellen Demarchen des deutschen Gesandten sollen hier nicht nacherzählt werden, hinzuweisen bleibt aber doch auf seine interessante und sicherlich richtige Vermutung, daß die niederländische Regierung nicht nur um ihre neutrale Position, sondern auch die Kraft eines organisatorischen Zusammenschlusses der Reichsdeutschen unter nationalsozialistischer Flagge und damit ein „Überspringen des nationalsozialistischen Funkens" auf die Niederlande fürchtete. Die Grenznähe des Dritten Reiches wirkte eben bedrohlicher und schuf größere Möglichkeiten fortgesetzter Infiltration als etwa das so weit entfernt liegende Italien, dessen 'Fascio al Estero' in Amsterdam, Rotterdam und Den Haag denn auch in dieser Phase unbehelligt blieb. Dazu kam, daß eine Reihe persönlicher Beziehungen zwischen niederländischen und deutschen Nationalsozialisten bestand und niederländische Gruppen von Nationalsozialisten ihre im eigenen Lande untersagten Versammlungen jenseits der Grenze oft unter Beteiligung deutscher Parteifreunde abhielten. Basis der Ausweisung war im übrigen ein Verbot der Regierung vom Juli 1933, nach dem sich Ausländer nicht politisch-organisatorisch betätigen durften. Dabei hatte die Regierung nicht einmal auf eine enge Auslegung des Verbots gedrängt. Nach Angaben des Außenministers wollte man Zusammenkünfte ohne organisatorische Basis durchaus dulden, lediglich den Einzug von Mitgliedsbeiträgen, die Herausgabe von Parteiblättern und politischen Broschüren vermieden wissen. Es war keinesfalls unbegründet, wenn die niederländische Regierung befürchtete, daß mit der Stärkung des organisatorischen Verbandes auch die Repressalien gegenüber Nichtorganisierten zunehmen würden. In der Provinz Limburg gab es dazu Beispiele. Im übrigen gab sich die niederländische Regierung tatsächlich höchst neutral, insofern sie auch politischen Flüchtlingen aus dem Reich ihre agitatorische Tätigkeit gegen das Regime verbot.

Die Reichsregierung jedenfalls reagierte auf die Entscheidung Den Haags nachgerade allergisch. Sie berief sich vornehmlich auf das Fremdenrecht, deklarierte die niederländische Maßnahme als eine Ausnahmeregelung im Vergleich zum Verhalten anderer Gastländer, wies auf die strengen Richtlinien für die deutschen Organisationen hin (Gebot der Nichteinmischung in die Verhältnisse des Gastlandes), unterstellte in unzulässiger Weise allen Reichsdeutschen im Ausland nationalsozialistisches Bewußtsein – die Auslandsorganisation zählte nie mehr als etwa 3000 Mitglieder – und glaubte schließlich mehr Anspruch auf Rücksichtnahme geltend machen zu können, da es sich bei der NSDAP nicht mehr um eine Partei im herkömmlichen Sinne, sondern um eine das ganze Volk umfassende nationale Bewegung handle. Das war ein eigentümliches, aber angesichts der neuen Denkvoraussetzungen verständliches Argument in einer im wesentlichen von Rechtsgründen ausgehenden 'Klageschrift'. Es entsprach der gesetzlichen Regelung der Reichsregierung vom August d. J., in der die NSDAP zur Trägerin des deutschen Staatsgedankens hochstilisiert wurde.

Für die Reichsregierung wuchs sich der Streit rasch zu einem Prestige-Problem aus, und es zeigte sich die ganze Empfindlichkeit des mit so überaus forschem Selbstbewußtsein aufgetretenen Regimes, das sich offensichtlich keine diplomatische Niederlage erlauben zu können glaubte. So zog Reichsaußenminister von Neurath auch gleich das Drohregister und wies den niederländischen Gesandten auf die üblen Konsequenzen für die deutsch-niederländischen Beziehungen hin. Der allgemein gehaltene Hinweis war deutlich genug: die zu dieser Zeit laufenden Verhandlungen über einen deutsch-niederländischen Wirtschaftsvertrag waren noch nicht abgeschlossen. Neurath gebot höchste Eile und verlangte von den Niederländern Einsicht in nationalsozialistischem Sinne. Schon im ersten Dezember-Drittel scheint man in der

Haager Regierung eine Rückzugsmöglichkeit erwogen zu haben – eine Möglichkeit, die praktisch eine Befriedigung der deutschen Wünsche enthielt. Schwierigkeiten machte wohl nur der katholische Justizminister van Schaik, während der parteilose Außenminister de Graeff auf Versöhnungskurs ging und Ministerpräsident Colijn von den Anti-Revolutionären ratlos stand. Jedenfalls: wenn die Haager Regierung jemals geglaubt haben sollte, in Verfolgung ihrer Neutralitätspolitik unabhängig von der wirtschaftlichen und außenhandelspolitischen Situation vorgehen zu können, dann mußte sie sich getäuscht sehen. Sicherlich, der neue deutsch-niederländische Handelsvertrag, der insgesamt für die Niederlande erheblich günstiger ausfiel als der alte Hugenberg-Vertrag, wurde schon am 15. Dezember 1933 abgeschlossen, zu einem Zeitpunkt, als der Streit um die NSDAP-Organisationen noch nicht beigelegt war. Aber bot sich nicht auf deutscher Seite die Gelegenheit, die Ausführung zu gefährden, wenn Den Haag den politischen Forderungen nicht entsprach? Gegen Ende Dezember war der Fall endgültig entschieden – in einer Form, die nach Ansicht der Niederländer einen Kompromiß darstellte, die aber letztlich wohl nichts anderes bedeutete als eine völlige Kehrtwendung im Sinne der Reichsleitung. Sicherlich hatte Berlin versprochen, daß sich die Organisationen im Ausland an die strengen Verhaltensmaßregeln halten müßten, aber auffällig ist doch, daß die niederländische Regierung die deutsche Konstruktion, nach der die NSDAP als 'Trägerin des Staates' eben nicht mehr als Partei im herkömmlichen Sinne behandelt werden könne, übernahm. Auf diese Weise meinte man, den eigenen Rechtsstandpunkt ohne Prestigeverlust nach außen handhaben zu können, was aber tatsächlich nichts anderes als eine Anerkennung des deutschen 'Gesetzes zur Sicherung der Einheit von Partei und Staat' vorstellte. Die Organisationen sollten nun lediglich – und das war eine völlig logische niederländische Forderung – ohne Parteibezeichnung auftreten und ihren Partei- oder politischen Charakter preisgeben. Verboten blieb auch die Einmischung in die Innenpolitik der Niederlande. Beitrittspression mußte ebenfalls unterbleiben. Zwar war von Neurath – naturgemäß in enger Zusammenarbeit mit Rudolf Heß – noch nicht ganz mit der Preisgabe der Parteibezeichnung einverstanden, jedoch ist man schließlich in Berlin den Weg des vermittelnden Gesandten Zech mitgegangen, der für 'goldene Brücken' zugunsten der Niederländer plädiert hatte. So blieb in den Niederlanden die Auslandsorganisation erhalten. Sie wurde lediglich im Frühjahr 1934 noch einmal aus der Taufe gehoben: unter dem Namen 'Reichsdeutsche Gemeinschaft'.

In der Folgezeit hat es immer wieder Querelen über die Tätigkeit dieser Reichsdeutschen Gemeinschaft gegeben, wobei sich Parlamentsabgeordnete und Regierung gegenüberstanden. Bezeichnend ist der Fall des katholischen Abgeordneten Kortenhorst. Dieser galt als einer der schärfsten Gegner der deutschen Gruppen und des Nationalsozialismus überhaupt und wußte dies auch im Parlament bei passender Gelegenheit vorzutragen. Er behauptete selbst, über eine Liste von 80 deutschen Organisationen zu verfügen, die mit der NSDAP in Verbindung ständen und sich in die inneren Angelegenheiten der Niederlande mischten. Es klingt nachgerade komisch, daß ausgerechnet derJustizminister und Parteifreund Kortenhorsts, van Schaik, die doch nachgerade von Berlin aus aufgezwungene Entscheidung der Regierung vom Dezember 1933 verteidigen mußte und sich dabei in Paraphrase der Argumentation von Neuraths und seiner Mitarbeiter bediente. Schaik verneinte nicht einmal die Einmischung seitens der Gemeinschaft, wollte jedoch Einzelfälle nicht verallgemeinert sehen – und dies, obwohl er schon länger zahlreiche Beweise illegitimer Betätigung der deutschen Nationalsozialisten in Händen hielt. Da der Abgeordnete Kortenhorst die deutsche Rechtsstaatlichkeit als eine Farce bezeichnete, zugleich aber Mitglied der wirtschaftspolitischen Verhandlungsdelegation der Niederlande in Berlin war, blieb eine deutsche Demarche in Haag nicht aus. Zwar kam es nicht zu Weiterungen, da die Haager Regierung kaum das Rederecht eines Parlamentsabgeordneten beschneiden konnte, aber die ganze Affäre zeigte doch eben, daß Berlin empfindlich reagierte, wenn es um Kritik am Staate und vor allem um Aufdeckung der Tätigkeiten jener inoffiziellen Komponente deutscher Außenpolitik, um die Reichsdeutsche Gemeinschaft ging, die im übrigen überaus eifrig vor allem in der Provinz Limburg tätig war, was ein Mann wie Kortenhorst als Pfahl im Fleische der Niederlande empfinden mußte.

Wenngleich also 1933/34 die niederländische Regierung einen Rückzieher hatte machen müssen, ist im Berliner Außenamt die Tätigkeit der Auslandsorganisation, in den Niederlanden der RDG, doch wohl nicht als Erfolg bewertet worden. Zwar hatte sich von Neurath in jenem Jahr 1933 noch als größter Scharfmacher zugunsten einer unbehinderten

Arbeit der Auslandsorganisation erwiesen, 1936 jedoch sprach er sich in Reaktion auf eine Kritik der Organisation am Auswärtigen Amt für eine Kontrolle dieser inoffiziellen Tätigkeit durch sein Amt aus. Von Neurath zählte die Mißerfolge der NSDAP-Organisation im Ausland auf, führte diese auf die seines Erachtens unzulänglichen Methoden zurück und nannte die Arbeit der Auslandsorganisation einen – nota bene – völkerrechtlich nicht zu vertretenden Eingriff in die Souveränitätssphäre fremder Staaten. Tatsächlich war es seit dem Frühjahr 1936 auch wieder zu Streitigkeiten zwischen Den Haag und Berlin über die Tätigkeit der Reichsdeutschen Gemeinschaft gekommen, die von der Haager Regierung sehr richtig als Abteilung der Auslandsorganisation bezeichnet wurde (als wenn man das nicht vorher gewußt hätte). Als sich die Klagen vor allem aus dem Bergarbeiterbezirk der Provinz Limburg häuften, schritt die Regierung schließlich zur Ausweisung von vier deutschen Arbeitern; im August 1936 folgten vier weitere Ausweisungsbefehle. Berlin reagierte prompt und befahl vier Niederländern, das Reich zu verlassen. Es kam auf eine Kraftprobe an, auf den längeren Atem in dieser 'Wie-Du-mir,-so-ich-Dir'-Politik. Hierbei schaltete sich selbst die in Berlin residierende 'Nederlandsche Staatsburgervereeniging Hollandia' ein, die sich bei der Königin für Rücknahme des Ausweisungsbeschlusses einsetzte. Auf seiten der Niederlande scheint man sich zudem mit dem Gedanken getragen zu haben, die ganze Frage vor den Internationalen Gerichtshof zu bringen – ein Schritt, der der Berliner Regierung nicht recht willkommen schien, da sie glaubte, wegen der von ihr verfolgten Repressalienpolitik (Beitrittszwang) von vornherein ins Hintertreffen zu geraten. Daß die Niederländer in diesem Augenblick so weit vorpreschten, dürfte ohne Zweifel innenpolitische Gründe gehabt haben. Die Vermutung des Staatssekretärs von Bülow, daß die Regierung einer „unbequemen und gefährlichen Kammerinterpellation" ausweichen wollte, ist wohl richtig, wenn man den Fall Kortenhorst in Rechnung stellt. Zu solchen internationalen Weiterungen kam es allerdings nicht, vielmehr schien das niederländische Kabinett dem deutschen Wunsch entsprechen zu wollen, die Gesamtfrage Reichsdeutsche Gemeinschaft noch einmal prinzipiell zu behandeln. Aber auch das unterblieb. Im Dezember wurden die Fälle friedlich entschieden. Das Reich gewann wie 1934 auch diese Kraftprobe, selbst wenn dies keinesfalls zur Besserung der Beziehungen beigetragen haben mag. Neben dieser in jeder Beziehung bramabarsierenden Form deutscher Außenpolitik, die am besten als Politik aus dem zweiten Glied zu bezeichnen ist, sei kurz noch einmal die Existenz und Tätigkeit der im vorhergehenden Kapitel schon apostrophierten Deutsch-Niederländischen Gesellschaft genannt, die sich zwar primär die Pflege des wirtschaftlichen und kulturellen Verhältnisses zum Ziel setzte, letztlich aber die Werbung um Verständnis für das Reich beabsichtigte.

Zu diesen negativen und positiven Ergebnissen der 'inoffiziellen' deutschen Außenpolitik ist nun festzuhalten, daß die Niederlande im Kraftfeld der 'Großen Politik', in der Frage der Neuordnung der Verhältnisse, zunächst keine besondere Rolle zugewiesen erhielten, nicht unmittelbar angesprochen wurden. Das ist sicher – wie oben schon angedeutet – eine Äußerung der Selbstverharmlosung und des 'no-claim' aus Versailles, aber gewiß läßt sich dies auch aus dem auf Aussöhnung mit England basierenden außenpolitischen Programm Hitlers erklären. Solange diese Maxime galt, brauchten die Niederlande keine andere Funktion als die des freundlich und verständnisvoll gesinnten Nachbarn wahrzunehmen. Welchen Platz sie in einem entsprechend den Hitlerschen Vorstellungen von der Hegemonie des Reiches diktierten Kontinent einnehmen sollten, blieb unausgesprochen, wenngleich wohl Auslassungen wie die des Reichsleiters Rosenberg im Neujahrsartikel des ›Völkischen Beobachters‹ (1934), die von einer organischen Neuordnung Europas nach dem nationalsozialistischen Sieg im Innern sprachen und höchst interpretationsfähig waren, beim scharf beobachtenden und mißtrauischen niederländischen Gesandten, van Limburg Stirum, Unruhe hervorriefen und wenngleich das Außenpolitische Amt Rosenbergs eine Reihe von Wunschbildern inszenieren ließ, in denen den Niederlanden eine Stelle in der 'Nordischen Schicksalsgemeinschaft' zugewiesen war.

In diese erste Phase der außenpolitischen Stagnation gegenüber den Niederlanden kam mit der Rheinlandbesetzung vom März 1936 Bewegung. Allerdings blieben sie in dem Berliner 7-Punkte-Vorschlag zur „europäischen Friedenssicherung" vom gleichen Jahr praktisch noch am Rande der Betrachtung, wenn es in Punkt 4 zu jener Ordnung, die ja den Locarno-Vertrag ersetzen sollte, hieß: „Die deutsche Reichsregierung ist einverstanden, falls die Kgl. Niederländische Regierung es wünscht und die anderen Vertragspartner es für angebracht halten, die Niederlande in dieses Vertragssystem einzubeziehen", und in diesem Zusammenhang konnte auch der Vorschlag eines Luftpaktes zwischen den Westmächten (Frankreich, England) und Deutschland von Bedeutung sein.

Es ist an anderer Stelle gezeigt worden, daß die niederländischen Außenpolitiker keineswegs daran dachten, sich in irgendeiner Weise in einem europäischen Bündnis, wie immer das auch aussehen mochte, zu binden. Die Frage allerdings lautet, ob solche Politik des 'non-alignment' und 'non-commitment' mit ihrem traditionellen Neutralitätshintergrund genug sein konnte, wenn die schon erwähnten Ausführungen von Premier Stanley Baldwin über die strategischen Grenzen Englands, die künftig infolge der fortschreitenden Technisierung (Luftmacht) am Rhein liegen sollten, im Reich als Entscheidung zugunsten neuer politischer Richtlinien britischer Europa-Politik gedeutet wurden. Gerüchte, daß englische Geldgeber eine Beschleunigung des Baus von Befestigungsanlagen an der niederländisch-deutschen Grenze finanzierten, mochten zwar jedes Wahrheitsgrundes entbehren, auf jeden Fall konnten sie der Anlaß zu einer näheren Beobachtung der Niederlande sein, wenn man noch dazu feststellen mußte, daß die niederländische Presse genug deutschfeindliche Stimmung demonstrierte. Gewiß: permanentes Bemühen um Anerkennung des eigenen, aus dem Rahmen der westeuropäischen Demokratien fallenden Systems sowie die bei allem hypertrophen Optimismus deutlich vorhandene Furcht vor den Reaktionen auf gewagte politische Unternehmungen (Wiedereinführung der Wehrpflicht, Rheinlandbesetzung) ließen in den Augen der Beobachter rasch jede Kritik zur Deutschfeindlichkeit auswachsen, gleichwohl wußte man, daß die Öffentliche Meinung, soweit sie sich in Presse, Vereinigungen, Ad-hoc-Zusammenschlüssen u. ä. äußerte, potentiell durchaus eine Hebelfunktion bei der Bestimmung der politischen Richtlinien ausüben konnte, Pressefreiheit – in jener Zeit ein für das Dritte Reich nachgerade undenkbares Phänomen – also die Unsicherheit erhöhen mußte, wie neutral auch immer sich die niederländische Regierung geben mochte. Versuche der deutschen Diplomatie, bei den niederländischen Regierungsvertretern auf Unterlassung zu drängen, stießen auf Ablehnung. Es kam hinzu, daß ein Kabinettschef wie Hendrik Colijn zwar als höchst fähige und integre Persönlichkeit geschildert wurde, mit autoritären Neigungen, die den Berliner Instanzen nicht unwillkommen erscheinen mußten, aber dort wußte man ebenso, daß Colijns Beziehungen zu England sehr intensiv waren und seine Vorliebe eben diesem Land galt. Hätte man deutscherseits gewußt, daß der niederländische Außenminister in der Frage der Behandlung nationalsozialistischer Organisationen (AO) bei der britischen Regierung Rat zu holen versuchte, dann wäre die Unsicherheit sicherlich noch erheblich gewachsen.

Dazu ist noch ein weiteres zu beachten: die Funktion des niederländischen Kolonialbesitzes. So verwies der ›Limburger Koerier‹ Ende 1936 im Zusammenhang mit der niederländischen Neutralitätspolitik auf eine britisch-niederländische Interessenharmonie in Übersee, insofern England keinen Anspruch auf Ausbreitung seines Kolonialbesitzes erhebe. England sei durch den Umfang des eigenen Besitzes saturiert. Solche Harmonie führe zu einer Parallelität der Außenpolitik, durch die allerdings die Gefahr einer niederländischen Folgsamkeit drohe, „die in den Augen von anderen allzu leicht den Schein einer Abhängigkeit erhalten könnte und infolgedessen sich auswachsen könnte zu einer ungewollten Herausforderung“. Das hieß nun umgekehrt, daß jede allzu weitgehende Parteinahme zugunsten der Gegner Englands eine potentielle Bedrohung des niederländischen Kolonialbesitzes enthielt. Insofern bot sich Harmonie der Außenpolitik als Zwang aus kolonialpolitischer Interessenlage.

Es ist anzunehmen, daß auch in der Berliner Regierung solche Schwierigkeiten niederländischer Politik bekannt waren. Im Rahmen der eigenen hegemonialen Konzeption allerdings, die sich vor dem entscheidenden Schlag (gegen Frankreich und nach Osten) nicht mit Unwägbarkeiten konfrontiert sehen wollte, konnte die situationsbedingte Neutralitätspolitik, die unter dem Begriff Selbständigkeitspolitik firmierte, leicht als Opportunismus perzipiert werden. In diesem Zusammenhang sei nochmals die Führerrede vom 30. Januar 1937 zitiert. Darin hieß es: „Die deutsche Regierung hat weiter Belgien und Holland versichert, daß sie bereit ist, diese Staaten jederzeit als unantastbare neutrale Gebiete anzuerkennen und zu garantieren.“ Über die Interpretation dieser Auslassung hat es einige Schwierigkeiten gegeben. Tatsächlich war der Passus so zu verstehen, daß die Niederlande entweder in einen Westpakt einbezogen wurden oder im Rahmen eines wohl bilateralen Vertrages die Unantastbarkeit bestätigt erhalten sollten. Es ist oben schon dargestellt worden, daß keine der vom Reich angesprochenen Formen für die niederländische Regierung in Frage kam, da die Unantastbarkeit ohnehin ein Axiom darstellte, das nicht gesondert bestätigt zu werden brauchte. Der Haltung lag der in diesem Zusammenhang ausgearbeitete 'Plan Snouck-Hurgronje' zugrunde.

Aber was immer auch zur Debatte gestanden haben mag, konkrete Resultate zeitigte das alles nicht. Die Niederländer wollten sich nicht vertraglich binden, die Berliner Regierung begab sich auf den Weg der Expansion. Im Frühjahr 1938 (28. Mai) scheint Hitler auf der großen Konferenz der Generäle in der Reichskanzlei, wo auch von Ribbentrop und von Neurath anwesend waren, beim Entwurf seiner Politik gegenüber der Tschechoslowakei auch die Niederlande als mögliches Aktionsfeld für den Fall eines Westkonflikts, an den er zu diesem Augenblick allerdings noch nicht glaubte, einbezogen zu haben. Die Niederlande boten hier kein Ziel nationalsozialistischer Expansion, sondern einen Fixpunkt strategischer Defensive für den Konfliktfall mit England. Bei aller Anerkennung, die niederländisches Neutralitätsstreben genoß, lauteten auch für das Jahr 1938 die Informationen beim Auswärtigen Amt auf Hinneigung zu England, da in politischen Grenzsituationen letztlich die ideologische Verwandtschaft der westlichen Demokratien und die Rücksichtnahme auf den Kolonialbesitz den Ausschlag geben würden. Die Vertiefung der freundnachbarlichen Beziehungen, wie sie Hitler anläßlich des Antrittsbesuches des neuen niederländischen Gesandten Jkhr. van Haersema de With (sein Vorgänger Ridder van Rappard war bei einem Autounfall ums Leben gekommen) aussprach, war zu diesem Zeitpunkt schon nichts anderes mehr als eine diplomatische Höflichkeitsfloskel. Zur Phrase zählte es auch, wenn er am 30. Januar 1939 von den befriedeten Grenzen Deutschlands im Westen sprach, hier ausdrücklich die Niederlande und Belgien erwähnte und ausrief: „Unsere Verhältnisse zu den Staaten des Westens und Nordens . . . sind um so erfreulicher, je mehr sich gerade in diesen Ländern die Tendenzen einer Abkehr von gewissen kriegsschwangeren Völkerbundsparagraphen zu verstärken scheinen."

In der Ansprache vor den Oberbefehlshabern der Wehrmacht am 23. Mai 1939 war dann die Position der Niederlande endgültig festgelegt. Zwar ging es primär um den Blitzkrieg gegen Polen, aber die Gegnerschaft Englands war schon einkalkuliert. Und die Konsequenzen? „England kann Deutschland nicht in wenigen kraftvollen Streichen erledigen und uns niederzwingen. Für England ist es entscheidend, den Krieg möglichst nahe an das Ruhrgebiet heranzubringen. Man wird französisches Blut nicht sparen (Westwall!!). Der Besitz des Ruhrgebietes entscheidet die Dauer unseres Widerstandes. Die holländischen und belgischen Luftstützpunkte müssen militärisch besetzt werden. Auf Neutralitätserklärungen kann nichts gegeben werden. Wollen Frankreich und England es beim Krieg Deutschland–Polen zu einer Auseinandersetzung kommen lassen, dann werden sie Holland und Belgien in ihrer Neutralität unterstützen und Befestigungen bauen lassen, um sie schließlich zum Mitgehen zu zwingen. Belgien und Holland werden, wenn auch protestierend, dem Druck nachgeben. Wir müssen daher, wenn bei polnischem Krieg England eingreifen will, blitzartig Holland angreifen. Erstrebenswert ist es, eine neue Verteidigungslinie auf holländischem Gebiet bis zur Zuider See zu gewinnen . . ." Die Niederlande und Belgien sollten sodann als Basis einer Blockade gegen England dienen, dazu waren sie eben „aus der Kaserne heraus zu überrennen". Unter diesem Aspekt war die Erklärung vom 26. August 1939, in der die Respektierung der belgischen und niederländischen Neutralität den jeweiligen Gesandten versichert wurde, nur noch eine diplomatische Farce. Wenn Hitler in der Weisung Nr. 1 für die Heeresleitung die niederländische, belgische und luxemburgische Neutralität noch „peinlich" geachtet wissen wollte, dann geschah das nur, um England und Frankreich die Verantwortung für die Eröffnung von Feindseligkeiten zuschieben zu können. Das strategische Konzept im Westen lautete, soweit es überhaupt zu diesem Zeitpunkt schon ausgearbeitet war, die Umfassung des Westwalls im Norden zu verhindern – eben durch Verletzung der Neutralität der Niederlande und Belgiens. Der ursprüngliche Verteidigungs- und Sicherungsauftrag wandelte sich in den Wochen nach dem Polenfeldzug sehr rasch in eine Offensiv-Anweisung mit der ersten Aufmarschanweisung 'Gelb' vom 19. Oktober 1939. Nunmehr wollte Hitler „aktiv und offensiv" handeln, falls Engländer und Franzosen keine Friedensbereitschaft zu erkennen gaben. Obwohl es noch mancherlei Diskussionen in der deutschen Reichs- und Heeresleitung gegeben hat, blieben die Niederlande und Belgien strategisch voll integriert. Dazwischenliegende Vermittlungsbemühungen der niederländischen Königin und des belgischen Königs wirkten nur noch störend und wurden zurückgewiesen. Der Angriff auf beide Länder wurde mehrmals verschoben, der Plan schließlich vom 10. Mai 1940 an durchgeführt.

VI. KRIEG UND BESATZUNG

1. Die frühe deutsche Strategie der Zurückhaltung

Der deutsche Einfall in die Niederlande am 10. Mai 1940 stand am Anfang eines fast fünfjährigen Leidensweges des Landes. Seit der französischen Zeit waren die Niederländer nicht mehr mit Krieg überzogen worden, hatten sich abseits von den kriegerischen Auseinandersetzungen europäischer Staaten halten können. Die Erfahrung war neu. Sie dauerte auch nur wenige Tage. Gegen Ende des Krieges wiederholte sich diese Erfahrung, länger dauernd, heftiger. Aber der militärische Überfall, die Kriegshandlungen waren es nicht allein, die das Leiden ausmachten, vielmehr haben die intensive Erfahrung einer hochgradig repressiven Besatzungspolitik, der Widerstand gegen den Besatzer, die physische Vernichtung der jüdischen Landsleute und schließlich gegen Ende des Krieges die Alltagserfahrung des Hungers dieses Leiden ausgemacht und zugleich ein Deutschlandbild geprägt, das noch lange Jahre nach dem Kriege das deutsch-niederländische Verhältnis bestimmen sollte.

Der deutsche Angriff machte raschere Fortschritte, als die niederländische Heeresleitung das im Planspiel konzipiert hatte. Die große Hoffnung galt der Grebbe-Linie, der vom Ijsselmeer nach Rhenen reichenden Verteidigungslinie, und – falls diese vorzeitig fallen sollte – der holländischen 'waterlinie'. Solche Hoffnung ging von britischer und französischer Hilfeleistung aus, die bei längerem Durchhalten erwartet wurde. Offensichtlich hatte niemand zuvor mit deutschen Luftlandemanövern gerechnet. Deutsche Fallschirmjäger sprangen am Moerdijk, bei Dordrecht und Rotterdam ab und besetzten die Brücken. Flugplätze bei Den Haag fielen rasch in ihre Hände. Dies bedeutete für die niederländische Heeresleitung Abzug von Truppen aus der östlichen Verteidigungslinie und damit Schwächung dieser strategisch so wichtigen Front. Im Süden nahmen die Deutschen nach schneller Überquerung der Maas die Peel-Linie. Schon am zweiten Tag rückten deutsche Panzer auf den südlich Dordrecht gelegenen Moerdijk vor, vor sich niederländische Truppen, deren Rückzug teilweise alles andere als geordnet verlief und deren Moral arg ramponiert war. Am 13. Mai standen sie in Rotterdam-Süd. Bis zu diesem Zeitpunkt war auch die Grebbe-Linie genommen. Am 14. Mai verlangte der deutsche Oberkommandierende die Übergabe Rotterdams. Der niederländische Ortskommandant stimmte zu, dennoch wurde die Stadt (vermutlich infolge eines Kommunikationsfehlers auf deutscher Seite) von einem deutschen Bombergeschwader angegriffen. Das Zentrum und Teile des östlichen Rotterdam wurden verwüstet. Fast tausend Rotterdamer Bürger kamen bei diesem Bombardement ums Leben. General Winkelman, Chef des niederländischen Heeres, befahl die Einstellung des Kampfes an allen Fronten noch am selben Tag. Lediglich in der Provinz Seeland kämpften die Truppen, unterstützt von schwachen französischen Einheiten, noch einige Tage weiter. In diesen vier Tagen fielen 2890 Niederländer; bei der Zivilbevölkerung waren insgesamt 2500 Tote zu beklagen. Am 13. Mai hatten sich die Königin und ihr Kabinett nach Großbritannien eingeschifft. Das war der Moral sicherlich keinesfalls förderlich – vor allem nicht dort, wo die Anhänglichkeit an das Haus Oranien zu den Ingredienzen des täglichen Lebens gehörte, wo der Name Oranien immer noch mit dem Aufstand gegen Spanien, mit der Führung im Kampf verbunden wurde. Dabei hatte die Emigration der Monarchin und der Regierung durchaus ihren politischen Grund. Denn nur vom Ausland her ließ sich eine unabhängige, sich für die Alliierten entscheidende Politik durchführen. Das politische Schicksal des Belgierkönigs, der einen Verbleib im Lande der Emigration vorzog, weist das letztlich aus. Aber für rationale Erwägungen zeigten sich diese Maitage kaum geeignet. Es prävalierten Furcht, Enttäuschung, Schuldzuweisungen, auch Sündenbock-Denken. Das zeigte sich gerade zu Anfang. Der Tadel zum Ausland hin galt Großbritannien und Frankreich; beiden wurde vorgeworfen, das Land im Stich gelassen zu haben. Die Wut im Inland richtete sich vor allem gegen die NSB, bis zum Mai ohnehin eine kaum noch respektierte politische Gruppierung. So kam es in den drei Kriegstagen zu Massenverhaftungen unter NSB-Mitgliedern und Reichsdeutschen – aus Furcht vor der Bildung einer 'fünften Kolonne'. Die gesamte Führung der Bewegung wurde gefangengesetzt. Lediglich Mussert selbst konnte entkommen und im Gooi untertauchen, einer sich zwischen

Hilversum und einem Teil des südlichen Ijsselmeeres erstreckenden Landschaft. Die Unsicherheit war so groß, daß militärische Patrouillen sich gegenseitig beschossen. Die Gerüchteküche produzierte da manches Absurde. Trinkwasser sollte vergiftet sein, ebenso Schokolade, Zigaretten und Fleischwaren. Man meinte, allerorten deutsche Fallschirmjäger wittern zu müssen. Verkleidet seien sie und als Polizisten, Briefträger, Bauern oder Priester, sogar als Nonnen inmitten der niederländischen Bevölkerung anwesend. Unmittelbar nach der Bekanntgabe der bevorstehenden Kapitulation verbrannte man in Amsterdam nazifeindliche Literatur. Wie hoch das Ausmaß der Panik war, zeigt auch die Zahl der Selbstmorde in dieser kurzen Periode. Am Tag der niederländischen Kapitulation nahmen sich etwa 250 Menschen das Leben. All dieses stand zunächst nachgerade im Widerspruch zu den tatsächlichen Ereignissen der folgenden Wochen. Die deutschen Truppen erwiesen sich nicht als die Horde, die man nach dem Angriff erwartet hatte. Da wurde weder geplündert noch wurde die Bevölkerung belästigt. Tatsächlich scheinen sich die Niederländer nach dem Schock des Überfalls im Mai noch einigermaßen erholt zu haben, denn die Deutschen verhielten sich entsprechend der Parole der Militärverwaltung, nach der gegenseitiges Verständnis und gegenseitige Achtung den Verhaltenskodex bestimmen sollten. Abgesehen von der persönlich korrekten Haltung mischten sich die Deutschen zunächst auch nicht in die inneren Angelegenheiten des Landes ein. Sie lösten weder Parteien noch Gewerkschaften auf und stützten keineswegs die NSB in besonderem Maße. Auf die Frage des Haager Bürgermeisters Monchy schließlich, was mit den niederländischen Juden geschehen werde, antwortete ein deutscher Offizier einen Tag nach der Kapitulation: „Für die Deutschen gibt es in den Niederlanden keine Judenfrage." Tatsächlich beschränkte sich die Militärverwaltung auf Überwachungsaufgaben gegenüber der niederländischen Verwaltung und auf Wiederankurbelung des Wirtschaftslebens. Wenn darüber hinaus die Presseorgane bekanntmachten, daß die Blätter ohne Vorzensur erscheinen würden, dann setzte das naturgemäß als Bedingung Loyalität gegenüber der Besatzungsmacht voraus. Verboten waren allerdings Versammlungen und öffentliche Demonstrationen, Arbeitsausstände und das Abhören von Rundfunksendern der Alliierten. Daß schließlich die Kriegsgefangenen rasch zurückkehrten, wurde positiv vermerkt. Insgesamt ist dabei zu dieser

Entwicklung innerhalb kürzester Frist zu sagen: „Tatsächlich hatte der 'Stimmungsumschwung', der sich nach dem Einmarsch der deutschen Truppen in weiten Kreisen der niederländischen Bevölkerung vollzogen hatte, kaum etwas mit Zuneigung zu tun. Es handelte sich vielmehr um einen Vorgang der 'Ernüchterung', gemischt aus Enttäuschung infolge der unerwarteten 'Flucht' der Königin und des Kabinetts und aus einem Abbau der anfänglichen Panik angesichts der wider Erwarten korrekten und kaum in Erscheinung tretenden deutschen Militärverwaltung. Dagegen konnte ein Gefühl der Verbundenheit oder Versöhnung auch durch eine 'noch so geschickte deutsche Militärverwaltung' schwerlich herbeigeführt werden, nachdem Deutschland, entgegen allen Beteuerungen und Versprechungen, die neutralen Niederlande gewaltsam in den Krieg hineingezogen und Hitler durch seinen blitzartigen Überfall den letzten Rest an Glaubwürdigkeit verspielt hatte.“ [1]

Neben die Militärverwaltung trat jedoch sehr rasch das Reichskommissariat unter Artur Seyß-Inquart. Die Entscheidung kam abrupt, traf die militärischen Stellen sicherlich unerwartet und war, wie Konrad Kwiet festgestellt hat, sicherlich mehrschichtig motiviert. Zum einen manifestierte sich in der Entscheidung für eine politisch geführte Zivilverwaltung Hitlers Abneigung gegen das Militär preußisch-konservativer Observanz, zum anderen ergab sich durch die Emigration der Monarchin und ihrer Regierung ein politisches Vakuum, das gefüllt werden konnte, und darüber hinaus ließen sich auf diese Weise die Voraussetzungen oder Ausgangspunkte für eine künftige Neuordnung im europäischen Nordwesten schaffen. Solche Neuordnung meinte eine politische und weltanschauliche Gleichschaltung in einem Raum, der gemäß den Vorstellungen der nationalsozialistischen Ideologie eben als ein 'germanischer' begriffen wurde und darum – vergleichbar den Verhältnissen in Norwegen – anpassungsfähig und -würdig war. Die Anerkennung der Niederländer als 'Germanen' mochte dann 'positiv' eine Schonung der arischen Niederländer enthalten, sie bedeutete aber auf jeden Fall auch Durchsetzungswillen im Sinne einer völkischen Rassenpolitik mit allen Konsequenzen einerseits für die andersrassigen Niederländer,

[1] So K. Kwiet, Reichskommissariat Niederlande. Versuch und Scheitern nationalsozialistischer Neuordnung. Schriftenreihe der Vierteljahrshefte für Zeitgeschichte, 17. Stuttgart 1968, S. 44.

andererseits für den politischen Gegner, der national und in Kategorien des alten parlamentarischen Systems dachte.

Seyß-Inquart, einer der österreichischen Nationalsozialisten der ersten Stunde, wurde mit Führererlaß am 19. Mai zum Reichskommissar ernannt. Im zusätzlichen Erlaß über die Regierungsbefugnisse hieß es, daß der Reichskommissar dem Führer unmittelbar unterstellt sei. Der Kommissar hatte die Reichsinteressen zu wahren und im zivilen Bereich die oberste Regierungsgewalt auszuüben. Die reichskommissariellen Anordnungen und Erlasse sollten mit Hilfe deutscher Polizei und niederländischer Behörden durchgeführt werden. Das niederländische Recht blieb, soweit mit den Erfordernissen der Besatzungspolitik vereinbar, in Kraft. Damit war zugleich die Militärverwaltung ihrer Regierungsbefugnisse entledigt. Der dem Führer ebenfalls direkt unterstellte Wehrmachtsbefehlshaber, General Christiansen, blieb auf die militärische Befehlsgewalt beschränkt und vertrat auch die Belange der Wehrmacht gegenüber dem Reichskommissar. Die weitere Struktur innerhalb der Zivilverwaltung war denkbar einfach. Zur Durchführung der Aufsichtsverwaltung wurden dem Reichskommissar vier Generalkommissare beigegeben, die alle aus dem Reich stammten. Jeder Generalkommissar beaufsichtigte bestimmte Sachbereiche. So übernahm Friedrich Wimmer, ehemaliger österreichischer Staatssekretär, danach Regierungspräsident in Regensburg, das Kommissariat für Verwaltung und Justiz, für Wirtschaft und Finanzen war Hans Fischböck, ehemals Wiener Bankpräsident, zuständig, Chef der Sicherheit und Polizei wurde Hanns Albin Rauter, höherer SS-Polizeiführer und ein in der Wolle gefärbter Nationalsozialist. Als Generalkommissar zur besonderen Verwendung fungierte Fritz Schmidt, ein Parteigenosse sozusagen der ersten Stunde. Ihm oblagen „alle Fragen der öffentlichen Meinungsbildung und der nicht-wirtschaftlichen Vereinigungen“ [2] sowie besondere, vom Reichskommissar ad hoc zugewiesene Bereiche. Schließlich trat zu den Generalkommissaren noch ein Vertreter des Ribbentropschen Außenamtes in der Person des Gesandten Otto Bene, der alle die Außenpolitik berührenden Fragen zu behandeln hatte. Unterhalb dieser Aufsichtsverwaltung oblag die eigentliche Verwaltung den niederländischen Generalsekretären, die nach der Emigration des gesamten

[2] Ebd. S. 80.

Kabinetts an der Spitze der einzelnen Ministerien standen. Die Generalsekretäre erhielten letztlich nunmehr größere Befugnisse, als sie in der Vorkriegszeit unter ihren Ministern besessen hatten, insofern sie Verordnungen mit Gesetzeskraft erlassen konnten. Gleichwohl: die Funktion eines Generalsekretärs ließ sich nicht ohne große innere Konflikte wahrnehmen. Letztlich handelte man nicht mehr kraft eigenen Rechts oder etwa auf Weisung der niederländischen Bevölkerung, sondern auf deutsche Weisung und unter deutscher Aufsicht, wie es andererseits darauf ankam, die Versorgung der eigenen Bevölkerung sicherzustellen, die Wirtschaft einigermaßen in Gang zu halten. Die geringsten Probleme ergaben sich sicher, solange die Ansprüche der Besatzungsmacht sich auf ein Ruhe garantierendes Vorgehen beschränkten und die niederländische Bevölkerung sich tatsächlich ruhig verhielt. Den Generalsekretären war völlig klar, daß bei einer Umsetzung antideutscher Gefühle in ordnungswidrige Aktionen der oben genannte innere Konflikt nur wachsen und unerträglich werden konnte. Es entsprach dieser Lage, wenn sie nach London durchgeben ließen, daß sich die Exilregierung aller verbalen Kraftakte enthalten solle, die die Deutschen reizen oder sie gar entsprechende Maßnahmen im Innern des Landes ergreifen lassen könnten. Es entsprach ihr auch, wenn auf Klagen einiger im Osten des Landes wohnender Reichsdeutscher, sie würden von der Bevölkerung „wie Luft behandelt“, das Staatsratsmitglied J. B. Kan den Bürgermeistern der Ortschaften mitteilen ließ, unter Vorkriegs- und Kriegszeit sei endgültig ein Schlußstrich zu ziehen. Das hieß insgesamt nicht Loyalität gegenüber der Besatzungsmacht, sondern vielmehr Nachleben von Vereinbarungen, die zunächst auch deutscherseits eingehalten wurden, hieß auch Einsicht in die begrenzten Möglichkeiten. Schließlich hatten sich die Generalsekretäre schon gegenüber der Militärverwaltung zur Mitarbeit verpflichtet, wiederholten sie dies auch gegenüber Seyß-Inquart, unter der Bedingung allerdings, daß keine nationalsozialistische Regierung – eben Mussert und seine Anhänger – eingesetzt würde. Sie drohten auch dem Reichskommissar in Den Haag, daß sie bei der Übergabe der Amtsgeschäfte an ihn den Saal verlassen würden, falls er sich in seiner Ansprache gegen die Königin wende oder etwa von einem niederländischen Neutralitätsbruch reden würde. Sie blieben dem anschließenden Essen fern und fanden hier das volle Verständnis des Reichskommissars.

Diese wenigen Beispiele vermögen einen Eindruck von der prekären Lage der Generalsekretäre zu vermitteln, die anfänglich insofern allerdings noch nicht allzusehr strapaziert wurden, als Seyß-Inquart noch intelligente Zurückhaltung bewies. So schien tatsächlich die NSB unter Mussert zunächst bei ihm keinen Fuß auf den Boden bekommen zu können. Mussert notierte am 19. Mai noch in sein Tagebuch: „Keine Spur irgendeines Wohlwollens bei den deutschen Behörden, keine Erklärungen, keine Radiorede, nichts!“ [3] – und dies, obwohl sich der NSB-Führer um mehr als nur Anerkennung seiner Bewegung bemühte.

Über die vorsichtige Behandlung der Niederlande bestand in der Reichsleitung in dieser Phase des Frühjahrs und Sommers sicherlich Konsensus. Hitler selbst hatte von der „großzügigen Behandlung der besetzten Niederlande“ gesprochen. Dahinter stand der Gedanke, bei Schonung den Zusammenhang mit Niederländisch-Indien (gegen britischen Zugriff) wahren zu können. Göring sprach im Juni 1940 ähnlich von der vorsichtigen Behandlung der Niederlande, jedoch zugleich vom engen Anschluß an das Reich. Seyß-Inquart hat während des Nürnberger Prozesses seinen Auftrag im Sinne der früheren Instruktionen Hitlers umrissen: „Ich hatte die zivile Verwaltung zu führen und in deren Rahmen die Interessen des Reiches wahrzunehmen. Ich habe aber auch einen politischen Auftrag bekommen, nämlich bei Aufrechterhaltung der Unabhängigkeit der Niederlande danach zu trachten, daß dieselben aus ihrer englandfreundlichen Einstellung eine deutschlandfreundliche Einstellung einnehmen mit einer besonders engen wirtschaftlichen Verbindung.“ [4] Die Absicht reichte allerdings weiter. Der Reichskommissar äußerte Anfang Juni, daß die Niederländer zwar selbständig bleiben würden, sich später aber aus freiem Willen dem Führer Mitteleuropas anschließen müßten. Dies enthielt freilich das Erfordernis einer innenpolitischen Vorbereitung, die sich doch nur so lange im Sinne einer allgemeinen deutschfreundlichen Willensbildung aller politischen Kräfte der Niederlande treffen ließ, wie sich die Niederländer adäquat verhielten und die Sicherheit der Besatzungsmacht nicht gefährdet wurde. Wollte man zudem das politische Ziel erreichen, bedurfte es zumindest

[3] Zitat ebd. S. 76.
[4] Zitat ebd. S. 92.

der politischen 'Nachhilfe' in den Niederlanden, die dann sicherlich ein Stück Nazifizierung enthalten mußte.

Seyß-Inquart hat die Schwierigkeit der Aufgabe voll begriffen. Andere in seiner Zivilverwaltung und auch im Reich hatten übrigens andere Vorstellungen über die Konkretisierung des Ziels. Für den Reichskommissar waren die Sprüche Himmlers gewiß keine Hilfe, in denen es hieß, daß neun Millionen germanisch-niederdeutsche Menschen „mit fester und doch sehr weicher Hand" der deutsch-germanischen Gemeinschaft wieder einzufügen seien. In einer SD-Meldung vom 6. Juli 1940 hieß es doch: „Das gesamte politische Leben in den Niederlanden ist zur Zeit wieder in Bewegung gekommen, so daß ein abschließendes Urteil über seine zukünftige Marschrichtung noch nicht abgegeben werden kann. Es steht jedoch fest, daß die Mehrheit des niederländischen Volkes nach wie vor auf ihrer Ablehnung aller nationalsozialistischen Bewegungen beharrt. Diese Kräfte dürften für die Sammlung der Kräfte bürgerlich-nationaler Richtung von nicht unerheblicher Bedeutung sein."[5] Tatsächlich war es folgerichtig, wenn Seyß-Inquart zunächst auf einen Erneuerungs- und Selbstfindungsprozeß der Niederländer im Sinne der nationalsozialistischen Europapolitik setzte. Seine Hoffnung galt dabei der 1940 ins Leben gerufenen, durchaus konservativ ausgerichteten Niederländischen Union ('Nederlandsche Unie'), die an anderer Stelle noch im Zusammenhang mit den politischen und gesellschaftlichen Neuordnungsbestrebungen zu betrachten sein wird. Sobald sich nun herausstellte, daß die „Weckung und Lenkung der politischen Willensbildung" Einheitsbestrebungen förderte, die für Freiheit, Unabhängigkeit und das Königshaus eintraten, zeigten sich auch die Grenzen. Soweit sich die niederländischen Parteien für Erneuerungsbestrebungen bereit zeigten, durften diese nur auf Anpassung an die 'neue Ordnung' zielen – und diese sah eben eine großgermanische Ordnung vor. Es zählte auch zu diesen Begrenzungen, wenn Seyß-Inquart am 21. Juni 1940 die Tätigkeit des niederländischen Parlaments (beider Kammern) und auch Parlamentswahlen aussetzte. Darauf folgte am 16. Juli 1940 die Gleichschaltung des Gewerkschaftsbundes (NVV). Der alte Vorstand wurde abgesetzt. An seine Stelle trat das NSB-Mitglied Woudenberg. Der NVV zeigte keinerlei Reaktion. An Mussert

[5] Zitat ebd. S. 96f.

schienen solche Prozesse zunächst vorbeizugehen, sein radikalerer politischer Kollege Rost van Tonningen jedoch, ein ausgemachter Günstling Heinrich Himmlers, erhielt früh eine Funktion. Seyß-Inquart bestellte ihn im Juli zum Kommissar für die marxistischen Parteien. SDAP, Kommunisten und Revolutionäre Sozialisten (RSAP) – eine Gründung von 1935 – wurden unter ausschließliche Verwaltung und Leitung dieses NSB-Mannes gestellt. Seine Aufgabe lautete, die Kommunistische Partei und die Revolutionären Sozialisten zu liquidieren und die freikommende Vermögensmasse der SDAP zuzuführen. Ideologisch hieß das zugleich Ausmerzung marxistischen Gedankenguts in der SDAP. Offenkundig war es die Absicht des Reichskommissariats, sich auf diesem Wege eine Massenbasis für die Anpassung zu schaffen. Das Vorhaben lief schlicht auf ein Fiasko hinaus. Zwar wurden diese ersten konkreten Maßnahmen ohne Mussert getroffen, doch unternahm dieser selbst Schritte, um seine Bewegung zu konsolidieren, gestützt auf das Versprechen des Reichskommissars, ihn beim Ausbau der Bewegung zu fördern. Da war gar eine Machtübernahme in Aussicht gestellt worden, falls die NSB eine breitere Basis in der Bevölkerung gewinnen würde. Musserts forsches Vorgehen erwies sich als kaum geeignet, die Niederländer auf seine Seite zu bringen. Es gehörte schon ein gerüttelt Maß an Unverstand dazu, wenn er auf Massenversammlungen wie in Lunteren unumwunden Solidarität mit dem Reich bekundete und Göring gar eine 3300 kg schwere Turmglocke aus Kupfer und Zinn für die deutsche Rüstung anbot (22. Juni 1941). Hier ging es wohl auch nicht mehr um Werbung für die eigene Sache, sondern um Kumpaneibezeugung vor dem deutschen Besatzer. Gewiß, Seyß-Inquart hob rasch das vor dem Krieg in den Niederlanden geltende Uniformverbot auf, auch durften NSB-Mitglieder wieder Beamte werden und schließlich konnte Mussert seine der SA gleichenden Wehrabteilungen (WA) neu organisieren und verstärken; aber solche Maßnahmen waren lediglich dazu angetan, die Kluft zwischen Bevölkerung und NSB noch zu verstärken. Als es am Geburtstag des Prinzen Bernhard (29. Juni, Nelken-Tag: die Niederländer trugen eine Nelke, die Lieblingsblume des Prinzen, im Knopfloch) in Rotterdam und Delft zu Straßenschlachten zwischen WA-Leuten und der Zivilbevölkerung kam, hätte das recht eigentlich niemand verwundern dürfen. Mit der NSB ließ sich tatsächlich für den Reichskommissar kein Staat machen. Das wußte Seyß-Inquart sehr wohl, so daß er mehr Hoffnung auf die Niederländische Union setzte und Musserts 'Staatsratspläne', die seine Bewegung an die Spitze des niederländischen Staates bringen sollten, ablehnte. Gleichwohl ist es Mussert schließlich gelungen, doch noch von Hitler empfangen zu werden. Nach mehrwöchigen Vorbereitungen stellte sich eine dreiköpfige Delegation am 23. September 1940 bei Hitler vor, nachdem Mussert zuvor noch ein Papier für den deutschen Führer ausgearbeitet hatte, in dem er einen 'Bund der germanischen Völker' vorschlug, zu dem ein 'großdietsches Reich' als Mitglied gehören sollte. Das völkische Prinzip als Ordnungsgrundlage in Europa war dabei Ausgangspunkt. Hitler übernahm in Musserts Konzeption die Funktion eines Oberhaupts des germanischen Bundes. Über die allgemeine Blutsverbundenheit hinaus sollten die Staaten des Bundes militärisch und wirtschaftlich miteinander verflochten sein. Daß die NSB die Führung im Gliedstaat Niederlande erhalten sollte, verstand sich von selbst, galt als Garantie der Bundestreue und als Garantie der Selbständigkeit der Gliedstaaten gleichermaßen. Die Anerkennung der NSB durch Hitler war gleichsam als deutsche Gegenleistung zu dem von Mussert angebotenen Plan gedacht. Hitler machte bei diesem Besuch Musserts keinerlei Versprechungen. Er scheint lediglich ganz vage eine Machtübernahme seitens der NSB in Aussicht gestellt zu haben. Bei solcher Zurückhaltung war er zweifellos gut beraten, denn Mussert gelang es nicht, seine Bewegung zur Massenpartei auszubauen. An dieser Tatsache änderte auch nichts der Anstieg der Mitgliederzahl von 25 000 auf 50 000 im Herbst 1940, und daran änderte auch nichts der gegen Jahresende 1940 präsentierte Optimismus des Reichskommissars: er habe keinen Zweifel daran, daß sich das niederländische Volk im Sinne von Ehre, Blut und Arbeit entscheiden werde. Freilich: mit dem unabdingbaren Ziel der allmählichen Anpassung der Niederlande vor Augen, aber zugleich auch mit der Gewißheit, daß sich auf dem bisher beschrittenen Weg dieses Ziel kaum erreichen ließ, zumal dies umfassendere Toleranz gegenüber allen politischen Kräften der Vorkriegszeit bedeutet hätte, vollzog sich doch eine Hinwendung zur nationalsozialistischen Bewegung Musserts, nachdem Monate zuvor schon die SS versucht hatte, durch die Werbung von Niederländern für die SS den ihr eigenen Weg der Nazifizierung zu beschreiten. Den endgültigen Schritt tat Seyß-Inquart dann im Juli 1941. Er löste die bürgerlichen Parteien und die mit der NSB rivalisierenden faschistischen

Gruppierungen sowie die Niederländische Union auf. Die NSB wurde zugleich die einzige zugelassene Partei. Zuvor, im Januar 1941, hatte der Vertreter des Außenamtes beim Reichskommissariat mitgeteilt, es sei deutlich geworden, „daß für Deutschland zur Zeit nur die NSB als brauchbar erscheinen kann. Diese wird in den nächsten Monaten zeigen müssen, ob sie das Zeug und die Kraft dazu aufbringen kann, um die innenpolitische Führung in den Niederlanden zu übernehmen bzw. um die Niederlande von sich aus nationalsozialistisch zu machen. Die NSB ist heute noch unfertig und unreif, hat innere Schwierigkeiten zu überwinden, und zwischen Mussert und Rost van Tonningen besteht keine klare Freundschaft. Es scheint aber so, als ob mit entsprechender Hilfestellung von deutscher Seite mit der Zeit etwas aus ihr werden kann“ [6]. Bis zum Sommer 1941 allerdings war die Bewegung weder fertig noch reif, wenn man einmal von der Basis und ihrer mehr denn je isolierten Stellung in der niederländischen Öffentlichkeit ausging. So konnte die 'Hilfestellung' von deutscher Seite letztlich auch nur noch auf dem Wege der Repression anderer Kräfte erfolgen. Die NSB lebte von Deutschlands Gnaden, was zu diesem Zeitpunkt, Sommer 1941, nur noch zu einer weiteren Entfernung von der Bevölkerung (soweit dies überhaupt noch möglich war) führen mußte.

2. *Die Vernichtung der Juden*

Zu dieser Zeit war die Aktion gegen die niederländischen Juden schon angelaufen. Noch nicht in voller Systematik, aber deutlich genug, um ausrechnen zu können, welches Schicksal diesem niederländischen Bevölkerungsteil vorbestimmt war – einem Bevölkerungsteil, der niemals außerhalb der niederländischen Gesellschaft gestanden hatte, in seinen Ober- und Unterschichten immer voll integriert war. Der niederländische Journalist Meyer Sluyser hat das jüdische Leben, vor allem das der Unterschichten im Judenviertel und im Amsterdamer Osten, beschrieben. Er hat jüdisches Volksleben geschildert, das in seiner Intensität die Stadt Amsterdam mitgeprägt hat. Die ebenso pralle wie feinsinnige Be-

[6] Zitat ebd. S. 142.

obachtung vermittelt tiefe Einblicke in jüdisches Leben.[7] Und wenn man darüber hinaus weiß von der kulturellen Bedeutung des Toleranzprinzips, das bei aller Eigensinnigkeit, Eigenbrötelei und zum Teil auch Rechthaberei das politisch-gesellschaftliche Leben der Niederlande Jahrhunderte hindurch bestimmt hat, nachgerade die politische Kultur ausmachte, dann wird die Empörung verständlich, die die niederländische Bevölkerung angesichts der Judenverfolgungen ergriff, wird die umfassende offene und verborgene Hilfeleistung von dieser Seite her einsichtig.

Die Besatzungsmacht griff doch relativ rasch zu. Gewiß, Hitler hatte zunächst Order erteilt, die Rassenfrage in den Niederlanden nicht aufzurollen. Einem vorsichtigen Mann wie Seyß-Inquart konnte das nur recht sein, aber gegen Ende August 1940 lagen schon Verordnungen vor, die die Juden aus dem öffentlichen und wirtschaftlichen Leben ausschließen, auskreisen sollten. Sie lauteten: „a) Namentliche Erfassung sämtlicher Juden; b) Kennzeichnung sämtlicher jüdischer Geschäfte . . . [es könne den Deutschen nicht zugemutet werden, bei Juden einzukaufen]; c) Entfernung sämtlicher Juden aus dem kulturellen Leben."[8] Zuvor schon war den Juden das rituelle Schlachten und der Dienst im Luftschutz verboten worden. Im Herbst folgten dann die ersten einschneidenden Maßnahmen. Sie bestanden in einer Teiländerung des Beamtenrechts. Juden durften nicht mehr in den öffentlichen Dienst (Staat, Provinz, Gemeinden, zugehörige Dienstleistungssektoren) aufgenommen oder befördert werden. Die Beamten wurden gezwungen, eine Ariererklärung abzugeben. Fast alle kamen dieser Aufforderung nach. Wenig später erfolgte die Suspendierung der Juden vom Dienst (Entlassung dann am 21. Februar 1941). Zu den Entlassenen zählten auch jüdische Hochschullehrer. Damit setzte die Systematik der Verfolgung ein, die im Vernichtungslager endete. Zahlenmäßig ausgedrückt hieß das für alle Landes-, Provinzial- und Kommunalbehörden einschließlich Post, Staatsdruckerei und Pensionsrat (Grundlage war die Abgabe einer Ariererklärung): Ausscheiden von 2092 Personen (einschließlich der Halb- und Vierteljuden) aus einer insgesamt 192 205 Per-

[7] H. Meyer Sluyser, Omnibus. Amsterdam o. J. Hierin vor allem 'Hun lach klinkt van zo ver'.

[8] Bei L. de Jong, Het Koninkrijk, IV, 2 (1972), S. 748.

sonen umfassenden Beamtenschaft. Davon entfielen allein auf die Kommunalbeamten von Amsterdam 582 Personen bzw. 794, wenn Halb- und Vierteljuden mitgezählt werden, bei einem Kommunalbeamtenbestand von insgesamt 24 920. Von einer 'Verjudung' der öffentlichen Dienste, wie das gern gebrauchte Schlagwort der Besatzungsmacht lautete, konnte also kaum die Rede sein, wie auch solche Maßnahmen nichts mehr mit Besatzungsrecht zu tun hatten, wenn dies an der Haager Landkriegsordnung orientiert bleiben sollte. Der zwar durchsichtige, gleichwohl höchst infame Vorgang schied Juden und Niederländer, das Argument von einem Eingriff in niederländische Verhältnisse auf diese Weise unterlaufend. Die Entlassung hieß jedoch nicht Fortfall des ganzen Gehalts. So war für die ersten drei Monate eine Zahlung von 85 v. H. des Gehalts, für die dann folgenden fünf Jahre 70 v. H., danach fünf Jahre lang 60 v. H. bis hinunter zur Hälfte des Ausgangsbetrages vorgesehen. Diese Regelung hat allerdings bald schon keine Rolle mehr gespielt.

Im Januar 1941 verordnete die Besatzungsmacht die Registrierung der Juden. Dieser Maßnahme folgte die Ausweisverordnung, nach der jeder niederländische Bürger im Besitz eines Personalausweises sein mußte. Juden trugen in ihrem Ausweis den Stempel 'J'. Diese Erfassung der Juden, die insgesamt aufgelistet an die Zentrale der Einwohnermeldeämter ('Rijks Inspectie der Bevolkingsregisters') ging, diente später als Hilfsmittel bei der Deportation der Juden in Konzentrationslager und zuvor noch bei der Abgrenzung der Judenbezirke (Ghettos) in den einzelnen Orten. Nach der Statistik von 1941 wohnten in den Niederlanden insgesamt über 140 000 Juden. 15,5 v. H. davon waren Ausländer (10,3 v. H. allein jüdische Emigranten aus Deutschland). Die Besatzungsmacht schritt in ihrer Systematik rasch weiter fort. Fast zugleich mit der Entlassung jüdischer Hochschullehrer erfolgte die Einführung eines Numerus clausus an den Universitäten. Studenten, die mehr als einen volljüdischen Großelternteil hatten oder als 'Arier' der jüdischen Glaubensgemeinschaft angehörten, wurden erst nach Zustimmung seitens des Departements für Erziehung und Wissenschaft zugelassen. War die erstgenannte Bedingung gegeben, erfolgte die Zustimmung in der Regel nicht.

Schon im Herbst 1940 fanden sich an den meisten Cafés und Restaurants Schilder mit der Aufschrift „Juden nicht erwünscht". Ab April

1941 hingen die Aufschriften dann allerorts, auch der Zugang zu den Filmtheatern wurde verwehrt. Solche 'gesellschaftlichen' Maßnahmen, die einen weiteren Schritt im Ausscheidungsprozeß darstellten, erfolgten zwar ohne obrigkeitliche Verordnung, sie waren aber nichts anderes als die Konsequenz von Pressionen, die seitens der NSB oder auch öffentlicher Stellen auf den einzelnen Unternehmer oder dessen Berufsverband ausgeübt wurden. Die Obrigkeit unternahm den 'offiziellen' Ausschluß zuerst in Haarlem. Juden war der Zugang zu allen privaten und öffentlichen Dienstleistungsbetrieben verboten. Darüber hinaus durften sich Juden nicht mehr in Haarlem niederlassen oder ohne Zustimmung der Behörden innerhalb der Stadt umziehen (März 1941). Amsterdam schloß sich diesen Maßnahmen an. Wegzug aus der Stadt wurde ebenfalls verboten – eine Maßnahme, die offensichtlich dazu diente, die einmal erfolgte Erfassung der jüdischen Bevölkerung nicht zu stören. Auf diesem Weg ging es rasch weiter. Juden wurden im April aus allen öffentlich subventionierten Orchestern entfernt. Ab Mai 1941 galt für das ganze Land das Verbot für Juden, Strände, Parks, Tiergärten, öffentliche Badeanstalten, Strandboulevards zu betreten. Der gesamte Kultur- und Sportbetrieb blieb ihnen ab Mitte September 1941 verschlossen. Ausgegrenzt wurden auch öffentliche Märkte, Viehmärkte, Versteigerungen. Dem Verbot der Bildung von Vereinen oder Stiftungen und dem Befehl des Ausschlusses aller jüdischen Mitglieder aus nichtjüdischen Vereinen (einschließlich Berufsverbänden) im Oktober 1941 folgte die Verordnung, daß alles nichtjüdische Personal seine Arbeit in jüdischen Unternehmen oder Haushalten aufgeben mußte. Der Gefahr der 'Rassenschande' war auf diesem Wege vorzubeugen. Nach den Sommerferien von 1941 erging ein Erlaß, daß jüdische Kinder keine öffentlichen Schulen mehr besuchen durften (speziell in Amsterdam, Rotterdam, Den Haag und in den Hauptstädten der Provinzen). Den Gemeinden wurde der Bau von Schulen ausschließlich für Juden aufgetragen. Im September 1941 verschlossen ihnen die Behörden auch die Bibliotheken. Damit war den Juden der Zugang zu einer wesentlichen Quelle ihres Gemeinschaftslebens verwehrt.

Die hier im einzelnen beschriebenen Maßnahmen vermögen etwas von der Systematik zu vermitteln, mit der der Versuch unternommen wurde, die Juden gleichsam als Fremdkörper aus der niederländischen Gesellschaft auszuscheiden – ein erfolgreicher Versuch, insofern er das zuvor im eigenen Kreis so reiche und zugleich in die Gesellschaft integrierte jüdische Leben nachgerade auf das Niveau bloßen Vegetierens zurückschraubte, aber auch ein Versuch, der am Anfang der bald folgenden systematischen Ausrottung stand.

Die Juden gleichsam unmittelbar vor ihrer Haustür zu provozieren, schien man deutscherseits zunächst noch der NSB vorbehalten zu wollen. So zogen die Wehrabteilungen der NSB herausfordernd ins Judenviertel Amsterdams, wo sich Selbstschutzabteilungen formiert hatten. Bei einer der Schlägereien kam ein WA-Mann ums Leben. In Amsterdam-Süd wurde ein deutscher Polizist während einer Aktion gegen eine jüdische Widerstandsgruppe verwundet. Die Folgen blieben nicht aus. Himmler ließ 425 jüdische Männer der Stadt verhaften und ins Konzentrationslager Mauthausen abtransportieren. Keiner von ihnen hat überlebt. Allerdings zeigte diese Aktion der Besatzungsmacht zum ersten Mal ganz deutlich, daß die Amsterdamer Bevölkerung nicht gewillt war, diese Form der Repression widerstandslos hinzunehmen. Hierüber ist an anderer Stelle zu handeln.

1942 begann die 'Säuberung' vieler niederländischer Gemeinden. Die deutschen Juden verfrachtete die Besatzungsmacht ins Lager Westerbork, die niederländischen Juden wurden in Amsterdam konzentriert. Diesen Aktionen folgte im Februar 1943 ein allgemeines Aufenthaltsverbot für Juden zunächst in Haarlem, Heemstede, Bloemendaal und Voorschoten, dann im April nach entsprechender Evakuierung und Konzentration im Lager Vught ein Aufenthaltsverbot für alle Provinzen. Lediglich Amsterdam blieb bis Mai 1943 noch offen für Juden. Zusätzlich wurden die Juden in Arbeitslager der Landeszentrale für Arbeitsbeschaffung untergebracht, zunächst Arbeitslose, dann auch solche, die noch normaler Arbeit nachgingen. Die Lager befanden sich im Osten und Norden des Landes. Hanns Albin Rauter sah in diesen Arbeitsorten nur eine Art Zwischenstation auf dem Wege zur Deportation und Vernichtung der Juden. Dem Reichsführer SS schrieb er schon am 24. September 1942: „... In den Niederlanden gibt es eine sogenannte 'werkverruiming', eine dem niederländischen Sozialministerium unterstehende Arbeitseinrichtung, die Juden zu verschiedenen Arbeiten in geschlossenen Betrieben und Lagern anhält. Wir haben diese Werkverruimingslager bisher nicht angetastet, um die Juden da hinein flüchten zu lassen. In diesen Werkverruimingslagern sind ca. 7000 Juden. Wir

hoffen, bis zum 1. Oktober auf 8000 Juden zu kommen. Diese 8000 Juden haben ca. 22000 Angehörige im ganzen Lande Holland. Am 1. Oktober werden schlagartig die Werkverruimingslager von mir besetzt und am selben Tage die Angehörigen draußen verhaftet und in die beiden großen neu errichteten Judenlager in Westerbork bei Assen und Vught bei Hertogenbosch eingezogen werden. Ich will versuchen, anstatt 2 Zügen jede Woche 3 zu erhalten. Diese 30000 Juden werden nun ab 1. Oktober abgeschoben. Ich hoffe, daß wir bis Weihnachten auch diese 30000 Juden weghaben werden, so daß dann im ganzen 50000 Juden, also die Hälfte, aus Holland entfernt sein werden." Und weiter heißt es dann: „Am 15. Oktober wird das Judentum in Holland für vogelfrei erklärt, d. h. es beginnt eine große Polizeiaktion, an der nicht nur deutsche und niederländische Polizeiorgane, sondern darüber hinaus der Arbeitsbereich der NSDAP, die Gliederungen der Partei, der NSB, die Wehrmacht usw. mit herangezogen werden. Jeder Jude, der irgendwo in Holland angetroffen wird, wird in die großen Judenlager eingezogen. Es kann also kein Jude, der nicht privilegiert ist, sich mehr in Holland sehen lassen. Gleichzeitig beginne ich mit Veröffentlichungen, wonach Ariern, die Juden versteckt gehalten oder Juden über die Grenze verschoben oder Ausweispapiere gefälscht haben, das Vermögen beschlagnahmt und die Täter in ein KZ überführt werden, das alles, um die Flucht der Juden, die in großem Maße eingesetzt hat, zu unterbinden."[9]
Es ist solcher Systematik nichts mehr hinzuzufügen. Was Rauter dort manifestierte und tatsächlich auch durchführte, ist nichts anderes als die niederländische Praxis zur 'Endlösung der Judenfrage'. Bis Weihnachten 1942 waren die anvisierten 30000 Juden nach Auschwitz abtransportiert. In jenem Jahr 1942 wurde auch der 'gelbe Judenstern' mit der Aufschrift 'Jood' eingeführt, das abschließende Zeichen höchster Diskriminierung, die jetzt schon in Vernichtung umgeschlagen war. Der Judenstern stellte nicht nur den Endpunkt der Diskriminierung, auch nicht nur das äußere Zeichen zur Scheidung der niederländischen Gesellschaft in Freund und Feind (aus deutscher Sicht) dar, die Verpflichtung, ihn an einer bestimmten Stelle der Kleidung bei jeder Gelegenheit in der Öffentlichkeit – und dazu zählte der Hausbalkon ebenso wie der

[9] Zitiert bei Abel J. Herzberg, Kroniek der Jodenvervolging, 1940–45. Amsterdam [3]1978, S. 108f.

Platz unmittelbar am eigenen Fenster – zu tragen, stellte zusammen mit der Strafandrohung bei Nichtbefolgung der Anordnung (Konzentrationslager) noch einmal eine letzte Schikane dar, die nur dann an Gewicht verliert, wenn man weiß, daß die Juden ohnehin alle für die Vernichtung bestimmt waren. Die Deportationen zur Ausmerzung der niederländischen Juden liefen ab 1942 regelmäßig. Sie firmierten unter dem Begriff 'Arbeitseinsatz unter polizeilicher Aufsicht'. Anfänglich scheinen die Juden das auch geglaubt zu haben – aber eben nur anfänglich. Es verlief selbst dies alles höchst formalistisch und bürokratisch – mit postalischer Zusendung einer Art Gestellungsbefehls, Angabe der mitzuführenden Güter, Lebensmittelkarten usw. Die Camouflage-Maschine arbeitete da vorzüglich. Erst als diese Gestellungsbefehle nicht mehr zu dem gewünschten Ergebnis führten, als lange nicht alle Juden sich meldeten, griffen die deutschen Instanzen zum Mittel der Razzia, die bald zur niederländischen Alltäglichkeit zählte. Am 25. Juli 1943 sandte Bene, der Vertreter des Auswärtigen Amtes, einen SD-Bericht nach Berlin, nach dem von den 140 000 niederländischen Juden 102 000 aufgegriffen und davon 72 000 deportiert worden waren.

Über das Elend und die Fährnisse während der Transporte ist hier nicht zu handeln. Es sei lediglich noch die Bilanz aufgemacht: bis zum Kriegsende sind von 1941 in den Niederlanden lebenden 140 000 Juden über 110 000 umgekommen, davon 104 000 in den KZs in Deutschland und Polen. Zurückgekehrt aus den Lagern sind 6000, darunter mehr Frauen als Männer. Die Gruppen der über Fünfzigjährigen und bis Sechzehnjährigen sind fast völlig vernichtet worden.

3. *Arbeitseinsatz*

Zu den Formen der Repression und zugleich zu den Möglichkeiten für das Reich, den eigenen Mangel an Arbeitskräften auszugleichen, zählte auch der sogenannte 'Arbeitseinsatz', die Zwangsverpflichtung niederländischer Arbeiter für die deutsche Industrie und Landwirtschaft. Die Lage auf dem niederländischen Arbeitsmarkt kam den deutschen Instanzen da zunächst entgegen. Bis zum Überfall 1940 hatte sich die niederländische Wirtschaft ohnehin noch nicht voll erholt, zumindest war die Zahl der Arbeitslosen noch beträchtlich. Nach den Kriegshandlungen verschlechterte sich mit einem Schlag die Lage, da der Überseehandel abgeschnitten und die Niederlande wirtschaftlich sich primär auf Deutschland und die von Berlin dafür ausgewählten Länder auszurichten hatten. Ende Mai zählten die Niederlande dann auch 325 000 Arbeitslose, demnach 140 000 mehr als April 1940. Dazu kamen noch etwa 70 000 demobilisierte Soldaten, die keinen Arbeitsplatz finden konnten. Fügt man die nicht registrierte Arbeitslosigkeit hinzu, dann belief sich die Gesamtzahl auf schätzungsweise 400 000–500 000. Erste Maßnahmen, die noch General Winkelman gegen diese Entwicklung traf, fruchteten kaum etwas. Erst der Einsatz niederländischer Arbeitskräfte auf deutschen Flugplätzen sowie beim Ausbau deutscher Küstenbefestigungsanlagen brachte eine spürbare Erleichterung. Die Zahl der niederländischen Arbeitskräfte auf den deutschen Flugplätzen belief sich im August 1940 auf 50 000. Von erheblich höherer Bedeutung war allerdings die Verpflichtung und Entsendung von Arbeitskräften ins Reich. Seitens des Departements für Arbeit und Soziales erging ein dringlicher Aufruf an alle Arbeitsämter, solche Entsendung zu unterstützen. Zum finanziellen Köder kam jedoch zugleich die Drohung. Für den Fall, daß ein Arbeitsplatzangebot ausgeschlagen wurde, drohte der Entzug der Arbeitslosenunterstützung. Es ist einsichtig, daß solche Zwangsmaßnahme ihre Wirkung nicht verfehlen konnte. Es hat in jener Frühphase des Kriegsregimes schon einiges an Widerstand und Ablehnung solcher Angebote gegeben – mit den entsprechenden Konsequenzen. Kommunale, kirchliche und gewerkschaftliche Instanzen sprangen hier – finanzielle Unterstützung leistend – ein. Das Vorgehen des niederländischen Departements spielte den deutschen Besatzungs- und Reichsbehörden in einem doppelten Sinne in die Hände: zum einen erhielten die Wirtschaftsunternehmen im Reich die dringend benötigten Arbeitskräfte, zum anderen konnten sich die Reichsbehörden insofern salvieren, als sich auf das Prinzip der Freiwilligkeit verweisen ließ (das Druckmittel des Unterstützungsentzugs war schließlich eine innerniederländische Angelegenheit). Dies fügte sich auch genau in die Nazifizierungsversuche, die Seyß-Inquart gleichsam mit weicher Hand von innen heraus anzustellen unternahm, und es entsprach solchen Versuchen, wenn die Reichsbehörden den Charakter der Freiwilligkeit nachdrücklich akzentuiert wissen wollten. Konkret bedeutete dies, daß niederländische Arbeitskräfte, die vertragsbrüchig wurden, indem sie sich vorzeitig wieder in ihr Land absetzten, nicht ins Konzentrationslager wanderten. Man wird bei diesem Deutschland materiell begünstigenden und ideell zunächst unterstützenden Verfahren nicht übersehen können, daß hinter dem Verhalten des zuständigen Departements nicht lediglich Einsicht in bittere wirtschaftliche Notwendigkeit stand, sondern bei einigen Spitzenbeamten, die aus der Vorkriegszeit ihren Dienst versehen hatten, Gedanken im Hinblick auf eine 'neue Zeit' oder 'neue Ordnung' lebten, die andere Maßnahmen zuließen, als sie vor dem Kriege möglich gewesen waren.

Gleichwohl: die Neigung, in Deutschland zu arbeiten, war bei den Arbeitslosen nicht allzu stark entwickelt. Zudem gab es auch seitens niederländischer Instanzen Möglichkeiten, den Unwillen zu honorieren und somit den Arbeitskräfteexport zumindest zu zügeln. So sorgten Ärzte bei den regionalen Arbeitsämtern für eine erkleckliche Zahl von Untauglichkeitsbescheinigungen. Von den im September und Oktober 1940 ärztlich untersuchten 235 817 Arbeitslosen wurden nur 103 504 für arbeitstauglich im Reich befunden. Zudem war die Zahl jener, die nicht bereit waren, den Vertrag zu erfüllen, recht hoch, so daß die deutschen Behörden meinten, Gegenmaßnahmen in Form des Entzugs von Lebensmittelkarten ergreifen zu müssen. Das Versorgungsdepartement hat jedoch eine Rücknahme dieser Anordnung durchsetzen können. Aber es zeigte sich auch hier: Ebensowenig wie sich die Nazifizierung der Niederlande von innen heraus und mit leichter Hand konkretisieren ließ, erzielte das Freiwilligkeitspostulat das gewünschte Ergebnis. So blieb auch die Reaktion des Reichskommissariats nicht aus. Nach einer Verordnung vom Februar 1941 wurde Verweigerung der Dienstverpflichtung mit einer Höchststrafe von sechs Monaten Arbeitslager geahndet. Das half recht wenig, so daß Ende 1941 die Drohung mit Einlieferung ins Konzentrationslager Amersfoort folgte. 140 Vertragsbrüchige wurden dann tatsächlich vom Sicherheitsdienst in das Lager verfrachtet – eine Maßnahme, die nun schon nichts mehr mit Nazifizierung von innen heraus zu tun hatte.

Bis März 1942 waren nur Arbeitslose verpflichtet worden, insgesamt 227 000. Das änderte sich, als der Krieg in Rußland erhöhte Rüstungsanstrengungen und eine Neuorganisation der Rüstungswirtschaft erforderlich machte. Fritz Sauckel wurde im Reich im Zuge der Neuordnung zum Generalbevollmächtigten für den Arbeitseinsatz berufen. In den

Niederlanden war Fritz Schmidt der direkte Befehlsempfänger Sauckels. Der Kurswandel wurde rasch deutlich. Aus dem Reich entsandte Kommissionen führten großangelegte Aushebungsaktionen durch, die jeweils eine bestimmte Zahl von niederländischen Arbeitskräften aufzubringen hatten. Nunmehr ging es nicht um Arbeitslose, sondern um Beschäftigte der niederländischen Industrie. Zwischen April 1942 und März/April 1943 wurden sieben solcher Aktionen angesetzt, die auf die Konskription von 254 000 Arbeitskräften zielten. Die Erfolgsmeldung enthielt schließlich erheblich geringere Werte: 163 000 Arbeiter (64 v. H.) konnte man 'aufbringen' – ein Ergebnis, das zum einen Sauckel nicht zur Zufriedenheit stimmte, andererseits zeigte, daß sich die Reichs- und Besatzungsmaschinerie nicht ohne Widerstand in Bewegung setzen ließ. Da ergaben sich deutliche Diskrepanzen zwischen den Arbeitskräfteansprüchen Sauckels und seines Beauftragten Schmidt und der in den Niederlanden tätigen deutschen Rüstungsinspektion, die die Aufträge ihres Reichsministers Speer in den für die deutsche Kriegführung arbeitenden niederländischen Firmen zu erfüllen hatten. Darüber hinaus wuchs der Widerstand der Betroffenen, wenngleich dies angesichts der Gefährlichkeit der Verweigerung nicht allzu hoch eingeschätzt werden sollte. Immerhin erhielten 60 bis 80 v. H. der Arbeiter medizinische Untauglichkeitsbescheinigungen, fanden sich häufig nur 50 v. H. der Kontraktierten an den Bahnhöfen ein. Die Beamten der Arbeitsämter besannen sich allmählich auf ausgeklügelte Mittel und Wege, mit denen die Zwangsverpflichtung unterlaufen werden konnte. Zu großen gemeinsamen Protestaktionen der Arbeiter kam es allerdings zunächst noch nicht. Die Betroffenen waren letztlich auf sich allein gestellt, wollten sie dem deutschen Zugriff entkommen.

Eine weitere Verschärfung brachte 1943 die totale Kriegführung. In den niederländischen Betrieben selbst wurden die Unternehmer von den deutschen Behörden unter Umgehung der Arbeits- und Fabrikinspektion ermächtigt, die Arbeitszeit auf 54 Wochenstunden zu verlängern. Andererseits wurden Betriebe geschlossen, so daß Arbeitskräfte für den Einsatz im Reich freikamen. Um bei den Arbeitsämtern die Möglichkeiten, der Dienstverpflichtung zu entkommen, einzuschränken, setzten die Deutschen beim zuständigen Generalsekretär eine stärkere Besetzung dieser Stellen mit NSB-Leuten oder Sympathisanten durch. Im Mai begann die Besatzung mit einem neuen Verfahren der Erfassung von Arbeitskräften, mit der sogenannten Jahrgangsaktion. Alle Männer von 18 bis 35 Jahren hatten sich bei den Arbeitsämtern zu melden. Man errechnete sich je Jahrgang 10000 arbeitsfähige Männer, so daß 170000 zusätzliche Arbeitskräfte aus den Niederlanden im Reich erwartet wurden. Am Ende der Aktion standen nur 54000 Männer zur Verfügung. Weitere 32000 wurden zusätzlich mit dem bisherigen Verfahren der Durchkämmung von Betrieben erfaßt. Hier ist festzuhalten, daß die 1943 verstärkt einsetzende, an anderer Stelle zu erörternde Widerstandsbewegung durchaus Erfolge zeitigte, gegen die auch großangelegte Erfassungsrazzien nichts auszurichten vermochten, da die Zusammenarbeit zwischen niederländischen Bürgermeistern, Polizeistellen und Beamten der Arbeitsämter zum Aufbau eines wirkungsvollen Vorwarnsystems führte. Es kam noch zu einer Reihe von Aktionen, die vom Ergebnis her nie zu einem Erfolg für die Besatzungsmacht wurden. Zumindest entsprach die Erfassungsplanung in keiner Weise dem tatsächlichen Aufkommen an Arbeitskräften. Die Diskrepanz zwischen Planung und Aufkommen wuchs erheblich, da die Erfassung bis zum Juli 1944 auf etwas mehr als 5 v. H. zurückging, d. h. der Transport von Arbeitskräften ins Reich ebbte fast ab.

Die Monate bis zum Ende des Krieges waren auch für den Arbeitseinsatz bestimmt durch die militärische Entwicklung. Zum einen verpflichtete man die Bürgermeister einzelner Städte und Gemeinden zur Rekrutierung von Arbeitskräften, die für kurze Zeit zum Ausbau von Verteidigungsanlagen (etwa Panzergräben) im Bereich des Wohnorts verpflichtet wurden, zum anderen meinte Goebbels als Reichsbevollmächtigter für den totalen Kriegseinsatz in einer letzten Anstrengung ausländische Arbeitskräfte aufbieten zu sollen. Dabei ging es vor allem um die Beseitigung von Kriegsschäden (Luftangriffe) und Ausbau von Verteidigungsanlagen im Reich. Die Erfassung erfolgte im alten Stil, zum großen Teil über plötzliche Razzien in Städten bis hin zur Durchkämmung von Zügen und Rheinkähnen. Die Lage war insofern günstiger, als die niederländische Industrie kaum noch mit deutschen Rüstungsaufträgen befaßt wurde, so daß von seiten der Rüstungsinspektion keine Interventionen mehr zu erwarten standen. So konnten in letzten Unternehmungen allein aus Rotterdam in November 1944 50000 arbeitsfähige Männer abgeführt werden, insgesamt belief sich die 'Aushebung' für den ganzen zu dieser Zeit noch besetzten niederländischen Raum auf 120000. Die Verpflichtung zum Arbeitseinsatz galt ab Dezember 1944 dann für arbeitsfähige Männer zwischen 16 und 40 Jahren (Liese-Aktion), nachdem sich der Wehrmachtsbefehlshaber Christiansen vor allem aus Furcht vor allgemeiner Unruhe gegen die großen Razzien, die jeden ohne Ausnahme erfaßten, gekehrt hatte.

Es blieb allerdings kaum noch Zeit, neue Aktionen durchzuführen. Den wenigen zuletzt noch Deportierten kamen Entlassene oder Geflohene entgegen. Nach Kriegsende kehrten schätzungsweise 261000 niederländische Arbeiter zurück (ohne die Entlassenen und Geflohenen vom März/April 1945). Die Zahl der in Deutschland gestorbenen Niederländer wird mit 8500 angegeben. Gewiß, der weitaus überwiegende Teil der zum Arbeitseinsatz Gezwungenen ist zurückgekehrt, aber man wird anschließend festhalten müssen, daß diese Menschen, erfaßt vom Räderwerk einer Repressionsmaschine, die die Niederländer in ihrer Geschichte bis dahin noch nicht erlebt hatten, zurückkehrten aus Lebensumständen, die insgesamt – auch wenn unterschiedliche Nachrichten vorliegen – mit dem Epitheton 'hartes Los' zu schwach beschrieben sind und eher als Existenz am Rande des Überlebens plakatiert werden sollten.

4. *Kollaboration und Widerstand*

4.1. Generalsekretäre

Die hier detailliert beschriebenen repressiven, von Rassenlehre und nüchterner Rüstungskalkulation getragenen Maßnahmen der Besatzungsmacht und Reichsbehörden erzeugten Widerstand, der sich im Laufe der Besatzungszeit als organisierte Gruppenaktion ebenso wie in den unterschiedlichen Spielarten individueller Resistenz zeigte. Der Widerstand wuchs mit der Schärfe der Repressionen und entsprechend der militärischen Entwicklung zugunsten der Alliierten. Aber es gab nicht nur Widerstand, auch Anpassung an das Regime kennzeichnete die niederländische Szene. Anpassung – man wird sie auch als Kollaboration bezeichnen dürfen, wenn man diesen Begriff ohne moralische Abwertung verwendet und sich der neuerdings von Hirschfeld vorgetragenen Umschreibung anschließt, nach der unter Kollaboration jede

Form der Annäherung oder des Arrangements in einem auf militärischer Besetzung gründenden Herrschaftssystem zu verstehen ist. Beide Aspekte solcher Kollaboration – Annäherung und Arrangement – betrafen unterschiedliche Gruppen und Instanzen, waren auch unterschiedlich motiviert. Die Stellung der Generalsekretäre sei hier noch einmal aufgezeigt. Sie sahen sich zu einem Arrangement gezwungen, in dem sie zwar kontrollierte und weisungsuntergebene Organe waren, gleichwohl erhielten sie sich jedoch Möglichkeiten, die Besatzungsmacht dort zu bremsen, wo es für die Funktionsfähigkeit des Lebens im Alltag erforderlich erschien. Schon seit 1937 lag bei einzelnen Departements ein geheimes Regierungspapier, die sogenannten 'Anweisungen', in denen das Verhalten der niederländischen Beamten (auf allen Ebenen) im Kriegs- und Besatzungsfall behandelt wurde. Es hieß dort: „Der Grund für eine weitere Wahrnehmung des Amtes ergibt sich aus dem Interesse der Bevölkerung: der daraus entspringende Nachteil, daß sie [die Beamten] damit der Besatzungsmacht dienen, wiegt geringer als der aus einer Amtsniederlegung und damit aus der Funktionsuntüchtigkeit erwachsende größere Nachteil für die Bevölkerung. Sollten jedoch durch Kontinuierung des Amtes größere Vorteile für den Besatzer als für die Bevölkerung entstehen, hat der Amtsträger sofort sein Amt niederzulegen." [10] Letztlich blieb solche Anweisung interpretabel, zumindest, wenn der Begriff des Interesses ins Spiel kam. Das führte gleich zu Beginn zu personellen Konsequenzen. Der Generalsekretär des Verteidigungsdepartements hielt es für völkerrechtswidrig, niederländische Arbeitskräfte auf Flugplätzen für die Besatzung einzusetzen. Er wurde entlassen. Der Chef des Departements für Soziales legte schon im August 1940 sein Amt nieder, weil er keine Möglichkeit der Zusammenarbeit mit den Besatzungsbehörden sah. Andere haben gemeint, im Sinne des niederländischen Interesses weiterarbeiten zu müssen, und es gab im Kollegium der Generalsekretäre sicher solche, die jetzt die Möglichkeit gegeben sahen, einmal ohne das in den 20er und 30er Jahren als hinderlich empfundene Parlament agieren zu können – eine möglicherweise verlockende Aussicht –, aber stärker wog der Wille, soviel wie möglich für die niederländische Bevölkerung und nicht für den Besatzer herauszuholen, und schließlich auch zu verhindern, daß NSBer in die eigene

[10] Zitat bei L. de Jong, Het Koninkrijk, IV, 1, S. 125.

Position rückten. Nicht jedem ist die Realisierung in gleichem Maße gelungen. Ein Mann wie R. A. Verwey, zweiter Mann im Departement für Soziales, bekam im Zuge der Arbeitseinsatz-Politik die ganze Härte seiner Position zu spüren. Er war sicherlich eine schwächere Persönlichkeit als etwa H. M. Hirschfeld, Chef des Wirtschaftsdepartements, der hohe Sachkunde mit Mut paarte, gleichwohl zu Konzessionen gegenüber der Besatzungsmacht gezwungen war. Jedenfalls dürfte es ihm zu verdanken sein, daß der niederländische Lebensstandard nicht allzu rasch absank und darüber hinaus einer schnellen Durchsetzung seines Amtsbereichs mit NSB-Mitgliedern gewehrt wurde.

4.2. Jüdischer Rat

In diesem Zusammenhang von Kollaboration oder Anpassung hat eine kurze Betrachtung dem sogenannten 'Jüdischen Rat' ('Joodsche Raad') für Amsterdam (später für die gesamten Niederlande) insofern zu gelten, als sich hier die für die Generalsekretäre geltende Problematik in einem noch sehr viel stärkeren Maße stellte. Der Rat wurde kurz vor den Februarstreiks von 1941 auf Geheiß der Besatzungsbehörden gebildet und war nichts anderes als ein Befehlsempfänger dieser Behörden. Er wurde gebildet in einer Phase, in der die 'Endlösung' der Judenfrage kurz bevorstand. Ihm blieb nichts anderes zu tun, als die Absonderung der niederländischen Juden von der Gesellschaft mitzutragen und schließlich die Ausrottung gleichsam mitzuverwalten. Es ist viel Schriftliches um diesen Jüdischen Rat im nachhinein bemüht worden, Anklagendes vor allem; über die Vorhersehbarkeit der Vernichtung des jüdischen Bevölkerungsteils wurde gesprochen und daran die Teilnahme am Jüdischen Rat gemessen. Tatsächlich lassen sich kaum Aktivitäten benennen, die bremsend auf die Maßnahmen der Besatzungsmacht gewirkt haben. Und für einen späteren Zeitpunkt gibt es Fälle genug, in denen sich Juden in den Rat drängten, um auf diese Weise als 'Eximierte' der Deportation entgehen zu können. Über die Bildung des Rates hat es sehr früh eine Auseinandersetzung zwischen dem zuvor auf jüdische Eigeninitiative formierten und von Deutschen bald aufgelösten Koordinierungsausschuß und dem Rat gegeben, die die Problematik thematisiert. Der Ausschuß konnte sich mit Recht als gewähltes Vertretungsorgan der jüdischen Gemeinschaft betrachten und dem Rat vorwerfen, er sei nur ein Instrument der Besatzungsmacht, das somit nur der Knechtung der Juden diene. Der Ausschuß zweifele, so hieß es, nicht an der Aufrichtigkeit des Rates, der jüdischen Gemeinschaft zu helfen, etwas für sie zu erreichen, aber: „nach unserer Ansicht ist dies nicht der richtige Weg, er führt zu nichts Gutem"[11]. Ein Briefwechsel zwischen L. E. Visser, Mitglied des Ausschusses, und D. Cohen, Mitglied des Rates, enthält die ganze Tiefe der unterschiedlichen Konzeptionen. Auf eine kurze Formel gebracht wird man die Konfrontation begreifen können als den Gegensatz zwischen einem auf jüdische Würde und Ehre pochenden Standpunkt und einer eher auf opportunistische Taktik, auf 'Verhinderung von Schlimmerem' gerichteten Verhaltensweise. Beide Standpunkte waren begreiflich, reflektierten letztlich beide auch den Grad der Repression und zugleich der Perfidie der Besatzungsmacht. Gemessen am letztendlichen Erfolg war die Mitwirkung im Jüdischen Rat tatsächlich vergeblich. Es stimmte schon, wenn Visser seinem Freund Cohen vorhielt, er werde, wie der Held in Manns ›Zauberberg‹, gefangen sein in einem höllischen Zirkel. Aber es scheint eben doch nur verständlich, daß man dort noch Hoffnung schöpfte, wo die Repression noch nicht in systematische Vernichtung umgesetzt worden war. Im Jüdischen Rat hegte man solche Hoffnung, auch wenn die Vorwürfe Vissers nur allzu gut begriffen wurden. Die Besatzungsmacht stand da bis an die Zähne bewaffnet und rassenideologisch fanatisiert als eine unüberwindliche Realität. Gegen diese war keine andere Realität wirksam, wie Abel J. Herzberg bemerkt.[12] Für beide hier angesprochenen Konzeptionen gab es keine *echte* Alternative; es sei denn, man will den Tod in Ehre und Würde gegenüber dem Tod nach dem – vergeblichen – Versuch der Leidenserleichterung als eine solche anerkennen. Aber es kommt noch ein anderes hinzu: Herzberg hat eindrucksvoll herausgearbeitet, wie es einerseits dem Rat nicht gelang, eine Barriere zwischen jüdischer Bevölkerung und Besatzern aufzubauen, er es andererseits jedoch vermochte, so etwas wie ein neues Gemeinschaftsbewußtsein zwischen den Juden aller Schichten zu schaffen, das sich äußerte in einem bis dahin ungekannt intensiven kulturellen Leben. Der Jüdische Rat hat

[11] Zitat bei Abel J. Herzberg, Kroniek der Jodenvervolging, 1940–45, S. 146.

[12] Hierzu ebd. das Kapitel ›De Joodse Raad‹, S. 143 ff.

in dieser Phase – der Periode vor der Vernichtung – die literarische und wissenschaftliche Aktivität, Theater und Jugendclubs mit aller Kraft gefördert, gleichsam für die Zukunft gearbeitet. Was hier aufkam, war eine in Zeiten des Leidens neu gefundene Emotionalität, die den Gang zum Sammelplatz der Deportationen nicht erleichtert haben wird, sicher aber in den Wochen und Monaten vorher Momente der Erleichterung aus dem Bewußtsein der neuen Gemeinsamkeit mit ihrer Orientierung an der Leidensgeschichte des eigenen Volkes hat schaffen können.

4.3. Die Niederländische Union

Eine ganz andere Möglichkeit des Arrangements mit der Besatzungsmacht ergab sich aus der Bildung der Niederländischen Union. Das ging zwar über die ersten Ansätze nicht hinaus, gleichwohl verdient die Bewegung wegen ihres zahlenmäßig starken Anhangs und wegen der sich von den herrschenden politischen Anschauungen der Vorkriegszeit unterscheidenden Überlegungen Beachtung. Man erinnere sich hier der ersten politischen Schritte von Seyß-Inquart, die auf jeden Fall von Vorsicht geprägt waren. „... das innenpolitische Leben sich selbst entwickeln lassen, um zu sehen, ob dabei etwas Brauchbares herauskommen würde“ [13], schrieb doch Otto Bene im Januar 1941 in einer kurzen Retrospektive. Der Eindruck der 'Selbstnazifizierung' sollte erweckt werden; es mußte sich im Sommer und Herbst 1940 herausstellen, ob die am 24. Juli mit einem Manifest an die Öffentlichkeit tretende Niederländische Union etwas Brauchbares im nationalsozialistischen Sinne sein konnte. Sicherlich war der Geburtsvorgang dieser Union von einigem Interesse. Dabei handelte es sich ja darum, daß ein zuvor unter Einbeziehung aller demokratischen Parteien als Nationales Komitee konzipierter Zusammenschluß infolge deutlicher deutscher Mißbilligung der vorgeschlagenen Programmatik (u. a. Treue zum Haus Oranien) sich schließlich auf die Union reduzierte. An deren Spitze standen mit J. E. de Quay, Linthorst Homan und L. Einthoven Kräfte, die Wirtschaftsstruktur und parlamentarisches System einer Änderung unterworfen sehen wollten und die sich von ähnlich denkenden Personen

[13] Zitat bei Kwiet, Reichskommissariat, S. 96.

wie dem ehemaligen Generalgouverneur in Niederländisch-Indien de Jonge und dem Großindustriellen Fentener van Vlissingen unterstützt fanden. Das Manifest der Union vom 24. Juli 1940, das Generalkommissar Fritz Schmidt zuvor genehmigt hatte, enthielt einen Aufruf an alle Niederländer, für eine neue niederländische Gemeinschaft zu arbeiten. Das hieß Zusammenarbeit auf der breitesten Grundlage, Anerkennung der veränderten Umstände, womit eben die Tatsache von Niederlage und Besatzung gemeint war, harmonischer Aufbau unter Nutzung aller Wirtschaftskräfte des Volkes und meinte schließlich auch soziale Gerechtigkeit, Begeisterung der Jugend im vaterländischen Sinne. Dies alles sollte auf die den Niederlanden eigene Weise herbeigeführt werden, im Sinne geistiger Freiheit und Toleranz und in Zusammenarbeit mit niederländischen und deutschen Behörden. Das waren sehr allgemein gehaltene Zielsetzungen, in ihrer Allgemeinheit selbst nichtssagend, auf jeden Fall aber sehr 'national' gerichtet, auch wenn das Haus Oranien in diesem Zusammenhang unerwähnt blieb. Mehr Relief erhält dieses Manifest erst, wenn man das drei Tage später veröffentlichte Programm der Union hinzuzieht. Die kurze Präambel sprach davon, Vaterland und Volksgemeinschaft zu stärken in loyaler Haltung gegenüber der Besatzungsmacht. Vom Volkscharakter war die Rede, den spezifischen Eigenschaften der Niederländer, die eigene Kultur und Sitten sollten gepflegt werden. Es waren dies zweideutige Auslassungen, die als allgemein gehaltene Abwehr gegen Ansprüche des Besatzers gedeutet werden konnten, aber auch als Anpassung an völkische Terminologie zu begreifen waren. Sicherlich gegen liberal geprägten Individualismus gerichtet erscheint der Passus über die Hinwendung zu den echten Lebenswerten von Mensch und Gemeinschaft gegenüber Materialismus und Egoismus. Abgesehen von den Forderungen nach nationaler Erziehung der Jugend und Vorsorge für die körperliche und geistige (!) Volksgesundheit kam die antiliberale Haltung im kurzen Abschnitt über sozialökonomische Politik zum Ausdruck: Die „organische Ordnung der Wirtschaftsgemeinschaft ('Arbeidsgemeenschap') ohne Klassengegensätze“ stand ebenso im Katalog wie die Favorisierung des Gemeinschaftsinteresses gegenüber dem Einzelinteresse. Die Pflicht zur Arbeit wurde gefordert, aber auch die Verpflichtung der Gemeinschaft, den einzelnen am Arbeitsprozeß teilhaben zu lassen. Der Proletarisierung war zu wehren und die Volkskraft zu stärken durch Förderung von

Familie und Eigentumsbildung. Unternehmenskonzentrationen und Trustbildung lehnten die Autoren ab. Für die politischen Ansprüche mußten offensichtlich sieben kurze Zeilen genügen: die enge Verbundenheit mit den Kolonien wurde gefordert, und zum Staatsaufbau hieß es: „Sie [die Niederländische Union] ist überzeugt, daß der organische Aufbau des niederländischen Gemeinwesens unter der Führung eines starken und entschlußfähigen Mannes notwendig ist.“ [14] Von Parteien war da keine Rede, von parlamentarischer Demokratie ebensowenig, vielmehr stand die Autorität der Exekutive im Vordergrund. Hier knüpften die Autoren und Initiatoren der Bewegung an Denkweisen der Vorkriegszeit an. Sie zielten auf eine gegen den politischen Pluralismus gerichtete *Einheit,* wo von seiten der Parteien selbst im Zusammenhang mit dem ursprünglich anvisierten Nationalen Komitee lediglich *Eintracht* gemeint war. Ein Mann wie Seyß-Inquart durfte angesichts eigener Zielsetzung solcher Entwicklung nicht ablehnend gegenüberstehen. In einer Haager Rede am 21. Juli 1940 sagte er unter anderem: „Ich beobachte mancherlei Versuche der Sammlung, Konzentration genannt. Ich begleite alle diese Versuche mit wohlwollendem Interesse und werde ihnen keine Schwierigkeiten bereiten, es sei denn, daß es sich einfach um den Versuch handelt, jenen Geist in irgendeiner Form weiter bestehen oder wiederaufleben zu lassen, der schließlich das niederländische Volk in den 10. Mai geführt hat. Eines möchte ich aber sagen: eine innenpolitische Bewegung und Willensbildung kann ihre Autorisierung niemals von mir als dem Vertreter der Besatzungsmacht erwarten, sondern muß sie dadurch erhalten, daß sie das niederländische Volk von der Richtigkeit ihres Weges überzeugt. Wenn ich hierzu etwas sage, so ist dies . . . ein Rat aus der Erfahrung . . . Die Sammlung der Kräfte eines Volkes kann niemals erfolgen durch die Verbindung verschiedener Programme, wobei die Grundsätze möglichst ausgedehnt und daher unklar werden, damit alle noch irgendwie einen Platz darin finden.“ [15]

In der Union wurde zum einen tatsächlich der Versuch unternommen, gegenüber der Vorkriegszeit etwas Neues zu schaffen, zum anderen bewies die Organisation, eine sehr hohe Anziehungskraft in der niederländischen Bevölkerung zu besitzen. Sie erfreute sich der Unterstüt-

[14] Zitat bei L. De Jong, Het Koninkrijk, IV, 2, S. 547.

[15] Ebd. S. 546f.

zung seitens der niederländischen Generalsekretäre und startete einen umfassenden Werbefeldzug, der schon sehr bald reiche Frucht trug. Bis Ende August 1940 waren 400000 Niederländer der Union beigetreten, bis Februar 1941 stieg diese Zahl sogar auf 800000. Die zugleich Ende August in die Öffentlichkeit gebrachte Zeitschrift ›De Unie‹ wurde nach drei Monaten schon in einer Höhe von 200000 Exemplaren verkauft, von denen fünf Sechstel auf den Straßenverkauf entfielen. Die Union vermochte auch auf intensive Mitarbeit zahlreicher Anhänger zu bauen und schuf sich also ein dichtes Netz von Kontakt- und Koordinierungsstellen sowie lokalen und provinzialen Ausschüssen. Eben diese Ausschüsse sind anzusehen als wichtige Zentren der Meinungsbildung in einer Bewegung, deren Anhänger offensichtlich aus den unterschiedlichsten politischen Richtungen kamen. Hier entwickelte sich tatsächlich eine Massenbewegung, die von ihren Begründern volle Aufmerksamkeit forderte, so daß de Quay sein Amt als Regierungskommissar niederlegte, Einthoven als 'Hoofd Commissaris' der Polizei für unbestimmte Zeit beurlaubt wurde. Linthorst Homans Gesuch um befristete Beurlaubung von seinem Posten als Kommissar der Provinz Groningen wurde freilich abgewiesen. Der Union bot sich jetzt unter den Bedingungen der Besatzung tatsächlich die Chance, Gedanken zu verwirklichen, die schon vor dem Kriege, in den 30er Jahren von der sogenannten Niederländischen Gemeinschaft gehegt worden waren; als eine außerparlamentarische konservative Protestbewegung (mit ihren ursprünglichen geistigen Zentralen in Nordbrabant und Groningen) konnte sie möglicherweise in ihrem Wunsch nach Überwindung des im Parlamentarismus eingeschlossenen Pluralismus und nach Aufhebung der Klassentrennung auf jeden Fall einiges Verständnis beim Besatzer erhoffen. Gleichwohl: die hier umrissenen wirtschaftsstrukturellen und staats-(verfassungs-)politischen Vorstellungen vermögen allein kaum den überaus starken Zulauf zu erklären. Gewiß, da mag Unzufriedenheit in Bürgerkreisen, bei Bauern, unterem Mittelstand, jungen Intellektuellen vor allem mit der parteipolitischen Struktur des Landes ein Grund gewesen sein ebenso wie der Zweifel an der Arbeitsfähigkeit eines parlamentarischen Systems überhaupt; aber das dürfte kaum zur Erklärung von 800000 Mitgliedern bei einer 9-Millionen-Gesamtbevölkerung einer bis dahin in 'Säulen' fragmentierten, zugleich jeweils ein ebenso fragmentiert politisches und kulturelles Leben führenden

Gesellschaft hinreichen. So steht zu vermuten, daß sehr viel stärker noch die antinationalsozialistische Einstellung den eigentlichen Beweggrund zur Teilnahme abgegeben hat, die gegen den Besatzer und die eigene nationalsozialistische Partei, die NSB, gleichermaßen gerichtet war. Tatsächlich bot die Union nach dem Schock der Kapitulation offensichtlich gerade in der Betonung der Neufindung niederländischer Werte und damit auch niederländischer Unabhängigkeit die einzige Möglichkeit, die Identitätskrise zu überwinden. Die niederländischen Parteien waren doch völlig in den Hintergrund gedrängt, auf Dauer für den Besatzer auch nicht akzeptabel, und solange das Postulat der Unabhängigkeit in vorderster Reihe stand, ließ sich ein Beitritt zu der Bewegung auch für jene rechtfertigen, die aus den in Opposition zur Union stehenden Parteien kamen.

Die Haltung der Parteien gegenüber der Union war recht unterschiedlich. Es ist schon darauf hingewiesen worden, daß die Generalsekretäre die Union unterstützten. Dazu trat die Mithilfe seitens der Römisch-Katholischen Staatspartei. Sie riet ihren Mitgliedern schon am 1. August, der neuen Bewegung beizutreten. Man empfahl intensive Mundpropaganda und zeigte sich bereit, den eigenen Parteiapparat für die Bewegung zur Verfügung zu stellen. Dahinter stand wohl die Absicht, den katholischen Einfluß in der innenpolitischen Entwicklung des Landes auch unter Besatzungsverhältnissen zu wahren. Allerdings hat dieses Verhalten der RKSP nur wenig mit der Einstellung der katholischen Bischöfe zu tun, wie unten noch gezeigt werden wird. Die sozialdemokratische Haltung bot sich einigermaßen zwiespältig dar. Man schien die Erwägung des Für und Wider nicht in eine parteioffizielle Entscheidung kleiden zu wollen. Daß der Weg der Union innenpolitische Gefahren barg, war jedem klar. Immerhin: zwar war der Parteivorsitzende gegen die Union, aber das konnte doch nicht verhindern, daß große Gruppen der Partei sich der Organisation anschlossen. In Amsterdam stand selbst der Chef des gewerkschaftlichen Dokumentationszentrums, J. G. Suurhoff, an der Spitze der Unionsarbeit. Der Freisinnig-Demokratische Bund riet sogar zum Anschluß. Dagegen lehnte die Liberale Staatspartei einen solchen Schritt ab. Allerdings ist festzustellen, daß große Gruppen von Liberalen zur Union übergegangen sind – also auch hier eine Diskrepanz zwischen Parteibeschluß und Basisverhalten, die sich auch bei der CHU zeigte. Sehr viel dezidierter traten die

Antirevolutionären auf – nicht nur in Vorstandsentscheidungen, sondern auch auf Massenversammlungen, die auch zusammen mit dem protestantischen Partner, der CHU, veranstaltet wurden. Man wolle sich nicht durch den nationalen Einheitswolf drehen lassen, hieß es da,[16] und man berief sich auf Jahrhunderte niederländischer Geschichte, die sich für die Protestanten nicht ohne weiteres vom Tisch fegen ließen. Der christlich-historische Professor J. R. Slotemaker de Bruïne formulierte auf einer Amsterdamer Massenveranstaltung: „Wir sagen unserem Volk: nehmt uns so, wie wir sind – wir stehen euch zu Diensten. Verlangt nicht von uns, daß wir um der Einheit willen das Heiligste, das wir besitzen, außerhalb des öffentlichen Lebens stellen."[17] Es herrschte volle Kompromißlosigkeit. Zu Recht hat L. de Jong bemerkt, man könne die gemeinsamen Versammlungen in ihrer Wirkung nicht hoch genug einschätzen, vor allem soweit es die Basis betraf: auch hier scheint das Erfolgsmoment in einer Wiedergewinnung der Identität mit dem Ziel der Wahrung der überkommenen Werte bestanden zu haben. Innerhalb dieser großen protestantischen Gruppe gab es Unterschiede, die sich auf die verschieden starke kirchliche Bindung zurückführen lassen. Die Verflechtung der Antirevolutionären mit ihrer Kirche ('Gereformeerd') war ungleich intensiver als auf seiten der Christlich-Historischen. Daraus resultierte auch, daß christlich-historische Gruppen entgegen dem Rat ihrer Partei doch zur Union übergingen. Sicherlich trieb diese Frontstellung gegen die Union die Antirevolutionären in die Isolierung; aber hatte man nicht die Isolierung in der eigenen 'Säule' schon jahrzehntelang gepflegt?

Daß sich die faschistischen Gruppen ablehnend verhielten, stand zu erwarten. Sowohl Mussert als auch Arnold Meijer, dessen 'Schwarze Front' inzwischen in 'Nationale Front' umbenannt war, kehrten sich gegen die Union. Die Konkurrenzposition begriff man hier sehr wohl. „Die Union", so hieß es in ›Het Nationale Dagblad‹, „ist eine Frucht der Weltanschauung von Colijn; in ihr stehen die reaktionären Kreise des politischen Christentums zusammen mit jenen des liberalen Kapitalismus."[18] Dabei begrenzten sich weder Mussert noch Meijer auf Äuße-

[16] Zitat ebd. S. 558.

[17] Zitat ebd. S. 559.

[18] Zitat ebd. S. 550.

rungen in der Presse oder bei öffentlichen Veranstaltungen. Sie versuchten, dem Reichskommissar direkt deutlich zu machen, daß der Union nicht zu trauen war. Die Union ihrerseits äußerte ihre ablehnende Einstellung gegenüber der NSB in allgemeinen Formulierungen über eigenes niederländisches Wesen und Unabhängigkeit des Landes. Sie sprach jedoch die NSB auch unmittelbar an, nannte sie „unniederländisch", für das Volk nicht akzeptabel, und – mit einem Blick auf die deutsche Besatzungsmacht – bezweifelte sie, ob es der NSB je gelingen würde, an die Macht zu gelangen, da doch die Deutschen erklärt hätten, „niederländische Werte" nicht antasten zu wollen. Es kam im übrigen in dieser Zeit zu Schlägereien zwischen Kolporteuren des Blattes ›De Unie‹ und WA-Leuten, und ein Lagebericht des SD meldete, daß 90 v. H. der unteren Funktionärsschicht und die übergroße Mehrheit der Unionsmitglieder ihre Bewegung als Damm gegen Mussert betrachte. Allerdings ist bei aller Eindeutigkeit der Aversion doch festzuhalten, daß es gerade auf der unteren Ebene im Laufe des Herbstes 1940 zu einigen Kontakten zwischen Union und NSB kam. Darüber hinaus zeigten Linthorst Homan und einige andere eine gewisse Bereitschaft, zur NSB eine positivere Verbindung aufzubauen. Dahinter standen taktische Erwägungen, stand die Überlegung, daß nur eine gewisse Verbindung zwischen NSB und Union auf Dauer den Anspruch der Union, stärkste Gruppierung zu sein, zu festigen vermochte. Andererseits galt es zu verhindern, daß die Besatzungsmacht die eine gegen die andere Bewegung ausspielte.

Und in der Beziehung zur Besatzungsmacht lag eben das Problem der Union. Das besondere Merkmal dieses Zusammenschlusses war in erster Linie die politische Übergewichtigkeit seiner Basis, die tatsächlich auf 'Niederlande' und 'Unabhängigkeit' abhob, künftige Strukturen, wie sie das Programm vom 27. Juli kurz umrissen enthielt, jedoch kaum beachtete. Für die Gründer und ihren höchst konservativen Dunstkreis aber dürften gerade die staatspolitischen und wirtschaftsstrukturellen Ordnungsgedanken von Wichtigkeit gewesen sein, die sich – abgesehen davon, daß die Bewegung ohnehin nur von 'deutschen Gnaden' sich regen durfte – möglicherweise allein mit deutscher Hilfe durchsetzen ließen. Eben auch von daher muß das Entgegenkommen gegenüber den Deutschen, das noch kurz anzudeuten ist, begriffen werden. Die Zeichen der Union allerdings standen gerade in der Anfangsphase keineswegs auf Anpassung. Wo auf Massenversammlungen von den Spitzenrednern solches geboten wurde, blieb der Beifall aus, setzte Widerspruch ein. Man sah in der Führungsspitze diese Entwicklung sehr wohl: „Das Volk mit seinen instinktiven Haßgefühlen gegenüber den Besatzern und ihren Handlangern beherrschte die Union, und nicht die Union das Volk“,[19] verlautete es, und dieses 'Volk' lebte vornehmlich in Limburg, Nordbrabant und Groningen, auch in Nord- und Südholland, während die 'reformierten' Zentren Friesland und Seeland weit dahinter zurücklagen, kaum Unionsanhänger kannten. Demnach ist auch der katholische Anteil (gemäß RKSP-Aufruf) hoch einzuschätzen, während etwa in Rotterdam-Süd der gesamte aktive Kern der SDAP zusammen mit dem ganzen sozialdemokratischen Jugendverband (AJC) den Anhang der Union stellte.

Die häufig propagierte Loyalität gegenüber der Besatzungsmacht hatte als wesentliches Motiv die Konkurrenz zur NSB. Solche Loyalität äußerte sich dann seitens der Union in der deklaratorischen Anerkennung der neuen Verhältnisse in Europa und in der Bezeugung, am Aufbau eines neuen Europa mitarbeiten zu wollen. Alles blieb einigermaßen vage; zudem bestanden offensichtlich Meinungsverschiedenheiten im 'Triumvirat' de Quay, Einthoven, Homan, insofern Linthorst Homan engere Kontakte mit Seyß-Inquart und Fritz Schmidt unterhielt, sogar den Wunsch nach einer Niederlage Großbritanniens äußerte. Andererseits schien schon im Herbst die Union seitens des Besatzers allmählich ins Abseits gedrängt zu werden, da die Bewegung auch Juden offenstand und zudem Unionsmitglieder an der frühen Widerstandsbewegung teilnahmen. Im November 1940 schrieb der Sicherheitsdienst doch: „Der Kern der Nederlandsche Unie bildet sich immer klarer als anti-deutsch und pro-englisch heraus.“ [20] In ihrem Wunsch, ein relevanter Konkurrent der NSB zu bleiben, so meint neuerdings G. Hirschfeld, habe sich die Union erpreßbar gemacht.[21] Tatsächlich warnte sie im Januar 1941 ihre Mitglieder davor, am Widerstand teilzunehmen, und im Mai 1941 wurden Juden als eingeschriebene Mitglieder gestrichen. Unionsmitglieder unterstützten schließlich auch die niederländische

[19] Zitat ebd. S. 553.

[20] Zitat ebd. S. 828.

[21] G. Hirschfeld, Collaboration and Attentism in the Netherlands 1940–41. In: Journal of Contemporary History, 16, 3 (1981), vor allem S. 481 ff.

Winterhilfe, die dem deutschen Winterhilfswerk (WHW) entsprach, finanziell und moralisch, was gerade von den katholischen Bischöfen wiederum verworfen wurde.

Eine wesentliche, endgültig negative Zäsur für die Union bildeten sicherlich die Februar-Ereignisse von 1941, insofern eine Radikalisierung deutscher Besatzungspolitik einsetzte, die auch in Unionskreisen zunehmend zu der Ansicht führte, daß weitere Konzessionen kaum noch gemacht werden konnten. Zwar war das Verhalten der Union nicht gleich auf Bruch angelegt, aber dem Seyß-Inquartschen Aufruf an das niederländische Volk nach dem Hitlerschen Angriff auf Rußland, den Blick nach Osten zu richten, begegnete man mit Ablehnung – wie freundlich verpackt diese auch immer sein mochte. Es entsprach sicher der Überzeugung mancher Anhänger der Union, wenn der Bolschewismus als europäische Gefahr und Ende der europäischen Kultur klassifiziert wurde, aber das 'Triumvirat' lehnte es ab, sich zu der deutsch-sowjetischen Auseinandersetzung zu äußern. Solche Entscheidung könne nur unter der Voraussetzung völliger Freiheit von der eigenen Regierung getroffen werden – die aber saß als Exilregierung in London. Es konnte somit auch nicht ausbleiben, daß die Aktivitäten der Union erheblich eingeschränkt wurden. Ein halbes Jahr später, am 13. Dezember 1941, löste Seyß-Inquart die Union auf. Im Sommer 1942 wurde das 'Triumvirat' zusammen mit anderen leitenden Funktionären der Union in Internierungshaft in Nordbrabant genommen.

Man wird zu dieser Niederländischen Union insgesamt feststellen, daß die neue Massenbewegung als nationalpolitische Orientierungshilfe nach der raschen Kapitulation mit ganz spezifischen programmatischen, sich von pluralistisch-parlamentarischem Demokratieverständnis lösenden Inhalten zwar auf loyale Zusammenarbeit abhob und auch gewillt war, solche Zusammenarbeit unter Betonung und Annahme der politischen Veränderungen auf der europäischen Landkarte zu konkretisieren, daß sie aber mit ihrer Akzentuierung der Unabhängigkeit der Niederlande selbst die Grenzen solcher Zusammenarbeit zog, die sie bei Strafe des Verlustes an Glaubwürdigkeit bei ihrer heterogen zusammengesetzten Anhängerschaft kaum überschreiten konnte, auch wenn es eben Funktionärsgruppen gab, die weiterreichende Kollaboration anstrebten. Eine solche selbstgezogene Grenze mußte dann bei schon geringster Kursänderung deutscher Besatzungspolitik im Sinne einer

Radikalisierung, die zum Teil auch auf niederländische Entwicklungen zurückzuführen war, das Ende der politischen Aktionsmöglichkeiten mit sich bringen. Tatsächlich ist es niemals zu einer loyalen Zusammenarbeit gekommen, wenn man einmal von Anpassungsmaßnahmen wie dem Ausschluß von Juden absehen will. Die 'deutsche' Entwicklung schritt über die Union hinweg. Die Intentionen der Besatzungsmacht waren andere als die der Union, die letztlich versuchte, diesen Weg zwischen Anpassung und Widerstand zu gehen, während die Deutschen unter Anpassung eine befehlsempfangende Kollaboration verstanden.

4.4. Formen des Widerstandes

Ob Generalsekretäre, Jüdischer Rat oder Niederländische Union, der Wille zur Zusammenarbeit, welche Motivation ihr auch immer zugrunde lag, ließ sich tatsächlich nur von 'deutschen Gnaden' in die Tat umsetzen, und sie wird auch immer nur von der Motivation her zu beurteilen sein, die durchaus Irrtum einschließen kann. Aber es gab auch die andere Entscheidung: die zum Widerstand, zu dem hier die Ablehnung jeglicher Loyalität ebenso zu rechnen ist wie der Angriff in Wort und Schrift oder mit Waffengewalt seitens organisierter Widerstandsgruppen. Die ehemals etablierten Parteien verhielten sich unterschiedlich. Die Kommunisten (CPN) saßen schon im Untergrund, ehe Rost van Tonningen die Verwaltung des Parteivermögens übernahm. Viele SDAP-Mitglieder verließen die Partei sofort, als die neue Funktion des Himmler-Günstlings bekannt wurde. Es gab Ausnahmen. Zu ihnen zählten in der Wolle gefärbte Sozialdemokraten wie W. H. Vliegen oder die sozialistische Presse. Auch die liberale Führungsspitze kehrte sich gegen Konzessionen gegenüber dem Besatzer. Die beiden liberalen Jugendorganisationen fanden sich bald in der Untergrundtätigkeit. Die Christlich-Historische Union bewies eher neutralistische Zurückhaltung, während die mit dieser Partei eng verbundene Reformierte Kirche ('hervormd') sich sehr rasch dem Besatzungsregime widersetzte – und zwar, wie Willem Verkade feststellt, vergleichbar der 'Bekennenden Kirche' im Reich mit einer neuen Führungsschicht von Geistlichen und Laien an der Spitze, die aus der christlichen Jugendbewegung stammten und stark durch Karl Barth beeinflußt waren. Viele Vertreter gerade dieser letztgenannten Kreise haben es nachgerade als Desertion empfunden, als ihr Parteimann Jkhr. D. J. de Geer, bei Ausbruch des Krieges Ministerpräsident des Koalitionskabinetts, freiwillig aus London über Portugal in die Niederlande zurückkehrte – und dies noch dazu mit deutscher Hilfe. Der protestantische Partner, die AR mit der anderen Reformierten Kirche ('gereformeerd') als Basis, zeigte anfänglich eine schwankende Haltung. Zumindest gilt dies für ihren langjährigen Ministerpräsidenten Hendrik Colijn und einige andere. Im Juli 1940 veröffentlichte Colijn – wohl in einer Phase eines extremen persönlichen Pessimismus – seine Broschüre ›Op de grens van twee werelden‹. Eine Niederlage Deutschlands sei nicht mehr möglich, so hieß es da. Daraus folge die Notwendigkeit der Anpassung an die veränderten Umstände. Der europäische Kontinent werde, falls kein Wunder geschehe, in Zukunft von Deutschland geführt. Ein Gespräch mit Seyß-Inquart war der Abfassung der Schrift vorausgegangen, und in einer Amsterdamer Rede im August hat Colijn gemeint, den Standpunkt wiederholen zu müssen. Der ehemalige Ministerpräsident stand in Partei und Kirche zunächst sicher nicht allein. Es gab im Zentralkomitee seiner Partei Vertreter, die von der Gehorsamkeit gegenüber der Obrigkeit sprachen, auf die Güte Gottes vertrauten und sich hierin in Übereinstimmung mit einigen CHU-Politikern sahen. Aber es gab eben auch andere in der Parteizentrale oder in den lokalen und regionalen Vorständen, die jegliche Konzessionspolitik ablehnten und damit als erste etwa die Aktivitäten der Niederländischen Union verwarfen. Von der CHU war es H. W. Tilanus, der hier eine Vorreiterrolle spielte, bei der ARP J. Schouten. Zusammen mit dem Sozialdemokraten Willem Drees wandte sich Schouten mit aller Schärfe gegen die Union, die er als einen Affront gegen Krone und rechtmäßige Regierung betrachtete. In der Zentralkomiteesitzung vom August 1940 kam die Unzufriedenheit über Neutralismus und Anpassung schon zum Durchbruch und geriet gerade die Parteibasis in Bewegung. Für die ARP war Amsterdam ein Zentrum, von hier ging eine Selbstbesinnung der Partei aus, die sich als Gegner des neuen Regimes begriff. Es waren erste Formen des Widerstandes, die sich an der antirevolutionären und christlich-historischen Basis bildeten, ohne daß die Parteispitzen radikal umschwenkten. Der Prozeß verlief langsam, und an seinem Ende fand sich auch Colijn als ein Organisator des Widerstands. Er wurde prompt Ende Juni 1941 verhaftet, sodann nach

Osten deportiert und starb 1944 in Ilmenau. Seine Kirche hat diesen Prozeß zum Widerstand mitvollzogen. Die 'Gereformeerde Kerken' insgesamt entwickelten die größte illegale Organisation in den Niederlanden. Freilich: das war sicherlich nicht das Ergebnis einer konsequenten synodalen Führung. Gerade hier lebte doch bis dahin durchaus der Gedanke des neutralistischen Kurses gegenüber der Obrigkeit. Dieser Prozeß hin zum Widerstand war vielmehr auf jene Vielzahl von Pastoren zurückzuführen, die sehr wohl begriffen, welches Maß an Christlichkeit man dieser Obrigkeit gegenüber vertreten durfte. Bei diesen war die Haltung von Beginn an eindeutig. Sie resultierte aus Erfahrungen der 30er Jahre oder fand ihre Wurzeln in der calvinistischen Tradition des 80jährigen Krieges.

Der katholische Widerstand gegen das Besatzungsregime konnte sich voll unter dem Schutz bischöflicher Anweisungen entwickeln, die recht eigentlich nichts anderes darstellten als eine Fortsetzung der schon vor dem Krieg bezeugten heftigen Aversion gegen die NSB. 1934/36 hatte man doch zunächst der Geistlichkeit, dann den Laien verboten, sich den Nationalsozialisten als Mitglied anzuschließen. Dahinter stand die Drohung der Exkommunikation, der Verweigerung des kirchlichen Begräbnisses. Manning hat darauf hingewiesen, daß die katholische Kirche und in ihrem Gefolge die Neben- und Unterorganisationen sowie auch die Partei (RKSP) in jahrzehntelanger politischer Auseinandersetzung sich eine äußerst lebenskräftige und intensiv lebende 'Säule' erarbeitet hatten, die als Reservat und Refugium zugleich nicht so ohne weiteres preisgegeben werden durfte. Auflösung und Zerstörung drohten aber von seiten der Mussert-Bewegung und schließlich auch nach Kriegsausbruch seitens des Besatzers. Es entsprach solchem Ausgangspunkt, wenn sich die Bischöfe hier nun im Unterschied zur Haltung der RKSP sehr abweisend gegenüber der Niederländischen Union verhielten, begreiflich übrigens auch, weil die Union eben im katholischen Süden des Landes erheblichen Zulauf erhielt. Die Forderung der Union nach nationaler Zusammenarbeit auf breitester Grundlage verfing bei den Bischöfen nicht. Aber bei solcher Abwehr blieb es nicht. Im Januar 1941 verkündeten die Bischöfe, daß die Sakramente jenen nicht erteilt würden, die der NSB, WA oder der niederländischen SS und anderen Mantelorganisationen angehörten. Auch dies lag genau in der Linie der Vorkriegszeit. In den ›Meldungen aus den Niederlanden‹ sprach der Besatzer von einer „offenen Kampfansage an den Nationalsozialismus". Seyß-Inquart nannte den bischöflichen Erlaß „ein sehr ernstes Symptom für die Stimmung in den Niederlanden"[22]. Tatsächlich traten die Bischöfe in den folgenden Jahren der Besatzung als eine Art Beratungszentrum auf für die katholischen Gläubigen, für die in zahllosen Richtlinien zum einen die Grenzen des Erlaubten hinsichtlich der Mitwirkung an der 'neuen Ordnung' aufgezeigt, zum anderen Maßnahmen besprochen wurden, die etwa der nationalsozialistischen Neuerungs- und Interventionspolitik (etwa Gleichschaltung des 'Roomsch Katholiek Werkliedenverbond') voll entgegenwirken konnten. Das lief innerhalb des Kreises der Bischöfe und ihrer Berater zwar nicht immer ohne Konflikte ab, stand insgesamt aber im Zeichen der bedingungslosen Ablehnung des Nationalsozialismus und des totalitären Staates als Christentum und Glauben gefährdende Erscheinungen. Und die Verbreitung solcher Haltung erfolgte nicht zuletzt auch über die sonntägliche Predigt mit ihren vielfältigen Kolportagemöglichkeiten. Die Widerstandspresse *aller* Richtungen hat gerade diese Form der Opposition zu würdigen vermocht. Und schaut man das bischöfliche Schreiben vom Juli 1942 gegen die Judendeportationen und den scharfen, an den Reichskommissar gerichteten Protest vom 17. Februar 1943 an, in denen die Verfolgung und Tötung der Juden verurteilt wurde, dann wird man sehr wohl von einem höchst mutigen Auftreten der Kirche im Sinne der eigenen christlichen Grundsätze sprechen können. Ohne Einzelheiten vorzuführen, ist auf jeden Fall nachdrücklich zu betonen, daß die Organisationen und Gruppierungen innerhalb der katholischen 'Säule' sich im wesentlichen an die Linie, die die Bischöfe vorschrieben, gehalten haben – und diese wies eindeutig Ablehnung des Nationalsozialismus und des Besatzers aus, vor allem dann, wenn er einen Zugriff unternahm, der die 'Säule' in ihrem Bestand in Gefahr brachte.

Es handelte sich bei den Konfessionellen (Kirchen und Parteien) in der Beginnphase schon um ein kleines Stück Aktion, ganz wesentlich aber zunächst um einen geistigen Klärungsprozeß, um eine interne Diskussion, in der obrigkeitliches Denken, ein gewisses Unbehagen über

[22] Beide Zitate bei A. F. Manning, De Nederlandse Katholieken in de eerste jaren van de Duitse bezetting. In: Jaarboek Katholiek Documentatie Centrum, 1978, S. 109f.

das politische System der Vorkriegszeit, Rückbesinnung auf die eigene, jahrhundertealte und nachgerade erfolgsgeprägte Tradition, Vaterlandsliebe und nicht zuletzt auch eine unterschiedliche Betonung christlicher Werte den Ton bestimmten und schließlich eine Lösung in Form von Protest und Widerstand gegen den Besatzer gefunden wurde.

Bis dahin gab es schon andere, unbedingtere Formen des Widerstandes, sehr begrenzt noch, auf die Verbreitung illegaler Informationsblätter beschränkt. Gemeint ist hier die 'Geusenaktion' des Haarlemer Gobelin-Restaurators Bernard Ijzerdraat vom Mai 1940. Schon am 18. Mai hieß es in seinem handgeschriebenen Bericht: „Wir wissen, was uns bevorsteht, unsere Vorräte, unsere Nahrungsmittel, Kleidung, Schuhwerk . . . werden abgeholt werden. Unsere jungen Männer werden gezwungen werden, für den Eroberer irgendwo anders zu arbeiten. Wir bekommen gewiß bald einen neuen Alva mit einem Blutrat und der Inquisition (oder einen Quisling). Aber die Geusenaktion wird uns allmählich organisieren, und einmal werden wir, genauso wie im 80jährigen Krieg, unsere Freiheit wiedererringen. Mut und Vertrauen! Unser Land wird kein Teil Deutschlands werden!“ [23] Fürwahr, eine frühe Einsicht! Zwar gelang es Ijzerdraat, überall kleine Gruppen zu bilden und sein Informationsblatt ›De Geus van 1940‹ zu verbreiten; die Unternehmung flog jedoch schon im November auf. Ihr Initiator wurde zusammen mit 14 anderen zum Tode verurteilt und hingerichtet (März 1941). Selbst wenn man neben dem 'Geusen'-Unternehmen noch die kleinen Widerstandskerne berücksichtigt, die ehemalige Frontsoldaten relativ früh bildeten und die der Spionage und Sabotage sowie der Störung deutscher militärischer Maßnahmen im Falle einer britischen Invasion dienen sollten, wird man feststellen dürfen, daß es sich hier um ganz bescheidene Anfänge handelte, die noch dazu die geringe Vertrautheit der Niederländer mit illegaler Arbeit nachhaltig demonstrierten.

Die Arbeit gegen den Besatzer, gegen die eigene NSB und auch gegen die Niederländische Union konzentrierte sich zunächst voll auf die Verbreitung von Periodika, deren Zahl sich für den gesamten Zeitraum 1940–45 schließlich auf 1130 verschiedene Titel belief. Unter den frühen Publikationen verdient das von den Antirevolutionären herausge-

[23] Zitat bei L. de Jong, Het Koninkrijk, IV, 2, S. 689.

gebene ›Vrij Nederland‹ volle Aufmerksamkeit, dessen Absatz – für ein frühes illegales Blatt dieser Anfangsphase – rasch anstieg (schon 750 Exemplare der 3. Nummer im November 1940). Es war eine Publikation, die im wesentlichen auf Korrektur der Nachrichten in der legalen Presse aus war, die Wachsamkeit der Niederländer stützen und das Bewußtsein ihrer Unabhängigkeit von Deutschland schärfen wollte. „Die Niederlande werden niemals eine deutsche Provinz“ [24], hieß es gleich in der ersten Ausgabe. Zu nennen ist aus der frühen Periode das von ehemaligen Mitgliedern der Gruppe 'Einheit durch Demokratie' und SDAP-Leuten herausgebrachte ›Mededelingen van het Comité voor Vrij Nederland‹, die über Mitteilungen hinaus Empfehlungen für Maßnahmen im Falle einer britischen Invasion formulierten, wie dies übrigens schon die 'Geusenaktion' getan hatte. Das war dann alles eher auf Einzelaktion als auf organisierte Tätigkeit gerichtet (Brandstiftung, Straßensperren). Auf der äußersten Linken entstanden Periodika wie ›De Vonk‹ (radikaler Flügel der SDAP und der sozialistischen Friedensbewegung) sowie das ›Marx-Lenin-Luxemburg-Bulletin‹ und ›Spartacus‹ (revolutionär-sozialistische Arbeiterbewegung des H. Sneevliet). Diese Blätter wie das zum ersten Mal im November 1940 erscheinende Organ der illegalen Kommunistischen Partei ›De Waarheid‹ konzentrierten ihre moralische Aufrüstung der Niederländer nicht sosehr auf den deutschen Besatzer als den Hauptgegner als vielmehr auf die Ergebnisse kapitalistischer Wirtschafts- und Gesellschaftsordnungen, deren krisenhaften Ausfluß eben Faschismus und Nationalsozialismus darstellten. Demzufolge sprach man zwar zunächst den deutschen Besatzer an; aber der Gegner der Besatzungsmacht, Großbritannien, erschien als kapitalistischer Staat kaum einen Deut besser. Die Quintessenz jener Konzepte lag schließlich in der Umsetzung des Krieges in einen revolutionären Bürgerkrieg, der auch für die Sowjetunion im antikapitalistischen Sinne geführt werden würde. Wenn die ›Waarheid‹ diesen antikapitalistischen Rundumschlag auch gegen Großbritannien und selbst die USA führte, dann entsprach das zu diesem Zeitpunkt noch der Komintern-Politik. Der Anti-Stalin-Kurs der Sneevliet-Gruppe hatte hier natürlich keine Chance. Das ist einsichtig. Gleichwohl sei darauf hingewiesen, daß die Festlegung auf den Komintern-Kurs auch *innerhalb* der Partei durchaus

[24] Zitat ebd. Faks. nach S. 720.

auf Bedenken stieß. So meinte A. S. de Leeuw, Jurist und vorher Redakteur des ›Volksdagblad‹, daß Anschluß an die primär antideutsche publizistische Aktion der anderen Widerstandsgruppen erforderlich sei. Für den Parteiführer der CPN, Paul de Groot, enthielt solches Vorgehen die Gefahr einer Übernahme nationalistischer Thesen. Es ist in diesem Zusammenhang darauf hinzuweisen, daß in der sehr kurzen Periode der legalen Publikationen im Monatsblatt der CPN (›Politiek en Cultuur‹), vermutlich nicht zuletzt nach vorheriger Richtlinienerteilung seitens des deutschen Pressedezernenten, ein Artikel erschien, in dem nicht nur die Sozialdemokraten praktisch als die Schuldigen an der niederländischen Kriegstragödie angegriffen, sondern strikte Neutralität gegenüber Deutschland und Ablehnung jeder Hilfe für die alliierte Kriegführung gefordert wurde. Es handelte sich hier um einen Beitrag, der selbst in der Brüsseler Komintern-Stelle und sogar in Moskau auf wenig Gegenliebe stieß. Unter den anderen illegalen Publikationsorganen der frühen Phase nahmen die kommunistischen und revolutionär-sozialistischen Erzeugnisse sicher eine Sonderstellung ein. Inhaltlich kontinuierten sie letztlich die einigermaßen isolierte Stellung, die sie in ihrer Klassenkampfhaltung bezogen hatten. Was in den ersten Monaten erschien, unterschied sich wenig von dem, was zuvor geschrieben worden war. Es erschien nunmehr eben nur illegal. Das Angebot an die niederländische Bevölkerung war so ganz anders als die Presseinhalte der konfessionellen Gruppen und sicher auch ganz anders gelagert als der ›Nieuwsbrief van Pieter 't Hoen‹, dessen erste Nummer hektographiert am 25. Juli 1940 erschien. Hinter dem Pseudonym (Name eines Patrioten des 18. Jh.) verbarg sich der ehemalige kommunistische, dann sozialistische Journalist Frans Goedhart. Der Autor schrieb nicht von ideologischen Prinzipien, sondern geißelte zu Beginn die verfehlte niederländische Außenpolitik und die Anpassungstendenzen in der niederländischen Öffentlichkeit. Die Generalsekretäre und die Niederländische Union nahm er voll ins Visier. Der erstgenannten Gruppe warf er Anpassung als Frucht einer lange gehegten Regentenmentalität vor. Er verfolgte genau das Kriegsgeschehen, sagte zwei bis drei bittere Jahre voraus, denen die Befreiung folgen werde. Goedharts ›Nieuwsbrief‹ war aus intensivem Protest gegen Unterdrückung und zugleich auch gegen die auch nur geringste Form von 'Anerkennung' eines solchen Status geschrieben. Jede Zeile war Anklage und Aufruf zum Widerstand gleichermaßen, so ganz im Kontrast zu den ideologiegesättigten frühen kommunistischen Äußerungen. Zunächst aber handelte es sich um ein Ein-Mann-Unternehmen, dem sich bis Februar 1941 der ehemalige SDAP-Führer Koos Vorrink und andere anschlossen. In jenem Monat erschien dann gleichsam in Fortsetzung des ›Nieuwsbrief‹ das illegale Blatt ›Het Parool‹, unter dessen Titel noch heute eine Tageszeitung erscheint.

Illegale Presse als frühe Form des Widerstandes. Es lief alles allmählich an, aber es steigerte sich in dem Maße, in dem die deutsche Repression wuchs. Als in Leiden und Delft jüdische Professoren im Spätherbst 1940 neben anderen Beamten entlassen wurden, streikten die Studenten. Die deutschen Behörden schlossen Universität und Technische Hochschule. Den liberalen Hochschullehrer B. M. Telders und eine Reihe von Studenten verhafteten sie. Einen ersten wirklichen Höhepunkt erfuhr der Widerstand dann mit dem Februarstreik von 1941. Das war mehr als Sympathiebezeugung zum Haus Oranien am Geburtstag des Prinzen Bernhard am 29. Juni 1940, mehr auch schon als die Herausgabe von illegalen Blättern, wie gefährlich diese Aktivitäten auch sein mochten. Anlaß des Streiks war die forcierte Judenverfolgung, die – abgesehen von den Verordnungen der deutschen Behörden – gleichsam physisch von den Schlägertrupps (WA) der Mussert-Bewegung und den SA-Verbänden der NSNAP des van Rappard (zum Teil mit Unterstützung durch Soldaten der Wehrmacht) getragen wurde. Die Schlägertrupps inszenierten Demonstrationen in Amsterdams Judenviertel und provozierten Schlägereien mit jüdischem Selbstschutz. Es entsprach der deutschen Besatzungspolitik, die durchaus nicht von vornherein auf die NSB setzte, wenn es sowohl den deutschen als auch den niederländischen SS-Verbänden strengstens verboten war, an solchen Provokationen teilzunehmen. Es war dies ein Schritt auf dem Wege, die SS als eine durch und durch korrekte Elitetruppe herauszustellen. Von Schlägereien ging man schließlich über zu Plünderung und Zerstörung jüdischen Eigentums und zur Brandstiftung in den Synagogen von Arnheim und Den Haag. Bei einer dieser zahlreichen wüsten Auseinandersetzungen kam ein WA-Mann ums Leben. Wie hiervor schon erwähnt, wurden auf Anordnung Himmlers 425 niederländische Juden (18 bis 35 Jahre alt) am 22. und 23. Februar 1941 verhaftet und ins KZ Mauthausen deportiert. Sie kamen alle um. Diese Aktion des Besatzers, die mit schlimmen Brutalitäten bei der Razzia zur Aufbringung der Juden verbunden war, führte am 25. und 26. Februar vor allem in Amsterdam, in der Zaandamer Region sowie in Hilversum und Utrecht zu einem großangelegten Streik, an dessen Spitze die in der Illegalität tätige Kommunistische Partei stand. Man wird dabei festhalten müssen, daß die Kommunisten gerade in Amsterdam einen starken Anhang hatten. Noch bei den Juni-Wahlen von 1939 hatten sie es in dieser Stadt auf einen Stimmenanteil von 14 v. H. gebracht, auf 15 v. H. wiederum im Judenviertel, und es ist ferner zu erwähnen, daß in den Wochen der permanenten Provokation Arbeiter aus dem Jordaan und Kattenburg-Rapenburg, Arbeitervierteln Amsterdams, den Juden zu Hilfe gekommen waren. Der anonyme Aufruf zum Streik war eine eigenartige Mischung aus allgemeiner Empörung über die Razzien und ein Stück Antikapitalismus insofern, als er vom arbeitenden Volk sprach und zugleich die Schuld nicht nur den Deutschen und ihren niederländischen nationalsozialistischen Handlangern, sondern auch den Mitgliedern des kurz zuvor gebildeten Jüdischen Rates zuschob, die in dem Aufruf als Großkapitalisten figurierten. Der Aufruf hatte Erfolg. In zahlreichen Groß- und Kleinbetrieben wurde die Arbeit niedergelegt. Die öffentlichen Verkehrsmittel stellten den Betrieb ein. Straßenbahnen, die noch fuhren, wurden in der Stadt angehalten, zur Umkehr gezwungen, mit Steinen beworfen oder umgestürzt. Tausende von Menschen begaben sich ins Zentrum Amsterdams, zum Teil unter Absingen sozialistischer Kampflieder. Auf der Straße schienen die Besatzungsbehörden der Entwicklung nicht Herr werden zu können. Sie wandten sich an die Stadtregierung. Pression wurde ausgeübt. Der Amsterdamer Bürgermeister erließ einen Aufruf an alle städtischen Arbeiter und Angestellten, die Arbeit wiederaufzunehmen. Er drohte mit Bestrafung und Entlassung. Der Jüdische Rat setzte sich bei Arbeitgebern und sozialistischen Stadträten für eine Einstellung des Streiks ein, nachdem eine weitere Geiselnahme unter der jüdischen Bevölkerung angedroht worden war. Die Mahnung des Bürgermeisters hatte Erfolg. Der Streik der städtischen Arbeiter flaute am folgenden Tag ab. In den privatwirtschaftlichen Betrieben dagegen hielt sich die Kampfstimmung. In Orten außerhalb Amsterdams breitete sich die Streikbewegung sogar weiter aus. Gleichwohl: nachdem deutsche Truppen in Amsterdam zusammengezogen waren, verlor der Streik in der Stadt erheblich an Kraft und war am dritten Tag praktisch beendet. Die Besatzungsmacht verhaftete zahlreiche Amsterdamer

Bürger, die jedoch bald alle wieder freigelassen wurden. Schließlich auferlegte die Behörde individuelle und kollektive Geldstrafen, auf die zugleich Entlassungen und Neueinstellungen auf wichtigen kommunalen Posten folgten.

Der Streik mochte einerseits nicht viel bewirkt haben, andererseits bewies er, daß sich in den Niederlanden eine Repressionspolitik nicht ohne Widerstand durchführen ließ, und er unterstrich letztlich, daß sich die von Seyß-Inquart angestrebte Nazifizierung der Niederlande von innen heraus als eine Schimäre erweisen mußte.

Der Februarstreik blieb für eine geraume Zeit das einzige Zeichen eines massiven Protestes oder Widerstandes. Die Formierung der Gruppen über die illegale Presse hinaus brauchte Zeit, Aktionen gegen den Besatzer im Sinne etwa von Sabotageakten erforderten wohl auch eine durchgreifendere Organisation der Widerstandswilligen, als dies bisher erfolgt war. Für den Zeitraum bis September 1944 ist die Zahl der niederländischen Widerstandskämpfer auf insgesamt etwa 25 000 anzusetzen. Sie verteilten sich auf zahllose einzelne Gruppen, die ihre jeweils spezifischen Aufgaben hatten, aber schließlich auch unterschiedliche politische Ziele verfolgten, was den Wiederaufbau für die Zeit nach dem Kriege betraf. Auf dem linken Flügel dachte man an gründliche gesellschaftliche Veränderungen, der rechte Teil des Spektrums strebte eine Wiederherstellung der Vorkriegssituation an. Das hieß auch, daß der Kampf nur dem Besatzer gelten konnte; nach dessen Niederlage war die politische Gewalt wieder den traditionell rechtmäßigen Instanzen – Parlament, Parteien und Königshaus – zu übertragen.

Die Widerstandsgruppen können nicht im einzelnen genannt werden. Es sei nur auf wenige Aktionen und Organisationen hingewiesen. Schon in der frühen Phase der Judenverfolgung bildeten sich kleine Gruppen, die sich um ein Versteck für die Juden, später auch für andere Verfolgte bemühten ('onderduikers'). Die Zahl der 'untergetauchten' Juden wird auf 20 000 geschätzt. In reformierten Kreisen entwickelten sich diese Gruppen ab Ende 1942 zu einer Organisation auf Landesebene, die unter dem Namen 'Landesorganisation' (LO) bekanntgeworden ist und 1943 Verbindung aufnahm zu ähnlichen Gruppen in den katholischen Provinzen Nordbrabant und Limburg. Diese LO war wohl die zahlenmäßig stärkste Widerstandsorganisation. Sie verfügte auch über die größten Geldmittel. Eine wesentliche Hilfe für die Arbeit der LO stellten die aus zumeist jungen Leuten gebildeten 'Überfallkommandos' ('knokploegen', K. P.) dar, die Versorgungsämter, die Verteilungsstellen für Lebensmittelkarten, überfielen und die erbeuteten Karten an die LO übergaben, die ihrerseits die für den Lebensunterhalt so notwendigen Dokumente an die 'Untergetauchten' weiterreichten. Damit konnte die Versorgung durch die Gastgeber in Zeiten zunehmender Verknappung einigermaßen sichergestellt werden. Darüber hinaus dienten die Kommandos dem Selbstschutz der Gruppen, insofern sie Gegner und Verräter in den eigenen Reihen liquidierten. Ab 1944 unternahmen sie auch Sabotageakte, vor allem gegen Einrichtungen der Eisenbahnen. Von diesen Überfallkommandos hat kaum ein Mitglied das Ende des Krieges erlebt.

Der Widerstand wuchs nicht nur entsprechend den deutschen Verfolgungs- und Repressionsmaßnahmen, sondern auch in gleichem Maße, in dem die Ereignisse auf dem östlichen Kriegsschauplatz sich zugunsten der Sowjetunion zu entwickeln schienen – Ende 1942/Anfang 1943. Im Februar 1943 erschoß eine Amsterdamer Widerstandsgruppe den niederländischen Generalleutnant H. A. Seyffardt, der als Kommandant der Niederländischen Legion an der Ostfront aufgetreten war; bald darauf wurden gleichsam zur Warnung zwei Anhänger der Mussert-Bewegung niedergeschossen, einer von ihnen war der ehemalige Landwirtschafts- und Handelsminister F. E. Posthuma. Die Besatzungsbehörden ließen Razzien an den Universitäten folgen. Von den Studenten verlangten sie im April 1943 dann eine Loyalitätserklärung, die 85 v. H. verweigerten. Alle Konfessionen ließen von den Kanzeln ihrer Kirchen einen gemeinsamen Aufruf gegen den Besatzer verlesen. Der Kirchenbesuch nahm in dieser ganzen Zeit erheblich zu.

Zu einem weiteren Höhepunkt, über die Aktionen der einzelnen Widerstandsgruppen hinausgehend, kam es bei den April–Mai-Streiks von 1943. Anlaß war eine Bekanntmachung des Militärbefehlshabers Christiansen, nach der Offiziere und Mannschaften, die kurz nach den Kampfhandlungen im Mai 1940 aus der Kriegsgefangenschaft entlassen worden waren, erfaßt und nach Deutschland zum Arbeitseinsatz gebracht werden sollten. Zuvor, 1942, waren die Berufsoffiziere schon interniert worden. Es kam sogleich, am 29. April 1943, zu einem spontanen und massiven Streik bei den Textilarbeitern in Twente, in den Städten Hengelo, Almelo und anderen Orten. Am folgenden Tag breitete sich der Streik auf alle Industriezweige des ganzen Landes aus. Fast eine Million Niederländer nahm teil. Nur in den großen Städten des Westens und in Seeland sowie bei den Eisenbahnen blieb es ruhig. Diese Massenaktion war jedoch praktisch schon am 1. Mai beendet, obwohl im Norden des Landes in einigen Betrieben bis zum 7. Mai gestreikt wurde. Die Repression der Besatzungsmacht scheint sofort gewirkt zu haben. Sie verkündete das Standrecht und ließ 130 Streikende erschießen. Zu erwähnen ist auch, daß die streikenden Angestellten der Arbeitsämter schon am 30. April aufgefordert wurden, die ordnungsgemäße Arbeit wiederaufzunehmen – was hinauslief auf Fortsetzung ihrer Mithilfe bei der Rekrutierung von Arbeitskräften für die deutsche Industrie. Die rasche Beendigung des Streiks zeugte sicherlich von der repressiven Kraft des Besatzers, gleichwohl ist festzuhalten, daß die Ausbeute an Arbeitskräften aus den Reihen der ehemaligen Kriegsgefangenen äußerst gering war. Lediglich 8000 ehemalige Soldaten wurden erfaßt. Zehntausende konnten Sonder-(Freistellungs-)ausweise vorzeigen, für die in sehr großem Umfang Widerstandsgruppen gesorgt hatten. Wichtiger allerdings will noch erscheinen, daß dieser große und kurze Ausstand der niederländischen Bevölkerung ein neues Selbstwertgefühl vermittelte und einfach die Bereitschaft zum Ungehorsam verstärkte.

Gerade gegen den Hintergrund einer so spontanen und zugleich großen Massenaktion erscheint es bemerkenswert, daß insgesamt gesehen die Zahl der Widerstandsaktionen von Arbeitern, etwa auf Betriebsebene, auffällig gering bemessen war. Es gab hier und da kleine Proteststreiks gegen Dienstverpflichtungen, von Massenaktionen konnte jedoch keine Rede sein. Sicherlich liefern die deutschen Maßnahmen gegen die Dienstverweigerer, die Gewißheit praktisch, im Arbeitserziehungslager oder gar im Konzentrationslager zu landen, oder die Ungewißheit über das eigene und das Schicksal der Familie im Falle einer Verweigerung Erklärungsmomente für das Ausbleiben großangelegter gemeinsamer Aktionen. Sijes hat darüber hinaus sehr einleuchtend darauf hingewiesen, daß eben nicht alle Arbeiter zugleich, sondern immer nur bestimmte Gruppen (Altersklassen, dabei zunächst die Unverheirateten) erfaßt worden seien.[25] So habe sich keine rechte einheitliche Basis

[25] B. A. Sijes, De arbeidsinzet. De gedwongen arbeid van Nederlanders in Duitsland, 1940–1945. 's-Gravenhage 1966.

für einen gemeinsamen Kampf bilden können, sei der Protest auf Maßnahmen des einzelnen für sich begrenzt geblieben. Zu solchen Einzelaktionen zählten zum einen das 'Untertauchen', die Wanderung von Betrieb zu Betrieb, die Beschaffung von Untauglichkeitsbescheinigungen bis hin zur Selbstverstümmelung. Zugleich war die ganze Bevölkerung aufgerufen, den betroffenen Arbeitern zu helfen. Dafür sorgte die illegale Presse, die einzelne Hilfsmaßnahmen empfahl. Daneben aber scheinen – so sah es zumindest die Besatzungsmacht – die Kirchen den individuellen Widerstand der Arbeiter gefördert zu haben. Die großen Proteste aller Kirchen, gerichtet an die Adresse des Besatzers (Oktober 1942/Februar 1943), sollen nach Ansicht der deutschen Stellen immerhin den Effekt gehabt haben, daß sich nur knapp 10 v. H. der erfaßten Arbeiter an den Abreisezentren einfanden. Dem steht allerdings gegenüber, daß bei der sogenannten Stahl- und Eisenaktion immerhin wieder 50 v. H. der Arbeiter zusammenkamen.

Zu den großen Aktionen des Massen-Widerstandes, der Reihe der großen Streiks von 1941 und 1943, ist auch der große Eisenbahnerstreik vom Herbst 1944 zu zählen. Er richtete sich zum einen gegen den weiteren Transport von Arbeitskräften nach Deutschland, war aber zugleich ein ausgemacht strategisch geprägtes Unternehmen, insofern die alliierten Luftlandeoperationen bei Eindhoven, Arnheim und Nimwegen ihre entsprechende Unterstützung erhalten sollten. Es ist bezeichnend, daß diese Aktionen von der Londoner Exilregierung angeordnet wurden (17. Sept. 1944). Solche Anordnung erfolgte auch in der Hoffnung, daß das Land innerhalb weniger Wochen durch die Alliierten befreit sein würde. Hinter der Aufforderung der Exilregierung stand allerdings die Initiative des Eisenhowerschen Hauptquartiers. Der Aufruf erwies sich sofort als voller Erfolg. Das gesamte Personal legte die Arbeit nieder – etwa 30 000 Mann. Lediglich in den Nordostprovinzen Groningen und Drenthe zeigte sich geringere Streikbereitschaft. Die deutschen Behörden wurden von dieser Entwicklung überrascht. Allerdings gelang es ihnen, mit Hilfe von 4500 deutschen Reichsbahnbeamten den Schienenverkehr notdürftig wiederaufzunehmen. Das deutsche Prestige wurde hier erheblich gestört, doch blieben deutsche Strafmaßnahmen gegen die Streikenden aus, wenngleich dies in Erwägung gezogen worden ist. Zunächst stellte man die Überlegung an, die drei Großstädte Amsterdam, Rotterdam und Den Haag abzuriegeln und auszuhungern, bis die

Eisenbahner die Arbeit wiederaufgenommen hätten. Seyß-Inquart hat diesen Vorschlag abgelehnt. Schließlich entschied man sich für eine vorübergehende Blockade der Binnenschiffahrt. Sie wurde am 16. Oktober schon wieder aufgehoben. Die Konsequenzen waren ähnlich, wie sie bei einer hermetischen Abriegelung der Großstädte gewesen wären. Eine Blockade der Binnenschiffahrt bedeutete ja nichts anderes als eine Unterbrechung der Lebensmittelzufuhr aus dem Osten und Süden des Landes. Da die im Süden stehenden Alliierten den Transport von Kohlen aus dem südlimburgischen Bezirk stoppten, gestaltete sich die kaum reichlich bemessene Ausstattung mit den Waren des täglichen Lebensbedarfs noch schwieriger. Es war von daher verständlich, daß auf niederländischer Seite einigermaßen rasch Stimmen laut wurden, die sich für eine Beendigung des Streiks einsetzten, der dann aber doch immerhin acht Monate dauern sollte. Die Widerstandsgruppen verbreiteten Durchhalteparolen ebenso wie der Londoner Exilrundfunk. Aber bei nacktem Aufruf blieb es nicht. Die Widerstandsbewegung ließ dem Wort auch die Tat folgen. Sie organisierte die materielle Unterstützung der Streikenden mit Hilfe des 1943 von Walraven van Hall und Iman van den Bosch gebildeten Nationalen Unterstützungsfonds ('Nationaal Steun Fonds'), der gleichsam auf eine oft einfallsreiche Weise als 'Bankier des Widerstandes' auftrat. Die Gelder wurden über die LO verteilt, die ihrerseits auch für Verstecke der Streikenden und ihrer Familien sorgte. Jedenfalls wurde auf diese Weise die wöchentliche Lohnfortzahlung an die Familien der Streikenden bis Ende des Krieges sichergestellt.

Zwar hat der Streik insgesamt gesehen die deutschen militärischen Bewegungen nicht recht zu schädigen vermocht, seine Bedeutung geht über einen – allerdings durchaus hoch einzuschätzenden – Demonstrationswert nicht hinaus, aber er wirft doch insgesamt ein scharfes Licht auf die veränderte militärische Lage. Die rasche Aufhebung des Binnenschiffahrtsverbots durch Seyß-Inquart dürfte nicht zuletzt auf Drängen der deutschen Wehrmacht erfolgt sein. Das hatte strategische Gründe. Die militärischen Einheiten konnten die Front nördlich der Zone der großen Flüsse Rhein–Waal–Lek stabilisieren und die Alliierten zunächst aus Rotterdam und Amsterdam mit den so wichtigen Häfen heraushalten, wodurch sich der rechte Flügel der deutschen Westfront insgesamt decken ließ. Dazu aber bedurfte es auf jeden Fall der Ruhe bei der Bevölkerung, die aber keinesfalls bei Lebensmittel- und auch Energieverknappung garantiert werden konnte. Als im November – das Verbot war schon aufgehoben – die Verknappungen dennoch spürbarer wurden, hieß es in einem Telegramm der deutschen Militärstellen ganz bezeichnend: „Lösung Ernährungsproblems (nebst menschlicher Seite) von grundsätzlicher Bedeutung für Sicherheit deutscher Besatzung, da hungernde und frierende Massen in großen Städten aufnahmebereiten Boden für Bolschewismus darstellen."[26] Der Hungerwinter von 1944/45, der bis zum Kriegsende andauerte, brachte Monate einer in der neueren Geschichte der Niederlande ungekannten Hungersnot. Zehntausende zogen aus den Städten des Westens aufs platte Land, um dort über Tausch von Wertsachen und ähnlichen Dingen die notwendigsten Lebensmittel einzuhandeln, die im Januar 1945 festgesetzten Wochenrationen von 500 Gramm Brot und 500 Gramm Kartoffeln pro Person aufzubessern. Mancher Landbewohner scheint diese Not übrigens voll genutzt zu haben. Zum Hunger trat ab Dezember 1944 bis Ende Januar 1945 die Kälte in einer Periode scharfen Frostes. Die Ursachen für dieses die nackte physische Existenz bedrohende Elend sind zu suchen einmal in den umfangreichen und nach den Erfolgen der alliierten Invasion verstärkten Requisitionen der deutschen Besatzungsmacht neben dem Abtransport von Lebensmitteln aus den agrarischen Überschußregionen der östlichen Niederlande, in der Requisition auch von Transportmitteln, weiter in dem absoluten Brennstoffmangel – die Kohlen aus dem Ruhrgebiet, ohnehin nicht reichlich bemessen, brauchte die Besatzungsmacht für eigene Zwecke – und schließlich auch in dem Eisenbahnerstreik und damit, zumindest für die ersten Wochen, in der erwähnten Blockade der Binnenschiffahrt. Die Lahmlegung des Schienenverkehrs hat letztlich die einzige echte Möglichkeit einer Versorgung der Bevölkerung im Westen des Landes unterlaufen. Der starke Frost – Eisgang auf den Flüssen – im Dezember/Januar 1944/45 ließ auch den von deutschen und niederländischen Instanzen gemeinsam geregelten Binnenschiffahrtsverkehr nicht mehr zu. Der Hungerwinter zeigte in erhöhtem Maße, wie wichtig die Versorgung der niederländischen Bevöl-

[26] Zitat bei A. J. C. Rüter, Rijden en staken, de Nederlandse spoorwegen in oorlogstijd. Rijksinstituut voor Oorlogsdocumentatie. Monografieën 8. 's-Gravenhage 1960, S. 392.

kerung eben im Zusammenhang mit den militärischen Sicherheitserwägungen genommen wurde. Es kam aus diesem Grunde auch zur Zusammenarbeit zwischen den zuständigen Ämtern und den Besatzungsinstanzen, die insgesamt nicht zu befriedigenden Resultaten führten, aber hin und wieder doch der ärgsten Not zu steuern vermochten. Daß solche Entwicklung insgesamt den Streik belasten mußte, erscheint einleuchtend. Deutsche Beobachter schrieben dann auch: „Wenn es auf die Stimmung der Bevölkerung ankäme, würde der Streik schnellstens beendet sein, aber die streikenden Eisenbahner, wenigstens die führenden Schichten, würden, so meint man, von der Gegenseite so gut versorgt, daß diese es noch lange aushalten könnten. Wie es der Bevölkerung ergehe, sei diesen Leuten und den Drahtziehern in London ganz gleichgültig . . .“ [27] Rüter, der diesen Bericht anführt, meldet zu Recht Zweifel an, ob die niederländische Bevölkerung trotz der Misere sich für eine Beendigung des Streiks einsetzen wollte.

In diese Zeit des Eisenbahnerstreiks fiel noch eine Aktion der Widerstandsbewegung und der raschen rücksichtslosen Gegenaktion der Besatzungsmacht, die die mit dem Wandel auf den Kriegsschauplätzen zunehmende Härte der Auseinandersetzung widerspiegelt und hier zu erwähnen ist. Im Oktober 1944 unternahm eine Widerstandsgruppe bei dem Städtchen Putten einen Anschlag auf einen deutschen Patrouillenwagen. Ein deutscher Offizier wurde dabei schwer verwundet. Die Repressalien waren furchtbar. Die Deutschen verbrannten 75 Häuser des Ortes Putten und ließen sieben Einwohner sofort erschießen. 660 Männer wurden dann verhaftet und in das Konzentrationslager Neuengamme abtransportiert. Nur 115 von ihnen überlebten diese Zeit der schwersten Zwangsarbeit. Der Wehrmachtsbefehlshaber Christiansen hatte ursprünglich die gesamte männliche Bevölkerung des Ortes erschießen lassen wollen. Schließlich wurden 250 Niederländer noch im März 1945 erschossen, als bei einem Anschlag bei Woeste Hoeve Hanns Albin Rauter zu den Verwundeten zählte.

Solche Ereignisse standen am Ende einer Widerstands- und Repressionsphase, in der im ersten Besatzungsjahr ‘nur’ 18 öffentlich bekannte ‘Exekutionen’ stattfanden. Die Zahl stieg bis zum letzten Jahr auf mehrere Hundert. Dazu traten die in Konzentrationslagern internierten

[27] Zitat ebd. S. 399.

Widerstandskämpfer. Die letzten Monate waren eine Zeit der Rache und Abschreckung, für die Hinrichtung durch Erschießen am Straßenrand nachgerade typisch war. Auch auf diese Weise kündigte sich das Ende der Besatzungsherrschaft an. Nach der Landung der Alliierten in der Normandie am 6. Juni 1944 stießen die Alliierten rasch nach Nordosten durch. Am 3. September nahmen sie Brüssel, einen Tag später schon Antwerpen. Die niederländische Exilregierung eilte dem schnellen Durchbruch schon hoffnungsvoll voraus, als sie, noch am Tage des Falles von Antwerpen, in die Niederlande funkte, daß die nordbrabantische Stadt Breda gefallen sei. Am folgenden Tag standen Tausende von Niederländern mit Blumen und Fahnen an den Straßen ('dolle Dinsdag'). Sie warteten vergebens. Erst am 12. September wurden die südlichen Niederlande befreit. Die Front im Norden stand jedoch noch, zumal Montgomerys Fallschirmjäger-Unternehmen bei Arnheim im September 1944 zu einem Fehlschlag geriet ('operation market garden'). Erst im beginnenden Frühjahr konnten die alliierten Truppen unter Montgomery in einer Umzingelungsaktion von Osten, von Westfalen her, in Geldern, Overijssel, Drenthe, Groningen und Friesland eindringen. Im April standen sie vor der überfluteten Grebbe-Linie. Nur der Westen des Landes stand noch unter deutscher Herrschaft. Die alliierte Einsicht einerseits, daß dieses restliche Territorium ('Festung Holland') nur unter schweren Kämpfen zu erobern war, die deutsche Einsicht andererseits, daß das Gebiet kaum länger gehalten werden konnte, und auch die nunmehr äußerst prekäre Versorgungslage in den Städten führten bald zu Verhandlungen und zu einem Waffenstillstand, den die deutschen Einheiten am 4. Mai angeboten hatten. Am 5. Mai unterzeichneten die deutschen Befehlshaber die Kapitulation. Zwei Tage später rückte die alliierte Vorhut in Amsterdam, Rotterdam und Den Haag ein.

Das war das Ende einer fünfjährigen Besatzungszeit, die den Niederlanden bis hin zur allerletzten Phase nur Elend und Not gebracht hatte. Zu Recht schreibt Kossmann dazu: „Niemals zuvor in ihrer Geschichte haben die Niederlande, auf jeden Fall aber die Provinz Holland mit ihren viereinhalb Millionen Einwohnern einer so ernsten Lage mit solcher Hilflosigkeit wie in den letzten Monaten vor dem Mai 1945 gegenübergestanden. Sie mußten mit dem Untergang ihrer Bevölkerung und gesamten Kultur rechnen. Und nicht einer der Ungeborenen wird, so hat

Bloem in einem berühmt gewordenen Gedicht geschrieben, den Wert der Freiheit wieder so schätzen lernen wie jene Generation, die in diesem Frühjahr die Tore seines Gefängnisses sich öffnen sah." [28]

[28] Winkler Prins, Geschiedenis der Nederlanden, 3 (1977), S. 286.

VII. DAS KÖNIGREICH DER NIEDERLANDE IN DEN ERSTEN NACHKRIEGSJAHREN

1. Anfänge im Süden – Militärische Obrigkeit

Das erste Kabinett der Nachkriegszeit, Schermerhorn–Drees, versprach „Wiederaufbau und Erneuerung". Wiederaufbau, das war nach diesen für ein neutrales Land doch hohen Verlusten an Menschenleben und Gütern eine Selbstverständlichkeit. Das Wort von der Erneuerung enthielt eine politische Forderung, in der die Frage nach Kontinuität oder Diskontinuität zur Diskussion stand. Der Begriff tauchte nicht erst in der Kabinettsprogrammatik auf. Vielmehr griff das Kabinett einen Ausdruck auf, der in der Zeit der deutschen Besetzung von unterschiedlichen Organisationen in einiger inhaltlicher Vielfalt vorgetragen worden war. Hierauf ist einzugehen. Wie in großen Teilen des übrigen besetzten Europa oder wie in Emigrantenkreisen haben auch in den Niederlanden Widerstandsgruppen sich nicht nur auf Schädigung des Besatzers oder Rettung der eigenen Staatsangehörigen beschränkt, sondern gleichzeitig versucht, den politischen Horizont der Zukunft abzustecken. Das galt übrigens für den kleinen Kreis der Londoner Exilregierung ebensosehr wie für die politisch aktiven Gruppen in den besetzten Niederlanden. In London erschien so 1942 die Broschüre von G. J. de Beus ›De Wedergeboorte van het Koninkrijk‹ unter dem Pseudonym Boisot, dem Namen eines Geusenführers. Hierin wurde eine Kompetenzverschiebung zugunsten von Regierung und Krone verfochten. Ähnliche Gedanken kursierten im besetzten Gebiet. Die Niederländische Union stand ihnen sicherlich nicht fremd gegenüber, und die exilierte Königin Wilhelmina in London gewiß auch nicht. Das Problem der künftigen politischen Gestalt der Niederlande wurde dringlicher in dem Maße, in dem die Niederlage des Besatzers sich absehen ließ, der Widerstand an Radikalität zunahm. Auf einen ganz groben Nenner gebracht, wird man die Gedankengänge reduzieren können auf den Bereich der Introduktion der sozialen Gerechtigkeit bei der politischen

Linken, der Reduktion des Parlamentarismus zugunsten autoritärer Einschübe bei der politischen Rechten. Das manifestierte sich etwa im Großen Rat der Widerstandsbewegung ('Grote Adviescommissie der Illegaliteit') und der hierin tätigen Kontaktkommission ('Contact Comissie', C. C.), die nach der Invasion der Alliierten in der Normandie ins Leben gerufen wurden. Die Ansichten über die künftigen Strukturen waren im einzelnen so unterschiedlich, daß die ursprünglich als Beratungsorgan für die Londoner Exilregierung installierte Institution nicht fruchtbar werden konnte. Ein daneben gebildetes Gremium von Vertrauensleuten mit eben dieser beratenden Funktion wehrte sich dagegen, den 'Ordnungsdienst' ('Orde Dienst', OD) aufzunehmen. Der OD gehörte zu den frühesten Widerstandsgruppen, bestand vornehmlich aus ehemaligen Berufsoffizieren und stellte sich als anfänglich primäre Aufgabe die Wahrung von Ruhe und Ordnung für die Übergangsphase nach Kriegsende. Er nahm jedoch später durch Spionagetätigkeit aktiv am Widerstand gegen die Deutschen teil. Die Führer der etablierten politischen Parteien betrachteten schon bald solche Zielsetzung mit einigem Unbehagen, und bei aller Gemeinsamkeit im Widerstand ist es innerhalb der gesamten Bewegung zu erheblichen Differenzen über die Funktion des OD in der ersten Nachkriegs- und Übergangsphase gekommen. Es ist in diesem Zusammenhang auf den Charakter der niederländischen Übergangsregierung, der sogenannten, den alliierten Truppen folgenden Militärischen Obrigkeit ('Militair Gezag') hinzuweisen, deren Vorgeschichte, Inauguration und Wirken etwas von den Differenzen über die politische Zukunft des Landes zu vermitteln vermögen. Die Londoner Exilregierung vertrat zunächst die Ansicht, daß eine militärische Führung, die in London zusammengestellt wurde, die Staatsgewalt übernehmen sollte. So erging auch aus der britischen Hauptstadt das Ersuchen des Exilministers O. C. A. van Lidth de Jeude an den OD-Vorsitzenden Jhr. Six, Kräfte aus seinen Reihen auf diese Aufgabe vorzubereiten. Es scheint die Absicht gewesen zu sein, den OD die Arbeit der aus London nachzuziehenden Militärischen Obrigkeit zunächst wahrnehmen zu lassen. Es kann nicht verwundern, daß die auf dem linken Flügel des politischen Spektrums stehenden Widerstandsgruppen von solchem Vorhaben abrieten und für die anstehenden Regierungsaufgaben ein 'Zivil'-Komitee empfahlen.

Die Übertragung von Regierungsaufgaben auf eine Militärische Obrigkeit blieb jedoch im Spiel und wurde im Herbst 1944 schon in die Tat umgesetzt. Die Alliierten besetzten zwischen Anfang September und Ende Oktober Seeländisch-Flandern, Südlimburg und Nordbrabant. Das Land war damit in eine Süd- und Nordhälfte geteilt. Die neuen niederländischen Amtswalter der Militärischen Obrigkeit unter Generalmajor H. J. Kruls folgten den Truppen auf dem Fuße. Sie kamen rasch, so daß selbst die Widerstandskämpfer des OD außerhalb des Geschehens blieben. Die Militärische Obrigkeit bestand insgesamt aus ehemaligen Ministerialbeamten sowie aus Vertretern – leitenden Angestellten – von Unilever, Philips und Shell. „Diese uniformierten Angestellten der Großindustrie zeigten die Tendenz, die Zivilinstanzen ('burgerlijke overheid') zu übersehen. Bei ihnen herrschte das Gefühl vor, daß es einfach ihr Recht war, Befehle zu erteilen, und solche Haltung erschwerte dort, wo es eigentlich erforderlich war, sinnvolle Verhandlungen mit den Provinzial- und Kommunalbeamten."[1] In die Arbeit der Militärbehörde wurden fast 17000 Personen eingeschaltet. Da die Befreiung der Regionen nördlich des Moerdijk sich monatelang hinauszögerte, wuchs sich die Tätigkeit der neuen Instanz zu einem echten Regierungsapparat aus, dessen Verbindung zu der durch eine Vielzahl von internen Gegensätzen zerrissenen Exilregierung in London äußerst schwach war. Was an Tätigkeitsberichten zu Ohren der Londoner kam, stieß auf jeden Fall bei den sozialdemokratischen Mitgliedern auf herbe Kritik. Tatsächlich vertrat und förderte die Militärische Obrigkeit ein Erneuerungsdenken, das eben, soweit es zumindest die Stärkung der Exekutive anging, in der Nähe der Niederländischen Union anzusiedeln war und auch bei vielen OD-Leuten seine Anhänger fand. Ein sicherlich nicht untypisches Dokument für diese kaum auf parlamentsfreundliche 'Erneuerung' gerichteten Kreise war die sogenannte Eindhovener Adresse, die von dem Kommunalbeamten L. J. M. Beel letztlich auf Wunsch von Königin Wilhelmina redigiert und im November 1944 in London präsentiert wurde. Die Adressanten strebten grundsätzlich nach nationaler Einheit auf christlicher Basis. Eine höchst allgemeine Aussage, die jedoch Relief zeigte, wenn zugleich der Vorschlag folgte, die beim Einfall der Deutschen am 10. Mai 1940 bestehenden Provinzialstände und Gemeinde-

[1] Zitat bei J. Bank, Opkomst en ondergang van de Nederlandse Volksbeweging (NVB). Deventer 1978, S. 38f.

räte nicht wieder zu konstituieren und vorläufig keine Wahlen abzuhalten. Die Vertretungsorgane der Nachkriegszeit sollten aus Gremien mit einer geringeren Anzahl von Personen als bisher bestehen, die wiederum eben die christliche Grundlage des neuen Staates anzuerkennen hatten. Hier sah man offensichtlich die Möglichkeit, Sozialdemokraten aus den Gremien herauszuhalten. Zwei Wochen später fügten die Autoren den Provinzialständen und Gemeinderäten noch die Generalstände als reformbedürftig hinzu. Das waren zwar im einzelnen nicht ausgearbeitete, jedoch in den Grundzügen völlig deutliche politische Konzeptionen, die durchaus ihre gesellschaftspolitischen Parallelkonzepte kannten, wie sie etwa in einzelnen örtlichen Ausschüssen für gesellschaftlichen Wiederaufbau entwickelt wurden – und zwar entwickelt wurden im Sinne des katholischen Korporatismus mit klarer Abwendung von Kapitalismus einerseits, Marxismus andererseits. Die entsprechenden politischen Ausdrucksformen wiesen sie zurück. Diese Ausschüsse waren Gruppierungen, die – übrigens auch als erste örtliche Hilfs- und Versorgungsinstanzen auftretend – ihren Anspruch letztlich auf das Erfordernis eines klassenübergreifenden Gemeinschaftssinnes aufbauten und die in der so traditional verfestigten katholischen Landschaft Brabants mit ihren schon in den 30er Jahren gepflegten, von dem gängigen Parlamentarismus abweichenden Gedankenwelt groß geworden waren, dabei übrigens aus der päpstlichen Enzyklika ›Quanta Cura‹ ebenso schöpfend wie aus Gedankengängen des französischen Personalismus, über dessen Einfluß unten noch gehandelt wird.

Was hier und andernorts in örtlichen Ausschüssen für den gesellschaftlichen Wiederaufbau gedacht wurde, enthielt zum einen ein gewisses Maß an Kontinuität aus der Vorkriegszeit – gerade im katholischen Süden des Landes –, stieß aber zum andern auf heftigen Widerstand der Sozialdemokraten, die sicherlich zu Recht den Parlamentarismus in Gefahr sahen und die Beispielhaftigkeit des Vorgehens im Süden auch für den Norden fürchteten. Unter Leitung des im Herbst aus London nach Eindhoven kommenden sozialdemokratischen Redakteurs L. A. Donker bildeten sie im Januar 1945 in diesem Ort die 'Sozialdemokratische Vereinigung im befreiten Gebiet', die gerade den antiparlamentarischen Tendenzen entgegenwirken sollte und sich übrigens auch gegen die extrem linke Seite richtete. Und gerade von hier aus beschrieb man für die Londoner Regierung die Entwicklung als eine emotionale und kritiklose Abkehr von allen politischen Gegebenheiten aus der Zeit vor dem 10. Mai 1940, als eine Verächtlichmachung der parlamentarischen Demokratie, der alten politischen Parteien und der politischen Ergebnisse jener Zeit. Die Forderung der Sozialdemokraten lautete auf Einsetzung einer Zivilverwaltung, um das staatspolitische Vakuum mit seinen Möglichkeiten für „extremistisches Abenteurertum" aufzufüllen. Offensichtlich haben solche Vorstellungen in London wenig gefruchtet. Denn im letzten Exilkabinett Gerbrandy saßen auch der Redakteur der Eindhovener Adresse, L. M. G. Beel, als Innenminister sowie der Unionsmann de Quay als Kriegsminister, wie überhaupt dieses Kabinett aus Politikern der südlichen Niederlande bestand, die für Gerbrandy wie für die Königin gleichermaßen Träger der 'Erneuerungsgedanken' waren. Aber es ging bei dieser Erneuerungstendenz auch um Abwehr der 'roten Gefahr' des Kommunismus. Solche Furcht scheinen die Londoner Regierung und die Militärische Obrigkeit gleichermaßen geteilt zu haben. In London wurde das gleichsam 'europaweit' gesehen. So diskutierte man hier die Gefahr, daß etwaige kommunistische Unruhen im befreiten Frankreich im Befreiungsfall auch auf die Niederlande übergreifen könnten. So standen tatsächlich die Kommunisten im befreiten Süden bald einigermaßen außerhalb des Geschehens, wiewohl die Zusammenarbeit zwischen ihnen und anderen gesellschaftlichen Gruppen im Widerstand durchaus eng gewesen war. Die kommunistische Vorstellung, zusammen mit der SDAP zu einer sozialistischen Einheitspartei gelangen zu können, fand bei dem potentiellen Partner kein Gehör. Weder in Eindhoven noch in Nimwegen fand man sich anfänglich bereit, das kommunistische Parteiorgan ›De Waarheid‹ zu drucken. Die Militärische Obrigkeit leistete einen angestrengten Beitrag in der Kommunistenüberwachung. In politischen Berichten sprach sie von möglichen revolutionären Aktionen in Nordbrabant. Während Beobachter und Berichterstatter einerseits lediglich ein unter den Erwartungen der CPN bleibendes Wachstum feststellten, schienen andererseits einzelne Äußerungen über Machtergreifung durch Waffengewalt jenen recht zu geben, die da von der 'roten Gefahr' redeten. Und es ist für den Raum Nordbrabant auch festzustellen, daß die Einheitsgewerkschaftsbewegung ('Eenheidsvakbeweging', EVC), die nach dem Krieg die Zersplitterung der niederländischen Gewerkschaften zu überwinden versuchte und kurzzeitig Erfolg hatte, gerade wegen des herrschenden Antikommunismus kaum einen Fuß auf den Boden bekam, wenngleich in der Bewegung selbst durchaus nicht nur Kommunisten den aktivistischen Part wahrnahmen.

Insgesamt ist festzuhalten, daß unter der Führung der Militärischen Obrigkeit eine politische Gedankenwelt sich entwickeln konnte, in der Vorkriegsvorstellungen von einer pluralistischen parlamentarischen Demokratie lediglich im zweiten Glied standen. Gleichwohl sollte man solche Entwicklung nicht allzu hoch werten. Sie war regional begrenzt, auf ein Gebiet, in dem aufgrund der katholischen Tradition autoritätsgerichtete und korporative Ideen sich leicht entwickeln konnten. Damit war über die Möglichkeiten für solche Ideen nördlich der großen Flüsse gar nichts ausgesagt. Darüber hinaus ist darauf hinzuweisen, daß die Alltäglichkeit der Not auch in diesem befreiten Gebiet kaum eine allzu breit gefächerte Beschäftigung mit Problemen der politischen Zukunft zugelassen haben wird. Dazu trat mancherlei Unmut über die Amtsführung der Militärischen Obrigkeit, weil die materiellen Umstände einfach schlecht blieben, der Produktionsprozeß schlicht nicht in Gang kam. Befreiung hieß tatsächlich nicht unmittelbar Besserung der Lebensumstände. Die Tagesration war pro Kopf der Bevölkerung zunächst auf nicht höher als 900 Kalorien berechnet. Der Schwarzmarkt blühte zum Nachteil jener, die weder Geld noch Waren hatten, um hier 'mitmischen' zu können. Bettelei bei den alliierten Soldaten scheint ebenfalls zum Tagesbild gehört zu haben. Hier und da kam es selbst zu kleinen Hungerunruhen, und in einem Fall sind Ärzte selbst bei der Militärischen Obrigkeit vorstellig geworden, um hier allgemein auf die Gefahren für die Volksgesundheit hinzuweisen. Die Lebensmittelsituation wurde erst nach der Ardennen-Offensive (Dezember 1944) und der Refunktionalisierung des Antwerpener Hafens besser.

Solche Erscheinungen der täglichen Not führten zu mancherlei Kritik an den militärischen Instanzen. Daß die Militärische Obrigkeit den Beinamen 'Circus Kruls' oder auch Regierung für 'unsinnige Angelegenheiten' (= '*M*alle *G*evallen')[2] erhielt, war sicher bezeichnend. Es ist anzunehmen, daß ihre Vertreter weniger nach möglichen autoritären Gedankengängen als vielmehr nach der täglichen Leistung zugunsten einer Verbesserung der wenig günstigen Lebensumstände beurteilt wurden –

[2] So bei J. u. A. Romein, De Lage Landen, S. 645.

und da ist eben festzuhalten, daß die 'Obrigkeit' im täglichen Kreuzfeuer der Kritik stand, zumal bei Permanenz der Unzuträglichkeiten Gerüchte über Korruption im Sach- und Personalbereich sowie über eine luxuriöse Lebensführung in der Brüsseler Zentrale der Militärischen Obrigkeit den Unmut verstärken mußten.

2. *Die Niederländische Volksbewegung*

Im Zusammenhang mit dem Erneuerungsdenken ist gesondert auf die Niederländische Volksbewegung ('Nederlandse Volksbeweging', NVB) hinzuweisen, die zwar auch nicht zur Massenbewegung heranwuchs, sogar höchst elitären Ursprungs war, gleichwohl nicht ganz ohne Einfluß auf die niederländische Nachkriegsentwicklung geblieben ist. Die NVB ging hervor aus der Abgeschlossenheit des Geisellagers St. Michielsgestel, in dem die Besatzungsmacht seit 1942 mehrere hundert führende Köpfe aus Kultur und Politik der Niederlande gefangenhielt – eine Repressionsmaßnahme, die sich gegen die Interventionsversuche der Londoner Regierung kehrte. Dieses Lager in St. Michielsgestel erwies sich gleichsam als Brutstätte für neue Gedanken über die künftige politische Gestalt der Niederlande. Ein Kreis der Lagerinsassen entwickelte ein Sendungsbewußtsein, das nach dem Krieg, in der frühen Phase des politischen Wiederaufbaus, mit dem 'Geist von Gestel' apostrophiert wurde. In dieser quasi-akademischen Atmosphäre erwuchsen Vorstellungen, die gleich bei Ende des Krieges in einem Manifest und einem Programm festgeschrieben wurden. Die 45 Unterzeichner zählten zur sozialdemokratischen, katholischen und protestantischen Elite gleichermaßen und gehörten großenteils den jeweils entsprechenden politischen Parteien an. Nur zehn von ihnen hatten keinen akademischen Titel. Die Grundintention des Manifests war eine radikale Erneuerung des niederländischen Volkslebens, das künftig auf Verwirklichung des Sozialismus personalistischer Observanz gerichtet sein sollte. Sozialismus und Personalismus, dieser während des Krieges im Geisellager aus der Zeitschrift ›Esprit‹ rezipierte Begriff des französischen katholischen Intellektuellen Emmanuel Mounier, beherrschte praktisch die Vorstellungen des Kreises. Die Verwendung dieses Terms enthielt eine Abwehr des kollektivistisch-bürokratischen Gedankens, bedeutete aber auch die Ablehnung eines hemmungslosen Individualismus. In der Verbindung von Personalismus und Sozialismus lag – wie immer auch bei den einzelnen Gruppen das ausgefüllt gewesen sein mag – die Förderung des Gemeinschaftsgedankens auf dem Weg über eine radikalsoziale Politik, die auf jeden Fall auch eine Erneuerung des Parteiwesens und eine Kontrolle der Wirtschaftsordnung umfaßte. Die Würde und Bedeutung der Arbeit in einem nach bestimmten Ordnungsprinzipien strukturierten Wirtschaftssystem stand ebenso im Vordergrund wie Entwicklung der Persönlichkeit, Festigung des Familienlebens und des nationalen Gemeinschaftslebens, Mitspracherecht in Wirtschaft und Kultur. Auch das wenig später veröffentlichte Programm beschwor gleichsam eine neue Moral und Sittlichkeit, rief den Staat zum Schutz der Sitten auf, subsumierte zugleich unter die Förderung des Gemeinschaftsgedankens die Frontstellung gegen Rassen- und Klassenkampf. Die Autoren ließen auch nicht nach, die neue Rolle der Arbeit in der Gesellschaft zu konkretisieren. Ziel der Wirtschaft war demnach eine gerechte Deckung angemessener Bedürfnisse aller Mitglieder der Gesellschaft. Dies durchzuführen erforderte vorab eine Erweiterung des Arbeitsrechts. Das Arbeitsleben sollte in seinem ganzen Umfang zur Rechtsordnung werden. In solcher Entwicklung erhielt der Staat eine zentrale Rolle zugeteilt. Seine Aufgabe war es zuallererst, das Recht auf Arbeit über eine geeignete Konjunkturpolitik und durch Übernahme einer Richtlinienkompetenz in der Lohnpolitik zu gewährleisten. Verlangt wurde ferner eine Neuorganisation der Sozialversicherung, die den Staat in die Lage versetzen sollte, den Arbeitnehmern ein akzeptables Maß an Existenzsicherung zu garantieren. Zu diesen eher volkswirtschaftlichen und rechtlichen Forderungen trat eine betriebswirtschaftliche Ergänzung und Konkretisierung insofern, als die Autoren eine paritätische Besetzung der Aufsichtsräte forderten und sich für Betriebs(Personal-)räte als Beratungsorgane zwischen Unternehmensleitung und Belegschaft in allen Fragen der Arbeitsbedingungen im weitesten Sinne einsetzten. Die Zusammenarbeit zwischen Staat und Wirtschaft sollte über die Schiene öffentlich-rechtlicher Wirtschaftsorgane sowie einen Landeswirtschaftsrat ('Nationale Raad voor het Bedrijfsleven') laufen. Planwirtschaft erschien bei solcher Struktur als die angemessene Form des Wirtschaftens. Sie ließ sich auf unterschiedlichem Wege konzipieren: durch eine Wirtschaftsplanungsbehörde, eine strenge Preiskontrolle oder durch Sozialisierung von Produktionsmitteln. Letztgenannte Maßnahme wurde dabei dem Kriterium wirtschaftlicher Zweckmäßigkeit unterworfen. Wirtschaftliche Zweckmäßigkeit wiederum unterlag dem Gemeinwohl. An ihm maß sich die Zweckmäßigkeit. Zu den potentiellen Sozialisierungsbereichen zählten die Notenbank und gegebenenfalls andere Bank- und Kreditinstitute, der Energiesektor, große Transport- und Bauunternehmen sowie Rohstoffkartelle. Aber all dieses war recht eigentlich nicht ökonomisch motiviert, vielmehr stand immer die sittliche Erneuerung und das Ziel der Volksgemeinschaft ('volksgemeenschap') im Vordergrund. Wirtschaft fungierte hier als einfaches Instrument zur Verwirklichung dieser Ziele. Gemeinschaft und Nation wuchsen gleichsam zu den Epitheta der Bewegung heran. Das hieß dann auch Überwindung des Gruppen- oder Klasseninteresses, hieß neben der Anerkennung einer in diesem Sinne aktiven staatlichen Gewalt auch eine Modifikation des Parteiensystems, keine Einebnung der Pluralität, eher eine Milderung dessen, was einfach als Zerklüftung durch 'Versäulung' angesprochen werden konnte. Es sei vorab gesagt: für das parteipolitische Spektrum nach 1945 hatte solches Konzept sicher nicht die erwarteten Konsequenzen, da die schon so lange praktizierte und gelebte 'Versäulung' letztendlich nicht hat überwunden werden können, wenngleich die an anderer Stelle noch zu behandelnde Gründung der am Volkspartei-Gedanken orientierten Partei der Arbeit als ein Ergebnis der aus der Volksbewegung stammenden Gedankengänge angesehen werden darf.

Offensichtlich hat gerade die neue parteipolitische Vision der NVB die Presse jener ersten Nachkriegswochen vollauf beschäftigt. Sie reagierte unterschiedlich. Voll ablehnend verhielt sich die antirevolutionäre Tageszeitung ›Trouw‹, ein Blatt, das auf echte Karriere im Widerstand zurückblicken konnte. Wie hieß es doch praktisch in Wiederholung des Konflikts um die Niederländische Union: „Der größte Feind der Eintracht ist der Zwang zur Einheit.“ [3] Und was anders forderte tatsächlich die Volksbewegung, wenn sie zur Überwindung jener alten und ersten Grundlage der 'Versäulung', der 'Antithese', aufrief? ›Trouw‹ wollte nicht Aufhebung der 'Antithese', sondern vielmehr ihre Verschärfung in einer Phase der offenkundigen Entchristlichung. So

[3] Zitat bei J. Bank, Opkomst, S. 60.

war es auch bald klar, daß die Partei der Antirevolutionären selbst auf keinen Fall dem Aufruf zu Neu- oder Umgruppierungen folgen würde und auch nicht bereit war, den übrigen Forderungen der NVB Gehör zu schenken. Schon gegen die Niederländische Union hatte sich die ARP gekehrt, weil hier ein weltanschauliches Konglomerat entworfen wurde, das der 'Antithese' so voll widersprach. Es bestand unter diesen Gesichtspunkten dann auch kein Grund, die Gedanken der Niederländischen Volksbewegung zu unterstützen. Tatsächlich ließ sich der Gedanke des moralischen Wiederaufbaus ebensogut in einer entschieden protestantisch-christlichen Partei verwirklichen, wie das die Initiatoren der Volksbewegung mit ihrer eigenen Organisation tun zu können glaubten. Auch in anderen konfessionellen Kreisen – in unterschiedlichem Maße dann – weckten die Gedanken über ein mögliches Nebeneinander von Christentum und Humanismus als Quelle sittlichen Handelns Mißtrauen, und wo etwa – wie das bei katholischen Politikern der Fall war – das Vermuten herrschte, die Bewegung wolle sich zur Partei mausern, galt die Priorität doch der Neugründung einer rein katholischen Partei. Bei einigen Mitgliedern der Christlich-Historischen Union, d. h. bei einem kleinen Kreis von Intellektuellen dieser Partei, plädierte man dagegen für die Forderungen der Volksbewegung im Sinne einer Überwindung der 'Versäulung'. Für den nichtkommunistischen linken Flügel der Widerstandsbewegung und für Teile der alten SDAP selbst boten sich in den übergreifenden Vorhaben Möglichkeiten einer sozialistischen Neuorientierung. ›Het Parool‹ setzte sich voll dafür ein, das neue SDAP-Blatt ›Het Vrije Volk‹ erkannte, wie konnte das auch anders sein, programmatische Verwandtschaft mit der NVB, glaubte auch an die Notwendigkeit einer weitestgehenden Zusammenarbeit von Parteien und Gruppen im Sinne einer radikaleren Änderung der gesellschaftlichen Verhältnisse, lehnte aber eine Konkordanz mit Politikern wie dem ehemaligen Unionsmann de Quay ab.

Es hat sicherlich, abgesehen noch von der für Linkskreise provozierenden personellen Durchsetzung der NVB mit ehemaligen Unionsleuten, vereinzelte Kritik von sozialistischer Seite gerade am NVB-Programm gegeben. Verwiesen sei hier auf die neuerdings bei Jan Bank ausführlich reproduzierten Bemerkungen des späteren PvdA-Ministerpräsidenten und Ministers J. M. den Uyl, der sich vornehmlich gegen eine Preisgabe des Klassenkampfgedankens und zugleich gegen jede Erweiterung der Macht zugunsten der Exekutive bei aller Anerkennung einer notwendigen Neuordnung des Parteiensystems kehrte,[4] aber es gab eben schon rein personell und dann auch noch von der sozialökonomischen Konzeption her eine alte sozialdemokratische Grundlage und damit a priori eine gewisse Harmonie zwischen NVB und SDAP. Man denke an Personen wie H. Brugmans und W. Banning. In seinem wichtigsten Teil zudem, in dem Wunsch, die Parteienbasis zu verändern und damit zu verbreitern, stimmte die NVB mit den Vorstellungen der SDAP ebenso überein wie in der Sozialisierungsfrage, der Wirtschaftsorganisation und der Planwirtschaft. Das hieß letztlich auch nichts anderes als Fortsetzung der schon in den 30er Jahren von Hendrik de Man inspirierten und stipulierten sozialökonomischen Linie. Der NVB-Neuordnungsgedanke, soweit er unmittelbar die Struktur von Wirtschaft und Gesellschaft betraf, konnte voll von der SDAP übernommen werden (von einigen Ausnahmen sei abgesehen), ebenso wie die Bejahung der Landesverteidigung und das Bekenntnis zur Monarchie, zum Haus Oranien. Die politische Neuordnung jedoch, die ein gut Teil alter Unionsgedanken enthielt und damit in bestimmtem Umfang auch in einem in den 20er und 30er Jahren durchaus gepflegten Antiparlamentarismus wurzelte, konnte kaum Gegenliebe finden, auch wenn die Unionsgedanken für diesen Bereich nicht im ganzen Umfang wiederauftauchten.

Gemeinsamkeit der Konzeption zeigte sich auch bei einem Teil der CHU-Denker und -Politiker, letztlich auch ein Resultat der innerkirchlichen Entwicklung der 30er Jahre, eine Entwicklung, die, wie an anderer Stelle schon angedeutet, nicht zuletzt auf den Einfluß der deutschen Bekennenden Kirche und damit des Schweizer Theologen Karl Barth zurückzuführen ist. In den 30er Jahren kam eben jene Strömung auf, die aus der Erstarrung der 'Erbaulichkeit' hinausstrebte zu einer Kirche, die Zeugnis ablegte von ihrem christlichen Auftrag. Der Widerstand gegen den Nationalsozialismus förderte solches Denken, wie das dann auch vor allem der Kampf gegen die Besatzungsmacht bewirkte. Immerhin stand doch am Ende solcher Entwicklung und der intensiven Erfahrung aus den Fährnissen des Zweiten Weltkrieges jener Aufruf eines Dringlichkeitsausschusses der Allgemeinen Synode (Februar 1945), in der von

[4] Ebd. S. 63ff.

einer Erneuerung der christlichen Gemeinde die Rede war: Christus fordere eine radikale Erneuerung des politischen, sozialen und wirtschaftlichen Lebens. Arbeiter seien vollwertige und vollverantwortliche Mitglieder der Gesellschaft. Die Pfingstbotschaft der Allgemeinen Synode entwarf niemand anders als Willem Banning. Arbeitgeber, Kapitaleigner und Arbeiter wurden aufgefordert, in Verwirklichung der evangelischen Gerechtigkeit den Klassenkampf aufzugeben, aber auch die Klassengegensätze aufzuheben. In der Verfolgung des Ziels sollte die Arbeit in einer Rechtsordnung erfaßt werden. In dieser Botschaft übernahm die 'Hervormde Kerk' die Rolle eines radikalen Veränderers der nationalen Existenz auf der Grundlage des Evangeliums. In solcher Konzeption lag sicherlich eine Preisgabe der bis dahin auch politisch so wirksamen 'Antithese' beschlossen, was auch für einige Vertreter der mit dieser Kirche verbundenen Partei, der Christlich-Historischen Union, eine ausgemachte Sache war, eine Auffassung im übrigen, die auch bei diesen Parteivertretern schon in den 30er Jahren erörtert worden war. Gott sei eben nicht nur für den christlichen Teil des Volkes da, er fordere das ganze Volk. Im Mai 1945 erschien die Tageszeitung ›De Nieuwe Nederlander‹ unter der Redaktion von G. L. van Walsum – ein CHU-Mann, der sich in den 30er Jahren schon als Protagonist der kirchlichen Erneuerung geriert hatte. Es kam nicht überraschend, daß der ›Nieuwe Nederlander‹ sich noch im selben Monat für die Niederländische Volksbewegung aussprach, bald danach jedoch die Voraussetzungen einer Annäherung an die SDAP unter die Lupe nahm. Und dabei stieß van Walsum auf marxistische Tradition und Symbolik, die ebenso hinderlich erschien für einen volksparteilichen Zusammenschluß wie ein etwaiges Beharren der SDAP auf dem Anspruch, die alleinige Vertreterin der Arbeiter zu sein.

Jedenfalls blieb die NVB-Forderung nach volksparteilichem Übereinkommen im Verhältnis CHU–SDAP zunächst noch unerfüllt. Die Christlich-Demokratische Union, jene Ende der 20er Jahre gegründete, auf dem linken Flügel des reformierten Spektrums stehende Partei, gab sich da ganz anders. Gewiß, trotz ihrer engen Verwandtschaft zur SDAP über Pazifismus und radikale sozialökonomische Forderung war in den 30er Jahren dennoch eine gewisse Distanz geblieben. Reformatorisches Christentum und marxistische Weltanschauung ließen sich unter den erschwerenden Voraussetzungen einer 'versäulten' Gesellschaft eben nicht so rasch zusammenbringen. Das änderte sich jedoch im Krieg. Die Distanz schien überwunden. Das wohl wichtigste Parteimitglied, der Pfarrer ds. J. Buskes, trat zusammen mit sechs Amsterdamer Kollegen der SDAP schon 1945 bei. Allerdings blieb es zunächst dabei. Der Parteivorstand der CDU selbst zeigte zunächst noch Zurückhaltung.

Aber eine Öffnung zur SDAP war doch vorhanden, ebenso wie bei dem Freisinnig Demokratischen Bund ('Vrijzinnig Democratische Bond', VDB), jener linksliberalen Partei neben der Liberalen Union, die ihre Wählerschaft im freisinnigen Protestantismus fand und eine Art Brückenfunktion zwischen SDAP und den konfessionellen Gruppen wahrnahm. Die Programmatik der Freisinnigen aus der Vorkriegszeit eignete sich durchaus für einen Anschluß an die Vorstellungen des NVB, und zu jenen, die im Geisellager St. Michielsgestel die Gespräche um eine niederländische Neuordnung führten, gehörten auch VDB-Leute. Die Partei selbst war in der Kriegszeit nicht als Untergrundorganisation weitergeführt worden. Unmittelbar nach dem Ende des Krieges scharte sich der Bund gleich hinter die Absichten der Volksbewegung, das Parteiwesen zu erneuern. Engere Zusammenarbeit – dahinter stand man auf jeden Fall –, aber auch ein Zusammenschluß von Parteien lag im Bereich des Wünschenswerten, wenngleich hier einige Skepsis herrschte, wie sie einer der wichtigsten Vertreter der Partei, der später zu den Liberalen übergetretene P. J. Oud, bezeugte, insofern er den Bruch mit der Tradition als eine rein theoretische Erwägung betrachtete, die an den konkreten Verhältnissen scheitern müsse. Oud verwarf zugleich den Sozialismus, auch den der Volksbewegung, und da nun mußte man sich tatsächlich fragen, wie weit er überhaupt mitgehen konnte. Sicherlich nicht uninteressant war sein Lösungsweg. Demnach sollten sich alle Parteien auf ein gemeinsames Programm einigen, jedoch bei den Wahlen mit eigenen Listen auftreten.

Die hier genannten, vergleichsweise kleinen Parteien standen auf jeden Fall dem parteistrukturellen Neuerungsgedanken nicht ganz abweisend gegenüber. Von ungleich höherer Bedeutung war für diese Frage der Überwindung des alten Parteiensystems aber neben der Einstellung der alten SDAP die Haltung der Katholiken. Die größte Partei der katholischen 'Säule', die RKSP, zeigte sich in der Besatzungszeit schwach. Sie verschwand praktisch von der Bildfläche. Große Teile der Mitgliedschaft wurden gleich zu Beginn von der Niederländischen Union aufgefangen. Katholische Unionsvertreter saßen auch in St. Michielsgestel, sprachen dort von der Möglichkeit einer neuen, progressiven Volkspartei. Als Sprachrohr dieser eher auf progressive neue politische Formen gerichteten Katholiken diente das lokale (Ijsselstein) Widerstandsblatt ›Christofoor‹. Die Zeitung sollte dem katholischen Bevölkerungsteil helfen, sich auf eine neue Zukunft zu besinnen. Im März 1944 kam es dann zu der für diesen Neuordnungsgedanken sicherlich wichtigen Verbindung mit dem Widerstandsorgan ›Je Maintiendrai‹, um das sich die NVB-Leute scharten. Gegen Ende des Jahres 1944 setzte allgemein in katholischen Kreisen die Diskussion um den künftigen Weg des politischen Katholizismus ein. Für die einen gaben der Kampf gegen eine verbreitete antirömische Haltung, die Notwendigkeit eines sozialökonomischen Wiederaufbaus nach katholischen Prinzipien, die Gefahren des Kommunismus für den katholischen Arbeiter Anlaß genug, eine konfessionelle, katholische Partei wiederzubegründen, für die anderen enthielten eben jene Voraussetzungen den Grund für die Überwindung der konfessionellen Schranken. Es zeigte sich im Sommer und Herbst 1945 jedoch schon rasch, daß sich die Erörterungen zugunsten der katholischen Sonderung entwickelten. An der Spitze dieser Richtung stand schließlich der Franziskanerpater S. Stokman, der allerdings nicht einer inhaltlichen Wiedergründung der RKSP das Wort redete, deren Renommee infolge Abwesenheit beim Widerstand nicht das beste war, sondern für eine katholische Partei plädierte, die sich nicht mehr lediglich als notwendiges Schlußstück in der katholischen 'Säule' verstand, sondern eine Programmbasis anstrebte, die als sozial fortschrittlich angesehen werden und breiteste Schichten erfassen konnte. Für Stokman hieß das auf jeden Fall personell eine Neubesetzung des Führungskaders zugunsten der jungen Generation. Ein schließlich im August 1945 auf Landesebene gegründetes Zentrum für politische Bildung ('Centrum voor Staatkundige Vorming') bedeutete den ersten Schritt zur Konsolidierung des erneuerten und inhaltlich neuen katholischen Einheitsgedankens. Aber es war doch nicht zu übersehen, daß hinter dieser katholischen Kontraktion in der Frage der Parteibildung an erster Stelle die Furcht stand, daß die Position der katholischen Christen in der Gesellschaft bei einer grenzüberschreitenden Lockerung des Parteigefüges ins Gedränge geraten und die katholischen Normen verlorengehen würden. Von daher ist auch die Unterstützung zu begreifen, die Stokman beim niederländischen Episkopat genoß.

Insgesamt gesehen waren somit die Startbedingungen für den sogenannten 'Durchbruch-Gedanken' ('doorbraak'), mit dem diese Intention zur Überwindung früherer Abschottung plakatiert wurde, nicht unbelastet, ja eher ungünstig zu nennen, da es bei durchaus vorhandener Bereitschaft auf seiten der alten Sozialdemokratie schließlich auf die ehemals stärkste Partei, auf die Partei der katholischen Niederlande, ankam, wenn eine parteipolitische Neuformation politisches Gewicht haben wollte, wobei festzuhalten bleibt, daß es bei der alten Sozialdemokratie mancherlei Selbstüberwindung bedurfte, ehe man glaubte, sich auf den Weg des volksparteilichen Zusammenschlusses begeben zu können.

Es hat im Laufe des Spätsommers und Herbstes von 1945 intensive Versuche gegeben, näher zusammenzurücken, ja gar zu fusionieren. Die NVB legte sich hier voll ins Zeug. Jedoch vergeblich. Schon im Oktober 1945 wurde endgültig klar, daß die Katholiken zunächst einmal nicht auf Zusammenschluß zu setzen gedachten, ohne freilich für alle Zukunft die Tür zuzuschlagen. Die Argumentation der katholischen Seite (in diesem Falle de Quays) war auf langfristige Vorbereitung einer volksparteilichen Fusion berechnet. Sie hat sich schließlich niemals herstellen lassen. Im Gegenteil: das bischöfliche Sendschreiben ('Mandement') vom 30. Mai 1954 hat diese Annäherungsversuche endgültig unterbunden. Fragen wie die nach dem Rang christlicher Werte in der Gesellschaft oder nach dem Inhalt des Begriffs 'Sozialismus' haben letztlich für die Aufrechterhaltung der Sonderung gesorgt. Insgesamt ist mit Jan Bank, auf dessen Untersuchung sich die Darstellung stützt, festzustellen, daß in den entscheidenden Herbsttagen von 1945 die Sozialdemokraten mehr zu geben bereit waren, als man in Kreisen der NVB erwartet hatte, während die Katholiken deutlich hinter den Erwartungen zurückblieben.

Damit war die neue Entwicklung nicht abgeschlossen. Am 22. Dezember 1945 konstituierte sich die Katholische Volkspartei ('Katholieke Volkspartij', KVP) als Nachfolgeorganisation der RKSP. Das war praktisch die Wahrung der Kontinuität, wenngleich sich die KVP eine 'angepaßte' Programmatik mit auf den Weg gab. Die SDAP unternahm es dagegen, gleichsam im Alleingang und für sich selbst, den 'Durchbruch-Gedanken' zu konkretisieren und sich als Volkspartei aufzustellen, und zwar in permanentem Kontakt mit den Freisinnigen, den Christdemokraten, dem linken Flügel der CHU und auch mit der katholischen Gruppe 'Christofoor'. Diese Unternehmung hatte nach intensiver Diskussion zwischen den einzelnen Gruppen Erfolg. Am 9. Februar 1946 wurde die Partei der Arbeit ('Partij van de Arbeid', PvdA) im Rahmen eines Gründungskongresses aus der Taufe gehoben. Im zwanzigköpfigen Parteivorstand saßen neun ehemalige SDAP-Mitglieder, wie ohnehin die SDAP den Kern dieser Neugründung repräsentierte. Die PvdA trat als 'Durchbruch'-Partei auf, die sich nicht auf Weltanschauung, sondern auf praktisch-politische Programmpunkte einigte. Für sie war weltanschauliche Bindung nicht das einzige Organisationsprinzip. Sie lehnte damit die 'Versäulung' voll ab. Sie sagte auch deutlich, daß sie Parteibildung auf der Grundlage der Religion unter den gegebenen Umständen für schädlich halte. Das bedeutete jedoch keineswegs antiklerikale Einstellung, vielmehr versuchte die Partei, Konfession und Weltanschauung in eigenen innerparteilichen Arbeitsgemeinschaften ein Betätigungsfeld zu geben, und tatsächlich kam es auch zur Bildung einer protestantischen, einer katholischen und einer 'humanistischen' Arbeitsgemeinschaft.

Allerdings hat sich dieser volksparteiliche Zusammenschluß nicht als übermäßig strapazierfähig erwiesen, insofern nicht in jedem Fall die sogenannten weltanschaulichen Voraussetzungen überwunden werden konnten. Es warf sicherlich ein bezeichnendes Licht auf die Problematik einer Volkspartei, wenn sich schon einen Monat nach der Gründung ein Sozialdemokratisches Zentrum ('Sociaal-Democratisch Centrum', SDC) bildete, in dem die Marxisten der PvdA die Arbeiter zu radikalisieren versuchten. Da stand plötzlich der Klassenkampf-Gedanke wieder im Vordergrund, wurde die Gesellschaftsordnung nachhaltig als eine kapitalistische klassifiziert, mit allen typischen Krisenerscheinungen, Klassengegensätzen und wachsenden Einkommensunterschieden. Da forderte man dann auch Sozialisierung der Produktionsmittel und eine zentrale Planwirtschaft. Das war nach Diktion und Inhalt noch wesentlich schärfer als die PvdA-Gründungskonzeption, in der von Sozialisierung der Schlüsselindustrien, Öffnung zu den Mittelschichten die Rede war ebenso wie von Wirtschaftsplanung. Als das Sozialdemokratische Zentrum im August 1947 auch außerhalb der Partei aktiv wurde und damit die Gefahr einer Parteibildung innerhalb der PvdA auftauchte, erfolgte die Auflösung des Zentrums durch die Parteileitung. Auf der anderen Seite des volksparteilichen Spektrums der PvdA sorgte P. J. Oud, Freisinniger Demokrat und nicht unbedingt ein begeisterter Anhänger des Zusammenschlusses, für weitere Lockerung, als er mit seinen Anhängern schon 1947 aus der PvdA ausschied und sich an der im Januar 1948 erfolgenden Gründung der Volkspartei für Freiheit und Demokratie ('Volkspartij voor Vrijheid en Democratie', VVD) beteiligte – einer Partei, die nach der in ihr aufgehenden Partei der Freiheit als die große liberale Neugründung angesprochen werden muß. Gerade dieser Austritt des P. J. Oud läßt die Frage auftauchen, ob unmittelbar nach dem Zweiten Weltkrieg dieser von der Niederländischen Volksbewegung so stark propagierte Volkspartei-Gedanke reif war, konkretisiert zu werden. Möglicherweise war auch von vornherein die starke Bindung dieser Konzeption an den Sozialismus (für den linken Flügel bei weitem nicht stark genug) kein geeigneter Ausgangspunkt, um die traditionellen Schranken zu überwinden, zumal in den folgenden Jahren der Kalte Krieg so einiges zur Erhöhung solcher Schranken beigetragen hat.

Die ersten Nachkriegswahlen vom 17. Mai 1946 mußten eigentlich die Probe auf die Tragfähigkeit des Volksparteigedankens bringen. Aber sie brachten nur Normales, insofern sie die Vorkriegsverhältnisse kontinuierten. Die KVP wurde stärkste Partei (30,8 v. H.) und trat damit an die Stelle der RKSP. Die PvdA erhielt soviel Stimmen wie zuvor SDAP und VDB zusammen (28,3 v. H.). Während die Liberalen (VVD) leichten Stimmenzuwachs zu verzeichnen hatten, ging die ARP leicht zurück; die Christlich-Historischen blieben etwa gleich stark wie vor dem Krieg. Einzig auffällig war die Zunahme der kommunistischen Sitzzahl gegenüber den letzten Wahlen der Vorkriegszeit um drei. Aber dieser Gewinn war tatsächlich nur vorübergehend. Bezeichnend ist, daß die großen Diskussionen um die Neuordnung des Parteiwesens letztlich ohne Frucht blieben. Damit hielt auch die 'Versäulung' ihren Platz in der niederländischen Gesellschaft. Sie wurde praktisch erst in den 60er Jahren einigermaßen durchbrochen.

3. Probleme des wirtschaftlichen Wiederaufbaus

Aber schließlich ging es in dieser frühen Nachkriegsphase nicht nur um Neuordnung des Parteiensystems oder um Fragen der Abschottung in der niederländischen Gesellschaft. Es standen Fragen der Wiederherstellung der Konstitution zur Debatte, es mußte da praktisch gehandelt werden, und es ging vor allem darum, die darniederliegende Wirtschaft wiederaufzubauen. So trat zunächst einmal die Regierung der Sozialdemokraten Willem Drees und Willem Schermerhorn an die Stelle des zweiten Exilkabinetts Gerbrandy, das offensichtlich für die Widerstandsbewegung nach der Befreiung nicht akzeptabel war. Das Band dieses Kabinetts zur Militärischen Obrigkeit des Südens war zu eng gewesen, als daß man das im Norden des Landes auf seiten der politischen Linken hätte übersehen können. Das Kabinett Schermerhorn–Drees trat auf als die Regierung des „Wiederaufbaus und der Erneuerung". In diesem ersten Nachkriegskabinett, das ohne Antirevolutionäre und Kommunisten gebildet wurde, übernahm Schermerhorn den Sessel des Premiers, Drees, in jener Zeit schon einer der bekanntesten Sozialdemokraten, das Departement für Arbeit und Soziales. Aus dem Londoner Kabinett nahm man den Außenminister (van Kleffens) und noch einen weiteren Minister auf. Den katholischen Süden vertrat der KVP-Mann Louis J. M. Beel, der das Innenministerium verwaltete. Mit der Bildung des Kabinetts allein war es nicht getan. Auch die Legislative mußte rekonstruiert werden. Von den ehemals 100 Abgeordneten der Zweiten Kammer waren noch 74, von den 50 der Ersten Kammer 34 übriggeblieben. Zunächst wurde im Juli 1945 ein Nationaler Rat ('Nationale Advies Commissie', NAC) gebildet, der aus 54 Mitgliedern bestand, davon 18 Vertreter der GAC. Dies zeigte sehr nachhaltig die Bedeutung, die man in dieser ersten Nachkriegsphase dem Widerstand beimaß. Neben seinen Vertretern nahmen die politischen Parteien und die sozialökonomischen Organisationen Platz. Am 25. September 1945 traten die 'Vorkriegs-Generalstände' zusammen. Jedes Mitglied mußte vor einem Untersuchungsausschuß ('Verklaringscommissie') vorstellig werden, der drei Abgeordnete wegen ihres Verhaltens im Kriege ausschloß. Dieses Rumpf- oder Notparlament ('Tijdelijke Staten-Generaal') hatte kein Interpellationsrecht. Es ratifizierte den Beitritt der Niederlande zu den Vereinten Nationen und billigte schließlich einen Gesetzentwurf, der eine Umwandlung des Gremiums in 'Vorläufige Generalstände' ('Voorlopige Staten-Generaal') vorsah. Für die Ergänzung der insgesamt freigekommenen Parlamentssitze übernahm der Nationale Rat eine wichtige Funktion. Er machte einem Sonderausschuß jeweils für 1 Sitz einen Doppelvorschlag. Dieser Sonderausschuß bestand aus dem Vizepräsidenten des Staatsrats, je fünf Vertretern der Ersten und Zweiten Kammer sowie fünf Mitgliedern des Nationalen Rates. Dieses auf solche Weise ergänzte Parlament trat am 20. November 1945 zum ersten Mal zusammen und hatte alle verfassungsmäßigen Rechte. Die ersten Wahlen folgten am 17. Mai 1946, denen sich bald darauf die Provinzial- (30. Mai) und Kommunalwahlen (26. Juni 1946) anschlossen.

Dem Kabinett oblag es, das Land, dessen Kriegsschäden auf 25 bis 26 Milliarden Gulden zu Preisen von 1945 bei einem Nationaleinkommen von 28,7 Milliarden 1938 geschätzt wurden und das immerhin 250 000 Tote (einschließlich der Verluste in Niederländisch-Indien) zu beklagen hatte, wieder funktionsfähig zu machen. War es von den materiellen Voraussetzungen her schon schwierig genug, die Produktion wieder in Gang zu bringen, Hunderttausende von potentiellen Arbeitskräften mußten auch erst einmal richtig ernährt werden, ehe sie in den Produktionsprozeß eingeschaltet werden konnten. Die durchschnittliche Arbeitsproduktivität des Industriearbeiters erreichte erst 1953 wieder den Vorkriegsstand. Das war nicht allein auf einen schlechten Ernährungszustand zurückzuführen, es spielten auch veraltete Werkzeuge und Anlagen, schlechte Kleidung, Schwierigkeiten von der Verwaltung her, geringe Transportmöglichkeiten eine große Rolle. Dazu traten natürlich die Schäden an der technischen Ausrüstung: Maschinenparks und rollendes Material waren von den Deutschen konfisziert und ins Reich abtransportiert worden. Der Wohnraumverlust bezifferte sich auf 5 v. H.; 27 v. H. der Wohnungen waren schwer beschädigt; 10 v. H. Agrarland stand unter Wasser (z. T. Meerwasser); von Hunderten von Brücken waren ganze zwölf unbeschädigt geblieben. In den Rotterdamer und Amsterdamer Häfen waren 20 Kilometer Pier beim Abzug zerstört, 45 Hebekräne in die Luft gesprengt worden. Insgesamt fand sich die holländische Produktionskapazität auf 60 v. H. reduziert, lagen die Lagerbestände bei 45 v. H. unter dem Vorkriegsstand 1939. 10 v. H. der Zivilbevölkerung hatte ihren gesamten Besitz verloren.

So zählte die Wiederankurbelung der Wirtschaft zu den vordringlichsten Aufgaben der ersten Regierungen. Bis zum Jahre 1946 ist tatsächlich ein gewisses Gleichgewicht im Wirtschaftsleben wiederhergestellt worden. Im Herbst 1945 führte Finanzminister P. Lieftinck, ehemals CHU-Politiker, jetzt Mann der PvdA, eine Abwertung des Guldens durch und lieferte damit „einen wichtigen Beitrag zur Wiederherstellung des monetären Gleichgewichts". Richter Roegholt nennt diesen Schritt gar „eine besonders legendäre Leistung"[5]. Das Ziel war, ein Gleichgewicht zwischen der gesamten im Umlauf befindlichen Geldmenge und den vorhandenen Gütern und Dienstleistungen durchzusetzen. Die Währungsreform erfolgte in der Woche vom 26. September. Jeder Niederländer erhielt aufgrund seiner Lebensmittel-Stammkarte einen Betrag in Höhe von 10 Gulden. Nach einer Woche kam dann endgültig das neue Geld in Form von Lohnzahlungen in Umlauf. Die inzwischen blockierten Giro- und Bankguthaben wurden später ganz allmählich freigegeben. Der rasch eingeleiteten Geld-, Lohn- und Preispolitik folgten eine stringente Produktions- und Verteilungspolitik sowie eine Ein- und Ausfuhrkontrolle mit entsprechender Devisenbewirtschaftung. Es war eine Periode staatlicher Wirtschaftslenkung, die bis 1949 immerhin dazu führte, daß das Bruttosozialprodukt pro Kopf der Bevölkerung auf den bisher höchsten je erreichten Stand kletterte, auf 48 Punkte gegenüber 46 im Jahre 1930. Doch wäre dieser Stand nicht ohne die Hilfe des Marshall-Plans ab 1948 erzielt worden. Wie stringent die niederländische Wirtschaftspolitik auch immer sein mochte, der Wiederaufbau hätte ohne diese Finanzhilfe nicht so rasch vollzogen werden können. So hatte die monetäre Politik nicht den gewünschten Erfolg, obwohl zwischen 1946 und 1948 durch einfache Steuermaßnahmen über die Abwertung hinaus dem Markt überschüssiges Geldangebot entzogen wurde. Die Großhandelspreise stiegen zwischen 1945 und 1950 von 64 auf 117 Punkte auf der Basis 100 i. J. 1948, während der Preisindex für den normalen Warenkorb in dieser Zeitspanne von 85 auf 111 anwuchs. Da bei aller Mäßigung in der Lohnpolitik der niederländische Wettbewerb durch die erforderliche Lohnanpassung bei gleichzeitiger geringer Arbeitsproduktivität ins Gedränge kam, stand Stagnation vor der Tür. Dazu trat ein erhöhter Einfuhrbedarf, da der Produktionsmittelsektor darniederlag. Ende 1947 sah sich die Wirtschaft dann

[5] In J. u. A. Romein, De Lage Landen, S. 651.

auch wachsendem Defizit in der Zahlungsbilanz und einem rapiden Schwund der Gold- und Devisenreserven gegenüber.

Der Marshall-Plan sorgte nun für Deckung des Defizits und trug zugleich zur Sanierung des Guldens bei. Die Lohnpolitik führte man so, daß Preisauftrieb vermieden wurde, wodurch allerdings der Reallohn unter dem Vorkriegsstand blieb. Darüber hinaus entschied sich die Niederländische Bank für eine gebremste Kreditpolitik. Obwohl die Marshall-Hilfe umfangmäßig relativ gering blieb, sorgte sie doch über den geldpolitischen Effekt hinaus für eine Belebung von Konsum und Investitionstätigkeit.

4. *Fragen der sozialökonomischen Neuordnung*

In diesem Zusammenhang ist auf die strukturellen Ausgangspunkte der Wirtschaftspolitik hinzuweisen. Sie entsprachen letztlich jener Zwischenlösung, die die Niederländische Volksbewegung in politicis angegeben hatte – eine Zwischenlösung, die einerseits den liberalen Individualismus nicht, wie es noch nach 1918 der Fall gewesen war, restauriert sehen wollte, andererseits einen ungezügelten Wirtschaftsdirigismus im Sinne einer Zentralverwaltungswirtschaft voll zurückwies. Nicht daß man sich in allen gesellschaftlichen Gruppen darüber einig gewesen wäre, aber im Regierungsprogramm des Kabinetts Schermerhorn–Drees sprach man doch von einer strengen, zentral geführten Lohn- und Preispolitik. Im Mai 1946 folgte die Bildung des staatlichen Zentralen Planungsamtes ('Centraal Planbureau') schon mit dem Hinweis, daß eine zentrale Produktionsplanung in Kürze vorgelegt werden sollte. Es sprang allerdings nicht mehr heraus als eine Art richtungweisender Rahmenplan (September 1946, 'Centraal Economisch Plan'), wie überhaupt eine klare Entscheidung zwischen den beiden zuvor genannten extremen Formen wirtschaftlicher Ordnung ausblieb, wenngleich auf Regierungsseite eine ganze Kette von Reglementierungen – von Eingriffen in die Niederlassungsfreiheit über lohn- und preispolitische Maßnahmen bis zu Produktions-, Verteilungs- und Investitionsvorschriften – doch starke dirigistische Eingriffe signalisieren konnte. Es sollte sich jedoch herausstellen, daß alle solche Maßnahmen eher situationsangepaßte Unternehmungen waren, die nicht gleich auf eine genau definierte Wirtschaftsordnung zielten. Jan Tinbergen, einer der führenden niederländischen Ökonomen jener Zeit, hat – wie P. W. Klein nachweist – diesen Opportunismus, der von ihm positiv als rationaler, sachbezogener Ansatz eingeschätzt wird, begrüßt und damit die Regierungspolitik gerechtfertigt.[6] Teilweise durchgesetzt hat sich schließlich ein Ordnungssystem, das am besten unter dem Begriff 'planification' subsumiert werden könnte.

Es entwickelten sich eine Reihe von privat- und öffentlich-rechtlichen 'Räten', die P. W. Klein sehr richtig als „korporative Elemente"[7] angesprochen hat. Die öffentliche und parlamentarische Diskussion zu diesen Fragen war gewiß nicht neu. Sie griff letztlich wieder auf, was Katholiken und Sozialdemokraten schon in den 20er Jahren innenpolitisch thematisiert hatten und was in den Erörterungen über die künftige sozialökonomische Struktur während der Besatzungszeit neu aufgelegt wurde. Einen sehr wesentlichen Anteil an den Erörterungen hat von Anfang an auch der Niederländische Gewerkschaftsverband gehabt. Offensichtlich konnte die Besatzungszeit insofern als Katalysator wirken, als deutlich sichtbar an die Stelle des Arbeitgeber–Arbeitnehmer-Antagonismus der Vorkriegszeit ein hohes Maß an Verständigungsbereitschaft trat. Die Kontaktaufnahme war schon gegen Ende 1941 von seiten der vom Besatzer aufgelösten Arbeitgeberorganisationen erfolgt. D. U. Stikker, Liberaler und nach dem Zweiten Weltkrieg ein wichtiger Mann in der niederländischen Politik, hatte damals Verbindung mit den freien und konfessionellen Gewerkschaften mit dem Angebot einer engen Zusammenarbeit zwischen den Fachverbänden aufgenommen. Stikkers Motiv war – wie Langeveld nachgewiesen hat – eindeutig: Ausschaltung radikaler Gruppen gerade in jener ersten Nachkriegsphase. Die Kontrahenten haben sich schließlich auf Errichtung einer privatrechtlichen Stiftung der Arbeit ('Stichting van de Arbeid') geeinigt, in der Arbeitgeber und Arbeitnehmer paritätisch vertreten sein sollten. Dabei beabsichtigte man, dieser Stiftung den Rang eines höchsten Beratungsorgans der Regierung im Bereich der 'industrial relations' zuzuerkennen. Darunter fielen eben die primären Arbeits-

[6] P. W. Klein, Wegen naar economisch herstel, 1945–1950. In: BMGN, 96, 2 (1981), S. 266f.

[7] Ebd. S. 269.

bedingungen sowie der gesamte Bereich der Sozialversicherung. Die offizielle Konstituierung seitens der Sozialpartner erfolgte am 17. Mai 1945, die Zuerkennung des Status eines höchsten Beratungsausschusses wurde vom Kabinett Schermerhorn–Drees in der schon in der Londoner Exilregierung ausgearbeiteten Verordnung über Arbeitsbeziehungen ('Buitengewoon Besluit Arbeidsverhoudingen', Oktober 1945) festgeschrieben. Die Verordnung bildete unter anderem den gesetzlichen Rahmen der gelenkten Lohnpolitik, in dem eine Mitwirkung der Stiftung der Arbeit vorgesehen war. Die Sozialpartner berieten hier über die Lohnhöhe, legten das Ergebnis der Beratungen der Regierung vor, die ihrerseits ihren Standpunkt vortrug. In dieser Phase sah die Verordnung ein Landesschlichtungsgremium vor ('College van Rijksbemiddelaars'), das Entscheidungskompetenz für den ganzen Bereich des Tarifvertrages besaß, allerdings nicht ohne erneute Konsultation der Stiftung. Die Konsequenz war im übrigen, daß der Reallohn bis 1954 nicht gestiegen ist und auch danach nur sehr geringe (reale) Lohnerhöhungen stattfanden. Dieses System kannte demnach keine Tarifautonomie, wie sie in der Vorkriegszeit sehr wohl geherrscht hatte, und tatsächlich war damit so etwas wie eine 'konzertierte Aktion' gewährleistet. Die Verordnung blieb bis 1970, in geänderter Form allerdings, gültig.

Zeitgenössische und spätere Analysen weisen darauf hin, daß die Gewerkschaften bei der Konstituierung der 'Stiftung' die größeren Konzessionen gemacht haben, da sie ihre Mitarbeit bei der Wiederherstellung der innerbetrieblichen Entscheidungsstrukturen aus der Vorkriegszeit zusagten, jedoch, obwohl Mitsprache bei der Regelung der 'industrial relations' erzielt wurde, der Wunsch nach überbetrieblichwirtschaftlicher Mitbestimmung in der Stiftung nicht verwirklicht werden konnte. Richtig aber weist Langeveld die Behauptung zurück, die Gewerkschaften (hier ist vor allem der NVV gemeint) hätten mit dem Einzug in die Stiftung auch die Verpflichtung akzeptiert, das kapitalistische System und damit die Unternehmerposition im Wirtschaftsleben nicht anzutasten, denn tatsächlich hat der NVV den Gedanken der wirtschaftlichen Mitbestimmung nicht preisgegeben,[8] ihn

[8] H. Langeveld, Het NVV en de Publiekrechtelijke Bedrijfsorganisatie. In: Exercities in ons verleden. Assen 1981, S. 173.

auch noch vor Ende des Krieges der Londoner Exilregierung in Form eines ausführlichen Memorandums unterbreitet ('Nota inzake de Sociaal-Economische Ordening'). Gerade diese Forderung nach überbetrieblicher Mitbestimmung war allzu traditionell, der Wunsch allzu gerechtfertigt, als daß er ohne weiteres hätte preisgegeben werden können. Gerade in den 30er Jahren hatte man diesem überbetrieblichen Ordnungsprinzip noch den Vorzug gegenüber der betrieblichen Mitbestimmung gegeben. In der Besatzungszeit propagierte das sozialdemokratische illegale Blatt ›Paraat‹ diesen Gedanken, ging sogar darüber hinaus, indem es der Sozialisierung das Wort redete. Aber da man sehr wohl einsah, daß eine breite Basis für Sozialisierungsvorhaben in der Bevölkerung nicht gefunden werden konnte, konzentrierten sich der NVV und die SDAP-Autoren in ›Paraat‹ auf die 'Öffentlich-rechtliche Wirtschaftsorganisation' ('Publiekrechtelijke Bedrijfsorganisatie', PBO) für die einzelnen Wirtschaftszweige als Ausgangspunkte einer gegenüber dem Vorkriegssystem neuen Wirtschaftsordnung. Der Gedanke wurde auch nach Kriegsende nicht preisgegeben, und das Kabinett zählte Mitglieder, die dem PBO-Gedanken sicherlich nicht fremd gegenüberstanden. Allerdings wies die wirtschaftliche Lage in eine doppelte Richtung. Zum einen lag durch die totale Auflösung oder Stagnation bestimmter Wirtschaftszweige ein struktureller Neuanfang mit Einführung von PBOs auf der Hand, zum anderen ließ sich angesichts der Mangelsituation mit Fug und Recht für eine rasche Produktionserhöhung als erstem Erfordernis der Wirtschaft plädieren. Es bestand dann allerdings die Gefahr, daß eine einmal in überkommenem Sinne wiederaufgebaute Wirtschaftsstruktur sich nur schwierig neu ordnen ließ, d. h.: in der niederländischen Wirtschaftsordnungspolitik stellte sich eben jenes Problem, das auch für andere europäische Länder galt und das Lutz Niethammer mit der einprägsamen Alternativ-Formel „Strukturreform oder Wachstumspakt" [9] umschrieben hat – eine Formel, die eben dort trifft, wo unter dem Eindruck von unmittelbar nationalsozialistischer oder faschistischer Erfahrung (autochthon oder fremdbestimmt) die alte Ordnung in ganz besonderem Maße in ihrer Existenzberechtigung in Zweifel gezogen wurde.

[9] L. Niethammer, Strukturreform oder Wachstumspakt. In: Vom Sozialistengesetz zur Mitbestimmung. Zum 100. Geburtstag von Hans Böckler. Köln 1975.

Das Kabinett jedenfalls beabsichtigte im Oktober 1945, innerhalb kürzester Frist einen PBO-Gesetzentwurf vorzulegen. Dahinter stand Drees ebenso wie der SDAP-Mann Hein Vos, Minister für Handel und Industrie. Eigenartigerweise lehnte das Kabinett eine paritätisch besetzte, aus Vertretern von Arbeitgebern, Arbeitnehmern und Regierung bestehende vorbereitende Kommission ab. Die Stiftung der Arbeit setzte ihrerseits zwar solche Arbeitsausschüsse ein – obwohl die Regierung eine Mitwirkung der Stiftung zurückgewiesen hatte –, sie wurde aber von einem Vorentwurf regierungsseits eingeholt. Der Niederländische Gewerkschaftsverband hat in großen Zügen diesem 'Vorentwurf Vos' zustimmen können, der die Bildung einer begrenzten Zahl von 'bedrijfschappen' öffentlich-rechtlichen Charakters mit ausführenden Aufgaben im Rahmen der Wirtschaftsplanung vorsah. Der Unterschied zwischen der Vosschen Konzeption und der NVV-Auffassung lag in der stärkeren Zentralisierungstendenz bei Vos und in seiner die NVV nicht befriedigenden Absicht, die Arbeitnehmerseite nur im sozialen Sektor, nicht aber im Sektor Wirtschaftspolitik paritätisch vertreten zu lassen! Für die NVV-Vertreter war es nicht recht verdaulich, daß Vos in seinem Entwurf für den Bereich der rein wirtschaftlichen Mitbestimmung durchaus nicht in allen Fällen eine paritätische Einschaltung der Arbeitnehmerseite vorsah. Die Arbeitgeberseite und die konfessionellen Gewerkschaftsverbände (CNV, RKWV) haben den Entwurf des SDAP-Mannes trotz dieser Differenzierung voll zurückgewiesen. Die Arbeitgeber hatten sich im Manifest der Stiftung der Arbeit zwar im Prinzip auch für überbetriebliche wirtschaftliche Mitbestimmung ausgesprochen, aber wo es in der Tat 'zur Sache ging', tauchten Argumente genug auf, um die Konkretisierung auf jeden Fall hinauszuzögern. Die Parität war da überhaupt kein Ausgangspunkt. Darüber hinaus lehnten sie die Verbindung von Wirtschaftsplanung und den PBOs ab, da sie allzu großen Staatseinfluß fürchteten. Die protestantischen und katholischen Arbeitnehmervertreter schlossen sich den Arbeitgebern an.

Die trotz der *prinzipiellen* NVV-Zustimmung zum Vos-Entwurf dennoch kritische Haltung dieser Gewerkschaftszentrale, die scharfe Opposition der Arbeitgeber und das geringe positive Echo, das der Entwurf Vos in der Zweiten Kammer erhielt, haben schließlich nach den Wahlen vom Mai 1946, als die KVP die Mehrheit erhielt und das Kabinett Beel gebildet wurde, zur Konstituierung des Ausschusses van der Ven geführt – eine Arbeitsgruppe, die die Stiftung der Arbeit auf Regierungsgeheiß bildete, zu der der über die Entwicklung vollends beunruhigte NVV eine eigene Kommission und zugleich ein wissenschaftliches Büro als parallele und richtungweisende Instanz gründete. Im Ausschuß van der Ven zeigte sich rasch, wo der Schuh drückte: in der Frage vor allem, ob die Arbeitnehmer in den Verwaltungsgremien der öffentlich-rechtlichen Wirtschaftsorgane paritätisch vertreten sein sollten, wenn diese vor allem wirtschaftspolitische Aufgaben zu erfüllen hatten. In der Forderung nach paritätischer Besetzung in diesen Organen blieben die NVV-Vertreter also allein.

Was dann schließlich 1950 als Gesetz über die Schaffung einer Öffentlich-rechtlichen Wirtschaftsorganisation herauskam – der Vorentwurf des Van-der-Ven-Ausschusses war zum Gesetzentwurf ausgearbeitet worden –, konnte den NVV nicht befriedigen. Gewiß, in der Zweiten Kammer hat der NVV die Parität mit Hilfe der PvdA-Vertreter auf der ganzen Linie durchsetzen können, aber da von Fall zu Fall über Notwendigkeit und Zweckmäßigkeit einer öffentlich-rechtlichen Organisation der einzelnen Wirtschaftszweige entschieden werden sollte, blieb es doch ungewiß, wie denn die 'bedrijf'- oder 'productschappen' als Instrumente einer Lenkungswirtschaft funktionieren sollten, zumal es von der Übereinkunft zwischen Arbeitgebern und Arbeitnehmern abhing, in welchem Umfang überhaupt 'bedrijf'- oder 'productschappen' konstituiert werden mußten. (Bei 'productschappen' handelt es sich um Körperschaften, die für zwei oder mehr Gruppen von Unternehmungen, welche im Wirtschaftsleben eine unterschiedliche Funktion erfüllen, für bestimmte Produkte oder Gruppen von Produkten eingerichtet werden; 'bedrijfschappen' sind Körperschaften für Unternehmungen, die im Wirtschaftsleben eine gleiche oder verwandte Funktion erfüllen.) Und Tatsache ist, daß außer in der Landwirtschaft und verwandten Sektoren diese Öffentlich-rechtliche Wirtschaftsorganisation nicht weiter konkretisiert wurde. Eingeführt wurde allerdings ein von Arbeitgebern, Arbeitnehmern und den staatlichen Organen paritätisch besetzter Sozialökonomischer Rat ('Sociaal-Economische Raad', SER), der als höchstes Beratungsorgan der Regierung fungieren und eine kontrollierende und koordinierende Aufgabe gegenüber den 'bedrijf'- und 'productschappen' wahrnehmen sollte.

So hat der NVV zusammen mit den Sozialdemokraten die Auseinandersetzung um die PBO im Endeffekt verloren – eine Auseinandersetzung, die nun nicht ein beliebiges Thema betraf, sondern Prinzipien eines neuen, vom kapitalistischen Wirtschaften freien Systems erfaßte und die hier – weil es um Grundsatzfragen der niederländischen Gesellschaftsordnung in der Zukunft ging – etwas detaillierter vorgetragen wurde. Es hat sich für die Durchsetzung der PBO-Konzeption sicherlich nachteilig ausgewirkt, daß die Gewerkschaftsbewegung insgesamt nicht auf einen Nenner gebracht werden konnte, es mag jedoch auch an der einfachen Tatsache gelegen haben, daß sich die niederländische Gewerkschaft NVV in dem vielerorten herrschenden und hier schon apostrophierten Konflikt zwischen Strukturreform und Wachstumspakt letztlich für den Wachstumspakt entschied und damit den außerparlamentarischen Kampf (Streiks) trotz der ein oder anderen Drohgebärde vermied. Dazu trat, wie Langeveld vermutet, die Wirkung des Marshall-Plans. „Die mit dem Marshall-Plan allmählich einsetzende wirtschaftliche Integration Westeuropas machte eine nur auf die Niederlande begrenzte weitgehende Neuordnung des Wirtschaftssystems in zunehmendem Maße weniger sinnvoll." [10] Und schließlich: da der Wachstumspakt nach 1954 seine ersten Erfolge zeitigte und man auch an eine Steigerung des Reallohns denken und diesen auch durchsetzen konnte, trat der Ordnungsgedanke gleichsam ins zweite Glied zurück, und ganz sicher war in dieser Zeit auch der Sozialisierungsgedanke, soweit er über Niederländische Bank und Bergbau (Limburg) hinausgriff, kein echtes Thema mehr. Zwar blieb er immer noch diskussionswürdig, aber die Diskussion spielte sich in den Reihen der PvdA ab, was letztlich zeigte, daß der volksparteiliche Umschwung, den die PvdA allein durch ihre Gründung meinte vollzogen zu haben, nicht in jedem Falle als leicht verdauliche Speise akzeptiert wurde.

5. *Außenpolitik als Sicherheitspolitik*

Volksparteilicher Durchbruch, Suche nach einer neuen Wirtschaftsordnung, die sich durchaus einfügte in die frühen Bemühungen der politischen Kräfte anderer europäischer Länder, und die ersten Ansätze zu

[10] H. Langeveld, Het NVV, S. 184.

einer weitreichenden Sozialpolitik, die eng mit dem Namen des PvdA-Mannes Drees verbunden ist – das waren die Themen, die die niederländische Innenpolitik vornehmlich beherrschten. Die Erfahrung des Krieges und der grundsätzliche Wandel in der weltpolitischen Konstellation verlangten auch eine Neuorientierung der niederländischen Außenpolitik. Umsetzung von Erfahrungen, das hieß doch, sich die Frage stellen, ob eine vom Prinzip der Neutralität ausgehende und damit in besonderer Weise auf dem Prinzip der Völkerrechtlichkeit basierende Politik erfolgreich sein konnte. Veränderung der weltpolitischen Konstellation meint einmal Notwendigkeit einer Anpassung an den an Schärfe zunehmenden Ost–West-Konflikt, zum anderen Bewältigung des die allgemeine Entwicklung kennzeichnenden kolonialen Aufstandes. Für den außerkolonialen Bereich hieß das Sicherheitspolitik, für das koloniale Feld zunächst Wahrung der eigenen Hoheitsrechte, dann Liquidierung dieser Rechte zugunsten einer neuen nationalen – indonesischen – Unabhängigkeit. Die Außenpolitik der Vorkriegszeit, die hier einigermaßen detailliert für das Verhältnis zum Deutschen Reich beschrieben worden ist, war eine Neutralitätspolitik gewesen, die vom Machtgleichgewicht zwischen Frankreich, Deutschland und England ausgegangen war – eine Politik, die im vollen Wissen um die Bedeutungslosigkeit des Landes im internationalen Verband hatte geführt werden müssen und mit permanentem Appell an Moral und Rechtlichkeit betrieben worden war. Der Krieg löste diese Konstellation völlig auf und drängte – nach Ansicht niederländischer Exilpolitiker – eine nachgerade natürlich erscheinende Partnerschaft auf: eine atlantische Allianz mit Großbritannien *und* vor allem den Vereinigten Staaten, die als einzige für die Verwirklichung des niederländischen Nahziels, die Befreiung des Landes von der Besatzungsherrschaft, in Frage kamen. Gleichwohl: das mochte einsichtig sein, aber es war auch nicht ganz ohne Probleme, da die Vereinigten Staaten als eine scharf gegen jede Form von Kolonialismus gerichtete Macht galten, Großbritannien dazu zwar als befreiende Macht mitauftreten würde, jedoch an der Wiederherstellung seiner alten Machtposition sich erhebliche Zweifel gefallen lassen mußte und *allein* kaum als Sicherheitsgarant gelten konnte. Außenminister van Kleffens legte so schon während der Londoner Exilzeit die Prinzipien der künftigen Außenpolitik fest. Darin hatte das Vertrauen in ein kollektives Sicherheitssystem keinen Platz, insofern es nicht mehr als *der* Garant niederländischer Sicherheit gelten konnte. Vielmehr kam es van Kleffens darauf an, die Vereinigten Staaten an einen regionalen Sicherheitspakt zu binden. In einer Rundfunkrede vom 23. Dezember 1943 skizzierte der Außenminister die Konturen eines Westblocks, in dem die Vereinigten Staaten und die britischen Dominions als Arsenal, Großbritannien als Basis und die westeuropäischen Staaten Niederlande, Belgien und Frankreich als Brückenkopf ihren Platz hatten. Für van Kleffens war es sicher, daß ein Völkerbund – oder wie immer man die künftige Weltorganisation auch nennen mochte – dann versagen mußte, sobald man gegen eine der Großmächte aufzukommen hatte. Das Plädoyer galt also einem atlantischen Pakt. Man wird sich allerdings hüten müssen, solche Gedankengänge mit denen eines westeuropäischen Föderalismus zu vergleichen oder mit Europa-Gedanken überhaupt zu verwechseln, wie sie schon in der Widerstandsbewegung etwa bei der sozialistisch orientierten ›Het Parool‹-Gruppe oder bei den Konfessionellen um ›Vrij Nederland‹ gepflegt wurden. Eine europäische oder nur westeuropäische Föderation mochte dann Teil einer Friedensordnung sein und den Vorzug gegenüber einem kollektiven Sicherheitssystem im Rahmen einer Weltorganisation verdienen, der Gedanke war jedoch für die niederländischen Politiker in jenem Augenblick noch allzu abstrakt, als daß man ihn zu einem tagespolitischen 'topic' hätte erheben können. Van Kleffens hob ab auf eine europäische Regionalregelung, auf eine Koalition nationaler Staaten, die er einer weltweiten kollektiven, erfahrungsgemäß äußerst problematischen Sicherheit vorzog; aber diese Regionalisierung ließ sich nach Ansicht des niederländischen Außenministers nur durchführen, wenn die Vereinigten Staaten als Garant miteinbezogen waren. Aber da lag gerade das Problem, setzten die Amerikaner zunächst doch noch auf globale Regelung, was ihrer so nachdrücklich von Außenminister Cordell Hull vertretenen 'open-door-policy' entsprach. Die Vereinbarung von Dumbarton Oaks (1944/45), die die Grundlage der Vereinten Nationen bildeten, konnte dann auch die Befürchtungen des Niederländers nur bestätigen, insofern sich dort die Großmächte im künftigen Sicherheitsrat ein Vetorecht zuerkannten. Die Niederländer antworteten mit einem Memorandum, in dem sie eine Einschränkung des Vetorechts und eine Stärkung der Position der kleinen Mitgliedstaaten forderten. So schrieb van Kleffens auch im November 1944 an den niederländischen Botschafter in Brüssel: „Die Großmächte haben sich das Ziel gesetzt, für uns 'freedom from fear' zu erreichen. Ich glaube nicht, daß Dumbarton Oaks den angemessenen Weg aufzeigt, tatsächlich für die Welt zu diesem Ziel zu gelangen. Vielmehr weckt dieses Projekt ein falsches Sicherheitsgefühl, und das ist noch schlimmer, als ob gar nichts geschehen wäre."[11] Eben darum hat der niederländische Außenminister auch versucht, entsprechende Änderungen am Ergebnis von Dumbarton Oaks anzubringen. Seine Bemühungen waren ohne Erfolg. Er brachte Änderungsvorschläge ein, aber das Vetorecht der Großmächte blieb erhalten.

Wenngleich nun die Charta der Vereinten Nationen die Bildung regionaler Sicherheitsorganisationen freistellte, verhielt sich die niederländische Regierung zunächst allerdings zurückhaltend, da man die negative Einstellung der Vereinigten Staaten kannte und man sich letztlich von diesen abhängig sah, was völlig realistisch war. So war man sich in Regierungskreisen zwar durchaus über das Erfordernis einer westeuropäischen Allianz einig, die, wie H. A. Schaper herausgearbeitet hat, nicht Alternative, sondern Teil einer atlantisch-westeuropäischen Verbindung sein sollte, aber die amerikanischen Bemühungen um die Vereinten Nationen sprachen dagegen. Und ohne die Garantiemacht USA ließ sich eben kein Gefühl der Sicherheit entwickeln. Ein anderes trat hinzu. Von seiten der Sowjetunion wurden schon gegen Ende des Krieges Stimmen laut, die vor einer westeuropäischen Allianz warnten, da man sie als einen antisowjetischen Affront wertete. Zu erwarten stand also ein doppeltes Veto gegen solches Vorgehen. Von daher ist wohl auch van Kleffens' Auslassung in der niederländischen Parlamentsdebatte am 30. Oktober 1945 zu verstehen, in der er regionale Zusammenschlüsse als eine mögliche Gefährdung des internationalen Ausgleichs interpretierte. Es dürfte keinen Westblock oder eine regionale Gruppierung geben, die gegen eine oder mehrere Staaten gerichtet sei. Eine regionale Gruppierung in Westeuropa könne solcher Gefährdung nur im Rahmen und unter der Kontrolle der Vereinten Nationen begegnen. Schließlich war da auch noch das Frankreich de Gaulles. Abgesehen von der Stärke der Kommunistischen Partei in diesem Lande, fürchtete man eine dem niederländischen Vorhaben der Westpolitik entge-

[11] Zitat bei H. A. Schaper, Het Nederlandse Veiligheidsbeleid 1945–1950. In: BMGN 96, 2 (1981), S. 280.

gengesetzte Kontinentalpolitik. Ob darüber hinaus Großbritannien noch zögerte, mit Frankreich oder den kleinen westeuropäischen Staaten eine Allianz einzugehen, wie Schaper meint, mag dahingestellt bleiben, aber sicher ist, daß van Kleffens ohne Großbritannien keine Regionalorganisation angehen wollte („ohne das Vereinigte Königreich kann kein westeuropäischer Sicherheitspakt Wurzeln schlagen").[12]

Es ist deutlich, daß der Zusammenschluß Belgiens, der Niederlande und Luxemburgs in einer Zoll- und Tarifunion 1948 in keiner Weise mit der hier erörterten Sicherheitskonzeption zusammenhing. Dieses Benelux-Übereinkommen war recht eigentlich nur ein Nebengleis der Außenpolitik und die Konkretisierung eines Vorhabens, für das man sich schon in der Exilzeit entschieden hatte. Da waren die Niederländer schon 1943 zu einer Abstimmung der Währungspolitik mit dem südlichen Nachbarn entschlossen und hatten sie 1944 die Absicht zur Schaffung einer Zollunion betont mit nahezu vollständiger Freiheit des Warenverkehrs im Unionsbereich und mit gemeinsamen Außenzöllen. Das lief alles nicht ohne Schwierigkeiten zunächst vor allem aufgrund des unterschiedlichen Lohnniveaus der drei Länder. Es wurden nach Beginn der Tarifgemeinschaft am 1. Januar 1948 Ausschüsse zur Analyse von weiteren Möglichkeiten der wirtschaftlichen Vereinigung eingesetzt, doch erst nach Inkrafttreten des Marshall-Plans und auch aufgrund der politischen Perspektiven, die sich aus diesem Plan ergaben, ließen sich mancherlei Hindernisse überwinden. Wie wenig die niederländische Regierung allerdings bereit war, diese Benelux-Vereinbarung zum Ausgangspunkt eigener westeuropäisch orientierter Sicherheitspolitik zu machen, erhellt schon aus der Zurückweisung französischer Annäherungsversuche. Schon 1944 war de Gaulle mit einem Allianzangebot gekommen. Aber er hatte nicht viel zu bieten, war einfach zu schwach, als daß man im niederländischen Exil darin einen Sinn hätte sehen können. Ein späterer Versuch des Franzosen, zu einer Zollunion mit den Benelux-Ländern zu kommen, scheiterte ebenfalls. Es gehörte offensichtlich zu den Maximen niederländischer Außenpolitik, daß die Führungsrolle nur *einer* europäischen Macht nicht geduldet werden konnte – auch wenn diese Macht, im vorliegenden Falle Frankreich, das gleiche Schicksal wie die Niederlande erlitten hatte. Allerdings ist es zu

[12] Zitat ebd. S. 282.

einem 'Conseil Tripartite' zwischen Frankreich, den Niederlanden und der belgisch-luxemburgischen Wirtschaftsunion gekommen, der als Konsultationsorgan wenig Wirkung hatte und von den Niederländern nur akzeptiert wurde, weil man Frankreich nicht permanent vor den Kopf stoßen und die für die niederländische Landwirtschaft vorteilhaften Bedingungen nicht ungenutzt lassen wollte.

In der niederländischen sicherheitspolitischen Konzeption ist mit dem Kabinett Beel (1946) insofern eine gewisse Kursänderung vorgenommen worden, als Außenminister van Boetzelaar doch stärker auf ein Kollektivsystem unter dem Schirm der Vereinten Nationen und damit auf engere Zusammenarbeit mit der Sowjetunion setzte, obwohl van Kleffens, nunmehr Mitglied des Sicherheitsrates, keine optimistischen Berichte über sowjetische Außenpolitik nach Den Haag sandte. Die Forschung führt diese Kursänderung auf die immer noch in Beamtenkreisen des Außenministeriums vorhandene traditionsreiche Sympathie für eine internationale Rechtsordnung zurück, die sich auch bald in einer Lobby zugunsten der Vereinten Nationen konkretisierte. Die Politikwissenschaft interpretiert diese Traditionsfestigkeit darüber hinaus als das schlichte Bemühen, das eigene Land, wie in den Jahrzehnten zuvor, zu nichts zu verpflichten, Bindungslosigkeit zur Maxime zu erheben.[13] Van Boetzelaar scheint dann auch die Niederlande wieder als einen Staat gesehen zu haben, der im sich verschärfenden Ost-West-Konflikt nicht Partei nahm, sondern eine Art Vermittlerrolle zwischen den Antagonisten zu spielen hatte. Dazu trat dann die obengenannte amerikanische, aber auch britische Haltung in Fragen der Dekolonisierung, i. e. der Unabhängigkeit Niederländisch-Indiens. Da schien einiges Mißtrauen geboten, wenn allgemein die Anschauung herrschte, daß man den eigenen Kolonialbesitz nicht preisgeben, auf seine Hoheitsrechte pochen wollte. Die Antirevolutionären und Christlich-Historischen haben sich ganz besonders für eine gewisse Distanz von den Angelsachsen eingesetzt. Schließlich spielte auch die Deutschlandpolitik – an anderer Stelle noch kurz zu erörtern – eine Rolle, da sich die Möglichkeit abzeichnete, daß mit der Sowjetunion zusammen die Frage nach der künftigen Stellung Deutschlands eher im niederländischen Sinne geregelt werden konnte.

[13] So ebd. S. 286 f.

Der Marshall-Plan dürfte allerdings eine erneute Wendung in dieser kurzzeitigen traditionellen Orientierung der Außenpolitik gebracht haben. Daß die Niederlande am Marshall-Plan teilnahmen, war einfach eine wirtschaftliche Notwendigkeit. Das ist hier beschrieben worden. Durch die Ablehnung der Hilfe seitens der Sowjetunion und der Staaten des Ostblocks waren die Voraussetzungen für einen endgültigen, auch politischen Riß geschaffen. Es lag auf der Hand, daß die Niederlande den vorgezeichneten Weg einer Anlehnung an die Vereinigten Staaten gingen – und dies, obwohl in politischen Kreisen, bei PvdA-Leuten wie bei der KVP, warnende Stimmen auftauchten, die von einer rigorosen Restauration des kapitalistischen Systems sprachen.

Ohnehin stiegen die Niederlande in dieser Phase voll in die Diskussion der Problematik des 'Kalten Krieges' ein. Gewiß, Kritik an der amerikanischen Politik wurde laut. Für das PvdA-Blatt ›Het Vrije Volk‹ war es deutlich, daß die Vereinigten Staaten eine Wiederherstellung des europäischen Kapitalismus anstrebten, und die PvdA wollte Europa nicht in ein 'ultrakapitalistisches' System eingeschaltet sehen, in dem Großbritannien und Westeuropa als Jagdgebiet der Amerikaner zu gelten hatten. Gerade die Sozialdemokraten fürchteten das Ende ihrer Bemühungen um eine neue Wirtschaftsordnung, wie gering das alles bis dahin auch fortgeschritten sein mochte. Eine gewisse Beruhigung trat erst ein, als die skeptischen Politiker meinten, sich auf Auslassungen des amerikanischen Sonderbotschafters Averell Harriman stützen zu können, nach denen keine politische Bedingung an die Gewährung der Marshall-Hilfe geknüpft werden sollte. Es ist auch unübersehbar, daß sich bei aller Kritik das Amerikabild in den Niederlanden zunehmend günstiger zusammensetzte, während die öffentliche und offizielle Meinung über die Sowjetunion allmählich kaum noch positive Züge zeigte. Eine anfänglich noch zurückhaltende Formulierung wie „Mangel an Demokratie" fand sich bald ersetzt durch Begriffe wie „Schreckensherrschaft" und „Terror", d. h., die Bewunderung, die man sicher für den Kampf der Sowjetunion gegen Deutschland gehegt hatte, erwies sich nicht als dauerhaft. Es war allerdings nicht so, als ob Marshall-Plan und schließlich die Ereignisse von Prag im Februar 1948 einen scharfen Antikommunismus und eine antisowjetische Haltung erst ins Leben gerufen hätten, vielmehr zeigen öffentliche Umfragen, die von 1945 an regelmäßig auch zu außenpolitischen Fragen veranstaltet worden sind, daß es immer ein durchaus kräftiges Mißtrauen gegenüber Kommunismus und Sowjetunion gegeben hat, schon in der Vorkriegszeit durchaus vorhanden, und daß die Ereignisse von 1948 diese Haltung konsolidierten oder leicht verstärkten. Das heißt letztlich, daß solcher Antikommunismus in einer ersten zugespitzten Entscheidungsphase eher zum Tragen kommen konnte – Entscheidungsphase nicht nur, weil der Marshall-Plan tatsächlich Hilfe bot, sondern auch, weil man mit den Prager Ereignissen inmitten einer Periode der relativen Ruhe voll mit sowjetkommunistischer Politik konfrontiert wurde, die leicht genug als Expansionspolitik und Friedensstörung gedeutet werden konnte. Und schließlich ist nicht zu vergessen, daß die völkerrechtliche Anerkennung der Sowjetunion erst 1942 seitens der Londoner Exilregierung erfolgt war. Auch im Exil war man sicher nicht gewillt gewesen, für die eigene Sicherheit ausgerechnet die Sowjetunion als Garanten zu wählen, und es hatte sich damals durchaus Besorgnis über die künftige Machtstellung des östlichen Alliierten nach dem Zusammenbruch des Deutschen Reiches eingestellt. Allerdings hatte dies alles nach 1945 keine angestrengten Rüstungsbemühungen zur Folge. Überhaupt: mochte man denn an sowjetische und kommunistische Expansion glauben, dann meinte das in der niederländischen Regierung nicht Furcht vor einer militärischen Maßnahme der Sowjetunion, sondern einfach Furcht vor sozialer Unruhe, vor Untergrundtätigkeit von kommunistischen Parteien und Gruppen. Italien und Frankreich mit ihren starken Gruppierungen konnten da durchaus als Ausgangspunkt dienen. Demoralisierung durch soziale Unruhen, verbunden mit dem Aspekt einer im Hintergrund stehenden sowjetischen Armee, das war es, was Furcht einflößte. Es ist in diesem Zusammenhang nur als folgerichtig zu bezeichnen, daß der Begriff Europa, wenn er überhaupt in dieser Phase im Sinne einer politischen Gemeinschaft gedeutet wurde, sich einfach auf Westeuropa beschränkte. Man verstand eben darunter das 'freie und demokratische' Westeuropa. Es blieben dabei Spanien und Portugal aus einsichtigen Gründen ebenso ausgeklammert wie die skandinavischen Länder. Im Vertrag von Brüssel von 1948 haben sich die Niederländer dann mit diesen westeuropäischen Staaten zusammengeschlossen. Die Verhandlungen fanden auf Initiative Großbritanniens statt und führten zu einer Vereinbarung über wirtschaftliche, kulturelle, soziale Zusammenarbeit sowie zu Abmachungen über kollektive Selbstverteidigung, und diese

Partner berieten schon im Oktober desselben Jahres in Paris über ein militärisches Bündnis der westeuropäischen Staaten mit den USA und Kanada und einigten sich über die Errichtung einer nordatlantischen Verteidigungsunion. Die noch Ende 1948 beginnenden Verhandlungen zwischen diesen Parteien über die Formulierung des Vertrages führten im Frühjahr 1949 schon zum Ergebnis. Zu den Unterzeichnern des NATO-Vertrages am 4. April 1949 gehörten auch die Niederlande. Damit war erreicht, was van Kleffens schon vor Ende des Krieges konzipiert hatte: ein europäischer Sicherheitspakt unter amerikanischer und britischer Leitung. In einem Zeitraum von knapp eineinhalb Jahren war der westeuropäische Weg der Niederlande unter dem Druck der Ereignisse – Marshall-Plan bis Prager Ereignisse 1948 – in Militärbündnissen festgeschrieben worden, obwohl die Frage der künftigen Stellung Deutschlands durchaus nicht zur Zufriedenheit der Niederlande gelöst schien.

Auf die Regelung dieses außenpolitischen Komplexes hatte die Haager Regierung keinen Einfluß – lediglich Wünsche. Für kein Kabinett konnte es gleichgültig sein, welche Stellung Deutschland auf dem Kontinent haben würde. Abgesehen von der Schwierigkeit, daß die Entscheidungskompetenz da offensichtlich allein in den Händen der Besatzungsmächte lag, führte die Frage inhaltlich für die Niederlande zu einiger Zwiespältigkeit insofern, als man sicherlich nicht an einem starken Deutschland interessiert sein konnte, andererseits aber einer Pastoralisierung des ehemaligen Reiches, wie es kurzfristig zu den erwägenswerten Vorhaben der Vereinigten Staaten zählte, kaum zustimmen durfte – aus rein wirtschaftlichen Erwägungen: eine Umstellung der deutschen Wirtschaft auf Agrarwirtschaft und Leichtindustrie hätte eine harte Konkurrenz für die niederländischen Sektoren bedeutet. Dazu kam, daß ein Abbau der Schwerindustrie in Deutschland zur Verzögerung des niederländischen Wiederaufbaus führen mußte. Daß darüber hinaus der Hafenbetrieb (Rotterdam-Transithandel) darunter gelitten hätte, war für jeden mit der Struktur der niederländischen Wirtschaft Vertrauten offenkundig. Das Fazit lautete also: Wiederherstellung der deutschen Wirtschaft. Das niederländische Interesse verlangte es. Eine politisch und wirtschaftlich tragbare Lösung sah man in Den Haag dann auch gleich zu Anfang in einer weitgehenden Dezentralisierung des Landes und einer gleichzeitigen Internationalisierung des Ruhrgebiets –

ein 'topic', der tatsächlich auch in der politischen Diskussion der Besatzungsmächte stand. Dabei dachte man an Produktionsverbot im Sektor Rüstung. So lag auch ein Memorandum der Regierung Beel vom Januar 1947 für die Alliierten ganz in dieser Linie, wenn eine wirtschaftliche Gesundung Deutschlands als stringentes Erfordernis und zugleich als Voraussetzung für die wirtschaftliche Gesundung Europas vorgeführt wurde. Das hinderte jedoch nicht daran, daß die Niederländer doch noch Forderungen nach nicht ganz geringen Grenzkorrekturen auf den Tisch legten, wie weiter unten noch zu zeigen sein wird. Sicherheitspolitisch sollte ein am amerikanischen Vorschlag zu einem Viermächteabkommen anknüpfendes System aufgebaut werden, an dem eben auch die Sowjetunion und die kleinen europäischen Staaten teilhatten.

Der Gedanke an eine sowjetische Beteiligung an einem Sicherheitssystem war zwar 1948 vollends vom Tisch, gleichwohl spielte auch in der Phase des sich verschärfenden Ost-West-Konflikts die deutsche Frage als Sicherheitsproblem noch eine Rolle. Außenminister Stikker fragte sich, ob Deutschland nicht „künftig doch noch zu einer Bedrohung des Westens werden könne", und H. M. Hirschfeld ließ noch im Juni 1949 im Kabinett die Befürchtung laut werden, daß das Land sich möglicherweise die Gegensätze der Alliierten zunutze machen werde.[14] Die Lösung sah das Kabinett offensichtlich in einer starken Einbindung des neuen Staates in Westeuropa, da eine politische Schwächung sich nicht gegen die Vereinigten Staaten durchsetzen ließ, eine wirtschaftliche Schwächung gegen die eigenen, niederländischen Interessen verstieß. Und tatsächlich scheint der Schuman-Plan (1950) eine Lösung geboten zu haben, obwohl dieser Plan nun nicht direkt wirtschaftliche Vorteile für die Niederlande enthielt. Frankreich würde aber – und das war wichtig – nicht die vorherrschende Macht sein (Gegengewicht Bundesrepublik!), und schließlich konnte der neue Nachbar im Osten durch die Einbindung von Kohle und Stahl in der EGKS nicht mehr zum Aufbau einer Kriegsindustrie kommen. Gleichwohl bleibt festzuhalten, daß die Niederlande – begreiflicherweise – nicht jener Nachbar waren, der auf geographische oder besser: wirtschaftsgeographische Neuordnung des geschlagenen Reiches hat verzichten wollen. Bei Ausgang des Krieges tauchten da Konzepte auf, die ein Mitschneiden am deutschen Ku-

[14] Ebd. S. 297. Dort auch das vorhergehende Zitat.

chen vorsahen. So erschien 1944 in den USA eine Broschüre von fünf niederländischen Industriellen, die bei etwaiger Aufteilung Deutschlands für wirtschaftlichen und politischen Einfluß der Niederlande in Nordwestdeutschland plädierten, und van Kleffens forderte 1944 in den ›Foreign Affairs‹ ein Stück deutschen Staatsgebiets als Entschädigung für jene unbrauchbaren Landstriche, die die Deutschen im Abwehrkampf vermutlich unter Wasser setzen würden. Ähnliches ließen auch mehrere Untergrund-Blätter verlauten. In der frühen Nachkriegsphase setzten sich die Diskussionen fort mit Forderungen, die auf Entschädigung, Schwächung Deutschlands und seine Bestrafung hinausliefen. Annexionen standen gegenüber Reparationen im Vordergrund, wobei Annexionen an der niederländischen Ostgrenze einem wirtschaftlichen Vorteil gleichkamen. Über den Umfang der Annexionen war man recht unterschiedlicher Ansicht. Die Zielvorstellungen reichten von einer Grenzziehung entlang der Weser oder gar Elbe mit möglicher Ausweisung der deutschen Bevölkerung bis hin zu kleineren Grenzkorrekturen. Solche Gedanken wurden gleichsam inoffiziell in zahlreichen örtlichen 'Annexions-Ausschüssen' mit Geschäftsleuten als Mitgliedern gepflegt, denen häufig hohe Regierungsbeamte vorsaßen, aber auch von der Regierung selbst ausgearbeitet. Auffällig ist allerdings, daß laut Umfragen in der Bevölkerung 44,5 v. H. Annexionsfreunden 41,5 v. H. Annexionsgegner gegenüberstanden, und auffällig ist auch, daß sich die Annexionsfreunde in den Provinzen Limburg und Brabant konzentrierten, wo es nur geringfügige Kriegsschäden gegeben hatte. Klaus Pabst schließt daraus, daß eben vornehmlich die Aussicht auf den wirtschaftlichen Vorteil das Motiv abgegeben habe. Parteipolitisch gesehen stellten die Katholiken und die Liberalen die meisten Annexionsfreunde.[15]

Wenngleich die offizielle Politik hohes Interesse an Annexionen bezeugte, ist eine gewisse Zurückhaltung oder gar Unsicherheit unübersehbar. Der eigens für Annexionsfragen eingesetzte regierungsamtliche Ausschuß unter dem PvdA-Mann Koos Vorrink hielt eine Annexion deutscher Gebiete für ungerechtfertigt (Mai 1946, unter dem Kabinett

[15] K. Pabst, Holländisch für vierzehn Jahre. In: Entscheidungen im Westen. Beiträge zur neueren Landesgeschichte des Rheinlandes und Westfalens, 7. Köln 1979.

Schermerhorn–Drees). Die Regierung des Katholiken L. J. Beel allerdings nahm die Annexionen, nunmehr jedoch unter dem bescheideneren Begriff der 'Grenzkorrekturen' wieder in ihr Programm auf, die immerhin ein Areal von 1750 km² mit annähernd 120 000 Einwohnern umfaßten. Dazu traten Forderungen auf wirtschaftliche Zugeständnisse. All dieses wurde der New Yorker Außenministerkonferenz vom November 1946 vorgelegt und bis 1948 durchgehalten, als die Londoner Sechsmächte-Konferenz die Gründung der Bundesrepublik in Aussicht stellte. Die Alliierten haben diese Gründung nicht mit der Erfüllung von Wünschen der Niederlande belasten wollen. Kleinere Grenzkorrekturen sollten allerdings noch möglich bleiben. Sie wurden dann auch 1949 verwirklicht (Selfkant, Elten und teilweise Suderwich).

6. *Verlust Niederländisch-Indiens*

Viel mehr jedoch als die europäische Sicherheitspolitik unter der neuen weltpolitischen Konstellation hat die Dekolonisierung Niederländisch-Indiens die Haager Kabinette der Nachkriegszeit befaßt. Es zeigte sich, daß man hier nicht allzu rasch bereit war, dieses sich zwischen 'Sabang und Merauke' erstreckende Kolonialreich preiszugeben, gleichsam dem Zug der Zeit zum Opfer fallen zu lassen. In fast allen Ländern Ostasiens hatte die rasche Niederlage gegen die Japaner die Schwachstellen der Europäer nachgerade vorgeführt und die nationalrevolutionären Bewegungen, die allerdings nicht erst aus der japanischen Besatzungszeit datierten, stark aufkommen lassen – Bewegungen, die dann auch auf jeden Fall in Niederländisch-Indien in ein politisches Vakuum vorzustoßen vermochten und die Chance nutzten. So veranlaßte die Nachricht von der Kapitulation Japans die Führer der Unabhängigkeitsbewegung, Achmed Sukarno und Mohammed Hatta, am 17. August 1945 die Republik Indonesien auszurufen – übrigens nicht ohne Zutun der Japaner. Der Einflußbereich dieser neu proklamierten Republik erstreckte sich auf Java (einschließlich Madura) und Sumatra. Diese Entwicklung entsprach nun sicher nicht den Vorstellungen, die man sich noch im Exil von der Zukunft Niederländisch-Indiens gemacht hatte. Königin Wilhelmina hatte da am 6. Dezember 1942 zum ersten Jahrestag des japanischen Angriffs auf Pearl Harbor von der jahrhundertealten historischen Verbundenheit zwischen Kolonien und Mutterland gesprochen, vom Wiederaufbau des Königreichs auf der Grundlage gleichberechtigter Partnerschaft.[16] Solche Rede enthielt Entgegenkommen, meinte, dem Trend der Zeit zu entsprechen, und übersah doch, daß die Initiative in der neuen Entwicklung gar nicht mehr von den Niederlanden ausgehen konnte. Der Ausgangspunkt war für die Niederlande denkbar schlecht. In den japanischen Gefangenenlagern waren etwa 20000 niederländische bzw. niederländisch-indische Kriegsgefangene noch während der Gefangenschaft oder kurz danach an Entkräftung gestorben. Im Augenblick der Befreiung saßen noch Zehntausende gefangen. Die Kontakte der Londoner Exilregierung zur Kolonie bestanden nicht mehr, eine niederländische Militärmacht gab es ebensowenig. Die Befehlsgewalt lag nach der japanischen Kapitulation in der Hand des britischen Admirals Mountbatten. Nach der Proklamation der Republik erklärte sich Großbritannien bereit, den neuen Staat zu respektieren. Eine fast absurde Situation trat ein. Im September sandte das britische South East Asia Command zwar eine tausendköpfige Streitmacht nach Java, und in ihrem Schatten ließ sich der ehemalige Kolonialminister der Londoner Exilregierung in Batavia nieder; ihm fehlte allerdings jedes Machtmittel, während selbst zu dieser Zeit noch 80000 internierte niederländische Zivilisten festsaßen, bewacht von Japanern oder Indonesiern, den Vertretern der Republik. Das niederländische Parlament schien dagegen im Herbst 1945 die Entwicklung noch nicht allenthalben rezipiert zu haben. Da deuteten einige die Zeichen noch optimistisch, insofern sie sich der Hoffnung hingaben, Java und Sumatra wieder der Botmäßigkeit des Mutterlandes unterwerfen zu können. Die Gruppe dieser Verteidiger des Kolonialsystems schrieb dabei den in solchen Fragen progressiven Niederländern, die sich schon 1930 um die Zeitschrift ›De Stuw‹ gesammelt hatten, die Schuld an den neuen Verhältnissen zu.

Für einen Mann wie van Mook, nunmehr stellvertretender Generalgouverneur, war es allerdings nach den ersten Informationen vor Ort klar, daß die niederländische Politik aktiv werden mußte, sich nicht in den Schmollwinkel, auf Altem beharrend, zurückziehen durfte, wenn die Entwicklung nicht ganz aus den Händen gleiten sollte. Van Mook be-

[16] Winkler Prins, Geschiedenis der Nederlanden, S. 295f.

griff sehr wohl, daß weder die tatsächlichen Verhältnisse in ganz Ostasien noch die öffentliche Weltmeinung für eine Beharrungspolitik sprachen. So versuchte er einen Ausweg zu finden, der sowohl niederländischen Aversionen als auch weltpolitischen Erfordernissen entgegenzukommen vermochte. Der Ansatzpunkt lag in den Gebieten, die noch nicht von der Republik regiert wurden, d. h. auf allen Inseln außer Java und Sumatra. Van Mooks Nahziel war zunächst einmal die Wiederherstellung der niederländischen Autorität und Verwaltung in jenen Gebieten, was auch bis zum Frühjahr 1946 gelang. Zugleich ging es ihm um den Aufbau politischer Organisation. Dies sollte der Ausgangspunkt sein für den Aufbau einer Föderation indonesischer Staaten unter niederländischer Leitung. Diesen Gedanken hat er im Dezember 1945 in den Niederlanden selbst vorgetragen. Föderation nun, das hieß Einbindung der Republik (Java, Sumatra) in ein System, das genug Gegenkräfte gegen die zentralisitischen Tendenzen der Nationalisten um Sukarno und Hatta entwickeln und somit die Interessen der Niederlande beherzigen konnte. Die Gedankengänge des niederländischen Verwaltungsmannes waren insofern nicht abwegig, als sie sich auf die deutlichen traditionellen ethnologischen und kulturellen Unterschiede, die in der Kolonialphase sicher nicht eingeebnet worden waren, in diesem sich über 5000 km von West nach Ost erstreckenden Archipel zu stützen vermochten. Solches Vorhaben enthielt, insofern es die Eigenständigkeit von Völkerschaften berücksichtigte, sogar einen demokratischen 'touch' und war insgesamt konzeptionell nicht einmal neu, wenn man weiß, daß zur Zeit der Kabinette Colijn in den 30er Jahren ähnliche Überlegungen eine Rolle gespielt haben. Das hier darüber hinaus deutlich hineinspielende Interesse der Niederländer betraf einmal die Rechtssicherheit der Kapitalinvestitionen vor Ort als auch die Sorge um die niederländische Wirtschaft insgesamt, vor allem angesichts des schwachen Devisensektors. Die Haager Regierung hat die Konzeption von van Mook in ihren Vorschlägen vom Februar 1946 übernommen. Das indonesische Volk sollte – nach dem Regierungspapier – nach einer „angemessenen Vorbereitungszeit" frei über sein „politisches Schicksal" entscheiden können. Während dieser Zeit würde die niederländische Regierung die Vereinigten Staaten von Indonesien schaffen, die als Ganzes ein Teil des Königreichs zu bleiben hatten, wobei den Gliedstaaten in unterschiedlichem Maße Autonomie zu gewähren war. Unter 'angemessener Vorbereitungszeit' verstand man in einer nachgeschobenen Interpretation den Zeitraum etwa einer Generation, und es dürfte klar sein, daß mit dieser Konstruktion die endgültige Entscheidung mehr oder weniger präjudiziert werden sollte. Schließlich ließ die niederländische Regierung auch nicht nach, den eigenen Wunsch – und dies im Anschluß an die erwähnte Rede Wilhelminas vom 6. Dezember 1942 – als die beste der möglichen Lösungen anzupreisen. Zu den hierauf einsetzenden Verhandlungen mit den Vertretern der Republik (Kabinett Sjahrir) sei vermerkt, daß sie im Beisein eines Vertreters des britischen Foreign Office stattfanden – wie überhaupt britischer Druck zu diesen Verhandlungen geführt hat –, daß ferner das am 6. März zwischen der Republik Vietnam und Frankreich geschlossene Abkommen über Vietnam als Teilstaat einer indo-chinesischen Föderation innerhalb einer Union Française der van Mookschen Konzeption entgegenkam und daß sie schließlich auf der Hoge Veluwe, dem Verhandlungsort, scheiterten. Es ist hier nicht die Schuld am Scheitern der Gespräche aufzurechnen; festgehalten sei lediglich, daß dieses Ergebnis zur Stärkung der republikanisch-indonesischen Position führte. Das wurde hier auch insofern ausgespielt, als das Kabinett Sjahrir sein erstes Entgegenkommen gegenüber dem niederländischen Vorschlag zu einem niederländisch-indonesischen Reichsverband im Sommer 1946 preisgab und nur noch von völkerrechtlichen Beziehungen zwischen beiden Ländern sprach. Im Abkommen von Linggadjati, das schließlich als eine neue Lösung am 15. November 1946 (Paraphierung) zustande kam, vereinbarten die Partner eine Regelung, die den Wünschen der Republik ein Stück entgegenkam. Tatsächlich war nunmehr der im erwähnten Februar-Papier der Haager Regierung vorgetragene Reichsverband vom Tisch. An seine Stelle trat eine Union des Niederländischen Königreichs (Niederlande, Surinam, Curaçao) mit den Vereinigten Staaten von Indonesien. Neben der De-Facto-Anerkennung der Republik und ihrer Herrschaft über Java (einschließlich Madura) und Sumatra blieb aber der föderative Gedanke erhalten – und der war in dem Abkommen doch immerhin so formuliert, daß den Nationalisten der Republik ein Abbau der föderativen Struktur erschwert wurde, etwaige Zentralisierungsabsichten sich möglicherweise gar nicht durchsetzen konnten. Das wird besonders deutlich, wenn man die Vereinbarungen von Linggadjati im Zusammenhang mit den erfolgreichen Bemühungen van Mooks um einen

Aufbau von Teilstaaten auf Borneo und im Ostindonesischen Archipel (sog. 'Grote Oost') berücksichtigt.

Die niederländisch-indonesische Union sollte – so war es in Aussicht genommen – bis zum 1. Januar 1949 zustande gekommen sein. Der Weg dorthin war allerdings mit zwei militärischen Aktionen der Niederländer gepflastert. Im niederländischen Parlament wurde das Abkommen von Linggadjati am 25. März 1947 nur nach einer Reihe von eigenwilligen Erklärungen und Erläuterungen, die letztlich alle eine eigenmächtige Interpretation im niederländischen Sinne darstellten, ratifiziert. Dies war sicher kein guter Ausgangspunkt für eine gedeihliche Zusammenarbeit. Einigermaßen seltsam schien es doch, wenn man einerseits die Autorität der Republik in einem abgegrenzten Gebiet de facto anerkannte, andererseits jedoch eine gemeinsame Polizeigewalt in eben diesem Gebiet forderte. Die Regierung Beel dachte dabei an den Schutz der Niederländer und der loyalen Indonesier. Deren Anspruch versuchte die Regierung im Juli 1947 über eine militärische Aktion ('eerste politionele actie') durchzusetzen, mit einer bewaffneten Macht, die sich immerhin auf 160 000 Mann belief. Die Aktion fand die Zustimmung des gesamten Parlaments mit Ausnahme der Kommunisten und des linken PvdA-Flügels. Dieses Vorgehen und seine Unterstützung im Mutterland spiegeln etwas von dem gestörten niederländischen Selbstbewußtsein in dem gesamten Dekolonisierungsprozeß wider; dahinter standen allerdings in nicht geringem Maße auch die wirtschaftlichen Interessen, die sich zum einen aus einem harschen Devisenmangel, zum anderen aus der Sicherstellung der Ernährung und anderer primärer Lebensbedürfnisse auf Java ergaben. Schermerhorn, zu dieser Zeit nicht mehr im Kabinett, aber als Vorsitzender der eigens für die Regelung der Indonesienfrage eingesetzten Generalkommission unmittelbar betroffen, hat das an mehreren Stellen in seinem Tagebuch deutlich gemacht.[17] Und schließlich stand hinter dieser Aktion auch der niederländisch-indische Unternehmerrat, eine Interessengruppe, die sich weigerte, die eigenen Besitzungen auf Java wieder in Betrieb zu nehmen, wenn nicht Ruhe und Ordnung mit Hilfe einer niederländischen und niederländisch-indischen Streitmacht sichergestellt seien.

[17] C. Smit (Hrsg.), Het dagboek van Schermerhorn, 2 dln. Werken NHG, Ve serie 5/6. Utrecht 1970.

Was militärisch ein Erfolg war, erwies sich politisch als Fehlschlag, insofern der UN-Sicherheitsrat Einhalt gebot. Wenngleich unter Vermittlung der UNO am 17. Januar 1948 das Abkommen von Renville zustande kam, in dem die Autorität der Republik auf Zentral-Java und das Hochland von Sumatra begrenzt wurde, bedeutete dies letztlich keinen diplomatischen Sieg der Niederlande, denn das Ansehen des Mutterlandes war in dieser Zeit erheblich gesunken. Gleichwohl haben die Niederlande im Dezember 1948 eine zweite Polizeiaktion gestartet, bei der sie das Verwaltungszentrum der Republik, Yogyakarta auf Java, einnahmen und die Nationalisten vertrieben. Voraufgegangen war eine Rückkehr niederländischer Besitzer auf ihre Plantagen in großer Zahl, die sich schon 1948, vor allem aber nach der zweiten Aktion einer lebhaften Guerillatätigkeit gegenübersahen. Dieser suchten sie sich mit der Bildung paramilitärischer Sicherheitseinheiten zu erwehren, und sie stellten im Laufe des Jahres 1948 etwa 180000 Mann 'Betriebspolizei' auf. Dieser im Hinblick gerade auf die Rückkehr der alten Besitzer umfassende Versuch Den Haags, den Dekolonisierungsprozeß nach eigenem Gusto zu gestalten, endete mit einer eklatanten politischen Niederlage, da der Sicherheitsrat und mit ihm auch die Vereinigten Staaten die Aktion scharf verurteilten. Die Amerikaner fürchteten, daß in einem lang dauernden Kampf sich die Kommunisten in Indonesien durchsetzen würden, und drohten den Niederlanden mit einem Entzug der Marshall-Hilfe.

Das bedeutete das Ende der niederländischen Kolonialherrschaft im ehemaligen Niederländisch-Indien. Im Juli 1949 kehrten die Nationalisten nach Yogyakarta zurück, und im August begann in Den Haag die Runde-Tisch-Konferenz ('Ronde Tafel-Conferentie'), die im November 1949 den Dekolonisierungsprozeß abschloß. Königin Juliana, ihrer Mutter Wilhelmina 1948 auf den Thron gefolgt, unterzeichnete am 27. Dezember 1949 die Souveränitätsakte. Die Niederlande verzichteten auf alle Ansprüche. Nur West-Neuguinea blieb noch in ihrem Besitz. Die Union, in Linggadjati schon festgeschrieben, wurde wieder genannt, bedeutete aber praktisch nichts. Und es war zu diesem Zeitpunkt schon abzusehen, daß von dem Gedanken an eine Föderation in der politischen Praxis recht bald nichts mehr übrigbleiben sollte. Schon am 17. August 1950 proklamierte die Republik den den ganzen Archipel umfassenden indonesischen Einheitsstaat.

VIII. ABSCHLIESSENDE BETRACHTUNG

Der eingangs zitierte Johan Huizinga hat die niederländische Republik ein 'eigenartiges Kunstwerk' genannt, Entstehung und Wachstum des Staates als erstaunlich und überraschend bezeichnet, auf jeden Fall ihre Struktur als eigenwillig empfunden. Tatsächlich gaben sich die ehemaligen burgundisch-habsburgischen Territorien eine Staatsform, die – schaut man auf frühe oberitalienische Entwicklungen – nicht völlig neu war, im Augenblick ihres Entstehens allerdings wider den Stachel der auf Ausbildung eines zentralistischen absoluten Staates gerichteten Zeittendenz löckte. Es wäre wohl falsch, diese Republik eine gegenüber der Monarchie moderne Form staatlich-gesellschaftlichen Zusammenlebens zu nennen. Sie war möglicherweise das genaue Gegenteil. Letztlich widersetzten sich Adel (teilweise) und Stadtbürger doch einem Zentralismus, der auf jeden Fall im Ansatz die Rationalität einer vereinfachten, vereinheitlichten und schließlich auch kompetenzfordernden Verwaltung der differenziert strukturierten Territorien für sich hatte. Sie taten es aus unterschiedlichen Motiven. Der Adel fürchtete den Verlust von Zuständigkeiten aus Mangel an Sachkompetenz, die Stadtbürger den Verlust von Privilegien – Motive wiederum von unterschiedlichem Gewicht, beide sicherlich oppositionell, aber wiederum nicht unbedingt auf 'Republik' gerichtet. Insoweit die Republik dann den partikularen Anspruch und damit die ganze Summe der Rechte fortschrieb, war sie recht eigentlich nichts anderes als eine Fortsetzung mittelalterlicher Tradition, und sie vermochte eben jene städtischen Regenten zu befriedigen, die nicht gleich das Heil aller politischen Dinge in einem calvinistisch getragenen Aufstand gesehen hatten. Es ist gewiß nicht überzogen, für diese nordwesteuropäische Region von einem gleichsam landständigen Traditionalismus der partikularen Eigenständigkeit zu sprechen, der bei allen Einbrüchen in der wirtschaftlichen Entwicklung aufs Ganze gesehen eben schon in der burgundisch-habsburgischen Periode auf eine materielle Erfolgsquote verweisen konnte, daraus auch auf politische Forderungen als Selbstverständlichkeit schloß. Die

Vereinheitlichungs- und Vereinfachungstendenz der Moderne stieß sich an der Vielfalt des Mittelalters, wuchs sich zur Konfrontation aus. Der habsburgische Versuch zeugte darüber hinaus insofern seinen eigenen Widerspruch, als die Zentralisierung – bei allem fest verwurzelten Partikularismus der Territorien – doch so etwas wie ein gesamtniederländisches Bewußtsein förderte, rudimentär nur, aber vielleicht stark genug, um als landfremd und damit repressiv zu empfinden, was aus den Regionen südlich der niederländischen Territoriengrenzen kam. Die allmähliche Besinnung auf den eigenen Charakter der Landschaft machte vor allem unter Philipp II. einen Teil der politischen Kultur aus. Sie lebte dann auf, wenn der in der Privilegienwelt gezüchtete Anspruch auf Eigenständigkeit seinen Ausdruck in der Rezeption einer neuen Religion fand, das neue Bekenntnis aber juristisch und militärisch unterdrückt wurde, eine von Madrid aus verordnete Steuerpolitik außenpolitischen, in den Niederlanden nicht mehr recht einsichtigen Unternehmungen diente und wenn schließlich ein Konjunktureinbruch erfolgte, der die ökonomische Erwartungshaltung nach Jahren der Blüte arg enttäuschte.

So entstand durch den Zusammenschluß der nördlichen Provinzen in der Utrechter Union (1579) eine Republik, die territorial zwar schmal bemessen, aber geschickt, kämpferisch und schließlich reich genug war, um sich nicht nur zu behaupten, sondern auch im folgenden Jahrhundert eine europäische Vormachtstellung einzunehmen. Es entstand ein Staat, der das Widerstandsrecht, das ihm die Lehre des Calvinismus an die Hand gab, für sich in Anspruch nahm, ein Staat, der nur landständige Obrigkeit anzuerkennen gewillt war. Hier in der Nordwestregion Europas entwickelte sich eine Republik, die wenige Jahrzehnte nach dem Aufstand schon ihr 'Goldenes Jahrhundert' erlebte, wie es die Geschichtsschreibung zu bezeichnen pflegt. Sie war einzigartig, weil sie in der unmittelbaren Umgebung absolutistisch regierter Staaten heranwuchs, eigenartig, weil sie im Rückgriff auf mittelalterliche Freiheiten gegen die moderne Staatsform ihre Blüte erreichte. Die ehemalige Regierungsform mit monarchischer Spitze wich einem ausgesprochenen Kollegialsystem, bestehend aus den Gremien in Kommune, Provinz und bei der Zentrale aus den Rats- und Entscheidungsorganen. In solcher Struktur mit der Souveränitätsvermutung bei den Provinzen, der vornehmlich militärisch motivierten Übernahme des Statthalteramtes als eines monarchischen Überbleibsels und mit der ungleichen Wirtschafts- und Finanzkraft der Provinzen war ein hohes Konfliktpotential angelegt – und zahlreiche innere Konflikte zeichnen diese Republik aus, denn Vereinigung der Provinzen hieß nicht auch gleich Einheit, bedeutete vielmehr politische Vielfalt.

Getragen wurde solche Struktur von den Regenten, jenen führenden Vertretern des bürgerlichen Patriziats der niederländischen Städte, die entweder auf traditionsreiche Familien aus der burgundisch-habsburgischen Zeit zurückblicken konnten oder aber im nachhinein zu hohem Ansehen aufstiegen. Es handelte sich um eine soziale Schicht, die die Geschicke der Städte und damit der Provinz leitete und schließlich, soweit es Holländer waren, die Macht der ganzen Republik in Händen hielt. Es war darüber hinaus eine Schicht, in die einzudringen fast unmöglich erschien, die sich aus sich selbst heraus ergänzte und einen hemmungslosen Nepotismus pflegte. Es entstand hier eine aristokratische Elite, eine Aristokratie, die – nicht gebremst durch monarchische Spitze – die Politik beherrschte und einen entsprechenden Lebensstil führte. Rembrandt van Rijn und andere zeitgenössische Maler haben diese Bürger in ihrem ganzen Selbstbewußtsein porträtiert.

Das alles vollzog und entwickelte sich gegen den Hintergrund eines rasanten, schon in der habsburgischen Monarchie angelegten wirtschaftlichen Aufstiegs. Gleichwohl wird man bei aller Bedeutung, die der Wirtschaftskraft zuzumessen ist, und bei aller Anerkennung eines politisch nach innen und außen wirksamen Selbstbewußtseins aus einer im Kampf errungenen Eigenständigkeit vermuten dürfen, daß nur die besondere außenpolitische Konstellation, die zugleich eine konfessionelle Konfrontation enthielt, die Existenz dieser europäischen Besonderheit hat retten können. Zunächst blieb doch das rebellische Land allein, von sporadischer englischer und französischer Hilfe abgesehen. Erst allmählich gelang es der Republik, die gewünschten Allianzen zu schließen, und erst allmählich war sie als Allianzpartner gesucht. So bildete sich Den Haag vor allem nach dem Fall des böhmischen Winterkönigs Friedrich von der Pfalz zu einem Zentrum des internationalen protestantischen Widerstandes heraus, und wie schon wenige Jahrzehnte zuvor die Emigranten aus den rekatholisierten Südprovinzen den Kampf gegen Spanien angestachelt hatten, so stellten die protestantischen Emigranten Zentraleuropas im Haag gleichsam den Generalstab der antispanischen Allianzpolitik. Den Haag, die Republik, als Allianzschmiede – und schließlich auch als der große Geldgeber inmitten der internationalen Konfrontation der Konfessionen! Man wird feststellen können: ohne diesen internationalen konfessionellen Widerstreit mit seinen Möglichkeiten in der Allianzbildung wäre die Existenz der Republik gefährdet gewesen, aber – andersherum – ohne die niederländischen Finanzhilfen hätten die zahlreichen Koalitionen auch nicht zustande kommen können. Die Niederländer haben sich in diesen Unternehmungen erschöpft, vor allem dann, als sich mit dem Hegemonialstreben Frankreichs ein finanziell überaus anstrengender Wechsel der Koalitionen vollzog und zugleich England zur konkurrierenden Seemacht sich heranbildete.

Am Ende mochte dann Frankreich in die Schranken gewiesen sein, die Niederlande hatten jedenfalls zugleich ihre europäische Führungsposition verloren. Zu Ende war es mit der Republik nun keineswegs, aber wie man einerseits die allgemeine Blüte dieses Staates in seinem 'Goldenen Jahrhundert' nicht prall genug beschreiben kann, so deutlich wird man andererseits das 18. Jahrhundert als eine Phase des permanenten Bedeutungsverfalls akzentuieren müssen. Die öffentlichen Finanzen waren zerrüttet. Handel und Schiffahrt konnten sich nur noch schwer englischer Konkurrenz erwehren. Die Wirtschaft zeigte Rezessionsmerkmale, die allerdings schon in der zweiten Hälfte des 17. Jahrhunderts aufgetreten waren. Innenpolitisch brachte die Republik nachgerade einen regenten-aristokratischen Wildwuchs hervor. Die Oligarchie der patrizischen Elite bewegte sich konzeptionell in der Nähe des absolutistischen Gottesgnadentums. Das Regierungssystem barg alle Anzeichen einer fortgeführten Inzucht. Niemals zuvor sind auch die sozialen Gegensätze schärfer empfunden worden als in jenem 18. Jahrhundert. Zahlreiche Unruhen, Hungeraufstände zum Teil, charakterisieren dann auch neben den 'regentistischen' Verhaltensweisen das innenpolitische Leben, und es entwickelte sich zugleich so etwas wie eine frühe demokratische Bewegung der Mittelschichten, die schließlich und vor allem in der zweiten Hälfte des Jahrhunderts unter dem Einfluß moderner konstitutioneller Gedanken in die demokratische Bewegung der 'Patrioten' einmündete.

Die Republik führte sich mit der Patriotenbewegung in ihrer Grundstruktur zu ihrem Ende, insofern diese Bewegung in der Hauptphase nichts anderes war als der Versuch, das bis dahin hantierte Muster der politischen Partizipation, die regionalisierte Souveränität und die damit zusammenhängende 'regentistische' Basis der politischen Entscheidung, aus den Angeln zu heben. Greifen wir da noch einmal kurz zurück. Es zählt sicherlich zu den Eigenheiten der Republikgeschichte, daß der steil ansteigenden Wirtschaftskraft auch eine quantitative und qualitative Erweiterung der den Aufstieg tragenden Schichten entsprach, eine im gleichen Maße erweiterte politische Beteiligung jedoch nicht eintrat. Genau das Gegenteil war der Fall: dem wirtschaftlichen Aufstieg lief eine Oligarchisierung der (städtischen) Entscheidungsgremien parallel. Das war eine Entwicklung, die schon gleich nach dem ersten Aufstandserfolg auf dem Verordnungswege eingeführt wurde. Und das lief ruhig ab, wenn man von wenigen Ausnahmen (Utrecht) absehen will. Es ist, als ob die Erinnerung an breite, spontane Trägerschaft im Aufstand gleichsam weggewischt gewesen sei.

Solche Erscheinung nun bietet Anlaß, kurz, aber grundsätzlich nach Motivationen und Ursachen, nach dem Charakter von Aufstand und größeren bürgerkriegsähnlichen Unruhen in der Republik zu fragen. Für den Aufstand gegen Spanien, der zur Republik führte, enthält die 'J-curve'-Theorie von James C. Davies ein einigermaßen schlüssiges Erklärungsmodell, insofern einer anhaltenden Periode wirtschaftlichen und sozialen Wachstums eine schwere Rezession folgte, optimistische Erwartungshaltung enttäuscht wurde, Angst und Frustrationen erzeugte.[1] Für die hier beschriebenen späteren Unruhen geht dieser Ansatz, der als relevanten Kern eben diese Erwartungshaltung hat, nicht auf. Denn die Unruhen von 1672 mit ihren demokratischen Tendenzen, wie sie sich in einer Flut von Flugschriften in einem Land mit hohem Alphabetisierungsgrad äußerten, entstanden gerade nicht aus einem Einbruch der Konjunktur bei angespannter Fortschrittserwartung, sondern schlicht aus militärischer Bedrohung. Das hatte Konsequenzen. Die demokratische Forderung fand ihre Befriedigung und damit Befriedung, sobald die Kompetenzen eines Mannes geregelt waren, dem aus der Tradition heraus, nachgerade von der Familie her, die Fähigkeit zuerkannt wurde, die Dinge *militärisch* zu wenden. Wo also demokratische

[1] J. C. Davies, Eine Theorie der Revolution. In: K. von Beyme (Hrsg.), Empirische Revolutionsforschung, Opladen 1973, S. 186.

oder antiregentistische Rufe auftauchten, da reichten sie in einer außenpolitisch-militärischen Krise nur zum Ruf nach charismatischen Figuren, auch wenn die Person noch recht jung war. Tatsächlich hat sich nach der Übergabe der Befugnisse an den Entscheidungsstrukturen wenig geändert, zumal die außenpolitischen Fährnisse, nun mit größerem Erfolg für die Niederlande, die ganze Aufmerksamkeit in Anspruch nahmen und Wilhelm III. bald den englischen Thron bestieg und meistens in England verblieb. Die Bewegung von 1747/48 fußte auf veränderten Ausgangsbedingungen. Anlaß war zwar wiederum die militärische Bedrohung, aber dieses Zeichen der Schwäche fiel hinein in eine Phase spürbaren wirtschaftlichen Rückgangs, der schon lange anhielt. Von enttäuschter Erwartung konnte kaum die Rede sein. Zwei Dinge traten allerdings neu hinzu. Die Regenten überdehnten die Möglichkeiten aristokratischer Verhaltensweisen und sahen sich nicht imstande, die Leistungsfähigkeit und Innovationskraft unter den erschwerten Bedingungen der Konkurrenz von außen unter Beweis zu stellen. Die mögliche Rechtfertigung der elitären Entscheidung entfiel. Darüber hinaus erwies sich der Statthalter so gar nicht als der Korrektor patrizischer Macht, eher doch als ein Mann, dem Demokratisches einigermaßen fremd war. Diese spezifische Konstellation regenten-oligarchischer Ohnmacht oder Unfähigkeit zur Rekonversion wirtschaftlicher Entwicklungstrends bei gleichzeitig überdehntem Machtanspruch zusammen mit den aristokratischen Neigungen des Statthalters haben den Weg geebnet für eine über die niederländische Entwicklung hinausführende Politik und staatstheoretische Diskussion. Jetzt vollzog sich der Übergang vom niederländischen Faktionismus mit seinen Parteiungen auch innerhalb der Regentenschaft und mit seinem auf eine Führungsperson kaprizierten demokratischen Anspruch in eine neue Qualität von Demokratie – bei allen sozialen Begrenzungen, die der Begriff in jener Zeit noch trug –, die sich zum einen von der Person löste, gleichsam abstrakt wurde, zum anderen einen die provinziale Struktur überwindenden nationalen Charakter enthielt. Das war zur Zeit der 1747/48er Unruhen nur im Ansatz spürbar, setzte sich aber zur Patriotenbewegung hin voll durch. Es ist sicherlich einigermaßen auffällig – und darauf hat Schilling hingewiesen –, daß diese den Provinzialismus überwindende demokratische Strömung einen festen Platz in Friesland und landeinwärts in den Landprovinzen sowie in Städten wie dem demokratisch traditionsreichen Utrecht hatte.[2] Das ist erklärlich, weil hier das Übergewicht des regentengelenkten Holland im Laufe von vielen Jahrzehnten am ehesten spürbar gewesen war.

In der Auflehnung gegen eine als leistungsunfähig empfundene Herrschaft, ob nun bürgerlich-aristokratisch oder statthalterlich-quasimonarchisch, fügte sich die Patriotenbewegung in die revolutionären Strömungen der Zeit, wie sie sich zunächst in Amerika, sodann in Frankreich manifestierten. Mit ihr begann die Überwindung der alten Republik. Die französische Beherrschung der Niederlande hat letztlich diesen Substitutionsprozeß gefördert, soweit es darum ging, das Prinzip der provinzialen Souveränität durch das eher nationale Prinzip zu ersetzen. Auch der Wunsch nach erweiterter politischer Partizipation blieb erhalten, nahm den Weg, den auch andere europäische Staaten beschritten haben: vom Zensus- zum allgemeinen Wahlrecht gut hundert Jahre später.

Für die Jahrzehnte des 19. Jahrhunderts ist anderes auffälliger. Der Übergang von der Republik zur Monarchie (wir überspringen hier das französische Zwischenspiel) vollzog sich widerstandslos. Er vollzog sich ebenso lautlos, wie die französische Fremdherrschaft hingenommen worden war, die kaum zur nationalen Emphase geführt hatte. Das war sicherlich ein erstaunliches Phänomen, wenn man berücksichtigt, daß zwar ein Grundgesetz den König band, gleichwohl das monarchische Prinzip galt, das an die Stelle des alten Kollegialprinzips trat, und wenn man für den 'nationalen Bereich' den Aufstand gegen Spanien zum Vergleich heranzieht. Die Einbindung in den revolutionären Prozeß des ausgehenden 18. Jahrhunderts, der in Europa bis hin ins Jahr 1848 reichte, schien in den Niederlanden abgebrochen. Die Niederlande gingen den Weg der Ruhe, die auch 1848 nicht unterbrochen wurde, als man an Verfassungsänderungen durchsetzte, was auch andernorts, unter heftigen Konvulsionen, festgeschrieben wurde oder festgeschrieben worden war. Zurückzuführen sein dürfte diese Entwicklung auf äußerste wirtschaftliche Ermattung, die zum einen die

[2] S. H. Schilling, Die Geschichte der Nördlichen Niederlande und die Modernisierungstheorie. Der Aufsatz liegt mir im MS vor. Dem Autor danke ich für die Überlassung. Die Druckfassung lag mir bei Abschluß und Satz meines Ms. noch nicht vor.

Mittelschichten in starkem Maße in Mitleidenschaft zog, zum anderen die ohnehin schon seit Jahrzehnten fehlende Innovationskraft des Handelskapitals zusätzlich hemmte. Augenfällig wird dies noch im Vergleich zur europäischen Umgebung. Während sich dort überall – zeitlich unterschiedlich – der Industrialisierungsprozeß durchsetzte, verharrte die niederländische Kapitalschicht zumindest im eigenen Land in Investitionsunlust. Der wirtschaftlich modernste Kopf unter ihnen war König Wilhelm I.! Er hat die Bedeutung der Industrialisierung, der Maschine und damit der neuen Form des Wirtschaftens erkannt. Darüber hinaus bestimmte Beharrung den Tenor der Zeit, die bis hin zur Lethargie reichte, Furcht vor Risiko enthielt und Mangel an Phantasie bewies.

Dieser vergleichsweise unfruchtbaren Beharrung nach innen entsprach der endgültige Positionsverlust nach außen. Auch das war eine Entscheidung des 19. Jahrhunderts. Noch einmal wurde 1815 das alte burgundisch-habsburgische Konglomerat wiederaufgebaut. Aber dieses außenpolitische Erfordernis des Zusammenschlusses hat sich nicht festigen lassen, hat keinen Bestand gehabt gegenüber religiöser Konfrontation, sprachlichen Problemen und schließlich gegenüber der wachsenden Bedeutung des mitten im Industrialisierungsprozeß stehenden Nachbarn im Süden. Es entsprach dem hier mehrfach apostrophierten Beharrungsvermögen, wenn Politik in historischer Reminiszenz getrieben wurde. Auch nach 250 Jahren ließ sich der Protestantismus des Nordens nicht dazu herab, im Katholizismus Gleichwertiges zu erkennen, und wollte er auch der französischen Sprache und Kultur, die bis tief ins flämische Bürgertum eingedrungen waren, keinen vollwertigen Platz einräumen. Die Zeichen der Zeit standen auf Liberalität, auf Anerkennung, nicht auf Ausschluß gewachsener Kräfte. Hinter dem Fehlschlag steckte ein gut Stück Überheblichkeit des Nordens gegenüber dem Süden – eine Überheblichkeit, die eben noch voll aus dem Freiheitskampf gegen Spanien schöpfte.

So blieben die Niederlande nach der Trennung auf sich selbst zurückgeworfen. Der Staat hat weder für den zeitgenössischen Beobachter noch für die Betrachtung im nachhinein außenpolitisch Bemerkenswertes, recht eigentlich nur Betuliches zu bieten, und das entsprang sicherlich rationalem Kalkül über die eigenen Möglichkeiten. Innenpolitisch aber schälte sich, wie schon in unserer Einleitung betont, als besondere

Eigenart die führende Rolle der Konfessionen heraus. Gewiß, seit den Tagen der Öffentlichkeitskirche, der Kirche des Aufstandes, war diese Institution immer eine Säule des politischen und gesellschaftlichen Lebens gewesen, und als es um die Mitte des 19. Jahrhunderts zur calvinistisch-katholischen Konfrontation kam, da war dies noch die Folge eines aus der Tradition gewonnenen Anspruchs auf Ausschließlichkeit seitens der Protestanten. Aber im großen Zeitablauf gesehen blieb solche Konfrontation Episode. Abgesehen davon, daß die niederländischen Katholiken kaum noch als quantité négligeable an den Rand gedrückt werden konnten, verlangte auch der Strukturwandel der Öffentlichkeit, die quantitative und qualitative Ausweitung innenpolitischer Thematik und der Druck hin zur politischen Partizipation eine über die Kirche hinausgehende politische Zusammenfassung der Konfessionen. Solches zeigte sich sicher auch im politischen Spektrum anderer Länder Europas, soweit es zumindest die Herausbildung des politischen Katholizismus betrifft. In den Niederlanden allerdings reichten die Reaktionen tiefer. Dort nämlich, wo der europaweite Liberalismus mit seinem Individualismus und seiner aus der Französischen Revolution übernommenen rationalistischen Staatsauffassung die göttliche Autorität bedrängte und gesellschaftliche Bereiche erfaßte, die man für genuin christliche Arbeitsfelder hielt, eben dort kam es nicht nur zur konfessionellen Parteigründung, sondern auch zur Annäherung zwischen den Konfessionen, zur protestantisch-katholischen Koalition. Sie sollte vom Ende des 19. Jahrhunderts bis hin zum Zweiten Weltkrieg die Innenpolitik der Niederlande prägen. Politik wurde getrieben aus dem Gegensatz 'Glaube–Unglaube', wie es Groen van Prinsterer schon 1848 ausgedrückt hatte. Aber es trat noch ein weiteres hinzu. Wie einerseits die Gesellschaft von konfessioneller Seite als eine antithetische begriffen wurde (gleichsam eine Zwei-Lager-Theorie), so haben andererseits die Protestanten mit ihrer Theorie von der 'Souveränität des eigenen Kreises' für eine Abschottung der Konfessionen gegeneinander gesorgt – eine Abschottung, die schließlich auch die Sozialdemokraten und Liberalen vornahmen. Solcher Prozeß, den wir unter dem Begriff der 'Versäulung' subsumiert haben, enthielt zunächst einmal den Schutz der Gesellschaft in ihrer Vielfalt gegen den Staat, er implizierte darüber hinaus die Akzentuierung und Anerkennung des jeweilig Besonderen, schuf einen hohen Organisationsreichtum bei Vereinen und Institutionen und überlagerte schließlich zumindest in seinem konfessionellen Bereich die Klassenstruktur der Gesellschaft. Gerade in der organisatorischen Vielfalt unter dem Vorzeichen der Abschottung sorgte die 'Versäulung' als Standortbestimmung für ein hohes Maß an Beharrung im politischen Bewußtsein. Nur so ist zu erklären, daß sich bei den Wahlen in den 20er und 30er Jahren kaum Positionswechsel ergeben haben; die zahlreichen Parteien eben jener Periode waren eher ein Zeichen eigensinniger Beweglichkeit als von Bewegung, und sie haben den Versäulungsprozeß auch keineswegs unterbrechen oder gar durchbrechen können.

Solche Parteien blieben Splittergruppen; es handelt sich um nicht mehr als eine organisierte Form von Eigensinnigkeit, um Besserwisserei und Rechthaberei, gleichsam um die Konsequenz einer für das ganze politische und gesellschaftliche Leben in Anspruch genommenen Exegese. Es ist zulässig zu behaupten, daß die durchorganisierten und in ihrem Lebensbereich eingebundenen sozialen Gruppen zwar eine intensive Teilnahme am öffentlichen Leben forderten, solche eingebundene Intensität auch für eine gewisse Stabilität, darüber hinaus jedoch für Statik im politischen Leben sorgte. Das heißt aber auch, daß selbst die Zeit der großen wirtschaftlichen Krise, die die Niederlande gerade aufgrund ihrer spezifischen Wirtschaftsstruktur schwer getroffen hat und in der die Frugalität des Alltags die Klassengegensätze stark akzentuierte, das politische Pendel nicht zugunsten eines politischen Extremismus hat ausschlagen lassen. Schließlich ist festzustellen, daß dieser Prozeß den Zweiten Weltkrieg erheblich überdauert hat und erst in den 60er und 70er Jahren aufgebrochen worden ist.

Der inneren Stabilität entsprach eine äußere Ruhe. Von der ersten großen europäischen Erschütterung des 20. Jahrhunderts ist das Land verschont geblieben. Das war nicht zuletzt einer konsequenten Neutralitätspolitik zu verdanken, die die Niederländer ganz besonders zu Anfang des 20. Jahrhunderts mit dem hohen Anspruch einer Hüterin der internationalen Moralität für sich in Anspruch nahmen. Moralität in der Außenpolitik – nicht Gleichgewichts-, Hegemonial- oder Koalitionspolitik – war sicher die typische Äußerungsform eines militärisch nur schwachen Kleinstaates, und sie entsprang in den Niederlanden einem ohnehin in der reformatorischen Tradition gepflegten Hang zum Moralisieren. Was da festgeschrieben war und gleichsam durch den Friedenspalast in Den Haag (Internationaler Gerichtshof, eröffnet 1913) architektonisch manifestiert wurde, mochte dann im Ersten Weltkrieg den Erfolg für sich haben, gegenüber dem Expansionismus des Dritten Reiches versagte dann der in den 20er und 30er Jahren besonders intensiv historisch unterlegte Neutralitätskurs. Der hemmungslosen Expansivkraft als einer neuen Qualität entsprach als Antwort sicher nicht mehr traditionalistische Neutralitätspolitik. Gleichwohl ist der deutliche Mangel an Perzeption von Bedrohung begreiflich. Er resultierte zum einen aus der Verrechtlichung des Denkens, die auch dem im Ersten Weltkrieg geschlagenen Land den moralischen und rechtlichen Anspruch auf Revision eines Friedensvertrages nicht aberkennen wollte und in der Machtpolitik die Gewichte von Schuld und Unschuld gleich verteilte; sie zeigte sich im besonderen Maße in der Überspitzung der im Neutralitätskurs implizierten Bindungslosigkeit, die zu Unabhängigkeit auch im Rahmen möglicher Aktionen des Völkerbundes hochstilisiert wurde, und sie ergab sich weiter aus der Einsicht in die volle Abhängigkeit einer hochentwickelten Landwirtschaft, einer im Aufbau befindlichen Industrie sowie einer strukturell und traditionell auf Transit gerichteten Hafenpolitik vom deutschen Markt. Vor allem in Krisenzeiten wurden die Empfindlichkeiten aufgedeckt, in Zeiten, in denen andere Länder im Freihandel kein Heil mehr sahen. Es ist begreiflich, daß unmittelbar nach dem Kriege die Deutschland-Politik der Niederlande bei den Alliierten auf einen raschen Wiederaufstieg der deutschen Wirtschaft zielte, das heißt, einen angemessenen Markt schaffen wollte, und es ist auch verständlich, daß Stimmen auftauchten, die eine Umstrukturierung des Außenhandels anstrebten.

Über Leiden und Probleme von Krieg und Besatzung ist nichts Abschließendes mehr zu sagen. Sie sprechen für sich selbst. Der Kommentar darf entfallen. Es sei lediglich noch erwähnt, daß die Gestaltung des niederländisch-deutschen Verhältnisses sehr rasch nach 1945 von niederländischer regierungsoffizieller Seite wieder kühlen rationalen Erwägungen über die Möglichkeiten und Abhängigkeiten der eigenen Existenz unterworfen worden ist und daß schließlich die schon mit der Gründung der Bundesrepublik sich abzeichnende Einbindung in die atlantische Gemeinschaft die schuldhafte Vergangenheit der Deutschen überspielt hat. Für den deutschen *Besucher* allerdings sind die Folgen länger spürbar gewesen.

CHRONOLOGIE

1369	Heirat des burgundischen Herzogs Philipp d. Kühnen (*1342, †1404) mit der flandrischen Erbtochter Margaretha von Male ist Ausgangspunkt ersten burgundischen Zugriffs auf die Niederlande (1384 Flandern, Artois).
1428–1443	folgen unter Herzog Philipp d. Guten (*1396, †1467) weitere Erwerbungen im niederländischen Raum (s. o. S. 11 ff.); Anfänge der Zentralisierung; Philipp gilt als der Begründer der burgundischen Kultur in den Niederlanden.
1430	Philipp d. Gute stiftet den Orden vom Goldenen Vlies.
1473	Kurzzeitige Einverleibung Gelderns in den burgundischen Machtbereich unter Herzog Karl d. Kühnen (* 1433, † 1477).
1477	Karl d. Kühne fällt in der Schlacht bei Nancy; das burgundische Erbe fällt an seine Tochter Maria.
1477	Das Große Privileg: Maria von Burgund muß die Privilegien der Städte und Territorien garantieren.
1477	Heirat Maximilians v. Habsburg mit Maria v. Burgund; Ausgangspunkt für die Sicherung des burgundischen Erbes zugunsten der Habsburger.
1520	Beginn der Inquisition in den Niederlanden.
1524–1543	Kaiser Karl V. bringt Friesland (1524), Flandern (1526), Utrecht und Overijssel (1528), Groningen und Drenthe (1536) sowie Gelderland (1543) in seinen Besitz.
1555	Karl V. überträgt seinem Sohn Philipp II. die Herrschaft über die Niederlande.
1559	Margarete II. von Parma (*1522, †1586) wird Generalstatthalterin in den Niederlanden.
1566	Der Adelsbund ('gueux', 'Geusen') reicht bei der Generalstatthalterin eine Bittschrift ein, in der er den Rückzug der spanischen Truppen und den Widerruf des Inquisitionsedikts fordert. Die religiösen Unruhen führen im gleichen Jahr zum Bildersturm.
1567	Alba kommt mit einem spanischen Heer in die Niederlande.
1568	Die aufständischen Grafen Egmond (*1522) und Hoorn(e) (*1524) hingerichtet. Beginn des Widerstands der Geusen (Wasser- und Waldgeusen). Der vor der Ankunft Albas ge-

	flohene Prinz Wilhelm 'der Schweiger' von Nassau-Oranien (*1533, †1584) fällt mit einem kleinen Heer ohne bleibenden Erfolg in die Niederlande ein.
1572	Einnahme Den Briels durch die Wassergeusen unter Lumey (1. April).
Juli	Zusammenkunft der Provinzen Holland und Zeeland in Dordrecht, auf der der gemeinsame Kampf gegen Spanien unter der Führung des als Statthalter anerkannten Wilhelm von Oranien beschlossen wird.
1576	Genter Pazifikation. Verkündung der Religionsfreiheit in allen Provinzen.
1579, 23. Januar	Union von Utrecht. Zusammenschluß der sieben nördlichen Provinzen als Kampfgemeinschaft, der die Grundlage der Republik bildet. – Im gleichen Jahr kehren die Südprovinzen Hennegau und Artois in der Union von Atrecht (frz.: Arras) unter die Herrschaft Spaniens zurück. Damit sind im großen und ganzen die Grenzen der Nord-Süd-Trennung bis auf Nordbrabant und Teile im Limburger Bereich festgelegt.
1581	Lossagung vom spanischen König (Acte van Afzwering).
1584	Nachdem Verhandlungen zur Souveränitätsübertragung auf den Herzog von Anjou gescheitert sind, bieten Holland und Seeland Wilhelm von Oranien den Grafentitel an, mit sehr begrenzten Befugnissen. Wilhelm von Oranien wird jedoch im gleichen Jahr von dem Katholiken Balthazar Gérard in Delft erschossen.
1585	Antwerpen wird von Alexander Farnese eingenommen; damit findet die Unterwerfung der südlichen Territorien unter erneute spanische Herrschaft ihren Abschluß.
1585	Moritz von Oranien (*1567, †1625), Sohn Wilhelms v. Oranien, wird Statthalter von Holland und Seeland. Nachdem der Versuch der Union, der Königin Elisabeth I. von England die Souveränität anzubieten, durch die glücklose Mission des als Generalstatthalter 1585 entsandten englischen Grafen Leicester (Robert Dudley) gescheitert ist (1587), übernimmt Moritz auch den Oberbefehl über die Flotte (1588) und die Landmacht (1589).
1602	Gründung der Vereinigten Ostindischen Companie (VOC).
1609–1621	Spanisch-niederländischer Waffenstillstand. – König Philipp III. von Spanien erkennt die Selbständigkeit der Niederlande an.
1619	Hinrichtung Oldenbarnevelts (*1547) nach Machtkonflikt

	mit Moritz von Oranien über Fragen der Religion und des Militärs.
1621	Gründung der Westindischen Companie (WIC).
1625	Friedrich Heinrich (*1584, †1647) wird Statthalter und Oberbefehlshaber der See- und Landmacht. – Unter ihm wird die Statthalterschaft erblich.
1648	Internationale Anerkennung der Republik durch Spanien und im Westfälischen Frieden durch die daran beteiligten Mächte, darunter Kaiser und Reich.
1650	Zug des Statthalters Wilhelm II. von Oranien gegen Amsterdam.
1651	'Große Versammlung' ('Grote Vergadering') der Generalstände; Umsetzung der Theorie von der 'wahren Freiheit' in politische Praxis; Beginn der ersten statthalterlosen Periode (Ausnahme: die Provinz Friesland).
1651	Navigationsakte des englischen Lord-Protektors Oliver Cromwell; sie dient dazu, die Niederlande vom englischen Seehandel auszuschließen (Unterbindung des niederl. Zwischenhandels).
1652–1654	Erster Englisch-Niederländischer Krieg. Endet mit dem Frieden von Westminster. Die Engländer ziehen die von Cromwell ausgegebene Navigationsakte nicht zurück.
1653	Johan de Witt (*1625, †1672) wird Ratspensionär und bestimmt als Vertreter der Regentenpartei die Innen- und Außenpolitik. – Durch enge Freundschaft mit führenden Familien seiner Zeit beherrscht er den holländischen Regierungsapparat.
1654	Seklusionsakte (Acte van Seclusie) von der holländischen Ständeversammlung angenommen (nicht von allen Städten). Es bestimmt, daß kein Vertreter des Hauses Oranien jemals wieder Statthalter oder Oberbefehlshaber des Landheeres werden soll, und geht auf eine Forderung des englischen Lordprotektors Cromwell zurück, der die Verbindung der Häuser Oranien und Stuart fürchtet und nur bei Erfüllung der Forderung den Frieden von Westminster unterzeichnen will.
1665–1667	Zweiter Englisch-Niederländischer Krieg, den Johan de Witt infolge seiner Schaukelpolitik zwischen Frankreich und England nicht vermeiden kann; endet mit dem Frieden von Breda (Nordbrabant).
1667	Ewiges Edikt (Eeuwig Edict). Beschluß der holländischen

	Provinzialstände, nach dem die Statthalterschaft ganz abgeschafft und der militärische Oberbefehl für unvereinbar mit der Statthalterschaft in anderen Provinzen erklärt wird. – Die Provinzen stimmen 1670 zu.
1667–1668	Devolutionskrieg. Die Republik und ihre Bundesgenossen (England, Schweden) können die Annexion der spanischen Niederlande durch Frankreich verhindern. Im Frieden von Aachen kann Ludwig XIV. nur einige niederl. Grenzfestungen, darunter Lille, erwerben.
1672	Johan de Witt wird in Den Haag ermordet. – Kurz zuvor ist Wilhelm III. von Oranien (*1650, †1702) von den holländischen Ständen zum Statthalter und Oberbefehlshaber ernannt worden. Nach der Wiedereroberung der Provinzen Utrecht, Gelderland und Overijssel erwirbt Wilhelm III. durch Regierungsverordnungen fast diktatorische Gewalt.
1672–1678	Krieg der Niederlande gegen Frankreich. Unterstützt von England, Schweden und deutschen Fürsten greift Ludwig XIV. die Niederlande an. Wilhelm III. von Oranien gelingt es, eine Koalition der Niederlande mit dem Reich, Brandenburg, Spanien gegen Ludwig XIV. zusammenzubringen.
1674	Im Frieden von Westminster schließt England separat mit den Niederlanden ab.
1678	Friede von Nimwegen, in dem der territoriale Bestand der Niederlande wiederhergestellt wird.
1689–1702	Statthalter Wilhelm III. zugleich König von England (König-Statthalter).
1688–1713	Die Zeit der Koalitionen und Koalitionskriege, die unter dem König-Statthalter gegen Frankreich geschlossen und geführt werden. Die hier entwickelte außenpolitische Konstellation findet mit dem Frieden von Utrecht (1713) ihr Ende. Die Niederlande erhalten 7 Barriereplätze in den nun österreichischen Niederlanden.
1715	Barriere-Traktat der Niederlande mit Österreich, in dem den Generalständen 8 Festungsplätze zugewiesen werden.
1711–1747	Nach dem Tod Johan Willem Friso's (Statthalter von Friesland u. Groningen) zweite statthalterlose Periode.
1716/1717	2. Große Versammlung ('Grote Vergadering') der Generalstände zur Lösung der politischen und staatsrechtlichen Probleme; Bestätigung der 'wahren Freiheit'.
1747	Wilhelm IV., Prinz von Nassau-Oranien, wird erblicher Statthalter sowie Oberbefehlshaber des Landheeres und der Flotte.

1748	Demokratische 'Doelisten'-Bewegung, die auf Beschneidung der Regentenrechte zielt. Ihre Basis sind die Gilden und Schützengesellschaften.
1780	Aufkommen der Patriotenbewegung, die zwischen 1785 und 1787 die Regierung der Provinzen Holland und Utrecht übernimmt. – Der Statthalter zieht sich nach Nimwegen zurück.
1787	Einfall des preußischen Heeres nach dem Zwischenfall von Goejanverwellesluis, wo die Frau des Statthalters, Wilhelmina, Schwester des preußischen Königs, von Patrioten auf dem Weg nach Den Haag aufgehalten wird. – Die Folge ist eine Stärkung der Orangisten. Der Statthalter zieht wieder in Den Haag ein. Zahlreiche Patrioten flüchten nach Frankreich.
1788	Acte van Harmonie. Die Provinzen garantieren das bestehende Staatssystem, nachdem auch die Regentenoligarchie in Gegensatz zu den demokratischen Patrioten die Seite der Oranier gewählt hat. Großbritannien und Preußen garantieren die Akte.
1780–1784	Vierter Englisch-Niederländischer Krieg.
1782	Preisgabe der Barrierestädte.
1793	Kriegserklärung Frankreichs an die Republik.
1795	Gründung der Batavischen Republik.
1806	Umwandlung der Republik in das Königreich Holland unter Kaiser Napoleons I. Bruder Ludwig (*1778, †1846).
1810	Abdankung Ludwigs wegen der für die Niederlande negativen Auswirkungen der Kontinentalsperre; Einverleibung des Königreichs Holland in das französische Kaiserreich. – Die Einführung des französischen Rechts und Verwaltungssystems wirkt bis weit ins 19. Jh. fort.
1813	Wilhelm VI. (*1772, †1843), Prinz von Oranien, nimmt den Titel Souveräner Fürst an.
1814	Vertrag von Chaumont zwischen den gegen Napoleon verbündeten Großmächten; Beschluß, die nördlichen und südlichen Niederlande zu vereinen.
1815	Der Souveräne Fürst nimmt als Wilhelm I. den Titel König der Niederlande an (16. März).
24. August	Die neue Verfassung wird verkündet. In der Zweiten Kammer sollen die nördlichen und südlichen Niederlande trotz Bevölkerungsmehrheit des Südens gleich stark vertreten sein.
1816	Die Niederlande erhalten den größten Teil der Kolonien zurück.

1828	Bildung der Union aus Liberalen und Katholiken in Belgien.
1830	Revolution in Brüssel unter dem Einfluß der französischen Julirevolution.
1839	Endgültige Lostrennung Belgiens (Londoner Protokoll der europäischen Großmächte).
1840	Verfassungsrevision. Abdankung Wilhems I.
1840–1849	Sein Sohn Wilhelm II. (*1792, †1849) besteigt den Thron.
1848	Verfassungsänderung im Sinne stärkerer Parlamentsbefugnisse.
1849–1890	König Wilhelm III. (*1817, †1890).
1849–1853	Erste Ministerpräsidentschaft des Liberalen Thorbecke.
1854–1857	Erste Auseinandersetzung um die Schulgesetzgebung; endet mit dem Grundschulgesetz von 1857.
1862–1866	Thorbecke wieder Ministerpräsident.
1866–1868	Verfassungskonflikt mit dem König; endet mit Schwerpunktverlagerung zugunsten des Parlaments.
1871–1872	Thorbecke erneut Ministerpräsident. – Auf den Verfassungskonflikt folgen Kämpfe um Konfessionsschule, Wahlrecht und Sozialgesetzgebung; dies begünstigt das Aufkommen konfessioneller Parteien.
1887, 1896	Erweiterung des Wahlrechts.
1888–1891	Kampf der konfessionellen Parteien um Wahlrechtserweiterung und Sozialgesetzgebung.
1890–1948	Wilhelms Tochter Königin Wilhelmina (*1880, †1962), deren Stellung bis 1898 ihre Mutter Emma von Waldeck (*1858, †1934), als Regentin wahrnimmt.
1890	Ende der Personalunion mit Luxemburg.
1899	Erste Haager Friedenskonferenz auf Vorschlag des russischen Zaren und auf Einladung von Königin Wilhelmina; Gründung des Haager Schiedsgerichts.
1907	Zweite Haager Friedenskonferenz (Ergebnis beider Konferenzen: die Haager Landkriegsordnung).
1914–1918	Die Niederlande bleiben im Ersten Weltkrieg neutral.
1917	Lösung des Schulstreits im konfessionellen Sinne. Einführung des allgemeinen Wahlrechts für Männer. Dieses wird
1919	ergänzt durch die Einführung des Frauenstimmrechts, das 1922 in der Verfassung verankert wird.
1918	Flucht des deutschen Kaisers in die Niederlande. Seine Auslieferung wird von Königin Wilhelmina verweigert (1920).
1931	Beginn der Wirtschaftskrise. Schutzzollpolitik für die Landwirtschaft.

1933, April	Bildung eines Krisenkabinetts durch Ministerpräsident (1925 bis 1926 und 1933–1939) Hendrikus Colijn (*1869, †1944), das die Finanzkrise und radikale Bewegungen von rechts und links bekämpfen soll.
1934	Die Regierung Colijn setzt ihre Maßnahmen gegen die Wirtschaftskrise fort. Keine Guldenentwertung. Arbeitsbeschaffung.
1935	Die SDAP akzeptiert einen 'Plan' der Arbeit, entworfen nach dem Plan des belgischen Sozialisten Hendrik de Man. Der Plan findet seinen Niederschlag im neuen Grundsatzprogramm von 1937. Damit versucht die Partei, ihren exklusiven Charakter als Arbeiterpartei aufzugeben und sich allen 'Opfern' des Kapitalismus zu öffnen.
1936	Aufrüstung in den Niederlanden und ihren Kolonien.
1939	Das Kabinett Colijn (AR) tritt zurück. an seine Stelle tritt de Geer (CHU), der die Sozialdemokraten in das Kabinett aufnimmt.
1939	Königin Wilhelmina und Leopold III. von Belgien bieten ihre guten Dienste bei den Großmächten an.
1940	Nach Beginn des deutschen Angriffs weicht Königin Wilhelmina mit der Regierung nach London aus. Die Regierung führt von Großbritannien aus die Geschäfte weiter.
1941	Die Exilregierung erklärt Japan den Krieg (8. Dez.).
1942	Die Japaner erobern Niederländisch-Indien, fördern Selbständigkeitsbestrebungen.
1944	Zur Verbesserung der Verteidigungsmöglichkeiten in den Niederlanden werden von der deutschen Wehrmacht fortschreitend Landflächen durch Öffnen der Schleusen unter Wasser gesetzt.
17. September	Luftlandung der Alliierten bei Arnheim. Der Landeraum bei Arnheim wird von den Deutschen abgeriegelt, aber der von Nimwegen zur neuen Front gebildete Schlauch kann nicht mehr beseitigt werden. In der Erwartung baldiger Befreiung treten die niederländischen Eisenbahner in den Streik, der bis Kriegsende aufrechterhalten wird und die (durch den Verlust der zum Kampfgebiet gewordenen Südprovinzen) gefährdete Versorgung des verbliebenen Teils der Niederlande noch mehr erschwert.
1945, April	Durch den Vorstoß der Briten in Richtung Ostfriesland ist Holland, das noch von deutschen Truppen besetzt bleibt, vom übrigen deutschen Kampfraum abgetrennt. Es wird zur 'Festung' erklärt.

5. Mai	Die deutsche Kapitulation im britischen Hauptquartier schließt die in der 'Festung Holland' noch Widerstand leistenden deutschen Truppen mit ein. Diese werden entwaffnet und auf Reichsgebiet überführt.
23. Mai	Das niederländische Exilkabinett tritt im Haag zusammen.
1945, 2. Juni	Bildung des nationalen Kabinetts Schermerhorn–Drees, das die ersten Wiederaufbauarbeiten in Angriff nimmt.
18. Juni	Die Königin kehrt in die Niederlande zurück.
1945, 14. Juni	Die Londoner Exilregierung unter Pieter Sjoerd Gerbrandy (*1885, †1961) wird nach ihrer Rückkehr in die Niederlande von einer Interimsregierung unter Ministerpräsident Willem Schermerhorn (*1894) abgelöst.
1946	Erste Nachkriegswahlen zur Zweiten Kammer: Katholische Volkspartei (KVP) 32, Partei der Arbeit (sozialdemokratisch; PvdA) 29, Antirevolutionäre Partei (ARP) 13, Christlich-Historische Union (CHU) 8, Freisinnige, später: Volkspartei für Freiheit und Demokratie (VVD) 6, Kommunistische Partei (CPN) 10, Reformiert-Politische Partei ('Staatkundig Gereformeerde Partij', SGP) 2 Sitze.
1946	Abkommen von Linggadjati. Entwurf einer niederländisch-indonesischen Union (Niederlande einschließlich Surinam, Curaçao sowie Indonesische Republik [Java, Sumatra, Madura] und Borneo). Dabei sind die Indonesische Republik usw. als Teile eines demokratischen Föderalstaates (Vereinige Staten von Indonesien) gedacht. Das Abkommen wird endgültig am 25. März 1947 unterzeichnet.
	Niederländische Polizeiaktionen gegen die 'Republikaner' auf Java, Bali und Sumatra.
1948, 7. August	Koalitionsregierung (KVP-PvdA, Liberale, CHU) des sozialdemokratischen Ministerpräsidenten Willem Drees (*1886).
1948	Königin Wilhemina dankt zugunsten ihrer Tochter Juliana ab.
1949	Indonesien wird unabhängig.

BIBLIOGRAPHISCHE ANMERKUNGEN

Unsere Darstellung beruht im wesentlichen auf einer Auswertung der Literatur. Eigene Quellenforschung ist nur insoweit eingeflossen, wie eigene, zuvor an anderer Stelle veröffentlichte Arbeiten (Monographien, Aufsätze) in die Darstellung miteinbezogen wurden. Die Zitate wurden von uns aus dem Niederländischen, Englischen oder Französischen ins Deutsche übertragen.

Der niederländische Wirtschaftshistoriker I. J. Brugmans hat in der Einleitung zum ersten Band der ›Acta historiae Neerlandica‹ auf die hohe Qualität der niederländischen Historiographie hingewiesen. Solchem Urteil wird man gewiß zustimmen können, es darüber hinaus jedoch insofern ergänzen müssen, als der zu Recht apostrophierten Qualität eine ebenso hohe Quantität entspricht. Als erstes, unentbehrliches Hilfsmittel ist die systematisch gegliederte Zusammenstellung der Literatur von H. de Buck, Bibliografie der Geschiedenis van Nederland..., Leiden 1968 anzuführen. Zu ergänzen ist diese Bibliographie durch die kommentierende Erfassung der Literatur von H. Lademacher, Literaturbericht über die Geschichte der Niederlande (Allgemeines und Neuzeit). Veröffentlichungen 1945–1970, in: HZ, Sonderheft 5. 1972.

Es liegt eine Fülle von umfangreichen Handbüchern und Übersichten vor, von denen hier an erster Stelle die neue ›Algemene Geschiedenis der Nederlanden‹ genannt sei, auf die wir uns in unserer Darstellung stützen. Das Gesamtwerk, das auf 15 Bände konzipiert und inzwischen zum weitaus größten Teil erschienen ist, umfaßt die Geschichte der nördlichen und südlichen Niederlande (Belgien) gleichermaßen. Es handelt sich um eine Neukonzeption der alten 12bändigen ›Algemene Geschiedenis der Nederlanden‹, Utrecht-Antwerpen 1949–1958, die für unsere Darstellung gleichfalls herangezogen wurde. Beide Werke bieten eine Gesamtgeschichte der Niederlande und Belgiens an. Sie fassen die 'Lage Landen' als Totalität, ohne daß ihnen eine ausgesprochen großniederländische Konzeption zugrunde läge. Gleichwohl geht die Redaktion von einer engen Verflechtung der Territorien aus, wohl wissend, daß der Grad der Verflechtung in den einzelnen Perioden unterschiedlich stark war. Sehr zu Recht weist die Redaktion der Neuausgabe darauf hin, daß zahlreiche Beiträge der 'alten' AGN auch heute noch ihre Gültigkeit haben. Der wesentliche Grund jedoch, eine Neufassung vorzulegen, ist in der einfachen Tatsache zu finden, daß zum einen in dem zwischen alter und neuer Ausgabe liegenden Vierteljahrhundert die niederländische Historiographie eine Vielzahl neuer Ergebnisse zutage gefördert hat, zum anderen in der Geschichtswissenschaft neue Wege beschritten worden sind (Modelle, quantitative Arbeitsweise, Anwendung sozialwissenschaftlicher Methoden). Das kommt vor allem zum Tragen in den Neuzeit-Bänden 5–9, an deren Redaktion Wirtschaftshistoriker wie J. A. FABER und A. M. VAN DER WOUDE mitgearbeitet haben, die auch als Autoren auftreten. Sehr viel einfacher gehalten und im wesentlichen die *politische* Geschichte sachkundig erfassend ist WINKLER PRINS, Geschiedenis der Nederlanden, onder redactie van J. A. BORNEWASSER e. a. 3 dln., Amsterdam/Brüssel 1977. Diese drei Bände, mit reichem Bildmaterial versehen, vermitteln einen Überblick von der Vorgeschichte bis zum Jahr 1970, wobei die Jahre nach 1945 allerdings recht knapp behandelt werden. Aber auch hier haben die Autoren die Niederlande als politisch-geographische Gesamtheit behandelt. Die Niederlande und Belgien nebeneinander von der Zeit der Patrioten-Bewegung bis zum Zweiten Weltkrieg beschreibt in einer sehr intensiven Studie E. H. KOSSMANN, De Lage Landen 1780–1940. Anderhalve eeuw Nederland en België, Amsterdam/Brüssel 1976. Es handelt sich hier um eine für den niederländischsprachigen Leser verfaßte Version einer für die ›Oxford History of Modern Europe‹ geschriebenen Darstellung. Die Studie erfaßt beide Länder, ohne daß konzeptionell etwa der großniederländische Gedanke GEYLS Pate gestanden hätte. Im Gegenteil: KOSSMANN setzt sich bewußt gegen GEYL ab, nimmt somit auch die wallonischen Gebiete in seine Darstellung auf, sieht aber eine Vielzahl von beiden Ländern gemeinsamen Reaktionen auf die „politischen und geistigen Voraussetzungen" der Zeit, so daß er gemeint hat, manche Fragen auch in einem beiden Regionen gemeinsamen Kapitel ohne regionale Unterteilung darstellen zu müssen. Es sei zusätzlich darauf hingewiesen, daß KOSSMANN neben Politik und Wirtschaft auch die Belletristik in den historischen Ablauf eingefügt hat. Darüber hinaus sind für die neue Ausgabe der AGN und für KOSSMANNS Arbeit die voll auf dem Stand der Forschung stehenden systematisch gegliederten und größtenteils kommentierten Literaturverzeichnisse als überaus hilfreich zu erwähnen. Für den deutschsprachigen Leser ist an dieser Stelle F. PETRI, Die Kultur der Niederlande. Handbuch der Kulturgeschichte, Konstanz 1964 zu nennen. PETRI bietet einen niederländisch-belgischen Überblick bis weit in die Zeit nach 1945 hinein, ein wesentlicher Schwerpunkt der Arbeit liegt jedoch in der burgundisch-habsburgischen Periode. Vor allem die Zentralisierungspolitik der burgundischen Herzöge und ihrer Vollender, der Habsburger, hat PETRI herausgearbeitet und in diesem Zusammenhang die Problematik des Wandels von vorburgundischem landschaftlichem Patriotismus zu einem gesamtniederländischen Bewußtsein umrissen, darüber hinaus den ganzen Kulturreichtum diese Phase wie auch der späteren Periode immer im Zusammenhang mit der politisch-gesellschaftlichen Entwicklung vorgetragen. Unter dem Aspekt der Benelux-Länder als europäischer Mikrokosmos hat H. BERNARD, Terre Commune. Histoire des Pays de Benelux microcosme de l'Europe, Bruxelles ²1961 eine vergleichende historische Übersicht vorgelegt, die schon im Mittelalter beginnt. Einen kurzen, zeitlich begrenzten Überblick über die Geschichte der Benelux-Länder hat F. PETRI, Belgien, Niederlande, Luxemburg von der Krise 1867 bis zum Ende des I. Weltkrieges (1867–1918), in: Th. Schieder (Hrsg.), Handbuch der europäischen Geschichte, Bd. 6, Stuttgart 1973, vorgelegt.

Neben diesen Handbüchern und Standardwerken der niederländischen Historiographie verdienen einige Sammelwerke volle Beachtung, da sie dem Leser einen raschen allgemeinen oder sektoralen Überblick vermitteln und den Stand der Forschung widerspiegeln. Offensichtlich hat die niederländische Forschung ihre Landessprache, deren Kenntnis sicher nicht allzu weit im Ausland verbreitet ist, als ein Hemmnis bei der Vermittlung niederländischer Forschungsergebnisse über die Grenzen des Landes hinaus empfunden. Um solches Hindernis auszuräumen, erscheinen seit 1966 die ACTA HISTORIAE NEERLANDICA. HISTORICAL STUDIES IN THE NETHERLANDS. ETUDES HISTORIQUES NÉERLANDAISES. HISTORISCHE STUDIEN IN DEN NIEDERLANDEN. Bd. 1ff., Leiden 1966ff. Ausgehend von der Konzeption der Niederlande als einer historisch wichtigen Schaltstation in Westeuropa, ist es das Ziel dieser

Publikationsreihe, der ausländischen Forschung einen Einblick in die niederländischen Arbeitsergebnisse zu vermitteln. Die Herausgeber veröffentlichen in französischer, deutscher oder englischer Sprache Beiträge, die schon an anderer Stelle in niederländischen wissenschaftlichen Zeitschriften erschienen sind, Synopsen oder Auszüge aus selbständigen Schriften sowie Übersichtsartikel über niederländische Untersuchungen zu bestimmten Perioden.

In diesem Rahmen ist auch hinzuweisen auf die Aufsatzsammlung VADERLANDS VERLEDEN IN VEELVOUD, Den Haag 1975, und 2. Aufl. ebd. 1980 in zwei Teilen. Die Beiträge erfassen insgesamt die Periode 16. bis 20. Jahrhundert. Es handelt sich hier in erster Linie um einen Reader, der dem Geschichtsunterricht an Schulen sowie an der Universität dienen soll. Diese sehr ergiebige Sammlung wurde in der Zusammenstellung der 2. Auflage leicht gegenüber der 1. Auflage verändert. Als besonders nützlich für einen Überblick über die sozialökonomische Entwicklung der Niederlande in dem von uns behandelten Zeitraum ist P. A. M. GEURTS, F. A. M. MESSING (Hrsg.), Economische Ontwikkeling en Sociale Emancipatie, 2 dln., Den Haag 1977 anzumerken. Hier wird in Ausschnitten ein Stück Wirtschafts- und Sozialgeschichte vom Mittelalter bis hinein ins 20. Jahrhundert geboten. Als leicht zugängliches, rein wirtschaftshistorisches Pendant hierzu dient J. H. VAN STUIJVENBERG (ed.), De economische geschiedenis van Nederland, Groningen, ²1979. Das Buch ist nach einer die Antike und das Mittelalter zusammenfassenden Kurzdarstellung so eingeteilt, daß von den einzelnen Autoren je ein Jahrhundert behandelt wird. Es schließt mit einem Bericht über die Kolonialwirtschaft ab. Im Zusammenhang mit diesen knappen, gleichwohl höchst ergiebigen Einzelbeiträgen, die eben insgesamt ein eindringliches Bild von der wirtschaftlichen Entwicklung und ihren Hauptproblemen vermitteln, ist auf die reichen Literaturangaben für die einzelnen Zeitabschnitte hinzuweisen, die die Ergiebigkeit des Buches abrunden. Für weitere Arbeiten zur Wirtschaftsgeschichte sei vor allem auch auf die Beiträge in der neuen Ausgabe der AGN hingewiesen sowie auf die obengenannte Literaturübersicht von H. LADEMACHER.

Für unser bis zum Aufstand und seinen Ergebnissen reichendes Kapitel über die burgundisch-habsburgische Konzentration ist im Zusammenhang mit der Städtelandschaft auf E. ENNEN, Die europäische Stadt des Mittelalters, Göttingen 1972 hinzuweisen. Ennen befaßt sich zwar nicht spezifisch mit der nordwesteuropäischen Städtelandschaft, die von ihr nur kurz skizzierte Einbindung dieser Landschaft in die europäische Entwicklung jedoch, die Möglichkeit des Vergleichs also, läßt etwas von der Eigenart dieser Städtelandschaft deutlich werden. Ganz spezifisch mit den niederländischen Städten in der Übergangszeit und den ersten Jahrzehnten der Neuzeit befaßt sich J. A. VAN HOUTTE, Die Städte der Niederlande im Übergang vom Mittelalter zur Neuzeit, in: RhVjbll. 27, 1962. Hier geht es sowohl um Bevölkerungszahlen (Herdzählungen) als auch um Wirtschafts- und Sozialstruktur. Um das Stadt-Land-Verhältnis, die Entwicklung der ländlichen Wirtschaft sowie um die ländlichen Besitzverhältnisse und Sozialstruktur in den nördlichen Niederlanden geht es in der an der Yale-Universität gefertigten Dissertation von JAN DE VRIES, The Role of the Rural Sector in the Expansion of the Dutch Economy: 1500–1700, Yale University, Ph. D. 1970. Keine Wirtschaftsgeschichte der Niederlande wird an dieser so gründlichen, aus den niederländischen Quellen gearbeiteten und die einzelnen Territorien beleuchtenden Studie vorbeigehen können, die sich zwar auf die nördlichen Gebiete beschränkt, aber auch Vergleiche zu den südlichen Territorien anstellt und für unseren Zusammenhang vor allem für die Stellung des Adels sowie für die Ausbreitung städtischer Kompetenzen auf dem Lande von Wichtigkeit ist.

Für eines der Hauptprobleme des Abschnitts, die burgundisch-habsburgische Zentralisierungspolitik, seien hier aus der neuen Ausgabe der AGN die Beiträge von J. VAN ROMPAEY (Bd. 4) und H. DE SCHEPPER (Bd. 5) hervorgehoben. Auf beide stützen wir uns vornehmlich in unserer Darstellung. Einen allgemein orientierenden Ausgangspunkt der staats-, regional- und kommunalrechtlichen Struktur bietet immer noch das schon alte Buch von R. FRUIN, Geschiedenis der Staatsinstellingen in Nederland tot den Val der Republiek. Uitgg. d. H. T. Colenbrander 's-Gravenhage 1901. Es ist für jeden mit Gewinn als Nachschlagewerk zu benutzen.

Die Historiographie des Aufstandes selbst, der die Gründung der Republik einleitete, füllt, wie durchaus einsichtig, ganze Bücherbretter. Es würde zu weit führen, wollte man die Titel im einzelnen aufführen. Den Forschungsstand hat übersichtlich ALICE C. CARTER, in: Acta Historiae Neerlandica zusammengefaßt. Die älteren Darstellungen sind mit Namen wie P. Geyl, H. Pirenne, J. Rogier, H. A. Enno van Gelder verbunden. Der deutsche Leser sei vor allem auf die knappe, aber ergiebige Studie von J. J. Woltjer, Der niederländische Bürgerkrieg und die Gründung der Republik der Vereinigten Niederlande, 1555–1648, in: Th. Schieder (Hrsg.), Handbuch der Europäischen Geschichte, 3, Stuttgart 1971 verwiesen. Es hätte nicht der Intention des Buches entsprochen, wären wir näher auf den Charakter des niederländischen Aufstandes eingegangen. So sei für den Leser auch auf die tiefschürfende Zusammenfassung der Problematik unter (revolutions)-theoretischen und historischen Gesichtspunkten bei J. W. Smit, The Netherlands Revolution, in: Vaderlands Verleden in Veelvond, I (1980) hingewiesen. Gleichwohl ist unsere geradewegs auf den Aufstand zuführende Darstellung des 1. Kapitels nicht nur als intentionslose Zustandsschilderung gedacht, vielmehr sollen die ausführliche Beschreibung der Zentralisierungstendenzen burgundisch-habsburgischer Herrschaft in einer Welt der „parzellierten Souveränität", der Bericht über die Entwicklung der Reformation, der Hinweis auf den aufständischen Charakter der Städtelandschaft sowie die Wiedergabe der wirtschaftlich-konjunkturellen Entwicklung in den letzten Jahrzehnten vor dem Aufstand verstanden werden als lang- und kurzfristige Vorbedingungen, unter denen sich der Aufstand entwickeln konnte, ohne daß damit etwa zugleich eine Gewichtung vorgenommen worden wäre. Für die Zentralisierungstendenzen wurde hier schon die Literatur genannt. Wie für jenen Bereich stütze ich mich auch für die religiöse Struktur auf die AGN 5 (Darstellungen von R. van Uytven und J. Roelink). Für den wirtschaftlichen Teil sei auf den hochinteressanten Aufsatz von H. van der Wee, De economie als factor bij het begin van de opstand in de Zuidelijke Nederlanden, in: BMGN, 83 (1969) verwiesen. Van der Wees These von der Förderung aufständischen Verhaltens durch enttäuschte Erwartung über wirtschaftliche Entwicklung erinnert an das revolutionstheoretische Modell der 'J'-curve. Für die sozialhistorische Analyse des städtischen Bürgertums jener Periode ist auf jeden Fall heranzuziehen die neue Untersuchung von H. Schilling, Bürgerliche Revolution oder Elitenkonflikt, in: 200 Jahre amerikanische Revolution und moderne Revolutionsforschung, hrsg. von H.-U. Wehler (= Geschichte und Gesellschaft, Sonderheft 2), Göttingen 1976. Schillings tiefschürfende Studie ist sozusagen die revolutionstheoretische Ergänzung zu einer älteren Untersuchung über die Sozialstruktur des Aufstandes von P. J. Herwerden, Bij den oorsprong van onze onafhankelijkheid. Een studie over het aandeel van de standen aan het verzet tegen Spanje in de jaren 1559–1572, Groningen 1947. Zur Faktizität des Aufstandes selbst sei auf die Handbücher und die in den Bibliographien genannte umfangreiche Zahl von Einzelstudien verwiesen. Obwohl Quellensammlungen grundsätzlich nicht in diese Kurzbibliographie gehören, sei hier doch ausnahmsweise die leicht zugängliche und sehr ergiebige Kollektion von E. H. Kossmann/A. F. Mellink, Texts Concerning the Revolt of the Netherlands, Cambridge 1974 genannt. Die Texte gewähren einen guten zusammenfassenden Einblick in Vorgeschichte und Geschichte des Aufstandes von 1565 bis 1588. Neben der schon älteren, aber 1975 noch einmal erschienenen Studie von J. Presser, De Tachtigjarige Oorlog, Amsterdam 1975 ist für den deutschsprachigen Leser auf die deutsche Übersetzung der Darstellung von G. Parker, Der Aufstand der Niederlande. Von der Herrschaft der Spanier zur Gründung der Niederländischen Republik, 1549–1609, München 1979 zu verweisen. Als regionale, auf die Grafschaft Holland begrenzte Ergänzung vor allem auch zur 'Sozialstruktur des Aufstands' ist die neuere Arbeit von A. C. Duke/D. A. H. Kolff, The Time of Troubles in the County of Holland, 1566–67, in: TVG 82, 3 (1969) heranzuziehen. Die beiden Autoren weisen die sehr differenzierte Struktur der Träger des Aufstandes nach und schließen sich der bei E. H. Kossmann, La Fronde, Leiden 1954 vorgetragenen Aussage von der 'pyramide des conflits' an.

Auch für die Aufstandsphase wurde ein Stück 'konstitutionelle' Entwicklung nunmehr auf dem Wege zur Republik beschrieben. Dazu sei auf zwei Arbeiten verwiesen, die eine Motivationsanalyse enthalten. Gemeint sind die ältere Studie von A. C. J. de Vrankrijker, De motiveering van onzen opstand. De theorieën van het verzet der Nederlandsche opstandelingen tegen Spanje in de jaren 1561–1581, Nijmegen/Utrecht 1932 und P. A. M. Geurts, De Nederlandse opstand in de pamfletten, 1566–1584, Nijmegen/Utrecht 1956. Einen sehr gerafften Überblick über die Diskussion zur staatsrechtlichen und staatstheoretischen Entwicklung enthält Plakkaat van Verlatinge 1581. Facsimile-Uitgave van de originele druk. Charles Silvius, ghesworen Drucker der Staten 's landts van Hollandt'. Inleiding, transcriptie en vertaling in hedendaags Nederlands, 's-Gravenhage 1979. Hier findet sich die Abschwörungsakte transkribiert, neu und leicht zugänglich gemacht. Diese Ausgabe ist neben der Ausgabe der 'Apologie' des Prinzen von Oranien heranzuziehen, die H. WANSINK, The Apologie of Prince William of Orange against the Proclamation of the King of Spain, Leiden 1969, herausgegeben hat. Für die Interpretation der Abschwörungsakte ist zu lesen P. F. CH. SMIT, Enige opmerkingen over de 'considerans' van het Placcaet van Verlatinge van 26 juli 1581. Diss. Leiden, Leiden 1952. Zur Biographie und Politik des Prinzen Wilhelm v. Oranien sind zu nennen J. W. BERKELBACH VAN DER SPRENKEL, Oranje en de vestiging van de Nederlandse staat, Amsterdam ²1960, auch der kleine einführende Abriß von R. VAN ROOSBROEK, Willem van Oranje, Göttingen 1962. Auch heute noch sollte man die ältere Untersuchung von F. RACHFAHL, Wilhelm von Oranien und der niederländische Aufstand, 3 Bde., Halle 1906 heranziehen. Einen sehr gehaltvollen Einstieg in die staatsrechtliche Diskussion enthält J. K. OUDENDIJK, Het 'contract' in de wordingsgeschiedenis van de Republiek der Verenigde Nederlanden. Publicaties van het Volkenrechtelijk Instituut der Rijksuniversiteit te Utrecht, Serie B. Nr. 1, Leiden 1961. Unbedingt heranzuziehen ist von derselben Autorin ›Den Coninck van Hispaengien heb ik altijt gheeert‹, in: Dancwerc. Opstellen aangeboden aan Prof. Dr. D. Th. Enklaar ter gelegenheid van zijn vijfenzestigste verjaardag, Groningen 1959, S. 264 ff. Für die Argumentationsgrundlage des Aufstandes und hier speziell in Rückbezug auf die brabantische 'Blyde Incomste' sind als wichtig anzusehen P. A. M. GEURTS, Het beroep op de Blijde Incomste in de pamfletten uit de Tachtigjarige Oorlog, in: Standen en landen 16 (1958) sowie H. DE LA VERWEY, De Blijde Incomste en de Opstand tegen Filipp II, in: Uit de wereld van het boek I. Humanisten, dwepers en rebellen in de zestiende eeuw, Amsterdam 1975 (zum erstenmal 1960 veröffentlicht). Zur Frage nach der Rolle des Statthalters und der Institutionalisierung des Statthalteramtes in dieser frühen Phase des Aufstandes sowie zur Union von Utrecht sind heranzuziehen H. LADEMACHER, Die Stellung des Prinzen von Oranien als Statthalter in den Niederlanden von 1572 bis 1584, Bonn 1958 sowie L. DELFOS, Die Anfänge der Utrechter Union 1577–87, Berlin 1941 und als neueste Aufsatzsammlung S. GROENEVELD/H. L. PH. LEEUWENBERG, De Unie von Utrecht. Wording en werking van een verbond en een verbondsacte,

Den Haag 1979. Zusammenfassend auch S. GROENVELD/H. L. PH. LEEUWENBERG/W. MOUT/W. M. ZAPPEY, De kogel door de kerk? De Opstand in de Nederlanden en de rol van de Unie van Utrecht 1559–1609, Zutphen 1979. Die Pazifikation von Gent, die als eine letzte Möglichkeit zur Bewahrung der niederländischen (burgundisch-habsburgischen) Einheit angesehen werden darf, ist im Jubiläumsjahr 1976 ausführlich betrachtet worden. Es sei hingewiesen auf TVG, 91 sowie auf die BMGN, 89 und schließlich auf den Sammelband ›Opstand en Pacificatie in de Nederlanden‹, Gent 1976. Für die staatsrechtliche Entwicklung der Republik ins 17. Jahrhundert hinein sei hier ausdrücklich auf A. TH. VAN DEURSENS Beitrag in der AGN, 5, S. 350ff. hingewiesen. Der Autor vermittelt einen guten Einstieg bezüglich Kompetenzen und Träger der einzelnen Institutionen. Für die beiden zentralen Gremien, den 'Raad van State' und die 'Staten-Generaal' liegen vor von dem soeben genannten A. TH. VAN DEURSEN, De Raad van State en de Generaliteit (1590–1606), in: BGN, 19 (1964) sowie die ältere Dissertation von P. F. M. FONTAINE, De Raad van State. Zijn taak, organisatie en werkzaamheden in de jaren 1588–1590, Groningen 1954. Für die Geschichte der Generalstände über eine über die Geschichte der Republik hinausreichende Periode ist heranzuziehen: 500 JAAR STATEN-GENERAAL IN DE NEDERLANDEN. VAN STATENVERGADERING TOT VOLKSVERTEGENWOORDIGING, Assen 1964. Als gründliche Übersicht, gleichsam als moderne Weiterführung der alten Arbeit von FRUIN/COLENBRANDER ist für den Bereich Staatsaufbau und Institutionen zu lesen S. J. FOCKEMA ANDREAE, De Nederlandse staat onder de republiek (= Verhandelingen der Koninklijke Nederlandse Akademie van Wetensch., afd. Letterkunde, nieuwe reeks, dl. LXVIII, 3), Amsterdam 1961. Fockema Andreae hat als Jurist gegenüber dem Historiker FRUIN einen systematischen Ansatz gewählt, sich nicht ausführlich – wie Fruin – der Entwicklungsgeschichte der einzelnen Institutionen gewidmet. Die allgemeinen staatstheoretischen Betrachtungen zum 17. Jahrhundert hat E. H. KOSSMANN, Politieke theorie in het zeventiende-eeuwse Nederland. Ebd. dl. LXVII, 2, Amsterdam 1960 monographisch zusammengefaßt und im Rahmen des europäischen politischen Denkens der Zeit betrachtet. Gerade im Zusammenhang mit der Einbettung niederländischen Geisteslebens in einen europäischen Rahmen insbesondere auch in Fragen moderner Staatsstruktur ist auf jeden Fall zu beachten

G. OESTREICH, Politischer Neustoizismus und niederländische Bewegung in Europa und besonders in Brandenburg-Preußen. Ein Beitrag zur Entwicklung des modernen Staates, in: BMHG, 79 (1965). Darüber hinaus ist J. L. PRICE, Culture and Society in the Dutch Republic, London 1974, heranzuziehen, der gesellschaftliche Struktur, Innen- und Außenpolitik gleichermaßen analysiert. Der hier schon mehrfach genannte A. TH. VAN DEURSEN vermittelt in seinem AGN-Beitrag einen guten Einblick in Stellung und Handlungsweise der Regenten innerhalb der Staatsstruktur. Für die 2. Hälfte des 17. Jahrhunderts sollte gerade im Hinblick auf die politischen Konsequenzen in einem wesentlich von den Regenten beherrschten System die Studie von D. H. ROORDA, Partij en factie. De oproeren van 1672 in de steden van Holland en Zeeland, een krachtmeting van partijen en facties, Groningen ²1978 herangezogen werden.

Die letztgenannte Arbeit greift schon ein Stück Innenpolitik allerdings der Blütezeit der Republik auf. Für die Innenpolitik der frühen Zeit, die Zeit der Leicester–Oldenbarnevelt–Moritz von Oranien, verdient als wertvolle Übersicht der Beitrag von A. T. J. TJADEN in AGN, 6 Beachtung. Der Leser sei jedoch auf die dem 3. Band beigegebene Errata-Liste hingewiesen, die zu einem sehr großen Teil den Beitrag von A. T. J. Tjaden betrifft. Für den Ratspensionär ist die zwar auf diesen voll konzentrierte, gleichwohl ein umfassendes Zeitbild bietende Biographie von J. DEN TEX, Oldenbarnevelt, 5 Bde., Haarlem 1966 ff. anzuführen. Damit ist auch die Regierungszeit des englischen Grafen Leicester abgedeckt. Zur Leicester-Periode vor allem in der Provinz Utrecht sollte I. VIJLBRIEF, Van antiaristocratie tot democratie. Een bijdrage tot de politieke en sociale geschiedenis der stad Utrecht, Amsterdam 1950 herangezogen werden. Eine moderne Biographie des Prinzen Moritz von Oranien liegt dagegen noch nicht vor. Für den Gegensatz Moritz–Oldenbarnevelt und die darin enthaltene persönliche Problematik verdient A. TH. VAN DEURSEN, Maurits, in: Vaderlands Verleden in Veelvoud, I (1980) besondere Beachtung, während für die mit dieser Frage eng zusammenhängende Stellung der Kirche in der Republik herangezogen werden muß H. SCHILLING, Religion und Gesellschaft in der calvinistischen Republik der Vereinigten Niederlande, in: Kirche und gesellschaftlicher Wandel in deutschen und niederländischen Städten der werdenden Neuzeit, hrsg. v. F. Petri (= Städteforschung. Reihe A. Darstellungen, 10), Köln-Wien 1980. Vor allem für die Relation kirchliche Auseinandersetzung und soziale Struktur ist die sehr nuancierende und feinsinnige Studie von A. TH. VAN DEURSEN, Bavianen en Slijkgeuzen, Assen 1974 einzusehen. Zum Verhältnis Kirche und Staat gibt H. A. ENNO VAN GELDER, Getemperde vrijheid. Historische Studies. R. U. Utrecht, XXVI, Groningen 1972 reichen Aufschluß.

Für die Außenpolitik der Republik, und hier insbesondere die Stellung des Landes im internationalen Verband, ist zu nennen die grundlegende Untersuchung von H. HERINGA, De eer en hoogheid van de staat. Over de plaats der Verenigde Nederlanden in het diplomatieke leven van de zeventiende eeuw. Avec résumé en français, Groningen 1961. Es handelt sich bei dieser Studie um eine Analyse der für die außenpolitischen Entscheidungen relevanten Instanzen und ihrer Träger sowie um die Bestimmung des außenpolitischen Stellenwertes der Republik und schließlich um den Stellenwert der Außenpolitik in der Republik. Zur Einführung in die Problematik dient – obwohl mehrere Jahrhunderte umfassend – auch für die frühe Phase der Republik der Aufsatz von J. C. BOOGMAN, Die holländische Tradition in der niederländischen Geschichte, in: Westfälische Forschungen, 15 (1962). Für das außenpolitische Detail in einem kurzen, aber ergiebigen Überblick sei verwiesen auf G. PARKER, The Dutch Revolt and the Polarization of International Politics, in: TVG, 89,3 (1976). Für das englisch-niederländische Verhältnis in den frühen Jahren des Aufstandes ist R. B. WERNHAM, Before the Armada, London 1966 heranzuziehen. Das Verhältnis zu Frankreich hat S. BARENDRECHT, François van Aerssen, diplomaat aan het Franse Hof (1598–1613), Leiden 1965 beschrieben, während A. TH. VAN DEURSEN, Honni soit qui mal y pense? De Republiek tussen de mogendheden 1610–1612 (= Mededelingen der Koninklijke Nederlandse Ak. v. Wetensch., afd. Letterkunde, nieuwe reeks, XXVIII.1), Amsterdam 1965 insbesondere die Oldenbarneveltsche Frankreich-Politik beleuchtet hat. Für die Zeit nach dem Waffenstillstand sollte für das niederländisch-englische Verhältnis E. SCHULIN, Handelsstaat England, Wiesbaden 1969 benutzt werden sowie – wenngleich es sich hier um eine ältere Arbeit handelt – für die Phase ab 1641 P. GEYL, Orangie en Stuart, 1641–1672, Utrecht 1939. Die Studie wurde später mehrfach neu aufgelegt. Wichtiger für die Außenpolitik der Republik erscheint allerdings die Entwicklung der Beziehungen zu Frankreich sowie der Weg zum Frieden von Münster. Zu diesem letztgenannten Themenbereich gilt als Standardwerk die überaus detailreiche und minuziöse Untersuchung des Nimwegener Historikers J. J. POELHEKKE, De Vrede van Münster, 's-Gravenhage 1948. Gleichsam als Vorbereitung des Lesers auf dieses Werk ist vom gleichen Autor heranzuziehen ›'t Uytgaen van de Treves. Spanje en de Nederlanden in 1621‹, Groningen 1960. Eben POELHEKKE verdanken wir auch die eindringlich geschriebene Biographie zu Friedrich Heinrich, dem Oranier. Sie ist erschienen unter dem Titel ›Frederik Hendrik. Prins van Oranje‹, Zutphen 1978 und kann als Leitfaden für Innen- und Außenpolitik gleichermaßen dienen. Für eine Analyse des niederländisch-französischen Verhältnisses unter dem Aspekt der 'Barrière'ist heute heranzuziehen W. HAHLWEG, Barrière – Gleichgewicht – Sicherheit. Eine Studie über die Gleichgewichtspolitik und die Strukturwandlung des Staatensystems in Europa 1646–1715, in: HZ, 187 (1959). Dieser umfangreiche Aufsatz befaßt sich vornehmlich mit den spanischen Niederlanden als Gegenstand niederländisch-französischer Absprachen und – die Arbeit reicht bis ins 18. Jahrhundert hinein – als Glacis zum Schutz der Niederlande gegen Frankreich. Im Anschluß an die Lektüre dieses Aufsatzes sollte die Spezialuntersuchung von W. HAHLWEG, Untersuchungen zur Barrièrepolitik Wilhelms III. von Oranien und der Generalstaaten im 17. und 18. Jahrhundert, in: Westfälische Forschungen, 14 (1961) gelesen werden, um einen gründlichen Überblick über eines der Hauptprobleme niederländischer Außenpolitik vornehmlich im 17. Jahrhundert zu erhalten. Unerläßliche Lektüre für das Verständnis der niederländischen Politik, die unter der Voraussetzung französischer Bedrohung und englischer Konkurrenz und Unzuverlässigkeit geführt wird, ist die Arbeit von M. A. M. FRANKEN, Coenraad van Beuningen's politieke en diplomatieke activiteiten in de jaren 1667–1684. Diss. Utrecht, Groningen 1966. Zur englischen Politik der Niederlande in der 2. Hälfte des 17. Jahrhunderts sei verwiesen auf CH. WILSON, Profit and Power. A Study of England and the Dutch Wars, Cambridge 1957. Der Titel weist schon auf die Betrachtung vor allem der wirtschaftlichen Konkurrenz hin. Aufschlußreiche Details zum Frieden von Nimwegen enthält die Aufsatzsammlung bei J. H. A. BOTS (ed.), The Peace of Nijmegen, 1676–1679. Proceedings of the Tricentennial, 14–16 September 1978, Amsterdam 1980. Für die Seekriegs-Details ist C. R. BOXER, De

Ruyter en de Engelse oorlogen in de Gouden Eeuw, Bussum 1976 nachzulesen. Das englisch-niederländische Verhältnis wird gleichfalls erfaßt in einzelnen Biographien. Hierzu ist an erster Stelle zu nennen STEPHEN A. BAXTER, William III, London 1966 sowie die ältere gründliche Studie von N. JAPIKSE, Johan de Witt, Amsterdam 1915. Für die niederländische Unterstützung des König-Statthalters Wilhelm III. ist auf die Rolle des Ratspensionärs Anthonie Heinsius hinzuweisen. Dazu hat H. LADEMACHER, Wilhelm III. von Oranien und Anthonie Heinsius, in: RhVjbll. 34 (1970) einen Aufsatz vorgelegt. Hier wird die Entwicklung des Ratspensionärs vom antistatthalterlich eingestellten Regentensproß zum entscheidenden Berater des überwiegend in England weilenden Oraniers herausgearbeitet und die Führungsrolle des Heinsius in der europäischen Außenpolitik selbst gegenüber dem Oranier unterstrichen.

Die hier genannten Biographien vermitteln zusammen mit dem an anderer Stelle genannten D. ROORDA, Partij en factie sowie P. GEYL, Oranje en Stuart und den Beiträgen von K. H. D. HALEY und D. ROORDA in AGN, 8 (1979) einen guten Überblick über die innenpolitische Phase der 'ware vrijheid' und der statthalterlichen Periode Wilhelms III.

Die Literatur zur frühen Kolonialgeschichte ist kaum noch überschaubar. Wir stützen uns in unserer Darstellung auf die einschlägigen Handbuch-Beiträge. Es sei zusätzlich auf die bibliographische Erfassung von W. PH. COOLHAAS, A Critical Survey of Studies on Dutch Colonial History. Bibliographical Series. Kon. Inst. v. Taal-, Land- en Volkenkunde, 's-Gravenhage 1960 hingewiesen. Einen sehr schönen Überblick enthält auch B. H. M. VLEKKE, Nusantara. A History of the East Indian Archipelago, The Hague [4]1959. Für die 'westindische' Expansion ist neuerdings C. C. GOSLINGA, The Dutch in the Carribean and on the Wild Coast 1580–1680, Assen 1971 heranzuziehen.

Für die innenpolitische und strukturelle Entwicklung des 18. Jahrhunderts sei auf den in sich abgerundeten Überblick von G. J. SCHUTTE in WINKLER PRINS, Geschiedenis der Nederlanden, 2 hingewiesen. SCHUTTE hat die Zeit – übrigens auch für außenpolitische Fragen – bis 1780 erfaßt. Dazu seien die von einer Vielzahl von Autoren verfaßten Beiträge in AGN, 9 (1980) genannt. Eine sehr schöne Analyse der inneren Struktur der Republik für das frühe 18. Jahrhundert enthält – und hier sei ausnahmsweise wieder eine Quelle genannt – der Bericht des französischen politischen Agenten Helvetius, den M. van der Bijl, De franse politieke agent Helvetius over de situatie in de Nederlandse Republiek in het jaar 1706, in: BMHG, 80 (1966) herausgegeben und mit einer stichhaltigen Einleitung versehen hat. Die innenpolitische Entwicklung ist im übrigen in einer Vielzahl älterer und neuerer, vornehmlich auf lokale und regionale Ereignisse konzentrierter Darstellungen ermittelt worden, die hier nicht im einzelnen genannt werden können. Dazu sei auf die einschlägigen Bibliographien hingewiesen. Wir beschränken uns auf einige Haupttitel. So befaßt sich C. H. E. de Wit, De strijd tussen aristocratie en democratie in Nederland, 1780–1848. Kritisch onderzoek van een historisch beeld en herwaardering van een periode, Heerlen 1965 mit einem Zentralproblem der niederländischen Geschichte des 18. Jahrhunderts, mit der Bewegung der Patrioten, und knüpft daran eine Darstellung zur konstitutionellen Entwicklung bis 1848. Von besonderer Bedeutung ist in de Wits umfangreicher Studie die Konzentration auf die Spaltung der 'patriotischen' Bewegung und die Analyse der einzelnen Strömungen. Dieser Studie hat C. H. E. de Wit eine weitere Arbeit unter dem Titel ›De Nederlandse revolutie van de achttiende eeuw, 1780–1787. Oligarchie en proletariaat‹, Oirsbeek 1974 folgen lassen. Diese Untersuchung nimmt den Faden der vorhergenannten Arbeit wieder auf, beschränkt sich aber auf die Jahre 1780–87. Dabei wird der Platz der niederländischen Revolution im internationalen revolutionären Geschehen bestimmt, zugleich die Rolle der Unterschichten, Proletariat genannt, untersucht. De Wits eigenwillige Untersuchungen sind in der niederländischen Fachwelt mit einiger Kritik aufgenommen worden. Zu de Wits inhalts- und gedankenreichen Arbeiten ist unbedingt die Studie des amerikanischen Historikers S. Schama, Patriots and Liberators. Revolution in the Netherlands, 1780–1813, New York 1977 zu lesen. Schama setzt mit seiner Untersuchung schon bei der Doelistenbewegung 1747 ein. Das umfangreiche Kapitel dient zum Einstieg in die patriotische Bewegung. Intensiver noch als de Wit untersucht er sodann die französische Zeit bis zur Befreiung von der Napoleonischen Herrschaft und widmet sich auch der internationalen Stellung in jener Periode. Für die oben schon bei C. H. E. de Wit genannte Einordnung der niederländischen patriotischen Revolution ist vor allem R. R. Palmer, Das Zeitalter der demokratischen Revolution. Eine vergleichende Geschichte Europas und Amerikas von 1760 bis zur Französischen Revolution, dt. Ausgabe Frankfurt a. M. 1970 heranzuziehen. In dieser vergleichenden Studie wird den Bestrebungen in der Republik ein wichtiger – typischer – Platz in der europäisch-atlantischen Entwicklung jener Jahrzehnte zugewiesen. Über den Bereich der Ideengeschichte handelt ausführlich I. L. Leeb, The Ideological Origins of the Batavian Revolution. History and Politics in the Dutch Republic 1747–1800, Den Haag 1973. Das für unseren Zusammenhang wichtige wirtschaftliche Geschehen ist in zwei Arbeiten behandelt: J. Hovy, Het voorstel van 1751 tot instelling van een beperkt vrijhavenstelsel in de Republiek ('Propositie tot een gelimiteerd porto-franco'), Groningen 1966 sowie grundlegend für die wirtschaftliche Entwicklung allgemein Joh. de Vries, De economische achteruitgang der Republiek in de achttiende eeuw, Amsterdam 1959. Der Autor hat anhand eines modernen wirtschaftswissenschaftlichen Begriffsapparats den wirtschaftlichen Rückgang der Niederlande im 18. Jahrhundert dargestellt. Er unterscheidet zwischen einem absoluten und einem relativen Rückgang, wobei unter 'absolut' die Relation gegenüber früherem Zustand, unter 'relativ' der Vergleich mit dem Wachstum anderer Länder zu verstehen ist.

Die Außenpolitik dieses Zeitabschnitts hat – allerdings schon in der 2. Hälfte des 16. Jahrhunderts einsetzend – Alice M. Carter, Neutrality or Commitment: The Evolution of Dutch Foreign Policy, 1667–1795, London 1975 beschrieben – ein Buch, in dem nicht nur ein Stück Diplomatiegeschichte dargeboten, sondern auch die Verbindung von Innen- und Außenpolitik beleuchtet wird. Für die Zeit nach dem Frieden von Utrecht (1713) bis 1733 liegt jetzt die ebenso intensiv geschriebene wie detailreiche Studie (die erste ihrer Art) von J. Aalbers, De Republiek en de vrede van Europa. Historische Studies. R. U. Utrecht, XXXIX, vor. Einzusehen ist in diesem Zusamenhang von Innen- und Außenpolitik auch die ältere Arbeit von P. Geyl, De Witten-Oorlog, een pennestrijd in 1757 (= Mededelingen der Koninklijke Nederlandse Ak. v. Wetensch., afd. Letterkunde, nieuwe reeks XVI, 10), Amsterdam 1953. Hier steht die Reaktion niederländischer Publizisten und Politiker auf den Siebenjährigen Krieg zur Diskussion. Die Darstellung widerspiegelt etwas von den innenpolitischen Gegensätzen des Landes und vermittelt einen ausgezeichneten Einblick in die Flugschriften-Literatur der Zeit. Stärker noch als bei P. GEYL wird die Verbindung von innenpolitischer Lage und außenpolitischen Entscheidungen von A. COBBAN, Ambassadors and Secret Agents, London 1954 betont. Der Übergang der Republik von der englischen auf die französische Seite – ein Übergang, der etwa 1750 einsetzte – steht hier zentral.

Für die Zeit des Königreichs sei noch einmal auf das eingangs genannte Buch von E. H. KOSSMANN hingewiesen, in dem die Periode bis 1940 behandelt wird. Wir stützen uns gerade für die erste Phase bis 1848 ausführlich auf diese Arbeit. Für die Verfassungsgeschichte ab 1849 ist einzusehen W. J. VAN WELDEREN RENGERS, Schets eener parlementaire geschiedenis van Nederland sedert 1849. Met aant. van C. W. de Vries over 1849–1891, 's-Gravenhage 1948–56. Die Phasen 1891–1901, 1901–1914, 1914–1918, 1940–1946 wurden von C. W. DE VRIES, W. H. VERMEULEN und L. G. KORTENHORST bearbeitet. Da Bd. 11 der neuen AGN noch nicht erschienen ist, wird jetzt noch Bd. 10 der alten Ausgabe der AGN herangezogen werden müssen. Da es auch an modernen Biographien etwa zu König Wilhelm I. und Gijsbert Karel van Hogendorp fehlt, sind für die frühe Phase des Königreichs noch einige Forschungslücken vorhanden. Für die verfassungsgeschichtliche Thematik ist auf jeden Fall die Sammlung S. J. FOCKEMA ANDREAE/H. HARDENBERG, (ed.), 500 Jaren Staten-Generaal in de Nederlanden. Van Statenvergadering tot volksvertegenwoordiging, Assen 1964 einzusehen. Hier hat PRINS die Periode 1814–1848 behandelt. E. RAALTE, Het Nederlandse parlement, 's-Gravenhage [4]1967 hat eine ausführliche Parlamentsgeschichte vorgelegt. Es handelt sich um eine instruktive Übersicht über die Funktionsweise dieses niederländischen Gremiums.

Auch über Thorbecke liegt noch keine moderne Biographie vor. Aus der Vielzahl von kleineren Beiträgen zu seinem Denken und Handeln seien die Aufsatzsammlung von L. W. G. SCHOLTEN, Voetstappen van Thorbecke, Assen 1966, J. C. BOOGMAN, J. R. Thorbecke, uitdaging en antwoord, in: BMGN, LXXXVII (1962) sowie J. A. BORNEWASSER, Thorbecke en de Kerken, in: ebd. genannt. Neuerdings hat C. H. E. DE WIT die ›Historische Schetsen‹ von Thorbecke neu ediert und dazu eine Einleitung unter dem Titel ›Thorbecke en de wording van de Nederlandse natie‹ geschrieben (Nimwegen 1980). Der Weg von der auf dem Wiener Kongreß beschlossenen alten niederländischen Einheit zur erneuten Spaltung 1830 ist noch nicht wirklich umfassend beschrieben worden. Außer der alten Ausgabe AGN, 10, vermittelt J. J. VERMEERSCH, Vereniging en revolutie. De Nederlanden van 1814–1830, Bussum 1970 einen Überblick. Im übrigen aber wird man zu Einzelanalysen bestimmter politischer Arbeitsfelder greifen müssen. Schon seit 1943 liegt vor A. DE JONGHE, De taalpolitiek van Koning Willem I in de Zuidelijke Nederlanden, Brugge [2]1967. Die Wirtschaftspolitik des Königs hat R. DEMOULIN, Guillaume Ier et la transformation économique des provinces belges, 1815–1830 (1938) beschrieben. Die Kirchenpolitik hat P. GEYL, De oorsprong van het conflict tussen Willem I en de Belgische Katholieken, Groningen 1958 (Neuauflage einer Arbeit von 1948, aufgenommen in ›Studies en Strijdschriften‹) beleuchtet.

Die mit der Entwicklung des Parlamentarismus eng zusammenhängende Geschichte der politischen Parteien ist im Unterschied zu den regen Aktivitäten der bundesrepublikanischen Geschichts- und Politikwissenschaft in den Niederlanden noch nicht so recht in Gang gekommen, wenngleich natürlich eine Reihe von Einzeluntersuchungen vorliegen. Erste allgemeine Betrachtungen hierzu hat TH. VAN TIJN, De wording van de moderne politieke partijorganisaties in Nederland, in: Vaderlands Verleden in Veelvoud, Den Haag 1975 sowie DERS., The Party Structure of Holland and the Outer Provinces in the Nineteenth Century, ebd. (auch in: Vaderlands Verleden in Veelvoud, II, 1980) angestellt. Für das politische Denken in den Niederlanden ist vor allem – auch wenn es sich nur um *eine* Strömung handelt – die Studie von H. VON DER DUNK, Conservatisme in vooroorlogs Nederland, in: BMGN, 90 (1975) hinzuzufügen. Der Beitrag ist faktisch als die Vorankündigung zu DERS., Conservatisme, Bussum 1976 anzusehen. Für einen ersten Überblick über die Geschichte der politischen Parteien im einzelnen sei hier H. LADEMACHER/P. VAN SLOOTEN, Niederlande, in: Lexikon zur Geschichte der Parteien in Europa, hrsg. F. WENDE, Stuttgart 1981 verwiesen. Diese lexikalische Arbeit erfaßt im weitesten Umfang Geschichte, Programmatik und Politik ehemaliger und noch bestehender Parteien bis in unsere Zeit hinein. Für die Entwicklung protestantischer Politik und ihrer Parteien ist im Zusammenhang mit der geistigkirchlichen Entwicklung M. E. KLUIT, Het protestantse Réveil in Nederland en daarbuiten 1815–1864, Amsterdam 1970 anzuführen. Speziell für die ARP sei verwiesen auf L. W. G. SCHOLTEN E. A., De confessionelen. Ontstaan en ontwikkeling van hun politieke partijen, Utrecht 1968. Dem ist die ältere Arbeit von J. A. DE WILDE/C. SMEENK, Het volk ten baat. Geschiedenis van de Anti-Revolutionaire Partij, Groningen 1949 als Übersichtswerk heranzuziehen. Der Sammelband EEN KLEINE EEUW KLEINE LUYDEN, 's-Gravenhage 1975 erfaßt bestimmte politische und soziale Aspekte der Partei. Aus diesem Band ist der Beitrag von D. TH. KUYPER hervorzuheben. Über einzelne Politiker aus der Geschichte der AR handelt die Aufsatzsammlung von C. BREMMER (ed.), Personen en momenten uit de geschiedenis van de Anti-Revolutionaire Partij, Franeker 1980. Schließlich muß noch I. LIPSCHITS, De protestants-christelijke stroming tot 1940, Deventer 1977 erwähnt werden. Für die Christlich-Historische Union liegt lediglich die Arbeit von H. K. J. BEERNINK, Geschiedenis en beginsel van de Christelijk-Historische Unie, Den Haag 1953 vor. Die politische Organisation der niederländischen Katholiken hat J. H. J. M. WITLOX, De Katholieke Staatspartij in haar oorsprong en ontwikkeling geschetst, 2 dln., 's-Hertogenbosch 1919–1927 beschrieben. Zu Recht hat E. H. KOSSMANN auf die anachronistische und parochiale Betrachtungsweise des Autors hingewiesen, zugleich aber betont, daß die zahlreichen Details das ganze Werk unverzichtbar machen. Aus katholischer Sicht geschrieben ist auch L. J. ROGIER/N. DE ROOY, In vrijheid herboren. Katholiek Nederland 1853–1953, Den Haag 1953. Gleichwohl kann dieses umfangreiche Werk, das in unserer Darstellung vor allem auch für die Periode der 20er Jahre des 20. Jahrhunderts herangezogen wurde, mit großem Nutzen gelesen werden. Über den niederländischen Liberalismus liegt K. E. VAN DE MANDELE, Het liberalisme in Nederland. Schets van de ontwikkeling in de negentiende eeuw, Arnhem 1933 vor. Hinzuzuziehen ist hier in Ergänzung P. J. OUD, Honderd Jaren, 1840–1940. Een eeuw van staatkundige vormgeving, ²1954.

Die Geschichtsschreibung zur niederländischen Arbeiterbewegung ist relativ spät in Gang gekommen. Zur Lage der arbeitenden Klasse ist auf jeden Fall die schon 1925 zum erstenmal aufgelegte Studie von I. J. BRUGMANS, De arbeidende klasse in Nederland in de 19e eeuw (1813–1870), Utrecht ⁴1959 zu lesen. Daneben hat als unverzichtbar zu gelten I. J. BRUGMANS, Standen en klassen in Nederland gedurende de negentiende eeuw, in: BMHG, 74 (1960). Brugmans setzt sich hier mit den Möglichkeiten sozialer Mobilität in der niederländischen Gesellschaft auseinander. Daneben – für die Frage des Klassenbewußtseins – liegt jetzt der als Versuch einer Analyse und Erklärung apostrophierte Beitrag von TH. v. TIJN, Voorlopige notities over het ontstaan van het moderne klassebewustzijn in Nederland, in: Mededelingenblad NVSG, 45 (1974) vor. Eine ergänzte Fassung des Beitrages findet sich in Economische ontwikkeling en sociale emancipatie, II (1970).

Zur frühen Organisationsphase und den ersten Organisationsformen im Verband der IAA hat J. J. GIELE, De Eerste Internationale in Nederland. Een onderzoek naar het ontstaan van de Nederlandse arbeidersbeweging von 1868 tot 1876, Nijmegen 1973 gearbeitet. Für eben diese Phase enthält TH. VAN TIJN, De Algemene Nederlandsche Diamantbewerkersbond (ANDB): een succes en zijn verklaring, in: BMHG, 88 (1973) reiche Angaben und gründliche Analyse zu dieser ebenso frühen wie erfolgreichen Organisation. Zur Charakteristik der frühen niederländischen Arbeiterbewegung und hier vor allem zum Sozialdemokratischen Bund s. A. J. C. RÜTER, Hoofdtrekken der Nederlandsche arbeidersbeweging in de jaren 1876 tot 1886, in: DERS., Historische studies over mens en samenleving, Assen 1967. Zu dieser frühen Phase, aber über diese auch hinausgehend, enthält die Aufsatzsammlung von J. R. WELCKER, Heren en arbeiders in de vroege Nederlandse arbeidersbeweging 1870–1914, Leiden 1978 reiche Informationen. Zur Geschichte der SDAP seien neben den autobiographischen Darstellungen von TROELSTRA, F. DOMELA NIEUWENHUIS, W. H. VLIEGEN genannt G. HARMSEN, Historisch overzicht van socialisme en arbeidersbeweging in Nederland. dl. I. Van de begintijd tot het uitbreken van de eerste wereldoorlog, Nijmegen z. j., die ältere Studie von H. WANSINK, Het socialisme op de tweesprong. De geboorte van de SDAP, Haarlem 1939 sowie die sehr inhaltsreiche und tiefgehende Leidener Dissertation von C. F. COHEN, Om de vernieuwing van het socialisme. De politieke orientatie van de Nederlandse sociaal-democratie 1919–1939, Leiden 1974. Für die Geschichte der Vorläuferin der Kommunistischen Partei, die Sozialdemokratische Partei SDP, sollte G. HARMSEN/B. REINALDA, Voor de bevrijding van de arbeid, Nijmegen 1975 sowie die Monographie von H. DE LIAGRE BÖHL, Herman Gorter, zijn politieke aktiviteiten van 1909 tot 1920 in de opkomende kommunistische beweging in Nederland. Sun-schrift 66, Nijmegen 1973 nachgelesen werden. Letztgenannte Untersuchung ist zwar auf die Person Gorters konzentriert, sie enthält jedoch die politische Geschichte einer Person, die weitgehend der Geschichte der Organisation parallelläuft.

Die Geschichte der sozialdemokratischen Gewerkschaftsbewegung hat F. DE JONG EDZ, Om de plaats van de arbeid. Een geschiedkundig overzicht van ontstaan en ontwikkeling van het Nederlands Verbond van Vakverenigingen, Amsterdam 1956 beschrieben, während M. RUPPERT, De Nederlandse Vakbeweging, 2 dln., Haarlem 1953 auch die protestantische Gewerkschaftsbewegung CNV und C. J. KUIPER, Uit het rijk van de arbeid. Ontstaan, groei en werk van de katholieke arbeidersbeweging in Nederland, 3 dln., Utrecht 1950–53 die katholische Organisation erfaßt haben. In der älteren Studie von R. HAGOORT, Het beginsel behouden. Gedenkboek van het Nederlandsch Werklieden-Verbond Patrimonium over de jaren 1891–1927 (1934) wird 'Patrimonium' beschrieben. Abgesehen davon, daß noch eine Reihe hier im einzelnen nicht zu erwähnender regionaler Untersuchungen zur konfessionellen Arbeiterbewegung vorliegt, sei noch für die Stellung der sozialdemokratischen Arbeiterbewegung in Staat und Gesellschaft der Niederlande auf die umfangreiche Studie von A. J. C. RÜTER, De spoorwegstakingen van 1903. Een spiegel der arbeidersbeweging in Nederland, Leiden 1935 hingewiesen. Diese Untersuchung enthält nicht nur eine minuziöse Darstellung des Eisenbahnerstreiks und eine Analyse zu den politischen Möglichkeiten der Arbeiterbewegung überhaupt, sondern spiegelt auch ein Stück Ideologiegeschichte jener Phase wider.

Für die Wirtschaftsgeschichte, d. h. hier die Geschichte der Industrialisierung, sei hier noch einmal auf die eingangs genannte Aufsatzsammlung von J. H. VAN STUIJVENBERG verwiesen, und zwar auf die Beiträge von TH. VAN TIJN und W. M. ZAPPEY. I. G. BRUGMANS, Paardenkracht en mensenmacht. Sociaal-economische geschiedenis van Nederland 1795–1940, 's-Gravenhage ²1969 (1. Auflage 1961) mag dann vom Ansatz her nicht mehr den Ansprüchen moderner Wirtschaftshistoriker genügen, gleichwohl ist das Buch für eine globale Übersicht von besonderem Wert. Es hat Handbuch-Charakter. Die grundlegende Studie zur Industrialisierung hat jedoch J. A. DE JONGE, De industrialisatie in Nederland tussen 1850 en 1914. diss. Amsterdam, Amsterdam 1968 verfaßt. Eine sorgfältige Interpretation der statistischen Daten erhebt diese Amsterdamer Dissertation (Vrije Universiteit) zu einem

Standardwerk über die Geschichte der Industrialisierung, auch wenn nicht alle Wirtschaftszweige erfaßt sind. DE JONGE hat auch den wirtschaftshistorischen Beitrag in AGN, 13 (1978) verfaßt und seinen kurzen Ausführungen umfangreiche Literaturhinweise beigegeben. Praktisch die Vorgeschichte zur Arbeit DE JONGES hat J. MOKYR, Industrialization in the Low Countries, 1795–1850, New Haven/London 1976 geschrieben und damit in seiner Belgien und die Niederlande gleichermaßen behandelnden Studie u. a. einen Beitrag zur Wirtschaftspolitik Wilhelms I. vorgelegt.

Zu den in unserer Darstellung beschriebenen Arbeitsbereichen der niederländischen Innenpolitik sei für den Schulkampf auf D. LANGEDIJK, De geschiedenis van het protestants-christelijk onderwijs, Delft 1953 hingewiesen. Hinzuzuziehen ist auch die ältere Arbeit von A. STRANG, Eene historische verhandeling over de liberale politiek en het lager onderwijs van 1848–1920, Utrecht 1930. In dieser Studie wird die liberale Schulpolitik dargestellt.

Die Entwicklung in der Wahlrechtsfrage ist bei J. J. DE JONG, Politieke organisatie in Westeuropa na 1800, 's-Gravenhage 1951 beschrieben. Es sei ferner auf die Abschnitte in AGN 13 verwiesen sowie auf die Arbeiten zur Geschichte der niederländischen Arbeiterbewegung und auf die biographischen Studien zu Politikern und Staatsmännern jener Periode. Sie können im einzelnen nicht erwähnt werden.

Zur sozialen Frage sollte als einführende Übersichtsarbeit die Studie von A. J. C. DE VRANKRIJKER, Een groeiende gedachte. De ontwikkeling der meningen over de sociale kwestie in de 19e eeuw in Nederland, Assen 1959 eingesehen werden. Der Autor hat das Problem für Konservatismus und Liberalismus untersucht. Hinzuzufügen für die Sozialgesetzgebung ist H. HOEFNAGELS, Een eeuw sociale problematiek. De Nederlandse sociale ontwikkeling van 1850–1940, Roermond [6]1966.

Über die Außenpolitik des Landes vermittelt zunächst C. SMIT, De buitenlandse politiek van Nederland, 2 dln., Den Haag 1945 einen kaum tiefgreifenden, gleichwohl für eine erste Orientierung nützlichen Überblick. Ähnlich strukturiert ist A. VANDENBOSCH, Dutch Foreign Policy since 1815. A Study in Small Power Politics, Den Haag 1959. Die Studie zählt zur Übersichtsliteratur. Die sich speziellen Themen zuwendenden außenpolitischen Arrbeiten sind ungleich tiefschürfender. So hat sich J. C. BOOGMAN, Nederland en de Duitse Bond, 1815–1851,

2 dln. (= Historische Studies. V), Groningen 1955 den deutsch-niederländischen Beziehungen zugewandt. Man sollte aus der Sicht deutscher Aktivitäten hinzuziehen H.-G. KRAUME, Außenpolitik 1848. Die holländische Provinz Limburg in der deutschen Revolution, Düsseldorf 1979. Boogman konzentriert seine Darstellung auf die Komplikationen, die sich aus der Doppelzugehörigkeit Limburgs und Luxemburgs ergaben. Darüber hinaus werden in diesem Werk auch die allgemeinen Tendenzen der niederländischen Außenpolitik deutlich. Gerade zu letztgenanntem Zusammenhang ist unbedingt die vergleichende kurze Untersuchung von J. C. BOOGMAN, Achtergronden en algemene tendenties van het buitenlands beleid van Nederland en België in het midden van de XIX eeuw, in: BMHG, LXXVI (1962) hinzuzuziehen. Eine vergleichende Studie zur Stellung der Niederlande und Belgiens in Europa hat für einen relativ kurzen Zeitraum C. A. TAMSE, Nederland en België in Europa (1859–1871). De zelfstandigheidspolitiek van twee kleine staten, Den Haag 1973 vorgelegt. Das Buch ist keine eigentliche Diplomatie-Geschichte. Es geht weit darüber hinaus und ist wohl in der Methode von der französischen Annales-Schule beeinflußt. Die Studie von C. SMIT, De conferentie van Londen, Leiden 1949, die die erneute Trennung der Niederlande und Belgiens betrachtet, ist nichts anderes als die niederländische Fassung des viel älteren Werkes von FL. DE LANNOY (1930). Das in unserer Darstellung behandelte Nordsee-Abkommen findet sich ausführlich erörtert in H. LADEMACHER, Die belgische Neutralität als Problem der europäischen Politik 1830–1914, Bonn 1971. Die Zeit des I. Weltkrieges hat wiederum C. SMIT, Hoogtij der neutraliteitspolitiek. De buitenlandse politiek van Nederland 1899–1919, Leiden 1959 und DERS., Nederland in de Eerste Wereldoorlog, 3 dln., Groningen 1971–73 behandelt. Mit Einzelfragen zu dieser Phase befaßt sich C. SMIT auch in seiner Aufsatzsammlung ›Tien Studiën betreffende Nederland in de Eerste Wereldoorlog‹, Groningen 1975. Zur allgemeinen Situation der Niederlande im internationalen Verband sei an dieser Stelle auch auf J. C. BOOGMAN E. A., Nederland, Europa en de wereld. Ons buitenlands beleid in discussie, Meppel 1970 hingewiesen, die Publikation der Ergebnisse der sog. Utrechter und Arnheimer Gesprächsrunden, die die niederländische Stellung in der Welt im historischen und aktuellen Bezug analysiert haben.

Die Arbeiten zur niederländischen Kolonialpolitik hat W. PH.

COOLHAAS, A critical survey of studies on Dutch colonial history, Den Haag 1961 zusammengefaßt. Für das sog. 'cultuurstelsel' seien jedoch hier noch die Untersuchungen von R. REINSMA, Het verval van het cultuurstelsel, Den Haag 1955 sowie C. FASSEUR, Kultuurstelsel en koloniale baten. De Nederlandse exploitatie van Java 1840–1860, Leiden 1975 hervorgehoben. Im übrigen sei auf die entsprechenden Abschnitte in AGN 12 und 13 verwiesen sowie auf die Zusammenfassung bei dem schon eingangs genannten E. H. KOSSMANN.

Für die Zeit nach der Revolution gelten zum Teil die Untersuchungen, die oben zum Arbeitsfeld 'politische Parteien' schon angeführt wurden. Zusätzlich zum Jahre 1918 sei hier der Bericht von H. J. SCHEFFER, November 1918. Journaal van een revolutie die niet doorging, Amsterdam 1968 genannt. Dort wird die Troelstra-Affäre ausführlich behandelt. Zur Parteigeschichte sei noch zusätzlich A. A. DE JONGE, Het communisme in Nederland. De geschiedenis van een politieke partij, Den Haag 1972 genannt. Es handelt sich praktisch um die erste umfassende Studie zur Geschichte des Kommunismus in den Niederlanden, nachdem W. VAN RAVESTEYN, De wording van het communisme in Nederland 1907–1925, Amsterdam 1948 die Entwicklungsgeschichte beschrieben hat. Zu Recht schreibt de Jonge, daß VAN RAVESTEYN, der Entwicklung und organisatorischen Zusammenschluß der niederländischen Kommunisten miterlebt und -vollzogen hat, einer allzu einseitigen Betrachtungsweise folgt. Zur Geschichte der SDAP ist neben der gründlichen, zuvor genannten Untersuchung von C. F. COHEN noch der kleine Beitrag von R. ABMA, Het plan van de arbeid en de SDAP, in: BMGN, 92 (1977) heranzuziehen (auch in: Vaderlands Verleden in Veelvoud, II). Im Zusammenhang mit den Erörterungen über eine Erneuerung der sozialökonomischen Struktur innerhalb der Parteien, ob es sich um Sozialisierung, 'Plan der Arbeit' oder eine bestimmte öffentlich-rechtliche Struktur handelt, sind neben den oben bei den Parteien angegebenen Titeln noch hinzuzuziehen F. J. H. M. VAN DE VEN, Economische en sociale opvattingen in Nederland, in: De Nederlandse volkshuishouding tussen twee wereldoorlogen IV, o. O. u. J. Da sich das Buch stark mit der katholischen Seite befaßt, ist es zu der Darstellung von ROGIER/DE ROOY zu lesen. Die protestantische Seite hat P. A. J. M. STEENKAMP, De gedachte der bedrijfsorganisatie in protestants-christelijke kring, Kampen 1952 bearbeitet.

Die in den 20er Jahren auftauchenden Strömungen, die einzelnen faschistischen Gruppierungen sowie die NSB hat A. A. DE JONGE, Crisis en critiek der democratie. Anti-democratische stromingen en de daarin levende denkbeelden over de staat in Nederland tussen de wereldoorlogen, Assen 1968 erfaßt. Es handelt sich hier um eine für die Beleuchtung der politischen Kultur in den Niederlanden sicherlich unverzichtbare Untersuchung, auch wenn man davon ausgeht, daß alle hier behandelten Gruppierungen kleine Minderheiten darstellen, wenn man einmal von dem vorübergehenden Erfolg der NSB absehen will. In einem Titel noch aus dem gleichen Jahr hat sich A. A. DE JONGE, Het national-socialisme in Nederland. Voorgeschiedenis, ontstaan en ontwikkeling, Den Haag 1968 spezifisch mit dem Nationalsozialismus (Faschismus) befaßt. Für eine gründliche soziale und zugleich regionale Analyse sind die Arbeiten zum Faschismus und speziell zur NSB von L. M. H. JOOSTEN, Katholieken en fascisme in Nederland 1920–1940, Hilversum 1964 und dazu G. A. KOOY, Het échec van een 'volkse' beweging. Nazificatie en denazificatie in Nederland 1931–1945, Assen 1964 einzusehen. JOOSTEN geht es in seiner Darstellung um den Einfluß des Faschismus auf die Katholiken. Er weist nach, daß manche religiösen, ethischen und gesellschaftlichen Vorstellungen dazu beitragen, ein mit dem Faschismus sympathisierendes Klima zu schaffen. Der Autor will aus seiner Arbeit jedoch nicht den Schluß gezogen wissen, daß der katholische Bevölkerungsteil für faschistische Gedankengänge im allgemeinen besonders aufgeschlossen gewesen sei. KOOY beschreibt die Entwicklung der NSB des an der Ostgrenze gelegenen Ortes Winterswijk, der sozialstrukturell gesehen im wesentlichen aus dem alten Mittelstand der kleinen selbständigen Handwerker und den zwischen Kapital und Arbeit stehenden Einzelhändlern bestand. Diese Schicht bildete in Winterswijk die eigentliche Basis der Bewegung. Das Wachstum der Bewegung führt der Autor im wesentlichen auf opportunistische Einstellung der Bevölkerung zurück. Die Arbeit ist als 'case-study' gedacht; der Autor ist – nach einer Analyse der Wahlergebnisse ähnlich strukturierter Gemeinden – gegen eine Verallgemeinerung. Er hält diese für nicht möglich. Eine ganze Region untersucht S. Y. A. VELLENGA, Katholiek Zuid-Limburg en het fascisme. Een onderzoek naar het kiesgedrag van de Limburger in de jaren dertig, Assen 1975. Es handelt sich hier praktisch um die regionale Vertiefung des von JOOSTEN behandelten Themas. Zu dem NSB-

Führer A. A. Mussert ist jetzt die Übersicht von R. HAVENAAR, Verrader voor het vaderland. Een biografische schets van Anton Adriaan Mussert, Den Haag 1978 einzusehen.

Für den innenpolitischen und den politisch-sozialstrukturellen Bereich der 20er Jahre befaßt sich unsere Darstellung über Zielsetzung und Politik der Parteien hinaus etwas intensiver mit der 'Versäulung', die auch schon für das Ende des 19. Jahrhunderts erwähnt wurde. Sehr wesentlich erschien hier – obwohl es sich um einen sehr frühen Versuch der Erklärung handelt – der Beitrag von I. SCHÖFFER, Verzuiling, een specifiek Nederlands probleem, in: Sociologische Gids, 3 (1956). Die gesamte Nummer der Zeitschrift ist dem Phänomen 'Versäulung' gewidmet. Als grundlegende Arbeit hat zu diesem Thema zu gelten A. LIJPHART, Verzuiling, pacificatie en kentering in de Nederlandse politiek, Amsterdam 1968. Dieses Buch ist im übrigen ebenso wie die gründliche Antrittsvorlesung von H. DAALDER, Leiding en lijdelijkheid in de Nederlandse politiek, Assen 1964 eine politikwissenschaftliche Arbeit, die den uns interessierenden historischen Bezug nur sporadisch vornimmt. Zur historischen Seite ist daher vor allem auch in Konzentration auf die katholische Seite J. M. G. THURLINGS, De wankele zuil. Nederlandse katholieken tussen assimilatie en pluralisme, Deventer ^{2}1978 heranzuziehen ebenso wie die Arbeiten zu den anderen 'Säulen'. Genannt seien hier für die Protestanten B. VAN KAAM, Parade der Mannenbroeders. Flitsen uit het Protestantse leven in Nederland in de jaren 1918–1938, Wageningen 1964; für die Sozialisten muß auf I. CORNELISSEN, G. HARMSEN, R. DE JONG, De Taaie Rooie Rakkers. Een documentaire over het socialisme tussen de wereldoorlogen, Utrecht 1965 und für die Liberalen auf H. J. L. VONHOFF, De zindelijke burgerheren. Een halve eeuw liberalisme, Baarn ^{2}1966 hingewiesen werden. Bei allen Studien handelt es sich um Grundlagenmaterial bzw. Analyse der Sozialstruktur, um ein gut Stück niederländischer Sozialgeschichte. Genannt werden sollte für eine allgemeine Analyse der niederländischen Gesellschaft der 20er Jahre gerade auch im Hinblick auf die 'Versäulung' J. C. H. BLOM, De muiterij op de Zeven provincien, Bussum 1975, und hier vor allem das 1. Kapitel. Dieses Kapitel war für unsere Darstellung eine wesentliche Stütze. Schließlich sei im Gesamtzusammenhang der Geschichte der politischen und gesellschaftlichen Struktur auf die Arbeiten von G. GEISMANN, Politische Struktur und Regierungssystem in den Niederlanden (= Kölner Schriften für Politische Wissenschaft Bd. 4), Frankfurt/Bonn 1964 hingewiesen. Diese Studie enthält jedoch nur einen kurzen, gleichwohl klaren historischen Rückblick als Einstieg für eine Analyse der politischen Kultur nach 1945. Zwar nimmt auch W. VERKADE, Democratic Parties in the Low Countries and Germany. Origins and historical developments, Leiden 1967 die Gegenwart vergleichend ins Visier, aber im Unterschied zu Geismann ist Verkades Studie stärker historisch angelegt.

Für Ursachen und Auswirkungen der Weltwirtschaftskrise in den Niederlanden ist auf den von JOH. DE VRIES beigesteuerten Beitrag im eingangs genannten Buch von G. STUYVENBERG (Wirtschaftsgeschichte) hinzuweisen. Wichtig und ergänzend dazu vor allem im Hinblick auf die Goldstandard-Politik: P. W. KLEIN, Depressie en beleid tijdens de jaren dertig. Kanttekeningen bij de ontwikkeling van de Nederlandse volkshuishouding in de jaren dertig, in: Economische ontwikkeling en sociale emancipatie, II (1977). Für die Arbeitslosigkeit und die Situation der Arbeitslosen ist jetzt nachzulesen L. DE JONG, Het Koninkrijk der Nederlanden in de Tweede Wereldoorlog. I. Voorspel, 's-Gravenhage 1969. Einen Überblick über einzelne politische und sozialökonomische Aspekte der Zeit vermittelt die Aufsatzsammlung von P. W. KLEIN, G. J. BORGER, De jaren dertig. Aspecten van crisis en werkloosheid, Amsterdam 1979.

Die Außenpolitik der 20er und 30er Jahre haben wir im wesentlichen aufgrund der eingangs genannten Handbücher beschrieben. Speziell für das belgisch-niederländische Verhältnis sollte jedoch die Utrechter Dissertation von R. L. SCHUURSMA, Het onaannemelijke tractaat. Het verdrag met België van 3 april 1925 in de Nederlandse politieke opinie, Utrecht 1975 eingesehen werden. Ganz allgemein ist festzuhalten, daß die Außenpolitik des südlichen Nachbarn reicher beschrieben worden ist als die der Niederlande. Für das hier ausführlich behandelte deutsch-niederländische Verhältnis in der Phase des Dritten Reiches haben wir die eigenen, früher veröffentlichten Arbeiten mit kleinen sachlichen und stilistischen Veränderungen übernommen und damit die internationalen und transnationalen Beziehungen gleichermaßen berücksichtigt. Es handelt sich hier um H. LADEMACHER, Niederlande – Zwischen wirtschaftlichem Zwang und politischer Entscheidungsfreiheit, in: E. Forndran u. a. (Hrsg.), Innen- und Außenpolitik unter nationalsozialistischer Bedrohung, Opladen 1977 sowie DERS., Die Niederlande und Belgien in der Außenpolitik des Dritten Reiches 1933–1939. Ein Aufriß, in: M. Funke, (Hrsg.), Hitler, Deutschland und die Mächte. Materialien zur Außenpolitik des Dritten Reiches (= ADT 7213), Kronberg/Düsseldorf [2]1978.

Für das Jahr des deutschen Angriffs auf die Niederlande sollte man einführend den Aufsatz von H. VON DER DUNK, Negentienveertig: van neutralisme naar naziheerschappij, in: Vaderlands Verleden in Veelvoud, II lesen. Grundlegend für die gesamte Kriegszeit bis zur Befreiung ist L. DE JONG, Het Koninkrijk der Nederlanden in de tweede wereldoorlog, Den Haag 1969ff. Bisher sind 10 Bde. erschienen. Es sei an dieser Stelle betont, daß dieses Standardwerk aus der Feder des ehemaligen, über einen höchst kompetenten Mitarbeiterstab verfügenden Leiters des Rijksinstituut voor Oorlogsdocumentatie eine ungeheure Fülle von Materialien zum gesamten Spektrum des politischen und sozialen Lebens der Niederlande in der Phase der Repression enthält, die kaum adäquat in einer Kurzdarstellung verarbeitet werden kann. Zum Kriegsgeschehen selbst sei lediglich auf zwei Beiträge zum Luftangriff auf Rotterdam verwiesen. Zum einen auf H. A. JACOBSEN, Der deutsche Luftangriff auf Rotterdam, in: Wehrwissenschaftliche Rundschau, III, 5 (1958) sowie J. L. HARTOG, Het bombardement van Rotterdam op 14 mei 1940, in: De Gids, april 1979. Die Besatzungspolitik insgesamt hat als erster W. WARMBRUNN, The Dutch under German Occupation, London 1963 beschrieben. Für den Aufbau der Besatzungsbehörden, ihre Träger, ihre Ziele und ihre politische Taktik in den ersten Jahren ist K. KWIET, Reichskommissariat Niederlande. Versuch und Scheitern nationalsozialistischer Neuordnung (= Schriftenreihe der Vierteljahrshefte für Zeitgeschichte, 17), Stuttgart 1968 wichtig. Die in unserer Darstellung ausführlicher behandelte Nederlandse Unie ist von L. DE JONG in Bd. 4 des Gesamtwerkes betrachtet worden. Hinzuzuziehen ist neuerdings auch der Aufsatz von G. HIRSCHFELD, Collaboration and Attentism in the Netherlands 1940–1941, in: Journal of Contemporary History, 16, 3 (1981). Unsere Darstellung der Judenverfolgung und -vernichtung stützt sich zum einen auf DE JONG, zum andern auf ABEL J. HERZBERG, Kroniek der Jodenvervolging 1940–1945, Amsterdam [3]1978 (zum erstenmal veröffentlicht in Teil III der Reihe ›Onderdrukking en verzet‹, 1950). Aus persönlichem Erleben und Erleiden heraus geschrieben ist das Werk des Amsterdamer Historikers J. PRESSER, Ondergang. De vervolging en verdelging van het Nederlandse Jodendom, 1940–1945. 2 dln., 1965. Über den Widerstand in seinen vielfältigen Formen handelt naturgemäß ausführlich L. DE JONG. Eine frühe Arbeit über regionalen Widerstand hat Y. N. YPMA, Friesland annis domini 1940–1945, Dokkum 1953 vorgelegt. Dazu sollten jetzt Kapitel VI und VII der Groninger Dissertation von G. R. ZONDERGELD, De Friese beweging in het tijdvak der beide wereldoorlogen (1978) gelesen werden. Für den Widerstand von kirchlicher Seite ist neben DE JONG heranzuziehen A. F. MANNING, De Nederlandse katholieken in de eerste jaren van de Duitse bezetting, in: Jaarboek Katholiek Documentatie Centrum, 1978. Über die geistigen Voraussetzungen des niederländischen Protestantismus im Hinblick auf neutrale Haltung oder Widerstand ist einiges der materialreichen Vorlage von G. VAN ROON, Protestants Nederland en Duitsland, 1933–1941, Utrecht/Antwerpen 1973 zu entnehmen. Neben der Verfolgung und Vernichtung der Juden zählte der Arbeitseinsatz in Deutschland zu den Repressionsmaßnahmen des Besatzers. Hierüber hat B. A. SIJES, De arbeidsinzet. De gedwongen arbeid van Nederlanders in Duitsland, 1940–1945 (= Rijksinstituut voor Oorlogsdocumentatie. Monografieën Nr. 1), 's-Gravenhage 1966 sehr ausführlich gehandelt. Ausgehend von deutschem und niederländischem Archivmaterial, hat S. etwa 80000 Rotterdamer Bürger ermitteln können, die zum Arbeitseinsatz abtransportiert wurden. Die erste große Streikaktion gegen den Besatzer, den Februar-Streik 1941, hat ebenfalls B. A. SIJES, De Februari-staking, 25–26 Februari 1941 (= Rijksinstituut voor Oorlogsdocumentatie. Monografieën Nr. 5), 's-Gravenhage 1954 beschrieben. Er beurteilt den Streik vom Ergebnis her äußerst negativ. In eben dieser Reihe des RIO ist als Nr. 2 der Monographien schon früh eine Arbeit von P. J. BOUMAN, De April-Mei- stakingen van 1943 (1950) erschienen. Bouman untersucht bei diesen Streiks von April–Mai 1943 nicht nur das Streikereignis, sondern auch die Sozialstruktur und einige sozialpsychologische Komponenten. Mit dem großen Eisenbahnerstreik von 1944/45 hat sich wiederum A. J. C. RÜTER, Rijden en staken. De Nederlandse spoorwegen in oorlogstijd (= Rijksinstituut voor Oorlogsdocumentatie. Monografieën Nr. 8), 's-Gravenhage 1960 befaßt. Hiermit hat er einen äußerst wichtigen Teil des Widerstandes aufgedeckt. Ein wesentlicher Teil der

Arbeit gilt dem Verhältnis der Eisenbahnleitung zu den einzelnen Widerstandsgruppen.

Die Historiographie zur Nachkriegszeit steht noch in den Anfängen. Die Niederländische Volksbewegung allerdings, die wir im Nachkriegskapitel gleichsam als zwischen Kriegs- und Nachkriegszeit vermittelnde Organisation behandelt haben, ist monographisch von J. Bank, Opkomst en ondergang van de Nederlandse Volks Beweging (NVB). Cahiers Nederlandse politiek, Deventer 1978 erfaßt worden. Einzelnen Problemen des befreiten Landes widmete die Redaktion der BMGN, 96,2 (1981) einen eigenen Band. In dem hierin enthaltenen Beitrag von A. F. Manning, 'Het bevrijde zuiden': kanttekeningen bij het historisch onderzoek, wird die Problematik erörtert, die sich deutlich im Zuge der Militärverwaltung im befreiten Südteil hinsichtlich der künftigen politischen Struktur des Landes ergab. Die sog. 'Durchbruch'- bzw. 'Volkspartei'-Tendenz, die eben in der Niederländischen Volksbewegung gepflegt wurde, wird auch in Parteigeschichten behandelt. Hinzuweisen ist auf die ältere Arbeit von H. M. Ruitenbeek, Het ontstaan van de Partij van de Arbeid, Amsterdam 1955. Für die katholische Seite ist A. F. Manning, Geen doorbraak van oude structuren, in: De Confessionelen, Utrecht 1968 und jetzt vor allem auch der Beitrag von J. Bosmans, Beide erin en geen van beide eruit. De rooms-rode samenwerking 1945–1952, in: BMGN, 96,2 (1981) einzusehen. Ein sehr gedrängter, gleichwohl eine erste Orientierung bietender Überblick findet sich in I. Lipschits, Politieke stromingen in Nederland. Inleiding tot de geschiedenis van de Nederlandse politieke partijen, Deventer 1978. Die wirtschaftlichen Probleme speziell für diese frühe Phase beleuchtet P. W. Klein, Wegen naar economisch herstel 1945–1950, in: ebd. Für einen allgemeinen Überblick über die wirtschaftliche Entwicklung sei auf Joh. de Vries, De Nederlandse economie tijdens de 20ste eeuw, Antwerpen 1973 verwiesen. Die Frage der sozialökonomischen Struktur insbesondere im Zusammenhang mit der PBO hat zuletzt J. Langeveld, Het NVV en de Publiekrechtelijke Bedrijfsorganisatie, in: Exercities in ons verleden, Assen 1981 aufgrund neuen Quellenmaterials kurz, aber intensiv behandelt. Für die Außenpolitik der Niederlande bedarf es sicherlich noch gründlicher Forschung. Einen ersten Essay hierzu hat A. F. Manning, Die Niederlande und Europa im ersten Jahrzehnt nach 1945, in: VfZ, XXIX, 1 (1981) vorgelegt, der im wesentlichen die Forschungslücken aufzeigt. Dazu ist der Aufsatz von H. A. SCHAPER, Het Nederlandse veiligheidsbeleid 1945–1950, in: BMGN, 96,2 (1981) heranzuziehen, der sich auch kurz mit den deutsch-niederländischen 'Beziehungen' nach 1945 befaßt. Unsere kurze Betrachtung der deutsch-niederländischen Beziehungen in dieser Phase beruht auf eigenen Archivstudien im Archiv des Haager Außenministeriums. Ausführlich wird dieses Thema in meinem Beitrag zur Festschrift für F. Petri behandelt, die im Frühjahr 1983 erscheinen soll.

Die Dekolonisierung (Indonesien-Frage) hat im Überblick C. SMIT, De liquidatie van een imperium. Nederland en Indonesië, 1945–1962, Amsterdam 1962 behandelt. Zu dieser Übersicht ist von DEMS., Het dagboek van Schermerhorn, 2 dln., Groningen 1970 sowie der Aufsatz von J. BANK, Rubber, rijk, religie, in: BMGN, 96,2 (1981) als vertiefender Beitrag heranzuziehen. Auskunft über die einzelnen Schritte in Politik und Diplomatie erteilt auch die schon ältere Arbeit von I. N. DJAJADININGRAT, The Beginnings of the Indonesian-Dutch Negotiations and the Hoge Veluwe Talks, Ithaca 1958.

VERZEICHNIS DER ABKÜRZUNGEN

AJC	Arbeiders Jeugd Centrale
ANFB	Algemeene Nederlandsche Fascisten Bond
ANWV	Algemeen Nederlandsch Werkliedenverbond
AO	Auslandsorganisation der NSDAP
ARP	Antirevolutionaire Partij
AVRO	Algemene Vereniging Radio Omroep
BGN	Bijdragen voor de Geschiedenis der Nederlanden
BMGN	Bijdragen en Mededelingen betreffende de Geschiedenis der Nederlanden
BMHG	Bijdragen en Mededelingen van het Historisch Genootschap
CDU	Christelijk Democratische Unie
CHU	Christelijk Historische Unie
CNV	Christelijk Nationaal Vakverbond
CPH (N)	Communistische Partij Holland (Nederland)
DNG	Deutsch-Niederländische Gesellschaft
EGKS	Europäische Gemeinschaft für Kohle und Stahl
GAC	Grote Adviescommissie der Illegaliteit
HZ	Historische Zeitschrift
IAA	Internationale Arbeiter-Assoziation
IAMV	Internationale Antimilitaristen-Vereinigung
KRO	Katholieke Radio Omroep
LO	Landsorganisatie
NAC	Nationale Advies Commissie
NAS	Nationaal Arbeids-Secretariaat
NCRV	Nederlandse Christelijke Radio Vereniging
NDV	Niederländisch-Deutsche Vereinigung
NHM	Nederlandsche Handel-Maatschappij
NKP	Nieuwe Katholieke Partij
NOT	Nederlandsche Overzee Trust-Maatschappij
NSB	Nationaal-Socialistische Beweging
NSDAP	Nationalsozialistische Deutsche Arbeiterpartei
NSNAP	Nationaal Socialistische Nederlandsche Arbeiders Partij
NVB	Nederlandsche Volksbeweging
NVV	Nederlands Verbond van Vakverenigingen

OD	Orde Dienst
OSP	Onafhankelijke Socialistische Partij
PBO	Publiekrechtelijke Bedrijfsorganisatie
PvdA	Partij van de Arbeid
RDG	Reichsdeutsche Gemeinschaft
RhVjbll.	Rheinische Vierteljahrsblätter
RKWV	Roomsch Katholiek Werkliedenverbond
RSAP	Revolutionair Socialistische Arbeiders Partij
RSKP	Roomsch Katholieke Staatspartij
RSV	Revolutionair Socialistisch(e) Verbond (Vereniging)
SAP	Sozialistische Arbeiterpartei
SDAP	Social-Democratische Arbeiders Partij
SDB	Sociaal-Democratische Bond
SDC	Sociaal-Democratisch Centrum
SDP	Sociaal-Democratische Partij
SER	Sociaal-Economische Raad
SGP	Staatkundig Gereformeerde Partij
SPD	Sozialdemokratische Partei Deutschlands
TVG	Tijdschrift voor Geschiedenis
USPD	Unabhängige Sozialdemokratische Partei Deutschlands
VARA	Vereniging van Arbeiders Radio-Amateurs
VDB	Vrijzinnig Democratische Bond
VfZ	Vierteljahrshefte für Zeitgeschichte
VOC	Vereenigde Oostindische Companie
VU	Vrije Universiteit
VVD	Volkspartij voor Vrijheid en Democratie
WA	Weerafdelingen
WIC	Westindische Companie

INDEX

Aufgenommen wurden Personen, Orte, Regionen, Länder, Flüsse, ferner Zeitungen und Zeitschriften sowie Organisationen und Institutionen neben einigen politischen Begriffen. Bei Personen, die keinen Herkunfts- bzw. Staatsangehörigkeitsvermerk haben, handelt es sich um Niederländer. 'Den Haag' steht auch dann verzeichnet, wenn der Ortsname als Begriff für die Regierung im Haag verwendet wurde. Das gilt auch für 'London'. – Niederländ. 'IJ' wird eingeordnet wie 'Y'. Bei historischen Organisationen oder Institutionen wurde die alte Schreibweise beibehalten, also ggf. Doppelvokale bei offenen Silben oder 'sch' am Wortende.

ABBILDUNGEN

ABBILDUNGSNACHWEIS*

Algemene Geschiedenis der Nederlanden, deel V: De Tachtigjarige Oorlog 1567–1609, Utrecht 1952, Tafeln 4 u. 20: *Abb. 2. 3. 4.*

–, deel VII: Op gescheiden wegen 1648–1748, 1953, Tafeln 21 u. 33: *Abb. 6. 7.*

–, deel VIII: De revolutie tegemoet 1748–1795, 1955, Tafel 2: *Abb. 9.*

–, deel IX: Omwenteling, vereniging en scheiding 1795–1840, Zeist 1956, Tafeln 3 u. 28: *Abb. 10. 11.*

–, deel XII: In de schaduw van twee wereldoorlogen 1914–1945, 1958, Tafeln 39 u. 42: *Abb. 20. 24.*

Algemene Geschiedenis der Nederlanden, Bd. 6 (Nieuwe Tijd), Bussum 1979, S. 304: *Abb. 5.*

–, Bd. 12 (Nieuwste Tijd), 1977, S. 308, 347, 73: *Abb. 12. 13. 15.*

L. de Jong, Het Koninkrijk der Nederlanden in de tweede Wereldoorlog, deel 1: Voorspel, 's-Gravenhage 1969, Abb. 3, 4, 8, 39, 9: *Abb. 14. 16. 17. 18. 19.*

–, deel 4: Mei '40 – Maart '41, eerste helft, 1972, Abb. 4: *Abb. 21.*

–, deel 4: Mei '40 – Maart '41, tweede helft, 1972, Abb. 81, 96: *Abb. 22. 23.*

Plakkaat van Verlatinge 1581. Facsimile-uitgave van de originele druk, 's-Gravenhage 1979, S. 71: *Abb. 1.*

J. u. A. Romein, De Lage Landen bij de zee. Een geschiedenis van het Nederlandse volk, Amsterdam 1976, S. 357: *Abb. 8.*

* Bei den Abb. 2–12 sowie 15 handelt es sich um Gemälde, Stiche u. ä. Auf kunstwissenschaftliche Angaben wurde bei den Abbildungsunterschriften verzichtet, da die Abbildungen als illustrierende Zitate zum Text dieses Bandes gedacht sind, der Abbildungsanhang also sachinhaltlich-dokumentierende Funktion hat.

PLACCAERT VANDE STATEN GENERAEL VANDE

ghevnieerde Nederlanden, Bijden vvelcken, mits den redenen in't langhe in't ſelfde begrepen, men verclaert den Coninck van Spaegnien vervallen vande Ouerheit eñ heerſchappije van deſe voorſ. Nederlanden: ende verbiet ſijnen naem ende zegel inde ſelue Landen meer te gebruycken, &c.

DE Staten generael vande ghevnieerde Nederlanden / Allen den ghenen die deſe teghenwoordige ſullen ſien ofte hooren leſen / ſaluyt. Alſo een yegelick kennelick is / dat een Prince vandẽ Lande van Godt gheſtelt is hooft ouer ſijne onderſaten / om de ſelue te bewaren eñ beſchermen van alle ongheliick / ouerlaſt eñ ghewelt / ghelijck een Herder tot bewaerniſſe van ſijne Schapen: Eñ dat d'onderſaten niet en zijn van Godt gheſchapen tot behoef vanden Prince / om hem in alles wat hy beveelt / weder het goddelic oft ongoddelick / recht oft onrecht is / onderdanich te weſen / eñ als ſlauen te dienen: maer den Prince om d'onderſaten wille / ſonder de welcke hy egheen Prince en is / om de ſelue met recht eñ redene te regeeren / ende voor te ſtaen eñ lief te hebben als een vader ſijne kinderen / eñ een herder ſijne ſchapen / die ſijn lijf eñ leuen ſett om de ſelue te bewaren. Eñ ſo wanneer hy ſulcks niet en doet / maer in ſtede van ſijne onderſaten te beſchermen / de ſelue ſoect te verdrucken / t'ouerlaſten / heure oude vrijheit / priuilegien / eñ oude hercomen te benemen / eñ heur te gebieden ende gebruycken als ſlauen /

A ij moet

Abb. 1: Erste Seite der Abschwörungserklärung 1581.

Abb. 2 u. 3: Zwei Geusenführer: Willem van der Marck, Herr von Lumey; Admiral Louis de Boisot.

Abb. 4: Prinz Wilhelm von Oranien.

Abb. 5: Johan van Oldenbarnevelt.

Abb. 6: Die Gebrüder Johan (im Vordergrund) und Cornelis de Wit. Auf der Randleiste wird ihre Ermordung (20. August) 1672 dargestellt.

Abb. 7: Wilhelm III. von Oranien, König von England und Statthalter der Niederlande, und seine Frau Maria.

Abb. 8: Begüterte Familie des 17. Jahrhunderts.

Abb. 9:
Plünderung des Hauses van Assen, Amsterdam, 24. Juni 1748.

Abb. 10:
Eröffnung der National-
versammlung in Den
Haag, 1. März 1796.

Abb. 11: König Wilhelm I.

Abb. 12: Jan Rudolf Thorbecke.

Abb. 13: Guillaume Groen van Prinsterer.

Abb. 14: Das erste Fabrikgebäude der Fa. Philips in Eindhoven.

Abb. 15: Hauptverwaltung der Nederlandsche Handel-Maatschappij (NHM), Amsterdam, Herengracht, Ecke Nieuwe Spiegelstraat (1858–1926).

Abb. 16:
Abraham Kuyper.

Abb. 17:
Pieter Jelle Troelstra.

Abb. 18:
Hendrik Colijn.

Abb. 19: Protestdemonstration von Arbeitslosen in Den Haag 1931.

Abb. 20: Das zerstörte Rotterdam, Mai 1940.

Abb. 21: Von rechts nach links: Seyß-Inquart und die Generalkommissare Fischböck, Schmidt und Rauter sowie der Befehlshaber der Sicherheitspolizei und des SD Harster.

Abb. 22: WA-Aufmarsch in Amsterdam, 9. November 1940.

Abb. 23: Verhaftete Juden in Amsterdam, Jonas Daniel Meyerplein, 22. Februar 1941.

Abb. 24: Mahnmal zum Tag der Befreiung auf dem Dam in Amsterdam.